KB252500

바둑
사활
1000제 下

바둑
사활
1000제
下
왕쯔펑·허쥔핑 지음, 우병동 옮김
명지대학교 바둑연구위원회 감수
삼호미디어
samho MEDIA

들어가는 말

이 책은 바둑의 기초적인 지식을 학습한 후 그 원리를 이해할 수 있도록 구성한 바둑 입문서입니다. 바둑을 사랑하는 분들에게 조금이나 보탬이 되고자 하는 바람으로 집필하였습니다. 그러면 어떻게 바둑 실력을 높여야 할까요?

첫째, 가장 먼저 선행되어야 할 것이 바로 '흥미'를 높이는 것입니다.

바둑은 본래 일종의 고급 지능 게임으로, 한 문제씩 해결해 나가는 과정을 통해 마치 작은 우승을 하는 것과 같은 성취감과 호기심을 유발합니다. 이런 점은 초보자들로부터 바둑에 대한 흥미를 이끌어내는 데 효과적이며, 나아가 전체적인 실력을 높임에 있어서 매우 중요한 전제 조건입니다.

둘째, 기초에 대한 연습량을 높여야 합니다.

기초란 사활 문제를 연구하는 것으로, 이는 단지 국지전에만 영향을 끼치는 것이 아니라 전 대국의 승부를 결정하는 관건이 되기도 합니다.

바둑을 처음 배운 후 대국을 할 때 종종 다음의 상황들이 발생하곤 합니다.

(1) 완전히 살아 있지 않은 돌에 수를 보충할 적절한 시간이 없어서 결국 대마가 죽고 좋은 대국을 지게 됩니다.

(2) 가일수할 필요가 없는 곳에 한 수를 보강하면서 선수를 빼앗길 뿐 아니라 패배의 전기가 되는 오류를 범합니다.

(3) 심지어는 본래 상대의 돌을 잡을 수 있는데 사활 문제의 수읽기를 잘못하여, 뜻을 이루지 못하고 기회를 놓치는 실수를 합니다.

이러한 현상들은 사활 문제를 연구해야 하는 필요성을 설명하기에 충분합니다. 사활 문제에 대한 수읽기가 확실한지의 여부가 바둑 실력을 가늠하는 기준이 될 수 있습니다. 그렇다면 어떻게 수읽기 능력을 높일 수 있을까요? 편

집자가 20년간의 가르침을 통한 경험에 비추어 내린 결론은 하나입니다. 바로 많은 문제를 풀어 보는 것입니다. 이것이야말로 가장 빠른 속도로 실력을 높일 수 있는 첩경입니다. 수많은 문제를 풀어 봄으로써 정확한 수읽기 능력과 논리력을 쌓게 되고 아울러 '돌의 모양'에 대한 좋은 감각을 갖게 합니다. 탄탄하게 쌓은 기초야말로 앞으로의 비약적인 발전에 있어 견고한 초석이 될 것입니다.

셋째, 많은 실전을 해보는 것입니다.

이는 바둑을 두는 모든 사람들이 실력을 높이기 위해 결코 소홀히 해서는 안 될 중요한 부분입니다. 우리는 실전 경험을 통해 바둑의 이치를 깨닫게 되고, 책에서 배웠던 지식을 실전적인 기술의 단계로 상승시킬 수 있습니다. 동시에 우리가 배워왔던 각종 전략 전술을 실전에 활용해 봄으로써 종합적인 기력을 높이는 목적까지 달성할 수 있습니다.

본 책에는 총 460가지의 사활 문제가 실려 있습니다. 15개의 독립된 장과 절로 나뉘어져 있으며, 모든 장과 절은 쉬운 문제부터 시작하여 점진적으로 난이도를 높이는 방식으로 구성되어 있습니다. 간단한 연습문제에 대해서는 정해도와 실패도를 수록했으며 비교적 복잡한 연습문제에는 변화도를 추가하여 문제 풀이에 보다 도움이 되도록 하였습니다. 이 외에 바둑 이론에 관한 연습문제도 함께 정리해 놓았습니다. 이 책의 연습문제를 다 풀고 나면, 여러분의 바둑 실력이 매우 향상됨은 물론, 바둑에 대한 흥미 또한 한층 깊어져 있을 것입니다.

왕쯔펑, 허쥔핑

감수자의 말

모든 아마추어 바둑팬들의 한결같은 소망은 기력 향상일 것입니다. 그렇지만 기력 향상은 생각처럼 쉽지가 않지요. 바둑이란 것이 워낙 복잡하고 변화가 많은 게임이기 때문입니다. 바둑의 기력은 형태지식, 원리지식, 수읽기, 가치 판단의 4가지 요소로 구성되어 있습니다. 바둑실력을 향상시키기 위해서는 위의 4가지 요소와 관련된 지식과 기술을 증진시켜야 합니다.

본 교재는 초급자를 넘어 중급자로 가려는 분과 중급자 중에서 사활과 맥에 대한 튼튼한 기초를 다져 상급자로 발전하려는 바둑팬을 위한 책입니다. 이 책에 수록되어 있는 문제들은 바둑의 대독자라면 반드시 알아야 할 기본적인 사활과 맥으로 구성되어 있습니다. 그리고 그 기본 단계를 넘어 약간 까다로운 문제들도 있습니다. 기본적인 문제를 통해서는 사활과 맥에 대한 본인의 기본 능력을 점검함과 동시에 기초를 확고히 다지고, 약간 어려운 문제를 통해서는 보다 깊은 수읽기와 맥의 구사를 훈련할 수 있습니다.

특히 본 교재는 수읽기의 힘이 부족한 분들에게 강한 힘을 갖게 해주는 매우 좋은 교재입니다. 한 문제, 한 문제씩 차근차근 풀어가다 보면 재미도 있고 이 과정에서 강한 수읽기 힘을 갖추게 되어 자신이 원하는 바둑을 실수 없이 둘 수 있는 기본적인 능력을 갖추게 될 것입니다.

상급자로 가기 위해서는 기본이 중요합니다. 초중급자 수준에서는 사활과 맥의 기본이 제대로 잡혀 있지 않아서 엉뚱한 실수와 악수를 두는 경우가 많습니다. 이것을 넘어서야 상급자로 갈 수 있습니다. 기초가 약한 건물은 높이 올릴 수 없는 것처럼, 기초가 약한 바둑은 많은 대국경험에도 불구하고 얼마 가지 않아 정체되기 마련입니다.

부디 이 시리즈를 모두 열심히 공부하셔서 사활 능력과 수읽기, 그리고 전투의 힘을 길러 맞수를 제압하고 상급자로 도약하는 기쁨을 누리시길 기원합니다.

명지대 바둑학과 교수 **최일호**

차례

제1부 축

下篇

‘축’이란 못생긴 양머리라 불리는 바둑의 한 방법입니다. 한 번은 왼쪽, 한 번은 오른쪽으로 단수쳐 잡기 때문에 상대는 연단수 상태를 벗어날 수 없습니다. 축에는 정복의 뜻이 담겨있습니다. ‘천 층 옥탑’, ‘일자해상정’ 등 중국의 고대 기보에는 축에 대한 기보가 많습니다. 축은 대국의 중반 단계로서 상대를 잡고 내가 살기 위한 전술입니다. 축으로 몰아갈 때는 전방 6개 선상에 상대의 축머리가 있는지 확인해야 합니다. 바로 이것이 승패의 관건이 되기 때문입니다.

‘축을 모르면 바둑을 두지 말라’는 말이 있습니다. 대국에서 축이 그만큼 중요하다는 것을 단적으로 보여주는 말입니다. 축을 정확히 이해하는 것은 승리를 위한 하나의 전술을 얻는 것이요, 승리의 저울대에 중요한 추를 하나 더하는 것입니다.

제1부는 27개의 연습문제로 구성되어 있으며 모두 흑 선입니다. 여러분의 바둑 실력이 향상되길 기원합니다.

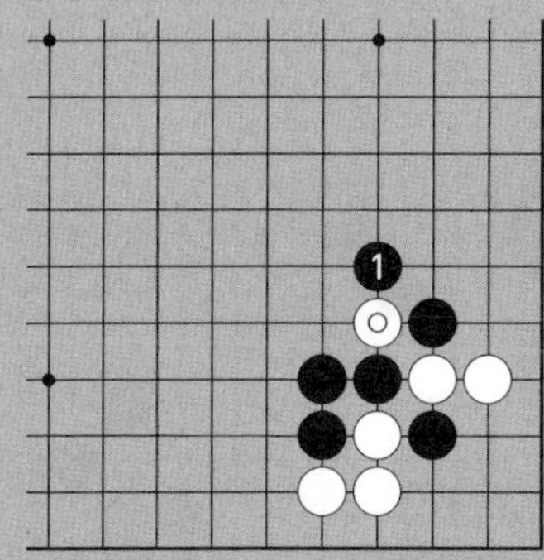

[도해1] 흑1로 백○ 한 점을 축으로 몰다.

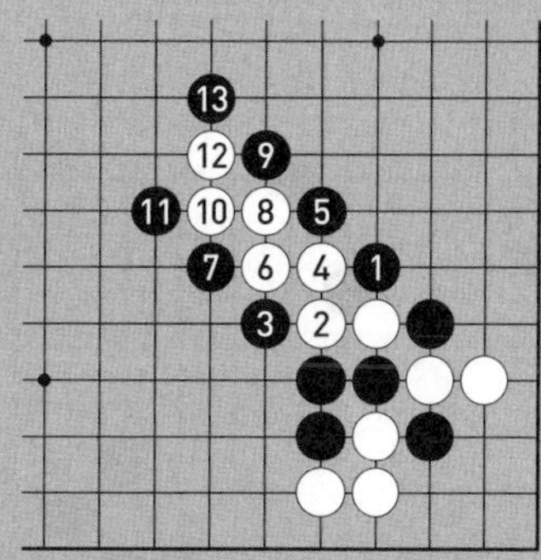

[도해2] 백2와 같이 도망가면 흑3에서 흑13까지 계속 단수치며, 이하의 수순은 예측하는 대로 백을 축으로 잡는다.

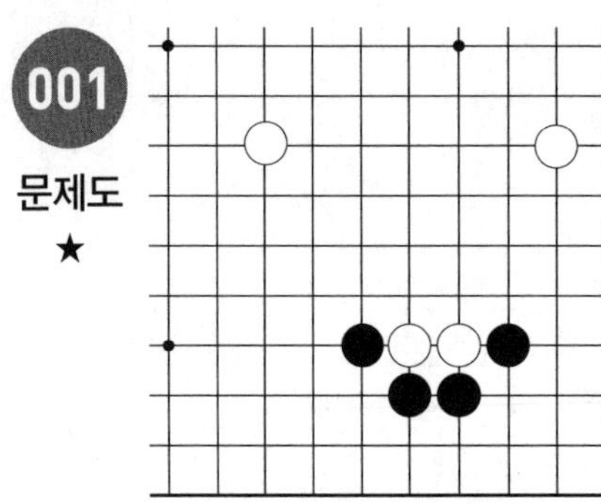

001 문제도 ★

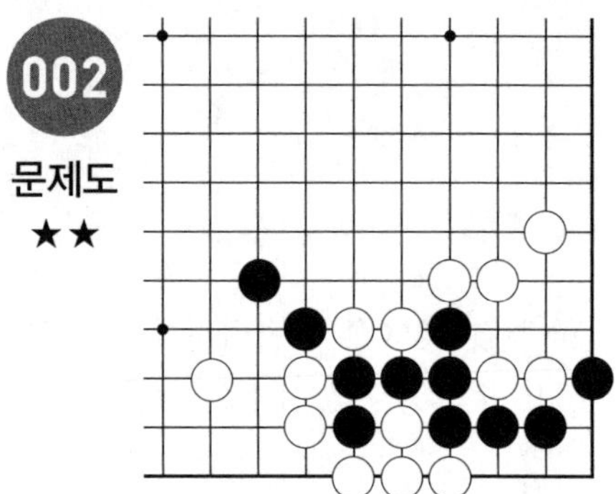

002 문제도 ★★

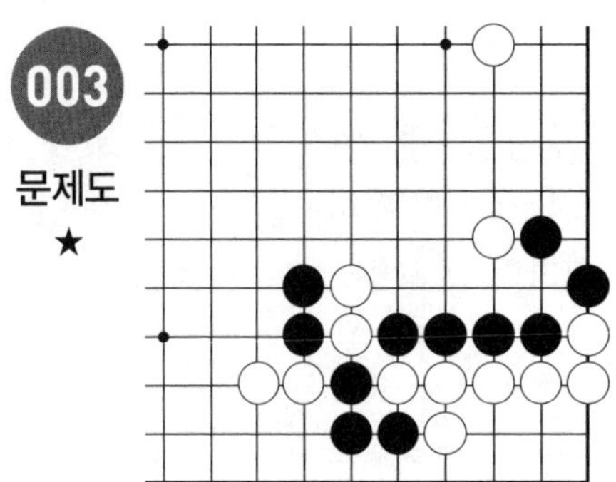

003 문제도 ★

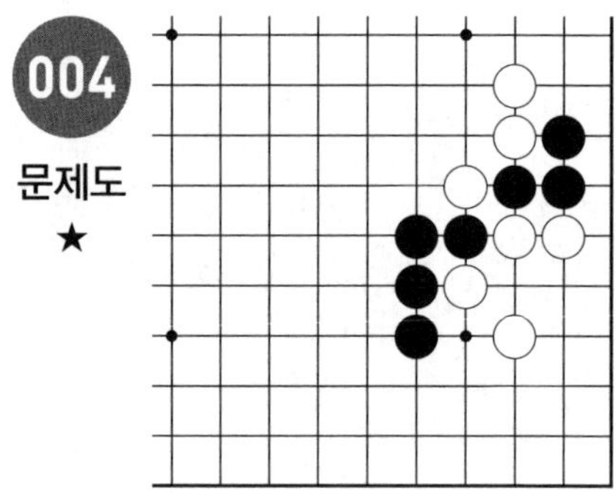

004 문제도 ★

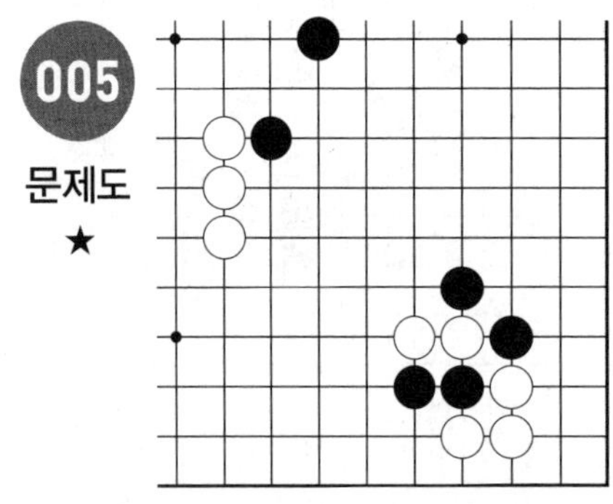

005 문제도 ★

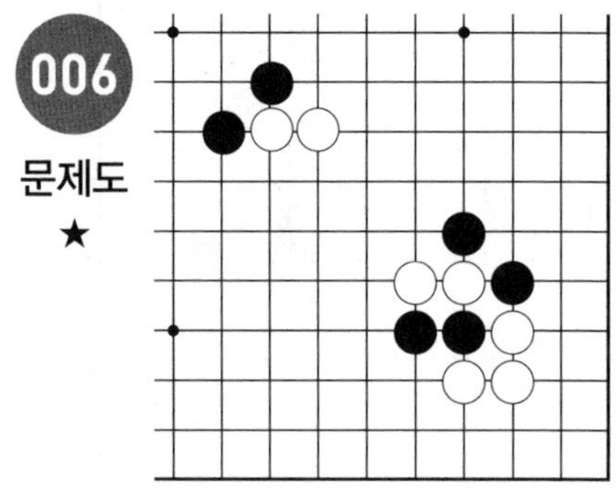

006 문제도 ★

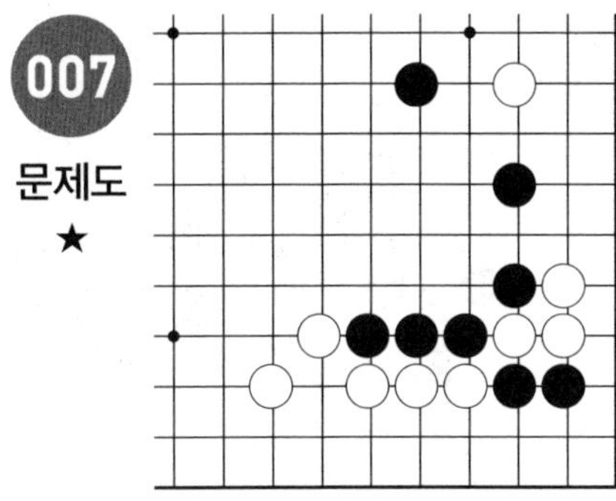

007

문제도

★

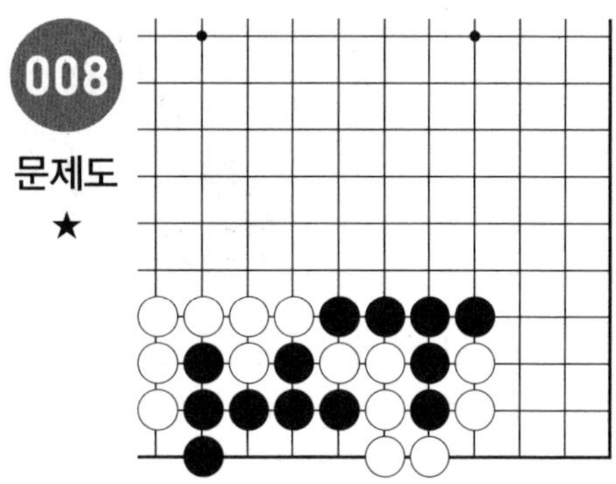

008

문제도

★

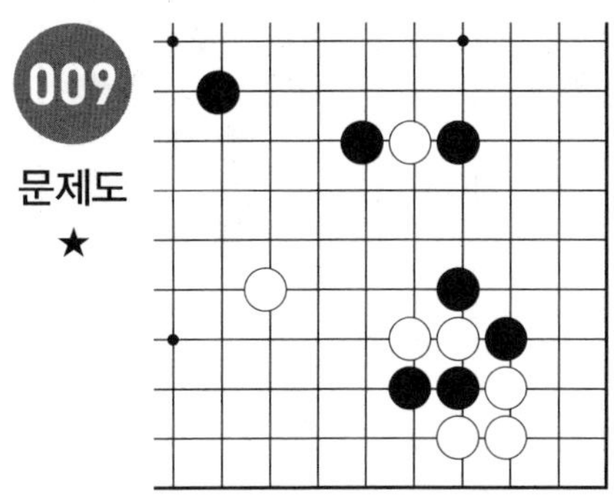

009

문제도

★

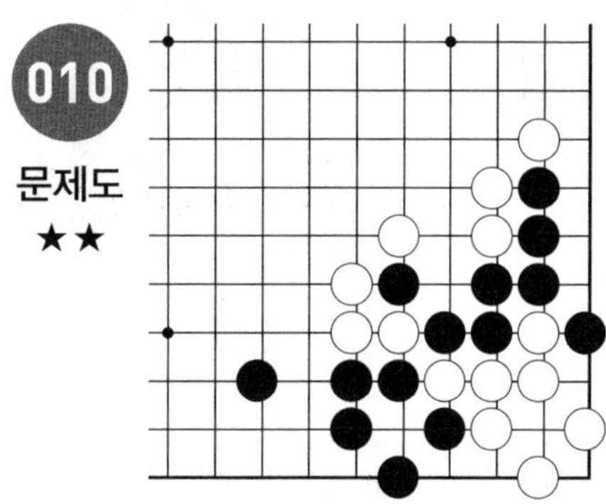

010

문제도

★ ★

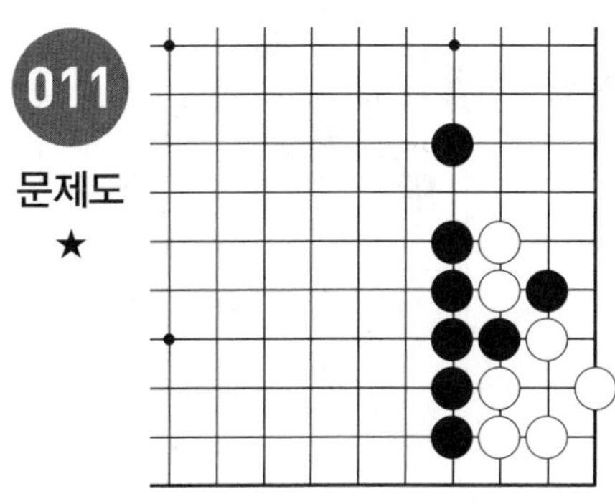

011

문제도

★

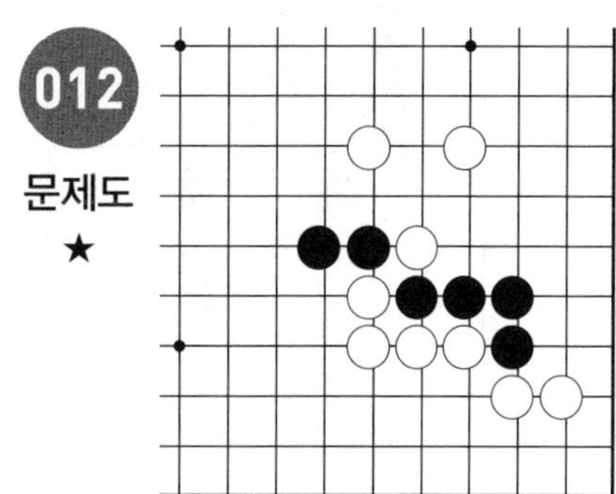

012

문제도

★

001 정해도

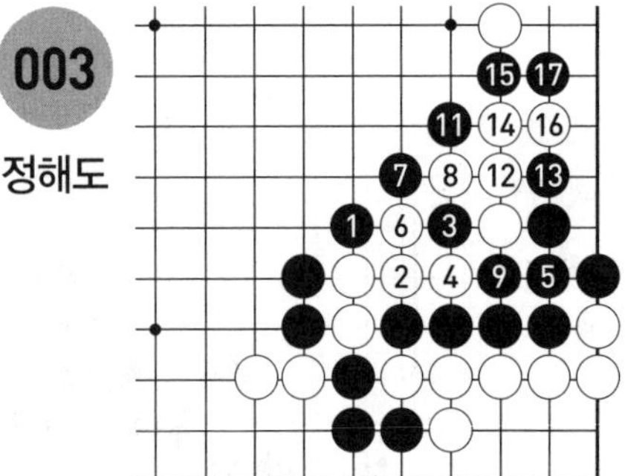

흑1 방향으로 단수치는 것이 정답. 만약 백이 2로 도망가면 흑3 에서 흑11까지 축으로 백을 잡는다.

002 정해도

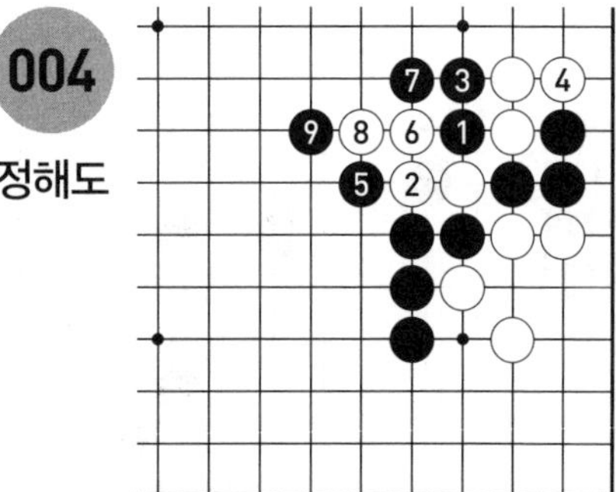

흑1부터 백6까지는 서로 필연적이며, 흑7 끼움, 흑9 먹여치기의 수순이 정답. 흑17까지 축으로 잡는다. 백6=흑1, 백12=흑9, 백16=흑7

003 정해도

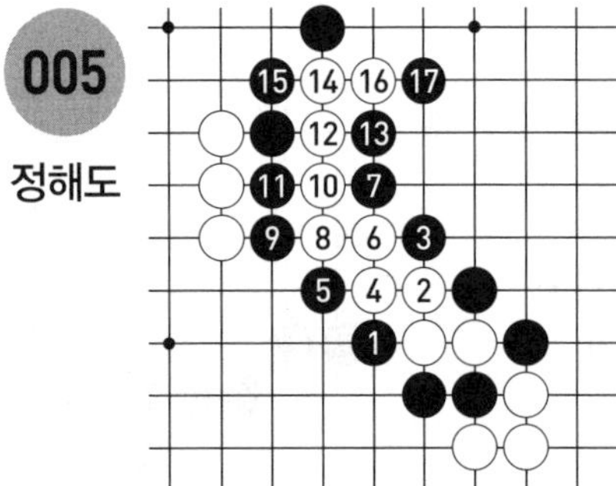

흑1 단수, 흑3에 잇는 수가 묘수. 흑17까지 백이 잡힌다. 백10=흑3

004 정해도

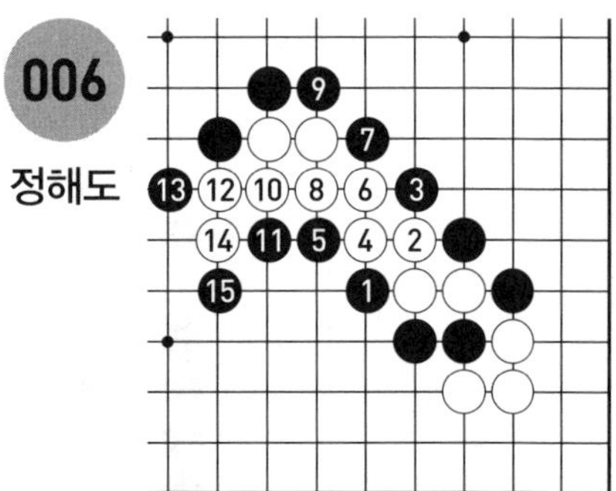

흑1 단수, 흑3 늘림이 묘수. 백이 4로 꼬부리면 흑5 이하 축으로 잡는다.

005 정해도

흑1 이하 축으로 백을 잡음. 흑13, 흑15 수순이 맞다. 이후 계속해서 흑17까지 축으로 백을 잡는다.

006 정해도

이 문제는 앞 도식의 축의 방법과 유사. 과정에서 흑9, 11의 방향이 맞다. 이하 흑15까지 계속해서 축으로 백을 잡는다.

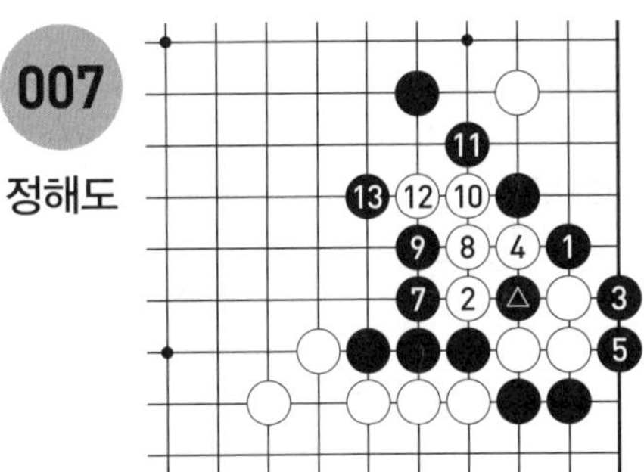

흑1로 막는 수가 정답. 흑3, 5 두 번 단수가 좋다. 흑7 이하 축으로 백이 잡힌다.

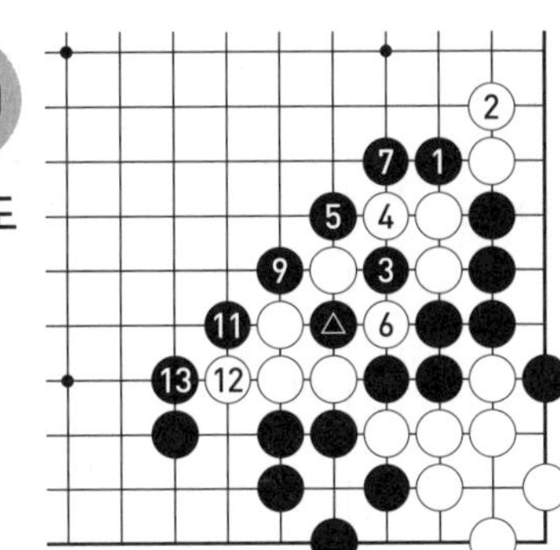

흑1로 끊는 것이 좋은 수. 흑3 끼워 붙임. 흑5 끊는 것이 묘수. 흑7 이후 백은 축으로 잡힌다. 백8=흑3, 백10=▲

흑1로 들여다보는 것이 요처. 흑3, 5 두 번 단수가 좋다. 흑7 이하 축으로 백이 잡힌다.

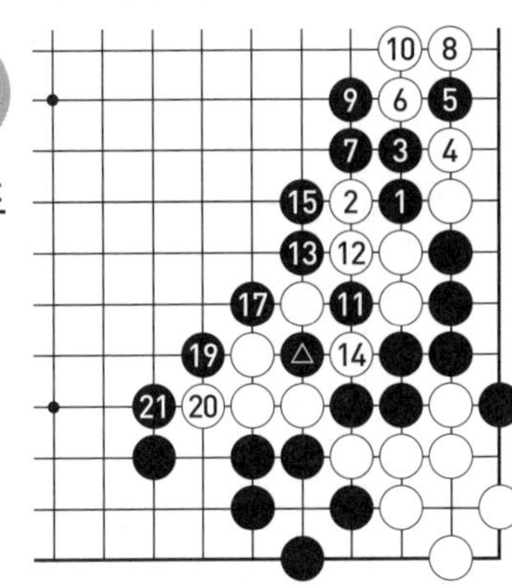

만약 백이 2로 단수치면 흑3으로 늘고 흑5 젖히는 수가 치밀함. 흑11은 묘수, 흑21까지 진행되어 백은 축으로 잡힌다.

흑1에서 흑5까지는 필연적인 착지법. 흑7로 느는 것이 좋은 수. 흑13이 요점. 백은 축으로 잡힌다. 백18=▲

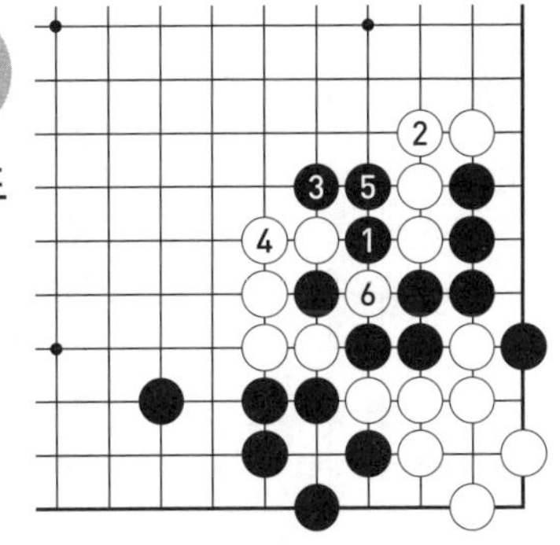

흑1로 먼저 끼워 붙이는 것은 착오. 백은 2로 잇고 백6 따내어 패가 된다. 흑의 실패.

011 정해도

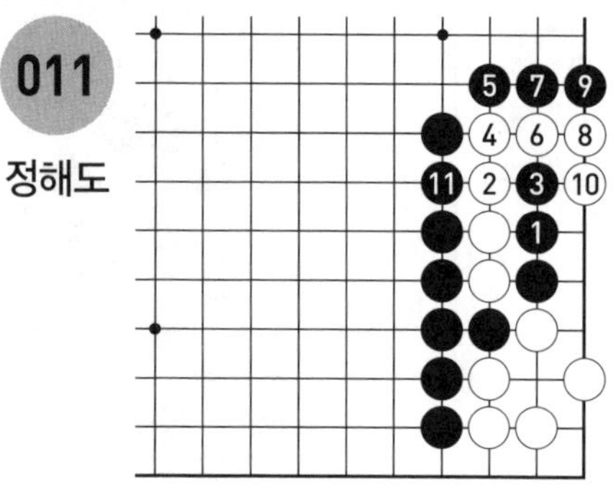

흑1, 3 두 번 미는 수순이 좋다. 흑11까지 진행되어 백이 잡힌다.

012 정해도

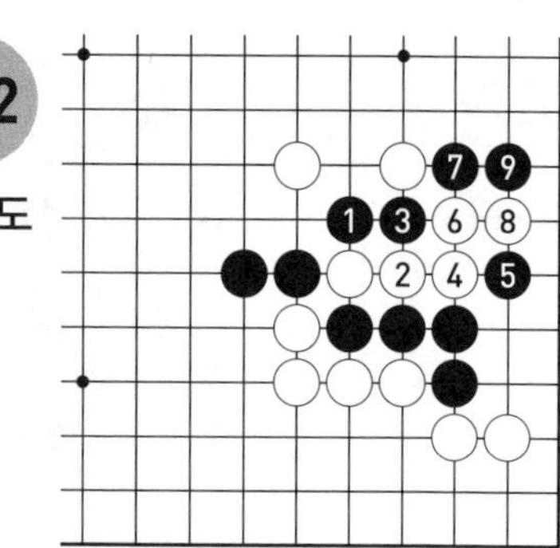

흑1, 3이 좋은 수순. 흑9까지 진행하여 백이 잡힌다.

011 변화도

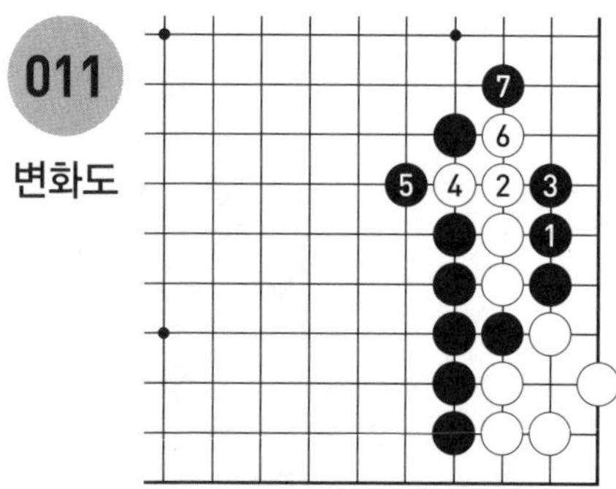

만약 백이 4로 찌르면 흑5로 막아서 백은 역시 안된다.

012 변화도

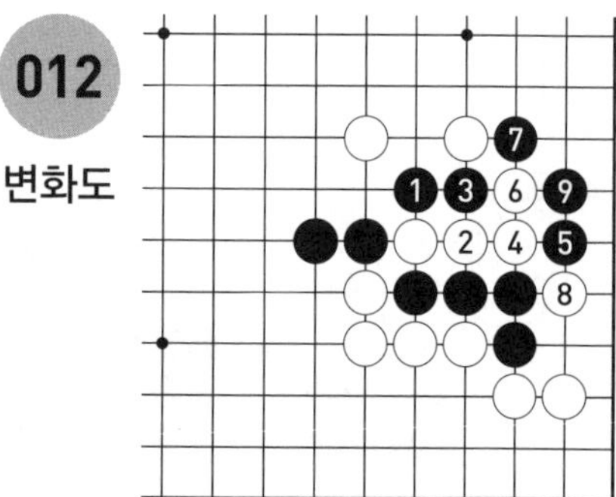

만약 백이 8로 끊어서 단수치면 흑9로 따내어 역시 백은 안된다.

011 실패도

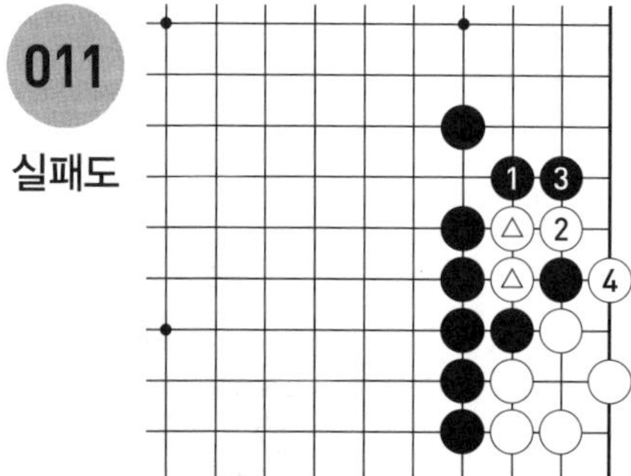

흑1 단수치는 것은 착오. 백2 꼬부림, 백4 따냄. 백△ 2점은 탈출하여 흑의 실패.

012 실패도

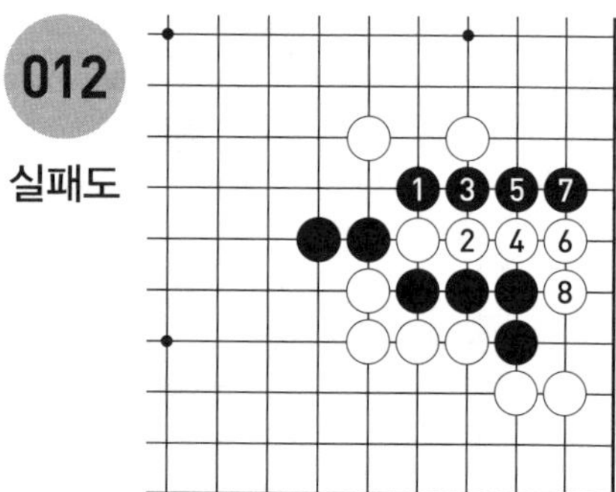

흑5로 단수치는 것은 착오. 백은 6으로 늘리고 나와 흑이 오히려 잡힌다.

013

문제도
★

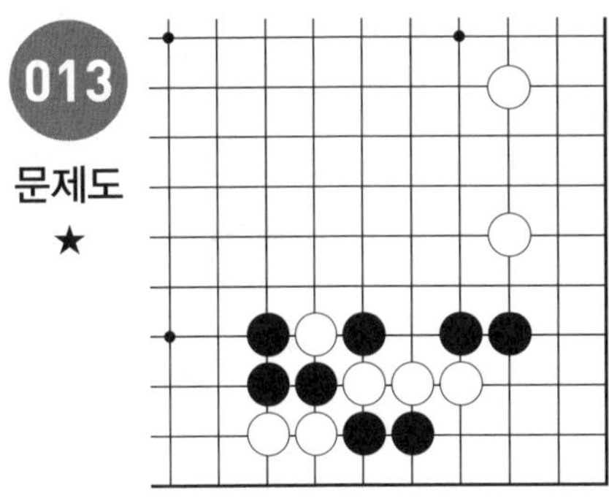

014

문제도
★

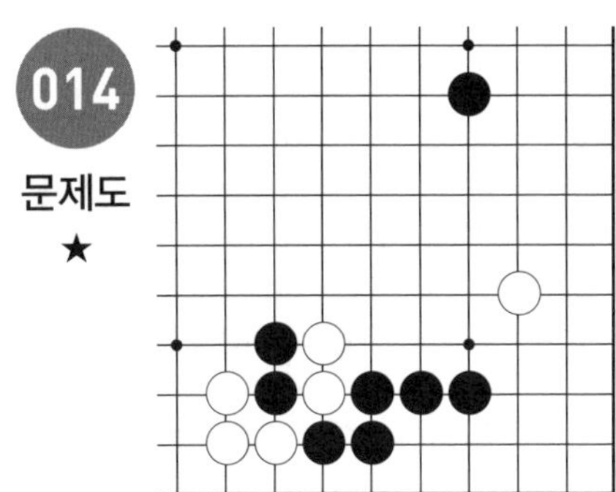

015

문제도
★ ★

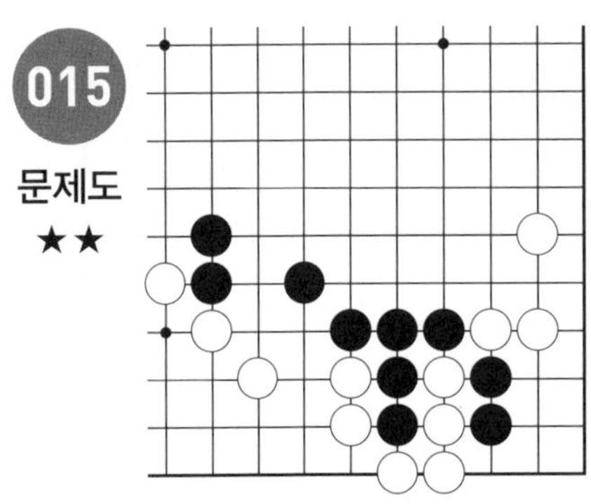

016

문제도
★ ★

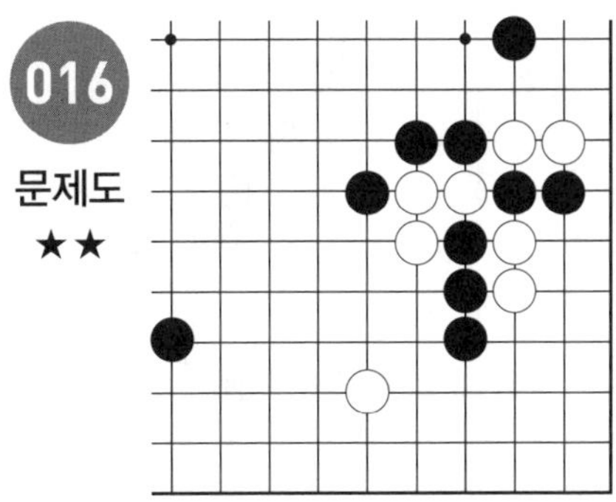

017

문제도
★ ★

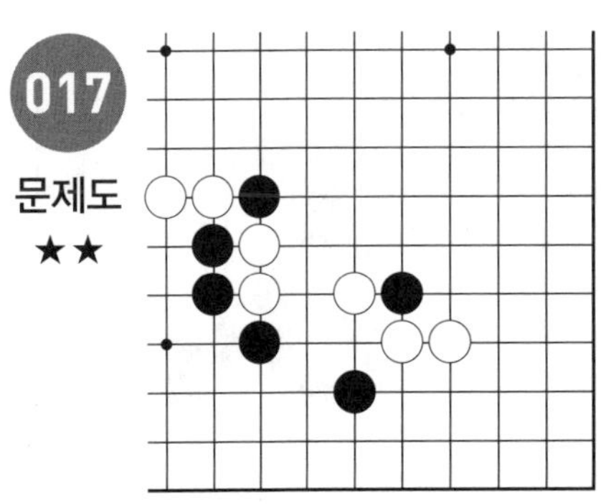

018

문제도
★

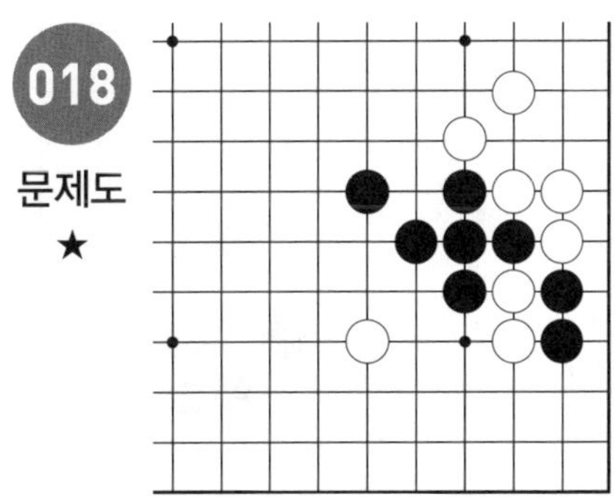

019 문제도 ★

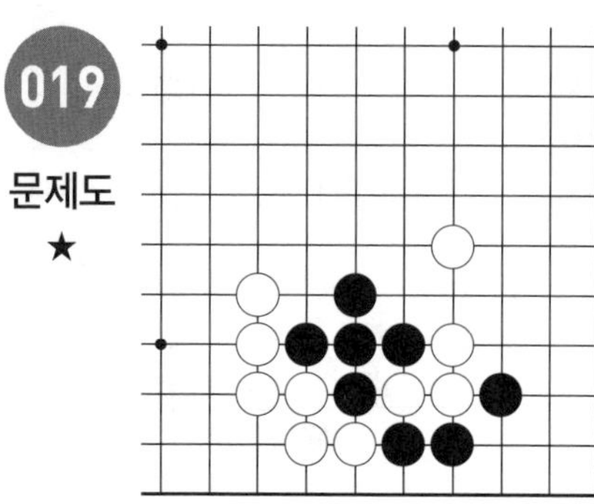

020 문제도 ★

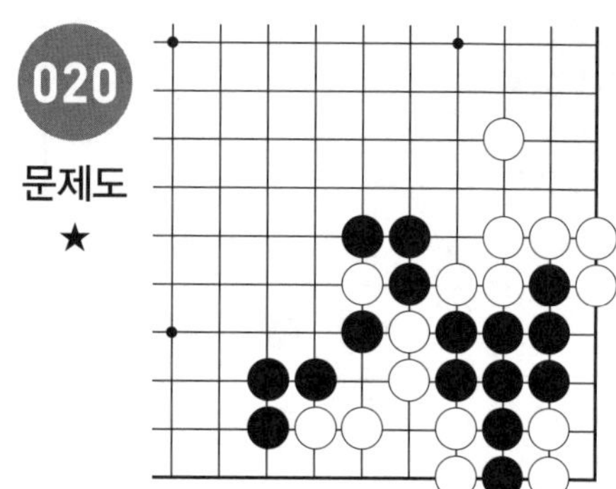

021 문제도 ★

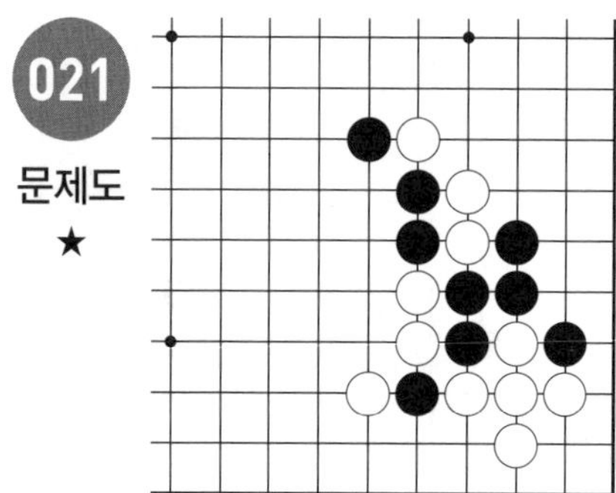

022 문제도 ★★

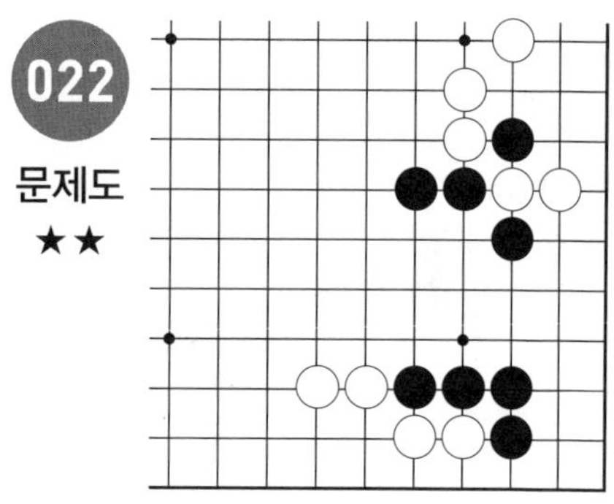

023 문제도 ★★

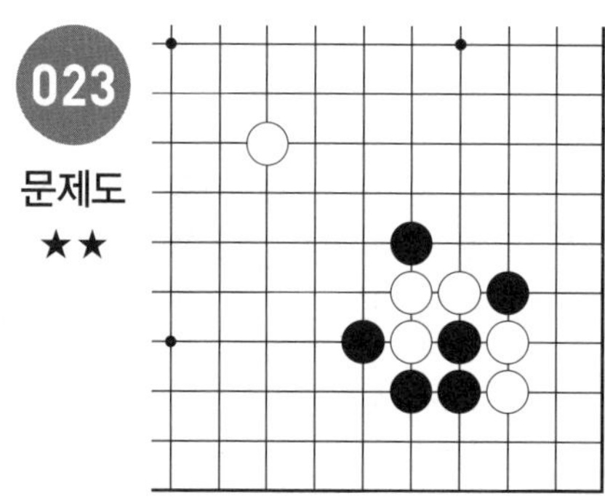

024 문제도 ★★

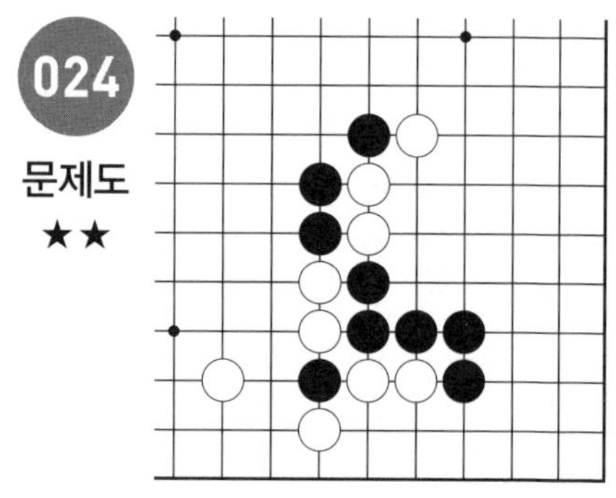

013 정해도

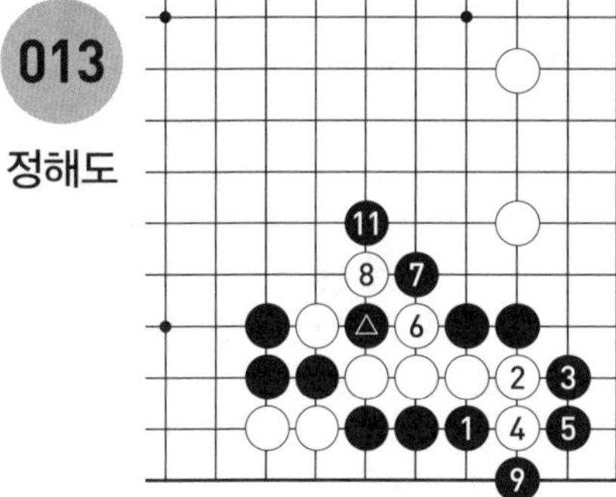

흑1로 밀고 흑3 젖히는 수순이 좋다. 흑11까지 진행되어 백이 축으로 잡힌다.

014 정해도

흑1 이하 축으로 백을 잡는다. 흑13, 흑15의 수순이 좋다. 흑33 까지 진행되어 백이 축으로 잡힌다. 백26=흑7

013 변화도

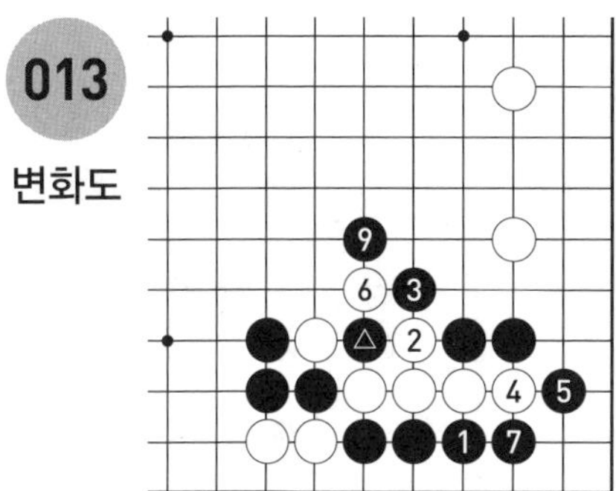

백이 2로 먼저 찌르고 백4로 늘지만 결과는 역시 백이 잡힌다. 백8=▲

014 변화도

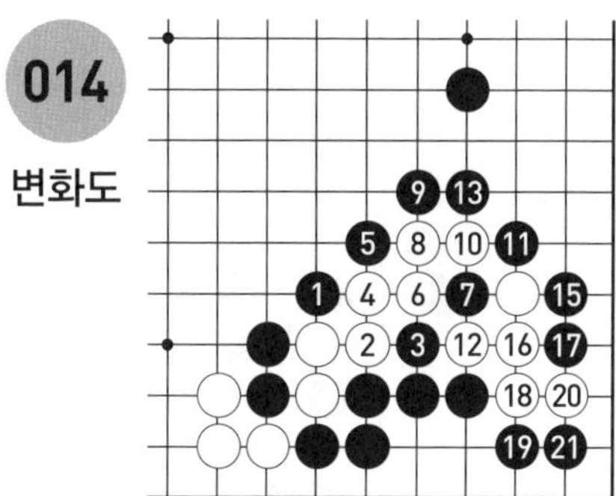

만약 백이 12로 직접 따내면 흑13 이하 역시 백이 축으로 잡힌다. 백14=흑7

013 실패도

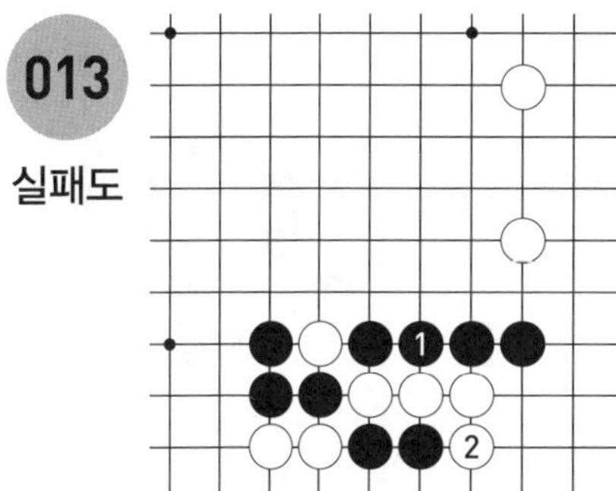

흑1로 잇는 것은 착오. 백은 2로 막아서 흑의 실패.

014 실패도

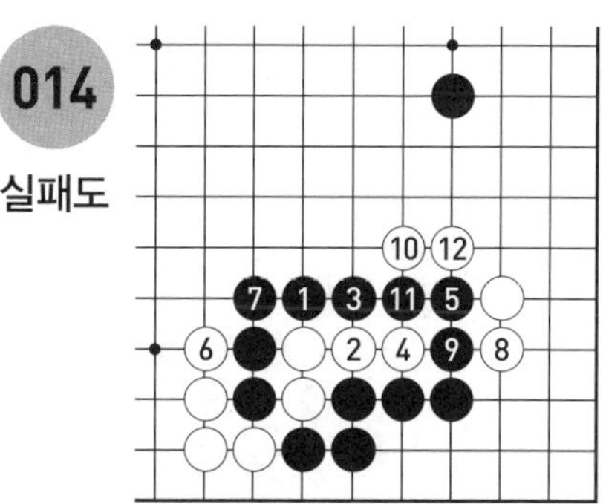

흑5 장문하여 잡을 수는 있으나 백은 6에서 12까지 선수를 활용하게 되어 흑의 실패.

015 정해도

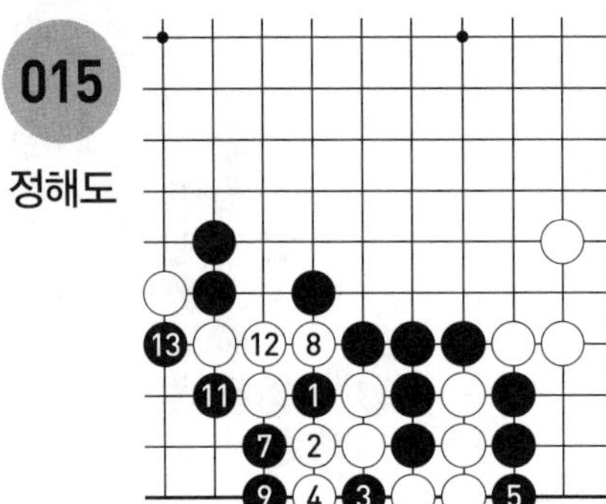

흑1의 끼움과 흑3 먹여치기가 묘수. 흑13까지 진행되어 백이 잡힌다. 백6=흑3, 백10=흑1

016 정해도

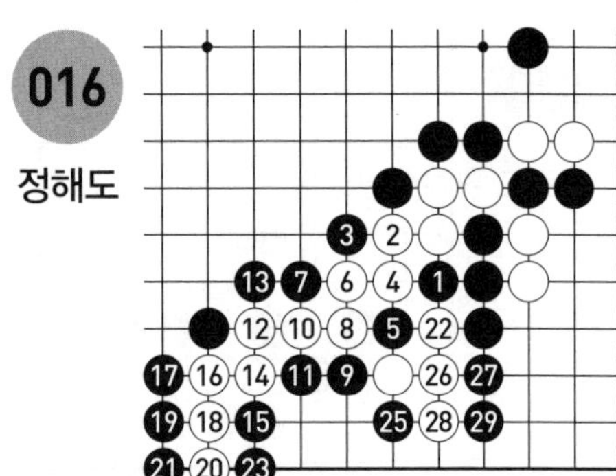

흑1 이하 축으로 잡는다. 흑11 위치로 단수치는 것이 묘수. 백이 축으로 잡힌다. 백24=흑5

015 변화도

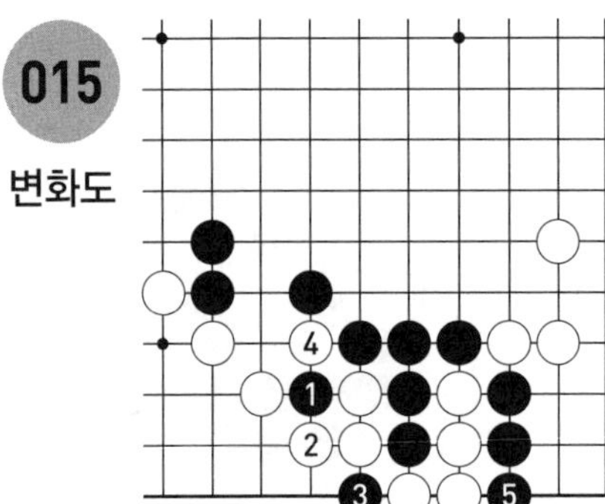

백이 4로 따내면 흑5로 따내어 탈출한다.

016 변화도

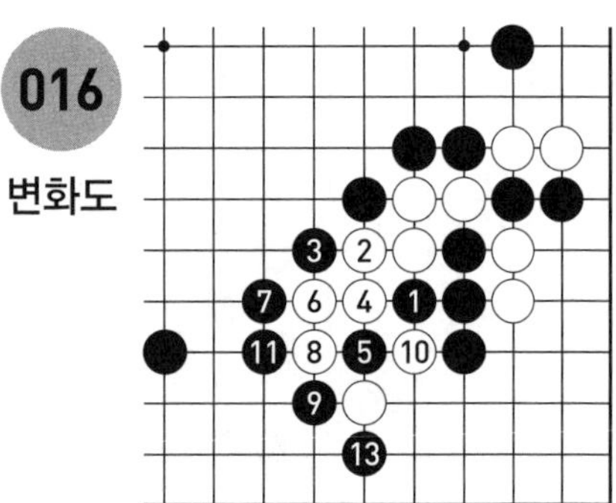

백이 10과 같이 따내면 흑11, 13으로 여전히 축으로 잡힌다. 백12=흑5

015 실패도

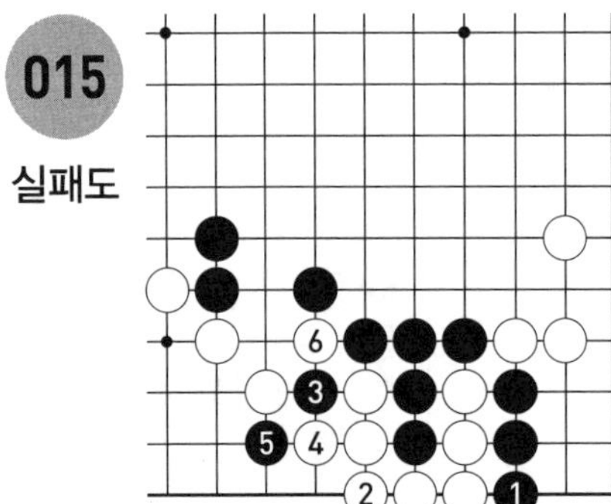

흑1로 단수치는 것은 착오. 백2 잇고 백6 따냄까지 흑의 실패.

016 실패도

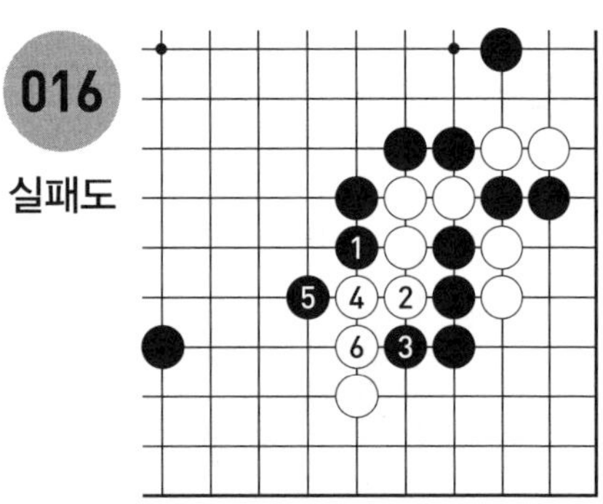

흑1로 단수치는 것은 착오. 백6 연결까지 흑의 실패.

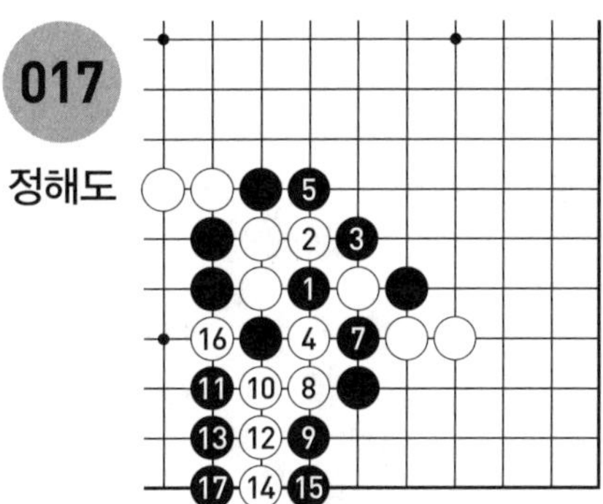

정해도

흑1 끼움. 흑3 단수치는 수순이 좋음. 흑7의 끊는 것이 묘수. 흑 17까지 백이 잡힌다. 백6=흑1

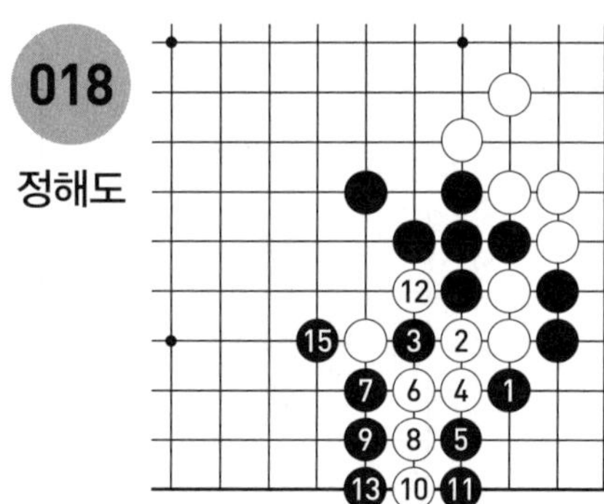

정해도

흑1 이하 축으로 잡음. 흑7, 흑9 두 번 단수가 묘수. 백14=흑3

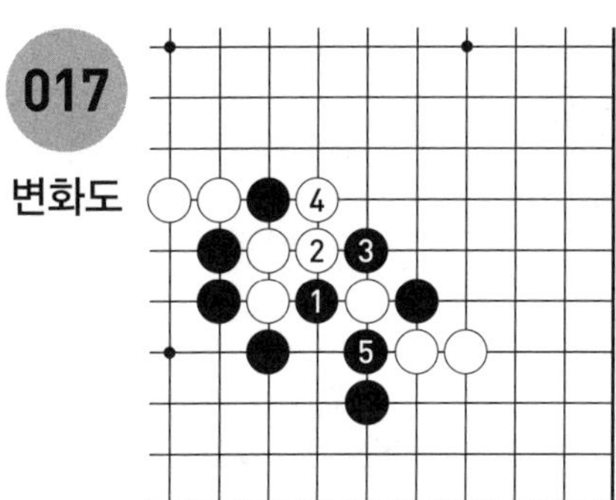

변화도

만약 백이 4로 꼬부리면 흑5로 1 점을 따내어 순조롭게 탈출함.

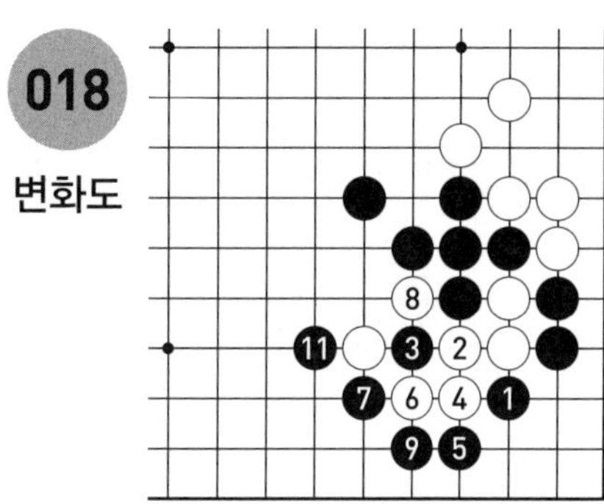

변화도

만약 백이 8로 따내면 흑9로 단 수쳐서 역시 축으로 잡는다. 백10=흑3

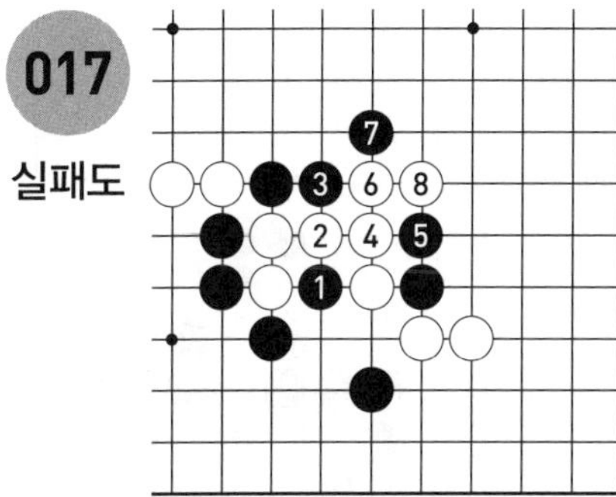

실패도

흑3 위치로 단수치는 것은 착오. 백4 연결로 실패.

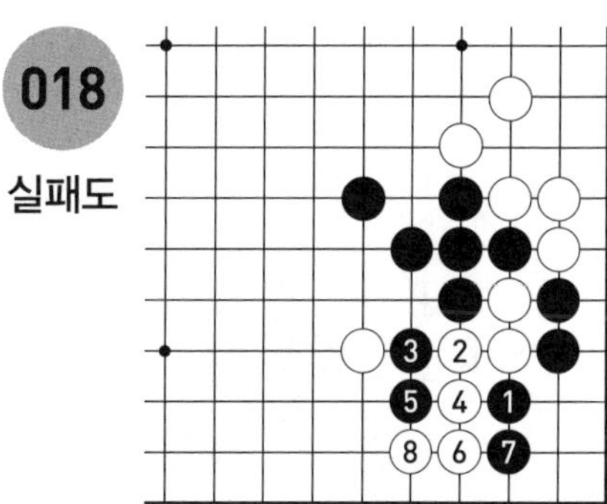

실패도

흑5로 단수치는 것은 착오. 백6 늘리고 백8 꼬부려서 흑의 실패.

019 정해도

흑1 이하 축으로 잡는다. 흑17까
지 진행되어 백이 축으로 잡힌
다. 백12=흑1

020 정해도

흑1로 먹여치는 것이 묘수. 흑3,
흑5 두 번 단수치는 것이 맥. 흑
9까지 진행되어 백이 축으로 잡
힌다. 백6=▲

019 변화도

만약 백이 6으로 따내면 흑7, 9
두 번 단수쳐서 백으로 잡힌다.
백8=흑1

020 변화도

만약 백이 2로 따내면 흑3, 5 두
번 단수. 백이 역시 잡힌다.
백4=흑1

019 실패도

흑3으로 단수치는 것은 착오. 백
10까지 진행되어 흑의 실패.

020 실패도

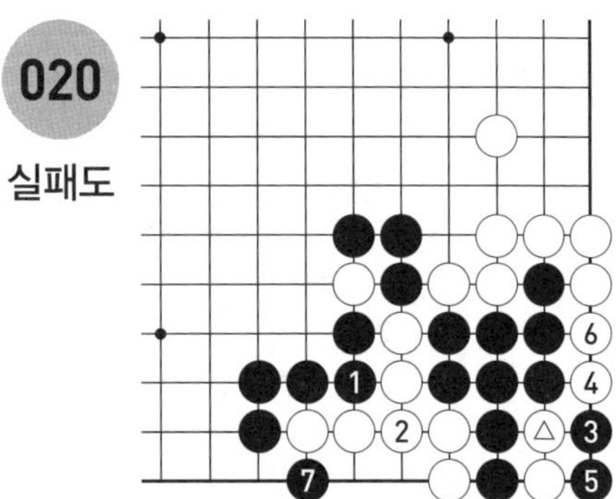

흑이 1로 먼저 단수치는 것은 착
오. 백8까지 진행되어 흑이 도리
어 잡힌다. 백8=△

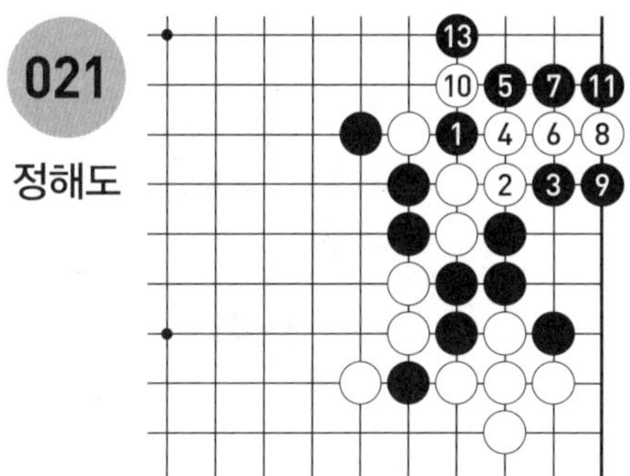

흑1 이하 축으로 잡는다. 흑13까
지 백이 축으로 잡힌다.
백12=흑1

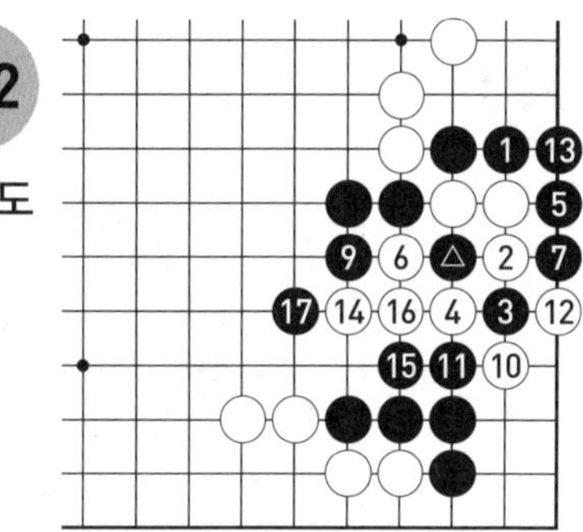

흑5, 7이 좋은 수. 흑15가 맥점으
로 17까지 백이 잡힌다.

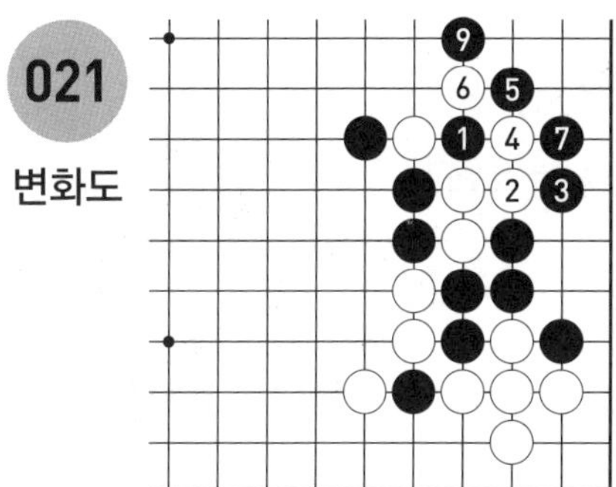

만약 백이 6으로 따내면 흑7, 흑
9 두 번 단수, 백은 역시 축으로
잡힌다. 백8=흑1

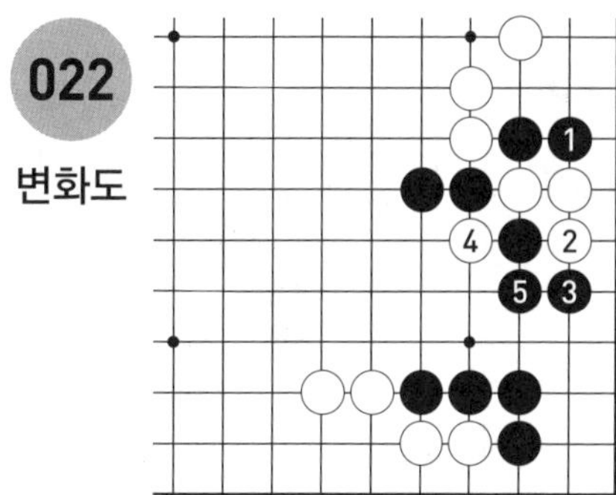

백4로 끊어도 흑5에 이어 역시
백이 잡힌다.

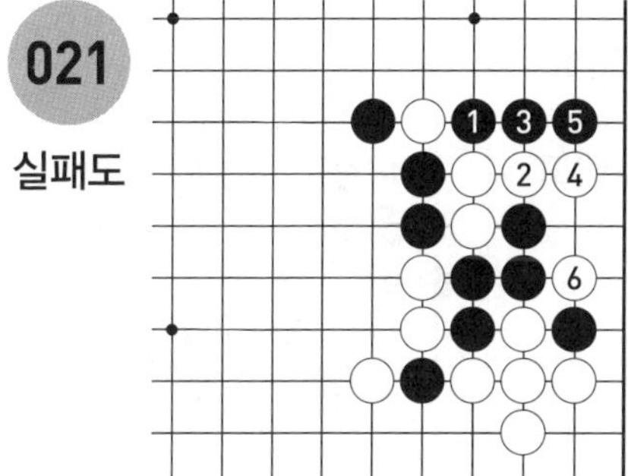

흑3의 단수치는 것은 착오. 백6
까지 진행되어 흑의 실패.

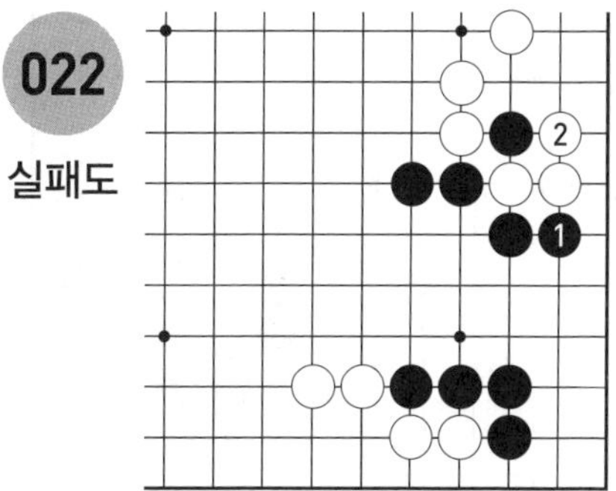

흑1로 막는 수는 백2로 싱거운
결과.

023 정해도

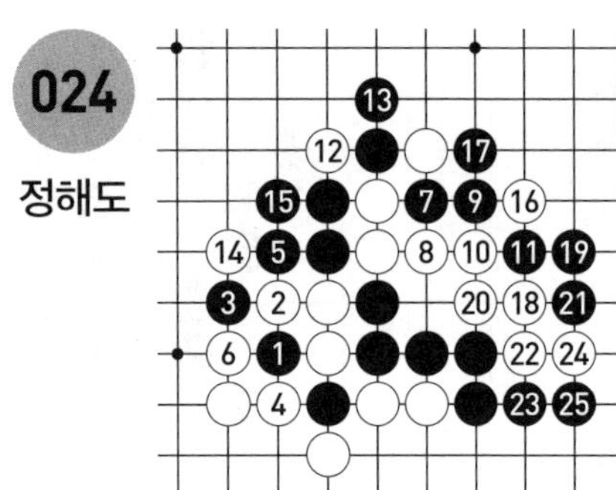

흑1, 3이 좋은 수순으로 11까지
축으로 잡힌다.

024 정해도

흑1, 3, 5가 좋은 수순으로 흑25
까지 백이 어찌할 도리가 없다.

023 변화도

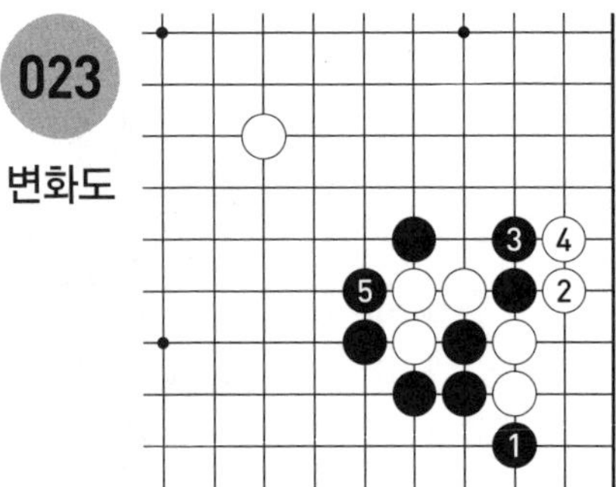

흑1로 둘 때 백2로 단수치는 것
은 흑5로 역시 살 수 없다.

024 변화도

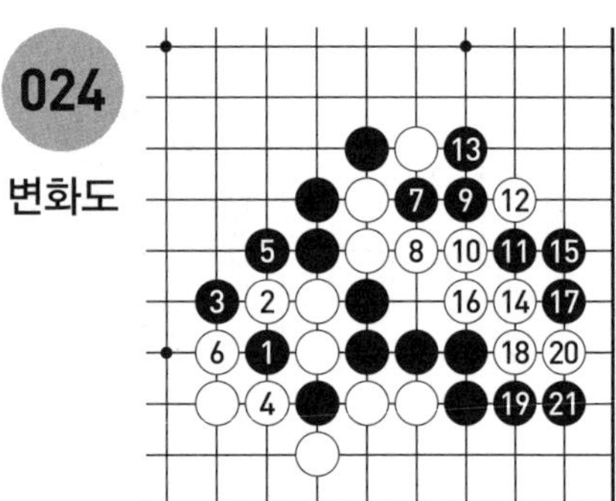

흑1, 3, 5가 좋은 수순으로 흑25
까지 백이 어찌할 도리가 없다.

023 실패도

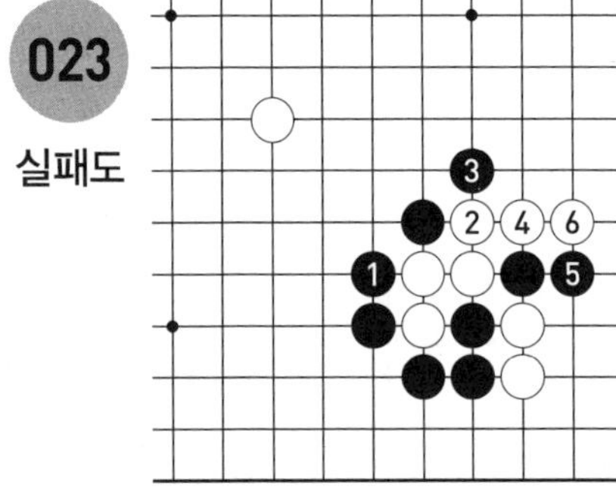

흑1로 단수치는 수는 백6까지
역으로 흑이 잡힌다.

024 실패도

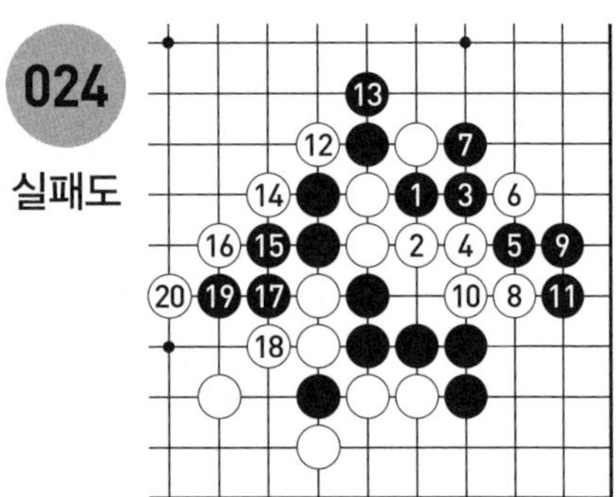

흑1, 3으로 두는 것은 수순 착오
로 백20까지 축으로 잡힌다.

025
문제도
★★

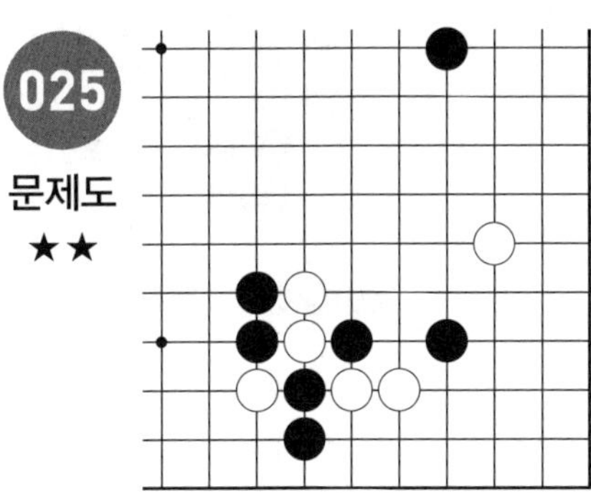

026
문제도
★★

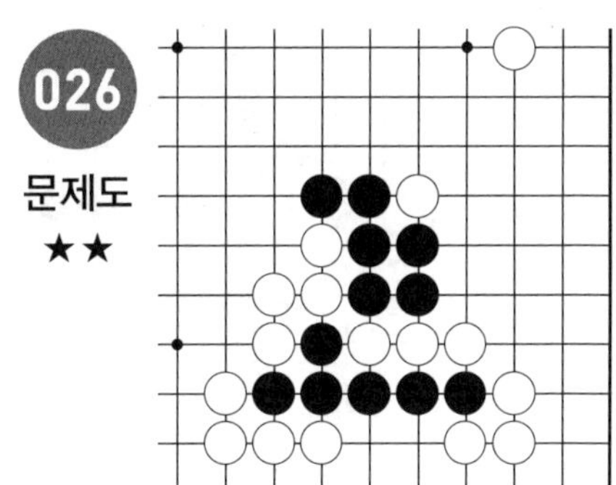

027
문제도
★★★

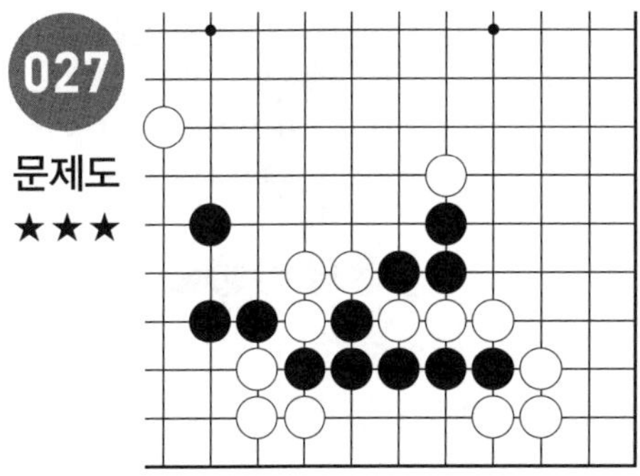

025 정해도

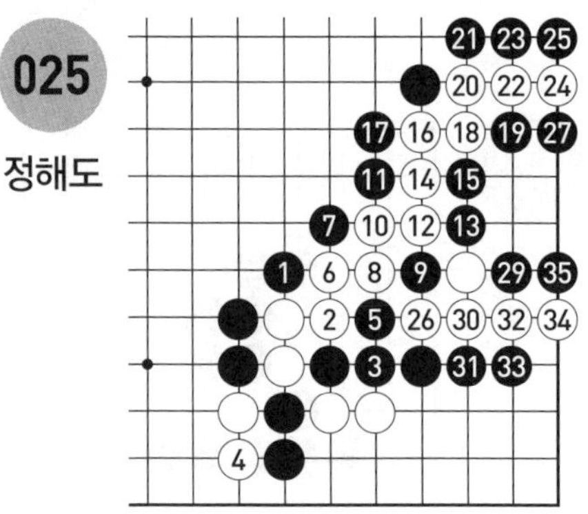

흑5, 9가 좋은 방향으로 흑35까지 백 전멸.

026 정해도

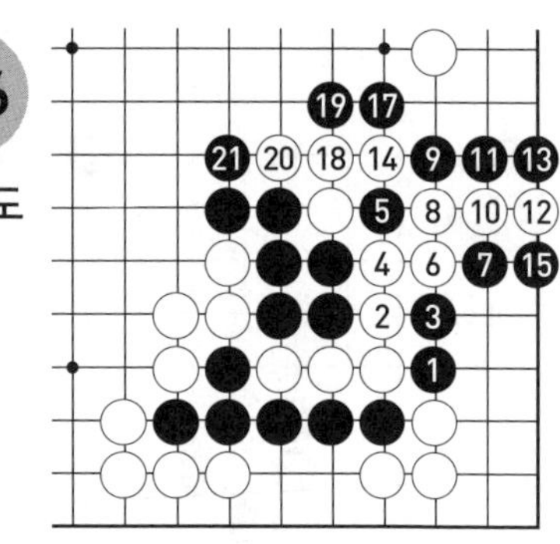

흑9가 묘수로 21까지 축으로 잡힌다.

025 변화도

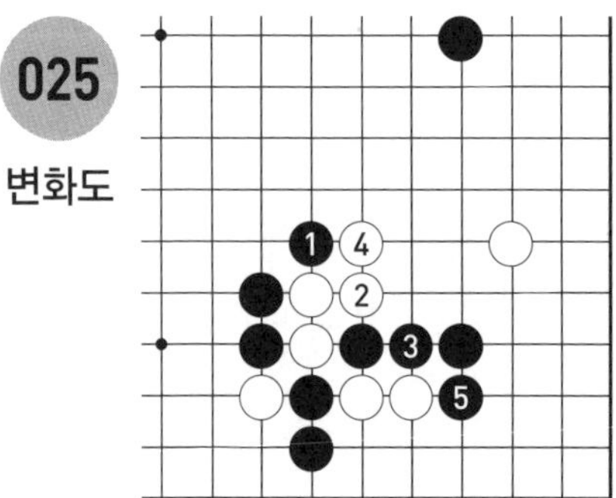

백4로 두는 수는 흑5로 역시 백의 실패.

026 변화도

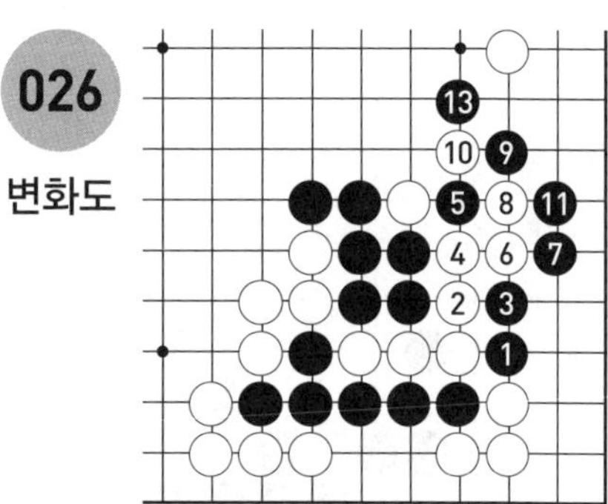

백10으로 따내도 13까지 역시 축이다.

025 실패도

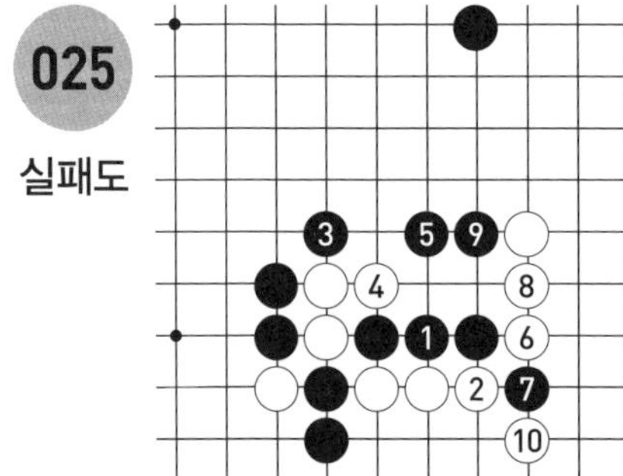

흑5로 두는 수는 백10까지 흑의 손해.

026 실패도

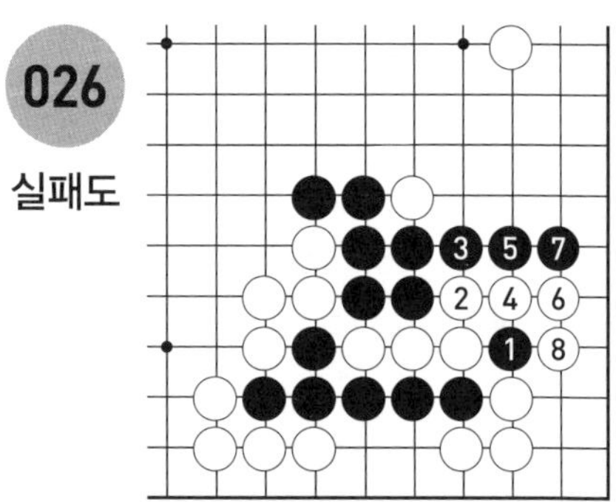

흑3으로 단수치는 수는 백8까지 흑의 실패.

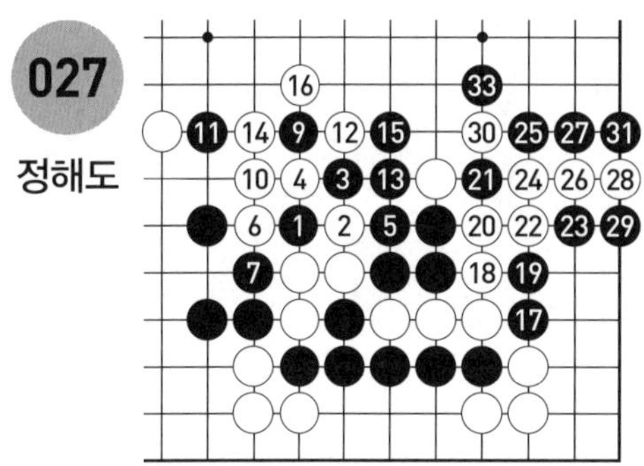

027 정해도

흑1이 묘수로 33까지 백이 살 수
없다.

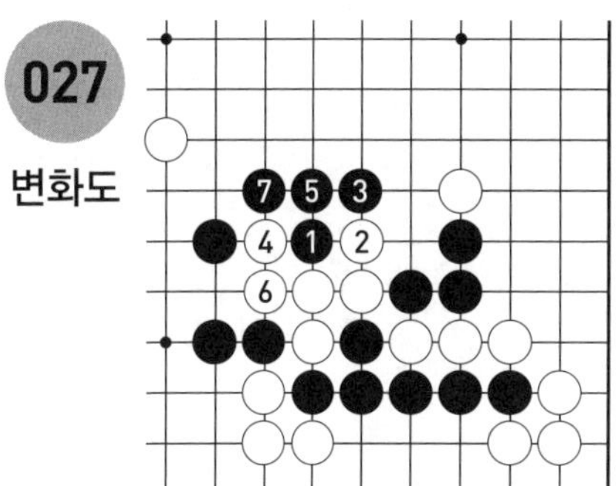

027 변화도

백4로 단수치는 것은 흑5에 이어
서 역시 백이 잡힌다.

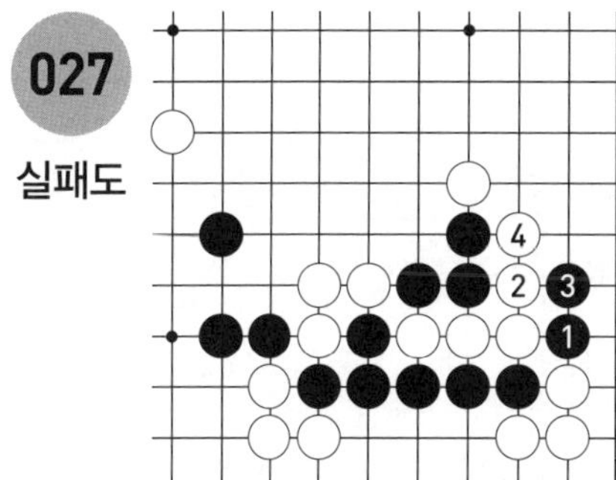

027 실패도

흑1, 3은 실수로 4까지 흑이 잡
히게 된다.

제 2 부 끊기

'끊기'는 상대의 돌을 끊는 것으로, 절단이라고도 합니다. 끊기는 상대를 끊은 후 공격하는 바둑의 중요한 전술 중 하나입니다. '단수는 적게 하고 끊을 수 있으면 즉시 끊어라'는 바둑격언은 끊기의 속성을 단적으로 표현한 말입니다.

끊기는 수상전에서 매우 중요한 기술로, 상대의 수를 줄이고 자기의 수를 늘려 상대 돌을 잡고 자신을 지키는 가장 효과적인 수단입니다. 이것이 끊기의 궁극적인 목적입니다.

제2부는 36개의 연습문제로 구성되어 있으며 모두 흑이 선입니다. 끊기를 이용해 상대를 공격해 봅시다.

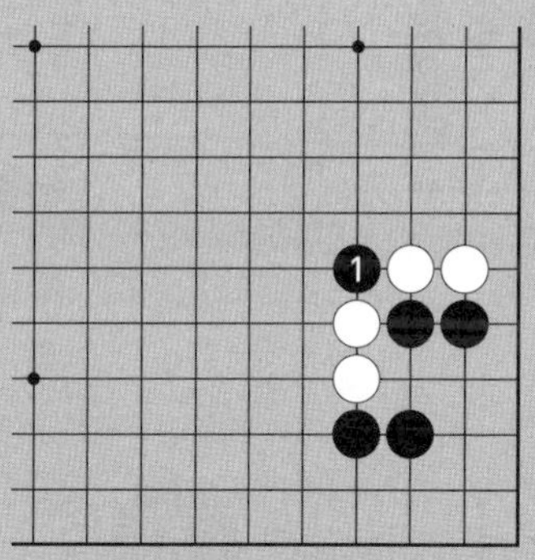

[도해] 흑1을 '끊기'라고 한다.

028

문제도
★

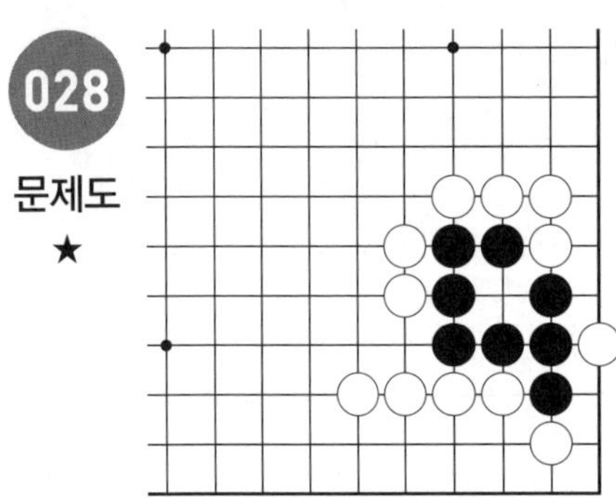

029

문제도
★

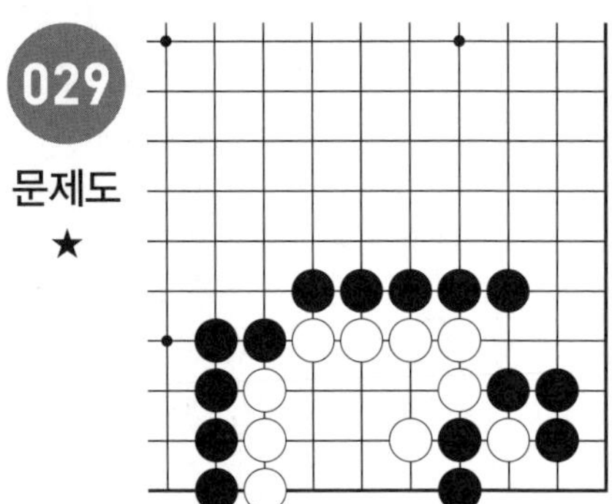

030

문제도
★

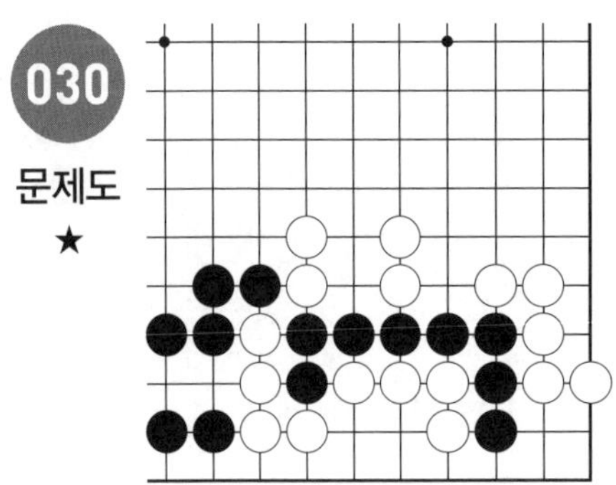

031

문제도
★ ★

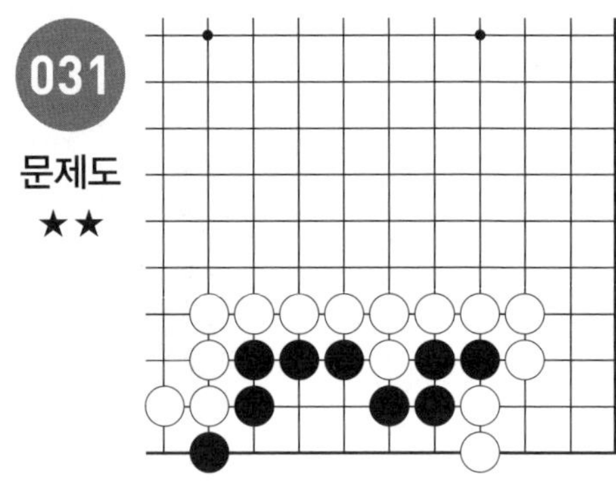

032

문제도
★ ★

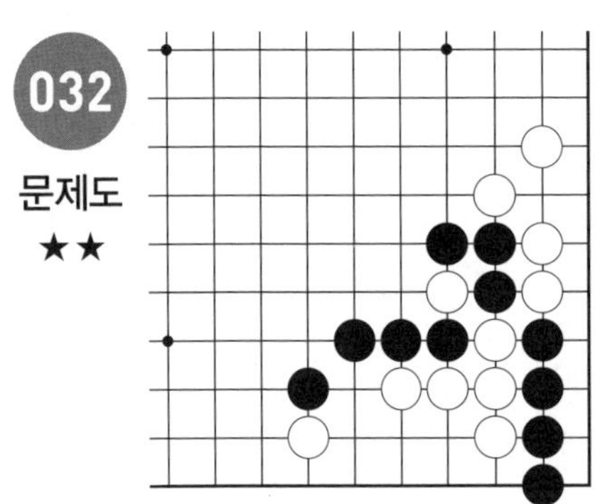

033

문제도
★ ★

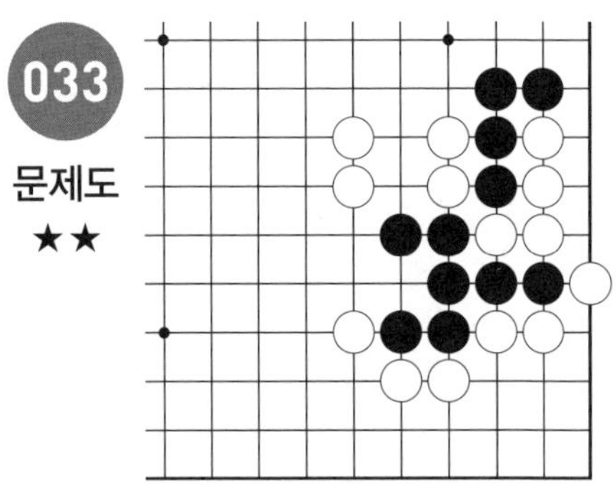

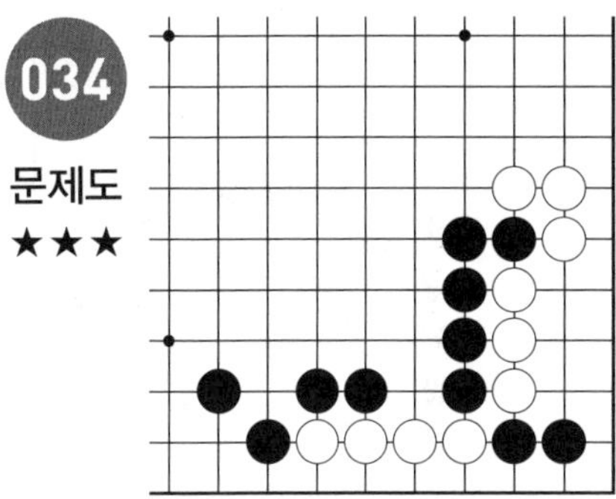

034

문제도

★★★

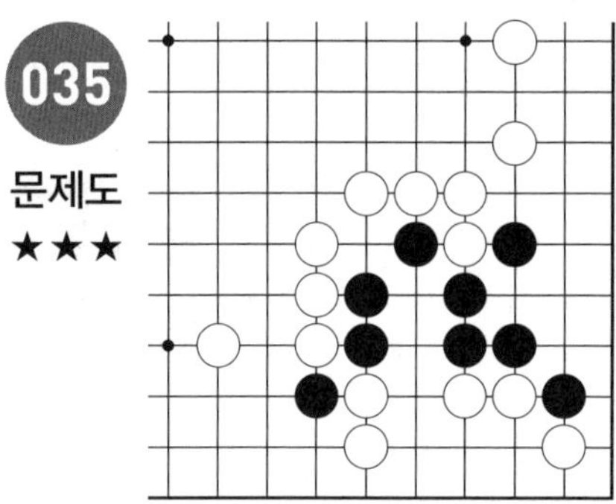

035

문제도

★★★

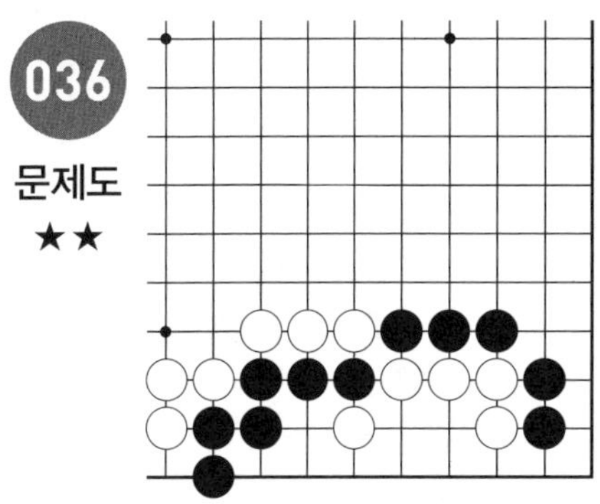

036

문제도

★★

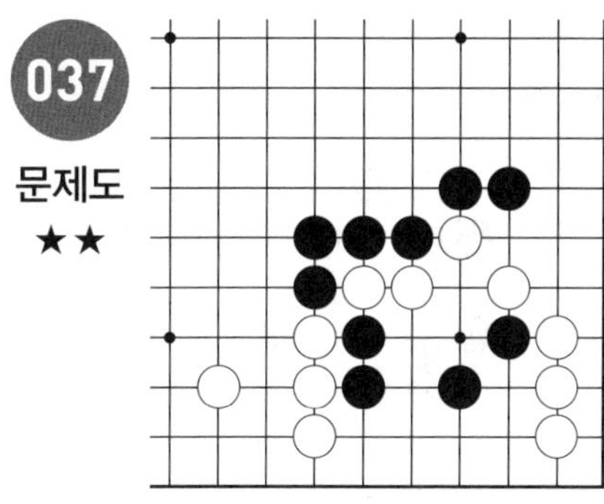

037

문제도

★★

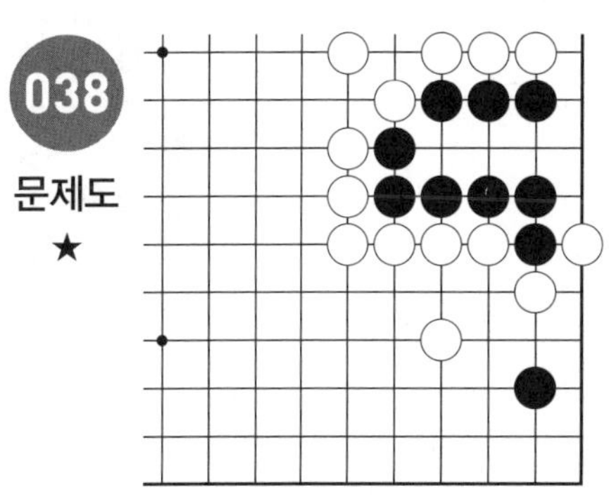

038

문제도

★

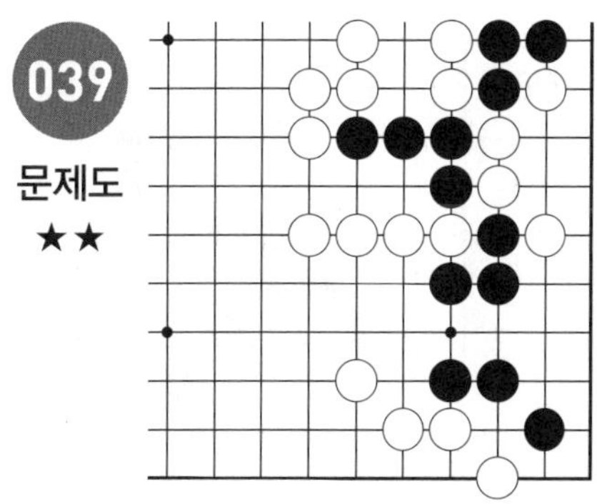

039

문제도

★★

028

정해도

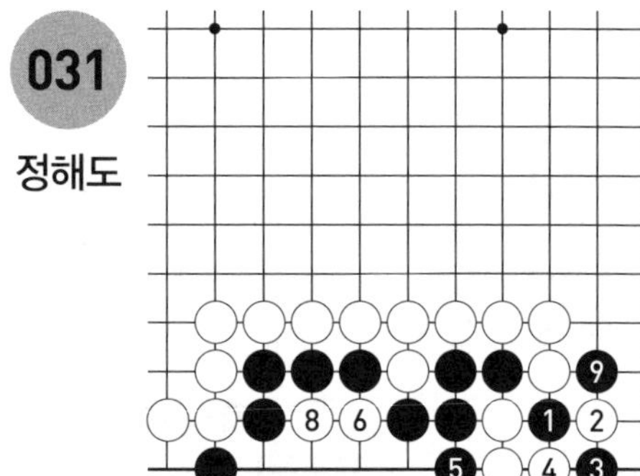

흑1로 끊는 수가 살 수 있는 묘수. 백2로 빠질 때 흑3 단수. 흑5로 따내어 살았다.

029

정해도

흑1로 먼저 끊고 다시 흑3 끼워붙임. 흑5로 늘어서 양자충이 되어 백이 잡힌다.

030

정해도

흑1로 끊는 것이 수를 줄이는 묘수. 이하 흑9까지 진행되어 백이 한 수 차로 잡힌다.

031

정해도

흑1로 끊고 흑3 젖히는 것이 좋은수순. 만약 백이 6에 끊으면 흑7로 따내고 흑9로 끊어서 4점을 버리면서 뒤에서 살 수 있다. 흑7=흑1

032

정해도

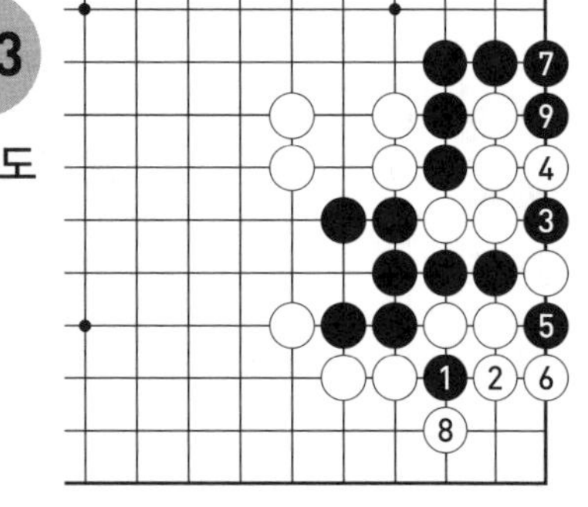

흑1, 3이 수를 줄이는 좋은 수. 이하 흑9까지 진행되어 백이 잡힌다. 백8=흑3

033

정해도

흑1로 끊고 흑3 먹여치기가 좋은수순. 이하 흑9까지 진행되어 백을 잡는다. 백은 촉촉수.

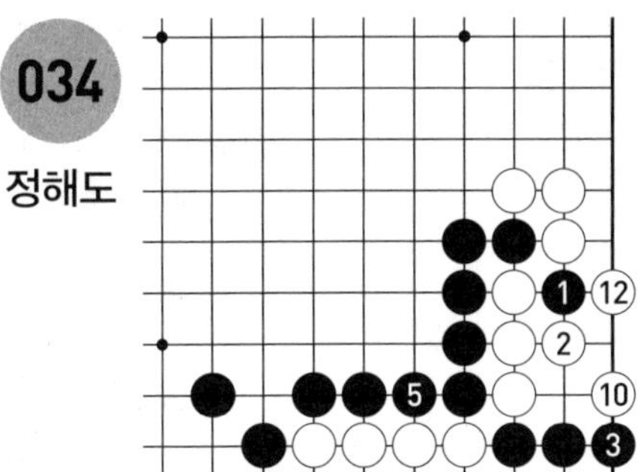

034 정해도

흑1로 끊고 흑3에 느는 것이 수를 늘리는 묘수. 이하 흑13까지 진행되어 백은 한 수 차이로 잡힌다.

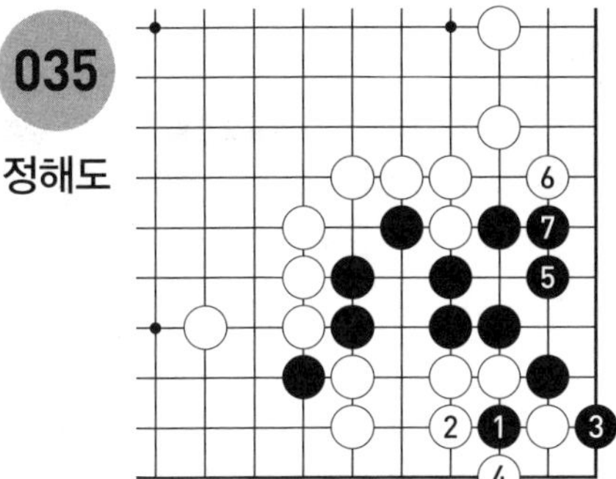
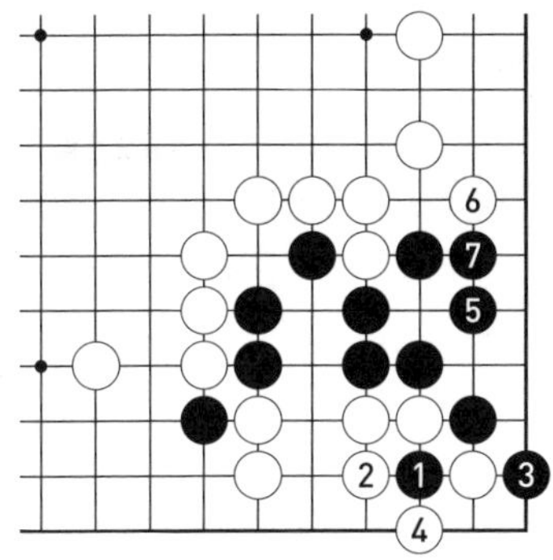

035 정해도

흑1 끊음. 흑3 단수. 다시 흑5로 집을 지어 흑은 살았다.

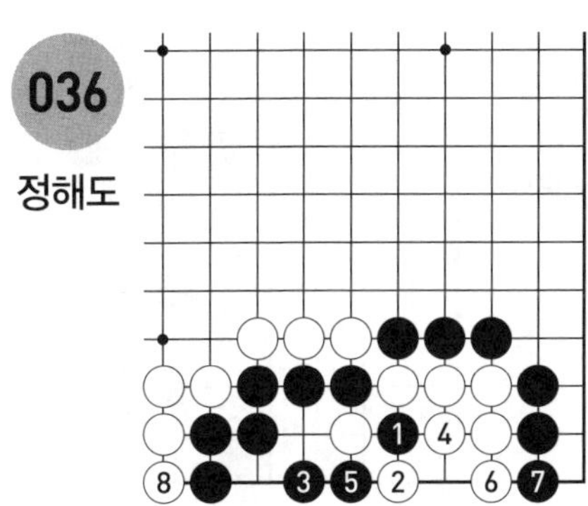

036 정해도

흑1 끊음. 흑3 입구자하는 수순이 좋음. 이하 백8까지 진행되어 흑의 선수로 빅이 된다.

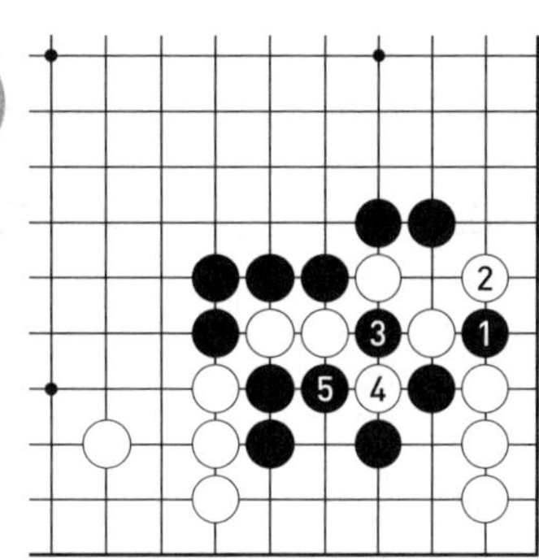

037 정해도

흑1로 끊고 흑3 먹여치기가 매우 교묘함. 백4로 따낼 때 흑은 다시 흑5로 단수쳐서 백 2점이 잡히게 된다.

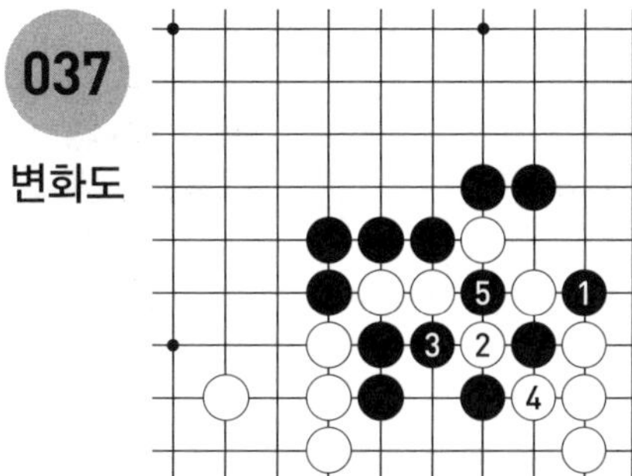

037 변화도

백이 많아 2로 먼저 단수치면 흑3 단수치고 흑5로 따내어 역시 잡히게 된다.

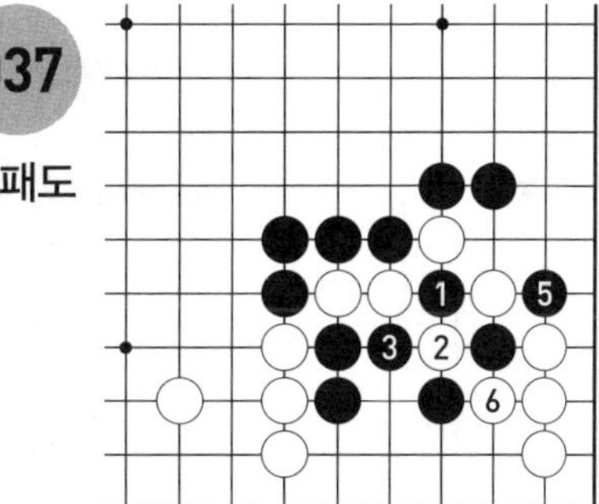

037 실패도

흑1로 먼저 먹여치기하는 수순은 착오. 흑3에 단수칠 때 백은 4에 이을 수 있어서 흑의 실패. 백4=흑1

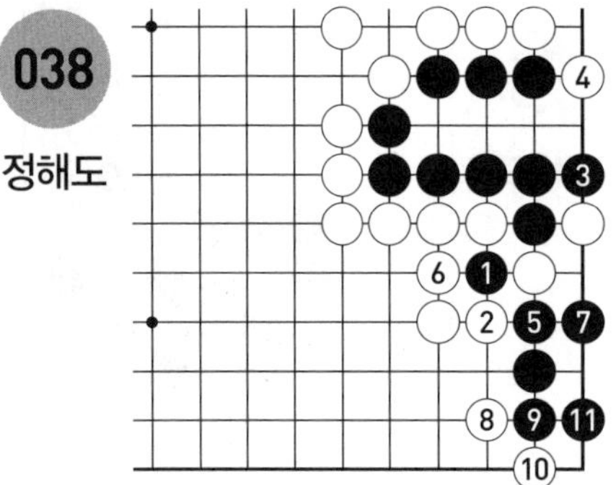

038 정해도

흑으로 끊는 것은 살 수 있는 묘수. 흑7이 좋은 수. 흑11까지 진행되어 살았다.

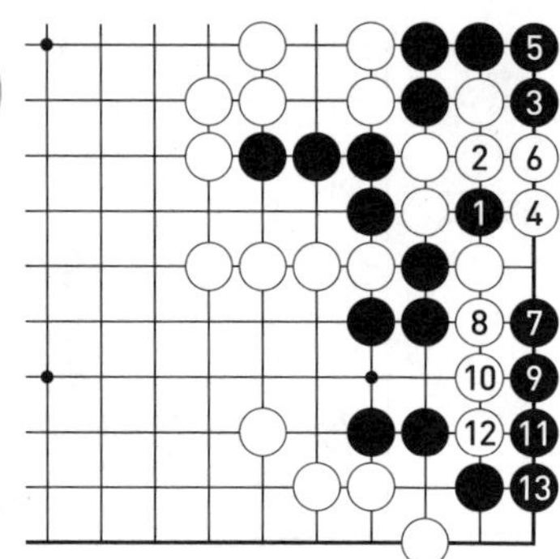

039 정해도

흑1 끊음. 흑3 단수치는 것이 수를 줄이는 좋은 수. 이하 흑13까지 진행되어 백은 한 수 차이로 잡히게 된다.

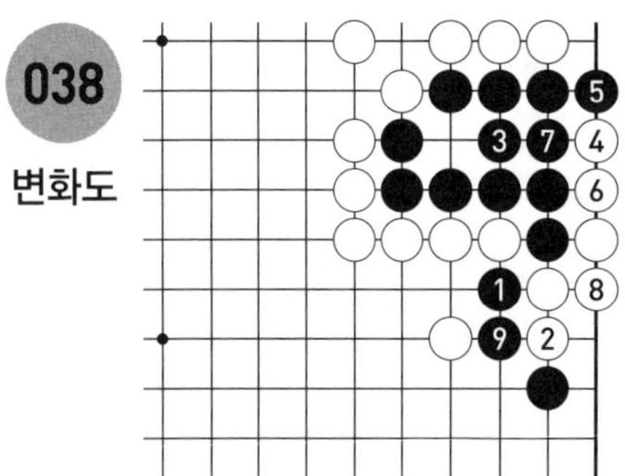

038 변화도

만약 백이 2로 치받으면 흑3으로 집을 짓고 이하 흑9까지 진행되어 백이 잡히게 된다.

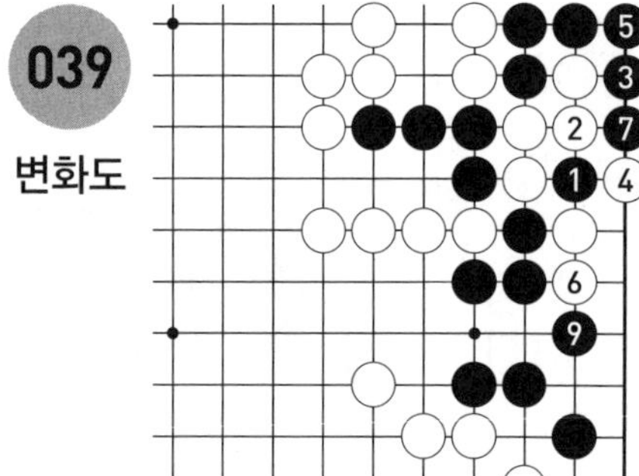

039 변화도

백이 6으로 먼저 늘리나 역시 안된다. 흑7 단수, 흑9 막아 백은 역시 한 수 차로 잡힌다.
백8=흑1

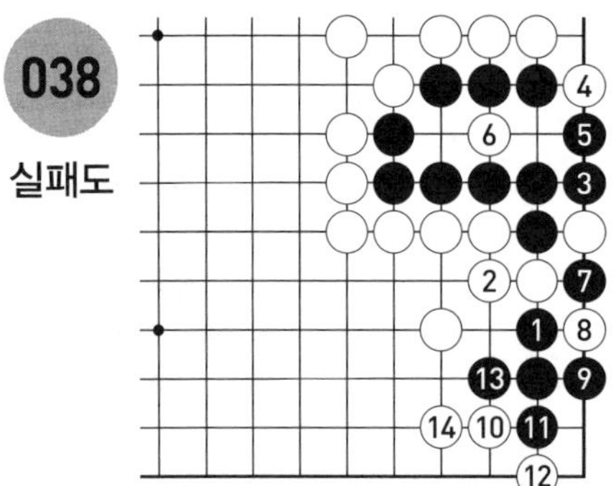

038 실패도

흑1로 먼저 치받는 수는 착오. 백은 4, 6으로 강하게 파호하여 백14까지 진행되어 흑의 실패.

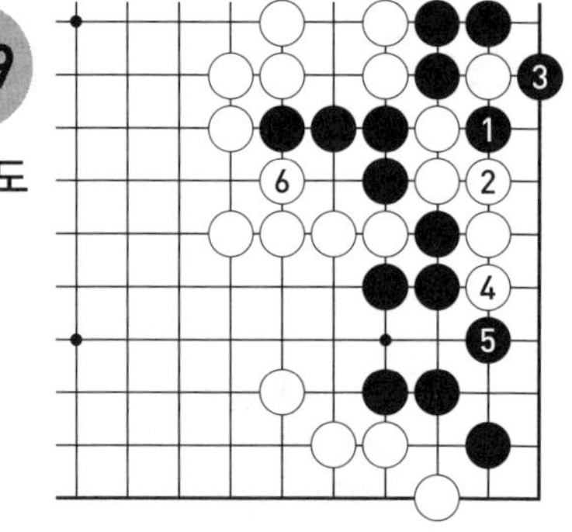

039 실패도

흑1로 두 번 단수치는 것은 착오. 백6까지 진행되어 오히려 흑이 잡힌다.

040 문제도 ★★★

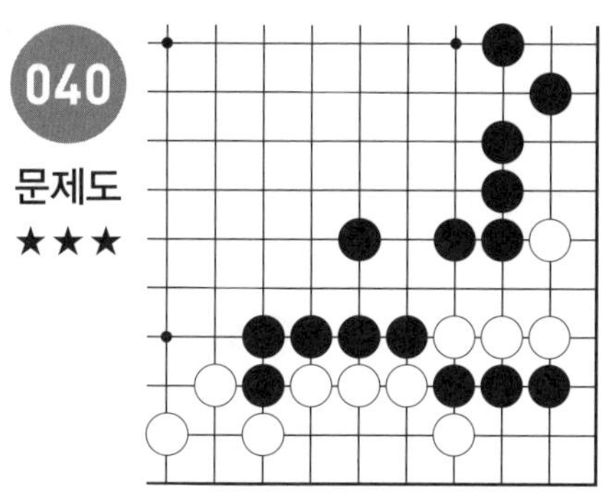

041 문제도 ★★

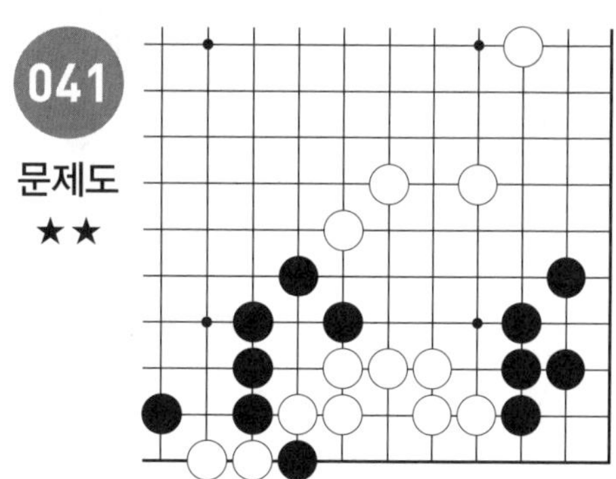

042 문제도 ★★

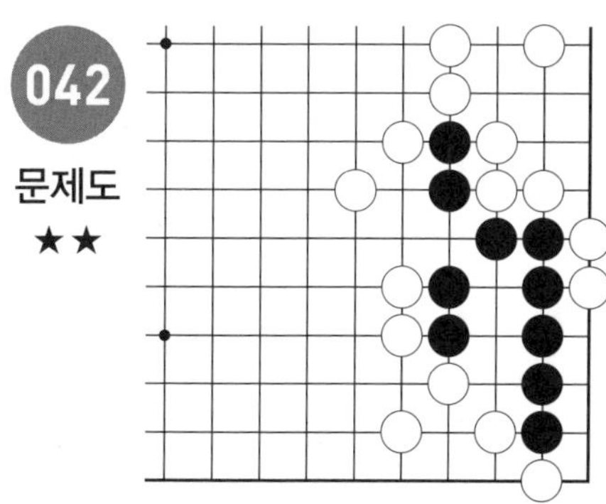

043 문제도 ★★

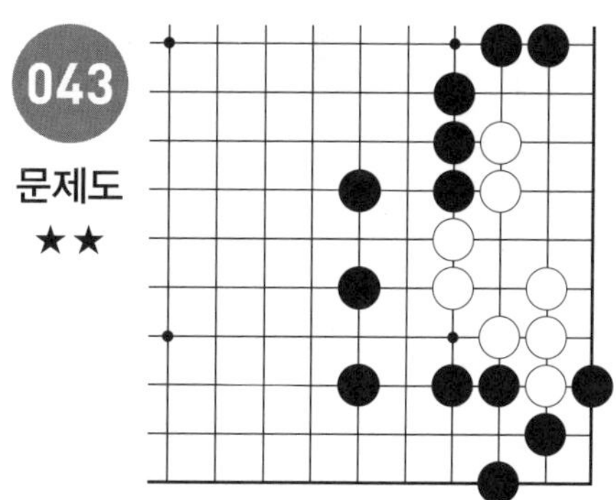

044 문제도 ★★

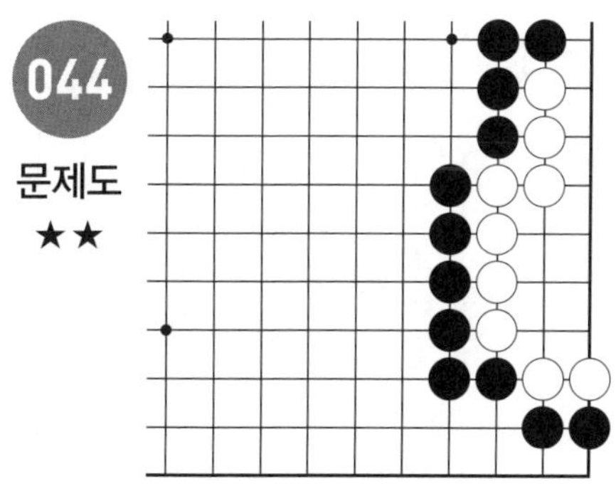

045 문제도 ★★

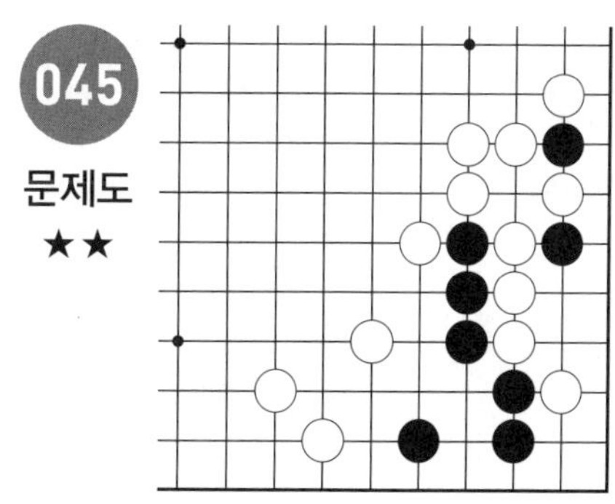

046
문제도
★★

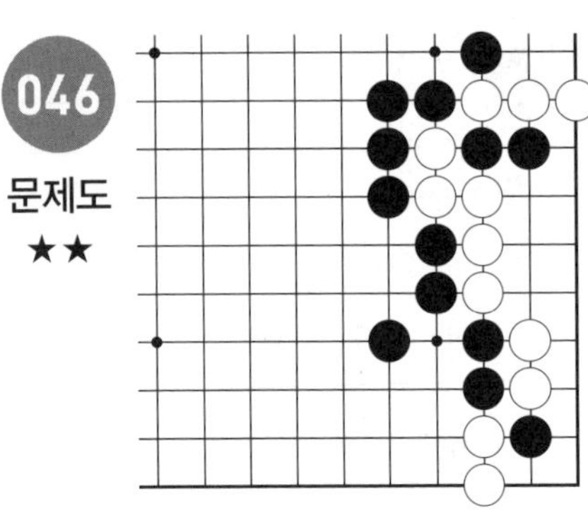

047
문제도
★★

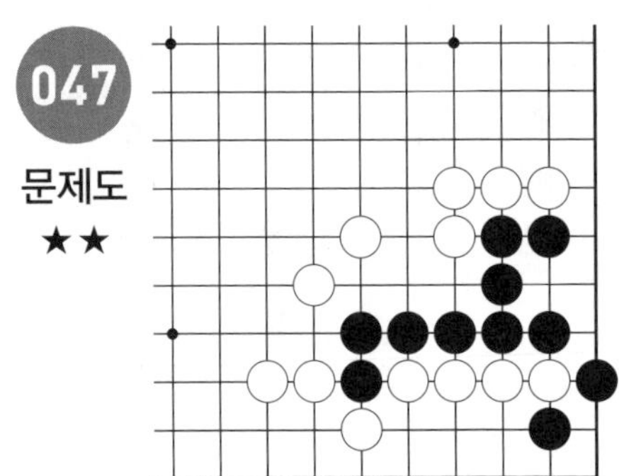

048
문제도
★

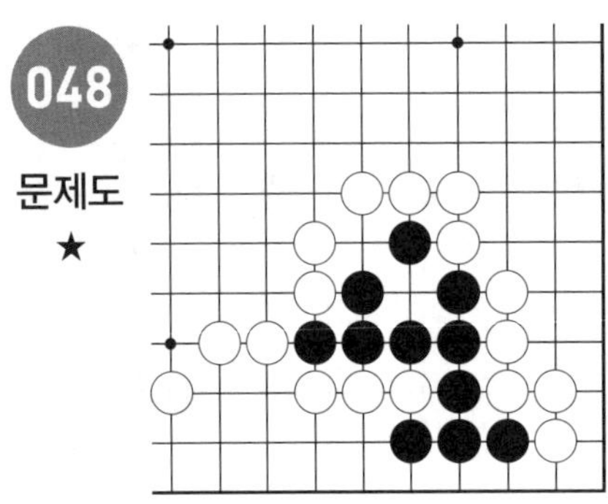

049
문제도
★★

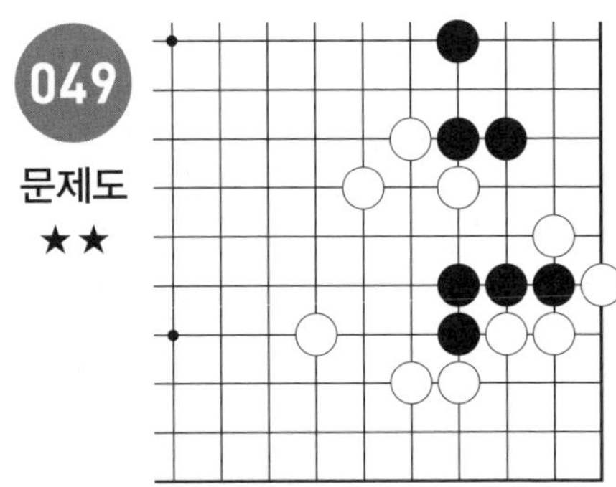

050
문제도
★★★

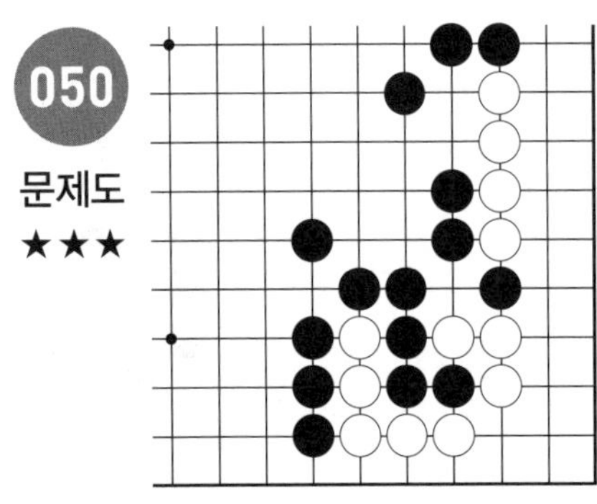

051
문제도
★★

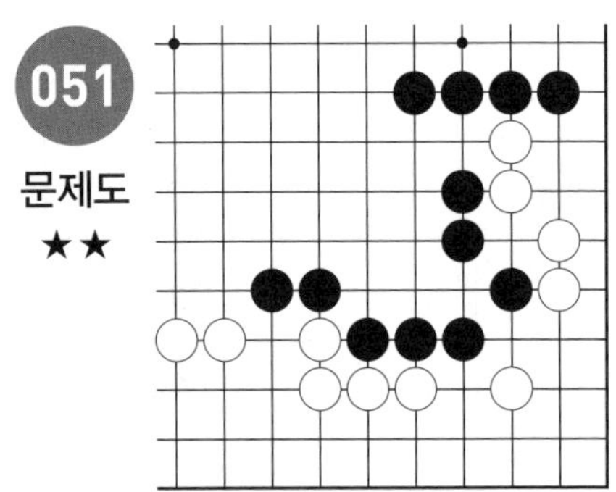

040 정해도

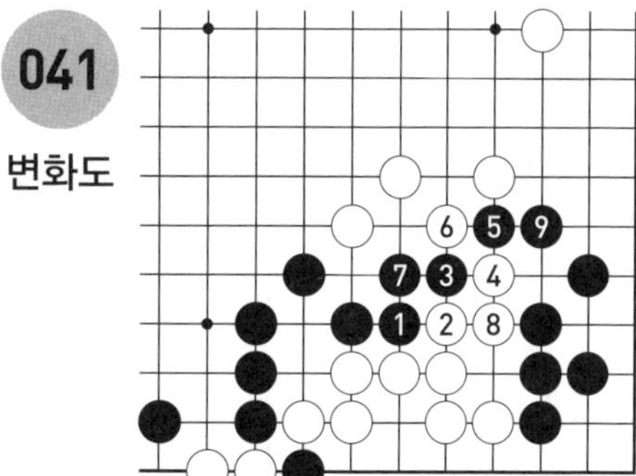

흑1로 끊는 것이 수를 늘리는 좋은 수. 흑3으로 끼우는 수는 수를 줄이는 요점. 흑13까지 진행되어 백이 잡힌다.

040 변화도

만약 백이 4로 끊어서 단수치면 흑5에서 흑9까지 단수쳐서 백은 여전히 안된다.

040 실패도

흑1로 막는 것은 착오. 백2로 잇고 백4로 늘고 백6으로 붙임하여 오히려 흑이 잡힌다.

041 정해도

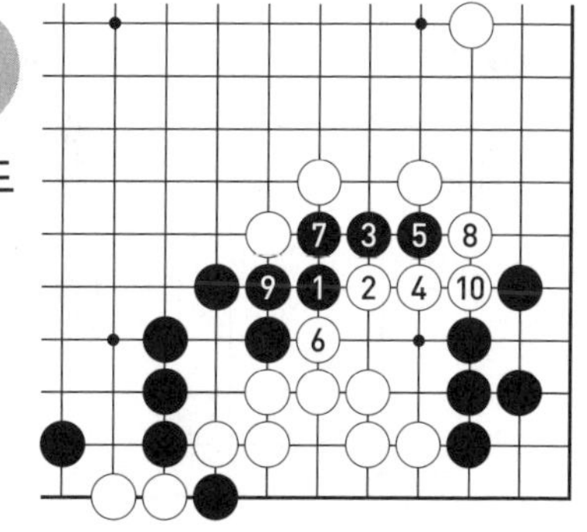

흑1, 3, 5가 좋은 수. 백8로 따낼 때 흑9로 끊어서 백이 잡힌다.

041 변화도

만약 백이 8로 연결하고자 하나 안된다. 흑9로 늘려 나와서 백이 여전히 살 수 없다.

041 실패도

흑1로 입구자하는 것은 착오. 백은 2로 기대고 백10까지 백이 가볍게 탈출하여 흑의 실패.

042 정해도

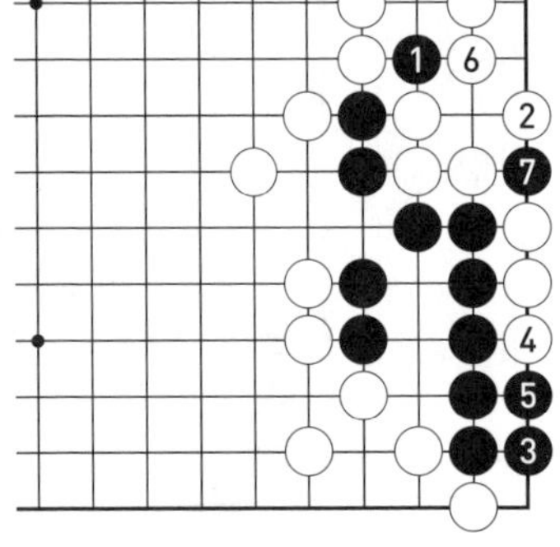

흑1로 끊는 것이 좋은 수. 흑3은 집을 내는 급소. 이하 흑7까지 진행되어 흑은 살았다.

043 정해도

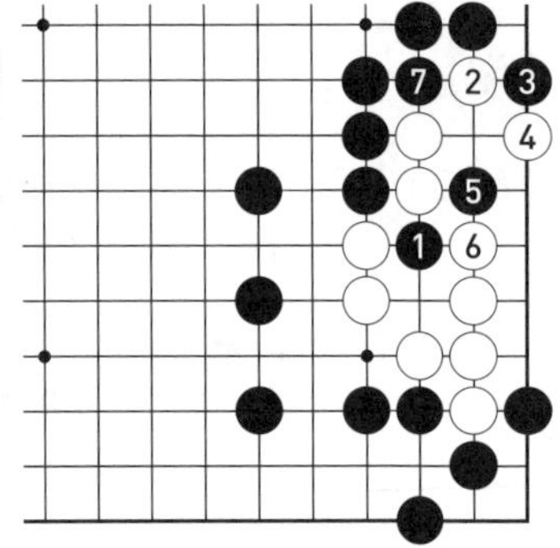

흑1 끊음. 흑3 젖히는 수순이 좋음. 흑5가 묘수. 흑7로 다시 단수쳐서 백이 잡힌다.

042 변화도

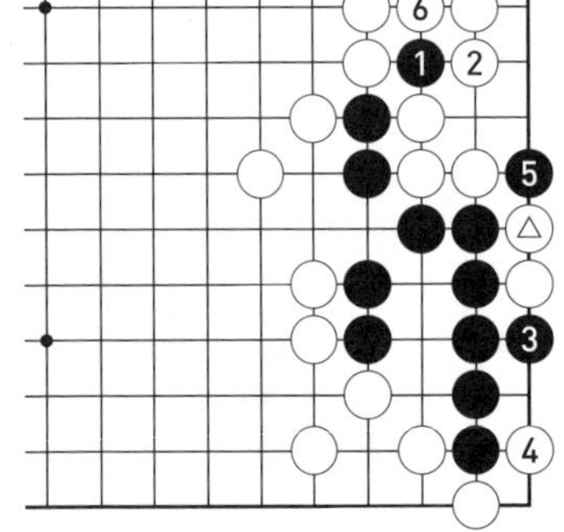

만약 백이 2로 단수치면 흑3에서 흑7까지 집을 지어 여전히 살 수 있다. 흑7=△

043 변화도

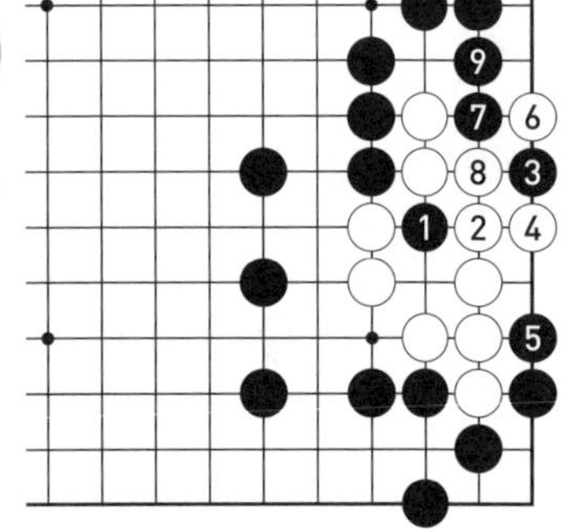

만약 백이 2로 단수치면 흑은 3으로 눈목자하고, 흑9까지 진행되어 백은 여전히 살 수 없다.

042 실패도

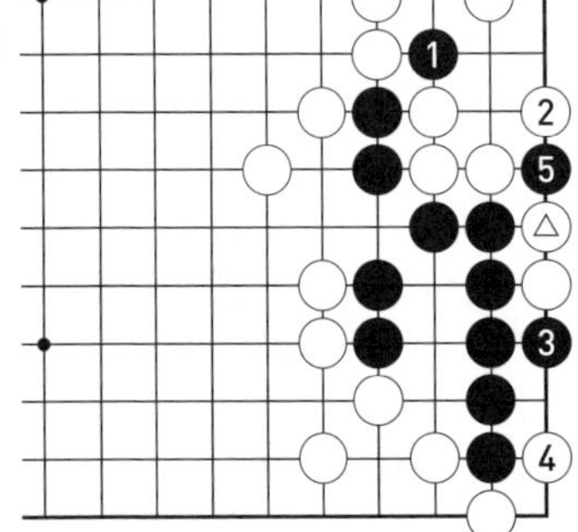

흑이 3으로 먼저 단수치는 것은 착오. 백4 파호하고 다시 백6으로 되따내 흑이 살 수 없다.
백6=△

043 실패도

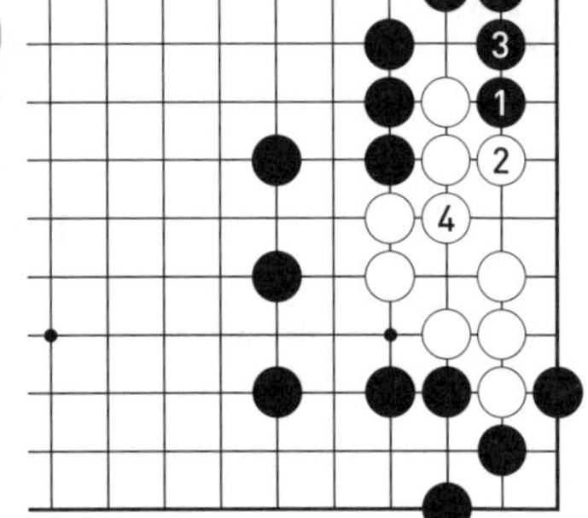

흑1은 착오. 백은 2,4로 집을 지어 살게 된다. 흑의 실패.

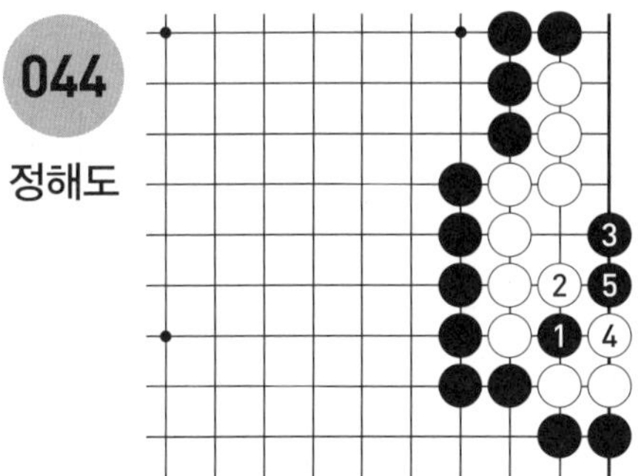

044 정해도

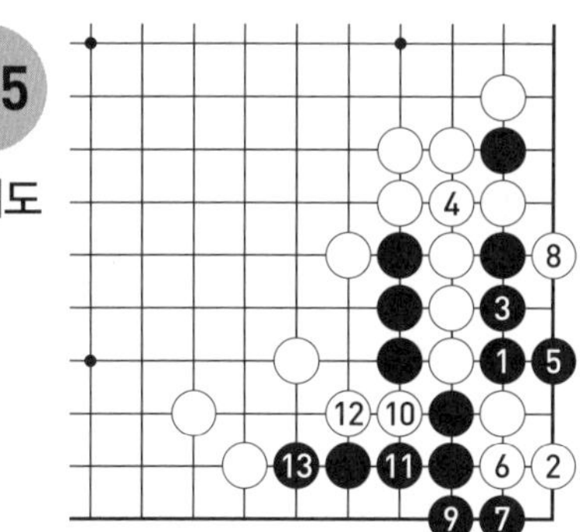

045 정해도

흑1 끊음. 흑3의 치중이 좋은 수. 백4로 따낼 때 흑5로 다시 단수 쳐서 백이 잡힌다.

흑1로 끊는 것이 묘수. 만약 백이 2로 강하게 파호해도 흑13까지 진행되어 흑은 살았다.

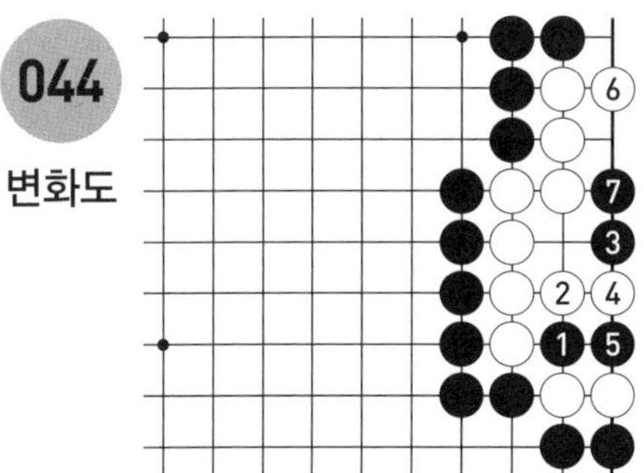

044 변화도

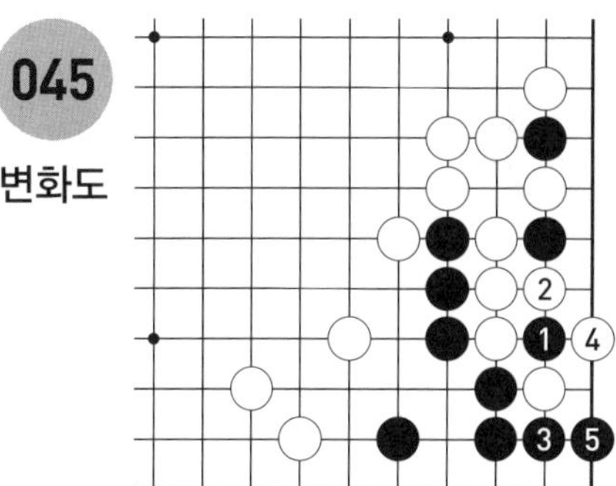

045 변화도

만약 백이 4로 2점을 버리면 흑5로 따내고 흑7로 파호하여 백은 여전히 살 수 없다.

만약 백이 2로 단수치더라도 흑은 3, 5하여 여전히 살게 된다.

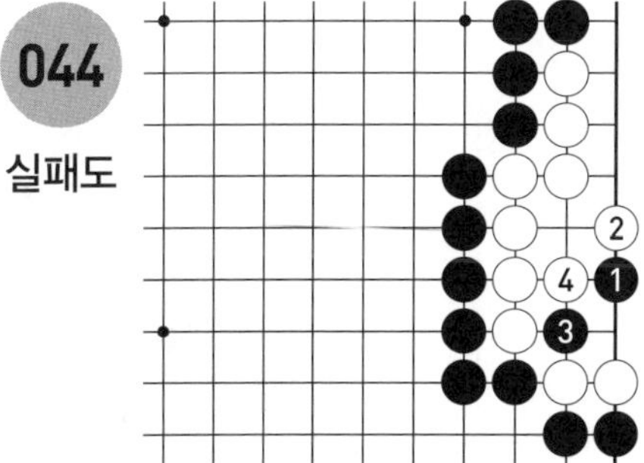

044 실패도

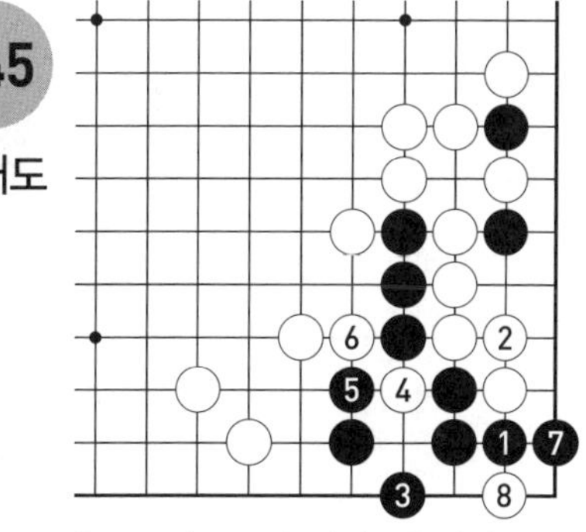

045 실패도

흑1로 치중하는 것이 요점처럼 보이나 실제로는 착오. 백은 2, 4로 2점을 포기하여 살게 된다. 흑의 실패.

흑3은 착오. 백4에서 백8까지 파호하여 흑의 실패.

046 정해도

흑1 끊음. 흑3 느는 수순이 좋음. 다시 흑5, 7로 두어 백 3점을 잡아서 탈출.

047 정해도

흑1, 3, 5 선수로 집을 짓고, 다시 흑7로 두어 흑은 살았다.

046 변화도

만약 백이 2로 흑 2점을 잡으면 흑은 3으로 귀의 백을 잡아서 백의 손실이 더 크다.

047 변화도

만약 백이 6으로 먹여치기해도 흑은 7로 따내어 여전히 살았다.

046 실패도

흑1 꼬부리고 흑3 단수치는 것은 착오. 백2, 4로 흑의 실패.

047 실패도

흑1, 3으로 후수가 되고 백4로 들여다보면 백6으로 먹여치기하여 흑의 실패.

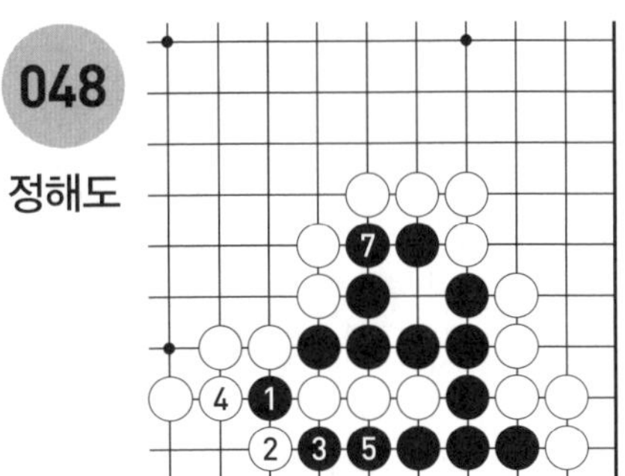

흑1에서 5까지 교환 후 다시 흑7
로 집을 지어 흑은 살았다.
백6=흑1

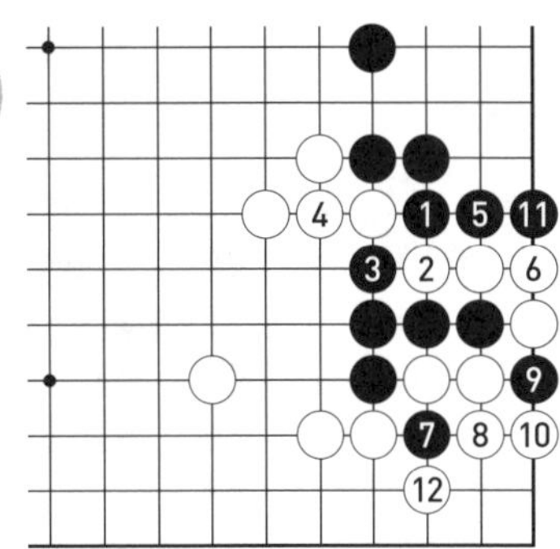

흑1, 3으로 끊는 것이 정답. 흑7
도 매우 좋은 수. 이때 흑9로 먼
저 먹여치기는 안된다. 흑13까지
진행되어 백이 잡힌다. 흑13=흑9

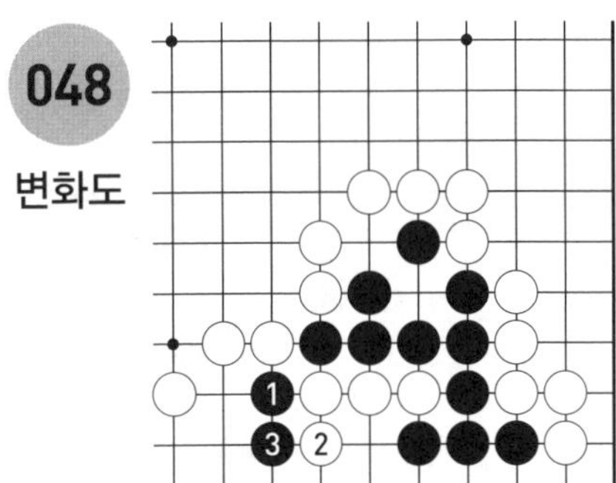

만약 백이 2로 꼬부리면 흑은 3
으로 세운 후 백을 잡는다.

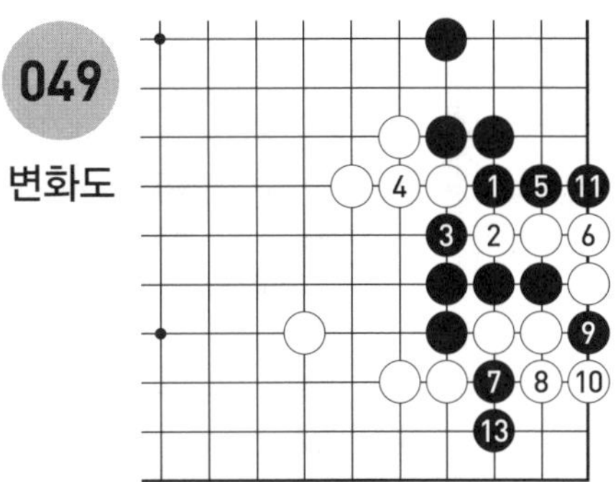

만약 백이 12에 이으면 흑은 13
으로 늘어 백은 전멸. 백12=흑9

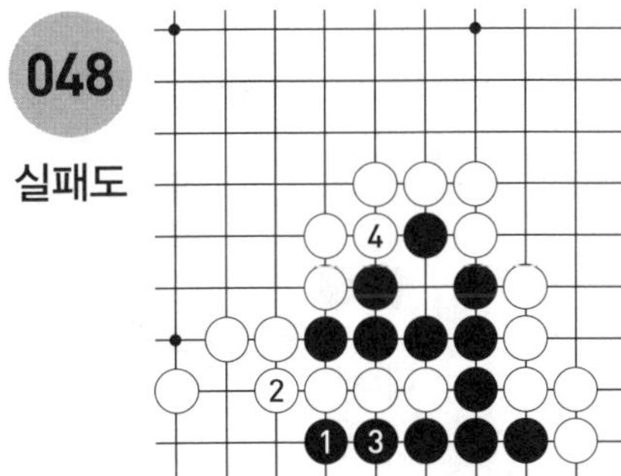

흑1로 붙임하는 것은 착오. 흑3
으로 잇는 것은 후수가 된다. 백
4로 파호하여 흑의 실패.

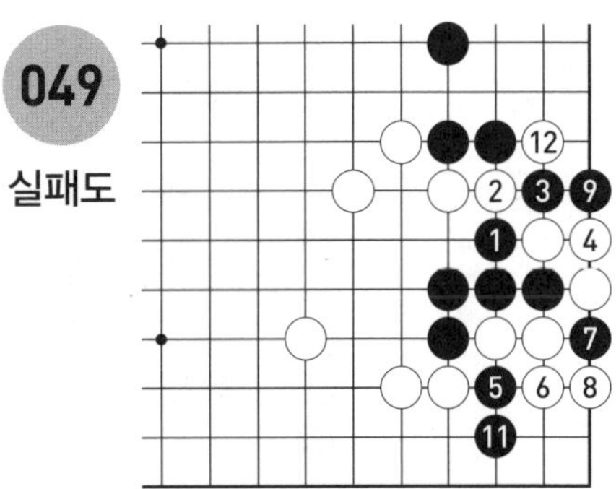

흑이 1, 3과 같이 끊는 것은 착오.
이하 흑11로 늘 때 백12로 끊을
수 있어서 흑의 실패. 백10=흑7

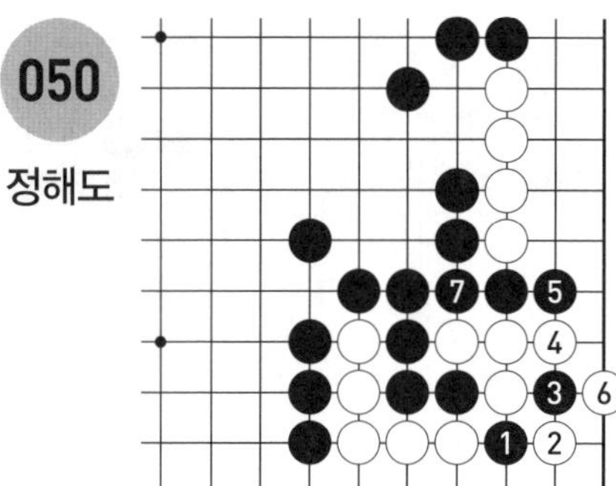

050 정해도

흑1, 3 두 번 끊음이 좋은 묘수. 흑5, 7까지 백이 끊기게 된다.

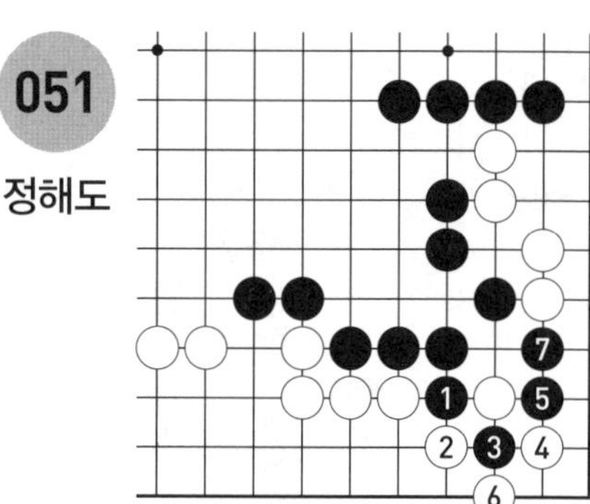

051 정해도

흑1 끼움. 흑3 끊는 수순이 좋음. 백4로 단수칠 때 흑5 단수. 흑7로 물러서는 것이 묘수. 백이 끊기게 된다.

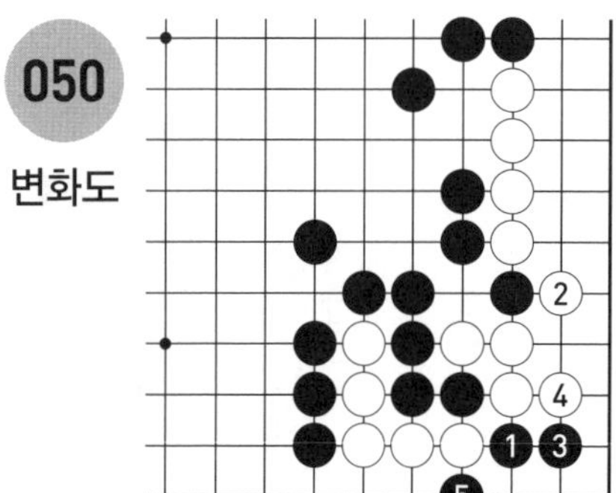

050 변화도

만약 백이 2로 건너면 흑은 먼저 3으로 수를 늘리고 다시 5로 젖혀서 백 5점이 잡히게 된다.

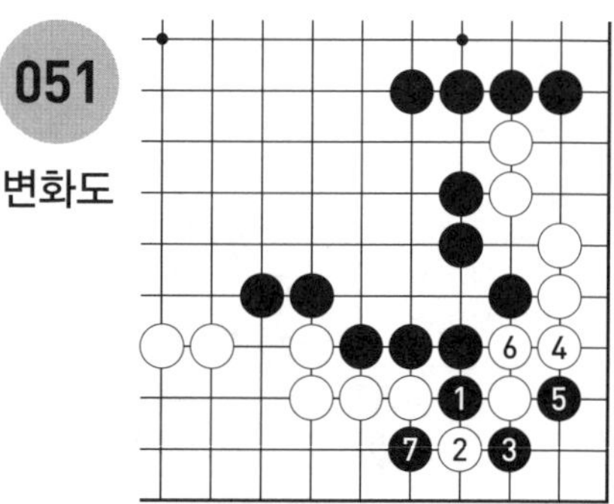

051 변화도

백4로 늘면 흑7까지 역시 백이 끊기게 된다.

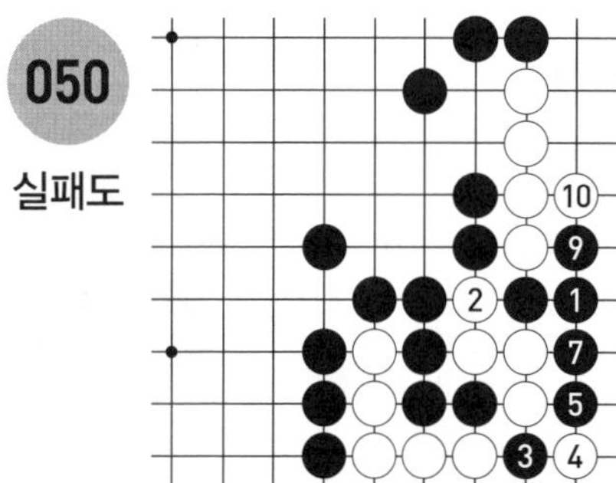

050 실패도

흑1로 먼저 느는 것은 착오. 백은 2로 끊는 것이 실수. 이하 백10까지 진행되어 흑의 수싸움 실패. 백8=흑3

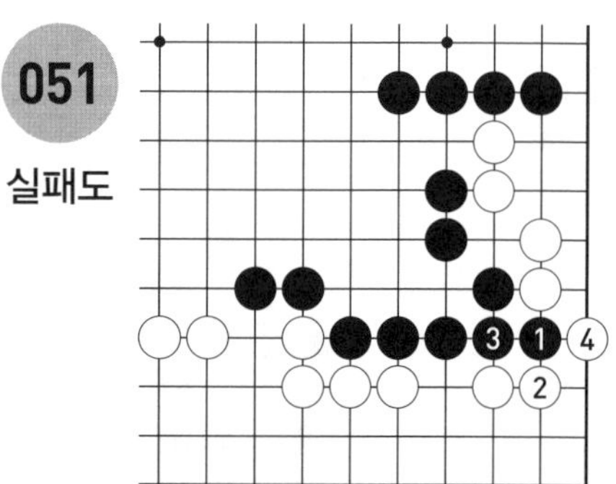

051 실패도

흑1로 젖혀 끊음은 착오. 백2로 막는 수가 좋은 수. 다시 백4로 건너서 흑의 실패.

052
문제도
★ ★

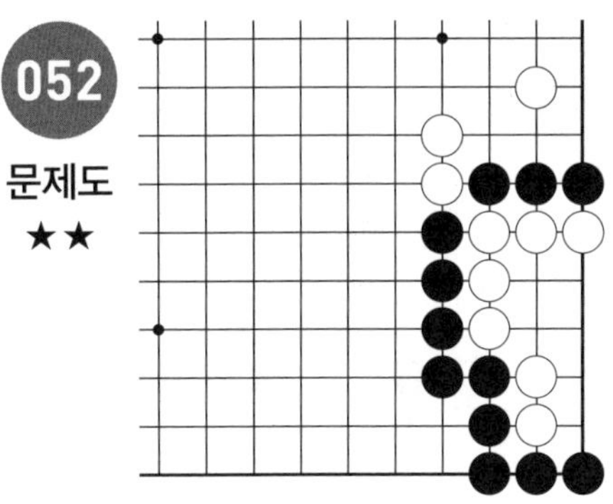

053
문제도
★ ★

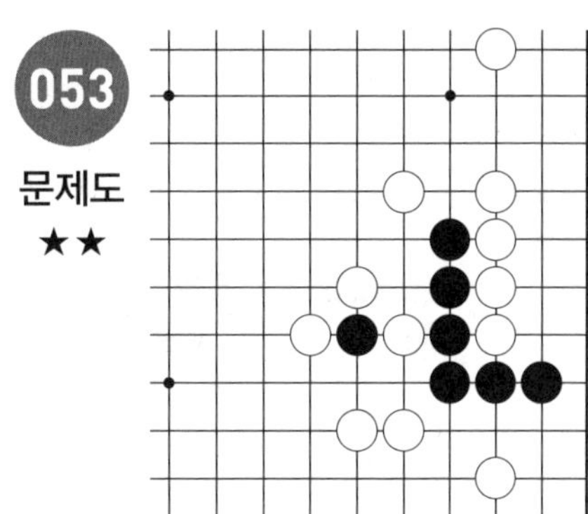

054
문제도
★ ★

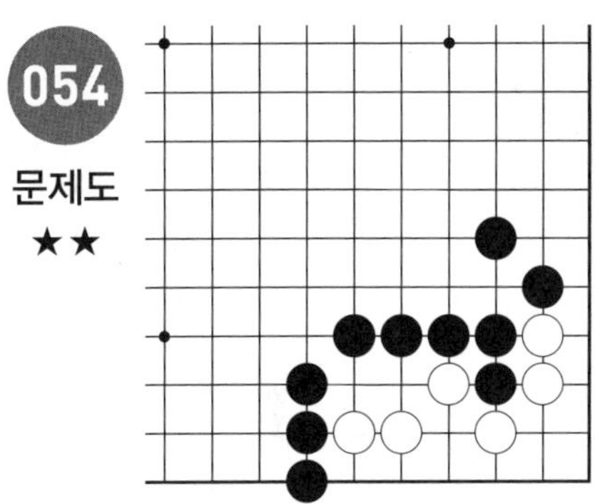

055
문제도
★ ★ ★

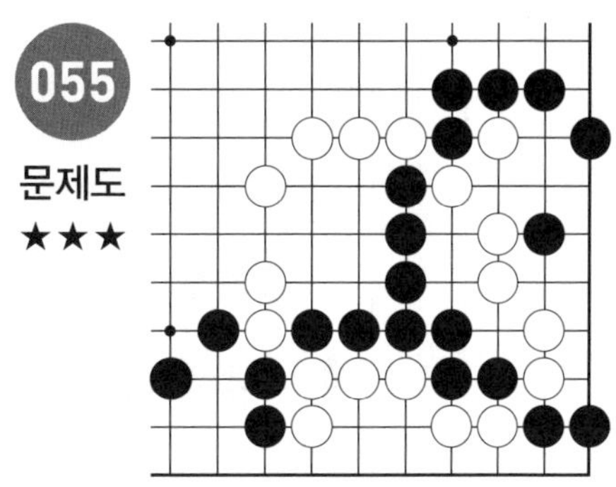

056
문제도
★ ★

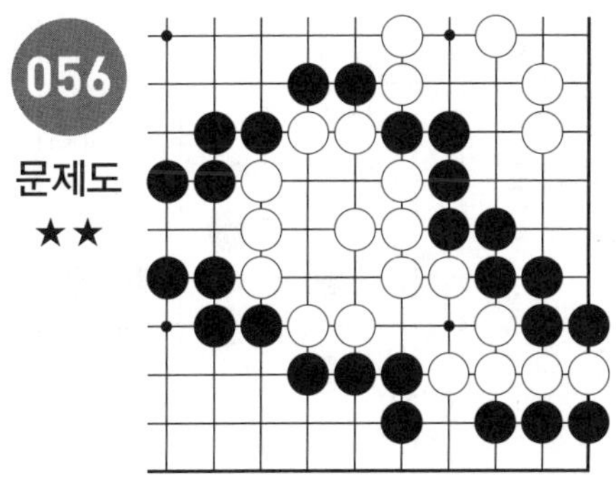

057
문제도
★

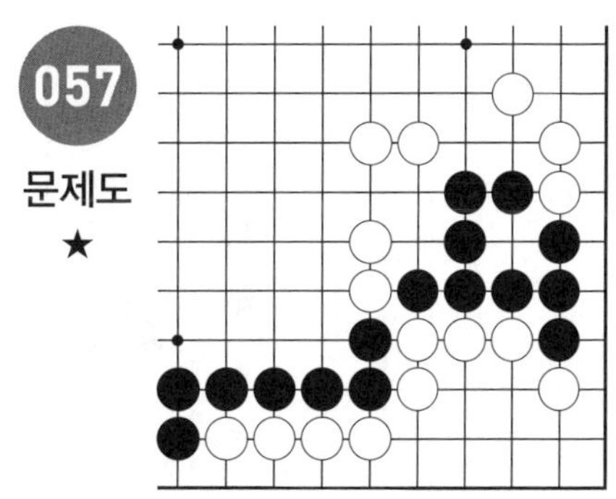

058 문제도 ★★

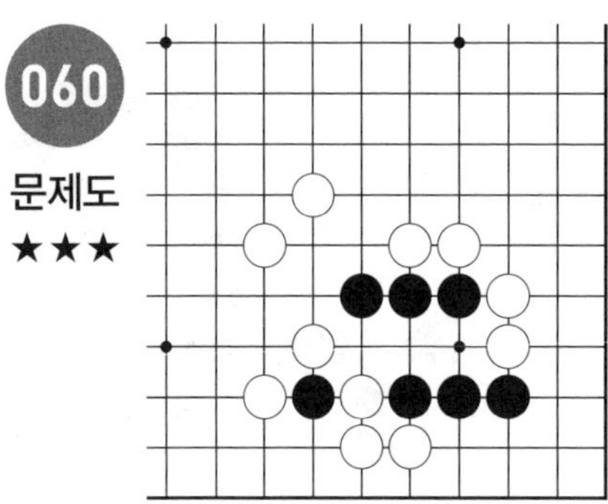

059 문제도 ★★

060 문제도 ★★★

061 문제도 ★★

062 문제도 ★★

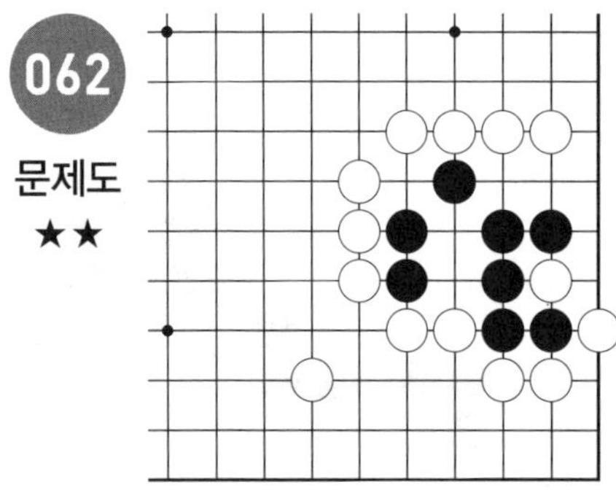

063 문제도 ★★★

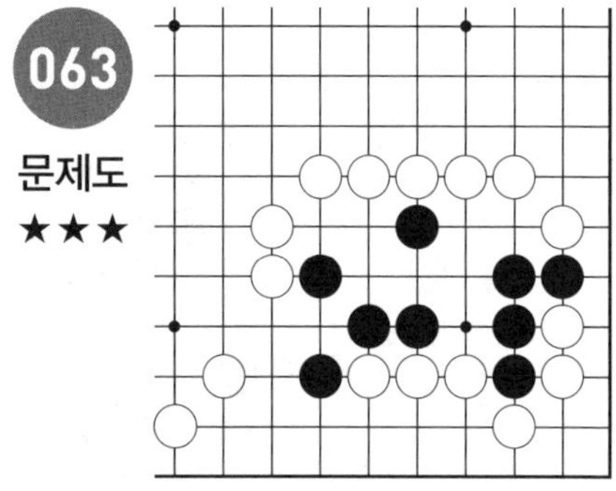

052

정해도

흑1, 3의 수순이 좋음. 다시 흑5, 7로 먹여치기로 백이 잡힌다. 흑5=흑1

053

정해도

흑1, 3으로 끼워 끊고 다시 흑5 단수, 흑7 늘어서 버리는 것이 살 수 있는 좋은 수순. 흑21까지 진행되어 흑이 살았다.

052

변화도

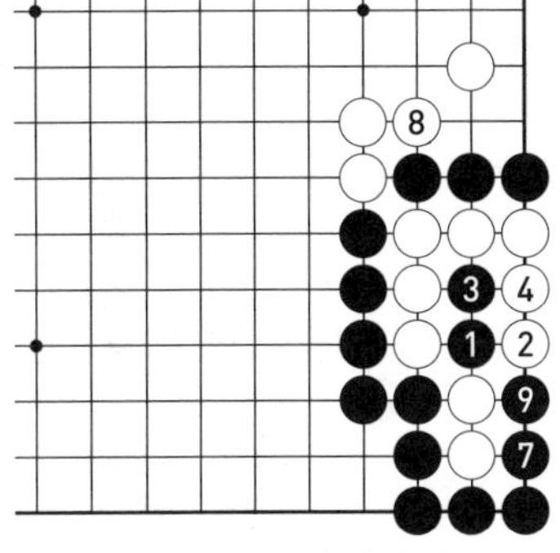

만약 백이 6으로 따내면 흑7, 9로 수를 메워 백은 여전히 잡힌다. 흑5=흑1, 백6=흑3

053

변화도

만약 백이 4로 늘리면 흑5로 건너 붙이는 것이 묘수. 백6으로 둘 때 흑7단수, 흑9 이어 순조롭게 탈출.

052

실패도

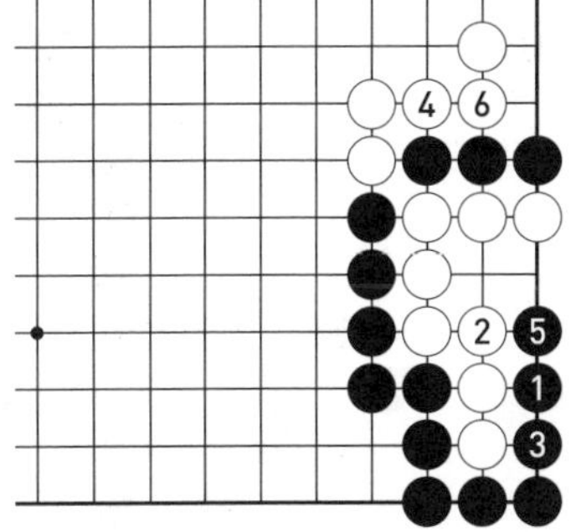

흑1로 먼저 붙이는 것은 착오. 백2로 연결한 후 수를 늘릴 수 있다. 수싸움 결과 흑의 실패.

053

실패도

흑9는 착오. 백12 건너고 백18 젖힘까지 흑이 살 수 없으므로 실패.

054 정해도

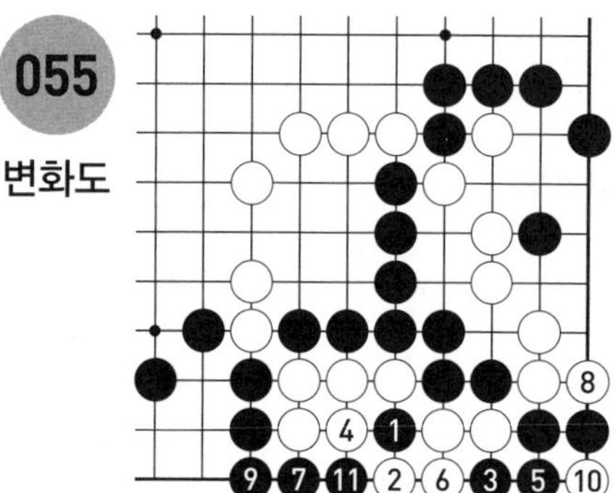

흑1, 3, 5로 파호하는 것이 좋은 수. 다시 흑7로 먹여치기로 백이 잡힌다.

055 정해도

흑1로 끊고 흑3 단수치는 수순이 좋음. 흑5로 잇는 것이 좋은 수. 이하 흑11까지 백 5점이 잡힌다.

054 변화도

만약 백이 8로 이으면 흑9가 좋은 수. 다시 흑11에 이어 백은 여전히 살 수 없다.

055 변화도

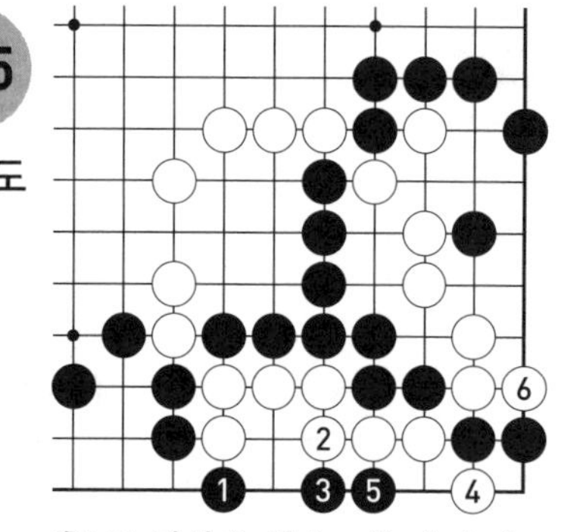

백이 6 쪽으로 수를 메우나 역시 안된다. 결과적으로 백이 여전히 잡힌다.

054 실패도

흑1로 젖힘은 착오. 백2 잇고 백8로 집을 지어 살았다. 흑의 실패. 백6=흑3

055 실패도

흑1로 젖힘은 착오. 백6까지 흑 2점을 잡아 흑의 실패.

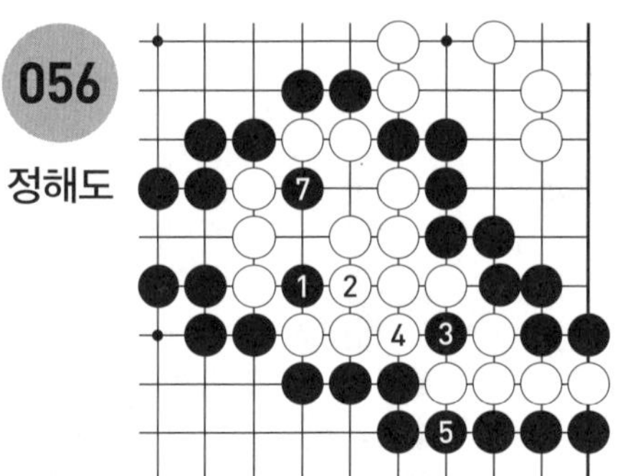

흑1로 끊고 흑3 먹여치기하는 수순이 좋음. 백6 이어도 흑7로 단수쳐서 백이 잡힌다. 백6=흑3

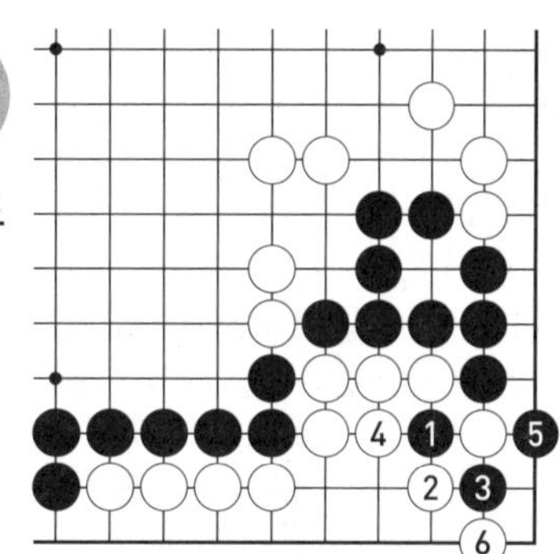

백이 만약 2로 맞단수치면 흑7로 이어 살게 된다. 백은 또한 후수로 살 수 있다. 흑7=흑1

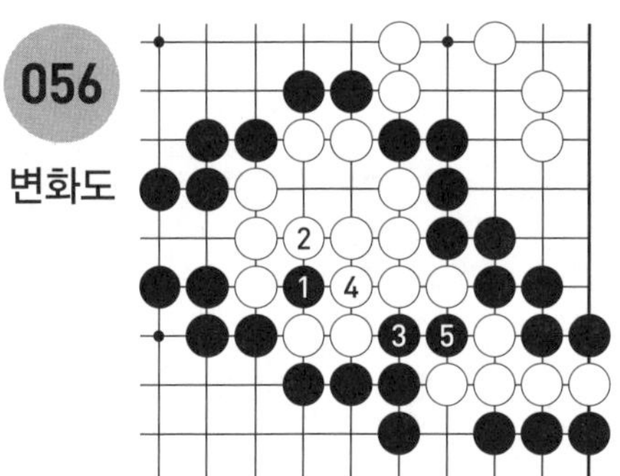

만약 백이 2에 단수치면 흑3 단수, 흑5로 끊어 백 5점을 잡아 살 수 있다.

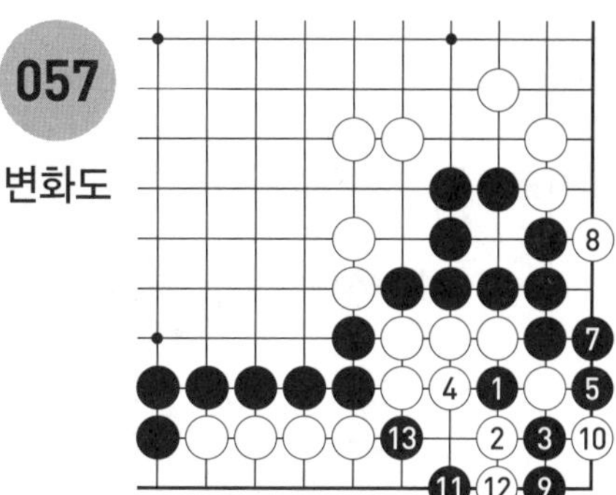

흑1로 끊음, 흑3 단수가 살 수 있는 묘수. 백8로 강하게 파호. 흑9에서 흑13까지 교묘하게 백을 잡음. 백6=흑1

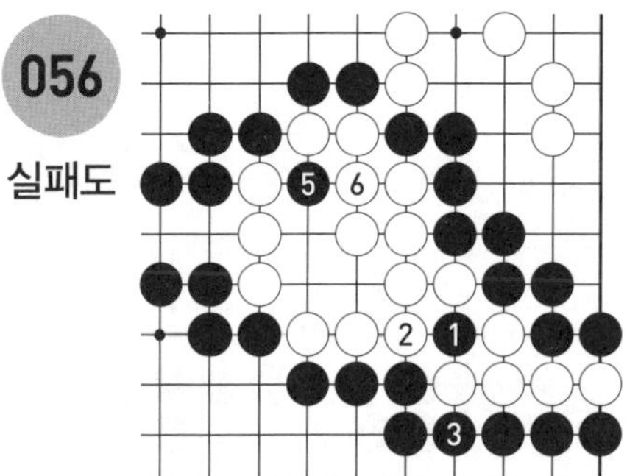

흑1로 먼저 먹여치기하는 것은 수순 착오. 백6으로 이어 살았다. 흑의 실패. 백4=흑1

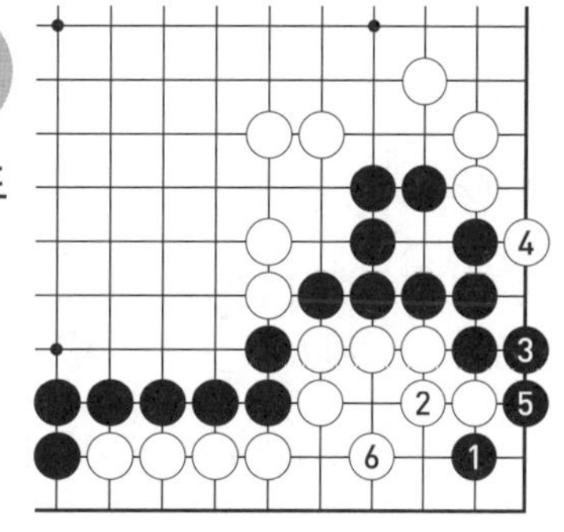

흑1로 먼저 붙임하는 것은 착오. 백2 연결, 백4 파호로 흑의 실패.

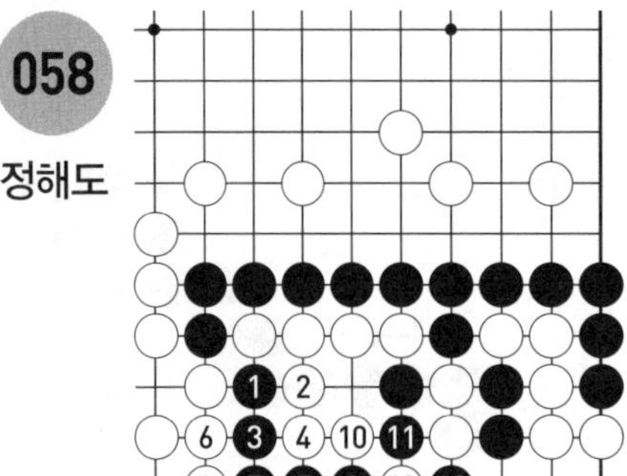

058 정해도

흑1, 3, 5는 묘수. 이하 흑13까지 백이 잡힌다.

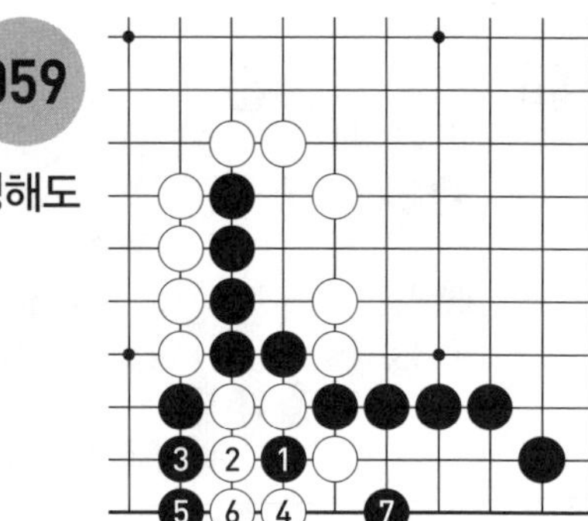

059 정해도

흑1로 끊는 것이 정답. 흑3, 5가 묘수. 흑7까지 백이 잡힌다.

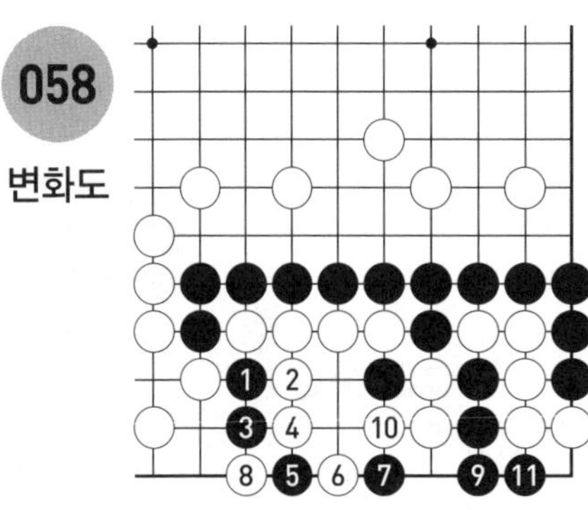

058 변화도

만약 백이 6으로 젖히면 흑7로 단수치는 것이 정답. 다시 흑9 늘고 흑11까지 흑이 여전히 살게 된다.

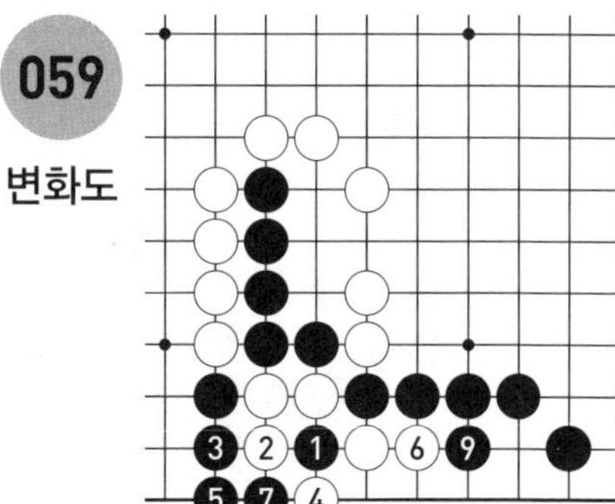

059 변화도

만약 백이 6으로 늘면 흑7 단수 치고 흑9까지 백은 여전히 잡힌 다. 백8=흑1

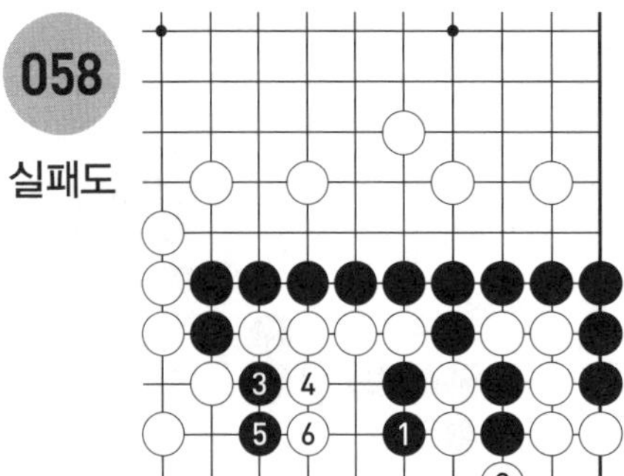

058 실패도

흑1로 먼저 단수치는 것은 수순 착오. 다시 흑3으로 끊고 흑5로 늘어도 다른 방법이 없어서 흑 의 실패.

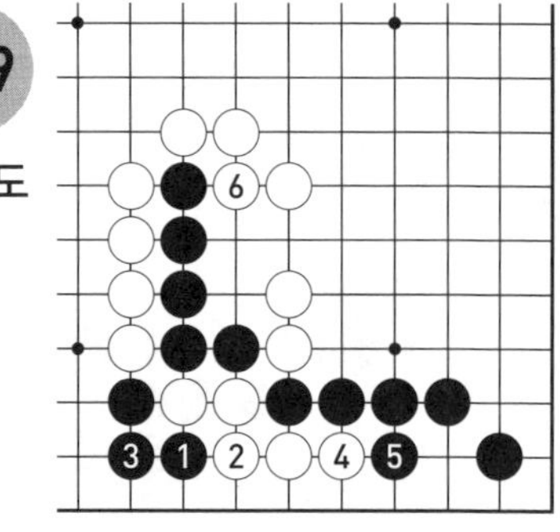

059 실패도

흑1로 젖힘은 착오. 백2로 이어 수를 늘릴 수 있게 되므로 흑의 실패.

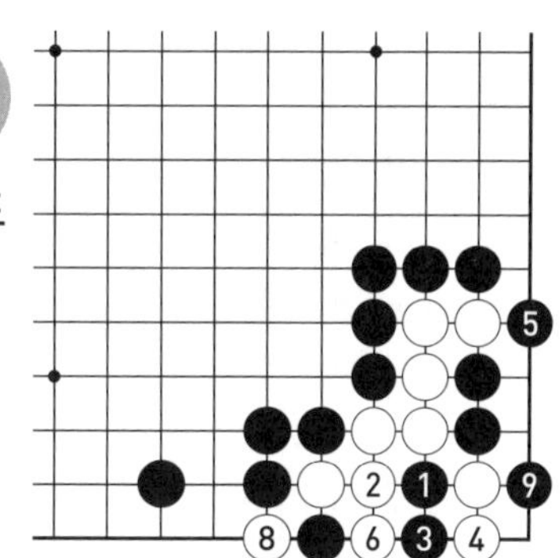

060 정해도

흑1로 끊고 흑3 느는 수순이 좋음. 흑11로 버림이 살 수 있는 묘 착. 흑19까지 진행되어 흑은 살았다.

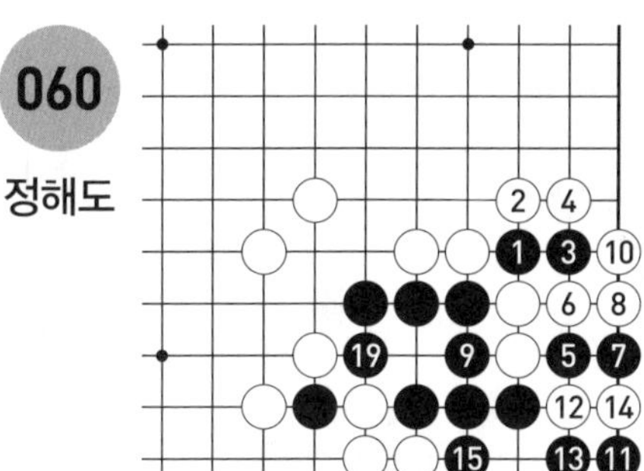

061 정해도

흑1로 끊고 흑3로 빠지는 수가 귀의 백을 잡는 묘수. 흑7 먹여치기, 흑9 젖힘의 수순이 좋음. 백이 잡힌다. 흑7=흑1

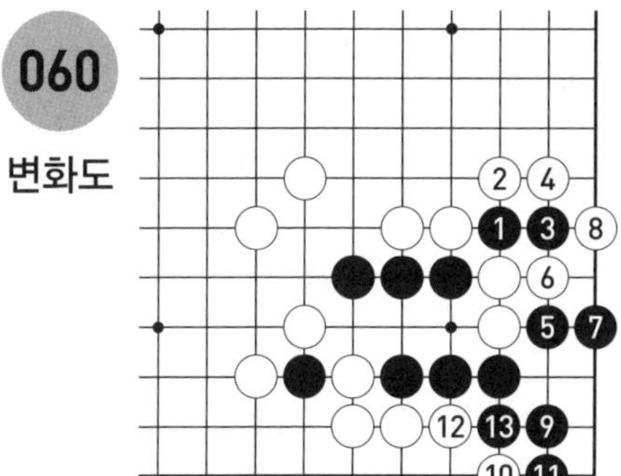

060 변화도

만약 백이 8로 따내면 흑9로 호구치고 다시 흑13으로 곡사가 되어 여전히 살았다.

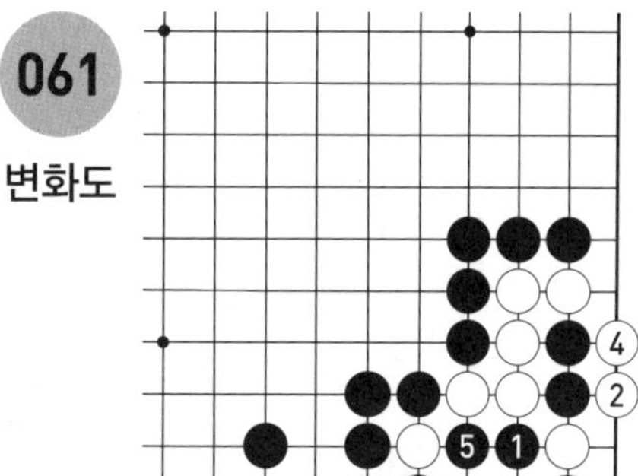

061 변화도

만약 백이 2로 단수치면 흑은 3으로 맞단수치고, 다시 흑5로 따내어 백은 역시 살 수 없다.

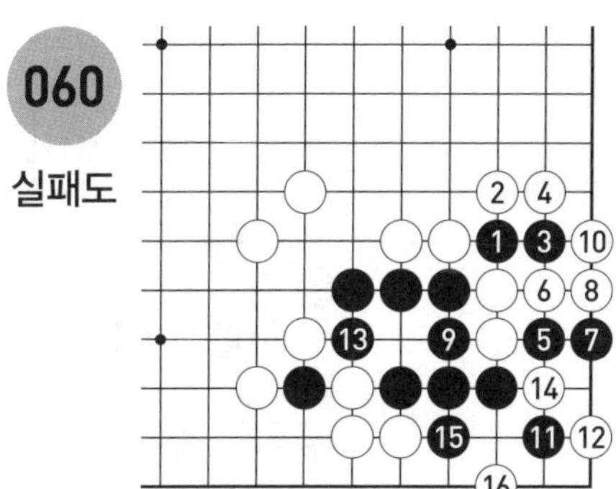

060 실패도

흑11로 호구치는 것은 착오. 백12가 묘수. 백16까지 흑의 실패.

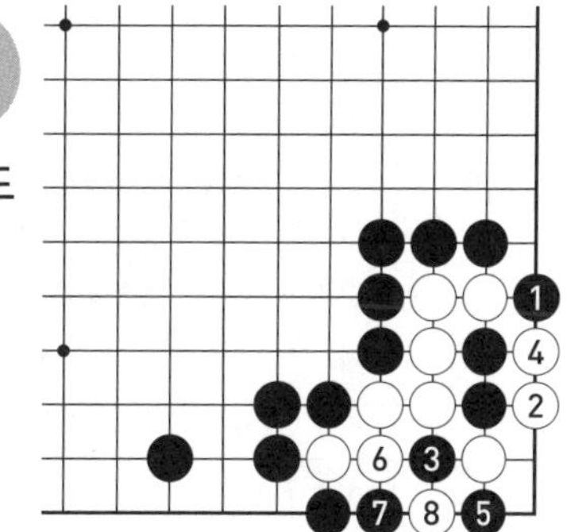

061 실패도

흑1로 건너는 것은 착오. 이하 백8 따냄까지 진행되어 패에 성공. 흑의 실패.

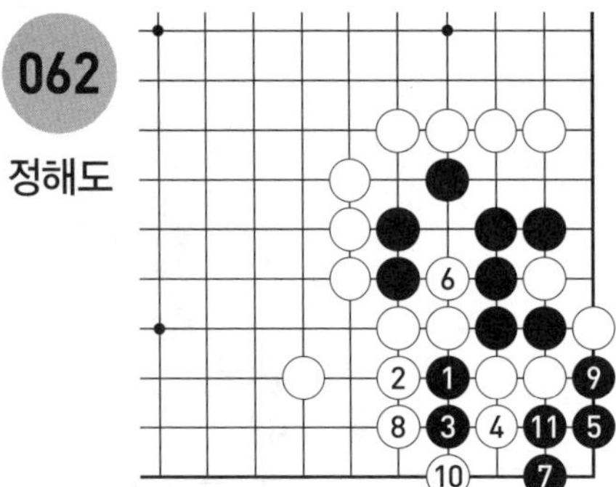

062 정해도

흑1로 끊고 흑3으로 느는 수순이 좋음. 흑5 치중하기, 흑7 입구자가 묘수. 흑11까지 진행되어 흑은 살았다.

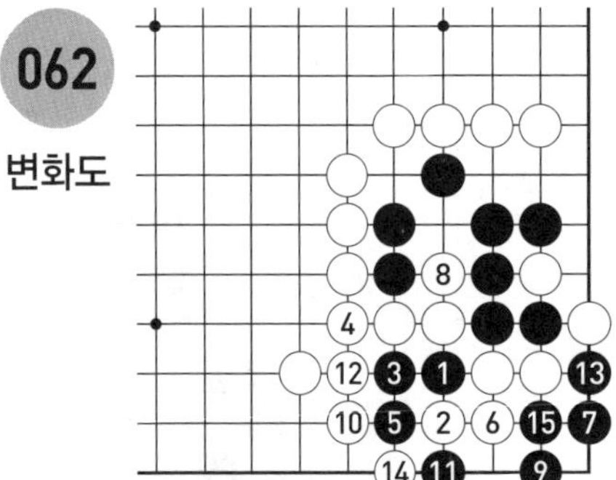

062 변화도

만약 백이 2로 단수치면 흑3으로 늘고 흑5로 꼬부림. 백은 6으로 따낼 수밖에 없으며 흑7 치중하기에서 흑11 젖힘의 수순이 좋음. 흑15로 집을 지어 여전히 살게 된다.

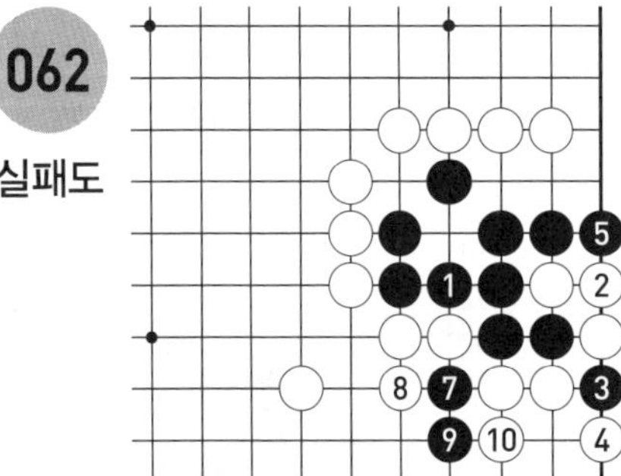

062 실패도

흑1로 먼저 집을 짓는 것은 착오. 백2로 잇고 백10까지는 서로 필연적이다. 흑의 실패. 백6=흑3

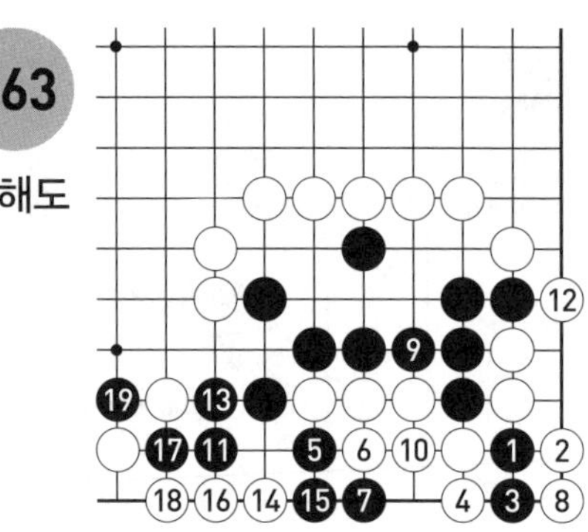

063 정해도

흑1 끊음. 다시 흑5, 7 젖히는 수순이 좋다. 백은 8로 따낼 수밖에 없으며 흑11로 집을 짓고 흑19까지 흑의 성공.

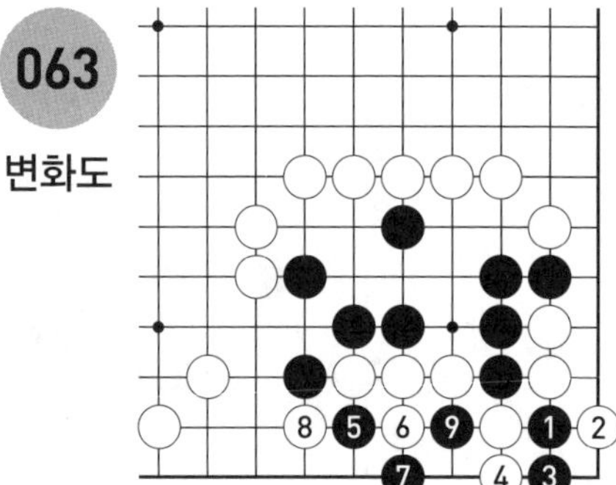

063 변화도

만약 백이 8로 단수치면 흑9 먹여치기가 묘수. 흑이 여전히 살게 된다.

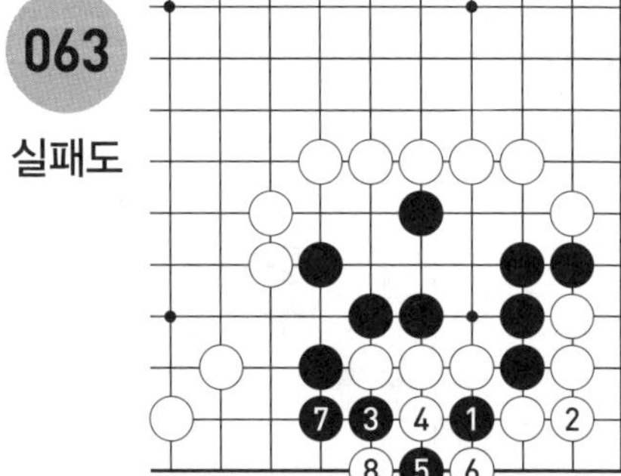

063 실패도

흑1로 이쪽 편에서 끊는 것은 착오. 백8까지 흑은 두 집을 지을 방법이 없다.

'귀의 요술쟁이' 만년패

흔히 사활문제에서 '귀곡사'를 대하면 그 개념을 몰라 쩔쩔매는 사람이 많은데 만년패 역시 혼동하기 쉽다. 우선은 만년설이라는 말로써 만년패의 개념을 이해해주기 바란다. 만년설이 연중 내내 녹을 줄 모르고 산꼭대기를 덮고 있는 것처럼 만년패는 쉽사리 해결되지 못하고 귀에 그대로 방치되는 경우가 많다.

1도-기본형태

만년패의 전형적인 형태이다. 바깥공배가 꼭 막혀 있는 점에 주목.

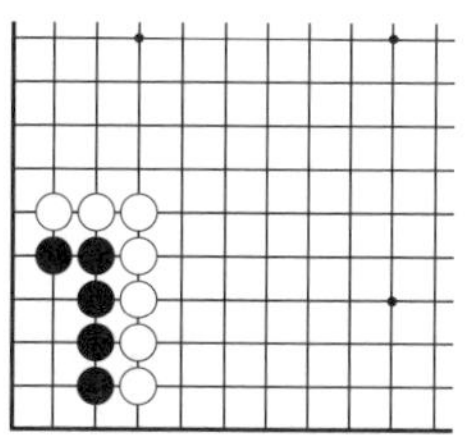

2도-붙임부터

백1로 붙이는 것이 급소. 흑2는 당연하고 이하6으로 내린 데까지가 바른 수순이다. 이후 백A, 흑B, 백C로 만년패가 완성되는 모양인데 흑6으로는 D는 본패.

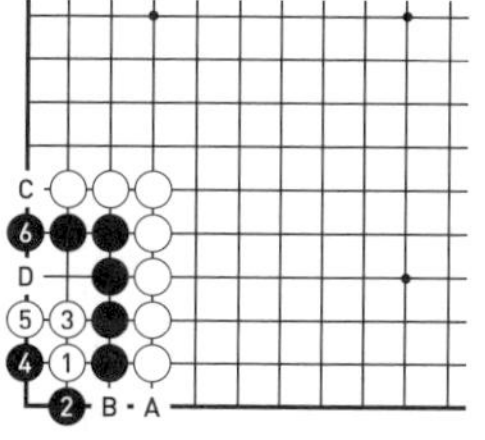

3도-지난한 수순

백이 패에 이기려면 여러 수수가 필요한데, 백1로 공배를 메우고 흑이 손을 빼면 3으로 패를 때려야 한다. 단, 흑이 3의 자리를 잇는 것은 자살행위로 삼궁의 죽음.

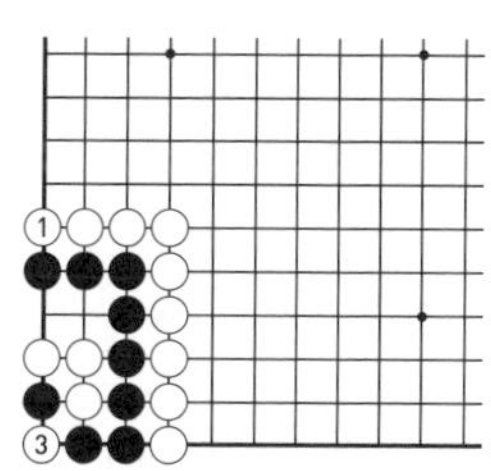

4도-본패

백5로 모는 수순이 와야 비로소 본패가 된다.
5로 A는 빅.

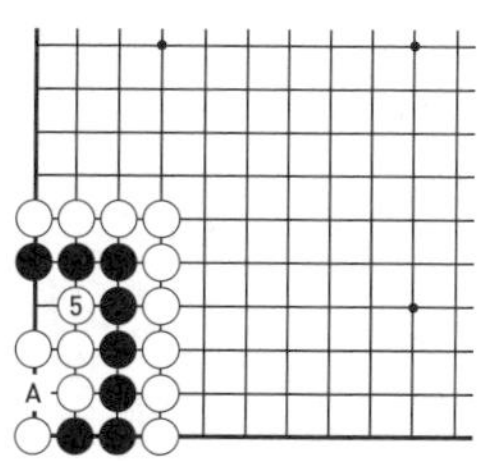

제 3 부 장문

'장문'은 상대방의 돌을 잡는 데 쓰이는 중요한 기술입니다. 고대 중국에서 범인을 관리하던 도구였던 장문을 바둑에 응용한 것으로 장문에 걸리면 상대는 빠져나가지 못하고 죽게 됩니다.

장문은 실전에서 자주 쓰이는 전술 중 하나입니다. 수상전에서 축을 사용할 수 없는 경우에 장문을 이용해 상대를 물리칩니다. 일착의 호수인 장문은 맹수를 우리에 가두는 것과 같아서 상대는 자신의 능력을 발휘하지 못하고 앉아서 죽음을 기다리는 형국이 됩니다.

제3부는 27개의 연습문제로 구성되어 있으며 모두 흑 선입니다. 장문을 이용해 상대를 한 번에 가둘 수 있도록 지금부터 시작해 봅시다.

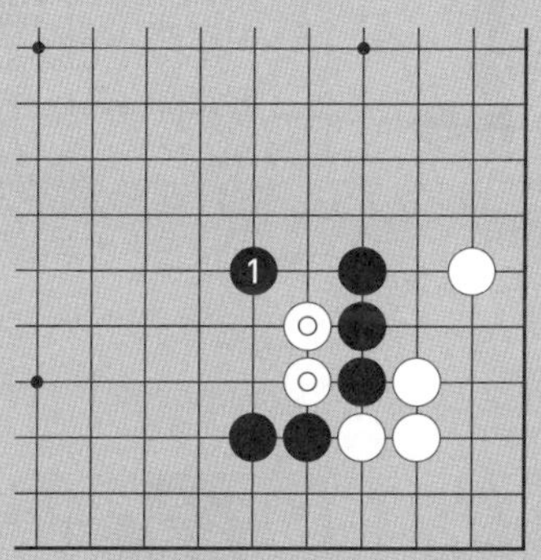

[도해] 흑1 '장문'으로 백○ 두 점은 몰살된다.

064

문제도
★

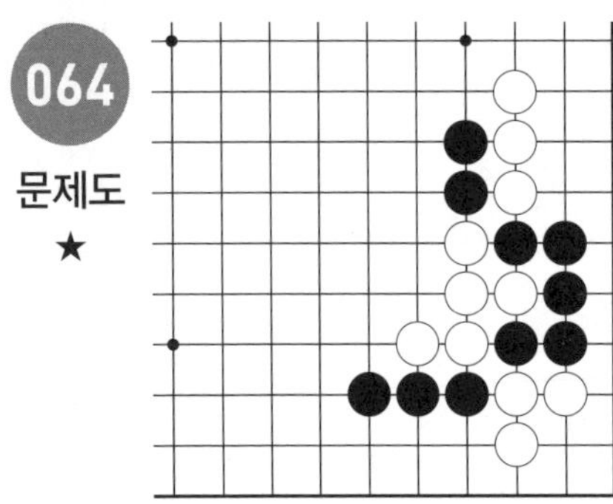

065

문제도
★

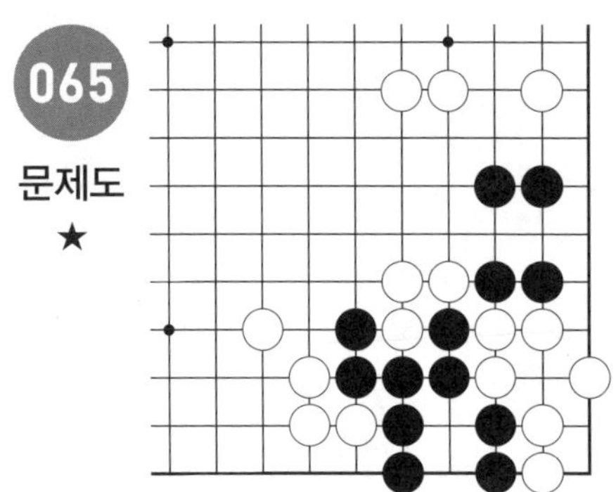

066

문제도
★

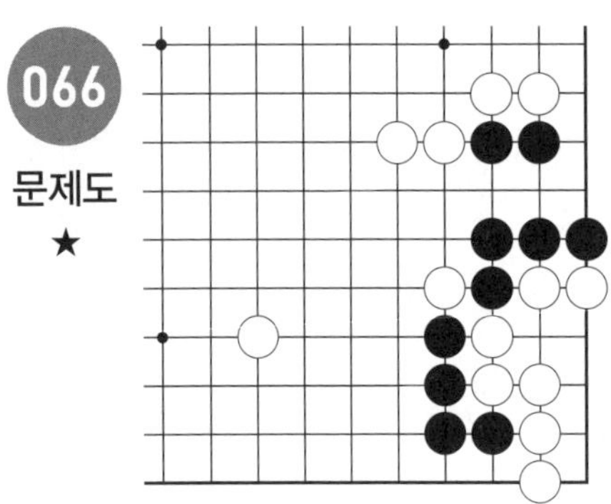

067

문제도
★

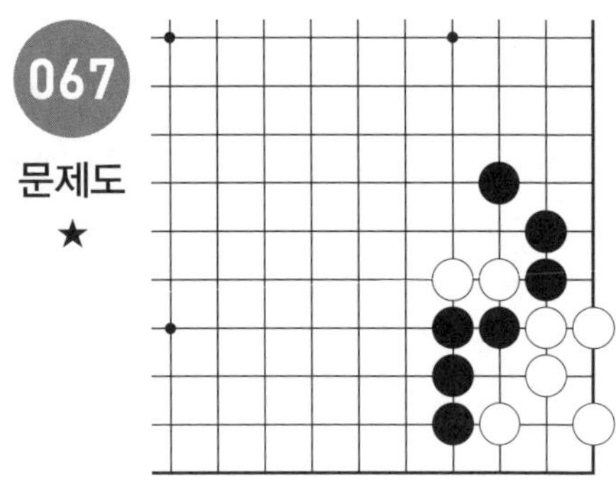

068

문제도
★

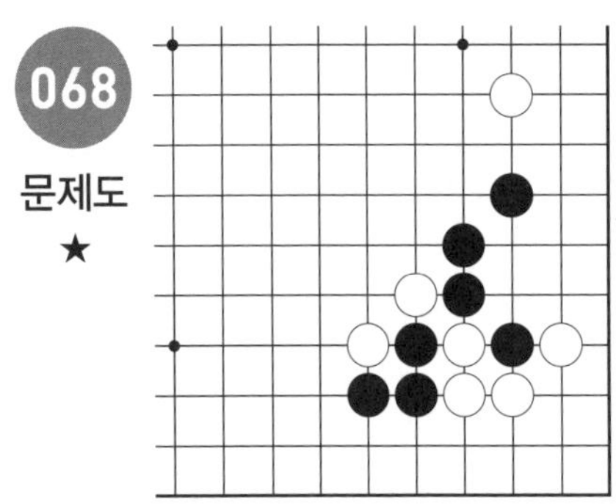

069

문제도
★

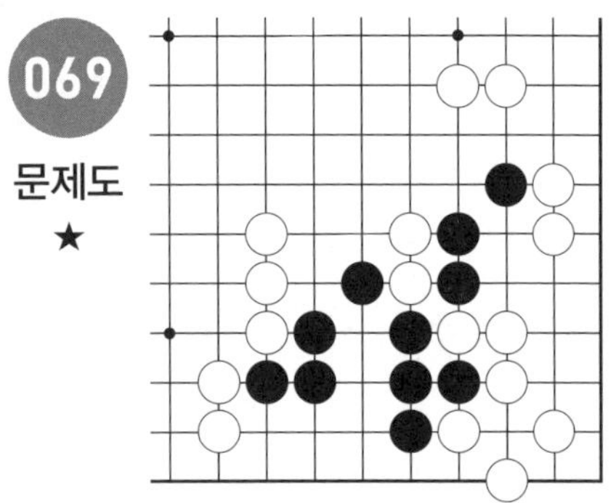

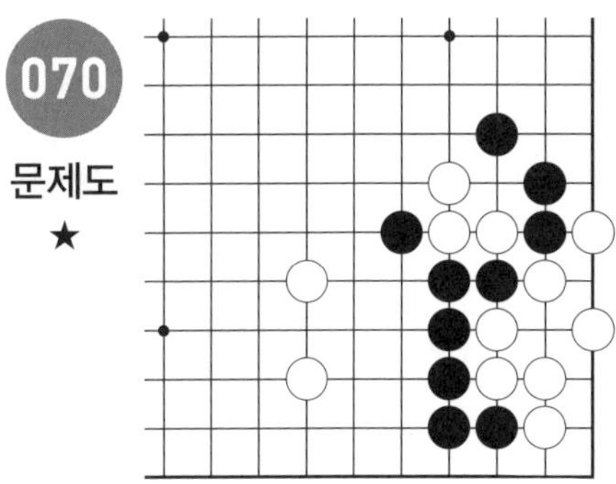

070
문제도
★

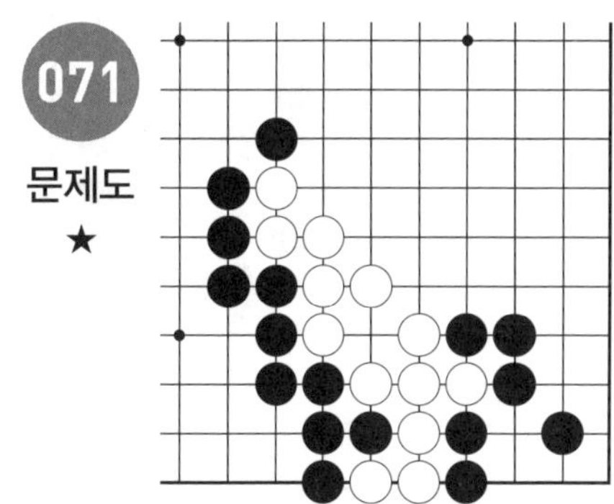

071
문제도
★

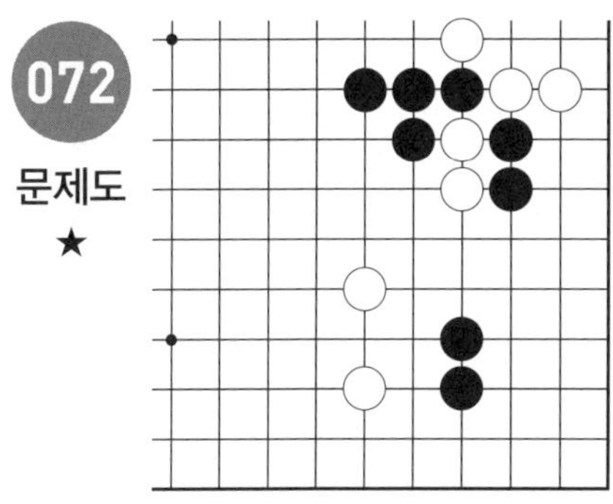

072
문제도
★

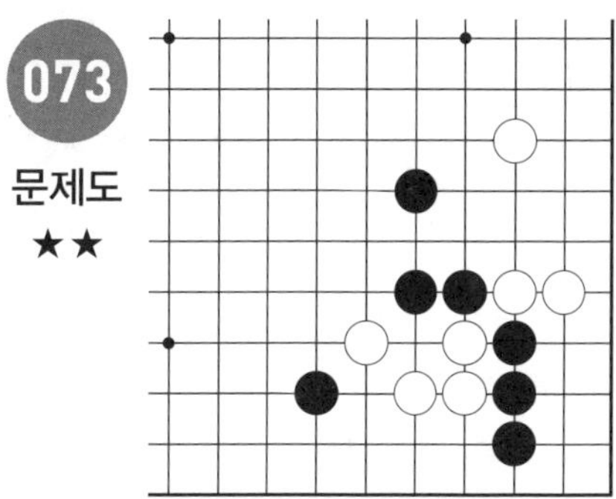

073
문제도
★★

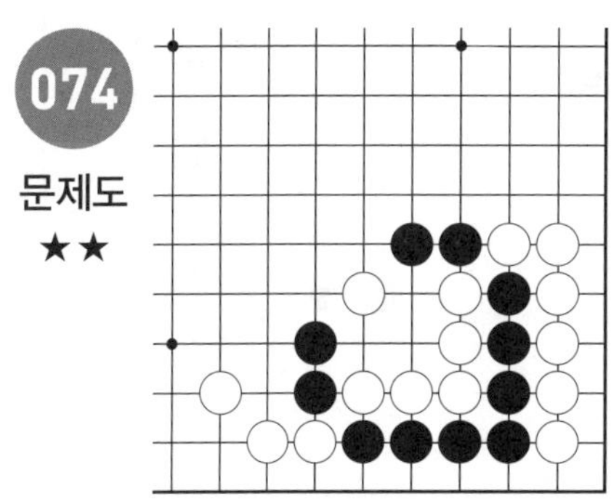

074
문제도
★★

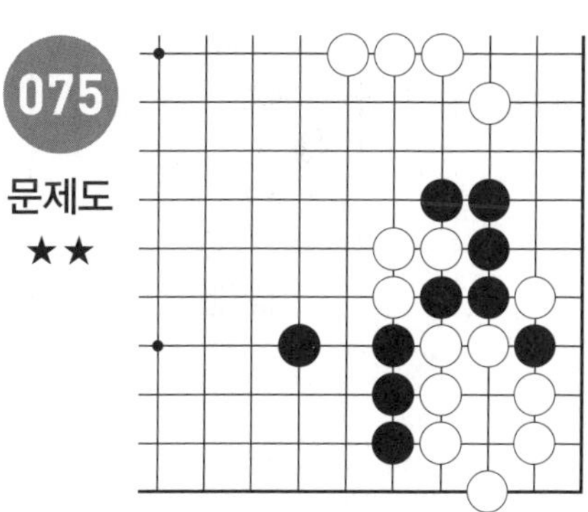

075
문제도
★★

064 정해도

흑1로 장문하는 것이 요점. 백 2 입구자할 때 흑3 기대고, 이하 흑9까지 진행되어 촉촉수로 백을 잡을 수 있다.

065 정해도

흑1 장문, 흑3 끼워 붙임이 좋은 수순. 흑5, 7 두 번 단수가 묘수. 백이 잡힌다.

066 정해도

흑1로 장문하는 것이 묘수. 만약 백이 2로 도망하면 흑3 젖힘. 흑 11까지 진행되어 백이 잡힌다.

067 정해도

흑1 젖힘하고 다시 흑3으로 날일 자 장문하는 수순이 좋음. 흑7까지 진행되어 백을 잡을 수 있다.

068 정해도

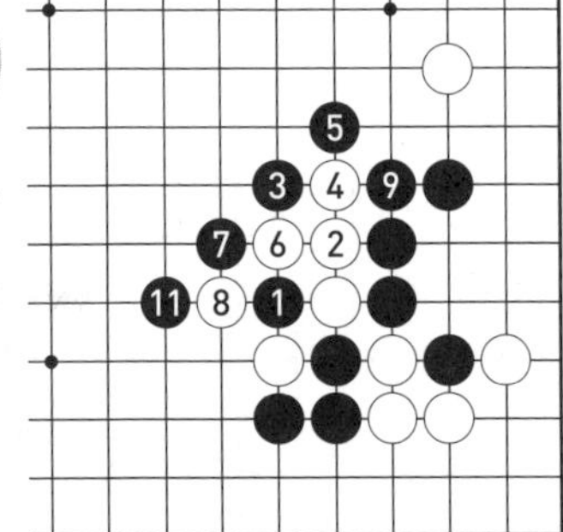

흑1 끊기, 흑3 장문이 서로 관련 있는 좋은 수. 백이 4로 도망하면 흑11까지 백이 축으로 잡힌다. 백10=흑1

069 정해도

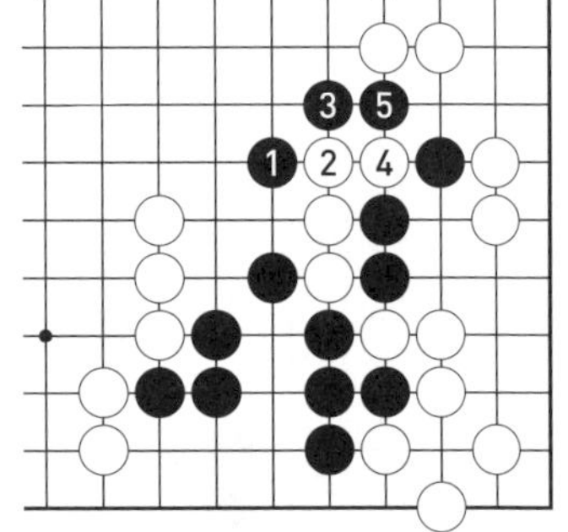

흑1 장문이 좋은 수, 흑5까지 진행되어 백이 잡힌다.

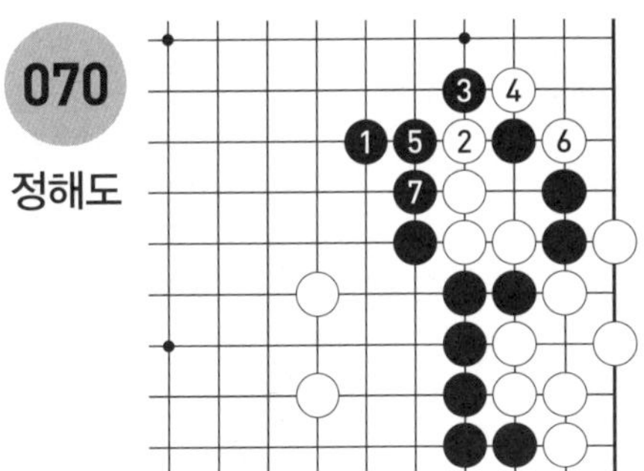

070 정해도

흑1로 날일자 장문하는 것이 요점. 백이 2로 도망하면 흑3 젖힘하고 흑7까지 백은 되먹여치기로 잡힌다.

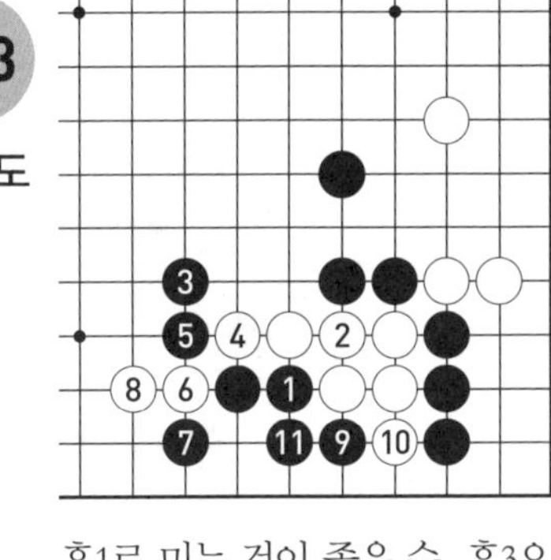

073 정해도

흑1로 미는 것이 좋은 수. 흑3으로 다시 날일자로 장문하는 것이 묘수. 흑11까지 진행되어 백이 잡힌다.

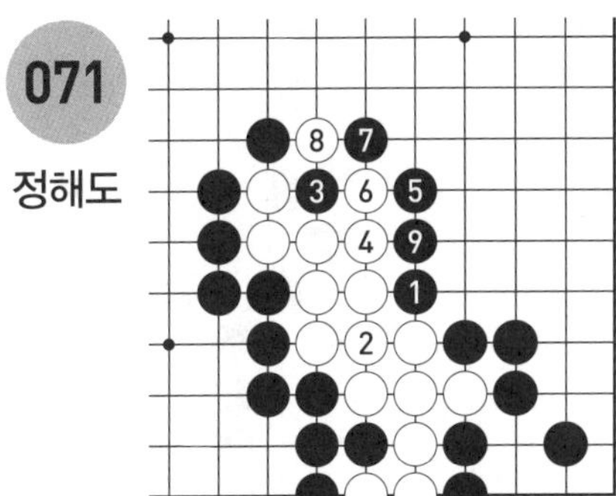

071 정해도

흑1, 3 두 번 단수치는 수순이 좋다. 흑5에 다시 장문하는 것이 묘수. 백이 잡힌다.

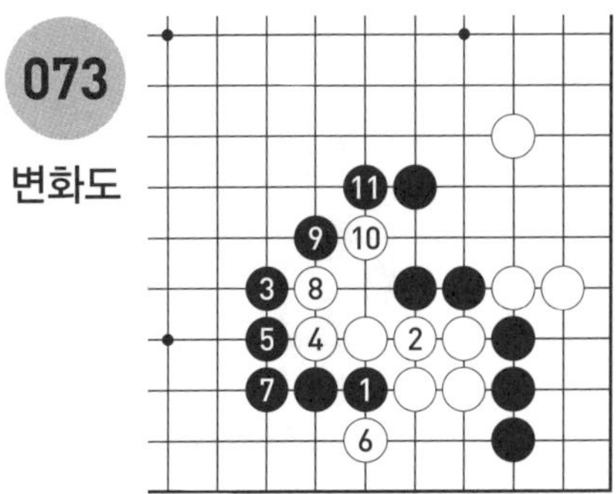

073 변화도

백이 6으로 젖히면 흑7에 잇고 흑11까지 백은 여전히 안된다.

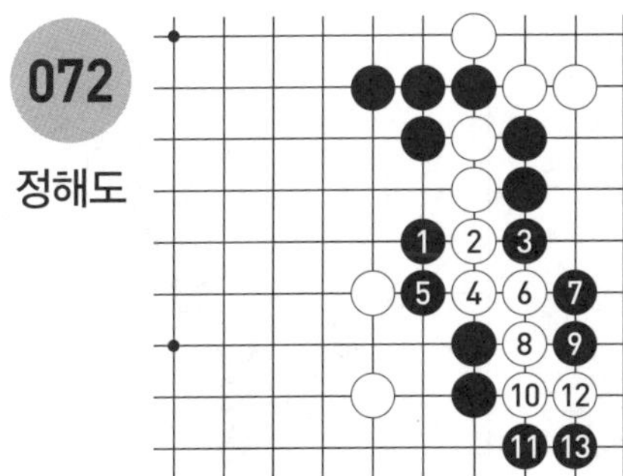

072 정해도

흑1 장문이 요점. 흑3, 5가 묘수. 흑13까지 진행되어 백이 잡힌다.

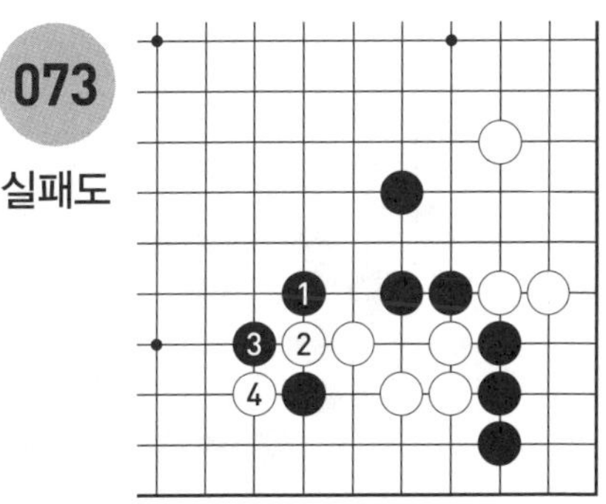

073 실패도

흑1 장문은 착오. 백2로 끼우고 백4로 끊어서 흑의 실패.

074

정해도

흑1 장문, 흑3 끼움이 서로 관련 있는 좋은 수. 백4로 이을 때 흑5로 막아서 백이 잡힌다.

075

정해도

흑1로 장문하는 것이 요점. 백2로 기댈 때 흑3 붙임하는 것이 묘수. 흑11 되먹여치기까지 진행되어 백이 잡힌다.

074

변화도

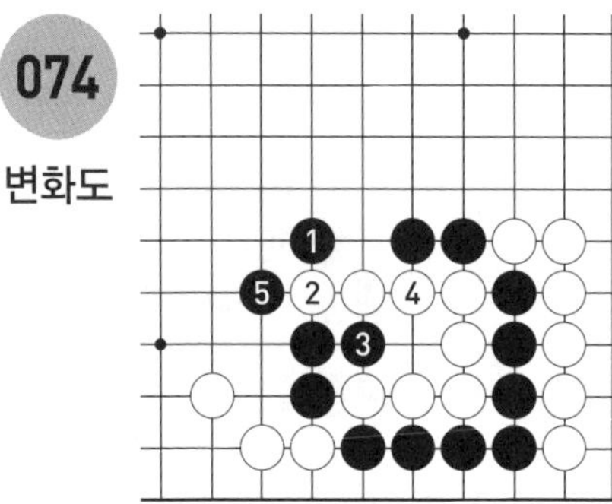

만약 백2로 끼우면 흑5까지 진행되어 백이 잡힌다.

075

변화도

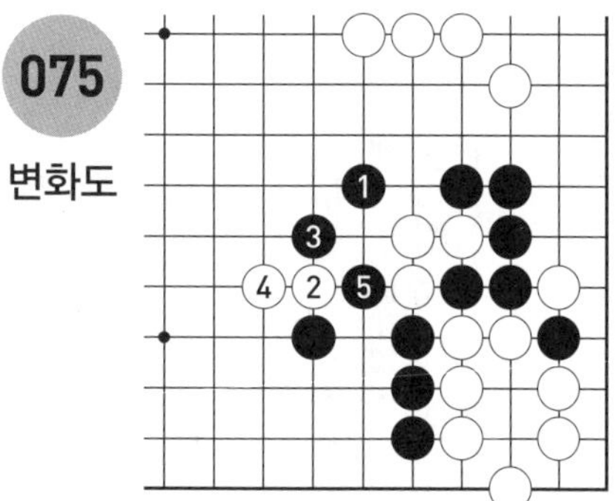

백이 4로 늘면 흑5로 끼워 붙여 여전히 백 3점이 잡힌다.

074

실패도

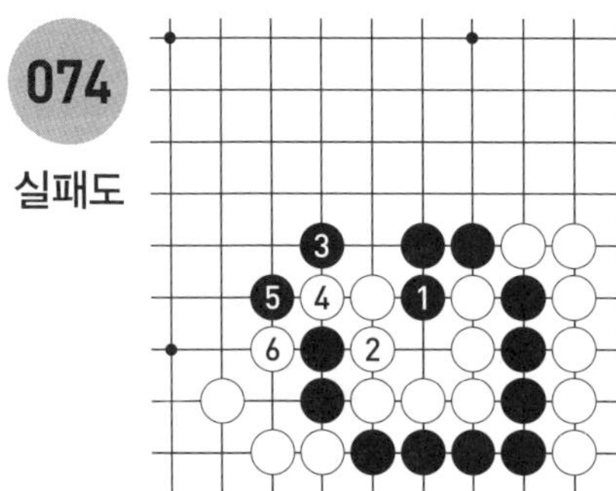

흑1로 먼저 끼우는 수순은 착오. 백2로 잇고 백6까지 흑의 실패.

075

실패도

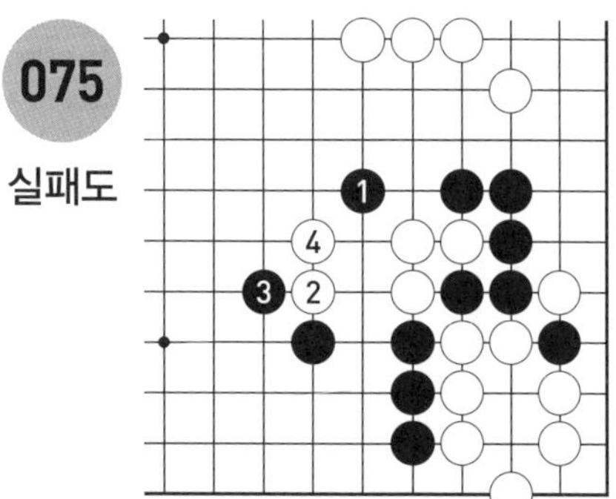

흑3에 젖힘은 착오. 백4 쌍립. 좌우의 흑이 모두 안전하기는 어려움. 흑의 실패.

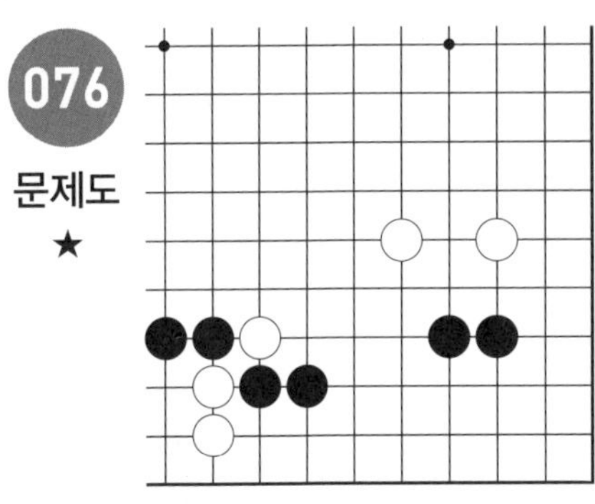

076
문제도
★

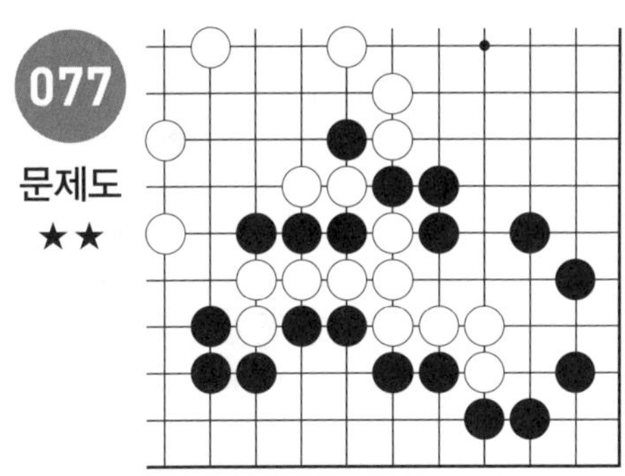

077
문제도
★ ★

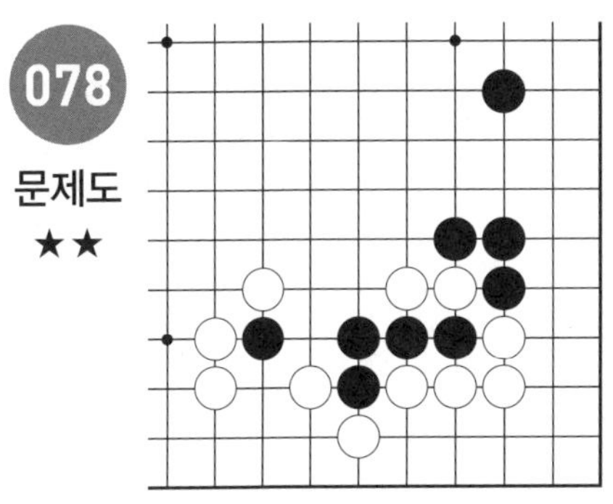

078
문제도
★ ★

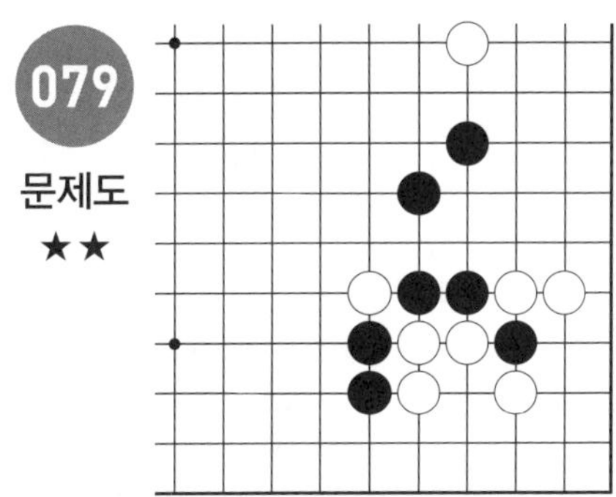

079
문제도
★ ★

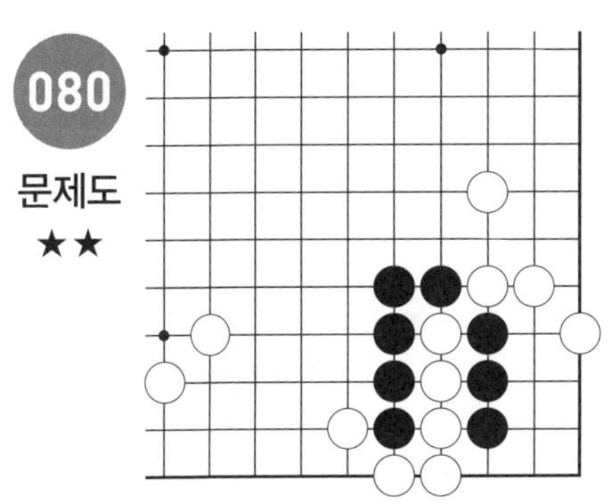

080
문제도
★ ★

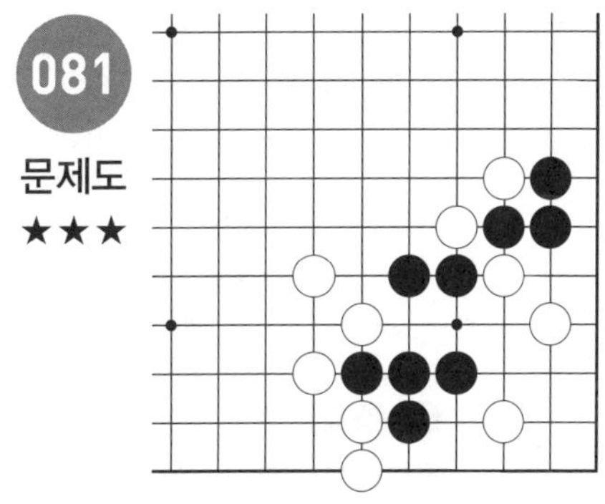

081
문제도
★ ★ ★

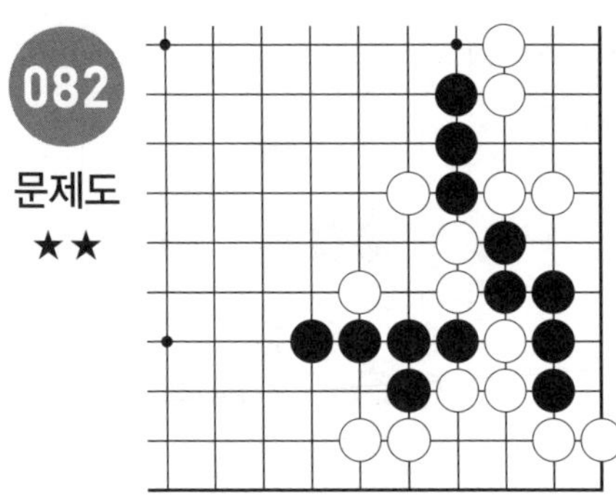

082
문제도
★★

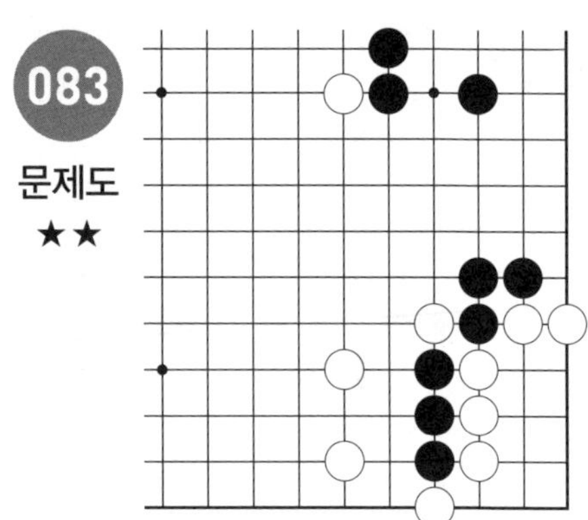

083
문제도
★★

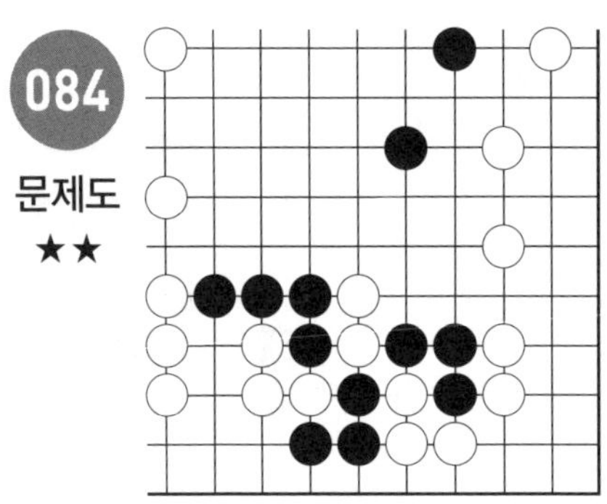

084
문제도
★★

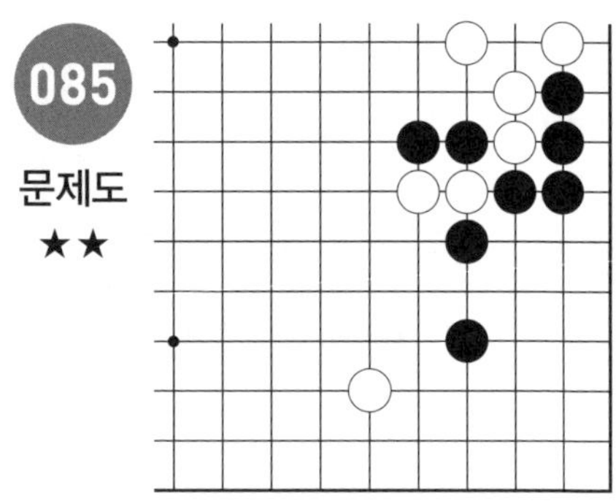

085
문제도
★★

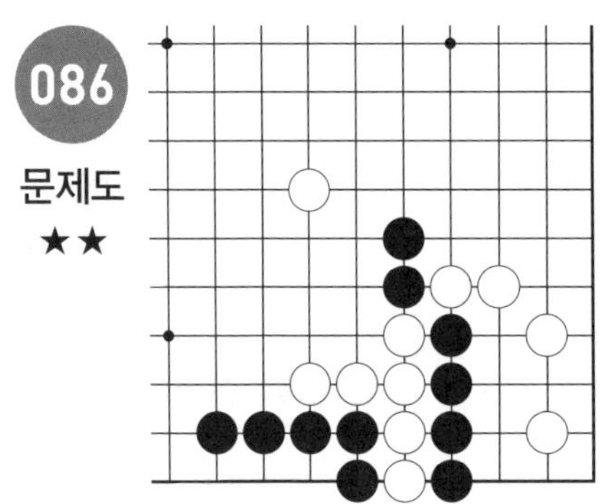

086
문제도
★★

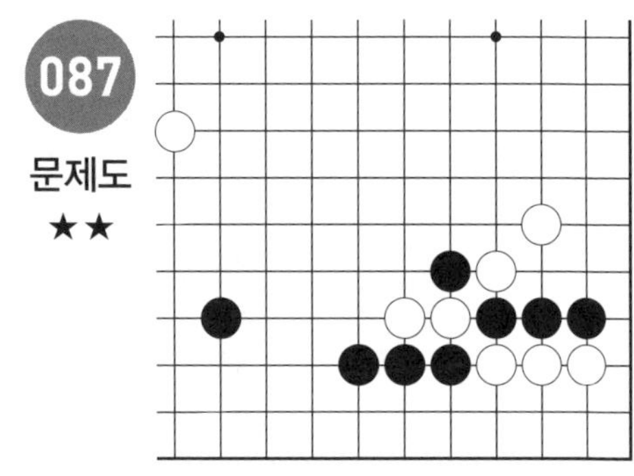

087
문제도
★★

076 정해도

흑1 단수, 흑3 장문이 서로 관련이 있는 맥. 백4로 늘릴 때 흑5, 7로 두 번 미는 수순이 좋다. 흑15까지 백이 잡힌다.

077 정해도

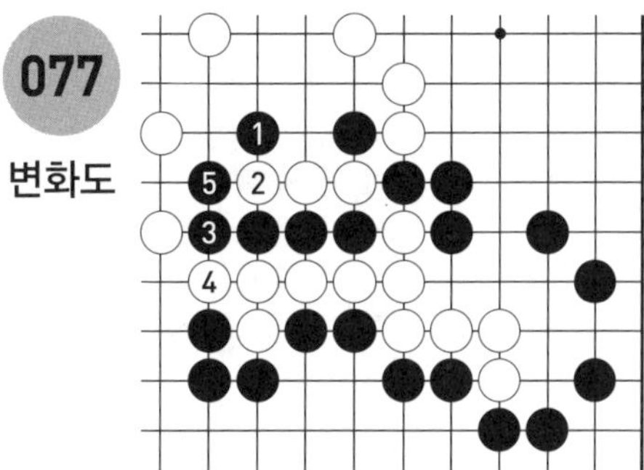

흑1 장문이 요점. 백2로 끼우면 흑3, 5로 회돌이하고 다시 흑7로 봉쇄하여 백이 전몰. 백6=▲

076 변화도

백이 4로 끼우면 흑5 단수. 백이 여전히 잡힌다.

077 변화도

백은 2쪽에서 끼우고 흑3 늘림. 흑5 단수쳐서 백은 여전히 안 된다.

076 실패도

흑5 치받음은 착오. 백10 단수까지 흑의 실패.

077 실패도

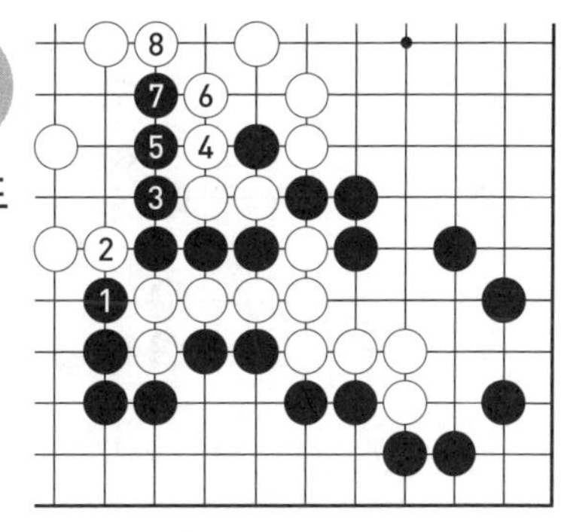

흑1로 먼저 봉쇄하는 것은 착오. 백2 단수에서 백8까지 흑이 오히려 잡힌다.

078 정해도

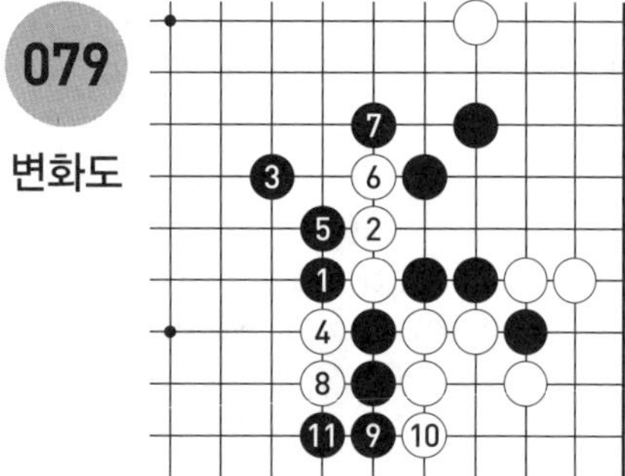

흑1로 단수치는 것이 좋은 수. 흑3 장문, 흑5 젖힘이 맥. 흑15까지 진행되어 백이 잡힌다.

079 정해도

흑1 단수치고 다시 흑3으로 날아 장문하는 수순이 좋음. 이하 흑11까지 백이 잡힌다.

078 변화도

만약 백이 8로 꼬부리면 흑9로 막고 흑11로 이어 백은 역시 안 된다.

079 변화도

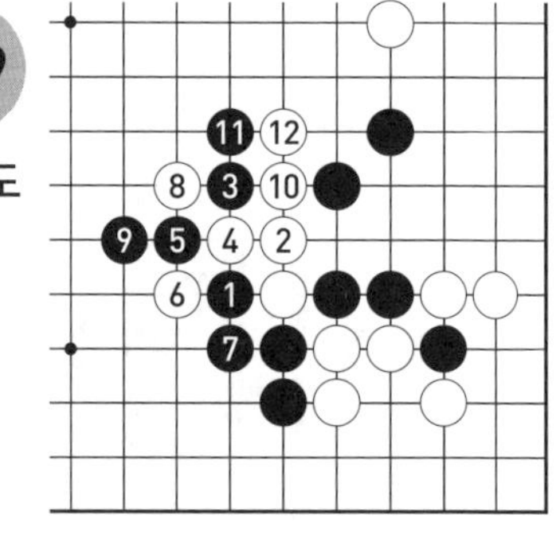

만약 백이 4로 끊으면 흑5로 늘리고 흑7로 젖힘이 묘수. 백은 여전히 안된다.

078 실패도

흑7로 막는 것은 착오. 백8부터 백12까지 탈출이 가능. 흑의 실패.

079 실패도

흑1로 뛰어 장문하는 것은 착오. 백4 끼움, 백6 단수치고 백12까지 순조롭게 탈출.

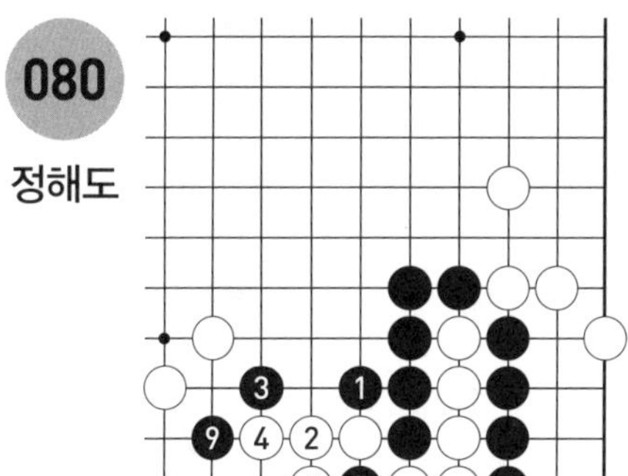

080 정해도

흑1로 누르는 것이 좋은 수. 흑3에 장문하는 것이 묘수. 백4로 늘릴 때, 흑5 먹여치기, 흑7 단수치는 수순이 좋아 백이 잡힌다. 백8=흑5

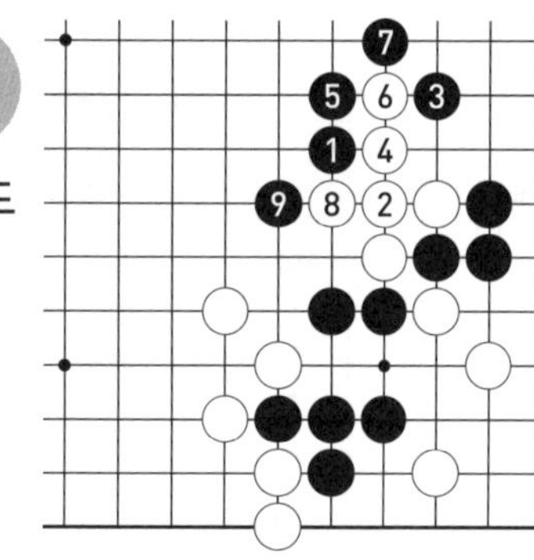

081 정해도

흑1로 뛰어 장문하는 것이 요점. 백2 이을 때 흑3으로 나는 것이 묘수. 흑9까지 진행되어 백이 잡힌다.

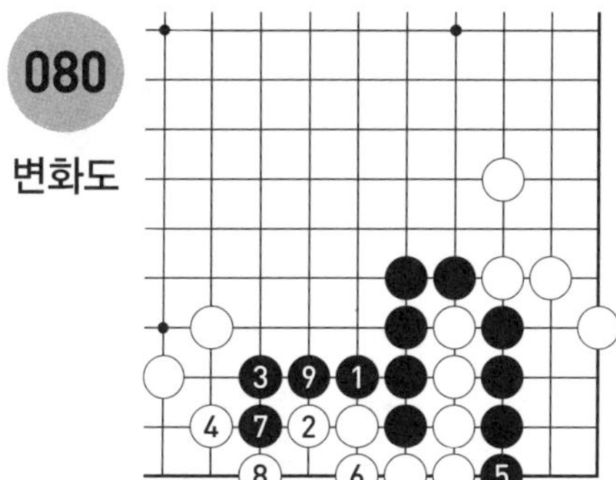

080 변화도

만약 백이 4로 뛰면 흑5 단수, 흑7 끼움이 좋은 수순으로 백을 촉촉수로 잡을 수 있다.

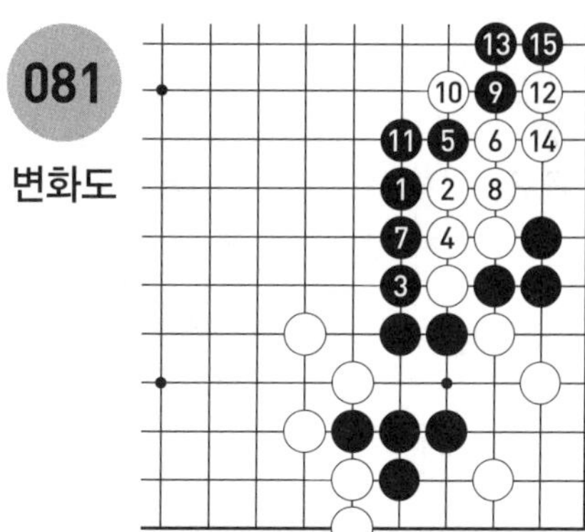

081 변화도

백이 2로 호구치면 흑3 단수, 흑5 젖힘이 치밀함, 흑15까지 진행되어 백은 역시 안된다.

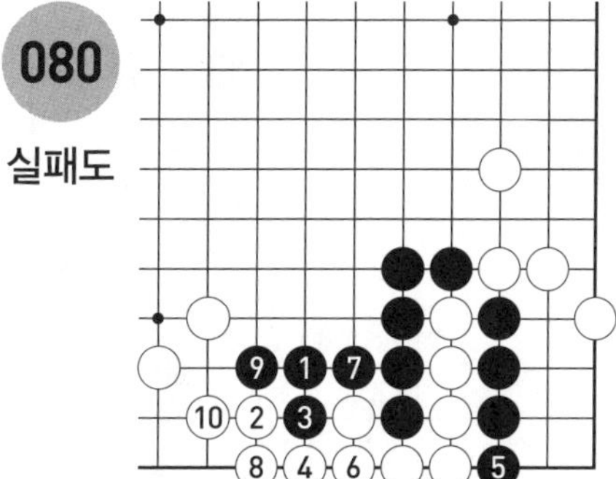

080 실패도

흑1로 먼저 장문하는 것은 수순 착오. 백2로 뛰는 것이 좋은 수. 백10까지 건너서 흑의 실패.

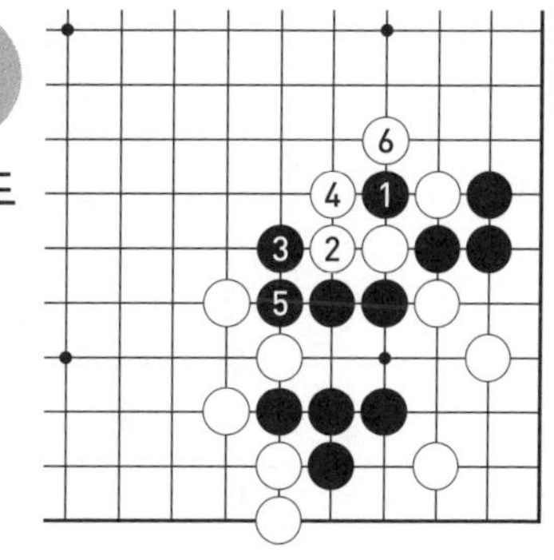

081 실패도

흑1로 단수치는 것은 착오. 백2로 늘리고 백6 따냄까지 흑의 실패.

082 정해도

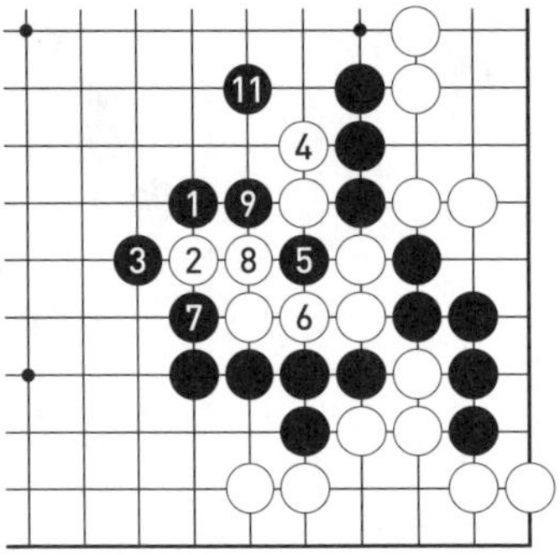

흑1로 뛰어 장문하는 것이 요점.
백2 입구자할 때 흑3 젖힘, 흑5
끊음이 묘수. 흑11까지 백이 잡
힌다. 백10=흑5

083 정해도

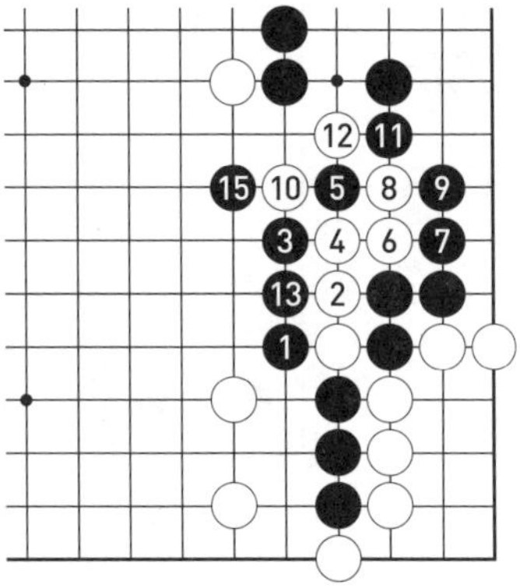

흑1 단수, 흑3 장문이 좋은 수순. 백4로
도망하면 흑5로 막는 것이 묘수. 흑15
까지 진행되어 백이 잡힌다. 백14=흑5

082 변화도

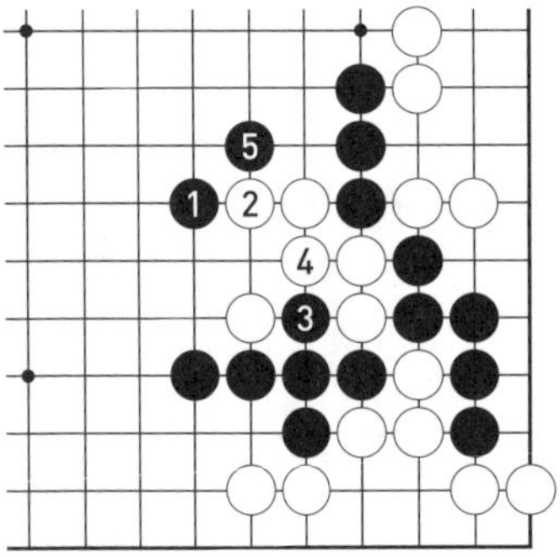

백이 2로 씌우면 흑3 단수, 흑5
젖힘. 백은 역시 안된다.

083 변화도

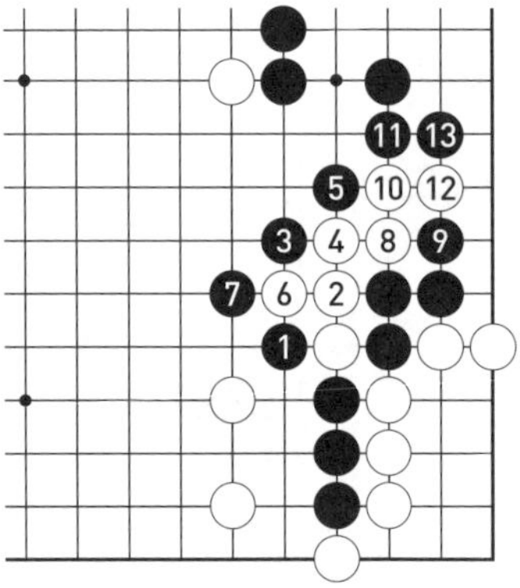

백6 끼우면 흑7로 막고 흑13까지
백은 역시 안된다.

082 실패도

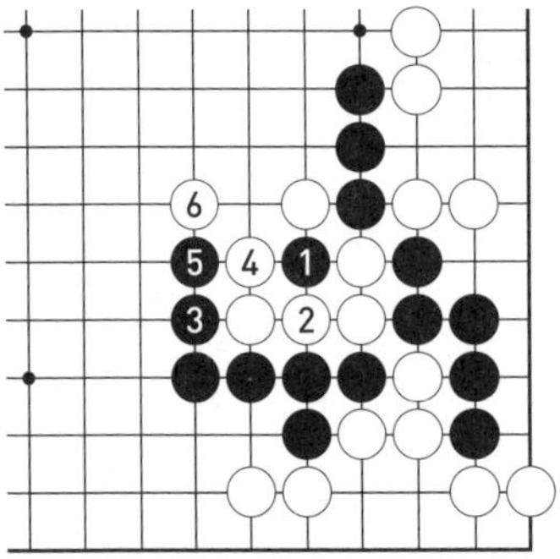

흑1로 끊어 단수치는 것은 착오.
백6까지 진행되어 흑의 실패.

083 실패도

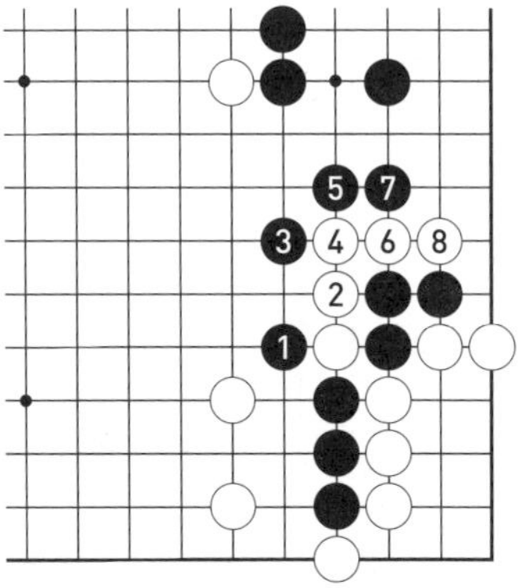

흑7로 늘리는 것은 착오. 백8로
흑 3점을 잡아서 흑의 실패.

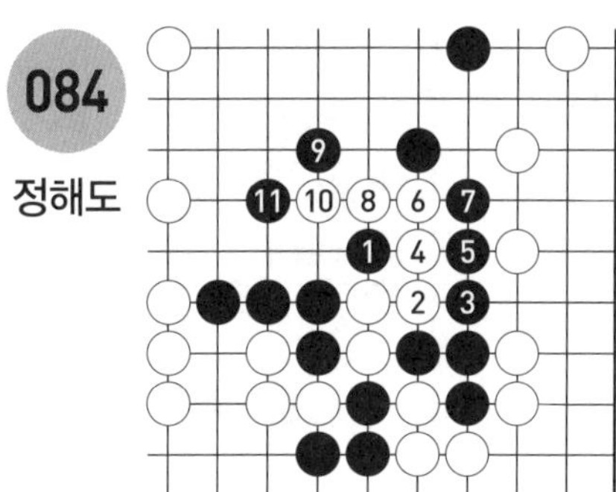

084 정해도

흑1부터 흑7까지 필연적이며 흑9 뛰어 장문함이 좋은 수. 백이 잡힌다.

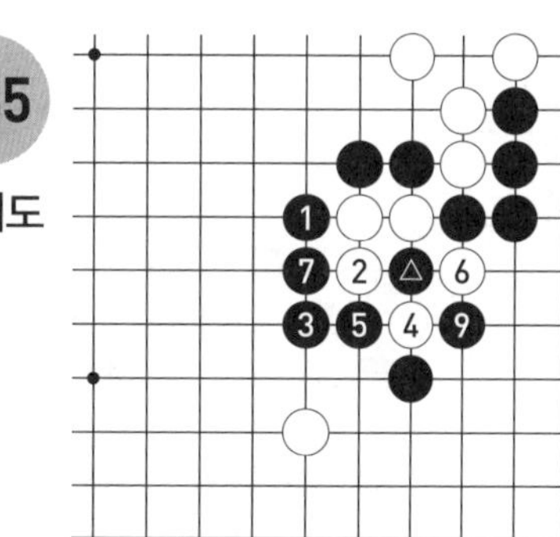

085 정해도

흑1 단수, 흑3 장문이 좋은 수순. 흑9까지 진행되어 백이 잡힌다. 백8=▲

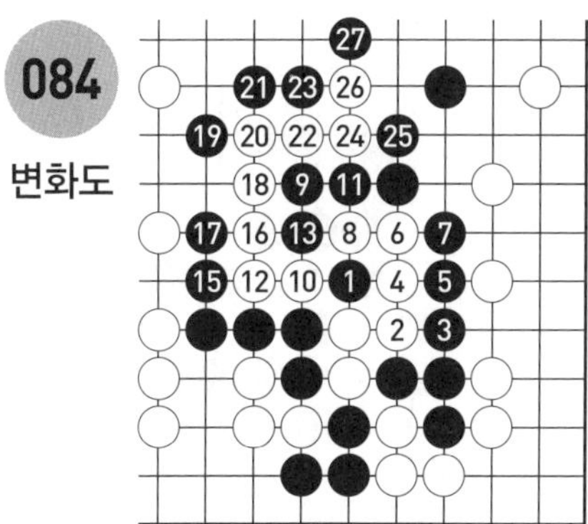

084 변화도

만약 백이 10으로 따내면 흑11로 잇는 것이 좋은 수, 이하 흑27 젖힘까지 백은 전몰. 백14=흑1

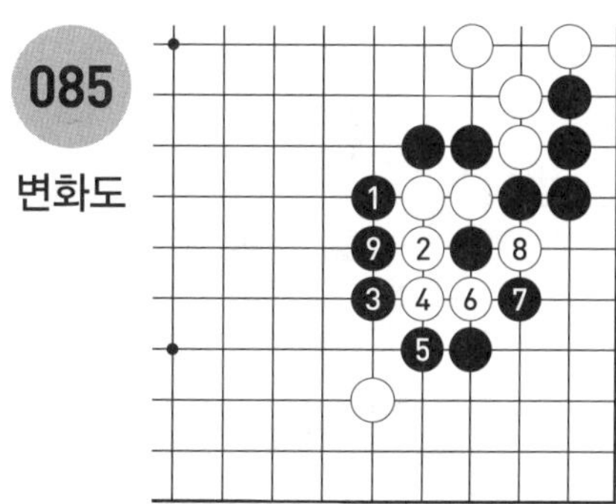

085 변화도

백이 4로 나오면 흑5로 막고 흑9로 단수쳐서 백은 여전히 안된다.

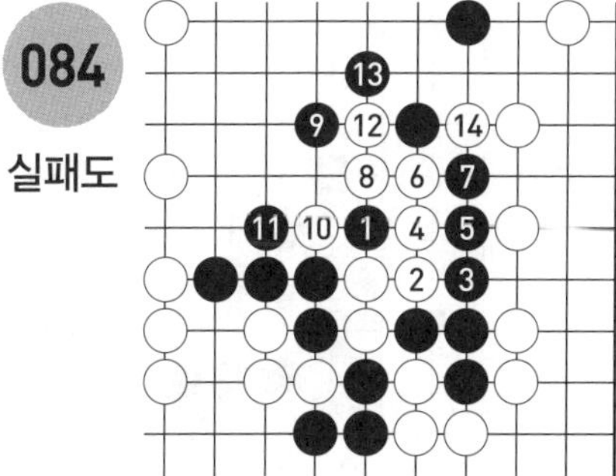

084 실패도

백10으로 따낼 때, 흑11로 막는 것이 착오. 백12 끼우고, 백14 단수쳐서 순조롭게 탈출. 흑의 실패.

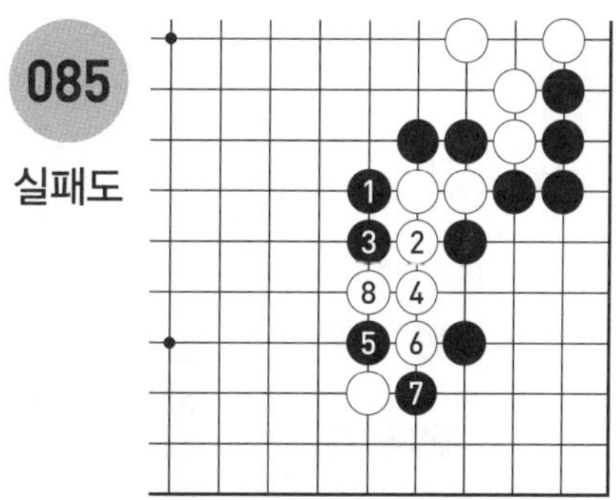

085 실패도

흑3으로 단수치는 것은 착오. 백은 8까지 진행하여 탈출할 수 있다. 흑의 실패.

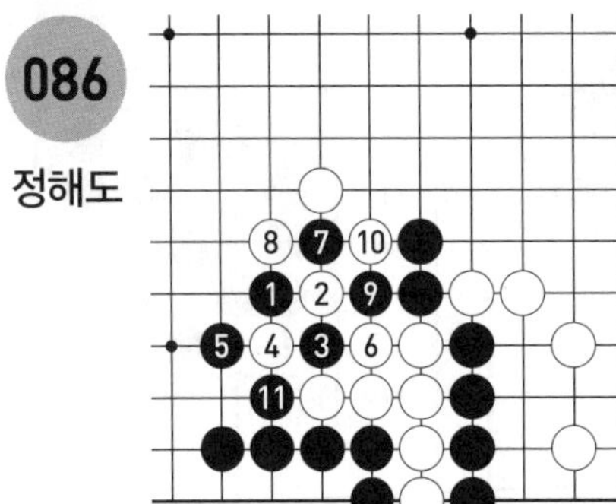

086 정해도

흑1로 벌려 장문하는 것이 요점. 흑3 끼워 붙임, 흑5 단수치는 것이 좋은 수순. 흑7에 끼워 붙임이 묘수. 흑11까지 진행되어 백의 실패.

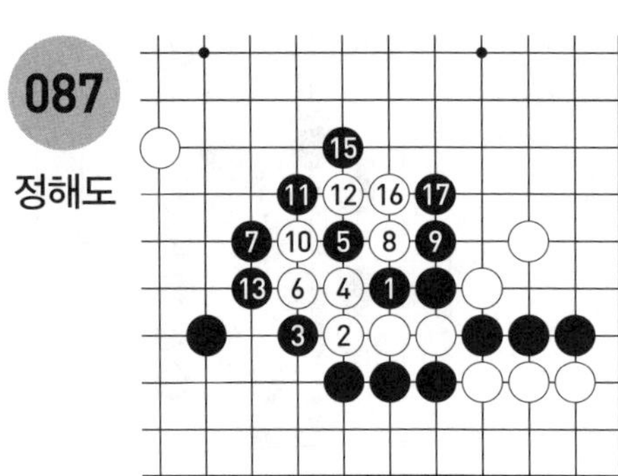

087 정해도

흑1부터 흑5까지 먼저 백을 축으로 몰고 흑7로 장문, 백8 단수는 필연적임. 흑17까지 백은 축으로 잡힌다. 백14=흑5

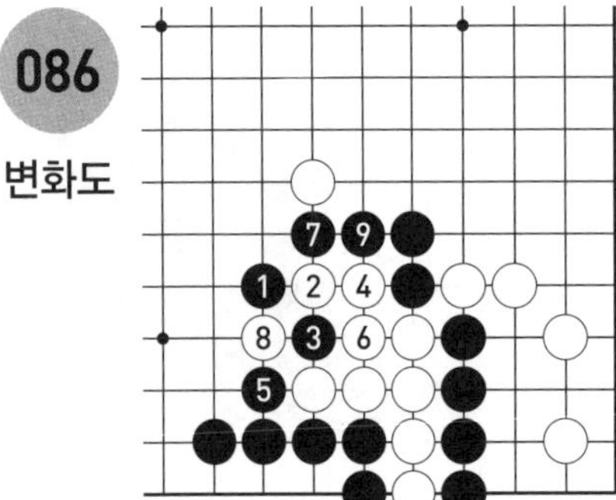

086 변화도

만약 백이 4에 쌍립하면 흑5,7,9로 회돌이하여 한 수 차이로 백이 역시 잡힌다.

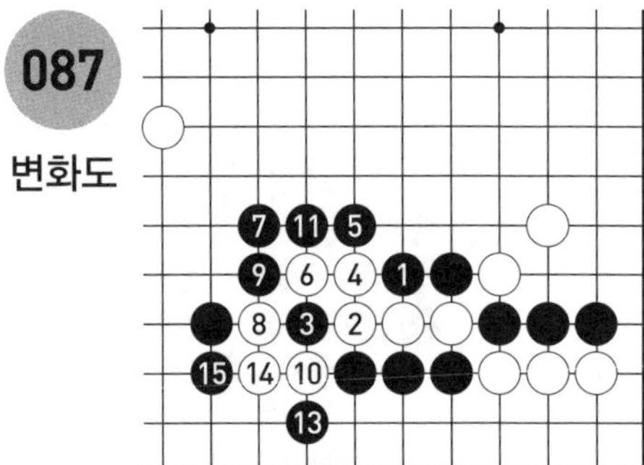

087 변화도

백이 8로 1점을 단수치면 흑9로 회돌이, 흑15까지 백이 역시 잡힌다. 백12=흑3

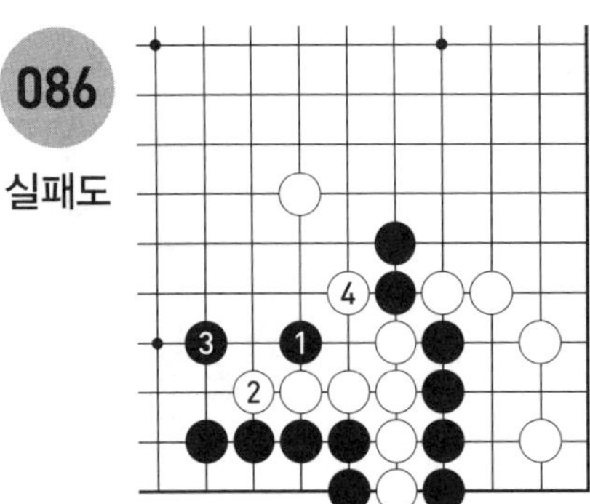

086 실패도

흑1로 붙임하는 것은 착오. 백2로 늘리고, 백4로 젖혀서 순조롭게 탈출. 흑의 실패.

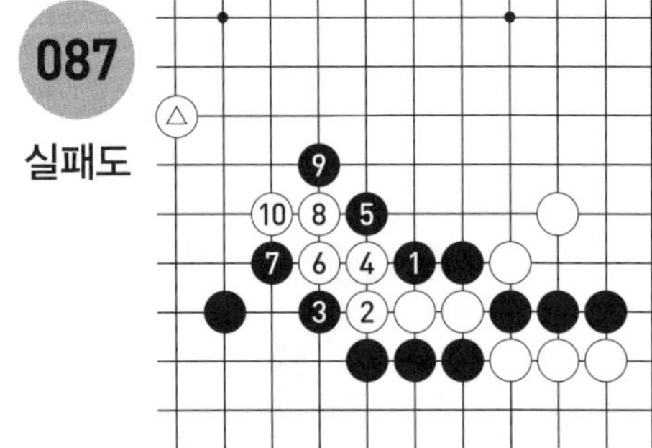

087 실패도

흑1 축으로 모는 것은 착오. 전면에 백△ 1점이 기다리고 있어서 흑의 실패.

088

문제도

★★

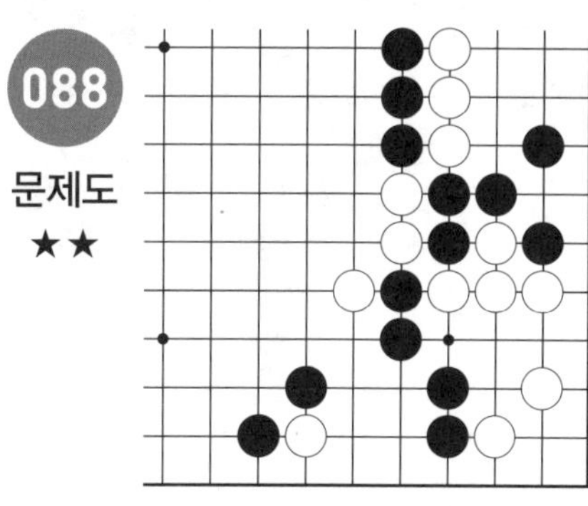

089

문제도

★★★

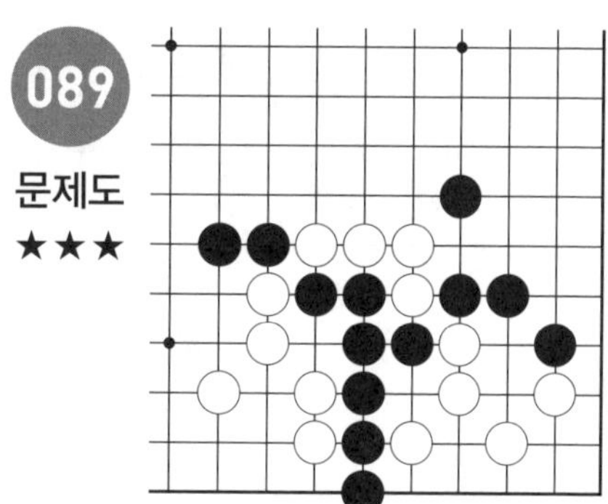

090

문제도

★★★

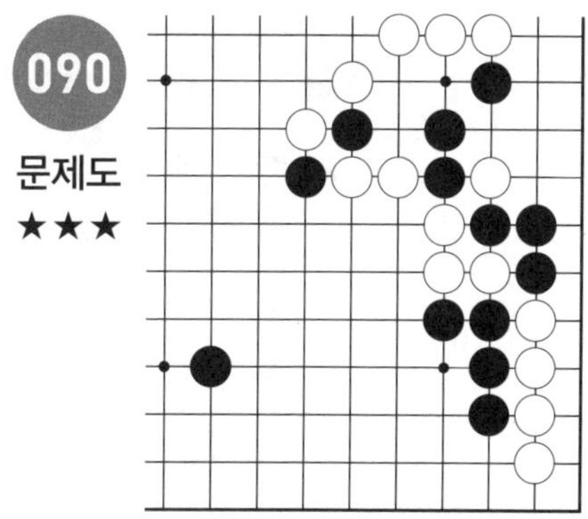

088 정해도

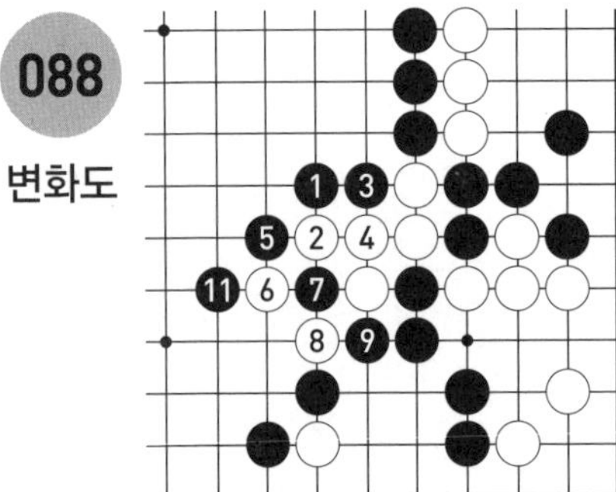

흑1로 나는 것이 요점. 흑3으로 붙임하는 것이 묘수. 흑11까지 진행되어 백이 잡힌다. 백10=흑3

089 정해도

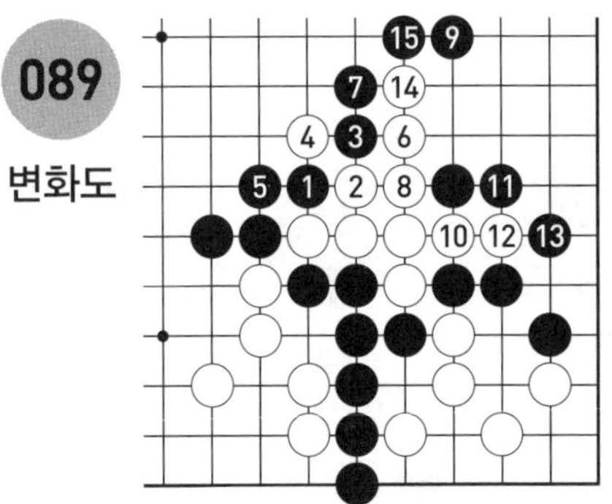

흑1, 3 이단젖힘이 치밀한 착지법. 흑9로 벌려 장문하는 것이 묘수. 흑29까지 진행되어 백 전몰. 백20=▲

088 변화도

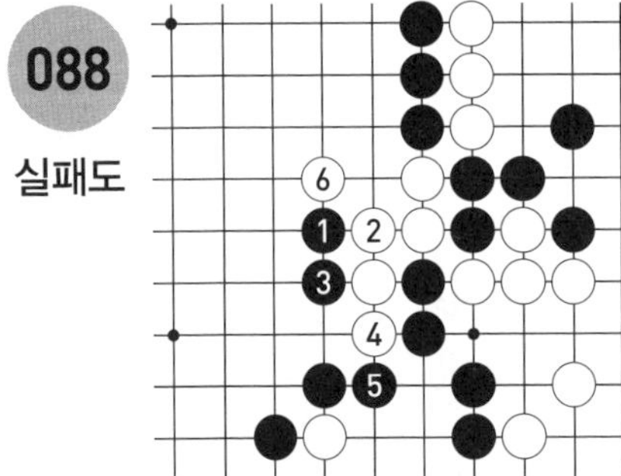

백2 호구치면 흑3 단수, 흑5 젖히는 수순이 좋음. 흑7 먹여치기가 묘수. 백이 잡히게 된다. 백10=흑7

089 변화도

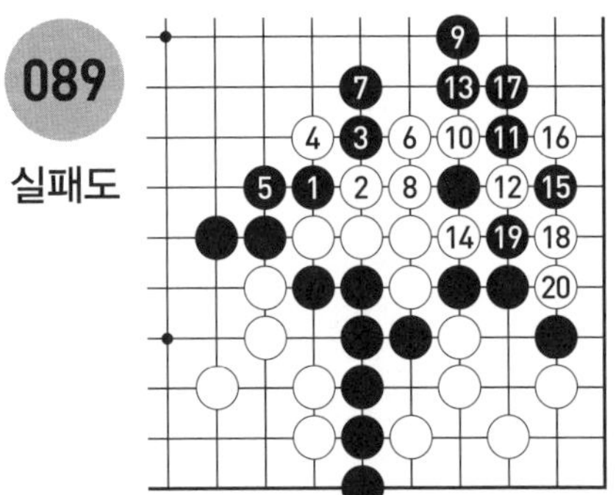

백이 10으로 끼우면 흑11로 물러서고 흑15로 막아서 백이 잡히게 된다.

088 실패도

흑1은 착오. 백2에서 백6까지 탈출하게 된다. 흑의 실패.

089 실패도

흑15 젖힘은 착오. 백16, 18 두 번의 단수는 필연적이다. 백20으로 다시 단수치는 것이 묘수로 패가 된다. 흑의 실패.

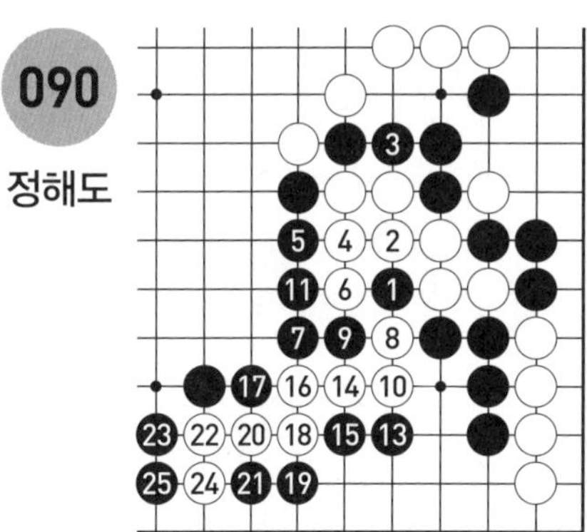

흑1부터 흑5까지 단수치는 것은 필연적임. 흑7 장문이 묘수. 흑25까지 진행되어 백이 잡힌다. 백12=흑1

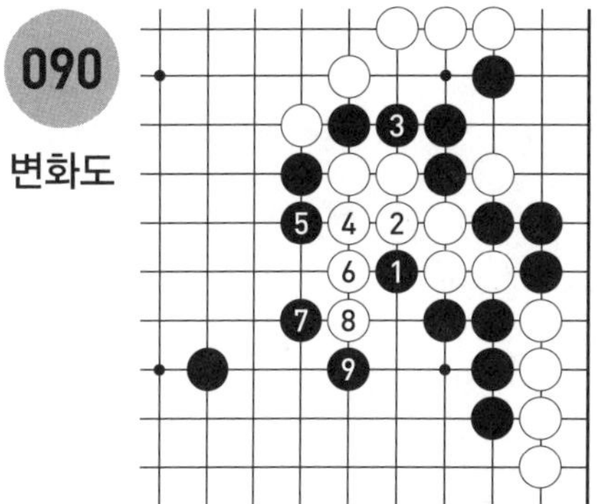

백이 8로 나가도 흑9로 젖혀서 백은 역시 안된다.

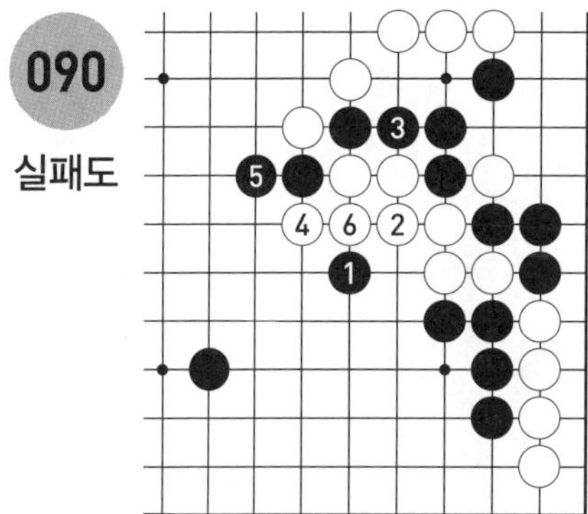

흑1로 들여다보는 것은 착오. 백 6 연결로 탈출하여 흑 실패.

제 4 부 젖힘

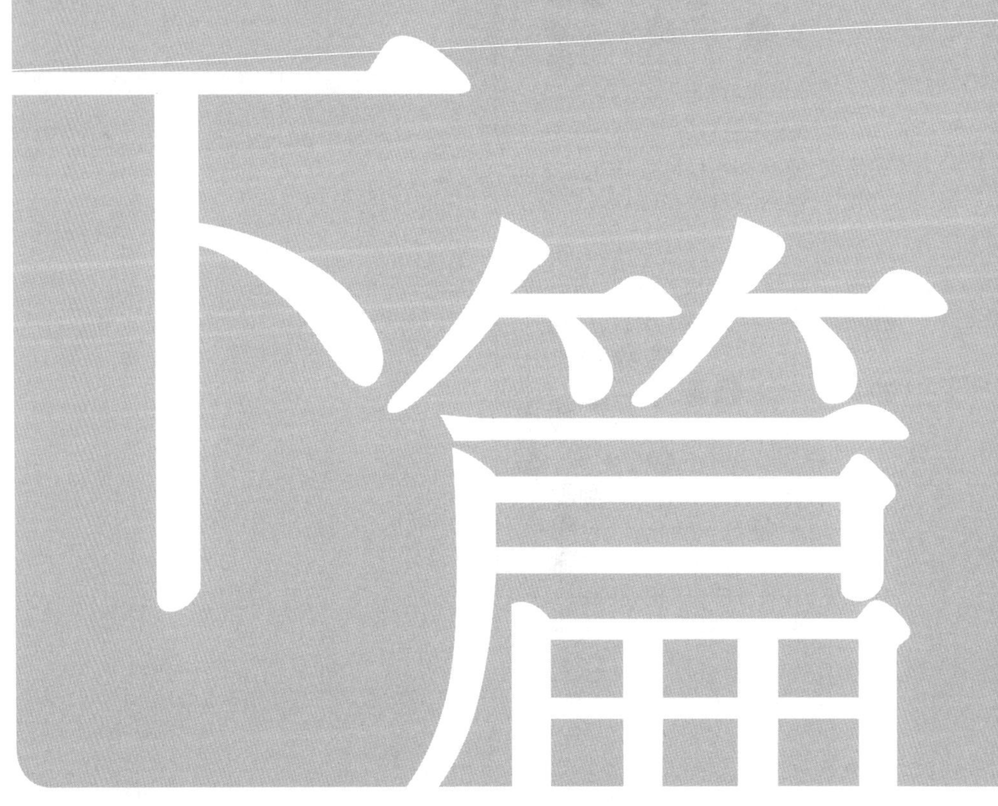

'젖힘'이란 서로의 돌이 긴박할 때 원래의 돌에서 사선방향으로 교차되는 점에 한 점 두는 것을 말합니다. 상대가 뻗는 것을 제지하는 착점으로 '젖힘' 또는 '머리두드리기'라고도 합니다.

젖힘은 실전에서 광범위하게 사용됩니다. 이는 상대의 활로를 막을 뿐 아니라 행마를 긴박하게 만듭니다. 젖힘은 보통 '건너 젖힘'과 '끊어 젖힘'으로 나눕니다. 건너 젖힘은 건너는 작용이 있고(도해2 참고) 끊어 젖힘은 상대의 돌은 끊는 작용을 합니다(도해3 참고). '이단젖힘'의 착점은 승리를 이끌어낼 수 있습니다. 젖힘을 정확히 사용할 수 있다면 변이나 귀의 수싸움에서 상대를 속수무책으로 만들 수 있습니다. 상대의 모양을 파괴하는 젖힘을 이르는 바둑격언으로는 '두 점 머리는 두드려라'와 '두 번 젖힘은 수를 한 수 늘린다'가 있습니다.

제4부는 모두 26개의 연습문제로 구성되어 있으며 모두 흑 선입니다. 여러분도 실전에서 젖힘의 묘미를 느껴보시기 바랍니다.

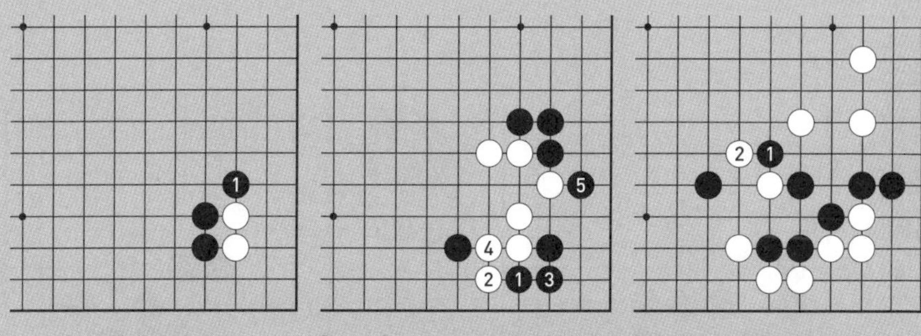

[도해1] 흑1은 '젖힘'이다.　　[도해2] 흑1, 5 두 수로 젖힘 후 건넘이 된다.　　[도해3] 흑1 젖힘할 때 백2로 젖혀 끊어 흑을 취한다.

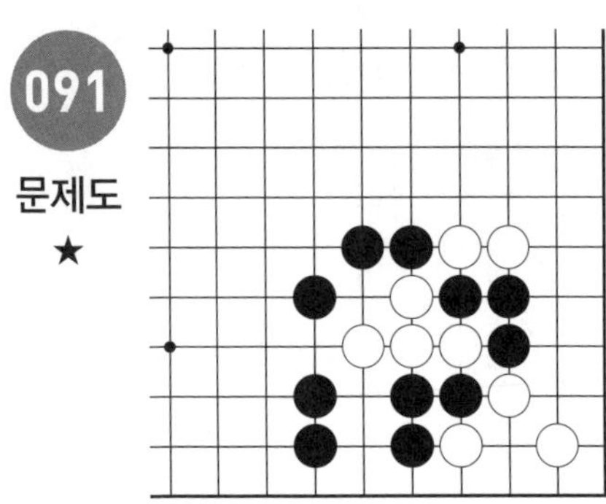

091
문제도
★

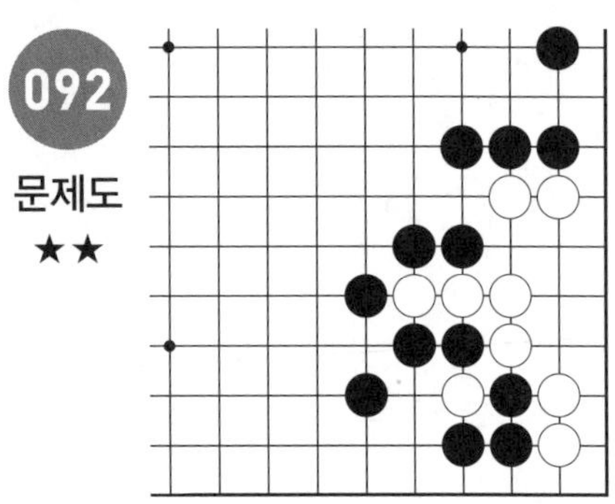

092
문제도
★★

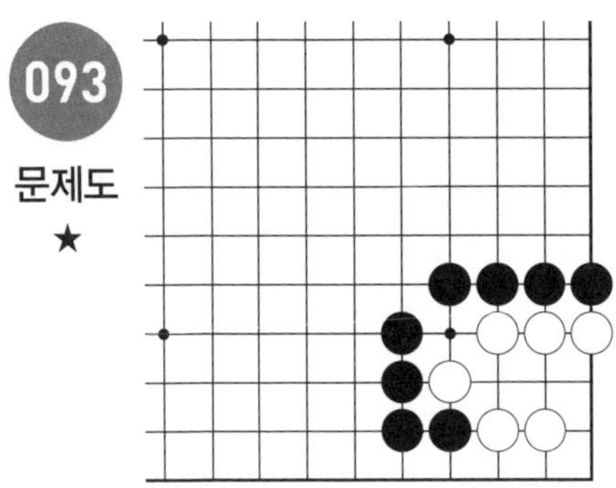

093
문제도
★

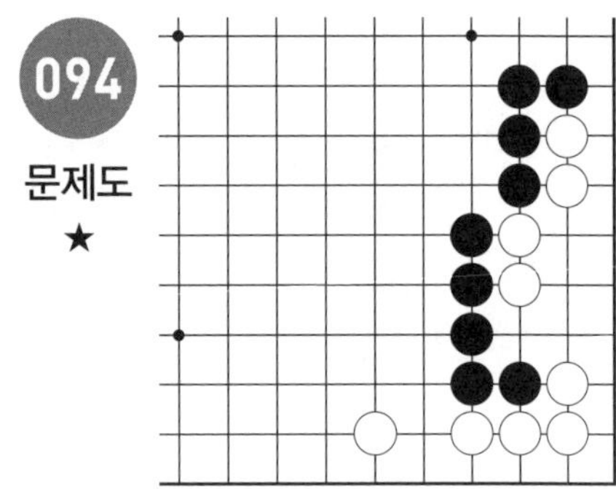

094
문제도
★

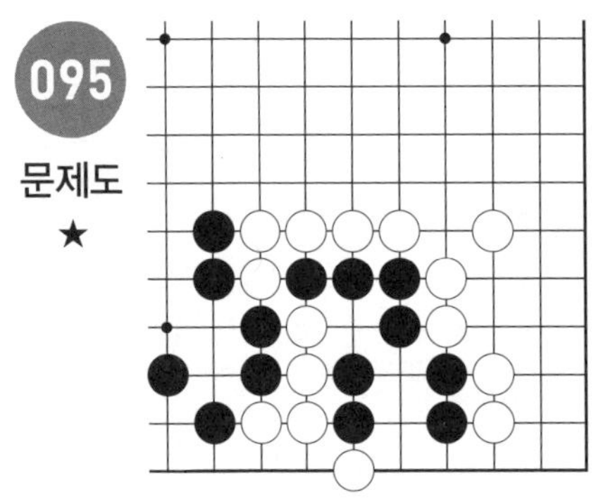

095
문제도
★

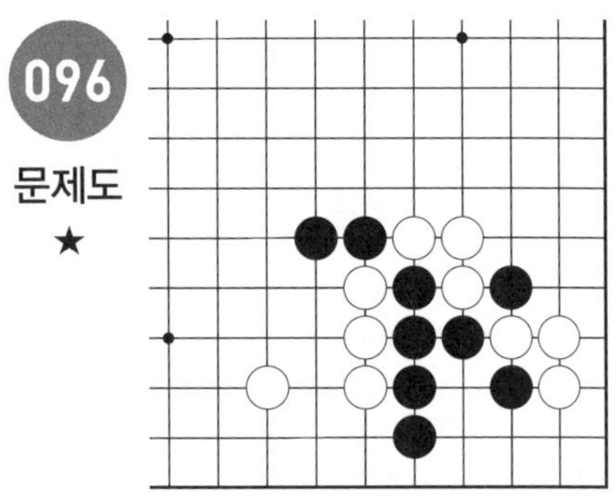

096
문제도
★

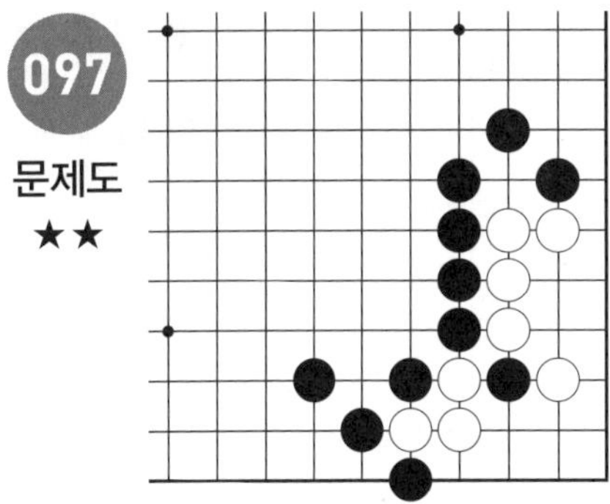

097

문제도
★★

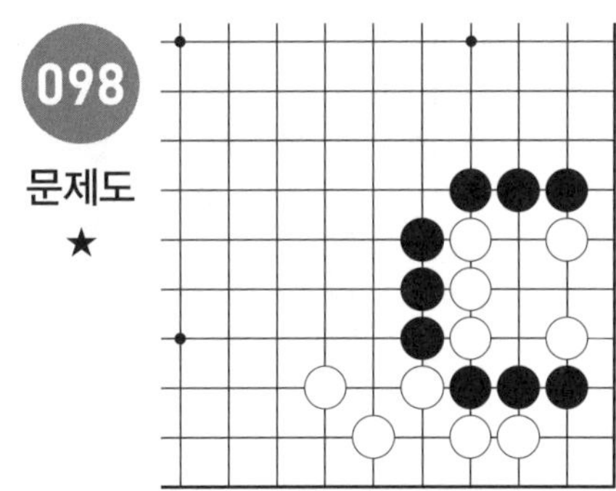

098

문제도
★

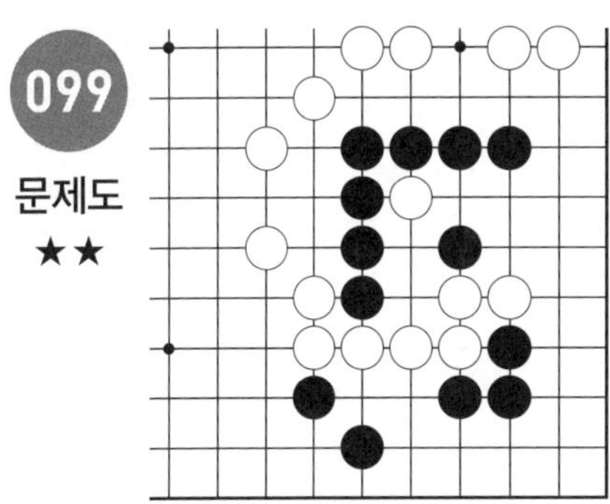

099

문제도
★★

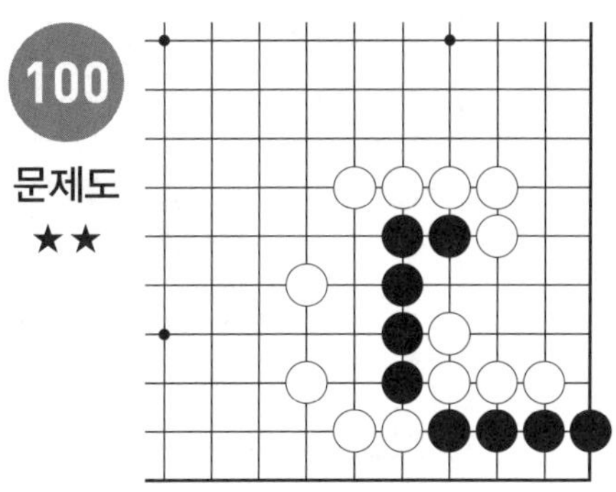

100

문제도
★★

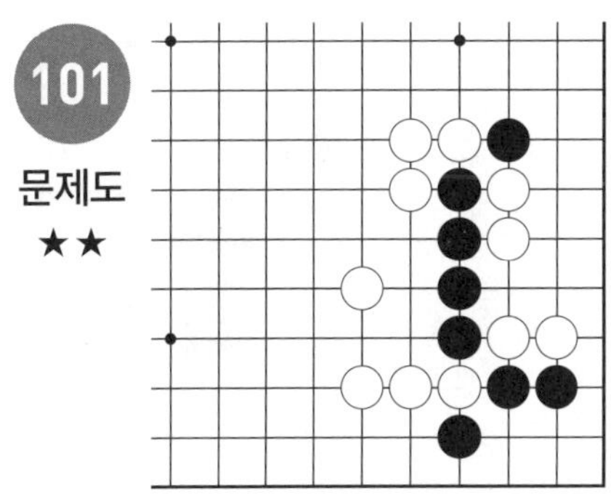

101

문제도
★★

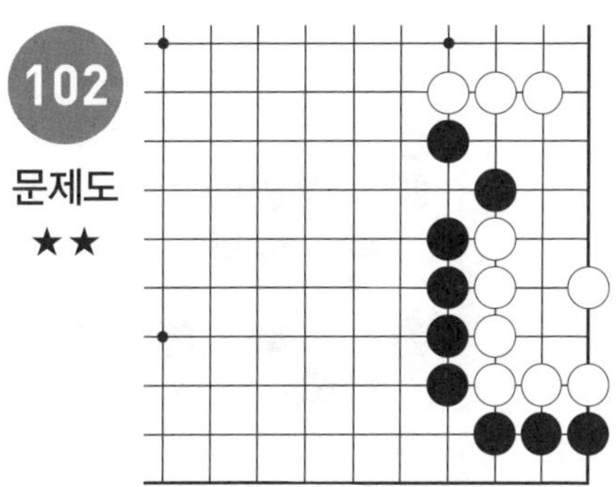

102

문제도
★★

091

정해도

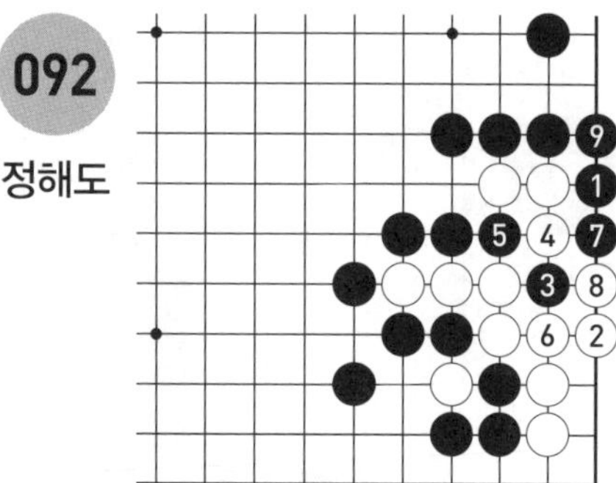

흑1, 3 두 번 젖힘은 한 수를 늘리게 되고 다시 흑5로 수를 메우고 흑9 단수까지 백이 잡힌다.

092

정해도

흑1로 젖힘이 좋은 수, 흑3 파호가 묘수. 흑9까지 백이 잡힌다.

093

정해도

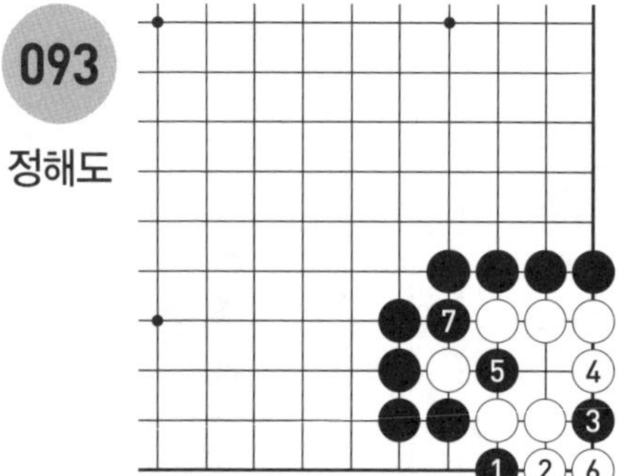

흑1 젖힘, 흑3 치중하기가 묘수. 흑5로 다시 먹여치기하여 백이 잡힌다.

094

정해도

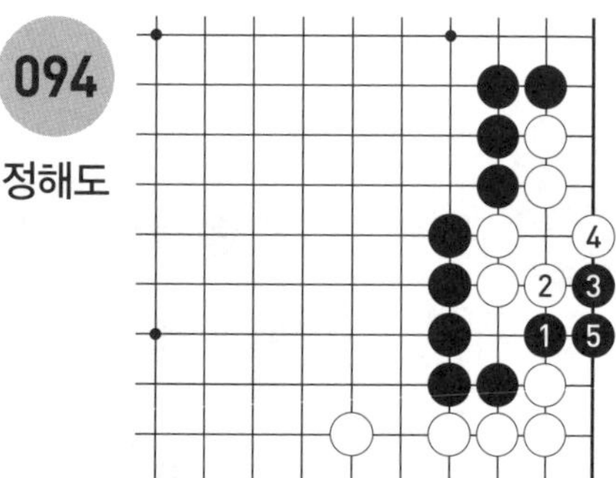

흑1, 3 연속 젖힘이 묘수. 다시 흑5에 이어 백이 잡힌다.

095

정해도

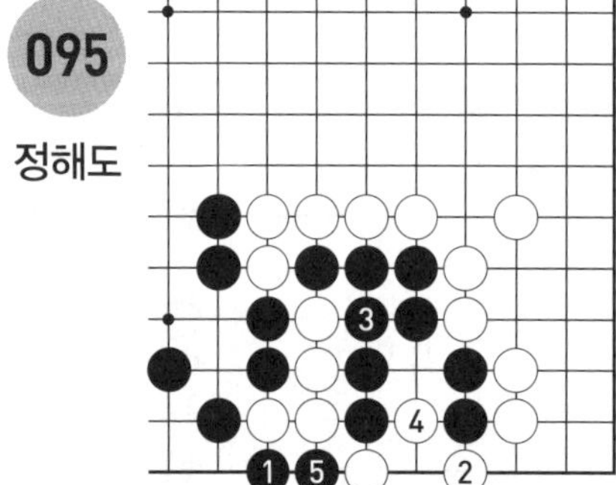

흑1 젖힘이 좋은 수. 백2로 건널 때, 흑3으로 다시 단수쳐서 백은 촉촉수가 된다.

096

정해도

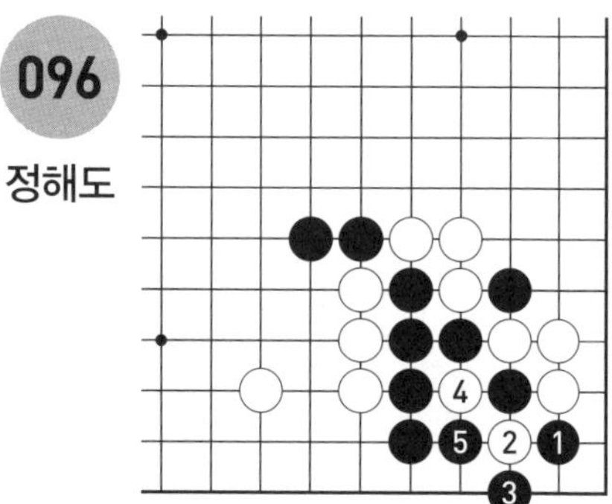

흑1, 3, 5 연속이 묘수로 흑은 살 수 있다.

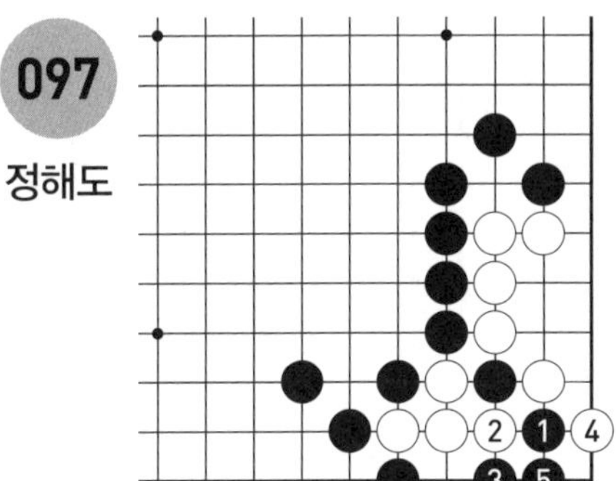

흑1, 3 이단젖힘이 묘수. 백4로 단수칠 때 흑5로 이어 백이 잡힌다.

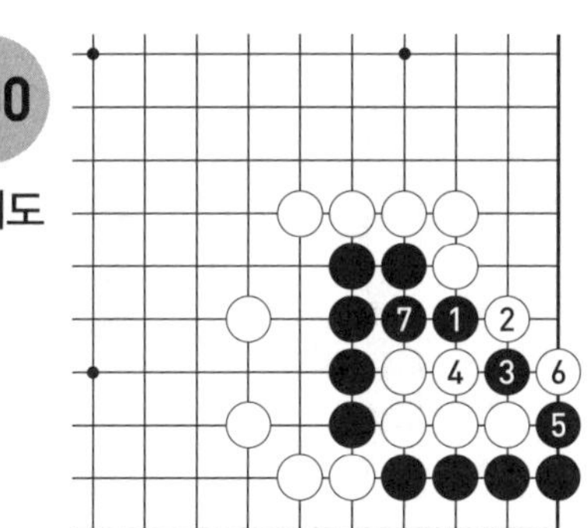

흑1 젖힘, 흑3 끼워 붙임이 묘수, 다시 흑5, 7 두 번 단수로 백이 잡힌다.

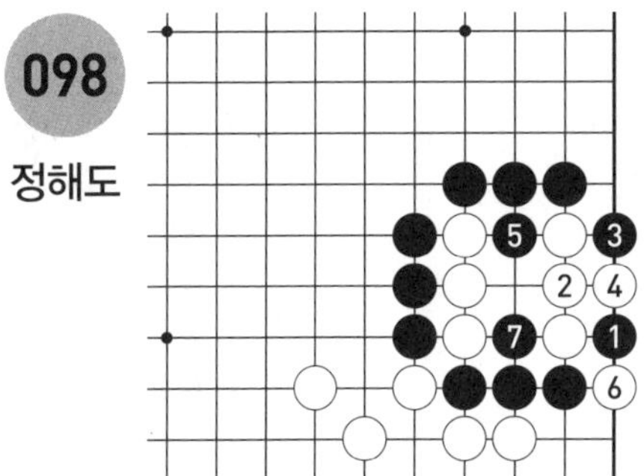

흑1, 3 두 번 젖힘이 좋은 수순. 흑5, 7 두 번 끼움으로 백을 잡을 수 있다.

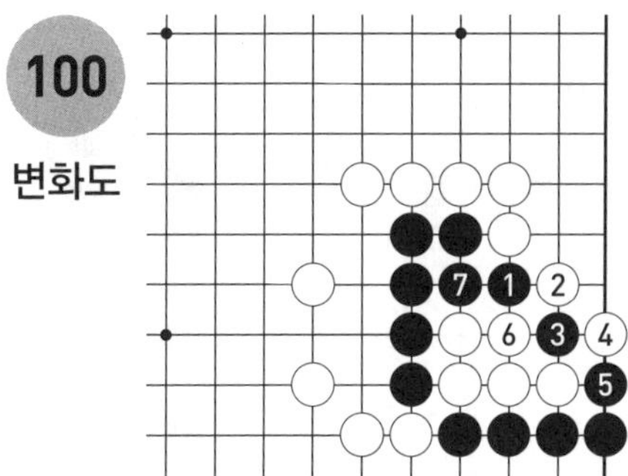

백4로 밑에서 단수치면 흑5 끊어서 단수치는 것이 좋은 수. 백은 역시 잡힌다.

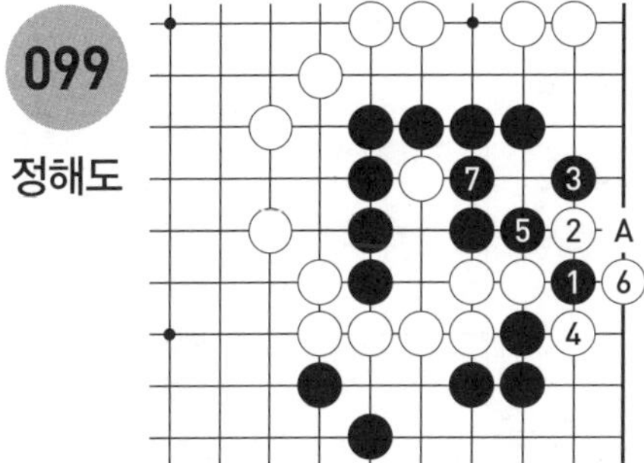

흑1 젖힘, 흑3 붙임이 살 수 있는 묘수. 흑7까지 살았다. 만약 백이 4로 흑5 위치에 이으면 흑은 A로 건널 수 있다.

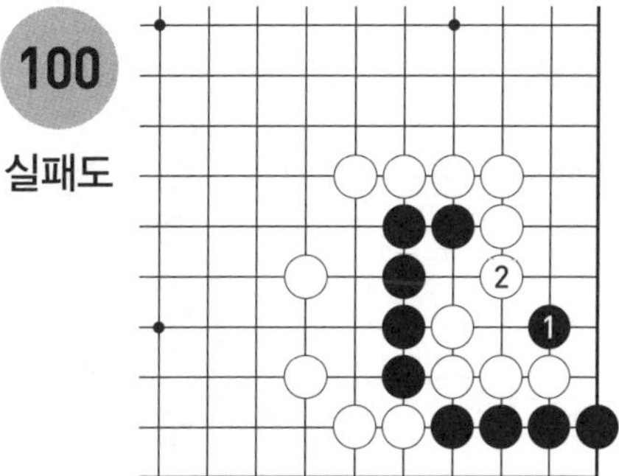

흑1로 붙임하는 것은 착오. 백2에 1점을 보강하여 흑의 실패.

101 정해도

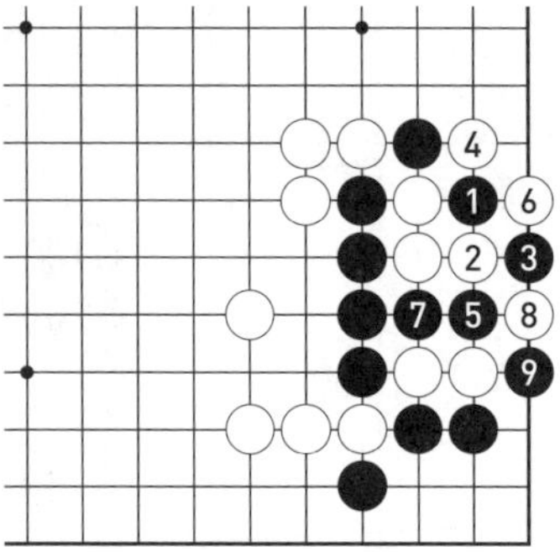

흑1, 3 두 번 젖힘이 요점. 흑5로
끼워 단수치는 것이 묘수. 흑9로
잡아서 탈출.

102 정해도

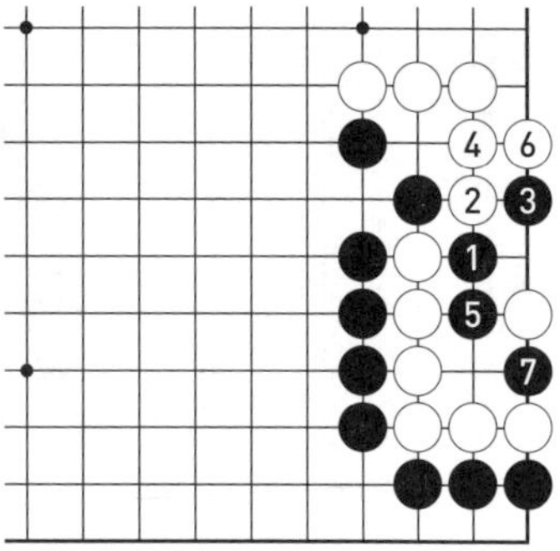

흑1 젖힘이 좋은 수, 흑3 맞단수
가 묘수. 흑7 먹여치기까지 백이
잡힌다.

101 변화도

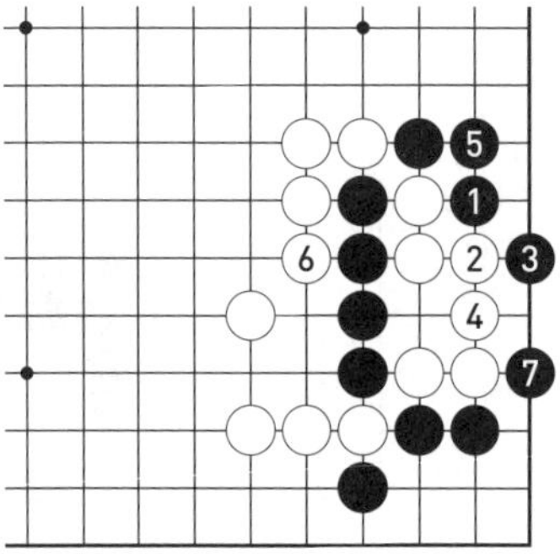

백4로 두면 흑5로 잇고 흑7로 건
너서 백이 오히려 흑에게 잡힌다.

102 변화도

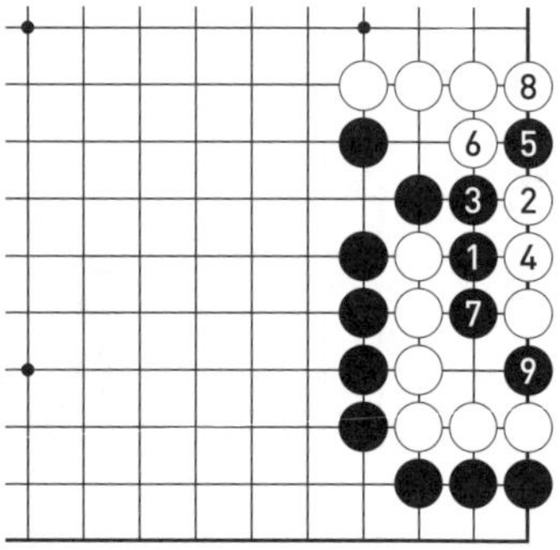

백2 벌림, 흑3 연결, 흑9 먹여치
기까지 백이 잡힌다.

101 실패도

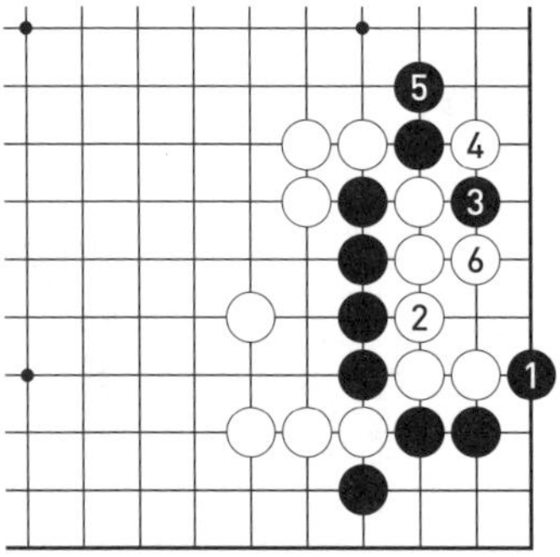

흑1쪽에서 젖힘은 방향이 잘못
된다. 백6까지 진행되어 흑의
실패.

102 실패도

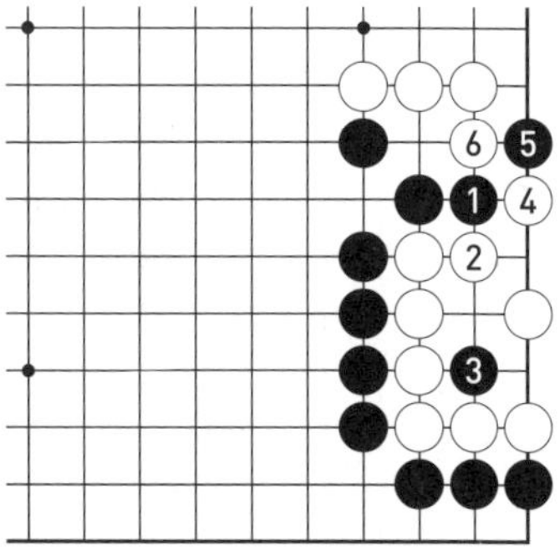

흑1로 느는 것은 착오. 흑3 치중
하기할 때 백4, 6으로 패를 만들
어 흑의 실패.

103
문제도
★★

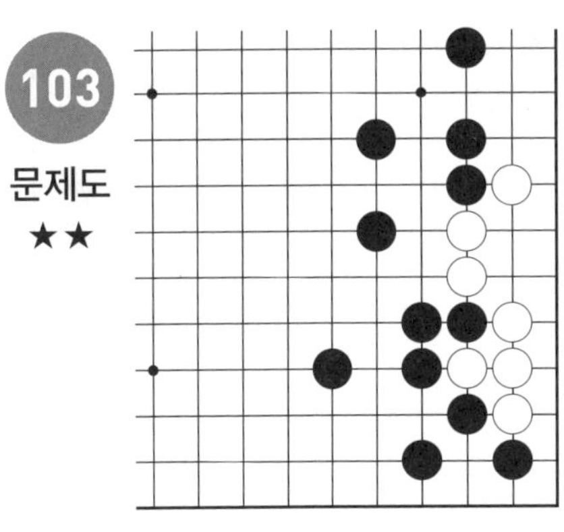

104
문제도
★★

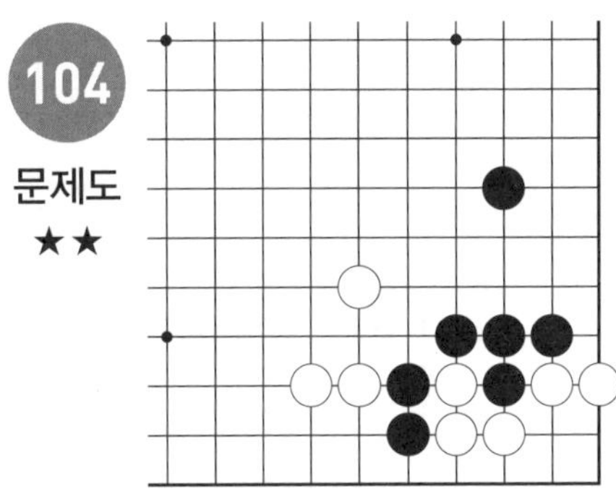

105
문제도
★★★

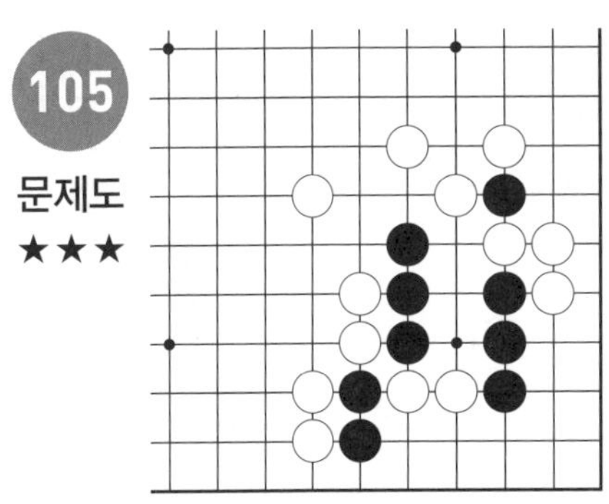

106
문제도
★★

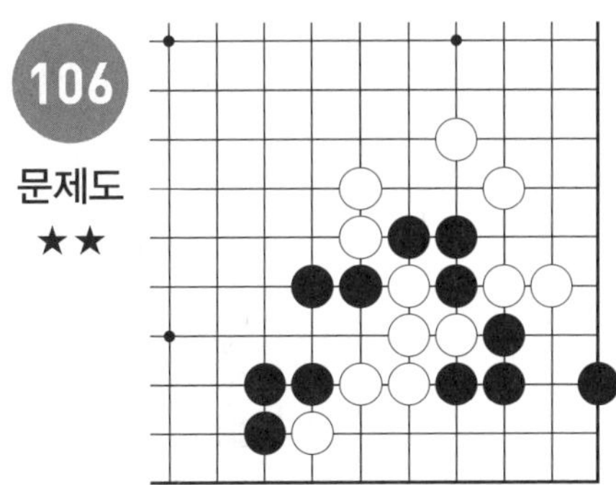

107
문제도
★★

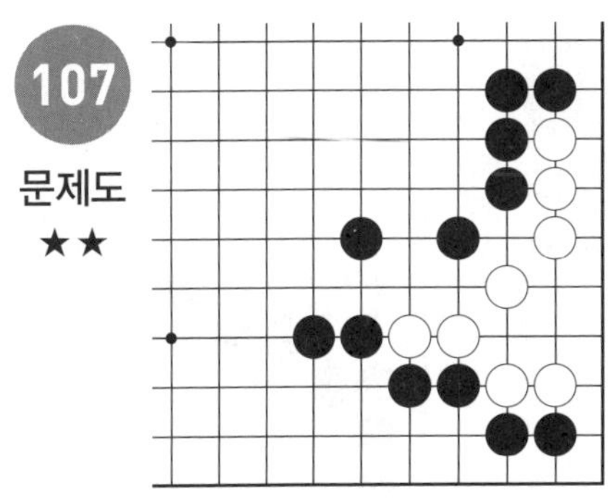

108
문제도
★★

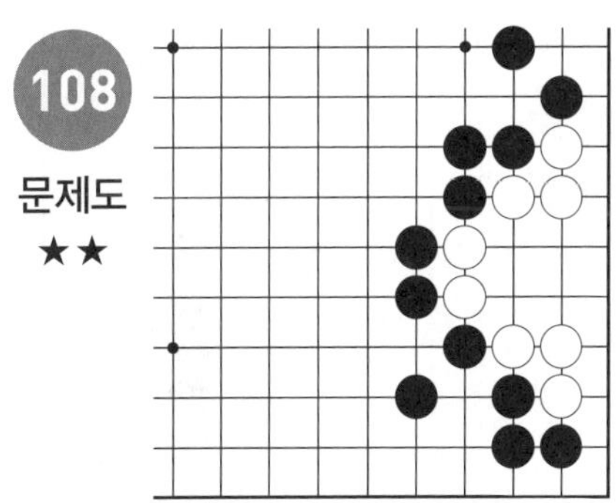

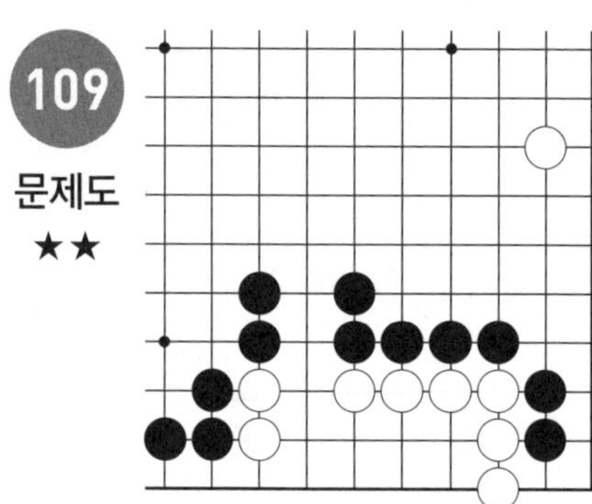

109
문제도
★ ★

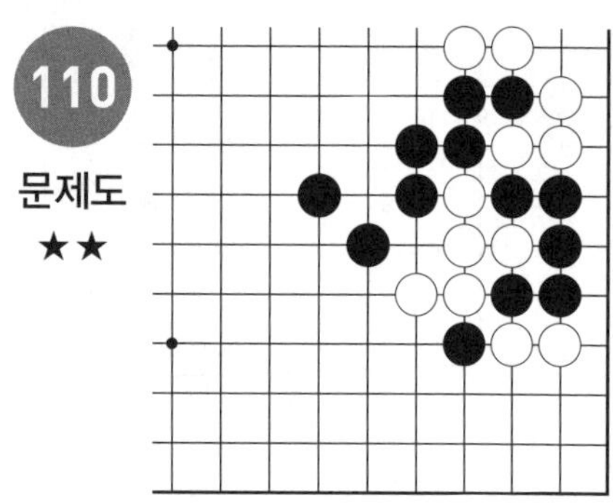

110
문제도
★ ★

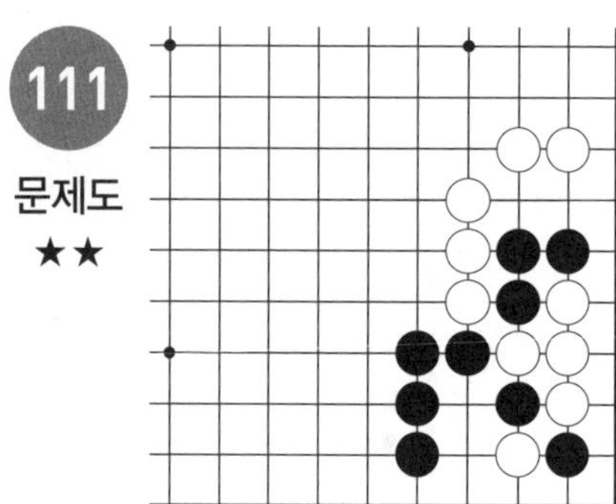

111
문제도
★ ★

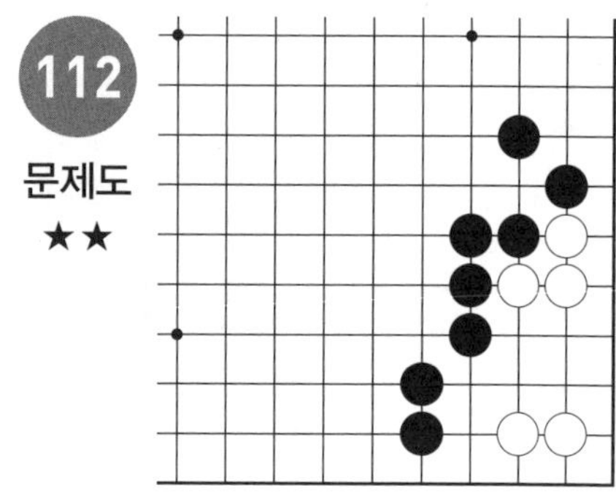

112
문제도
★ ★

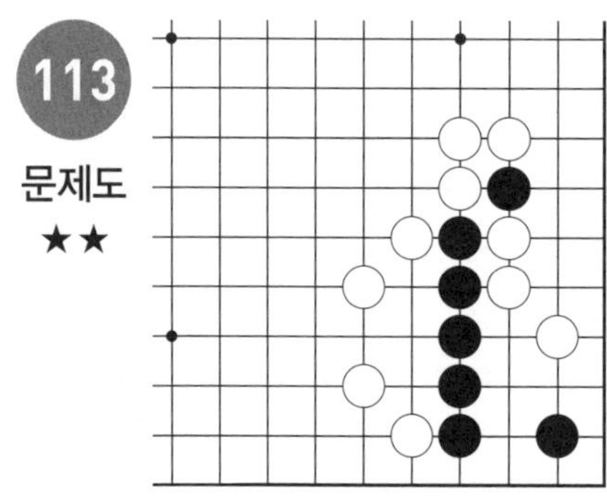

113
문제도
★ ★

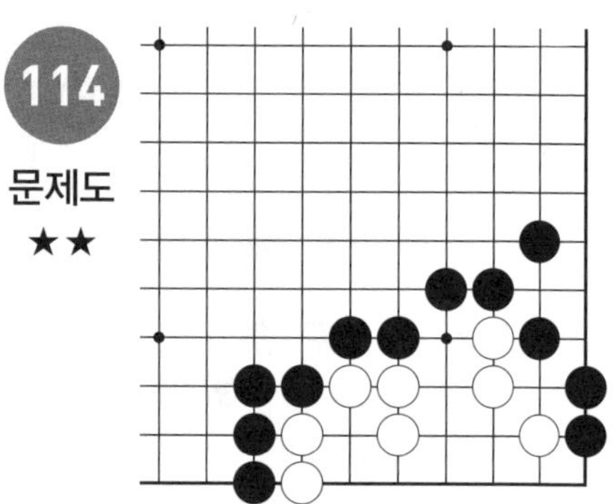

114
문제도
★ ★

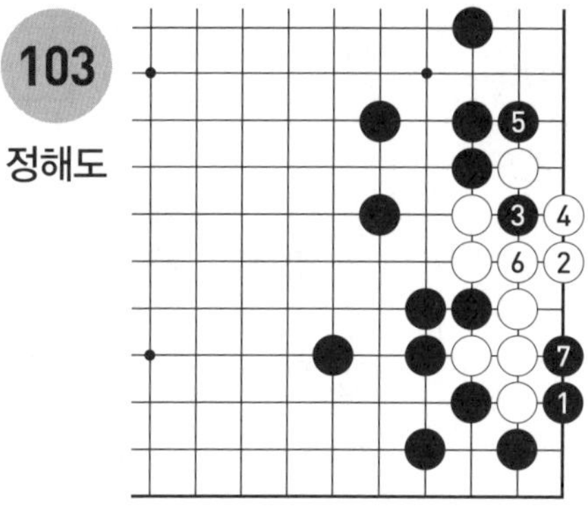

103 정해도

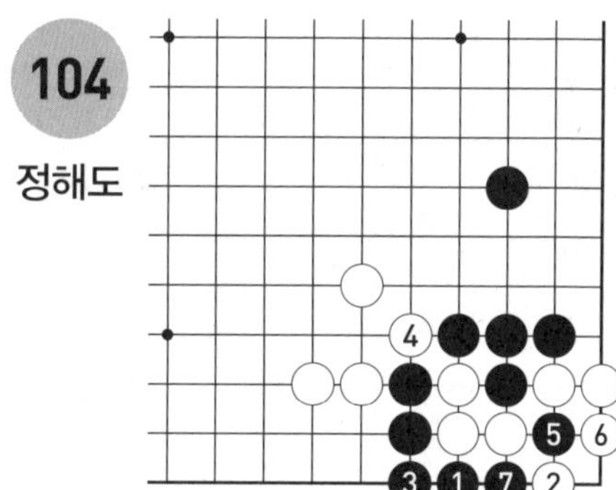

104 정해도

흑1 젖힘이 백을 잡는 요점. 흑3 끊는 것이 묘수. 흑7까지 진행되어 백이 잡힌다.

흑1 젖힘이 요점. 흑5 먹여치기가 묘수. 흑7에 다시 단수쳐서 백이 잡힌다.

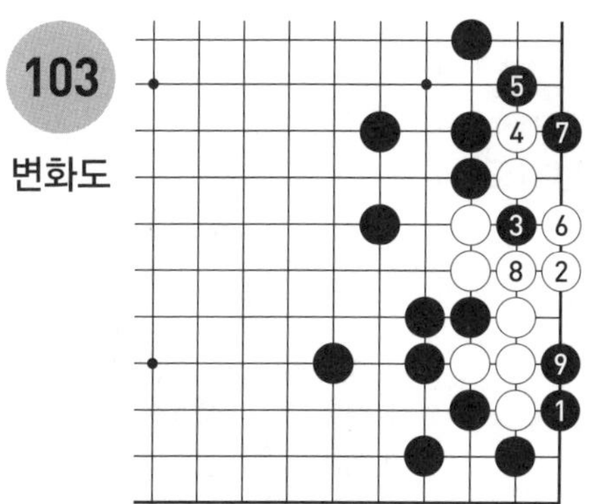

103 변화도

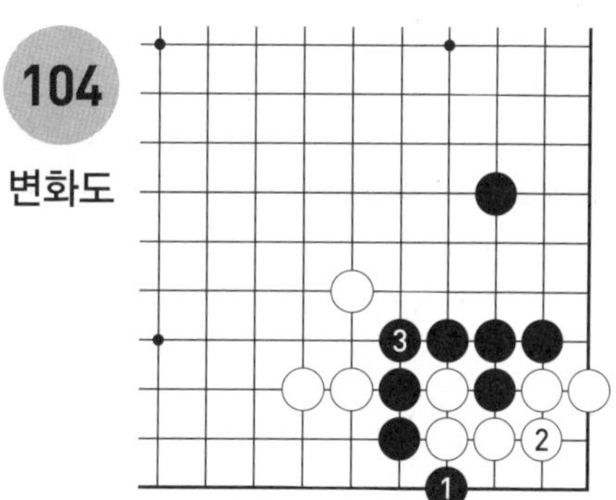

104 변화도

백이 4로 늘리면 흑5로 호구치고 흑7로 단수, 다시 흑9로 파호하여 역시 백은 살지 못한다.

만약 백이 2에 이으면 흑3으로 위를 이어 백은 여전히 살 수 없다.

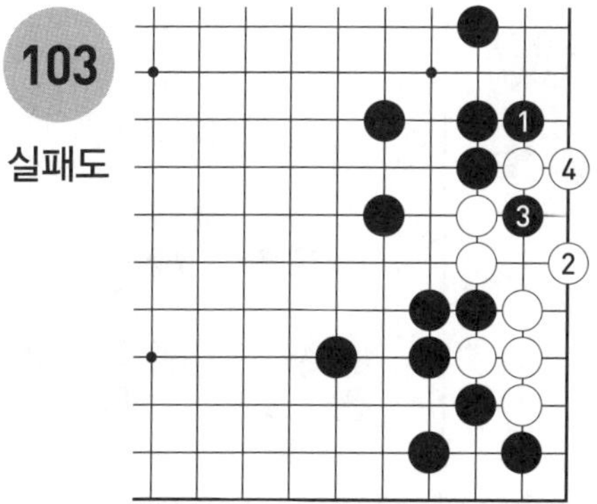

103 실패도

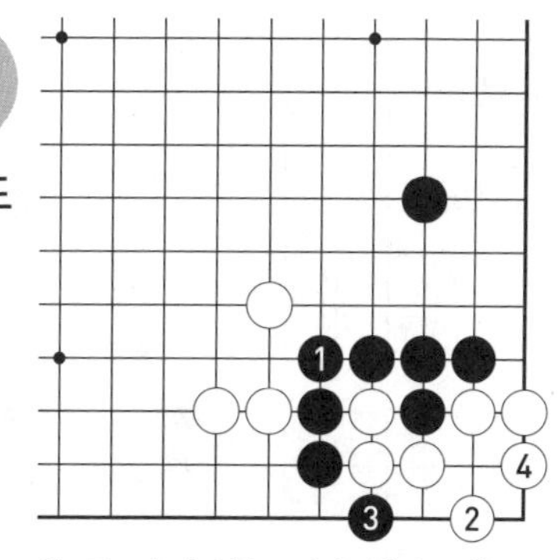

104 실패도

흑1은 착오. 백2, 4로 집을 지어 살 수 있다. 흑의 실패.

흑1로 먼저 잇는 것은 착오. 백2, 4로 집을 지어 살 수 있다. 흑의 실패.

105 정해도

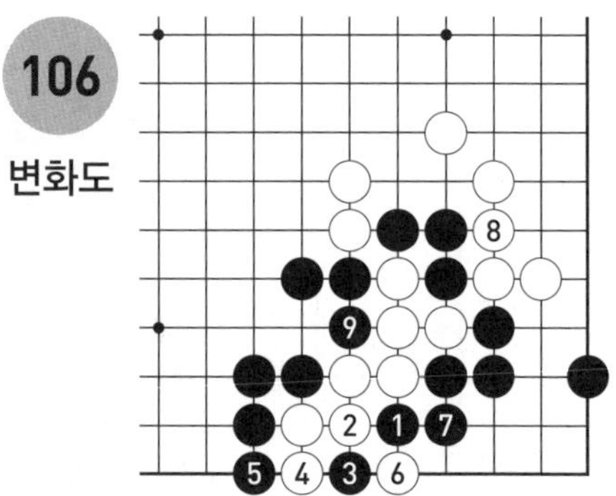

흑1 젖힘, 흑3 세움의 수순이 좋다. 다시 흑5로 집을 짓고 흑9까지 진행되어 살았다.

106 정해도

흑1, 3, 5로 묘수 연발, 흑15까지 백 전몰. 백14=흑1

105 변화도

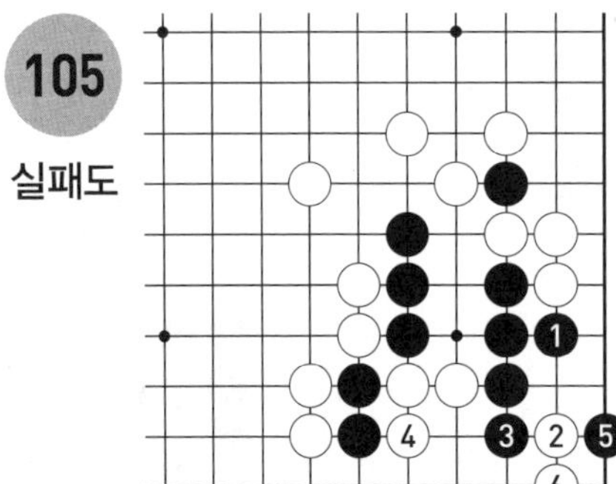

백4로 늘면 흑5 단수, 흑7 벌림이 묘수. 백8로 끊을 때 흑9로 돌을 버림으로 살 수 있다.

106 변화도

백이 4로 아래쪽에서 단수치면 흑5로 단수치고 흑7로 이어 백은 역시 잡힌다.

105 실패도

흑1로 먼저 막는 것은 착오. 백2로 들여다보아 흑의 실패.

106 실패도

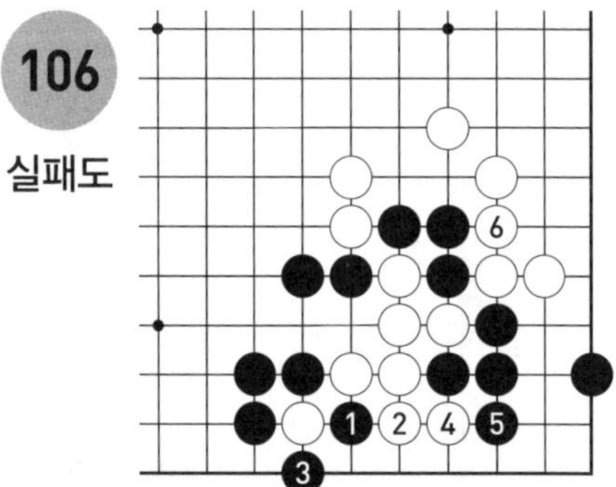

흑1 단수치는 것은 착오. 백6까지 진행되어 흑이 실패.

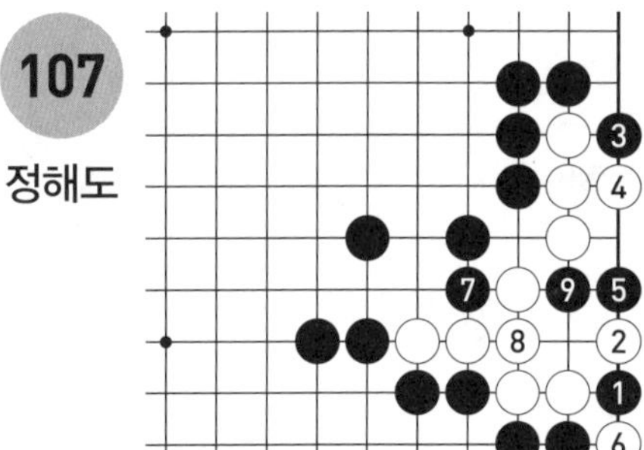

흑1, 3 두 번 젖힘으로 먼저 안형
을 줄이고 흑5로 다시 치중하기
한 다음, 흑9까지 진행되어 백이
잡힌다.

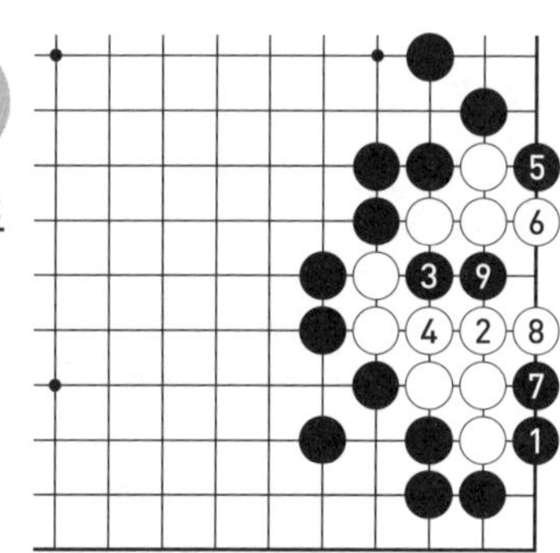

흑1 젖힘, 흑3 단수치는 수순이
좋다. 흑5, 7로 양쪽 안형을 줄
이고 다시 흑9로 늘여서 백이
잡힌다.

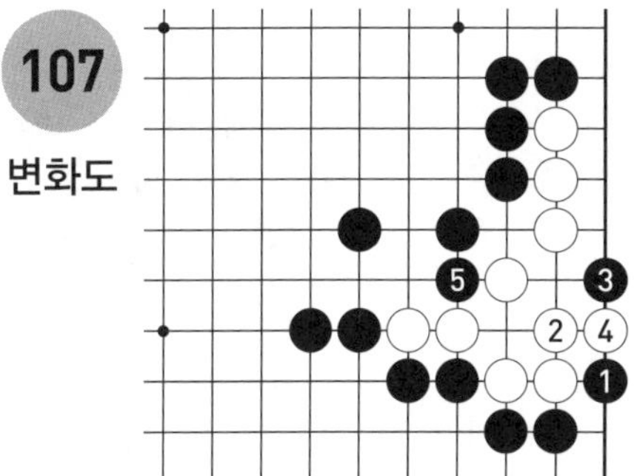

백2로 집을 지으면 흑3으로 들
여다본 후, 다시 흑5로 파호하여
백은 여전히 살 수 없다.

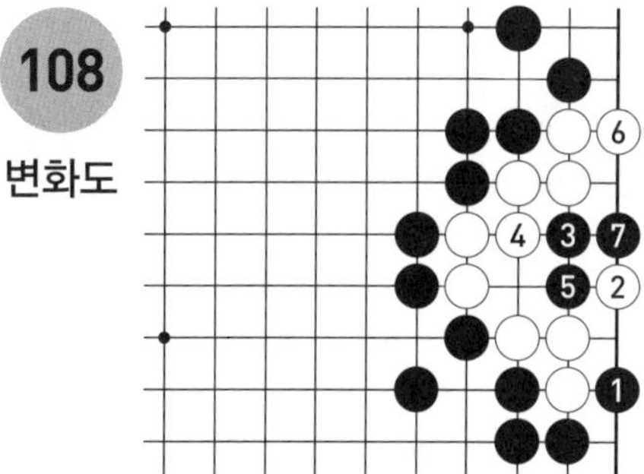

백2로 입구자하면 흑3 치중하기
가 묘수. 흑7 단수까지 진행되어
백은 여전히 살 수 없다.

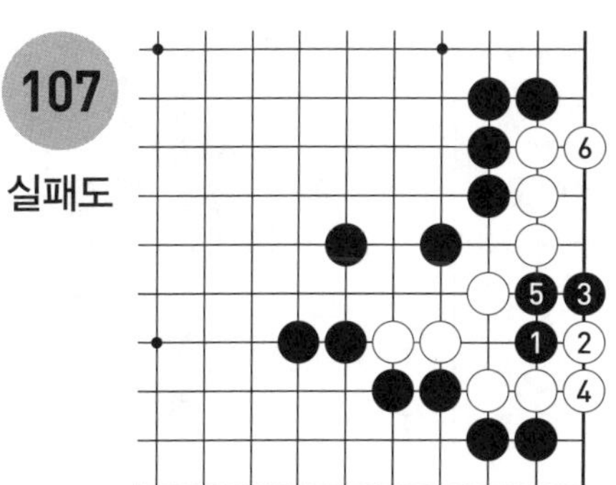

흑1로 붙임하는 것은 착오. 백6
까지 진행하여 백은 살았다. 흑
의 실패.

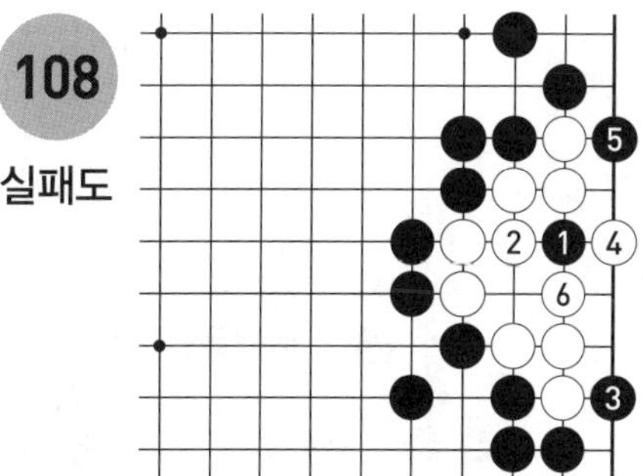

흑1로 먼저 치중하고 흑3으로 젖
히는 수순은 착오. 백4 단수치고
백6으로 따내어 백이 살 수 있다.
흑의 실패.

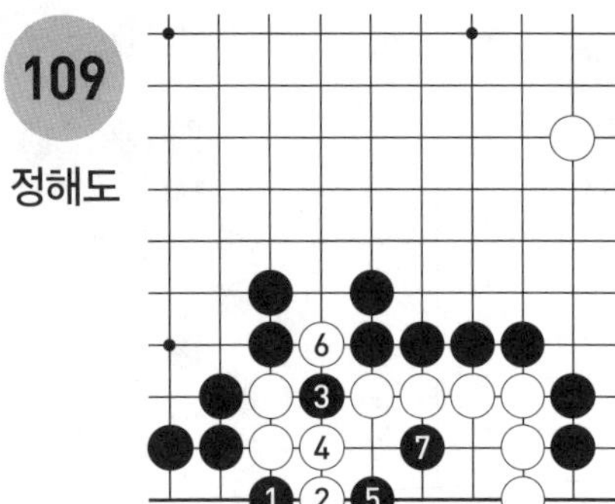

109 정해도

흑1 젖힘, 흑3 끼워 붙임의 수순이 좋다. 흑5 단수, 흑7 입구자가 묘수. 백이 잡힌다.

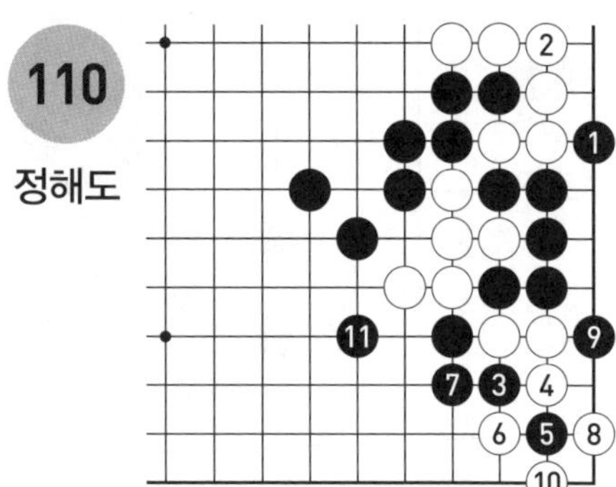

110 정해도

흑1, 3, 5 연속 젖힘이 치밀하며 흑11 장문까지 진행되어 백이 잡힌다.

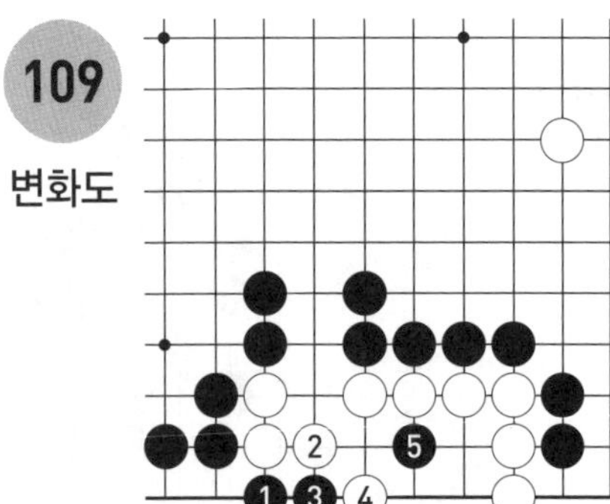

109 변화도

백이 2로 꼬부리면 흑3으로 늘리고 흑5로 들여다보면 백은 역시 살 수 없다.

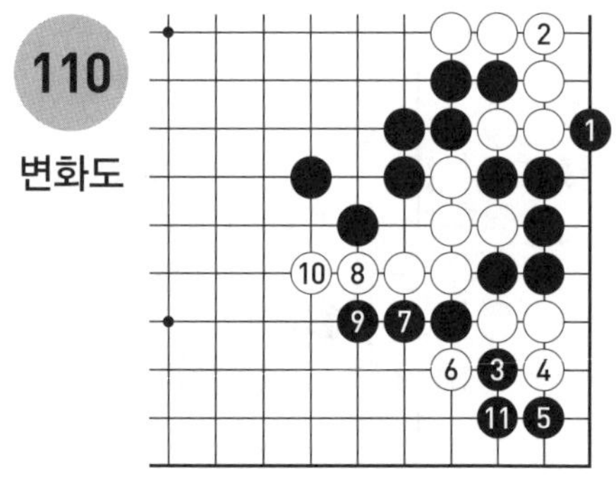

110 변화도

백이 6으로 양단수치면 흑7, 9로 두 번 늘리고 다시 흑11로 이어 귀의 백을 잡을 수 있다.

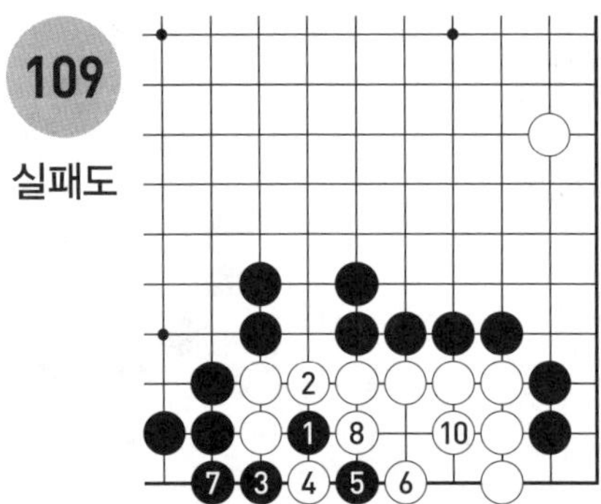

109 실패도

흑1로 붙임하는 것은 착오. 백4로 따내는 것이 묘수. 백10까지 진행되어 살 수 있다. 흑이 실패.

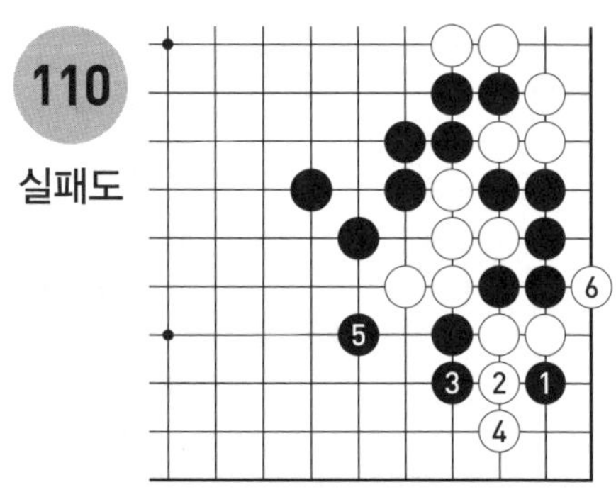

110 실패도

흑1로 붙임하는 것은 착오. 백6까지 진행되어 흑의 실패.

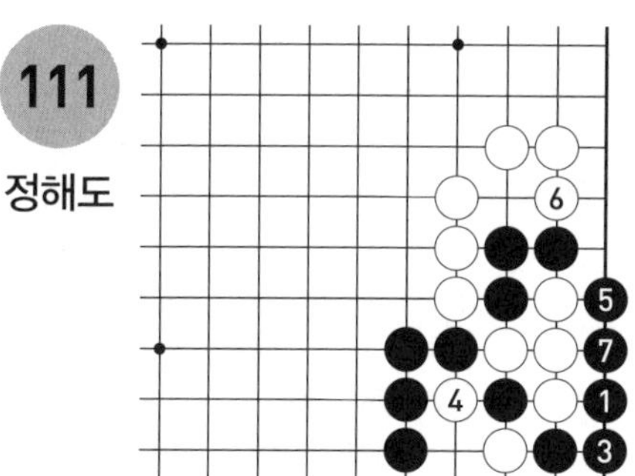

흑1 젖힘이 좋은 수. 흑5로 다시 젖힘이 묘수. 백이 잡힌다.

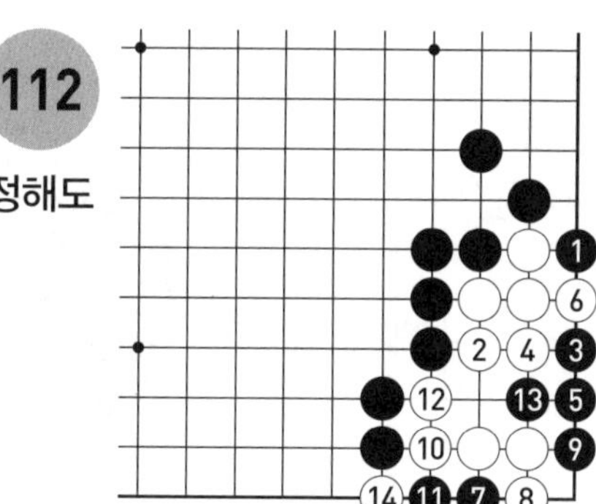

흑1 젖힘, 흑3 치중하기가 묘수. 흑5로 다시 늘리고 흑15 먹여치기까지 백이 잡힌다. 흑15=흑11

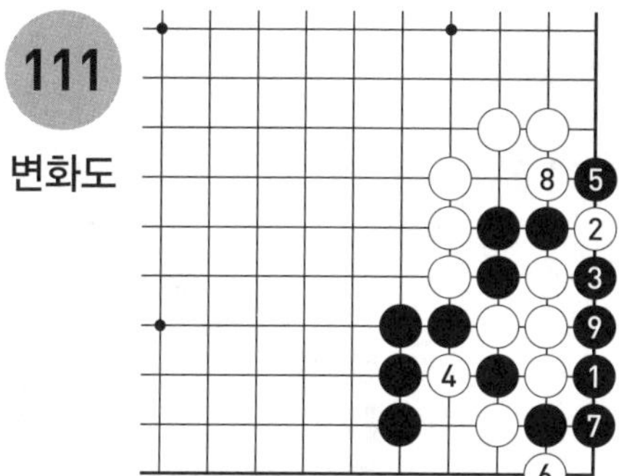

백2로 젖히면 흑3 먹여치기가 묘수. 흑9까지 진행하여 백은 여전히 잡힌다.

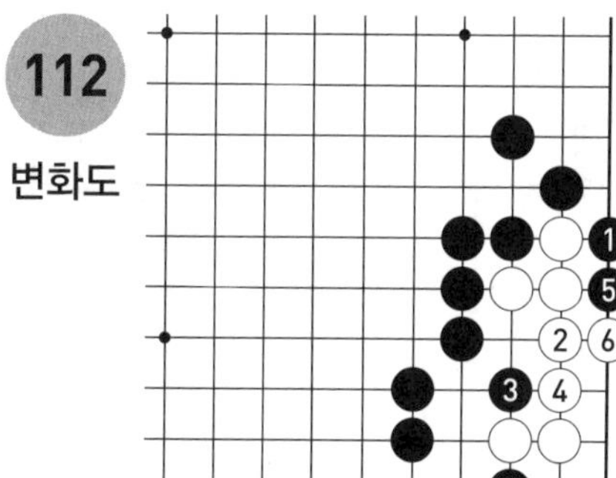

백이 2로 물러서면 흑3, 5, 7로 안형을 줄여 백은 역시 살 수 없다.

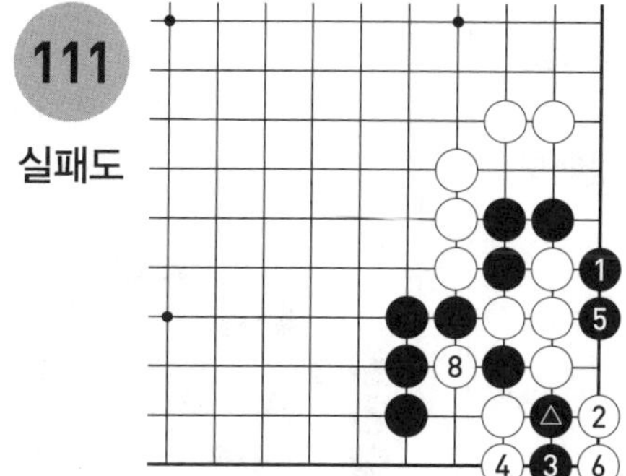

흑1 젖히는 방향이 착오. 백2 단수, 백8 따냄으로 흑이 실패. 흑7=▲

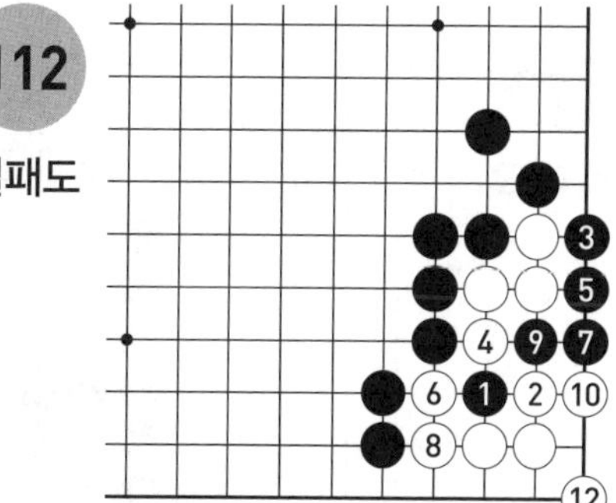

흑1로 입구자하는 것은 착오. 흑7로 늘릴 때 백8부터 백12까지 보태 주고 귀에서 살 수 있어서 흑의 실패. 흑11=흑1

113 정해도

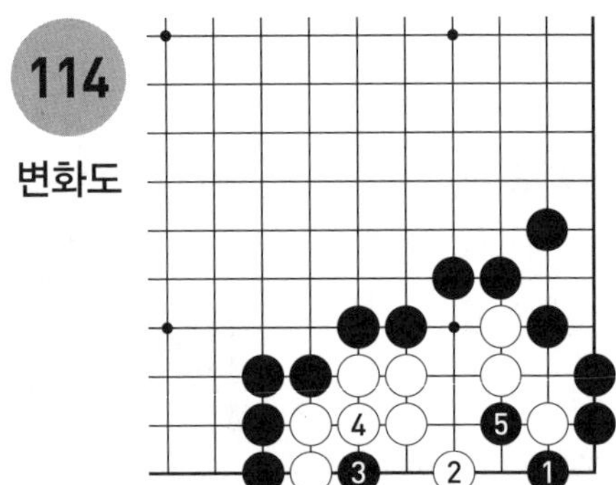

흑1로 젖힘이 좋은 수. 흑3, 5가 묘수. 흑11 집짓기까지 진행되어 흑이 산다. 백6=▲

114 정해도

흑1로 젖혀 백의 안형을 줄이고 흑3이 요점. 흑7 먹여치기까지 백이 잡힌다.

113 변화도

백이 2로 뭉치면 흑3으로 내밀고 다시 흑5로 집을 지어 백은 역시 잡을 수 없다.

114 변화도

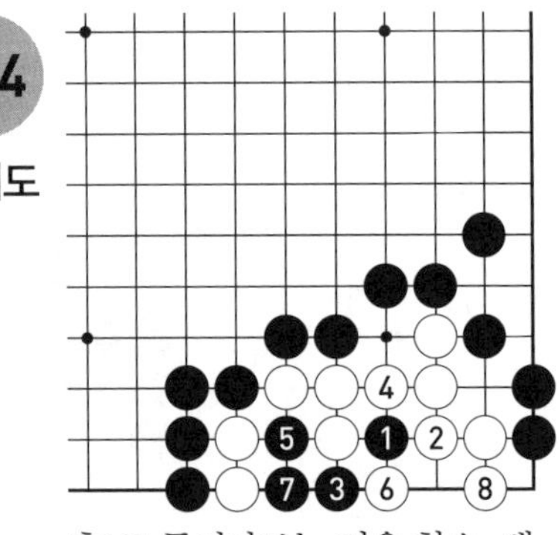

백2로 입구자하면 흑3, 5로 두 번 단수쳐서 백은 여전히 살 수 없다.

113 실패도

흑1로 먼저 미는 것은 착오. 이하 백8까지 진행되어 귀곡사로 흑의 실패.

114 실패도

흑1로 들여다보는 것은 착오. 백2, 4로 단수치고 다시 백8로 보태 줌으로 살게 된다. 흑의 실패.

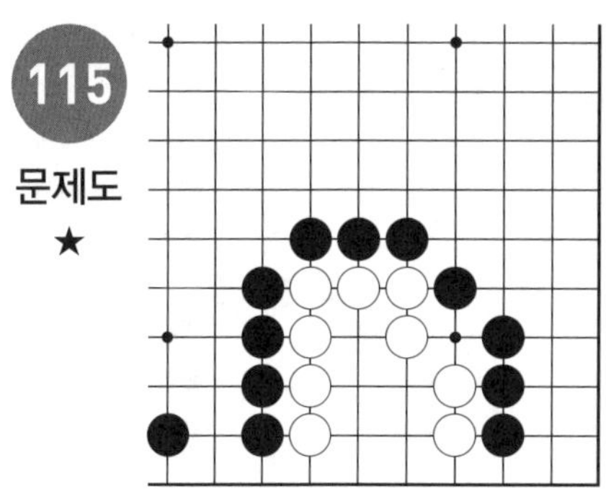

115 문제도 ★

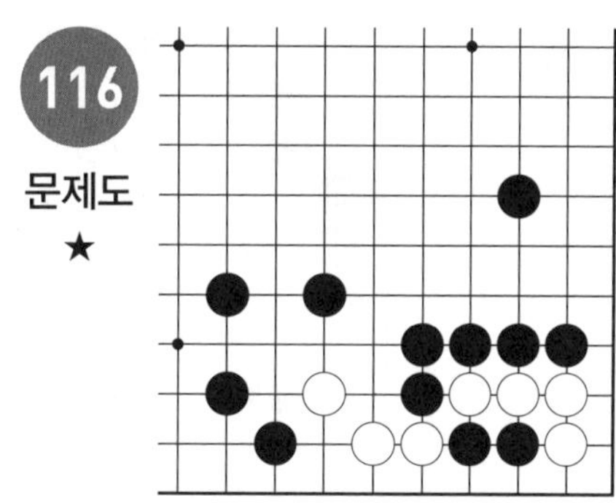

116 문제도 ★

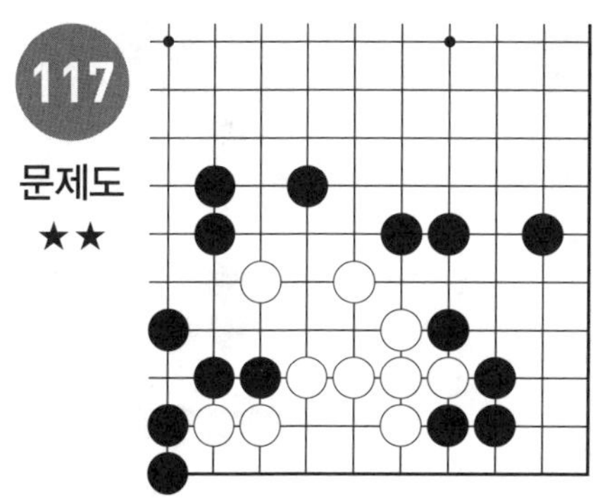

117 문제도 ★★

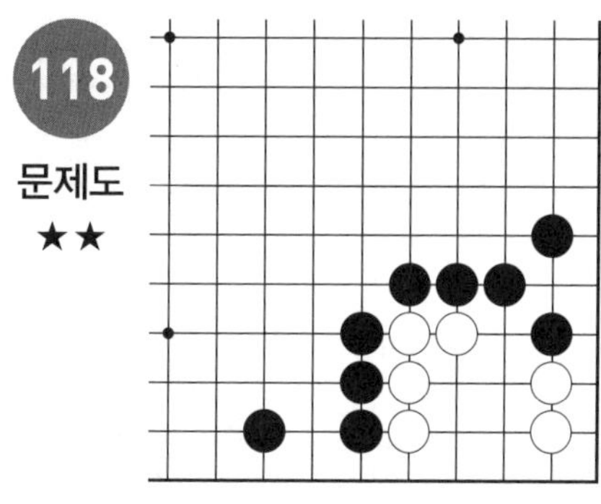

118 문제도 ★★

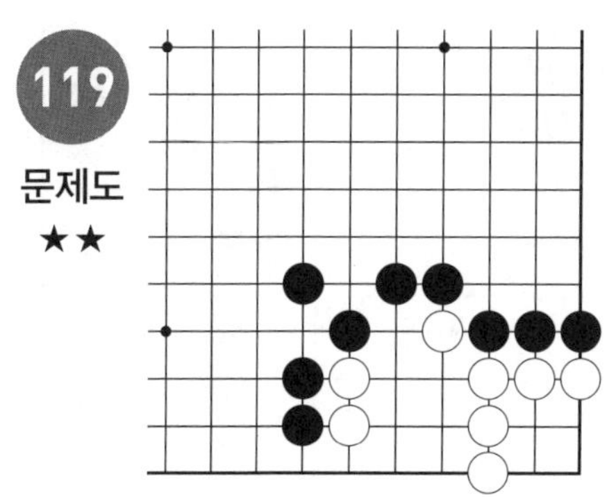

119 문제도 ★★

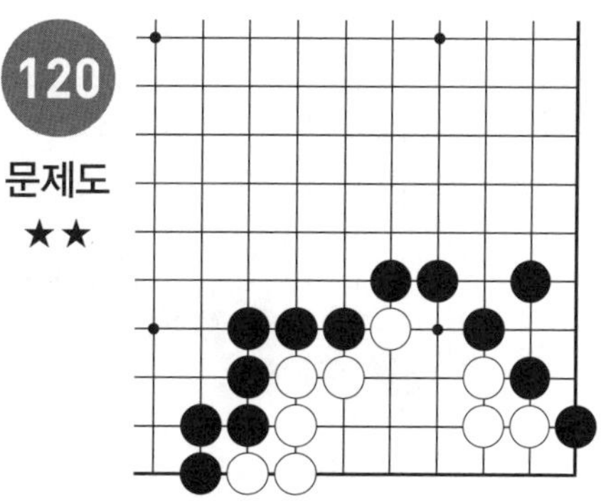

120 문제도 ★★

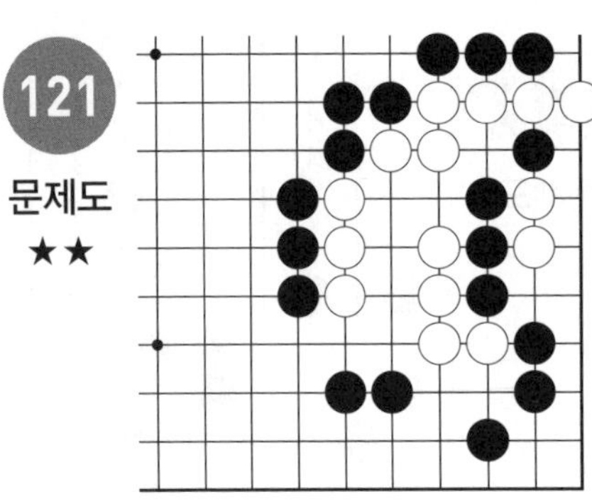

121 문제도 ★★

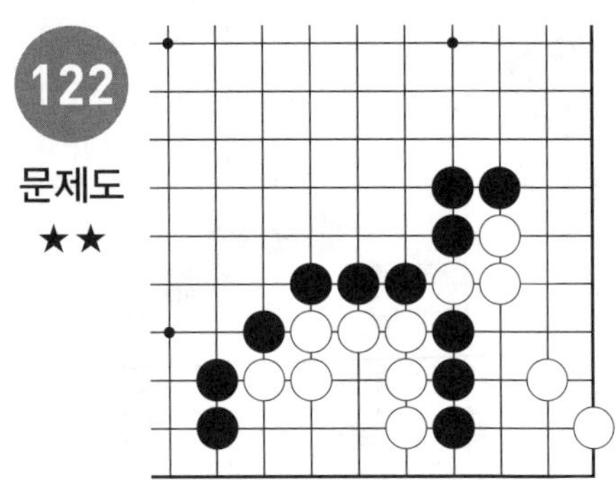

122 문제도 ★★

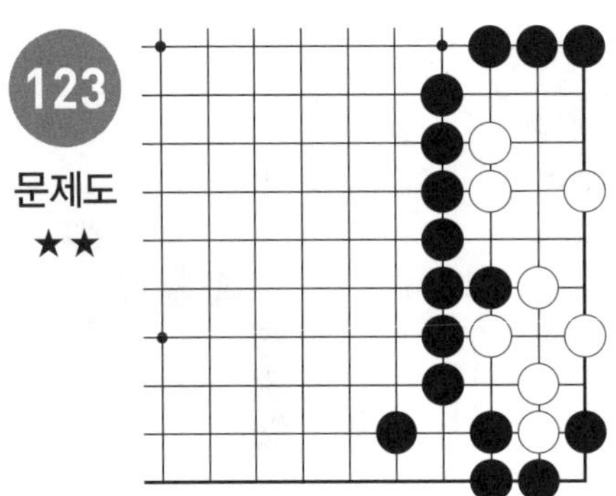

123 문제도 ★★

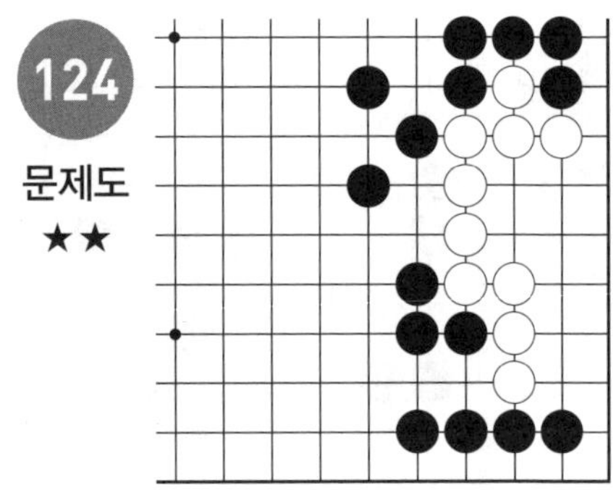

124 문제도 ★★

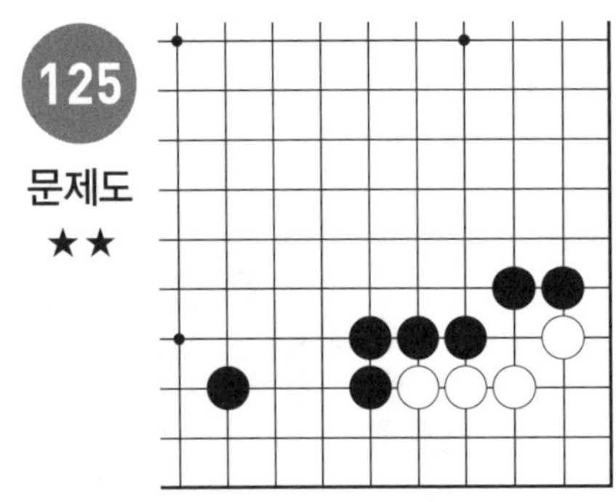

125 문제도 ★★

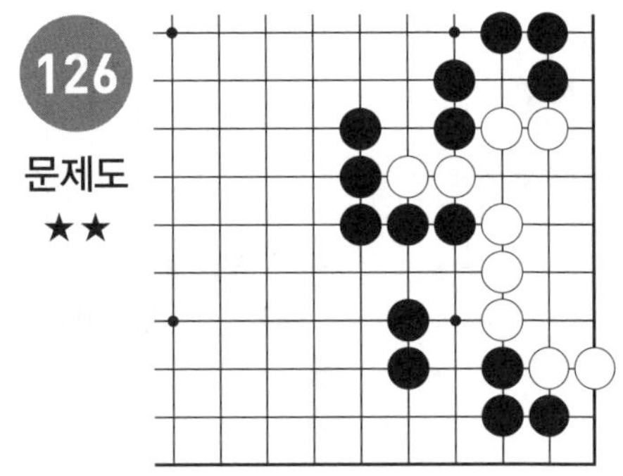

126 문제도 ★★

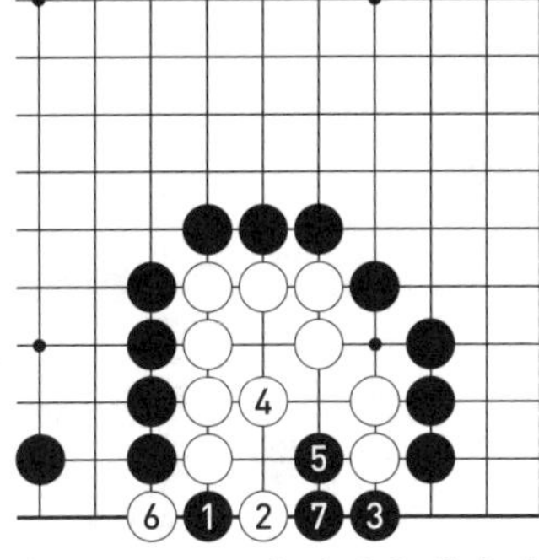

115 정해도

흑1, 3으로 두 번 젖혀서 백의 안
형을 줄이고 다시 흑5 치중하기
로 백이 잡힌다.

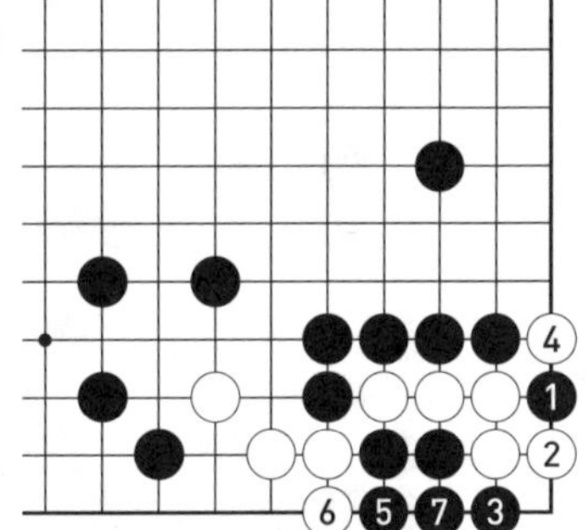

116 정해도

흑1, 3 두 번 젖힘이 좋은 수순.
흑7까지 오궁도가 되어 백을 잡
을 수 있다.

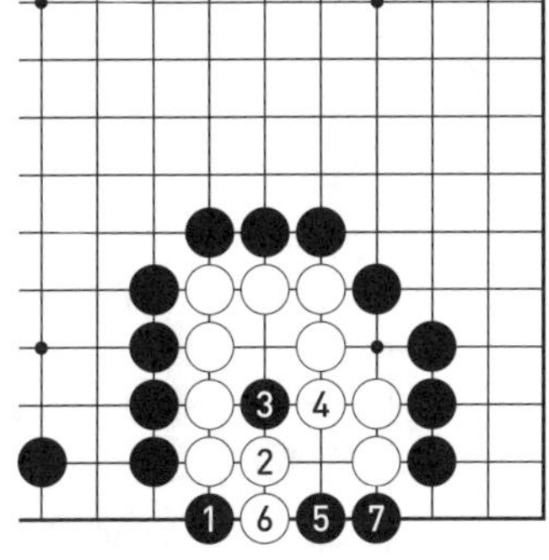

115 변화도

백이 2로 물러서면 흑3, 5로 두
번 치중하여 백은 역시 살 수
없다.

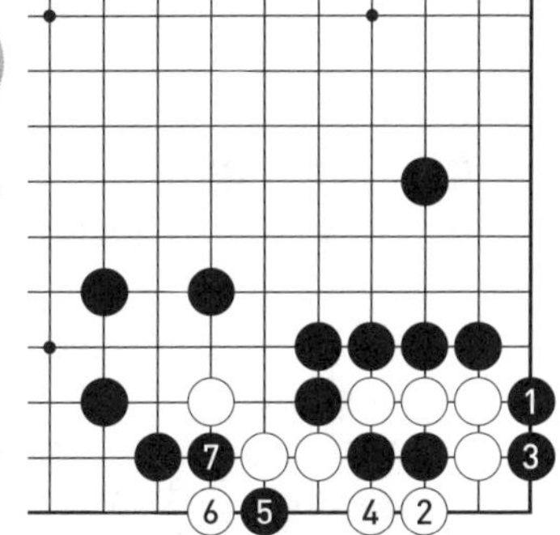

116 변화도

백이 2로 단수치면 흑3 단수치고
흑5로 파호하여 백은 역시 살 수
없다.

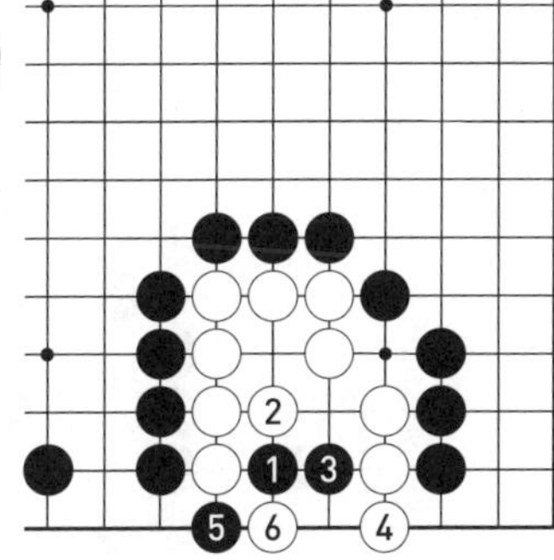

115 실패도

흑1로 붙임하는 것은 착오. 백4
로 늘고, 백6으로 먹여치기하여
백이 살 수 있다. 흑의 실패.

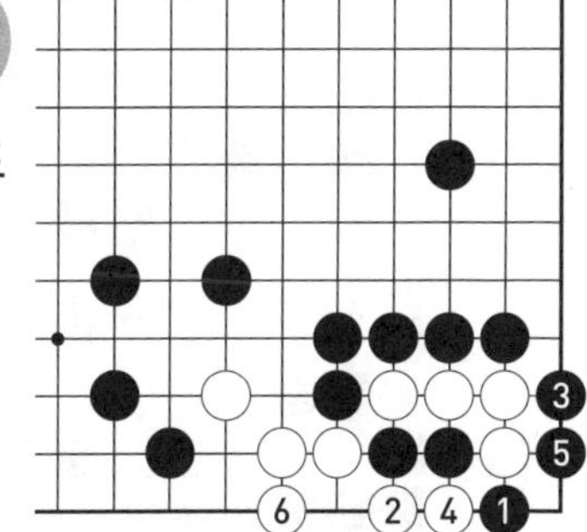

116 실패도

흑1 젖힘은 착오. 백4, 6으로 집
을 지어 살 수 있다. 흑의 실패.

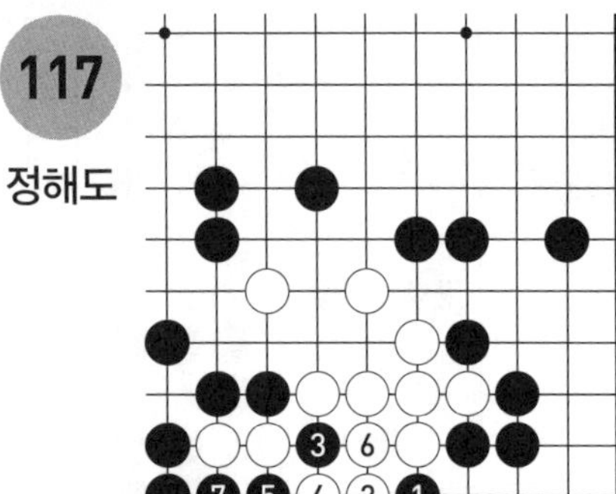

117 정해도

흑1 젖힘이 요점. 흑3 끊음, 흑5 먹여치기가 서로 관련 있는 맥. 흑7로 다시 이어 백이 잡힌다.

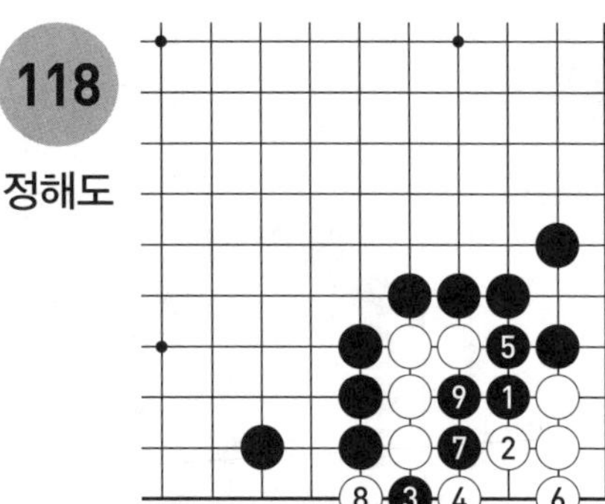

118 정해도

흑1로 젖힘이 요점. 흑3 젖힘. 흑5 연결이 수순상 좋다. 다시 흑7로 먹여치기하여 백을 잡음.

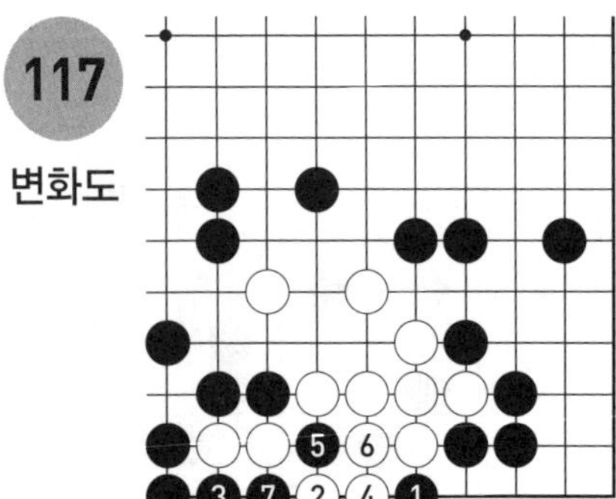

117 변화도

만약 백이 2로 역호구치면 흑3 끼움, 흑5 먹여치기의 수순이 좋다. 다시 흑7로 파호하여 백은 역시 살 수 없다.

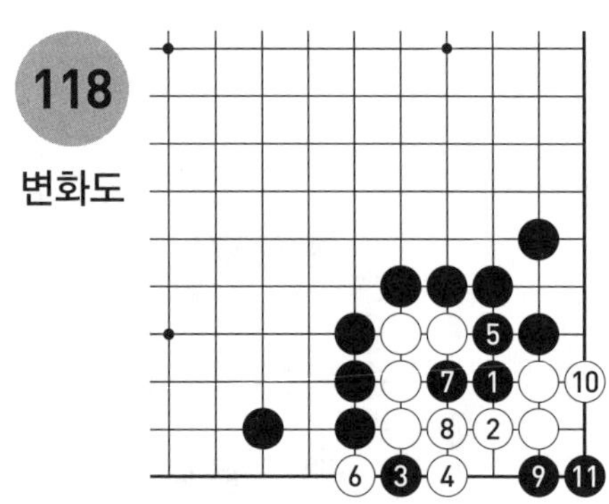

118 변화도

만약 백이 6으로 따내면 흑7로 파호하고 다시 흑9로 치중하기하여 백은 역시 살 수 없다.

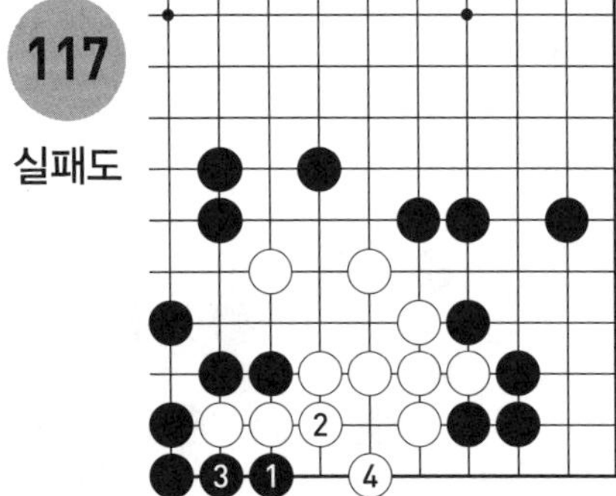

117 실패도

흑1로 붙임하는 것은 착오. 백2, 4로 집을 지어 살 수 있다. 흑의 실패.

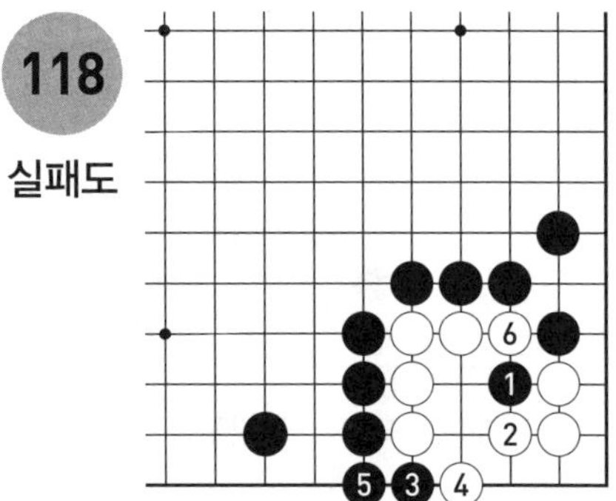

118 실패도

흑5로 잇는 것은 착오. 백6으로 끊어 살 수 있다. 흑의 실패.

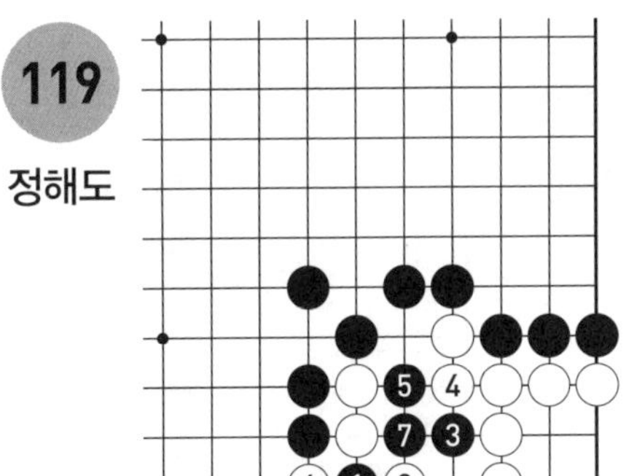

흑1 젖힘, 흑3 치중하기가 수순
상 좋다. 다시 흑5로 단수쳐서
백이 잡힌다.

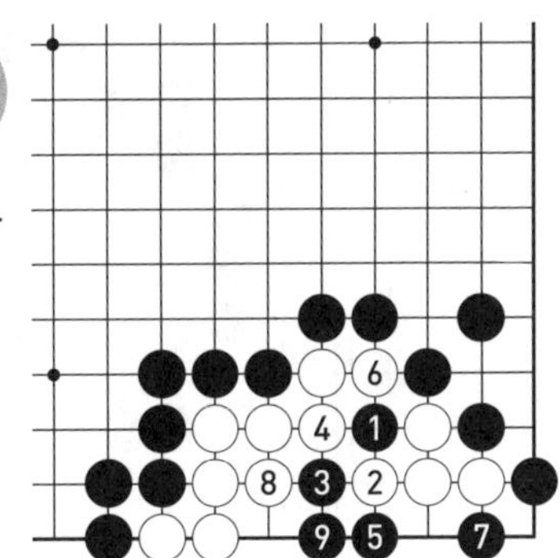

흑1, 3 두 번 젖힘이 묘수. 백4로
단수칠 때, 흑5, 7 두 번 젖힘이
치밀하여 백이 잡힌다.

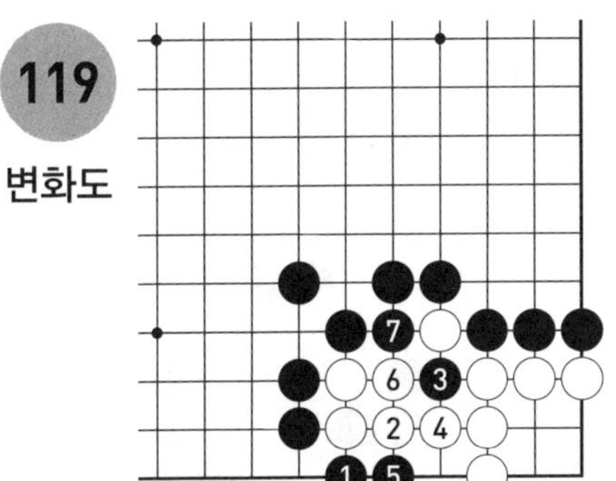

만약 백이 2로 꼬부리면 흑3 끊
음, 흑5 늘림으로 백은 역시 살
수 없다.

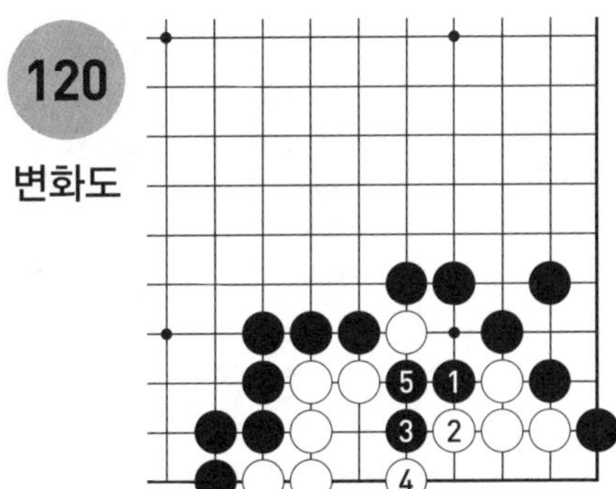

만약 백이 4로 젖히면 흑5로 이
어 백은 여전히 살 수 없다.

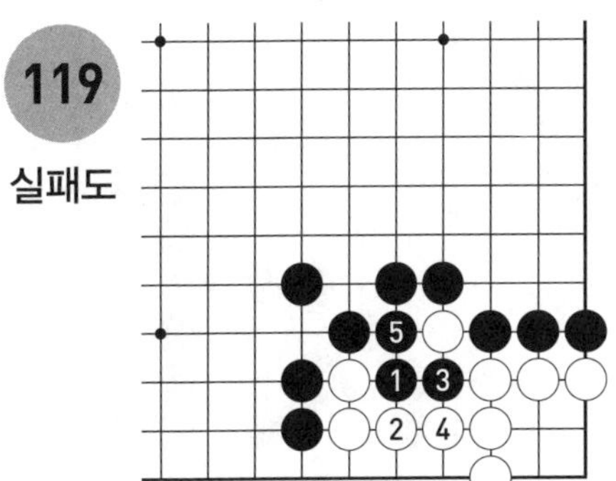

흑1 젖힘은 착오. 백2, 4로 살았
다. 흑의 실패.

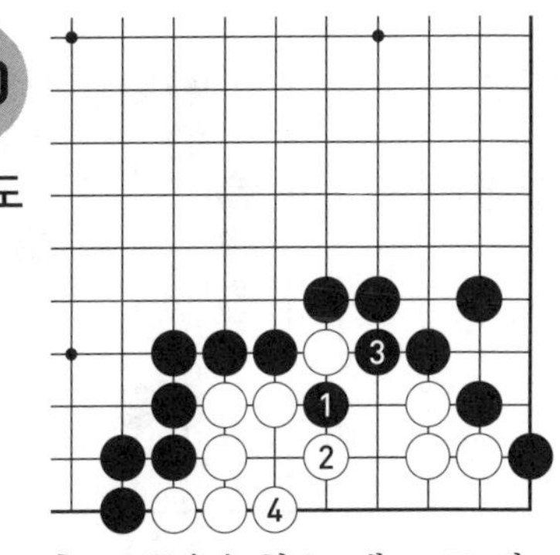

흑1로 끊음은 착오. 백2, 4로 집
을 지어 살 수 있다. 흑의 실패.

121 정해도

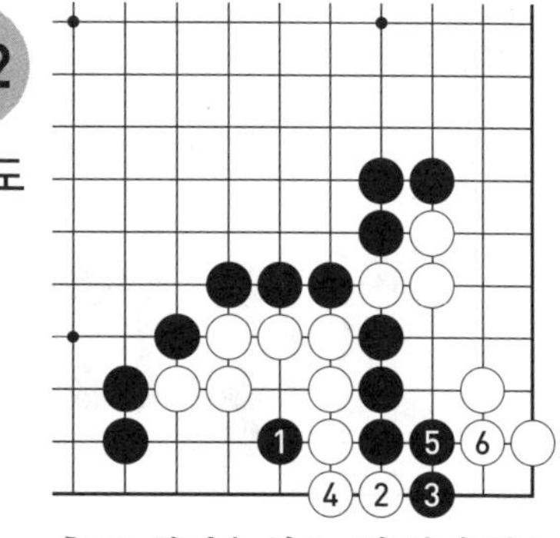

흑1 젖힘이 요점. 흑3으로 입구
자하는 것이 묘수. 흑5로 다시
이어 백을 잡는다.

122 정해도

흑1 젖힘, 흑3 연결이 수순상 좋
다. 흑5로 다시 입구자하여 백은
잡힌다.

121 변화도

백4로 잡으면 흑5로 이어 백은
역시 살 수 없다.

122 변화도

만약 백이 2로 뛰면 흑3 꼬부리
고, 흑5 이어 백은 역시 잡힌다.

121 실패도

흑1로 먼저 잇는 것은 착오. 백2,
4로 집을 지어 살 수 있다. 흑의
실패.

122 실패도

흑1로 붙임은 착오. 백2부터 백6
까지 수를 줄여 오히려 흑이 잡
힌다.

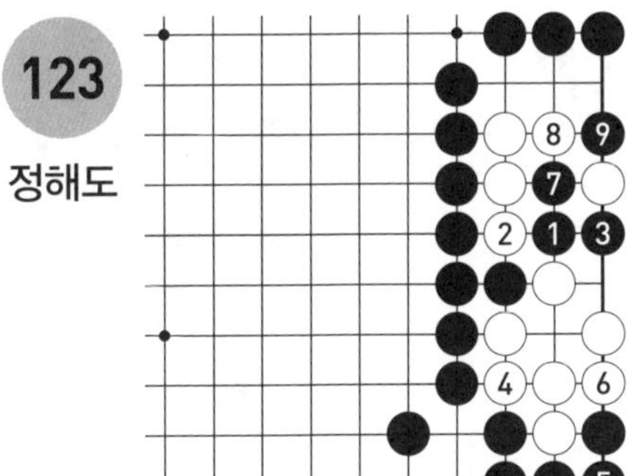

흑1 젖힘이 좋은 수, 흑3에 다시 느는 것이 묘수. 흑9까지 진행하여, 백이 잡힌다.

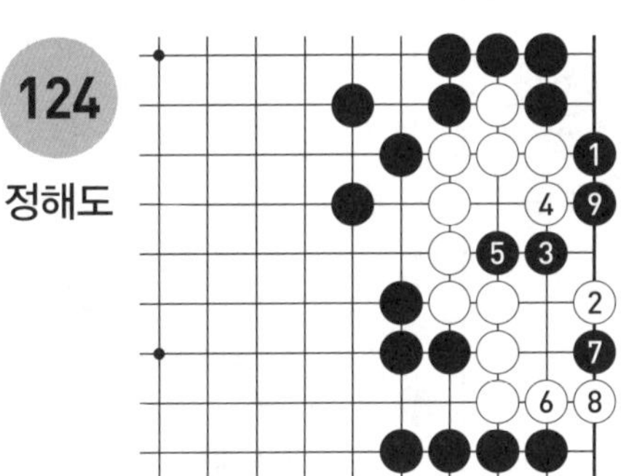

흑1 젖힘, 흑3 치중하기가 요점. 흑7로 기대는 것이 묘수이며, 흑9로 다시 건너서 백이 잡힌다.

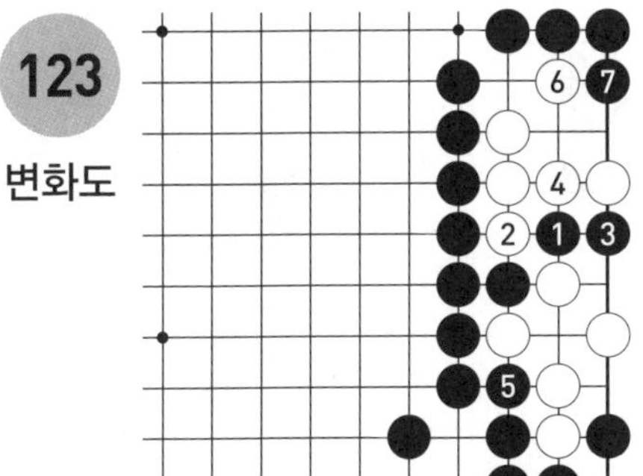

만약 백이 4로 단수치면 흑5로 파호, 백6 하면 흑7로 백은 역시 살 수 없다.

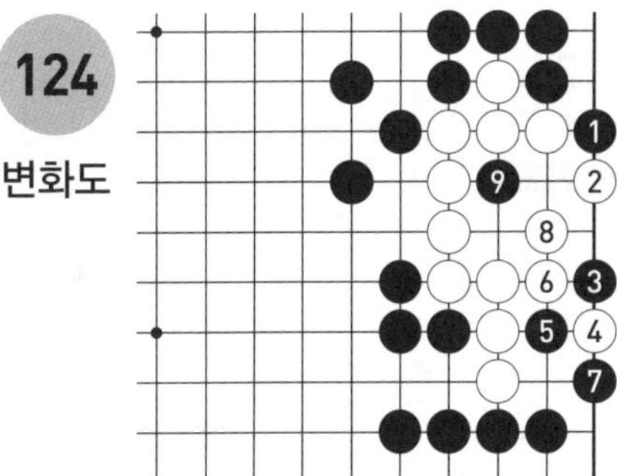

백이 2로 막으면 흑3으로 크게 날고 흑9로 치중하여 백은 역시 살 수 없다.

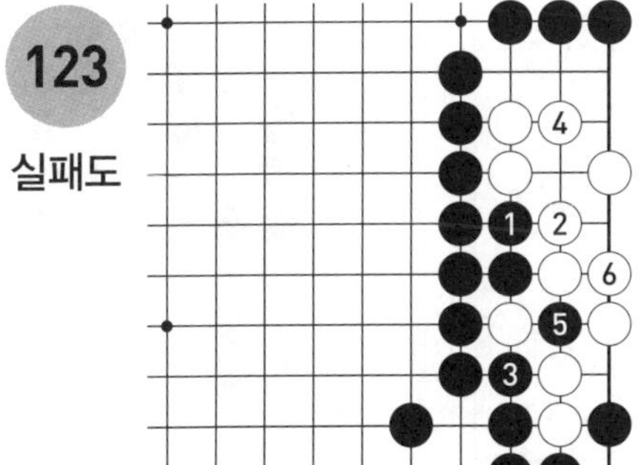

흑1은 착오. 백2부터 백6까지 살 수 있다. 흑의 실패.

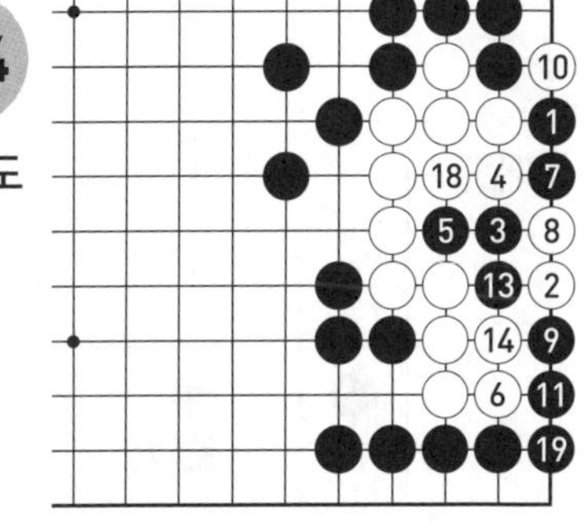

흑7은 착오. 백8에 의해 끊기고 단수되어 백22까지 패가 되어 흑의 실패. 백12=흑1, 흑15=흑7, 백16, 백20=백2, 흑17, 흑21=백8, 백22=흑3

125 정해도

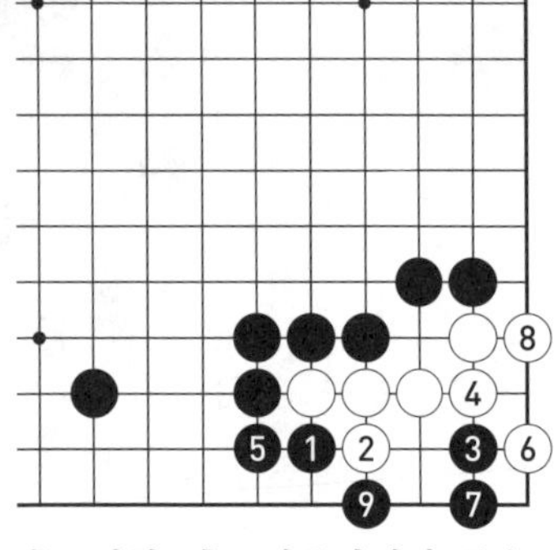

흑1 젖힘, 흑3 치중하기가 좋은 수순. 흑9까지 건너서 백이 잡힌다.

126 정해도

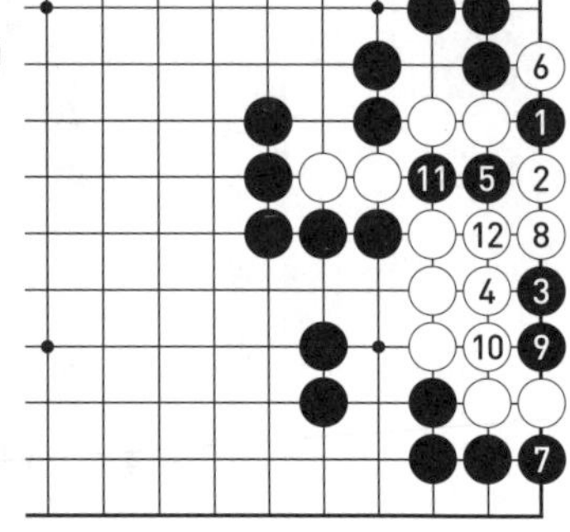

흑1 젖힘이 정답. 흑3, 5의 두 번 치중하는 것은 서로 관련이 있는 맥. 흑13까지 백이 잡힌다. 흑13=흑11

125 변화도

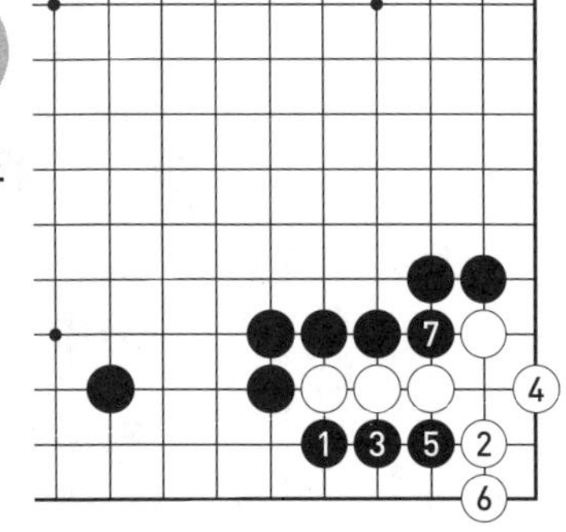

백이 2로 호구치면 흑3, 5로 두 번 늘리고 흑7로 파호하여 백은 여전히 살 수 없다.

126 변화도

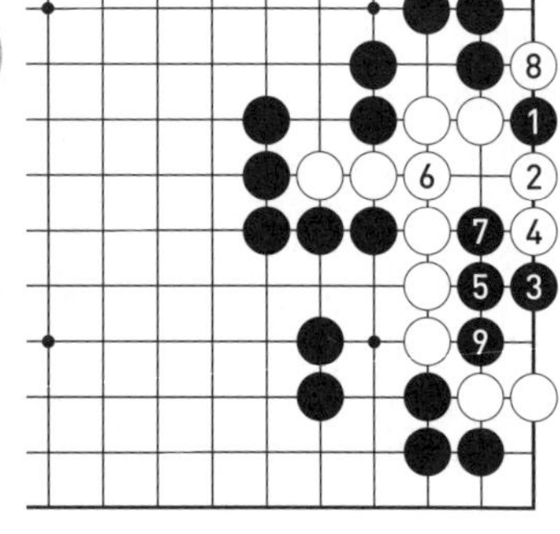

백이 4로 내밀면 흑5로 늘리고 흑9까지 백은 여전히 살 수 없다.

125 실패도

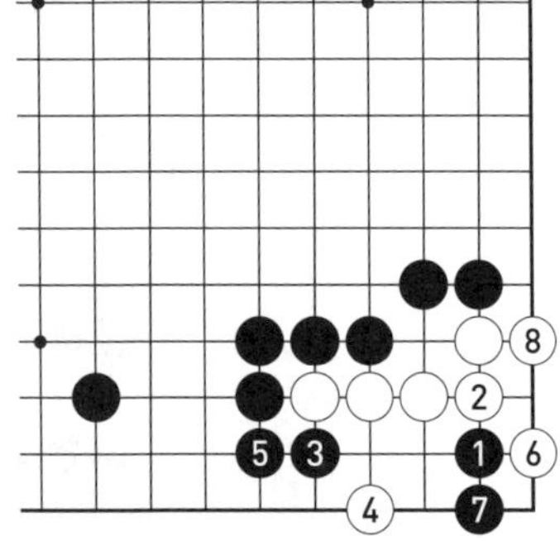

흑1로 먼저 들여다보는 것은 착오. 백2부터 백8까지 집을 지어 살 수 있다. 흑의 실패.

126 실패도

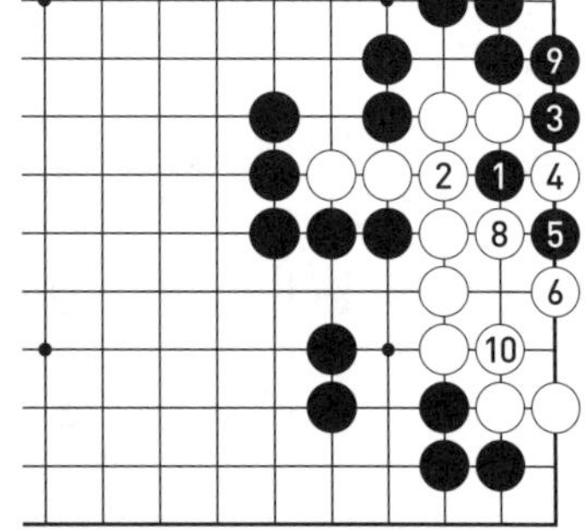

흑1로 붙임하는 것은 착오. 백4 먹여치기, 백6 기대는 것이 묘수. 백10으로 집을 지어 살 수 있다. 흑의 실패. 흑7=백4

삶과 죽음의 경계선, '양패'

패를 따내는 모양이 교대로 나타날 때 그것을 양패라고 하는데, 시간차 공격처럼 수순에 따라 삶과 죽음이 갈린다.

1도-그냥 패

우선 이 같은 모양에서 흑1로 막는 수는 너무 평범하다. 백2로 먹여치는 것이 교묘한 방어술로 흑3으로 따내는 패. 이로써 흑은 전체의 사활이 걸리게 되었다.

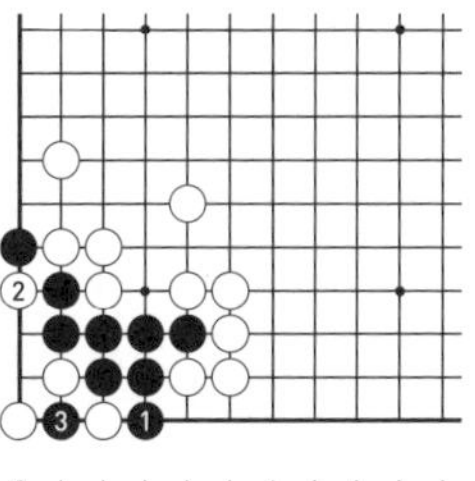

2도-흑1이 적시의 수

흑1로 먹여치는 것이 시기적절한 수. 백2로 따내는 수를 강요하고 나서 3으로 막는다. 이 흑의 사활은 어찌되는가.

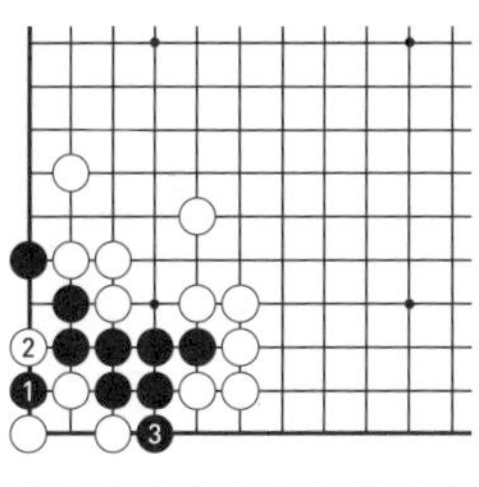

3도-양패 삶

백은 귀에서 더 이상 둘 수 없으므로 1로 막는 정도이고 흑2로 몰아 A, B의 두 군데 패를 맞보기로 살게 된다. 이른바 양패로 교묘한 삶인 것이다.

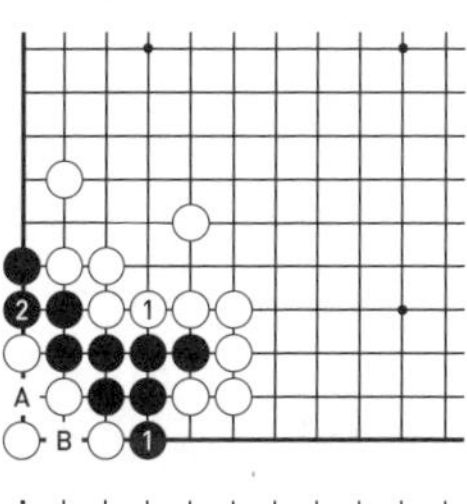

4도-양패 삶

이런 모양에서는 흑1로 집어넣는 것이 유일한 삶의 수단. 백2로 따내면 흑3으로 다시 집어넣어 양패를 만든다. 백 두 점을 몰아떨구는 수가 흑에게 일방적인 권리로 있는 모양.

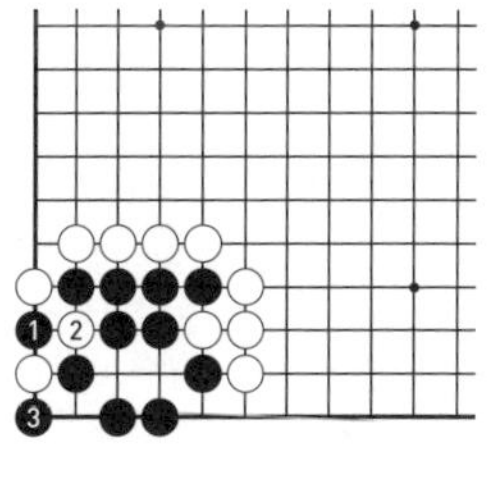

5도-양패 죽음

앞서와 반대로 '양패 죽음'으로 처리하는 형태이다. 흑은 5와 A의 양패를 담보로 백을 옥집으로 만들고 있다.

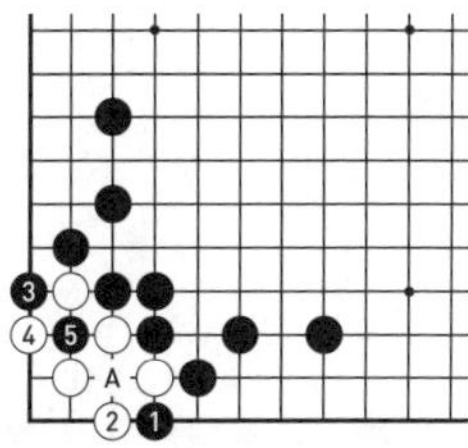

제 5 부 끼움

상대의 한칸 벌림 중간에 착점을 하는 것을 '끼움'이라고 합니다. 끼움은 바둑의 기본적인 전술 중 하나로, 상대를 분단시키고 상대의 수를 줄여 사지로 몰고 가기 위한 수단임과 동시에 상대의 안형을 없애 상대의 약한 돌을 잡기 위한 수단으로 사용합니다. 치열한 수싸움에서 일착의 예리한 끼움은 한방의 폭탄처럼 상대를 전멸시킬 수 있으며 자신에게 유리한 조건을 만들어 낼 수 있습니다.

제5부는 36개의 연습문제로 구성되어 있으며 모두 흑 선입니다. 끼움을 부지런히 연습하여 대국 중에 자유자재로 사용할 수 있게 되길 바랍니다.

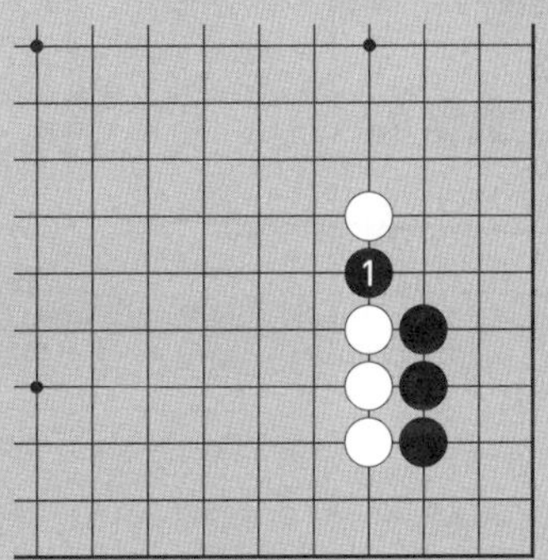

[도해] 흑1을 '끼움'이라고 한다.

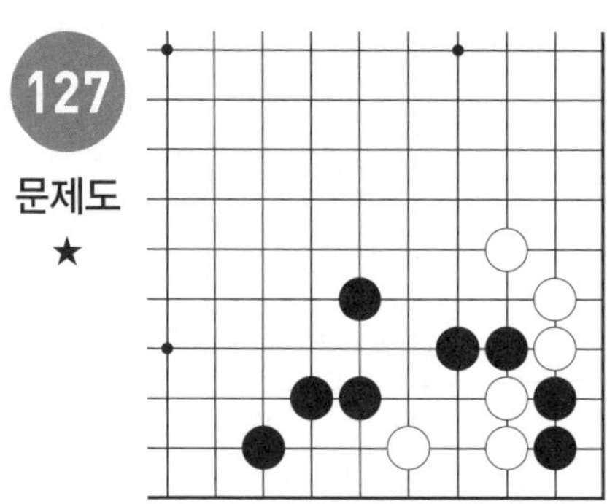

127 문제도
★

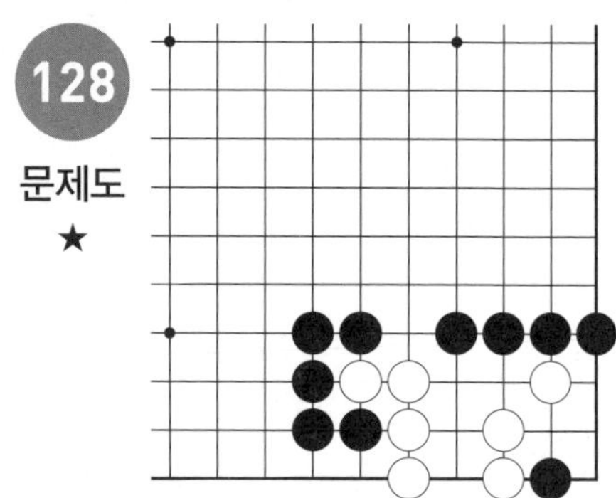

128 문제도
★

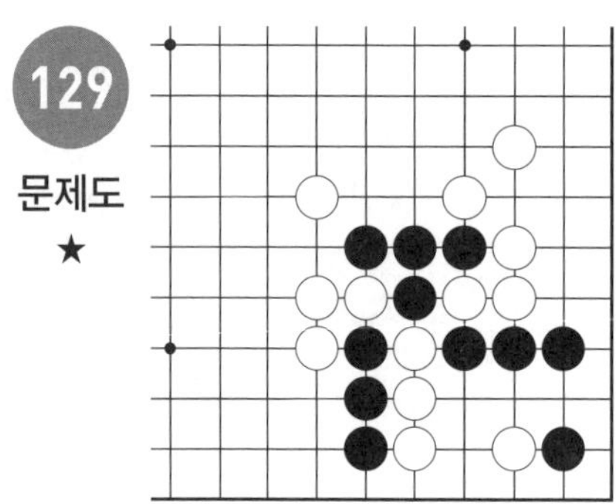

129 문제도
★

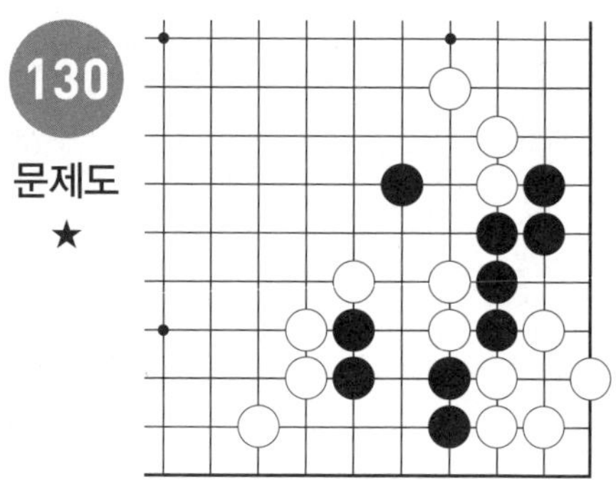

130 문제도
★

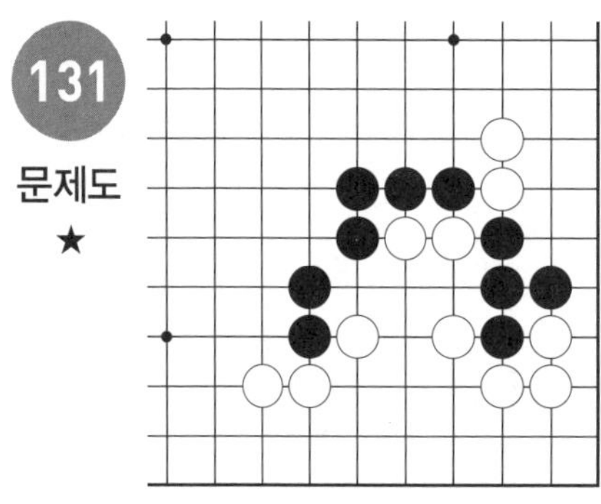

131 문제도
★

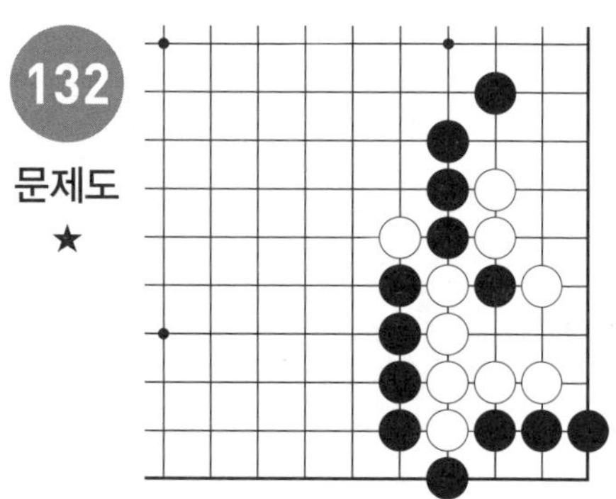

132 문제도
★

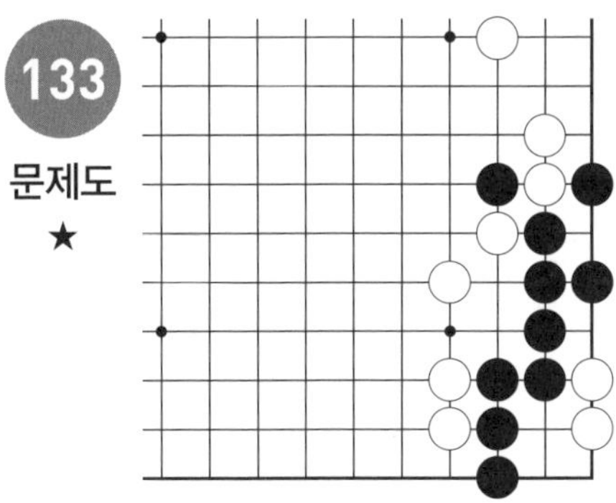

133

문제도
★

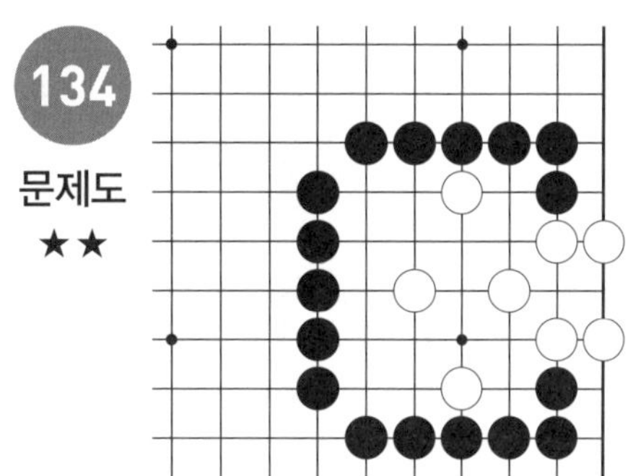

134

문제도
★ ★

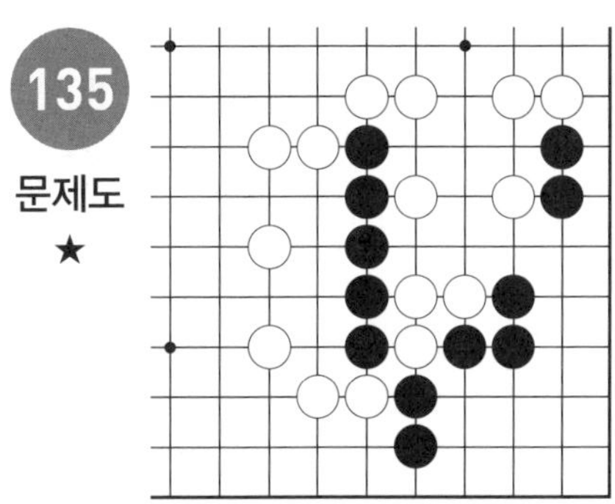

135

문제도
★

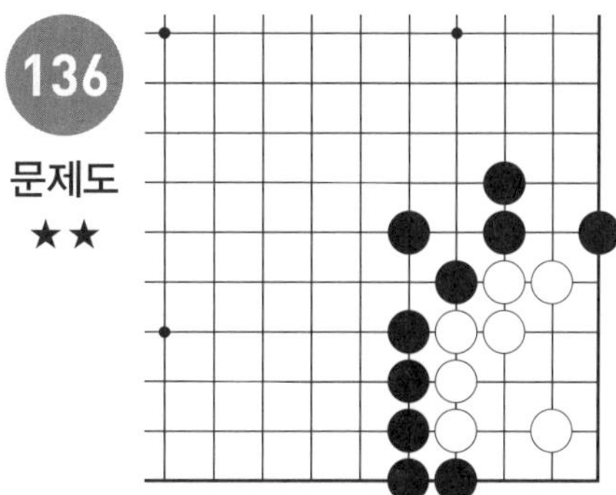

136

문제도
★ ★

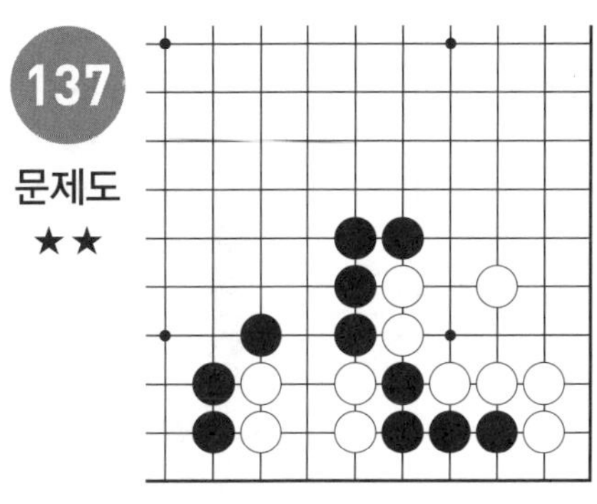

137

문제도
★ ★

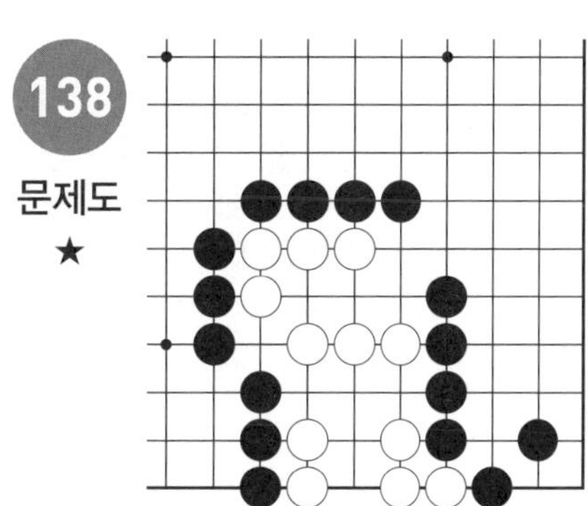

138

문제도
★

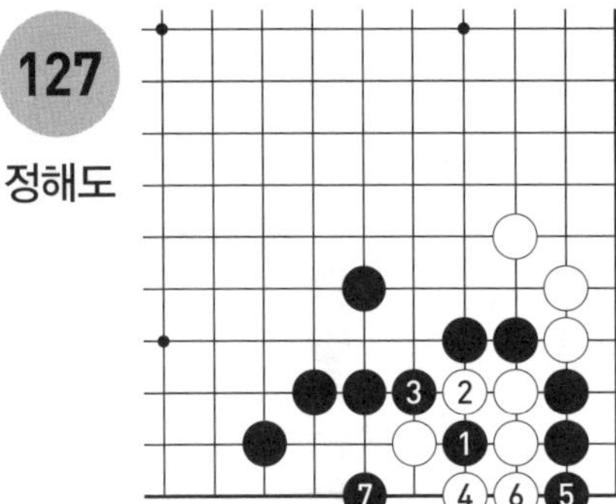

127 정해도

흑1 끼워 붙임, 흑3 단수가 좋은 수. 다시 흑5로 늘고 흑7로 벌려서 백이 한 수 차이로 잡힌다.

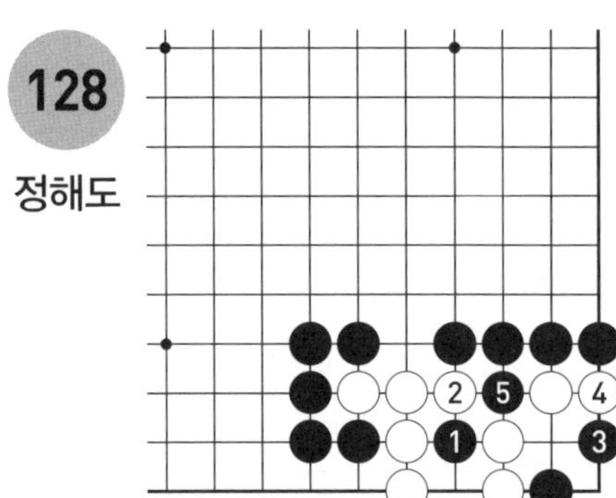

128 정해도

흑1 끼워 붙임, 흑3 입구자가 좋은 수순. 다시 흑5로 단수쳐서 백 촉촉수로 잡힌다.

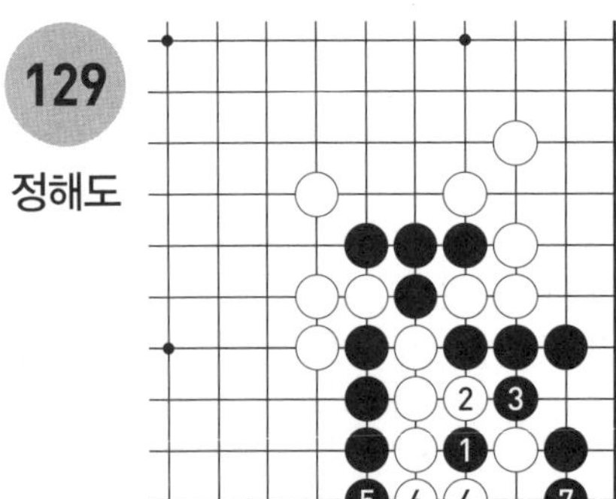

129 정해도

흑1 끼워 붙임, 흑3 단수가 수를 줄이는 좋은 수순. 다시 흑5, 7로 수를 메워 백이 잡힌다.

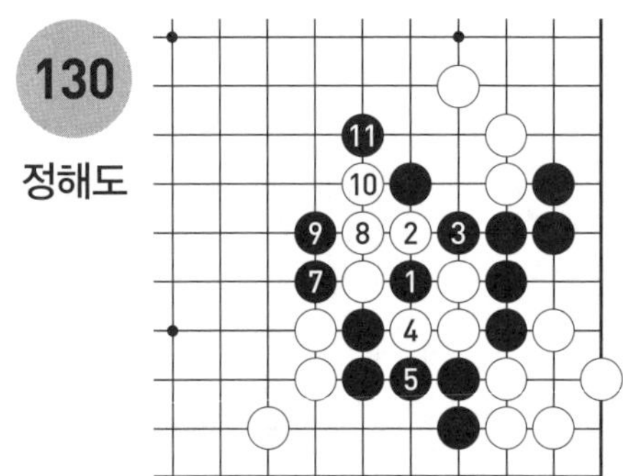

130 정해도

흑1로 끼워 붙임이 정답. 백2 단수칠 때, 흑3이 좋은 수. 흑11까지 진행되어 백이 축으로 잡힌다. 백6=흑1

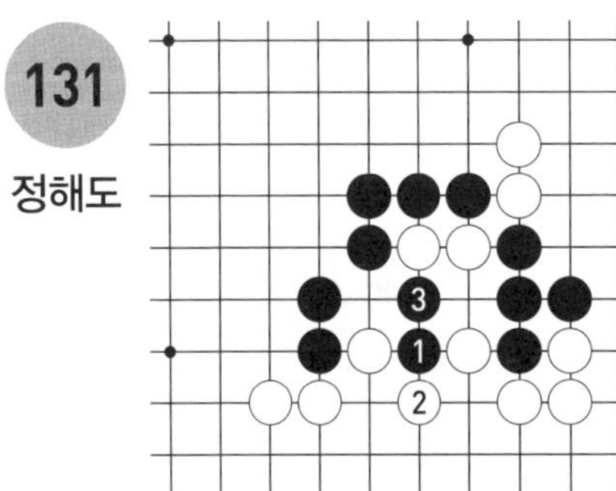

131 정해도

흑1 끼워 붙임이 아주 절묘, 백2 단수칠 때, 흑3 늘려서 백 2점이 잡힌다.

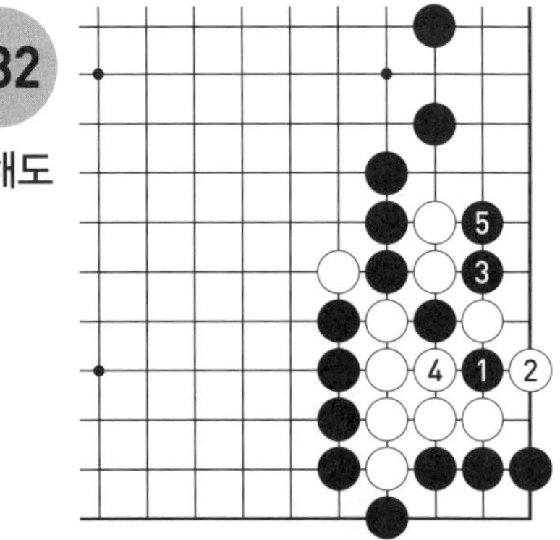

132 정해도

흑1 끼워 붙임, 흑3 단수가 서로 관련 있는 묘수. 백4로 따낼 때 흑5로 물러서서 백이 잡힌다.

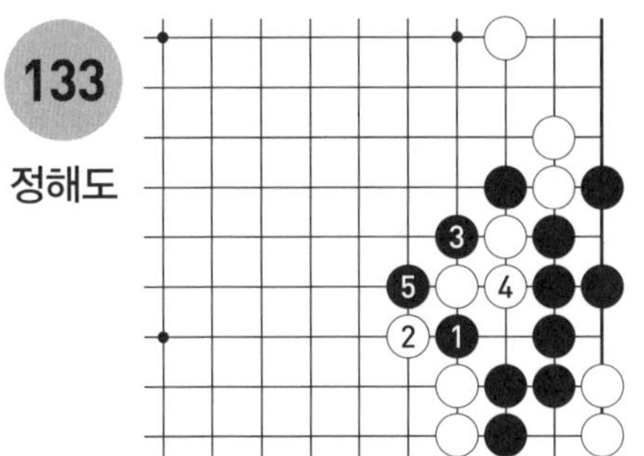

133 정해도

흑1 끼워 붙임, 흑3 단수치는 수순이 좋다. 백4로 이으면 흑5로 다시 단수쳐서 되먹여치기가 되어 흑이 순조롭게 탈출한다.

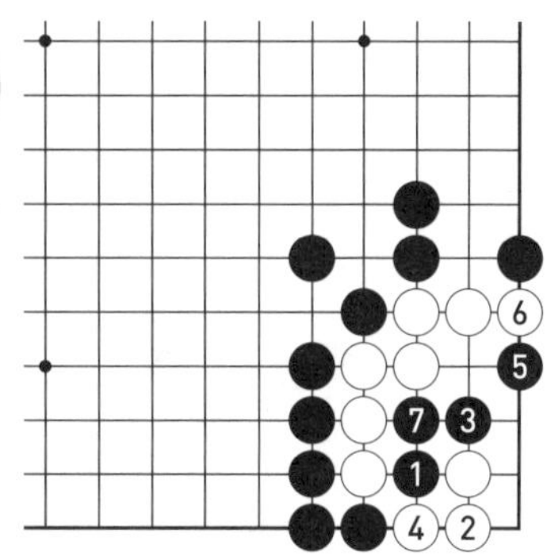

136 정해도

흑1 끼워 붙임, 흑3 젖힘이 좋은 수순. 흑이 5에 입구자하는 것이 묘수. 다시 흑7로 이어 귀의 백이 잡힌다.

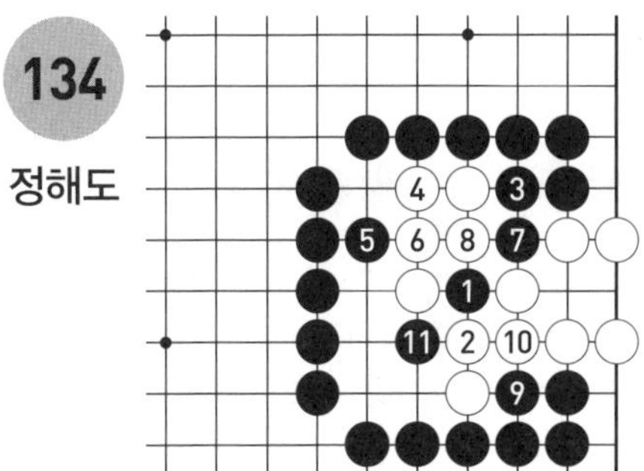

134 정해도

흑1로 끼워 붙임이 좌우동형이면 치중하라는 바둑 이론에 부합하는 것으로 이하 흑11까지 진행되어 백이 잡힌다.

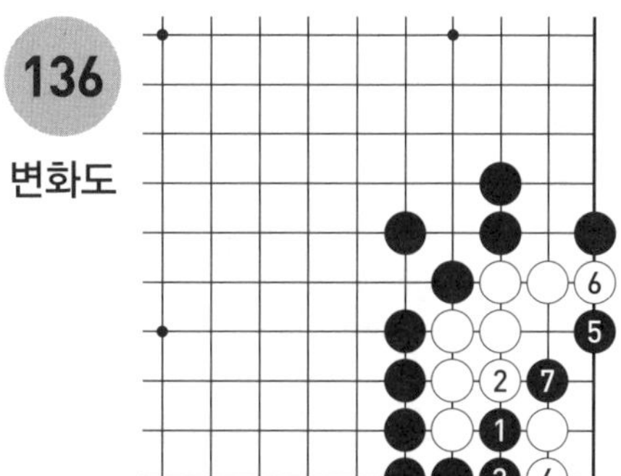

136 변화도

만약 이 2로 단수치면 흑3으로 잇고 다시 흑5에 치중하기하여 백은 역시 잡힌다.

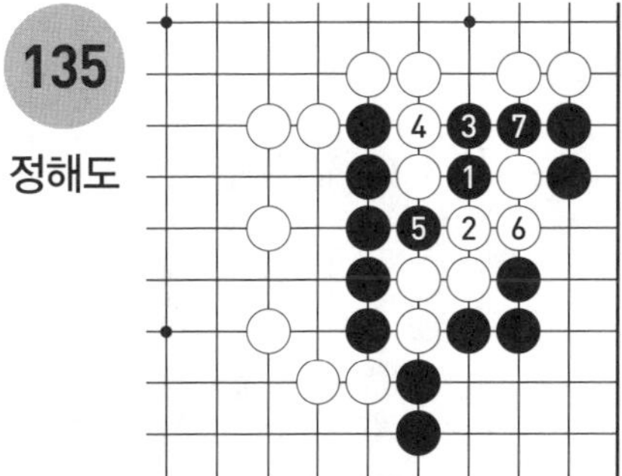

135 정해도

흑1로 끼워 붙임이 둘러 쌓인 흑 5점을 구출하는 묘수. 이하 흑7까지 흑은 순조롭게 탈출.

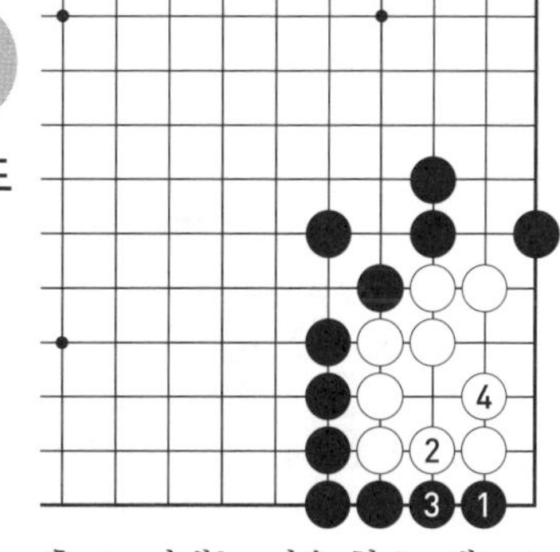

136 실패도

흑1로 기대는 섯은 착오. 백2, 4로 집을 지어 살 수 있다. 흑의 실패.

137

정해도

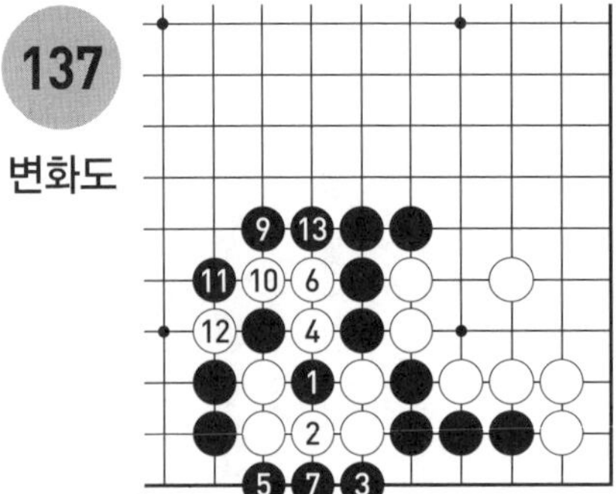

흑1 끼워 붙임이 정답. 흑3, 5 두 번 젖힘이 묘수. 흑11까지 백이 잡힌다. 백12=흑1

138

정해도

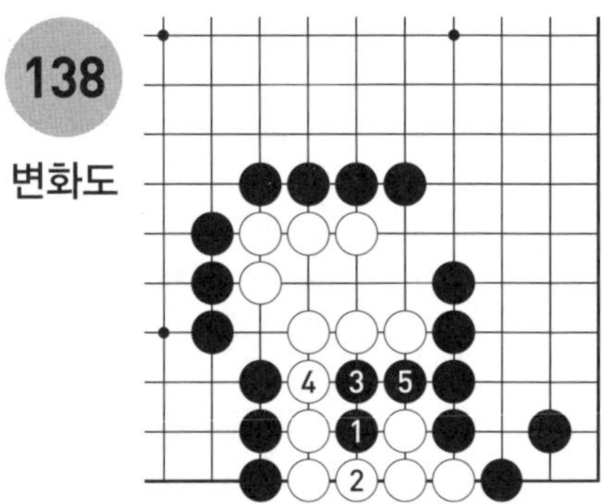

흑1 끼워 붙임이 좋은 수. 백2 단수칠 때 흑도 3, 5로 단수쳐서 백이 잡힌다.

137

변화도

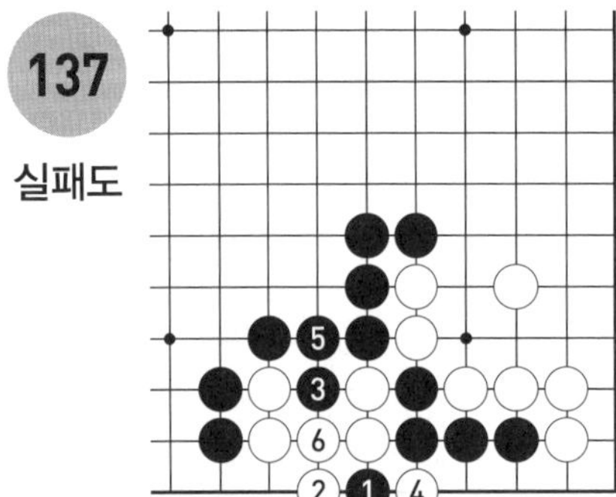

만약 백이 4로 따내면 흑5로 같이 젖히고 흑13까지 백은 역시 잡힌다. 백8=흑1

138

변화도

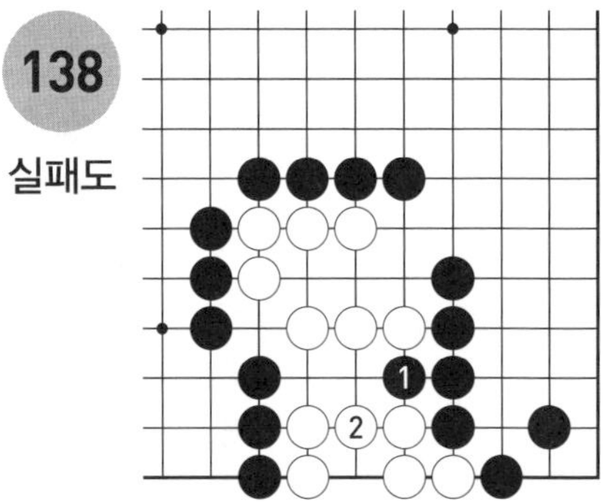

만약 백이 2로 밑에서 단수치면 흑3, 5로 탈출할 수 있어서 백은 역시 잡힌다.

137

실패도

흑1 젖힘은 착오. 백2 단수치고 백6까지 흑의 실패.

138

실패도

흑1로 먼저 끼움은 착오. 백2로 집을 지어 살았다. 흑의 실패.

139 문제도 ★★

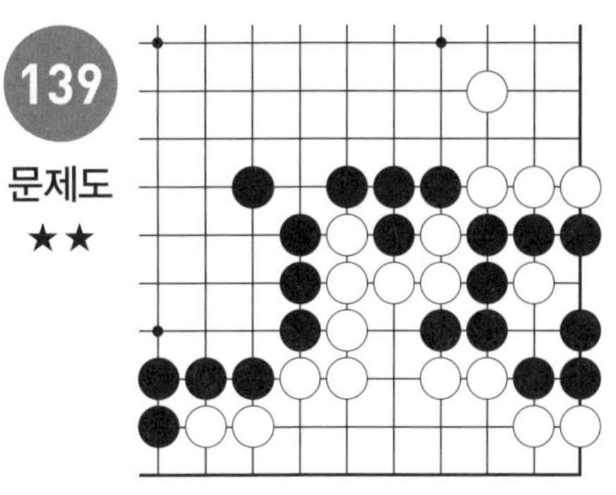

140 문제도 ★

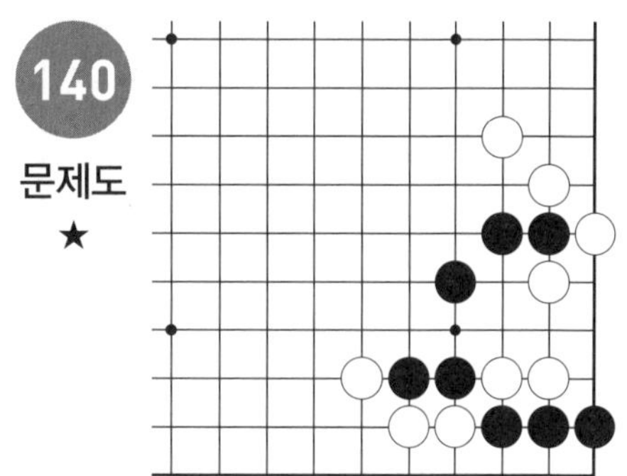

141 문제도 ★

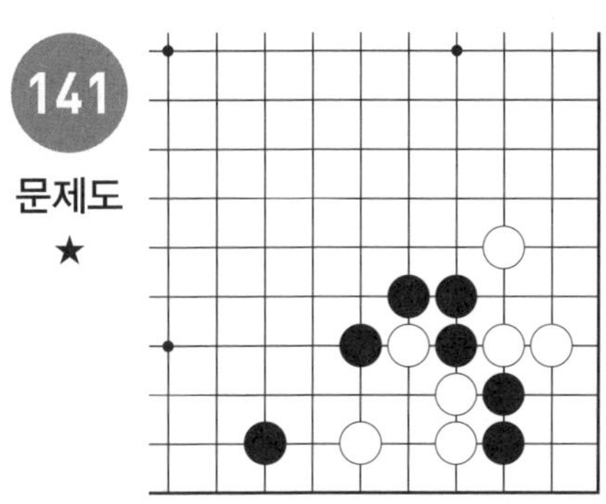

142 문제도 ★★

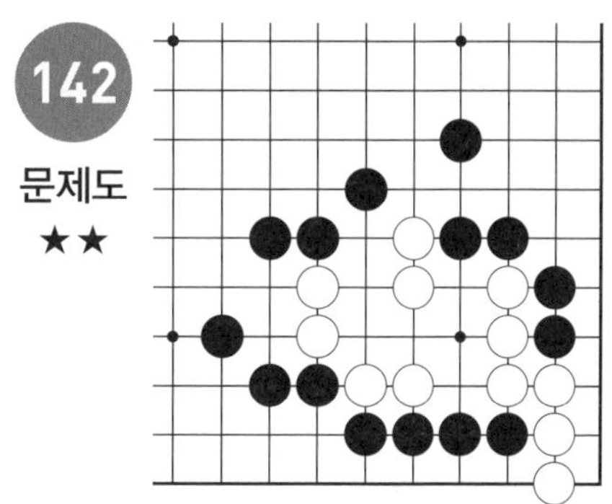

143 문제도 ★★

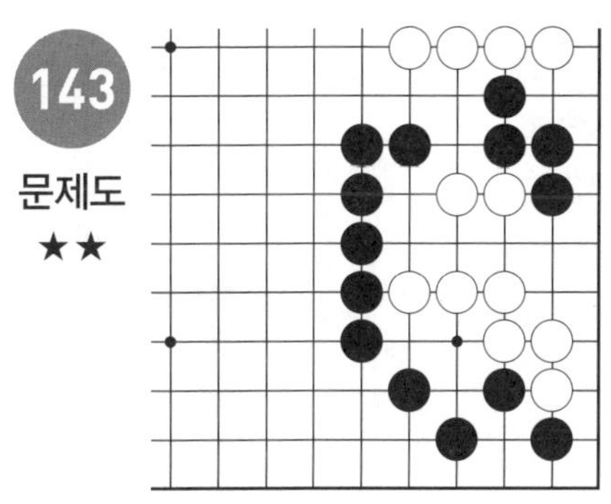

144 문제도 ★★

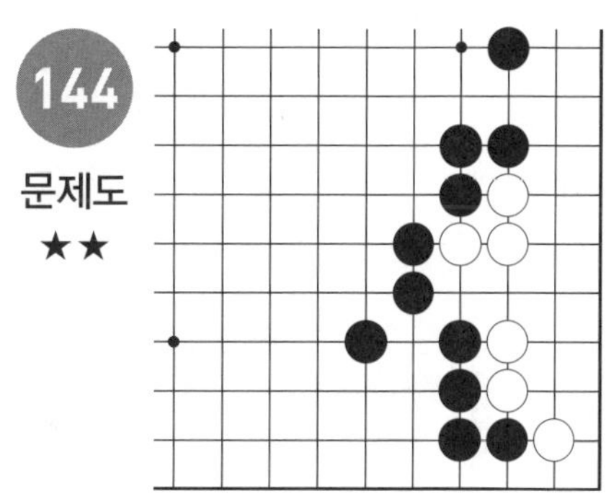

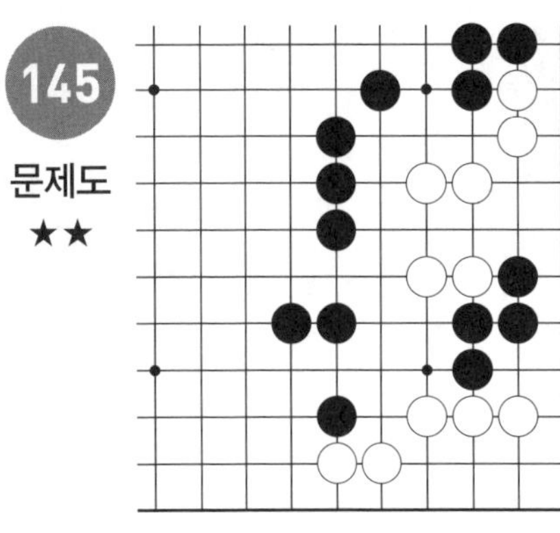

145

문제도

★★

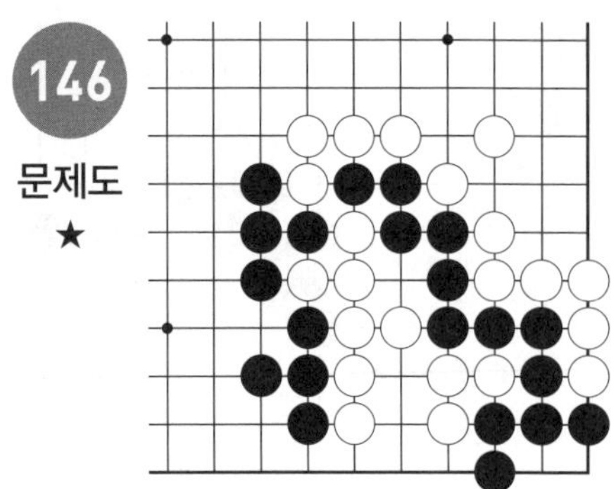

146

문제도

★

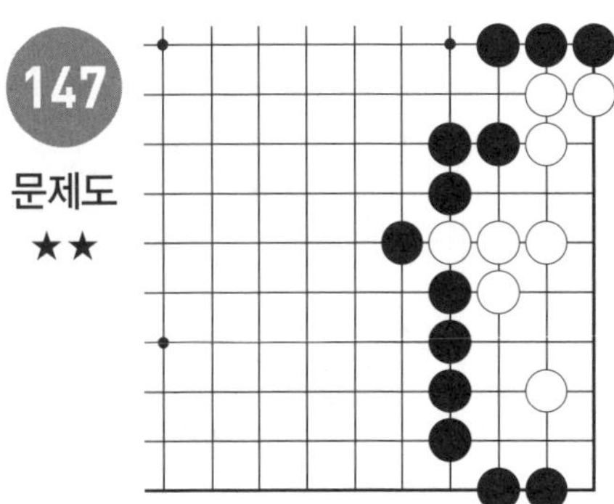

147

문제도

★★

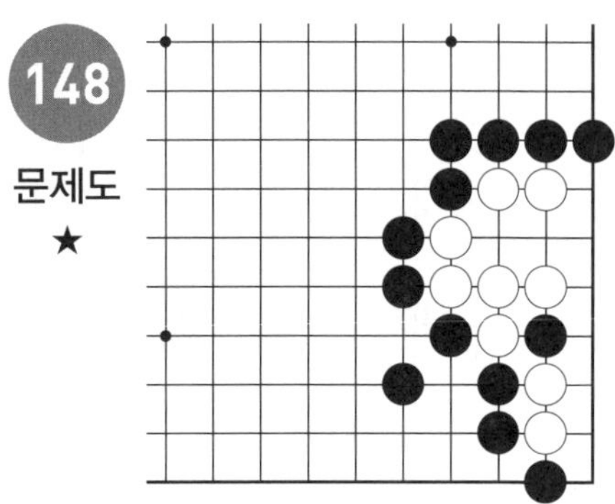

148

문제도

★

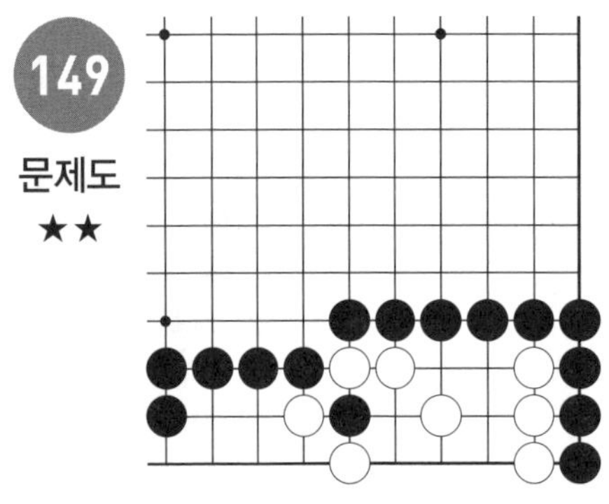

149

문제도

★★

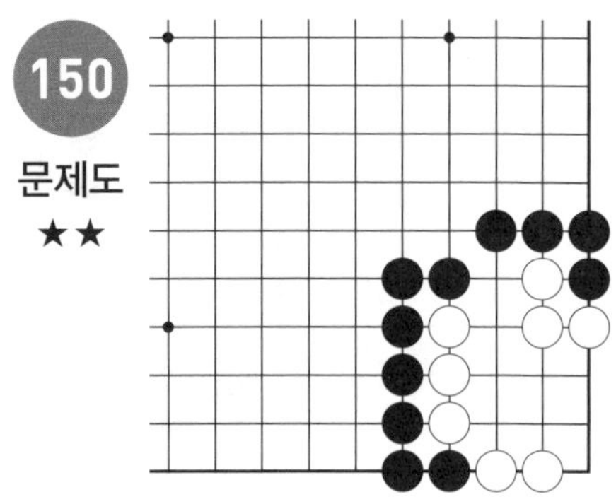

150

문제도

★★

139 정해도

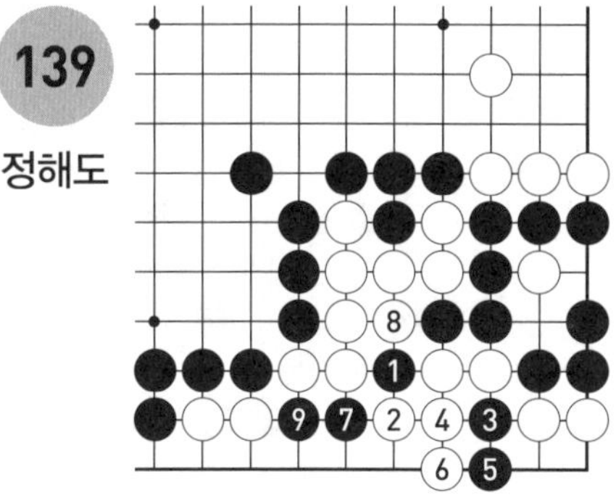

흑1로 끼워 붙임이 정답. 흑3 끊고 흑5 세움이 묘수. 흑9 단수까지 백 전몰.

140 정해도

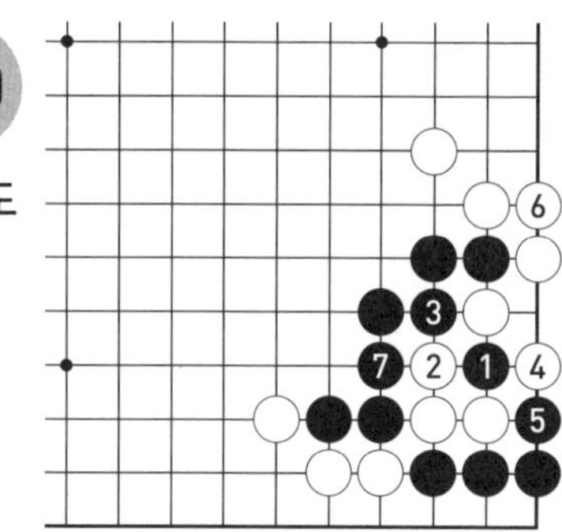

흑1로 끼워 붙임이 귀의 3점을 구하는 좋은 수. 백2의 단수는 필연적이며 이하 흑7까지 백은 촉촉수가 된다.

139 변화도

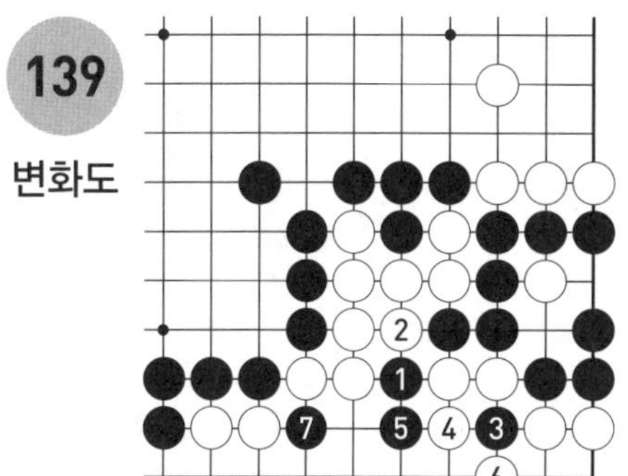

백2와 같이 위에서 단수치면 흑3으로 먼저 끊고 흑5로 다시 세운 후, 흑7까지 백은 역시 잡히게 된다.

140 변화도

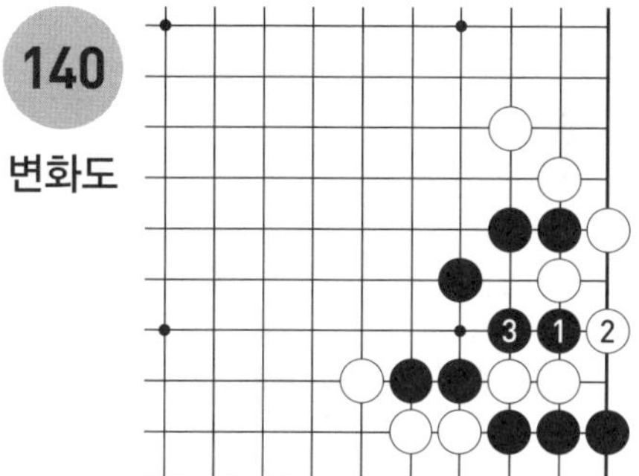

백이 2와 같이 아래에서 단수치면 흑3 후에 촉촉수로 백을 잡는다.

139 실패도

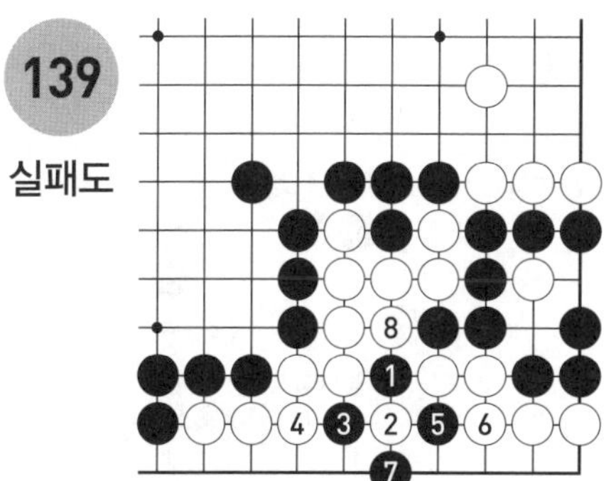

흑3으로 끊는 것이 착오. 백8까지 흑의 실패.

140 실패도

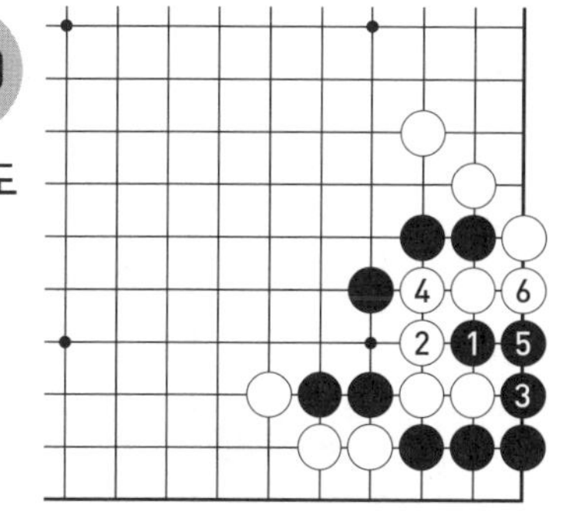

백2 단수칠 때, 흑3이 착오. 백4, 6으로 순조롭게 돌아오게 되어 흑의 실패.

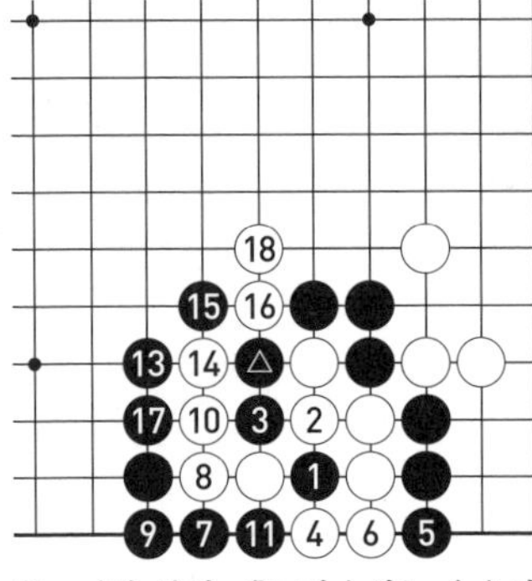

141 정해도

흑1 끼워 붙임, 흑3 단수치는 수순이 좋다. 흑7로 입구자할 때, 백8로 강하게 탈출하면 흑19 먹여치기까지 진행하여 백이 잡힌다. 백12=흑1, 흑19=▲

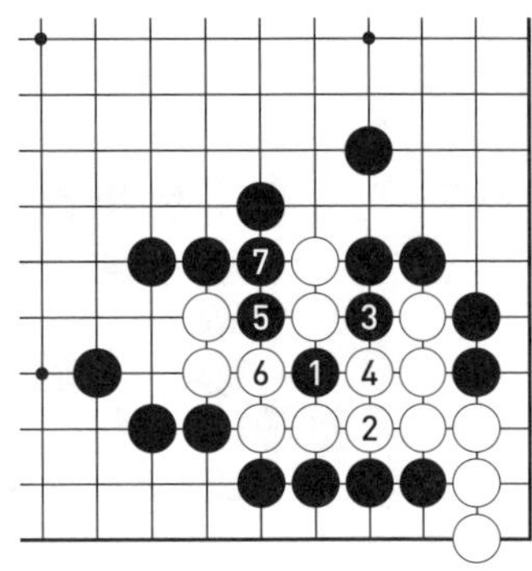

142 정해도

흑1로 끼워 붙임이 맥. 백이 2로 이으면 흑3으로 먼저 끼우고 흑5로 끼워 붙여 백이 잡힌다.

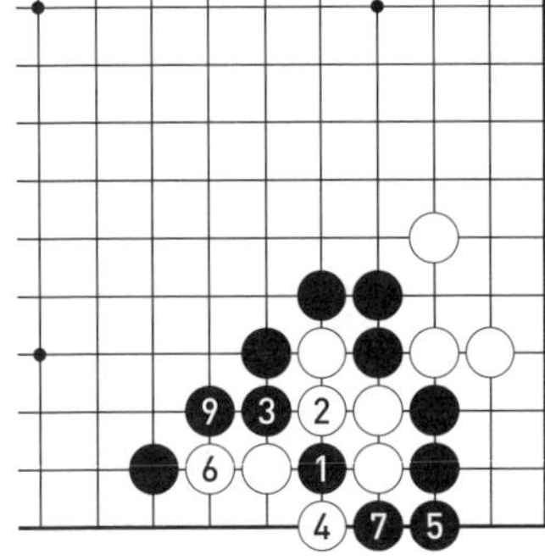

141 변화도

만약 백이 6으로 내밀면 흑7 단수, 흑9로 수를 메워 백은 여전히 안된다. 백8=흑1

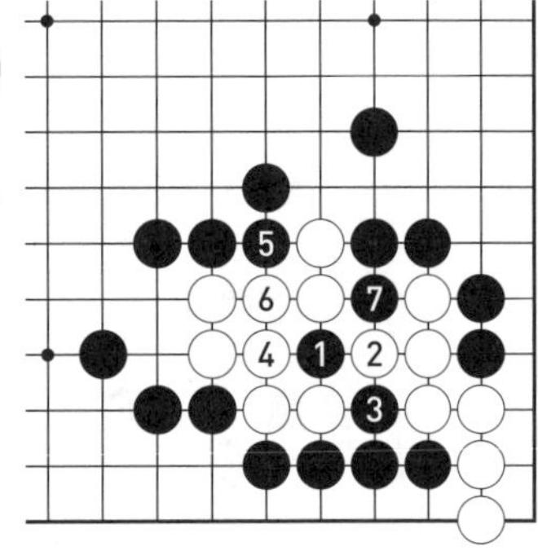

142 변화도

만약 백이 2로 단수치면 흑3으로 끊어 단수치고 다시 흑5, 7로 파호하여 백은 여전히 살 수 없다.

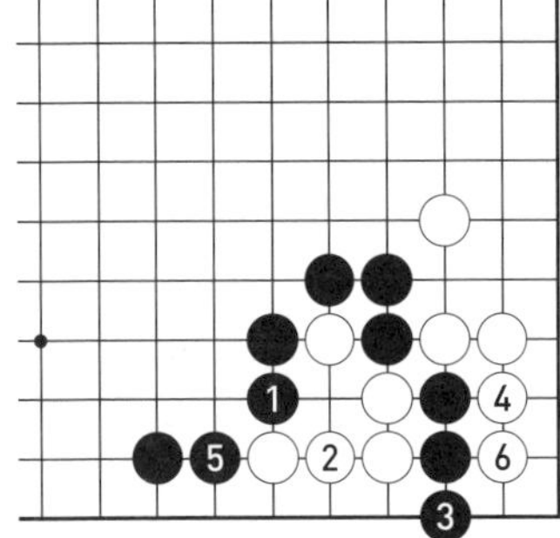

141 실패도

먼저 흑1로 내미는 것은 착오. 백2로 이어 수를 늘릴 수 있어서 오히려 흑이 잡힌다.

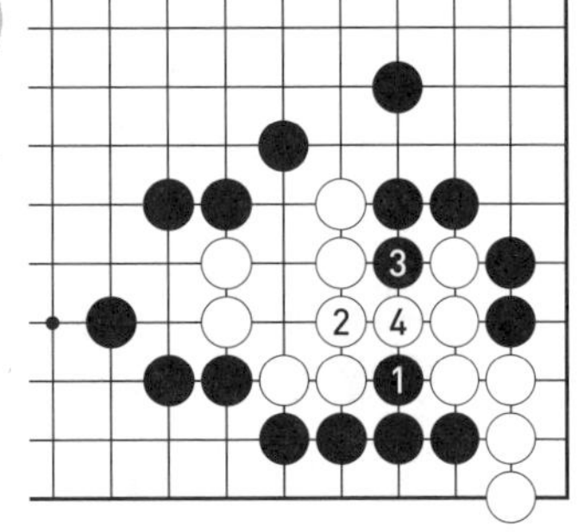

142 실패도

흑1로 먼저 끼우는 것은 착오. 백은 2로 이어 살 수 있다. 흑의 실패.

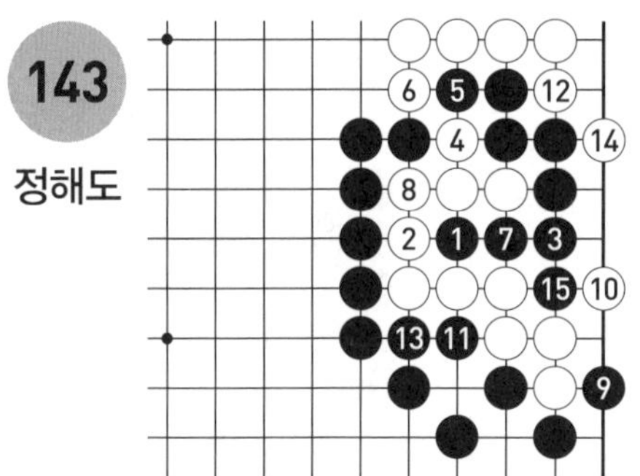

흑1로 끼워 붙임이 맥. 백2 단수 칠 때, 흑3 파호가 좋으며 이하 흑15까지 진행되어 백이 한 수 차이로 잡히게 된다.

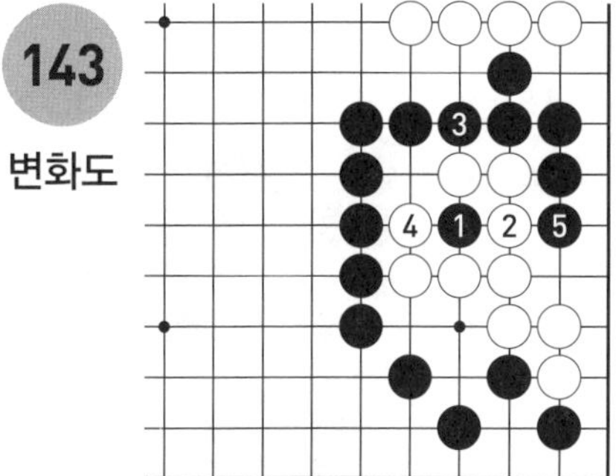

만약 백이 아래에서 단수치면 흑3으로 먼저 잇고 흑5로 다시 늘려서 백은 역시 살 수 없다.

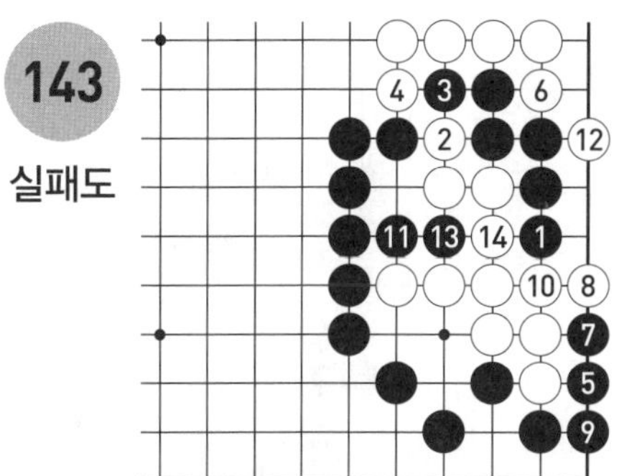

흑1로 먼저 파호하는 것은 착오. 백2, 4로 끼워 끊기해 한 수 차이로 흑이 실패.

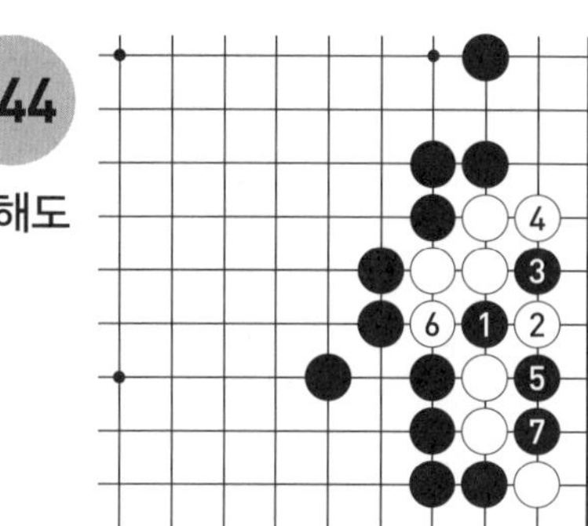

흑1 끼워 붙임, 흑3 끊음이 서로 관련이 있는 맥. 백4는 필연적이며 흑은 다시 5로 끊고 7로 단수쳐서 백이 잡힌다.

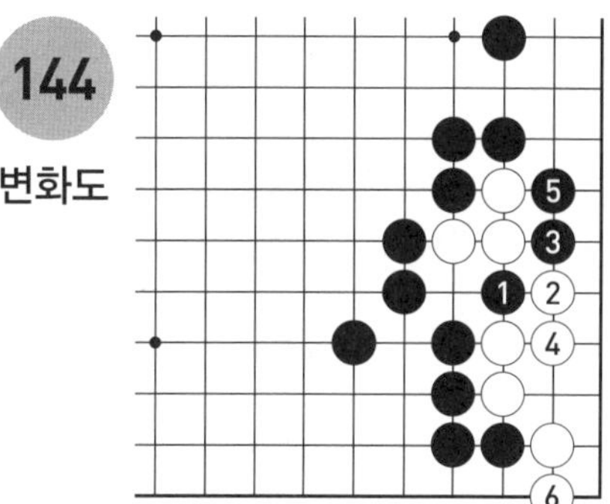

백4 연결, 흑5 단수, 백6 세움으로 절반은 살 수 있다.

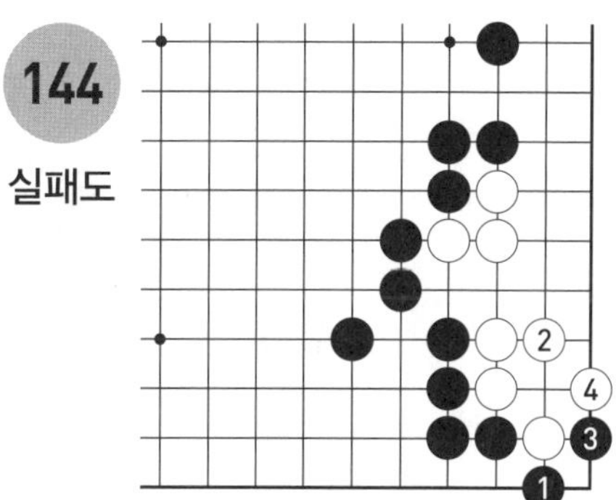

흑1로 먼저 젖힘은 착오. 백2, 4로 패가 되어 흑의 실패.

145 정해도

흑1의 끼워 붙임이 아주 절묘. 백2 단수칠 때 흑3 파호하고 다시 흑5, 7로 끊어서 백이 한 수 차이로 잡히게 된다.

146 정해도

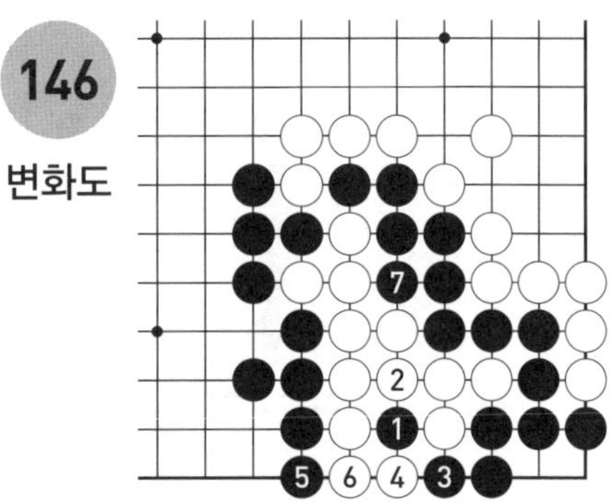

흑1 끼워 붙임, 흑3 단수가 수를 줄이는 좋은 수. 이하 흑7까지 진행되어 백이 잡히게 된다.

145 변화도

백이 2로 하변에서 단수쳐 보지만 성립되지 않는다, 흑3은 필연적이며 흑7까지 진행되어 백은 여전히 살 수 없다.

146 변화도

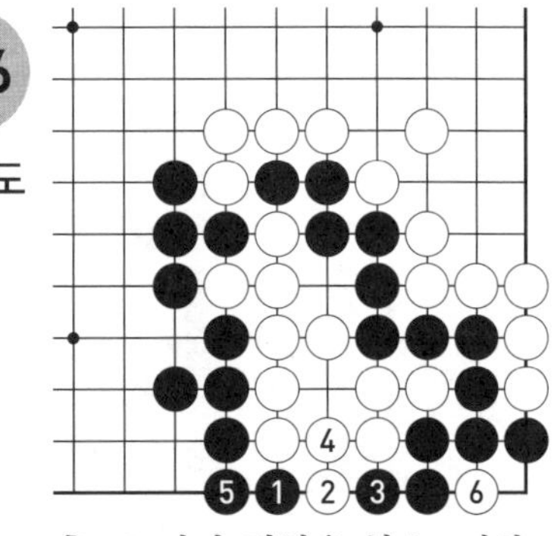

만약 백이 2로 위쪽에서 단수치면 흑은 여전히 수를 조여서 백은 역시 안된다.

145 실패도

흑1로 늘리는 것은 착오. 흑3, 5로 끊고 백18로 따내 패가 되어 흑의 실패.

146 실패도

흑1로 먼저 젖힘은 착오. 이하 백6까지 진행되어 빅이 됨. 흑의 실패.

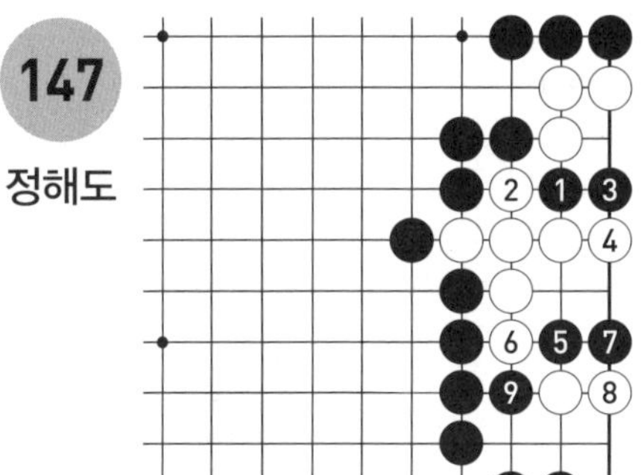

흑1 끼워 붙임, 흑3 느는 수순이 좋다. 흑5로 걸침이 맥. 흑9로 다시 끊어 백이 잡힌다.

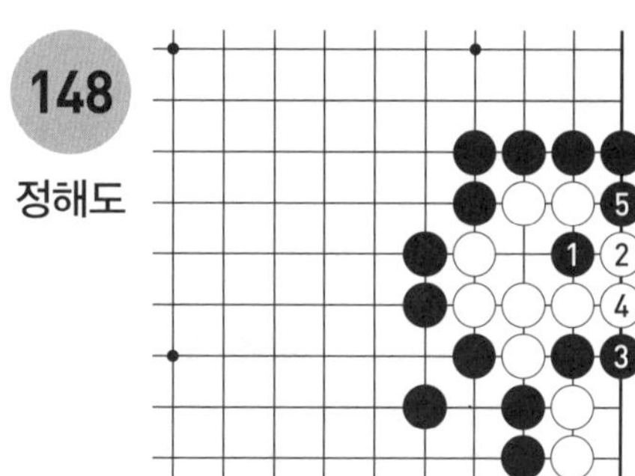

흑1 끼워 붙임, 흑3 느는 수순이 좋다. 백4로 단수칠 때, 흑도 5로 단수. 백이 잡힌다.

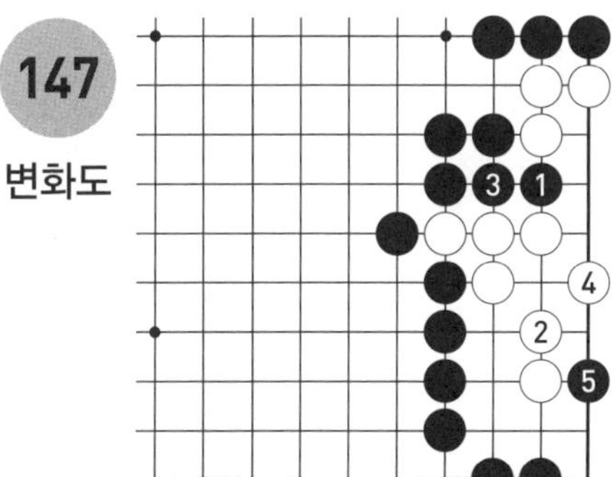

147 변화도

만약 백이 2로 집을 지으면 흑은 먼저 3으로 잇고 다시 흑5로 파호하여 백은 역시 살 수 없다.

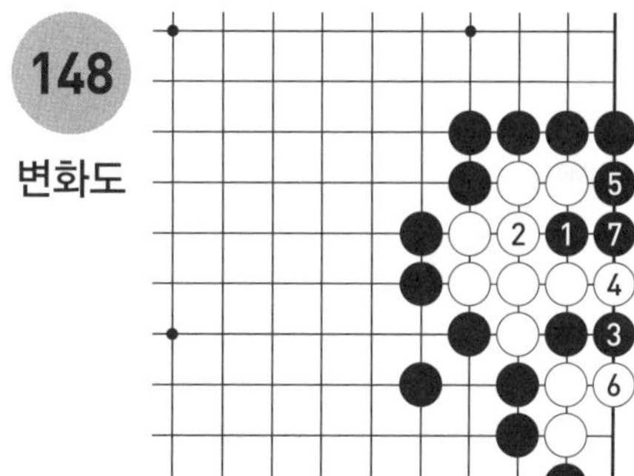

148 변화도

만약 백이 2로 위에서 단수치면 흑은 먼저 3으로 늘고 다시 흑5로 단수치고 나서 흑7로 파호하여 백은 역시 살 수 없다.

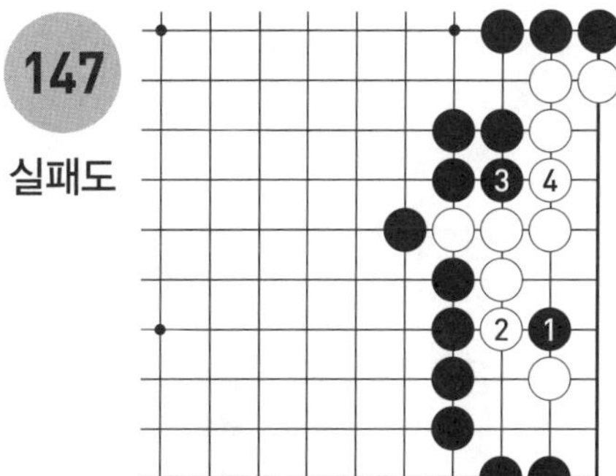

147 실패도

흑1로 먼저 걸침은 착오. 백2, 4로 살 수 있다. 흑의 실패.

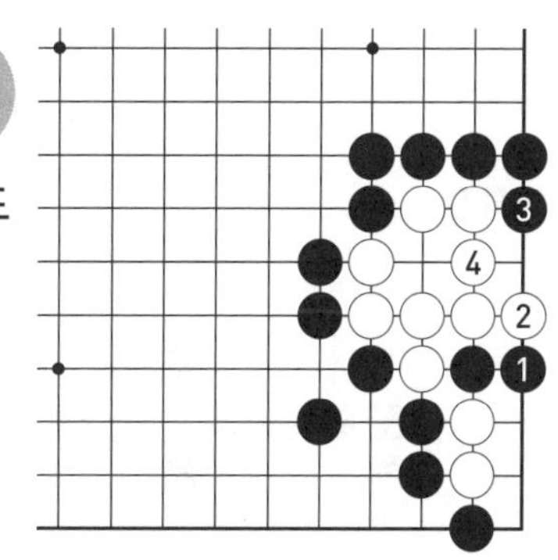

148 실패도

흑이 먼저 1에 느는 것은 착오. 백2, 4로 집을 지어 살 수 있다. 흑3으로 만약 백4 위치에 끼워 붙임하면 백4로 흑3 위치로 가서 역시 살 수 있다. 흑의 실패.

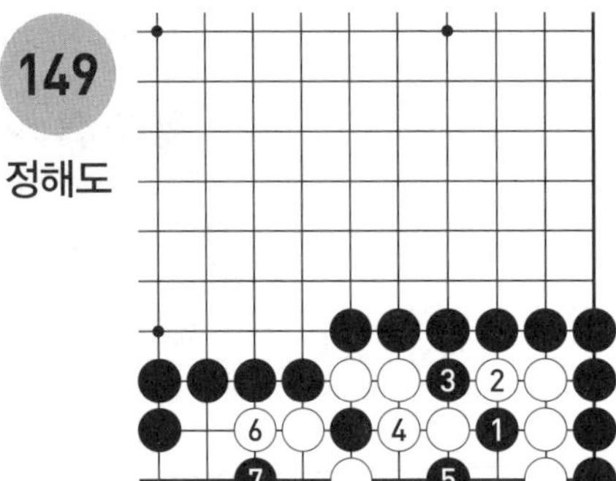

흑1 끼워 붙임, 흑3 양단수, 백4
로 따낼 때 흑5, 7로 파호하여 백
이 잡히게 된다.

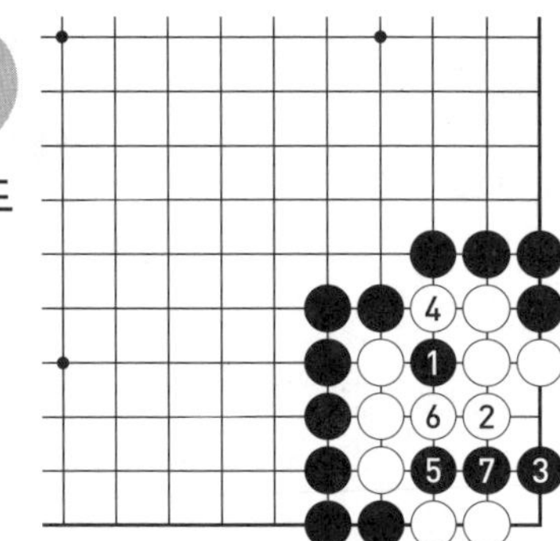

흑1 끼워 붙임, 흑3 치중하기는
보기 좋은 묘수. 백4로 단수칠
때 흑5 단수치고 흑7로 이어 백
이 잡힌다.

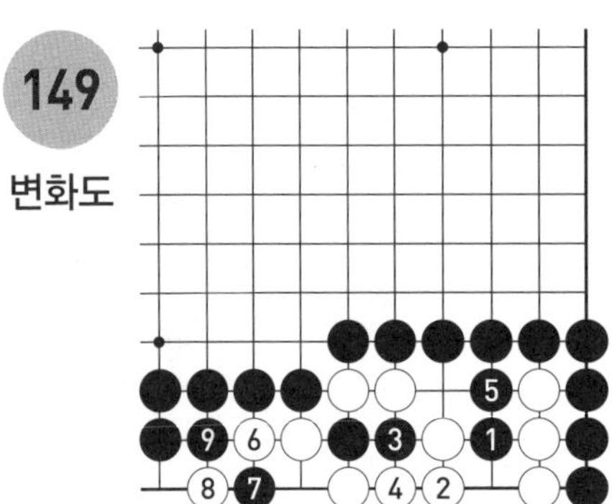

만약 백이 2로 늘면 흑3으로 단
수치고 다시 흑7, 9로 파호하여
백은 역시 살 수 없다.

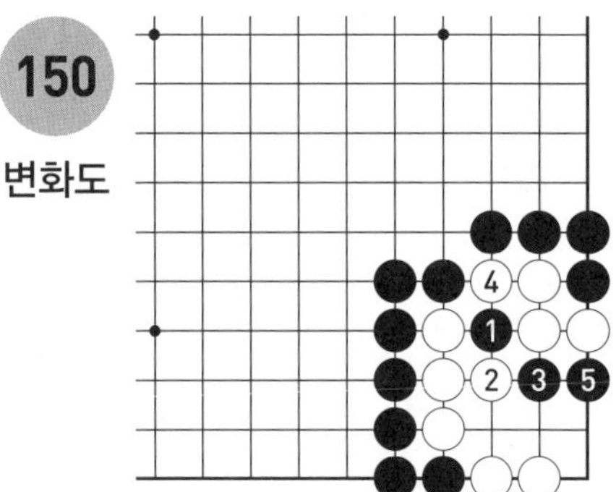

만약 백이 2로 막으면 흑3, 5로
백을 촉촉수로 잡는다.

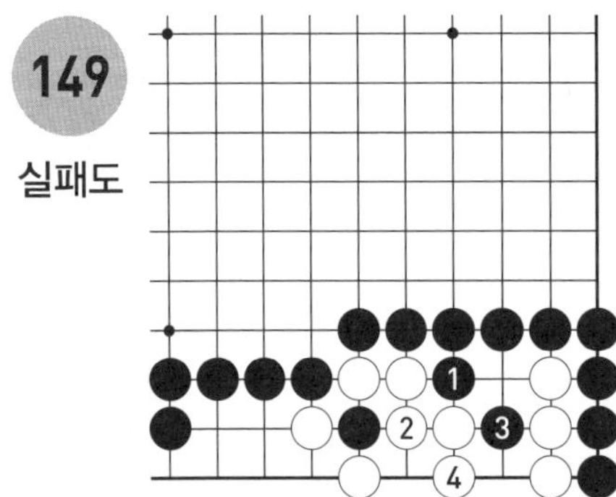

흑1로 단수치는 것은 착오. 백2
로 따냄은 필연적이며 흑3으로
끼워 붙일 때, 백4로 집을 지어
흑의 실패.

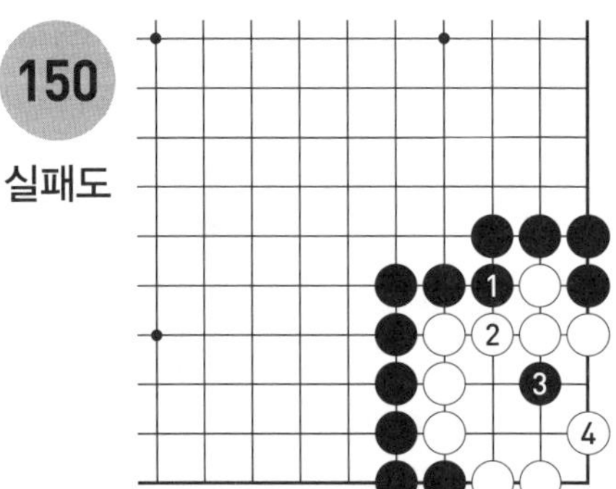

흑1은 착오. 흑3으로 다시 들여
다볼 때, 백은 4에 두어 살 수 있
다. 흑의 실패.

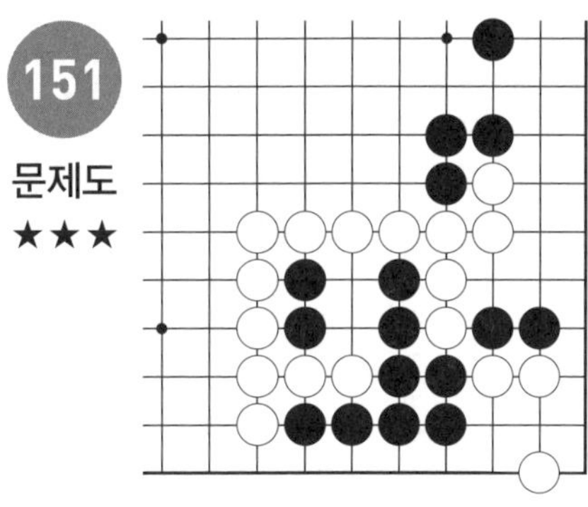

151
문제도
★★★

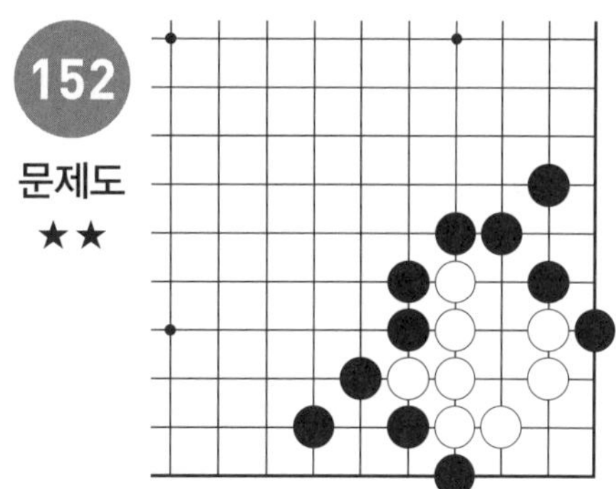

152
문제도
★★

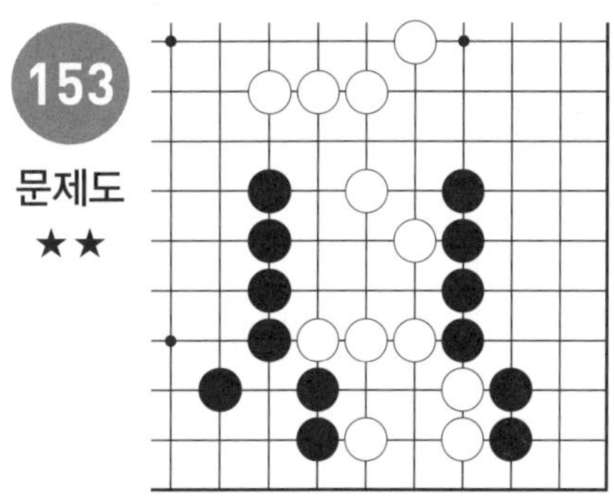

153
문제도
★★

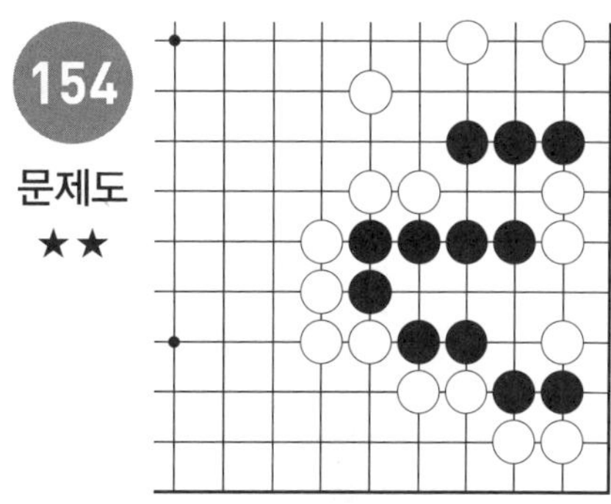

154
문제도
★★

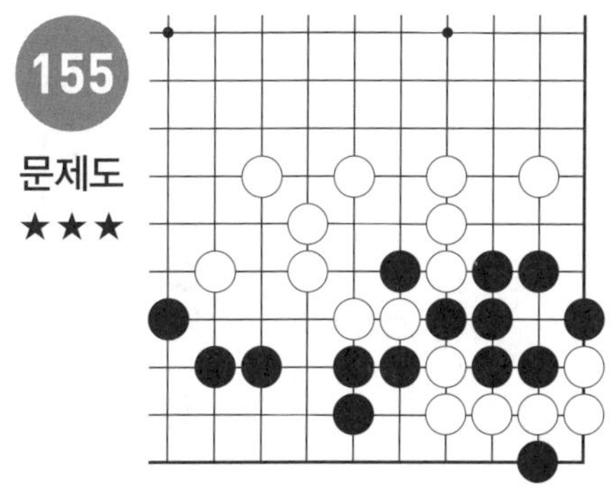

155
문제도
★★★

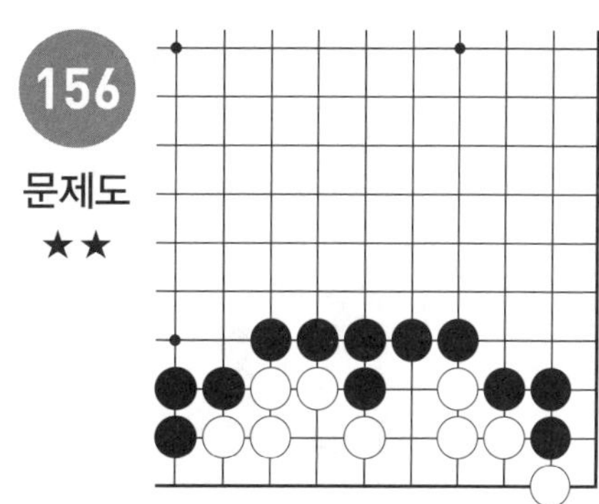

156
문제도
★★

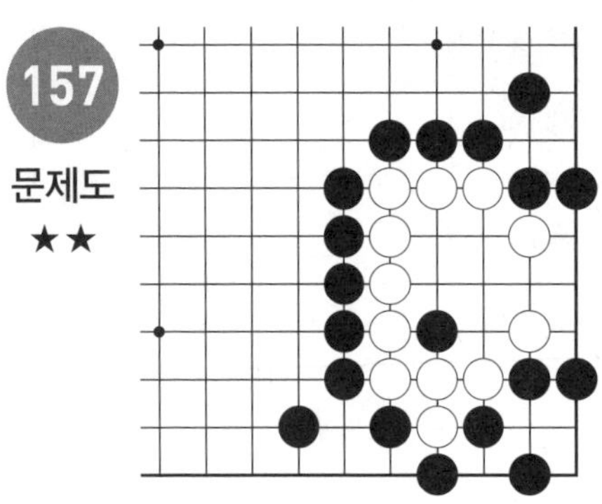

157 문제도 ★★

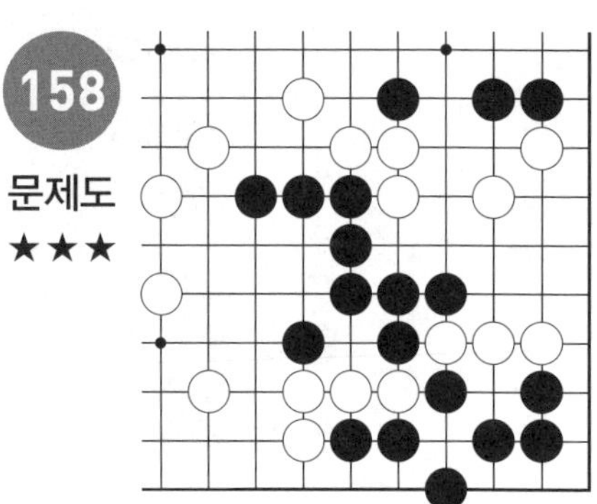

158 문제도 ★★★

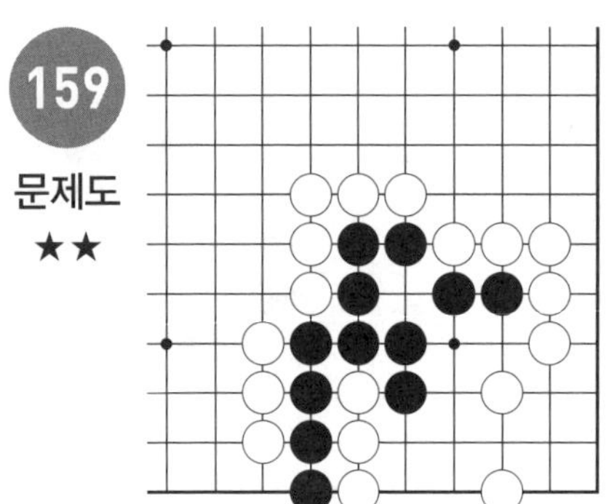

159 문제도 ★★

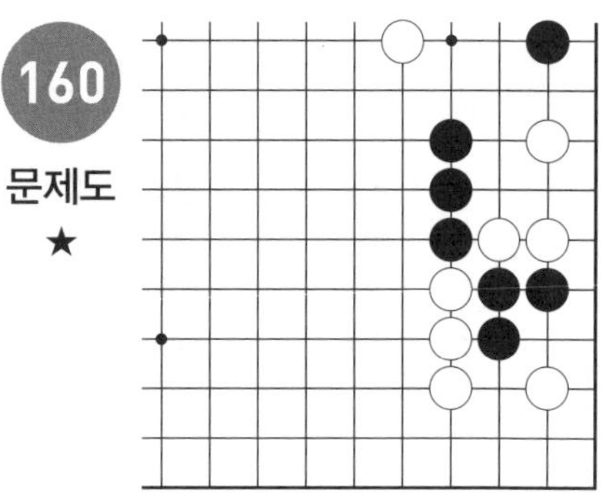

160 문제도 ★

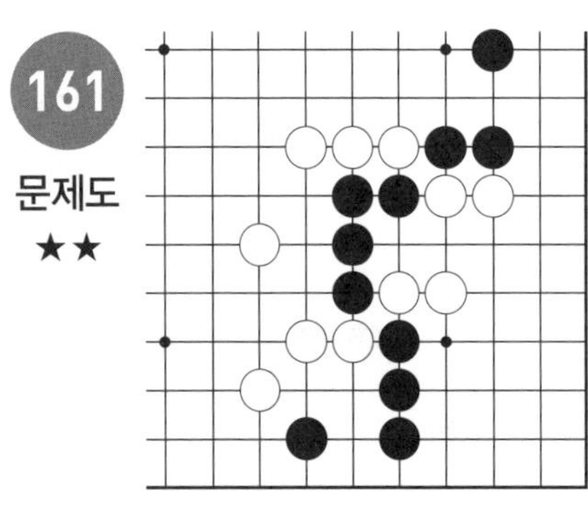

161 문제도 ★★

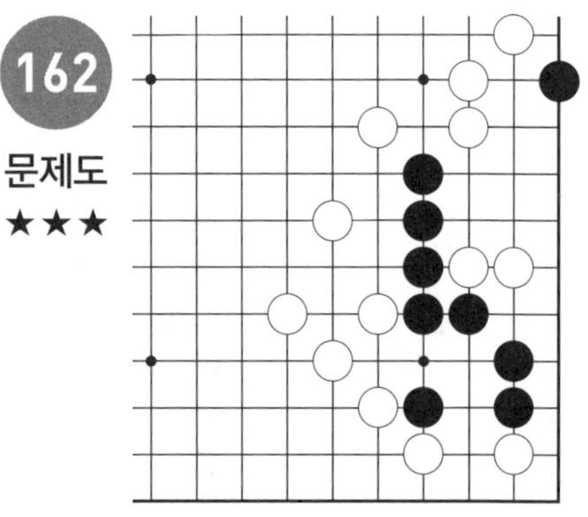

162 문제도 ★★★

151 정해도

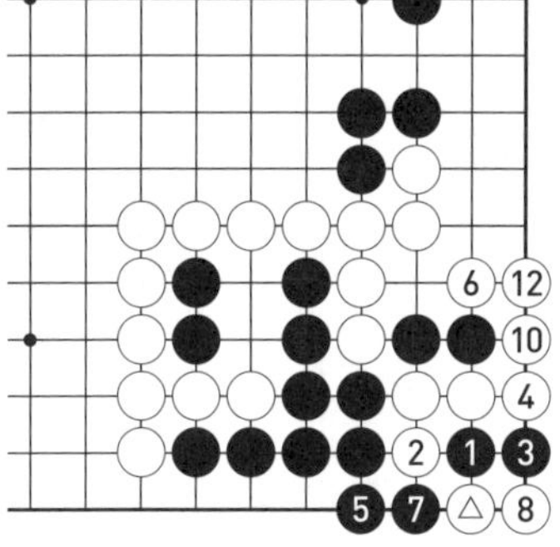

흑1로 끼워 붙이고 흑3으로 늘리는 것이 좋은 수순. 이하 흑9 먹여치기, 흑13 연결로 살았다.
흑9=흑1, 흑11=흑3, 흑13=△

152 정해도

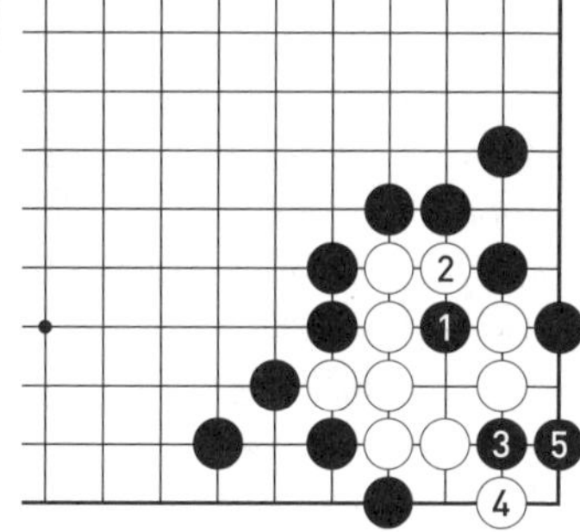

흑1 끼워 붙임. 흑3 먹여치기가 절묘한 착지. 백4로 단수칠 때 흑5로 늘어서 뒤의 백이 잡힌다.

151 변화도

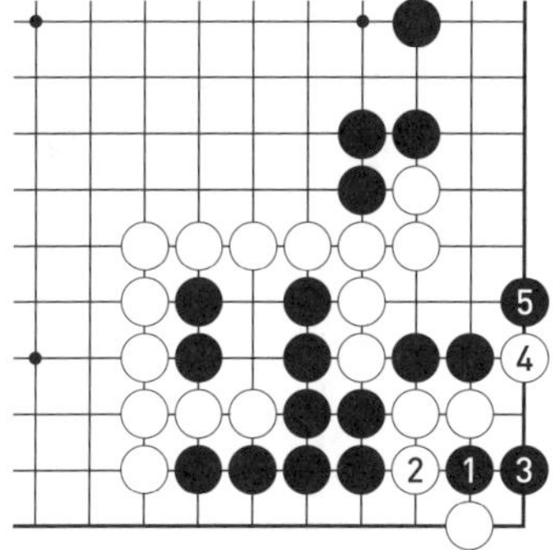

만약 백이 4로 젖히면 흑5로 단수쳐서 백이 촉촉수가 되어 흑은 여전히 살게 된다.

152 변화도

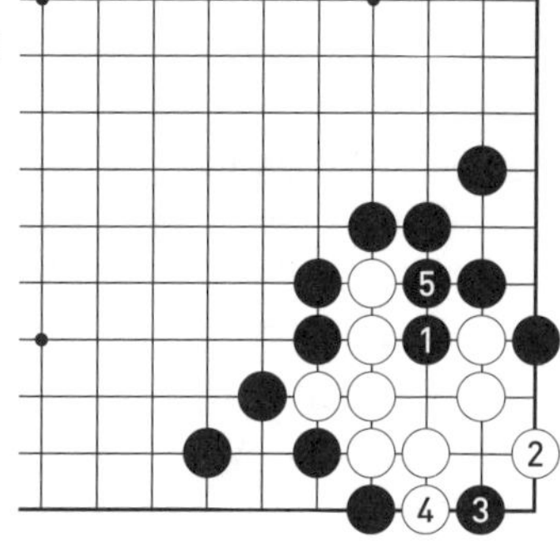

만약 백이 2로 먼저 호구치면 흑3 선수로 치중하고 다시 흑5로 이어 백은 여전히 살 수 없다.

151 실패도

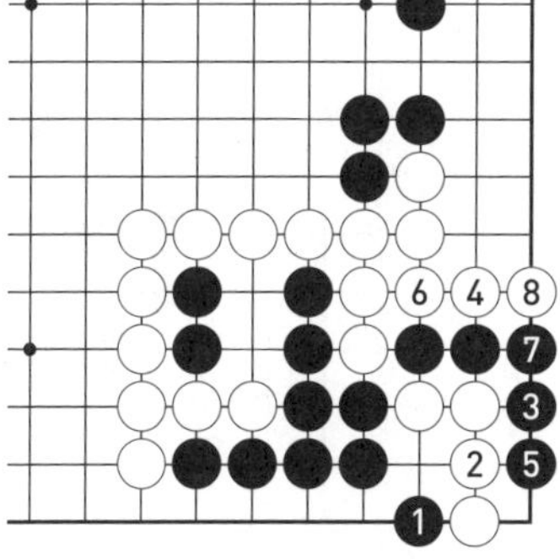

흑1로 입구자하는 것은 착오. 백은 2로 이어 수를 늘리게 되고 이하 백8까지 한 수 차이로 흑의 실패.

152 실패도

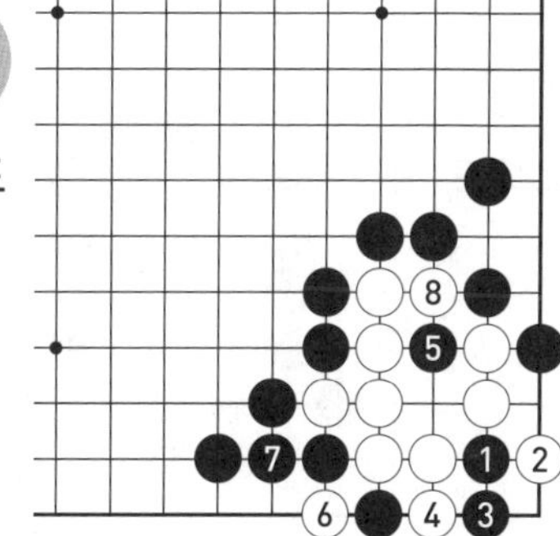

흑1로 먼저 먹여치기하는 것은 착오. 흑5로 끼워 붙일 때, 백6으로 따내고 백8로 끊어서 살 수 있다. 흑의 실패.

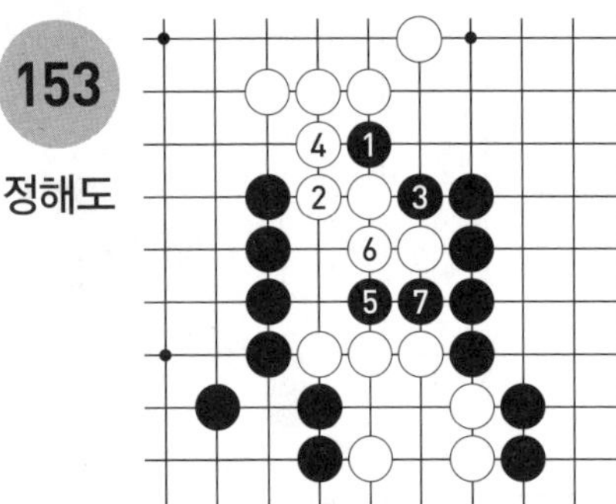

153 정해도

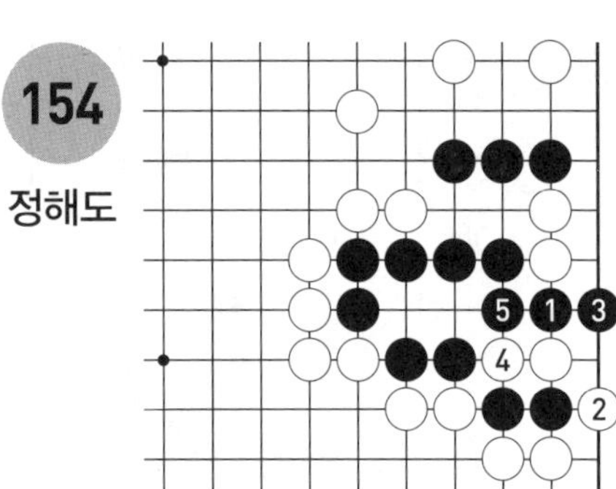

154 정해도

흑1로 끼워 붙이고 흑3 먹여치
기하는 수순이 좋다. 흑5로 밀어
끊음이 맥. 백이 잡힌다.

흑1로 끼워 붙이고 흑3으로 느는
것이 좋은 수순. 백4로 따낼 때
흑5로 이어 백 2점을 잡아서 살
수 있다.

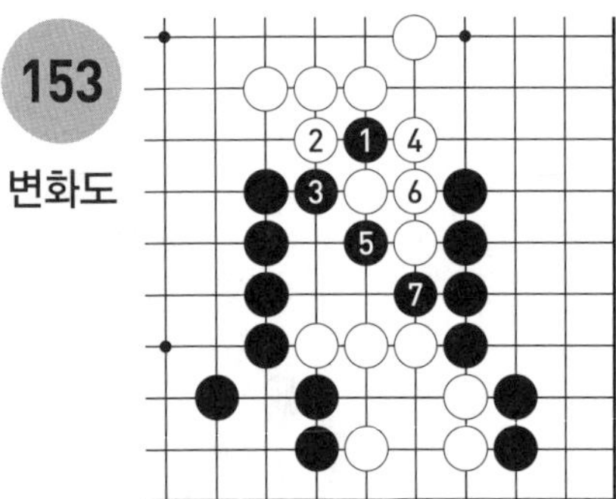

153 변화도

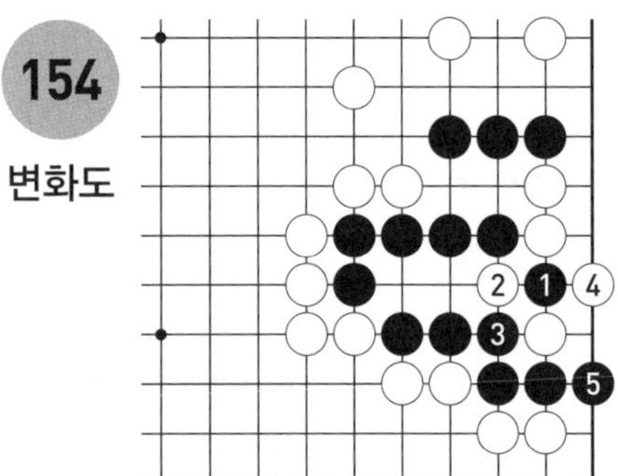

154 변화도

만약 백이 2로 단수치면 흑3으로
끊고 흑5 먹여치기, 다시 흑7로
끼워서 백은 역시 끊기게 된다.

만약 백이 2로 끊으면 흑3 단수,
흑5 세움으로 백은 전몰.

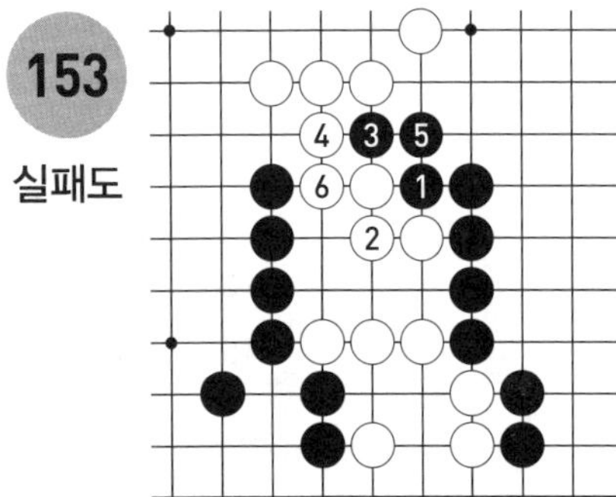

153 실패도

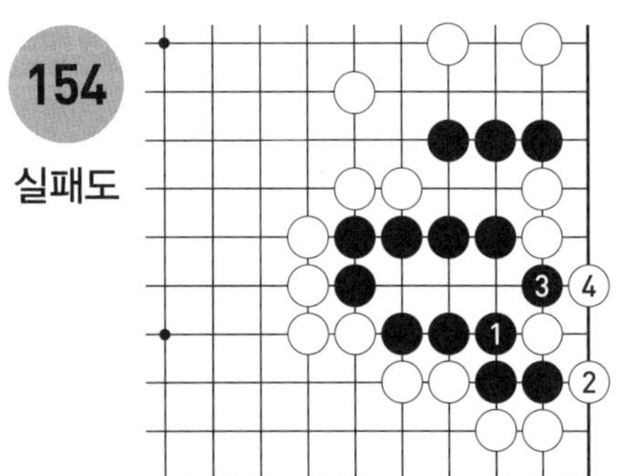

154 실패도

흑1로 먼저 먹여치기하는 것은
착오. 백2로 잇고 백6으로 다시
이어 순조롭게 탈출. 흑의 실패.

흑1로 먼저 잇는 것은 착오. 백2
로 건너고 흑3 단수칠 때 백4로
패를 만들어 흑의 실패.

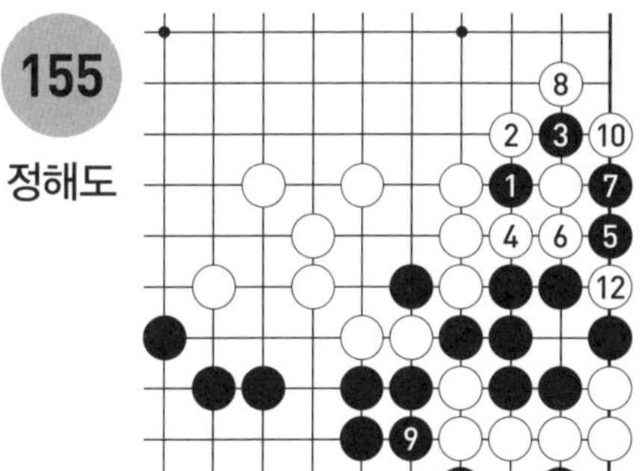

155 정해도

흑1로 끼워 붙임, 흑3으로 끊음
이 좋은 수순. 흑5, 7은 수를 늘
리는 좋은 수. 이하 흑13 따냄까
지 백이 잡힌다. 흑13=흑5

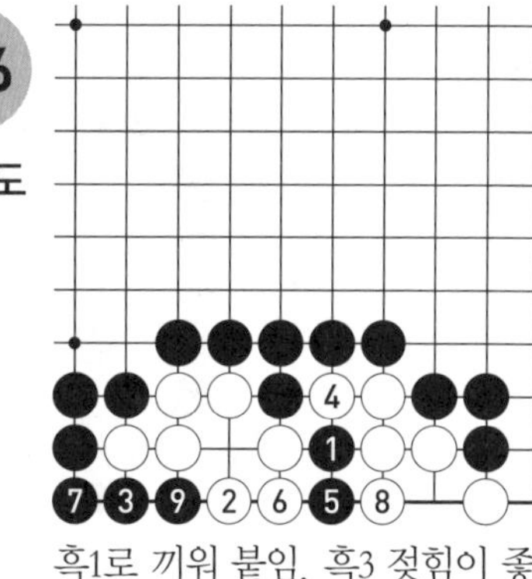

156 정해도

흑1로 끼워 붙임. 흑3 젖힘이 좋
은 수. 흑5로 느는 것은 백을 잡
는 맥. 흑9까지 진행되어 백이
잡힌다.

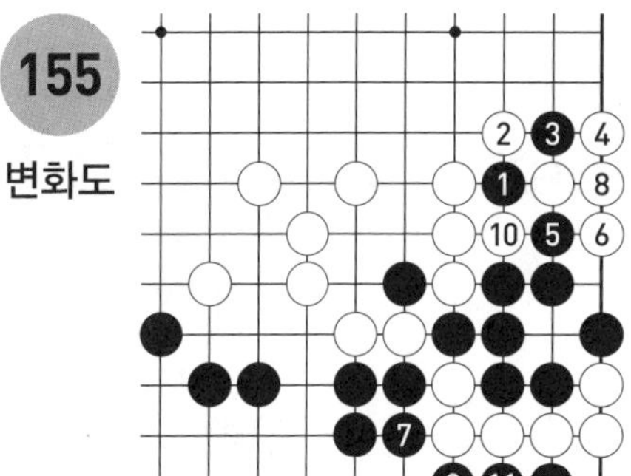

155 변화도

만약 백이 4와 같이 밑에서 단수
치더라도 안된다. 흑11까지 백은
역시 잡힌다.

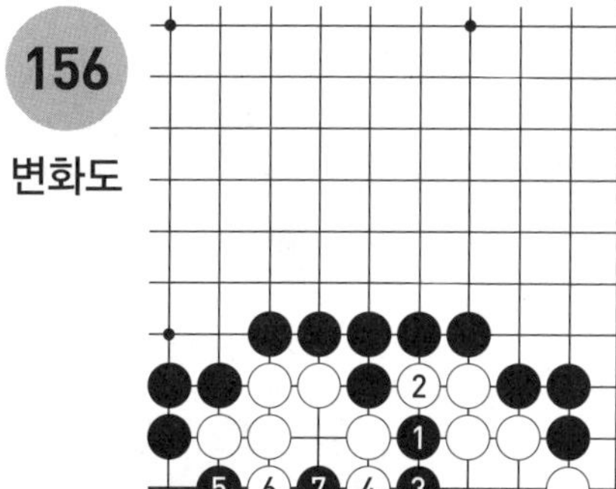

156 변화도

만약 백이 2와 같이 단수치면 흑
은 역시 3으로 늘고 이하 흑7까
지 진행되어 백은 여전히 살 수
없다.

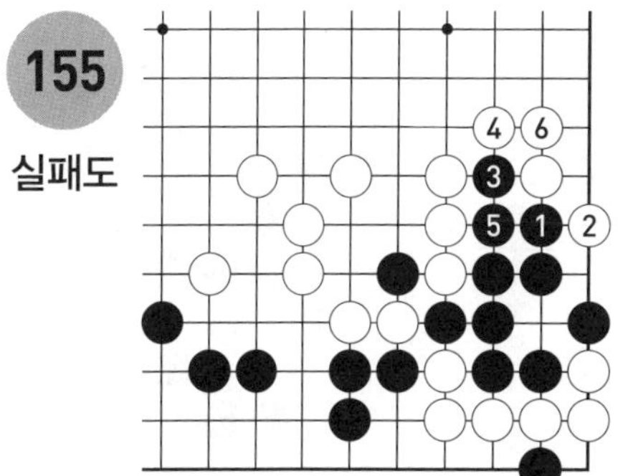

155 실패도

흑1, 3이 수순 착오. 백4 단수, 백
6 연결로 흑은 한 수 차이로 실패.

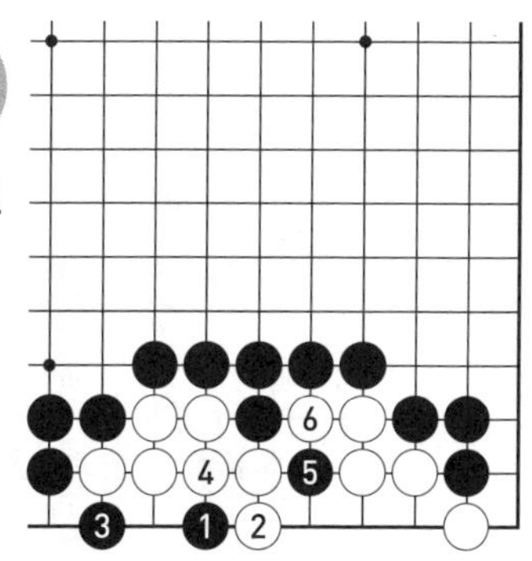

156 실패도

흑1로 먼저 치중하는 것은 착오.
이하 백6까지 진행되어 백은 살
았다. 흑의 실패.

157 정해도

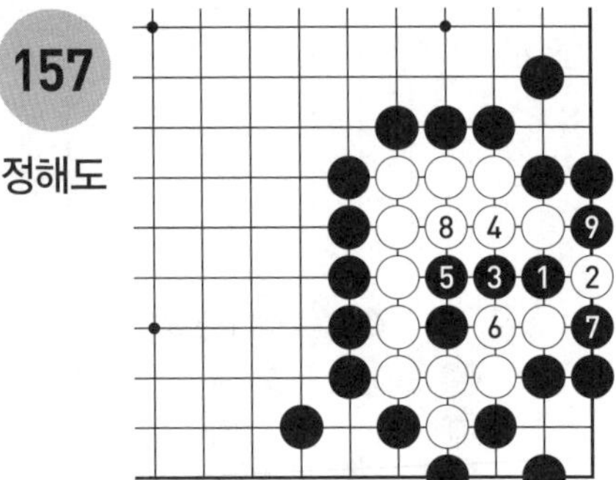

흑1로 끼워 붙임이 좋은 수. 이하 흑11 치중하기까지 진행되어 백이 잡힌다. 백10=흑1, 흑11=흑5

158 정해도

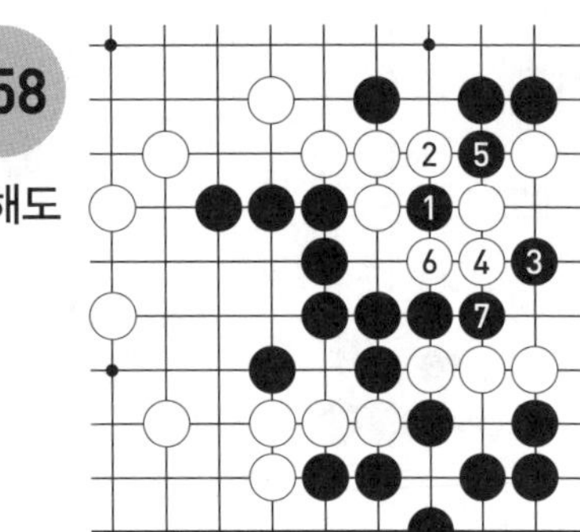

흑1로 끼워 붙임은 좋은 수. 흑3, 5는 서로 관련이 깊은 묘수. 백6으로 따낼 때 흑7 끼움으로 백이 잡힌다.

157 변화도

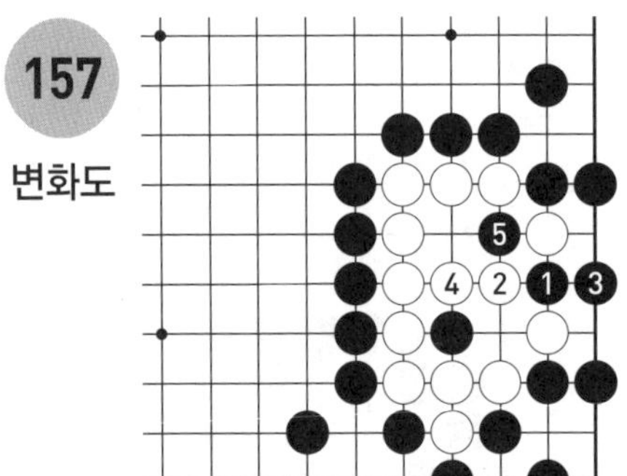

만약 백이 위에서 단수치면 흑3으로 늘고 흑5 먹여치기로, 백은 역시 살 수 없다.

158 변화도

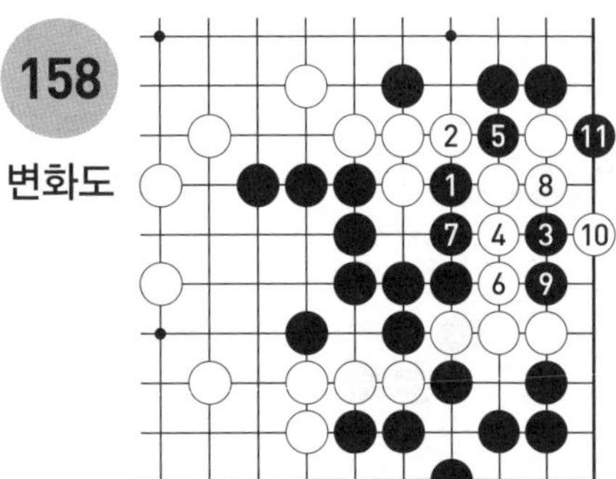

만약 백이 4로 끼우면 흑5, 7로 끊음, 다시 흑9, 11로 파호하여 백은 여전히 살 수 없다.

157 실패도

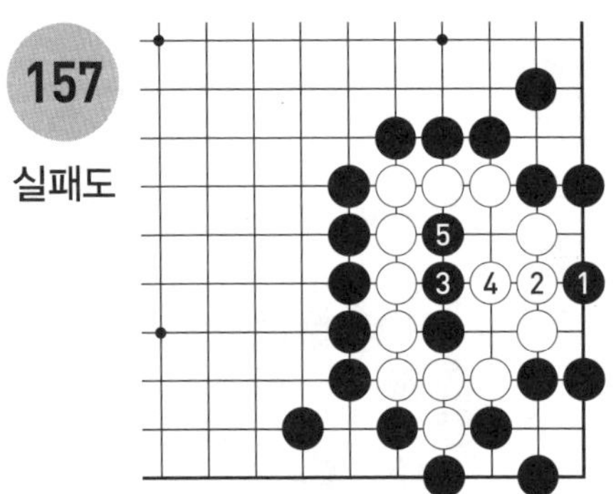

흑1은 착오. 백2, 4 후에 빅이 되어 흑의 실패.

158 실패도

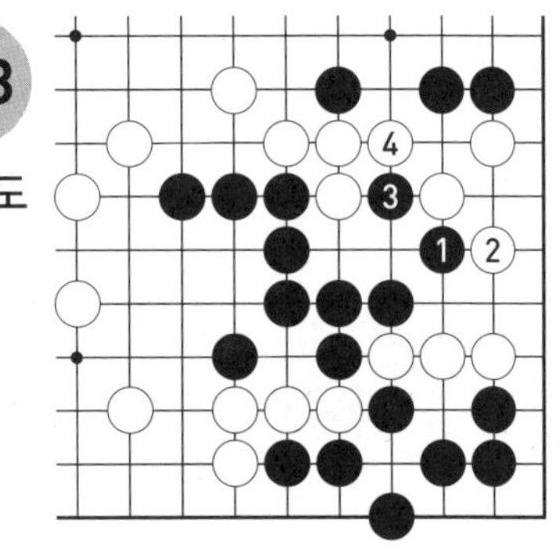

흑1 입구자, 흑3 끼워 붙임은 착오. 백은 2로 젖힘, 백4 단수쳐서 살아 돌아감. 흑 실패.

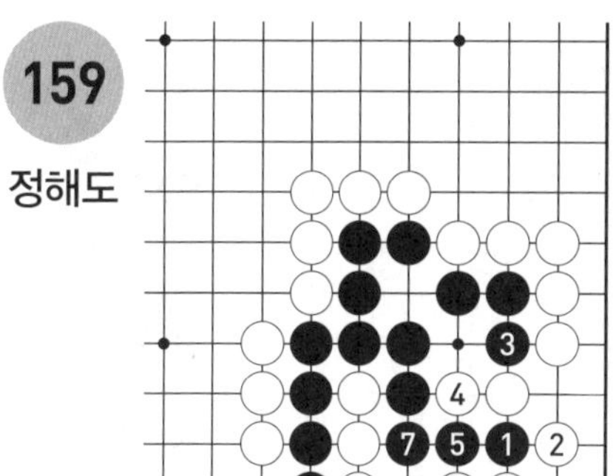

흑1로 끼워 붙임이 좋은 수. 백2로 단수칠 때, 흑3이 맥. 흑7까지 진행되어 흑은 살았다.

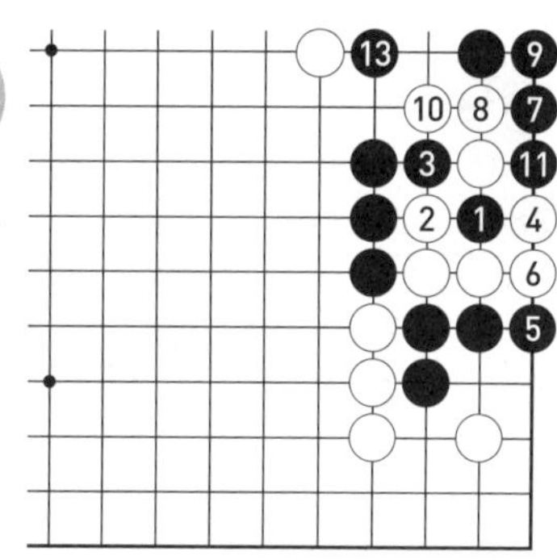

흑1로 끼워 붙임이 수를 줄이는 좋은 수. 이하 흑13까지 진행되어 백이 잡힌다. 백12=흑1

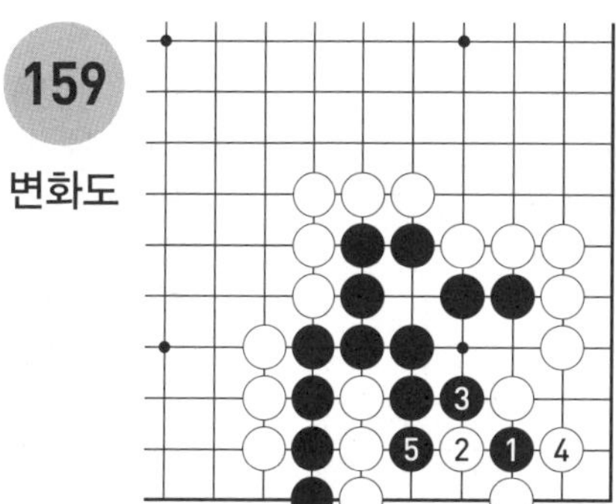

만약 백이 2에 단수치면 흑3 먹여치기, 흑은 5로 단수쳐서 여전히 살게 된다.

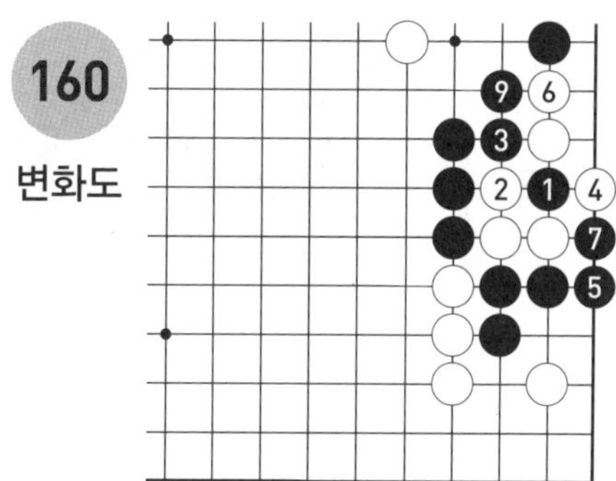

만약 백이 6으로 내밀면 흑7 단수, 흑9 메움으로 역시 백은 안 된다. 백8=흑1

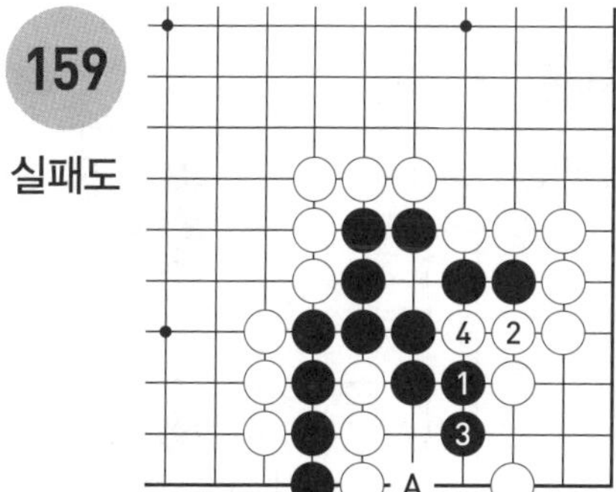

흑1로 미는 것은 착오. 백4의 파호로 흑은 살 수 없다. 만약 흑이 3으로 백4 위치로 가면 백은 A로 가서 건너게 되어 흑의 실패.

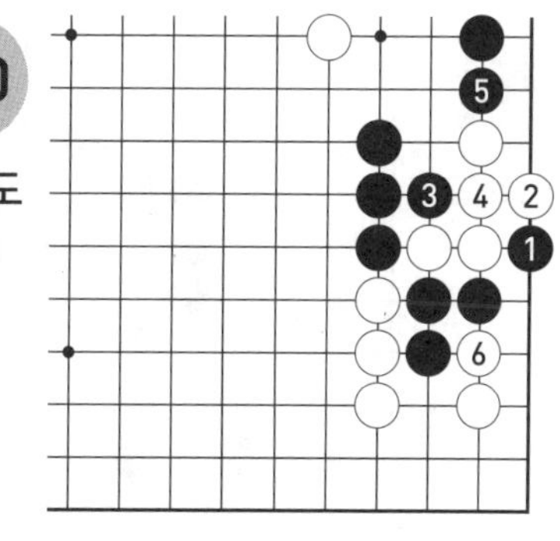

흑1 젖힘, 흑3 단수는 착오. 이하 백6까지 진행되어, 흑이 오히려 잡힌다.

161 정해도

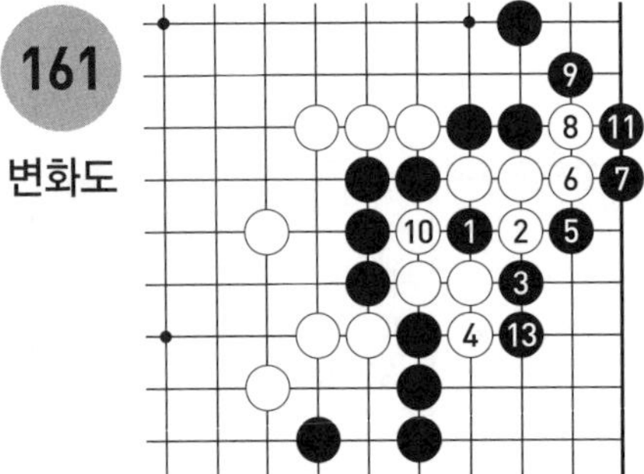

흑1 끼워 붙임. 흑3 끊는 것이 서로 관련이 깊은 좋은 수. 흑9, 11은 백을 잡는 맥. 이하 흑19까지 진행되어 백이 잡힌다. 백8=흑1

162 정해도

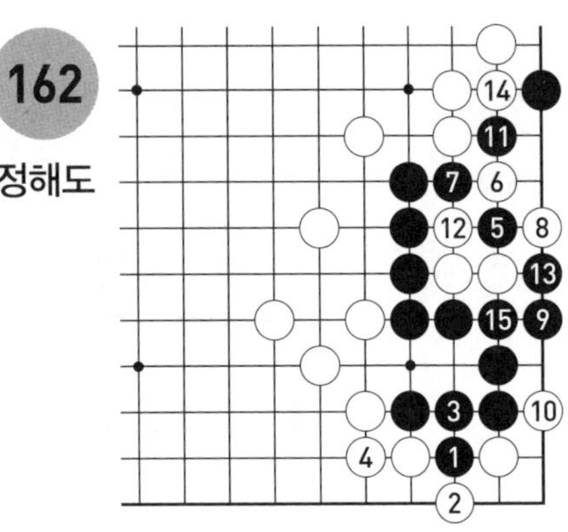

흑1 끼워 붙임, 흑3 연결이 좋은 수순. 흑5, 7이 맥. 이하 흑15까지 진행되어 흑이 살았다.

161 변화도

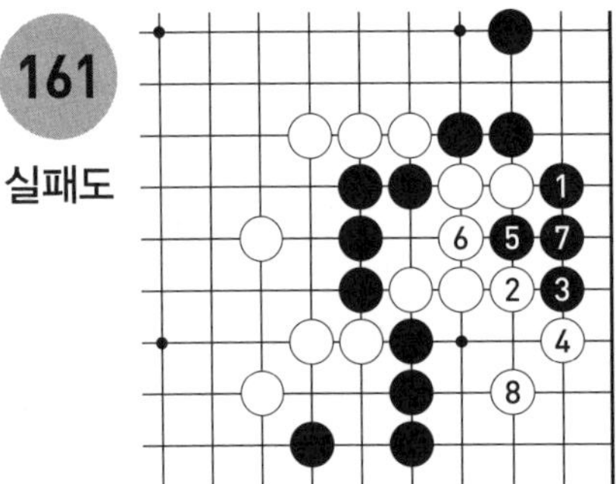

만약 백이 4로 바깥쪽으로 도망가면 흑5에서 흑11까지 회돌이, 백은 역시 잡힌다. 백12=흑1

162 변화도

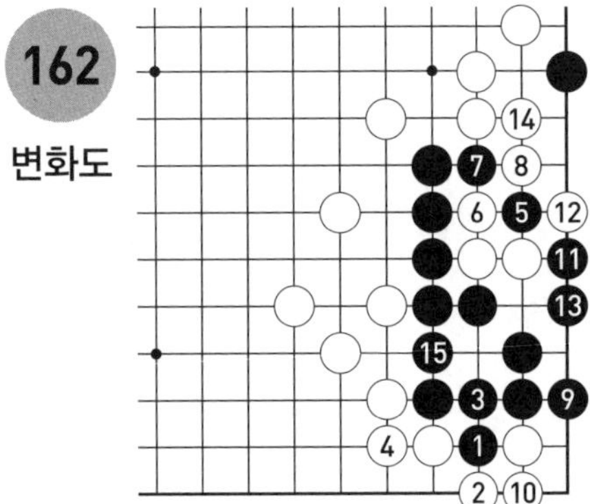

만약 백이 6, 8로 끼워 끊으면 흑11이 묘수. 흑은 15까지 진행하여 살게 된다.

161 실패도

흑1 젖힘이 착오. 백2 쌍립, 백8 호구로 흑이 실패.

162 실패도

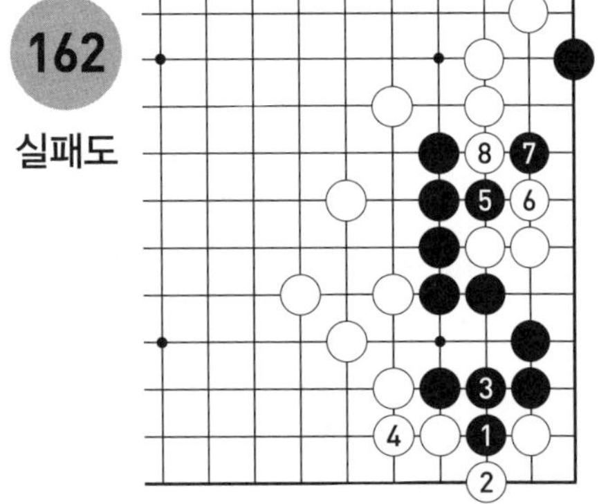

흑5는 착오. 백6, 8로 끊음. 흑은 두 집을 지을 방법이 없어 실패.

바둑을 웬만큼 두는 중급자라도 귀곡사 형태가 나오면 헷갈리는 사람이 많다. 우선 바둑규약에 '귀곡사는 무조건 죽음'으로 하고 있다는 것을 확실히 알아 두고 아래의 그림들을 참조하기 바란다.

1도-백선 흑 죽음, 흑선 패

흑이 A에 두면 패가 난다.

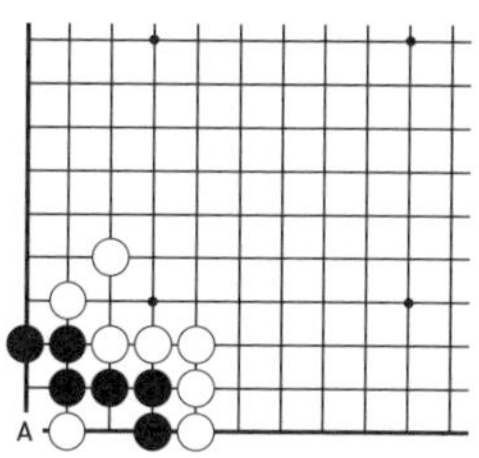

2도-백선 흑 죽음, 흑선 삶

흑이 먼저 두면 A부터 눌러 잡기로 산다.

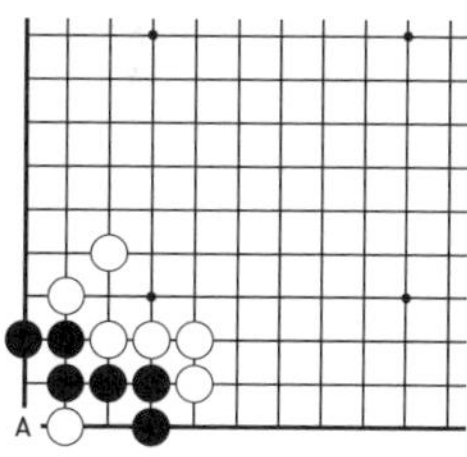

3도-귀곡사 1

바둑규약에 따라 이러한 경우는 무조건 죽는다.

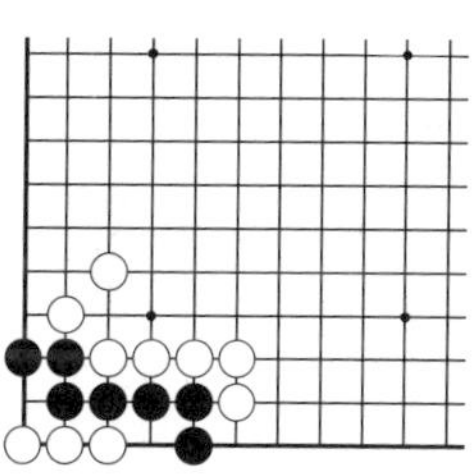

4도-귀곡사 2

백A에 두는 것은 악수, 그대로 방치해서 죽는다.

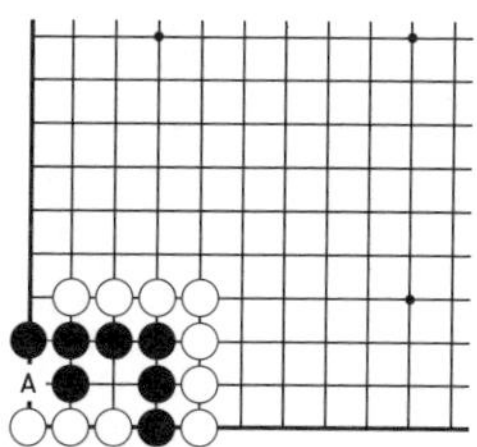

제 6 부 입구자

'입구자'는 자신의 돌에서 사선으로 한 걸음 나아가는 것을 말합니다. 이 입구자 수는 실전에서 매우 자주 쓰입니다. '늘음'이나 '잇기'에 비해 전개 속도가 비교적 빠르며, 뛰는 것이나 나는 것에 비해 연결 방법이 견고합니다. '입구자에 악수 없다'는 바둑격언은 입구자의 우수성을 잘 나타내는 말이라 할 수 있습니다. 하지만 악수가 아니라고 해서 반드시 좋은 것만은 아니며 입구자의 시기를 잘 선택하는 것이 중요합니다.

상대에게 공격을 당하면 본능적으로 집짓기를 합니다. 이 때 많은 사람들이 행마가 쉽고 안형 형성하기에 유리한 입구자를 선택합니다. 한 수의 작은 입구자는 빙설을 녹이는 봄비 역할을 합니다. '바둑이 어려움에 처하면 입구자하라'는 바둑격언은 이를 잘 나타내는 말입니다.

제6부는 36개의 연습문제로 구성되어 있으며 모두 흑 선입니다. 여러분도 입구자를 자유자재로 사용할 수 있게 되길 바랍니다.

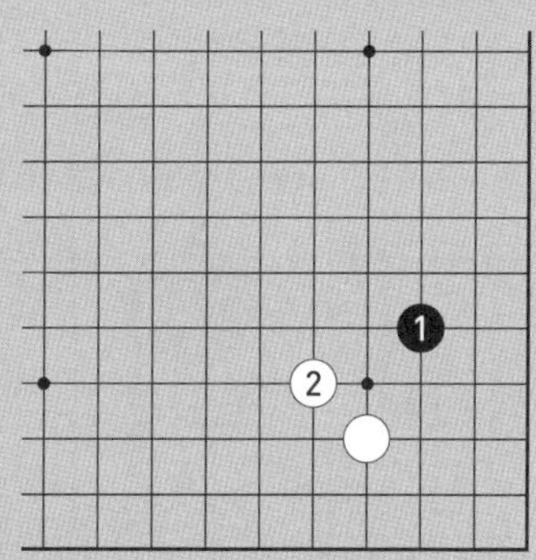

[도해] 흑1을 '날일자', 백2를 '입구자'라고 한다.

163 문제도 ★

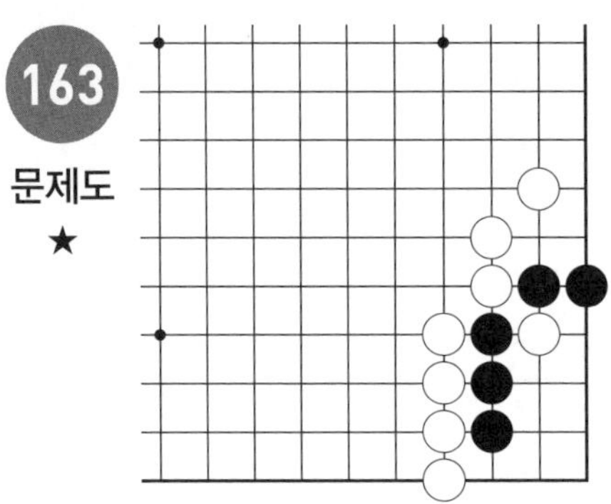

164 문제도 ★

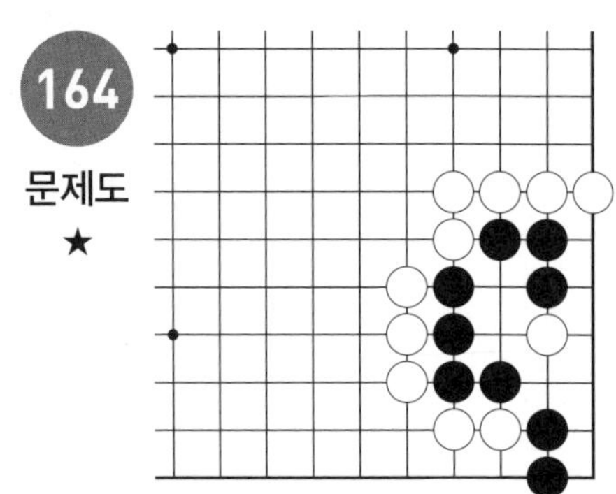

165 문제도 ★

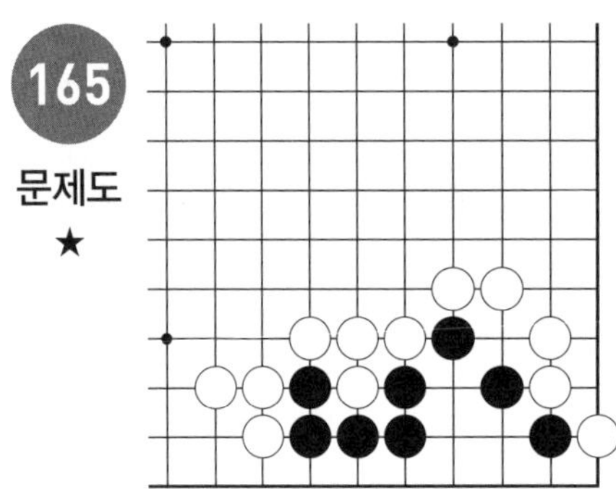

166 문제도 ★

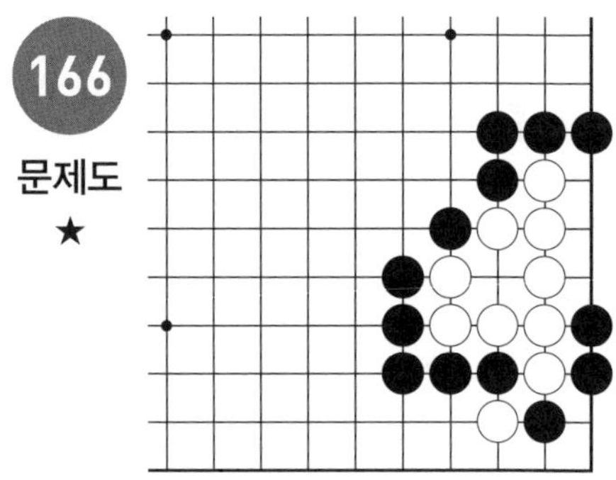

167 문제도 ★

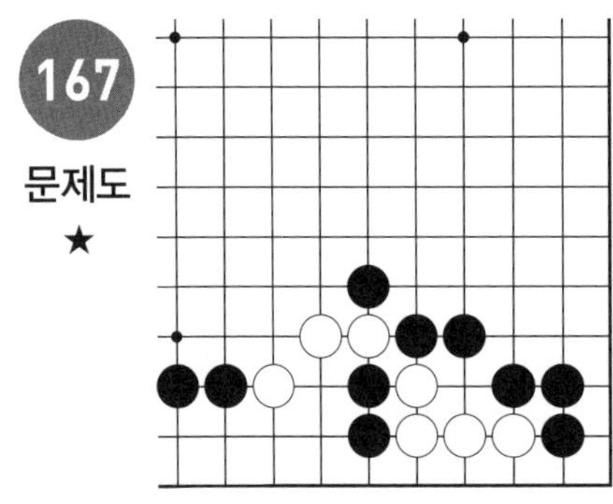

168 문제도 ★

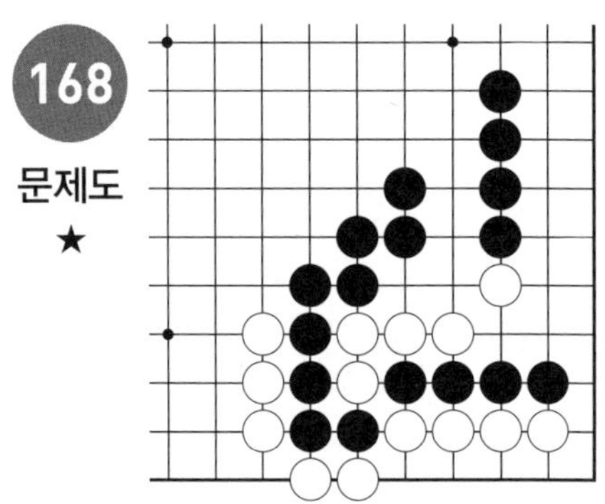

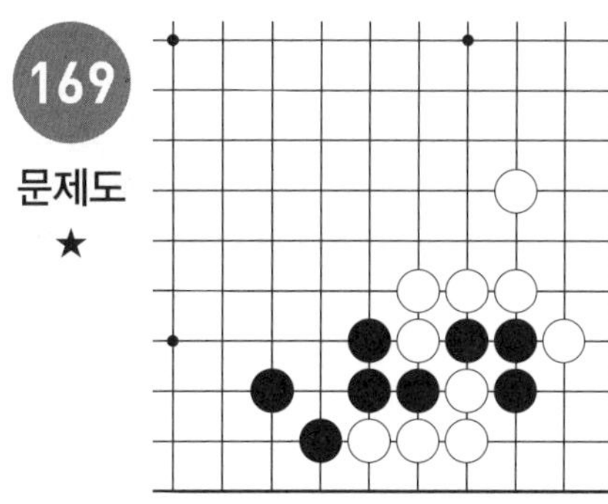

169

문제도
★

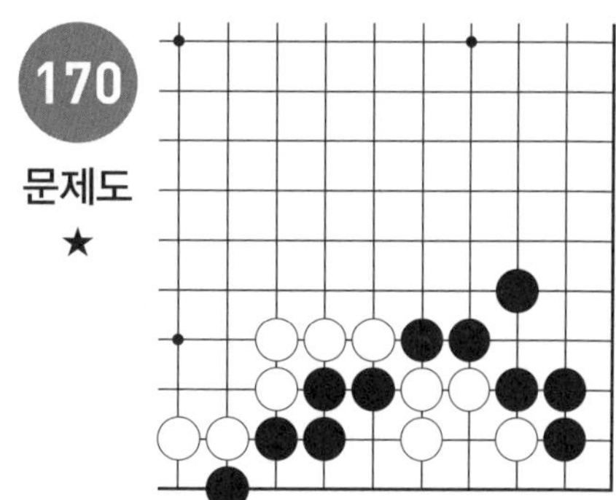

170

문제도
★

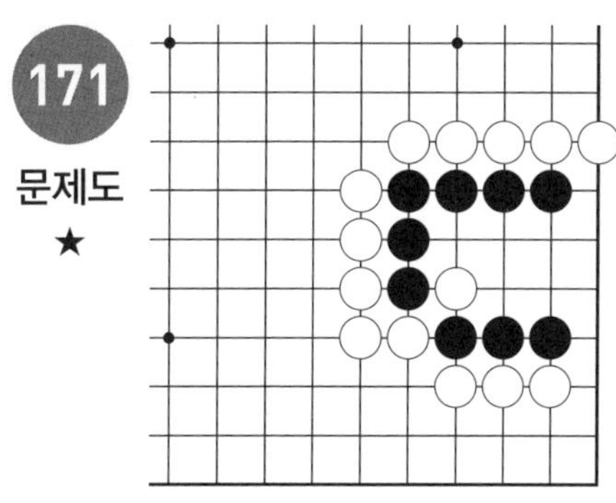

171

문제도
★

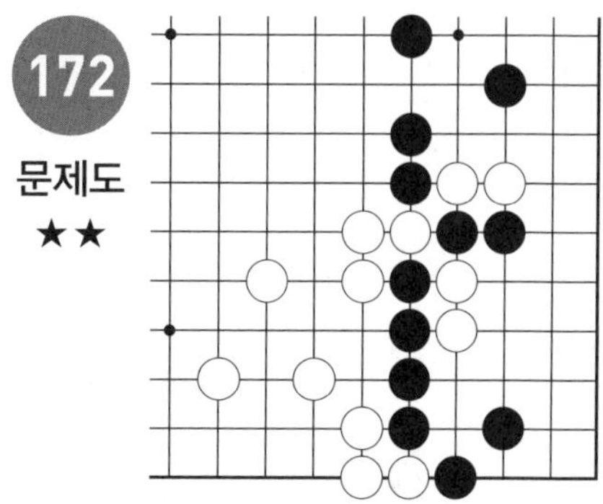

172

문제도
★★

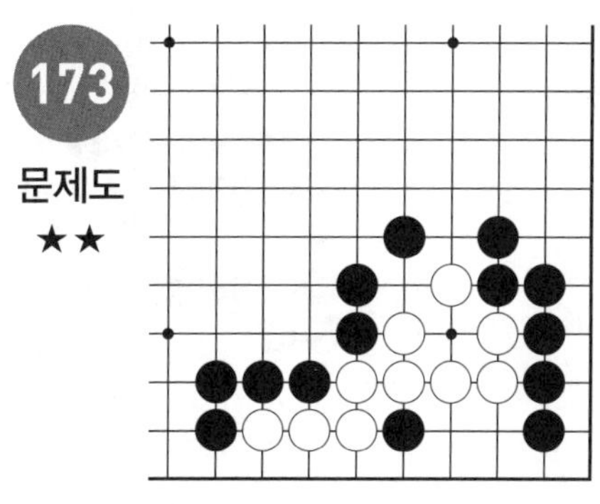

173

문제도
★★

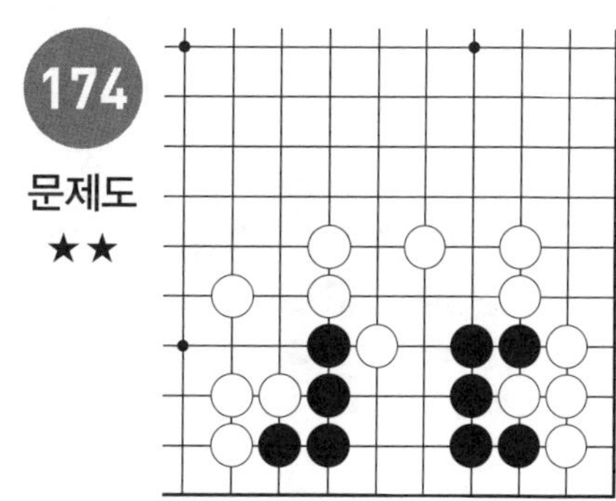

174

문제도
★★

163

정해도

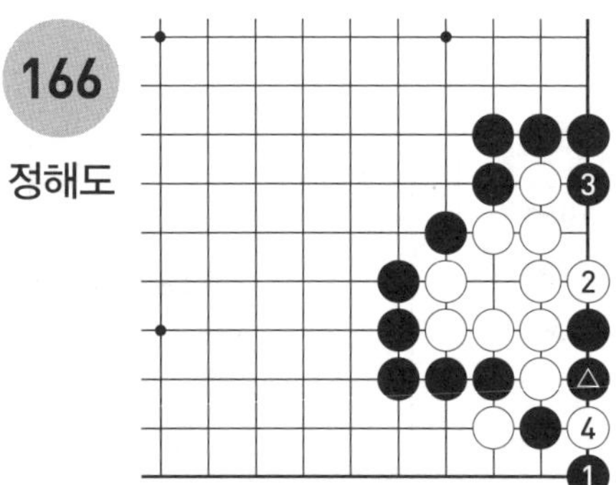

흑1 입구자가 사는 요점. 백2로
늘릴 때, 흑3 빈삼각, 흑5 먹여치
기로 살게 된다.

164

정해도

흑1 입구자가 요점. 백2로 건널
때 흑3 끊음, 흑5 연결로 살 수
있다.

165

정해도

흑1 입구자가 좋은 수. 흑7까지
진행되어 살았다. 만약 백이 2로
흑3 위치에 단수치면 흑3은 백2
로 두어 역시 살게 된다.

166

정해도

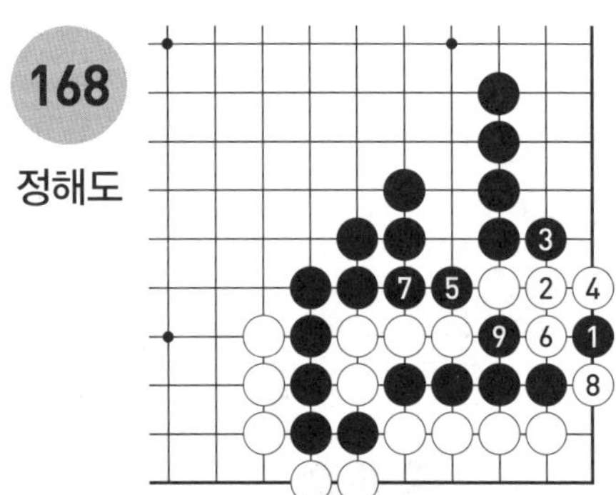

흑1 입구자가 맥. 단지 이 한 수
로 백을 잡을 수 있다. 흑5=▲

167

정해도

흑1 입구자가 요점. 흑3, 5는 서
로 관련이 깊은 맥. 흑9까지 진
행되어 백이 잡힌다.

168

정해도

흑1 입구자가 요점. 흑3, 5는 맥.
흑9까지 진행하여 흑은 탈출하
였다.

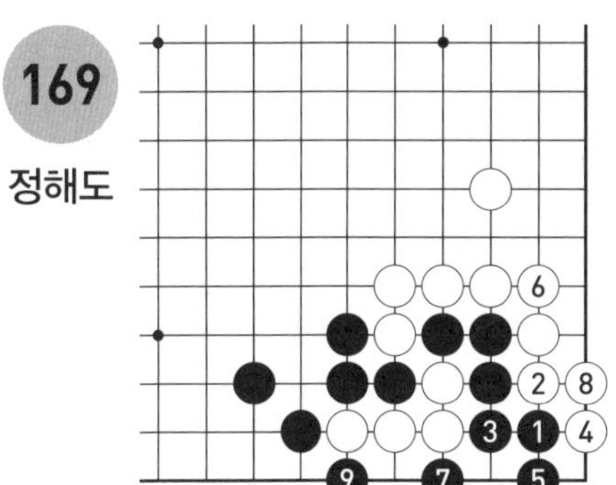

흑1 입구자가 요점. 흑5로 세움이 맥. 흑9까지 진행되어 백이 잡힌다. 만약 백2로 흑5 자리에 두면 패가 된다.

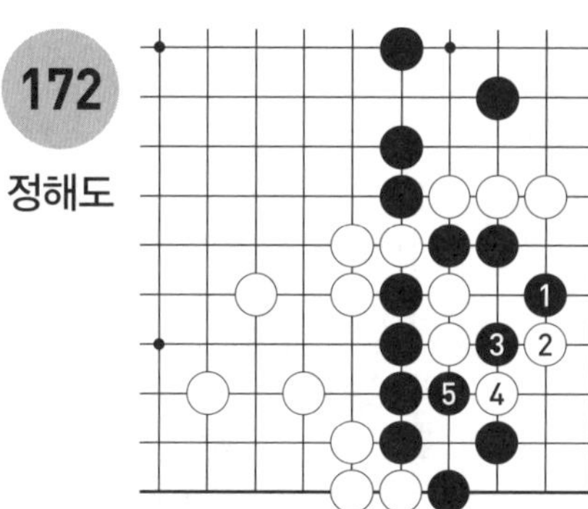

흑1 입구자, 흑3 끼워 붙임이 맥. 흑5로 끊어 잡아 위기 탈출.

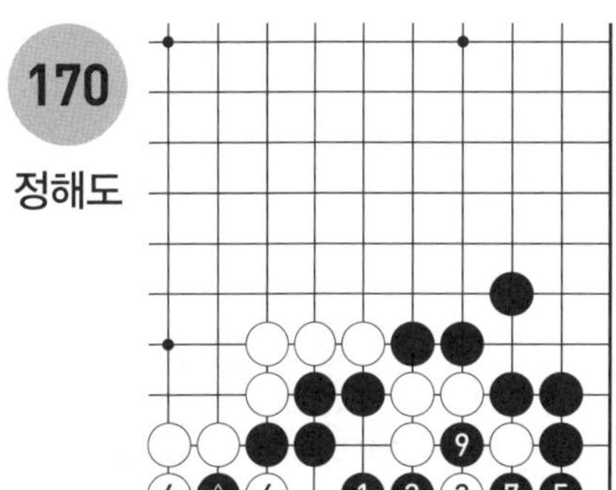

흑1 입구자, 흑3 늘림의 수순이 좋다. 흑9까지 진행되어 백이 잡힌다. 백8=△

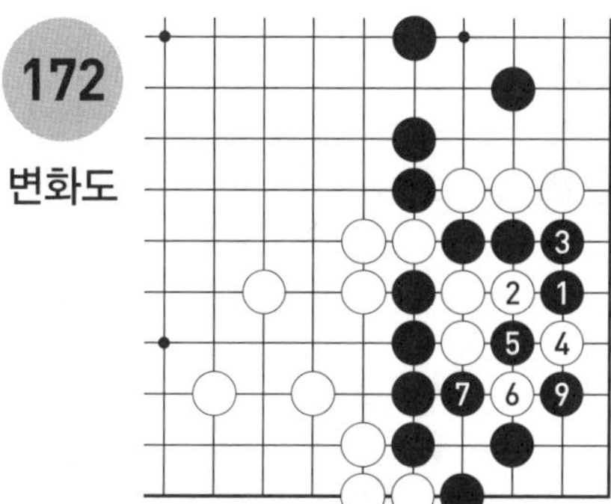

만약 백이 2로 단수치면 흑3으로 잇고 흑5 먹여치기하고 흑9까지 역시 백을 잡는다.

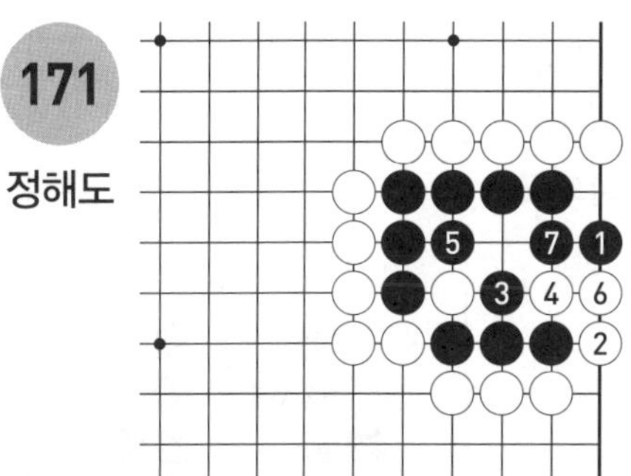

흑1 입구자가 사는 요점. 흑7까지 진행되어 살았다.

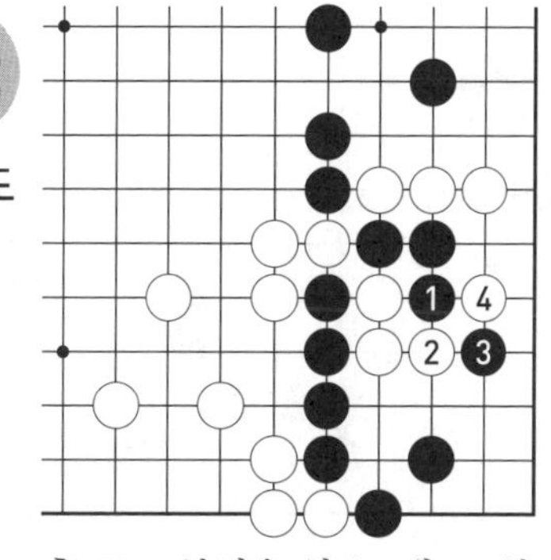

흑1로 꼬부림은 착오. 백2 꼬부리고 백4 단수쳐서 흑의 실패.

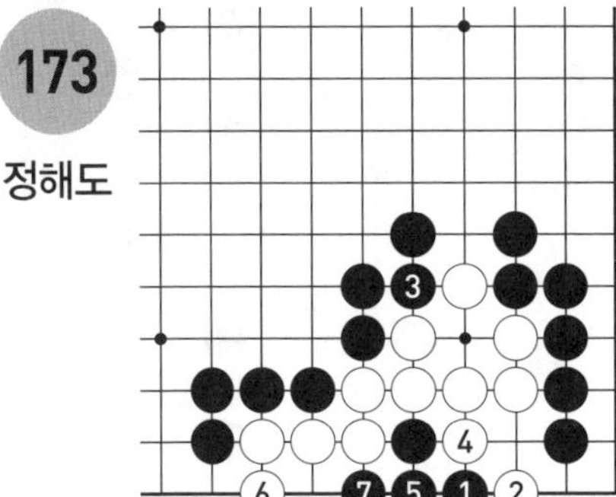

173 정해도

흑1로 먼저 입구자하고 3으로 집
는 것이 잡는 맥. 흑7까지 백은
죽었다.

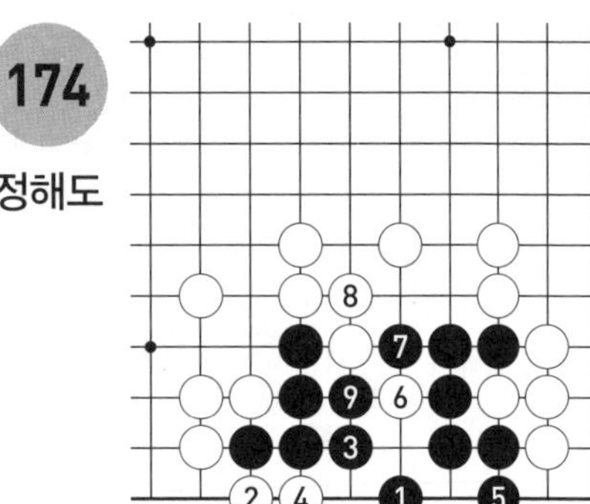

174 정해도

흑1 입구자, 흑3 꼬부림이 살 수
있는 맥, 이하 흑9까지 진행되어
흑은 살았다.

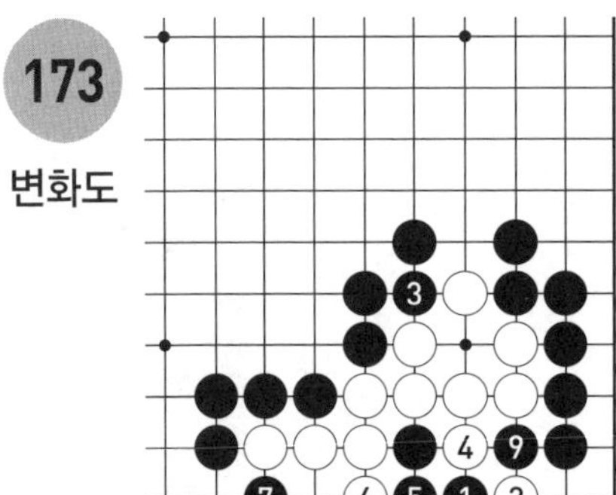

173 변화도

만약 백이 6으로 따내면 흑7, 9
로 파호하여 백은 여전히 잡힌
다. 백8=흑5

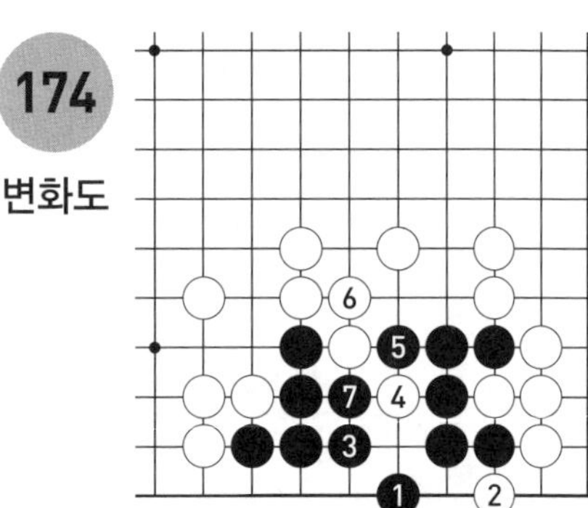

174 변화도

만약 백이 2에서 젖히면 흑은 3
에서 7까지 역시 살게 된다.

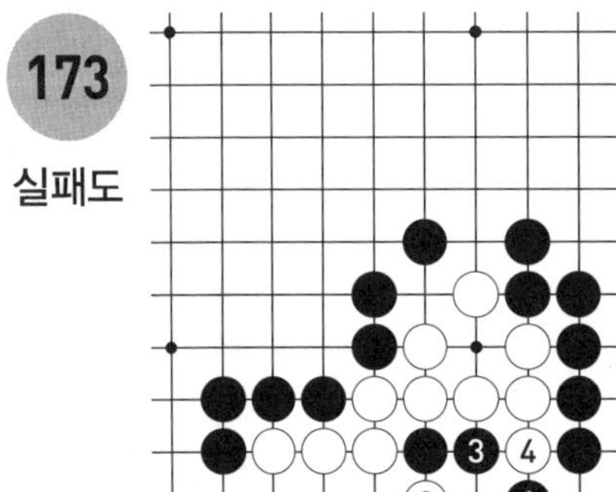

173 실패도

흑1로 입구자하는 것은 착오.
백2, 4 단수로 살 수 있다. 흑의
실패.

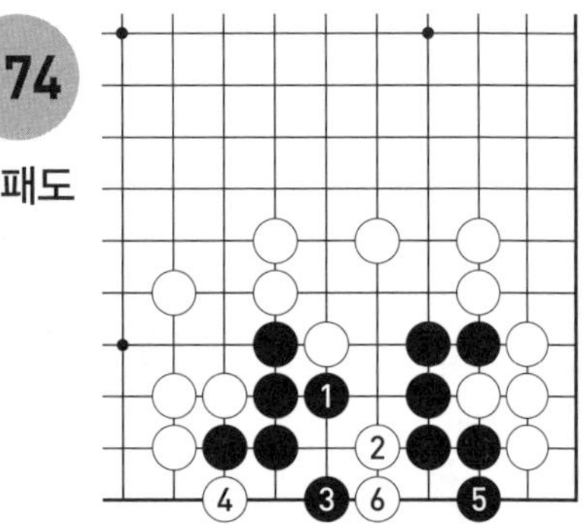

174 실패도

흑1로 막는 것은 착오. 백2로 치
중하고 백6까지 파호 완성, 흑의
실패.

175
문제도
★

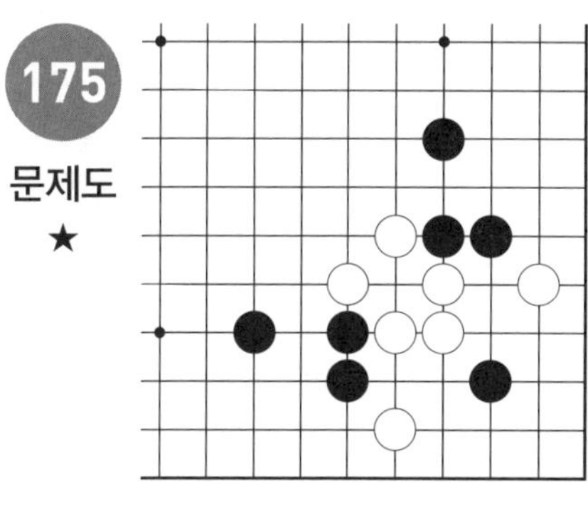

176
문제도
★★

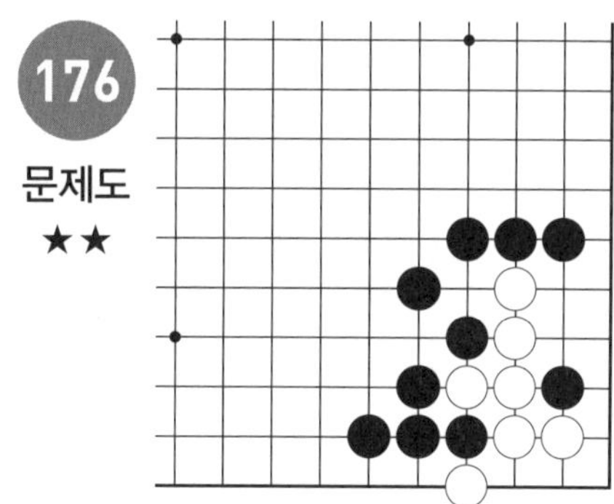

177
문제도
★

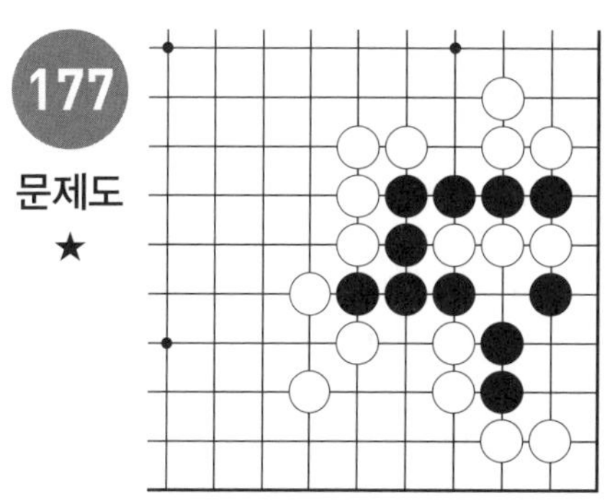

178
문제도
★★

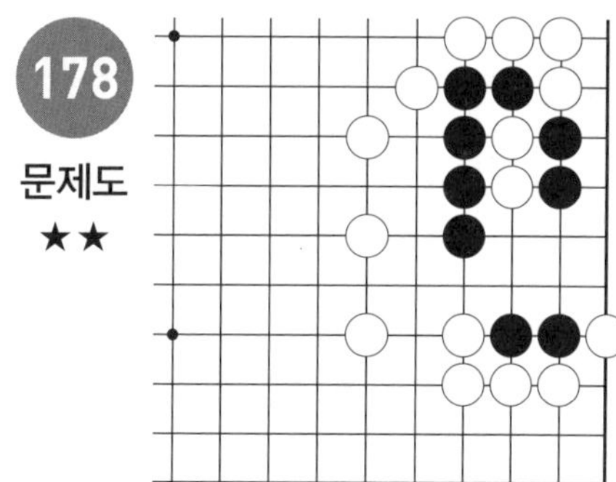

179
문제도
★

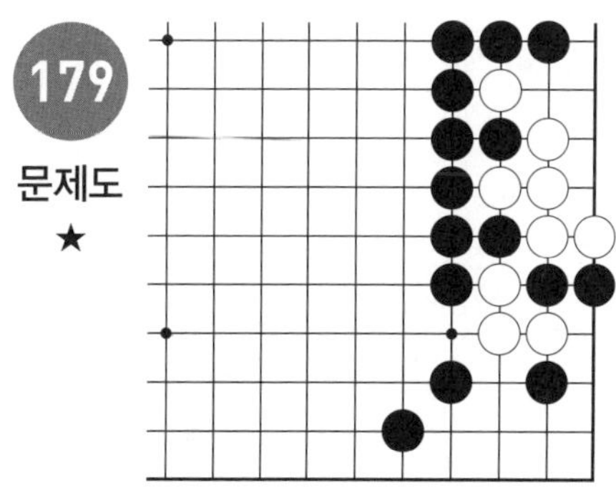

180
문제도
★★

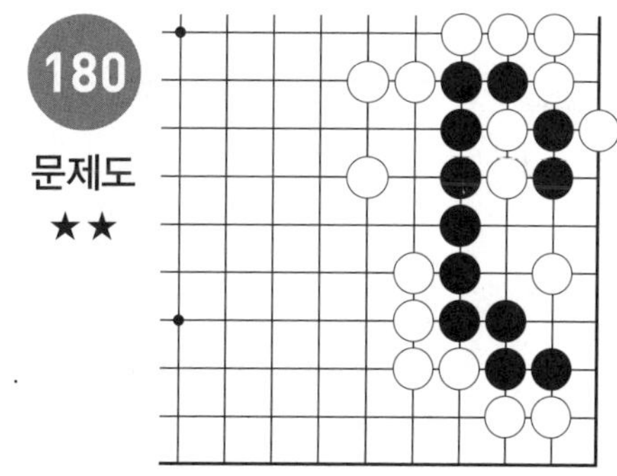

181 문제도 ★★
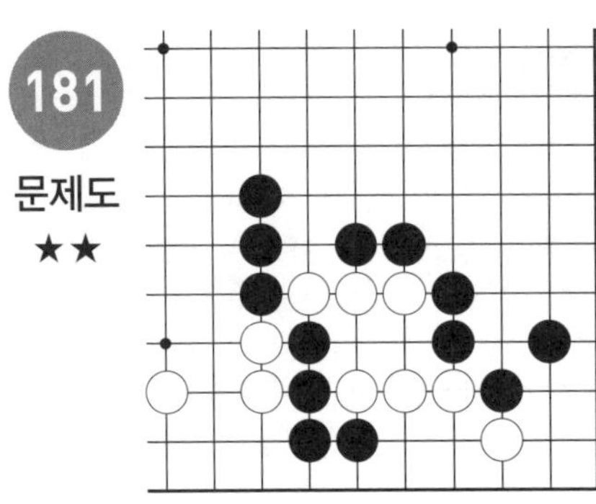

182 문제도 ★
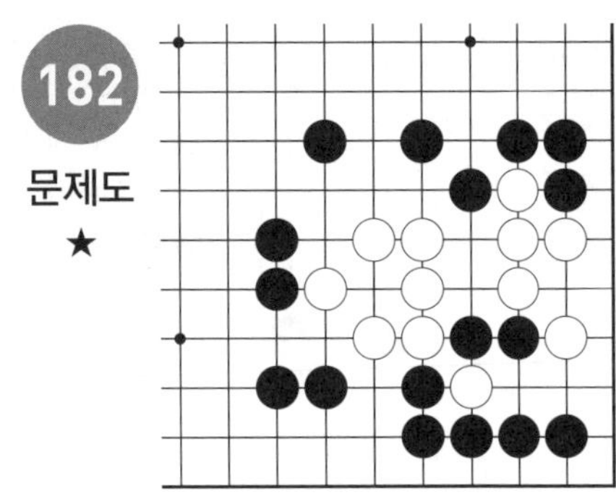

183 문제도 ★
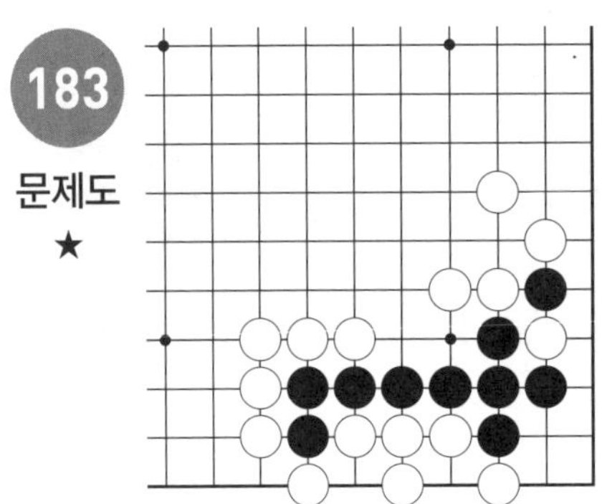

184 문제도 ★★
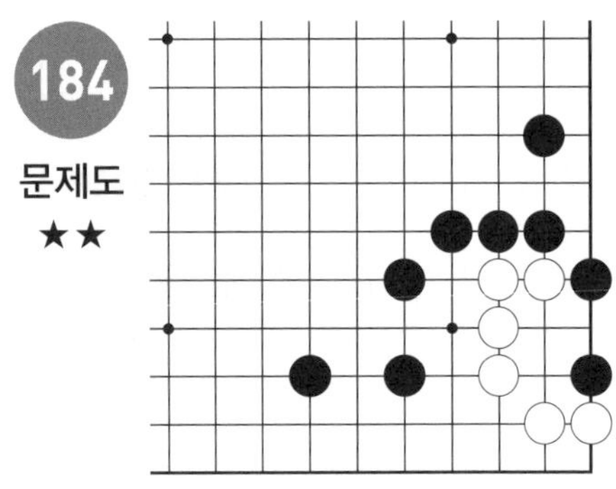

185 문제도 ★★
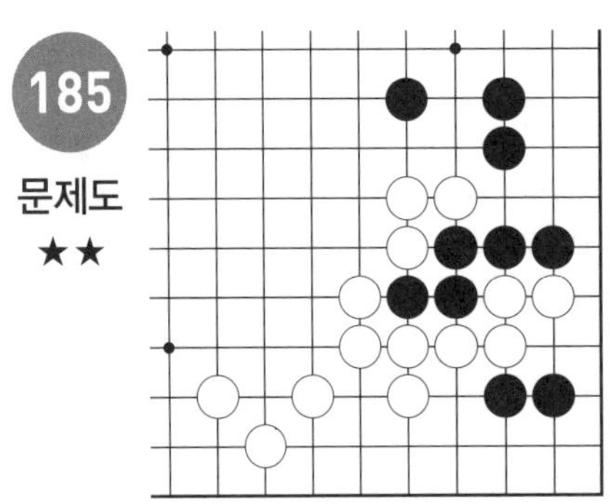

186 문제도 ★★
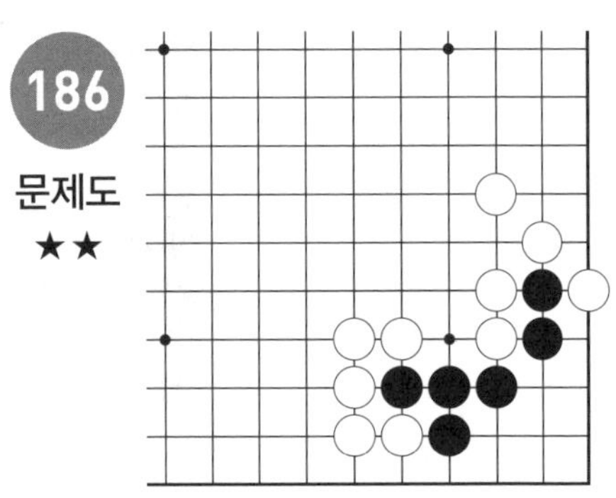

175 정해도

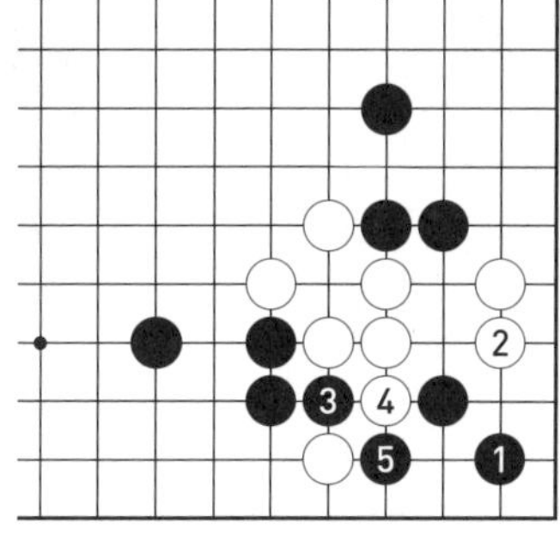

흑1이 좌우동형이면 중앙이 급소라는 바둑이론에 부합. 흑5까지 진행하여 귀 부분을 넓히게 된다.

176 정해도

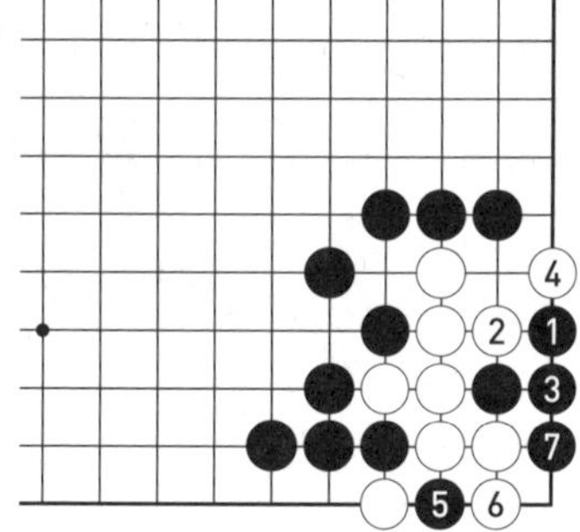

흑1 입구자가 요점. 흑3 연결, 흑5 먹여치는 수순이 좋다. 다시 흑7로 파호하여 귀의 백을 잡는다.

175 변화도

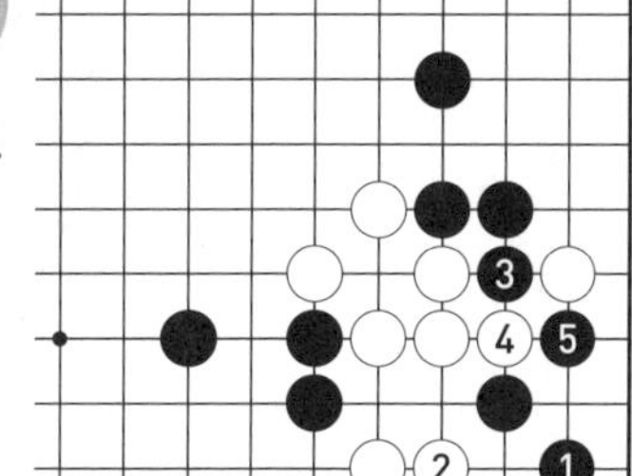

만약 백이 2에 쌍립하면 정해도와 같은 결과.

176 변화도

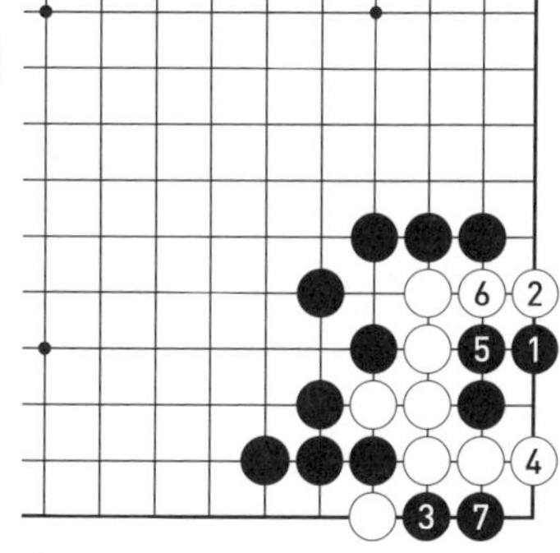

만약 백이 2에 붙이면 흑3 먹여치기, 흑5로 빈삼각, 흑7로 다시 늘어서 백은 역시 살 수 없다.

175 실패도

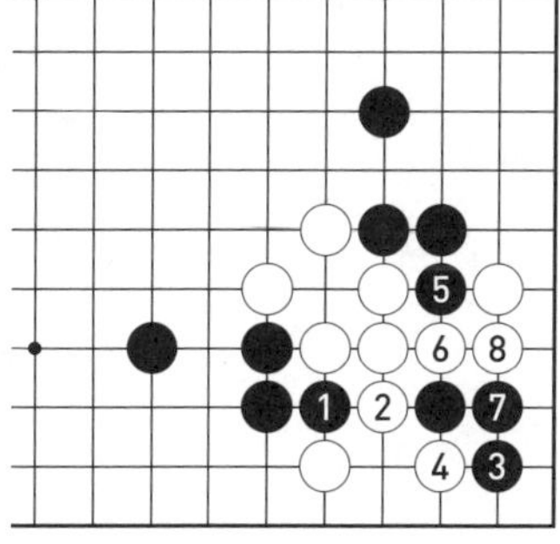

흑1로 끼우고 다시 흑3에 입구자하는 수순은 착오. 백4는 맥, 백8까지 진행되어 흑의 실패.

176 실패도

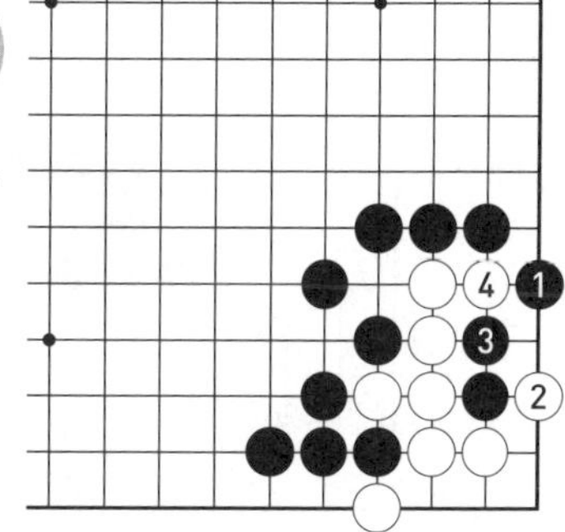

흑1에 입구자하는 것은 착오. 백2, 4로 단수쳐서 살 수 있다. 흑의 실패.

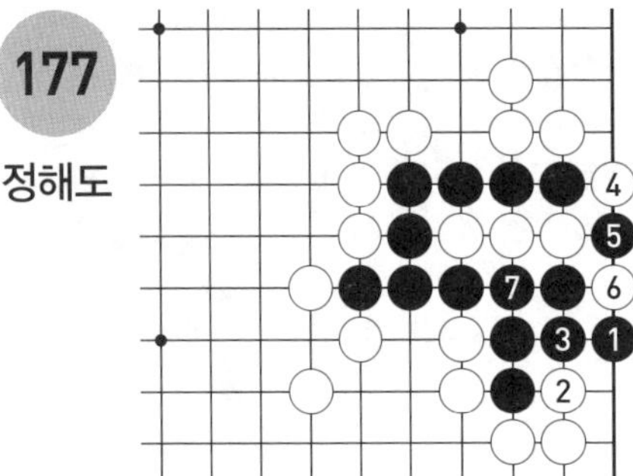

177 정해도

흑1 입구자가 살 수 있는 요점.
백2로 파호할 때, 흑3으로 잇고
다시 흑5 먹여치기, 흑7 단수쳐
서 촉촉수로 백을 잡는다.

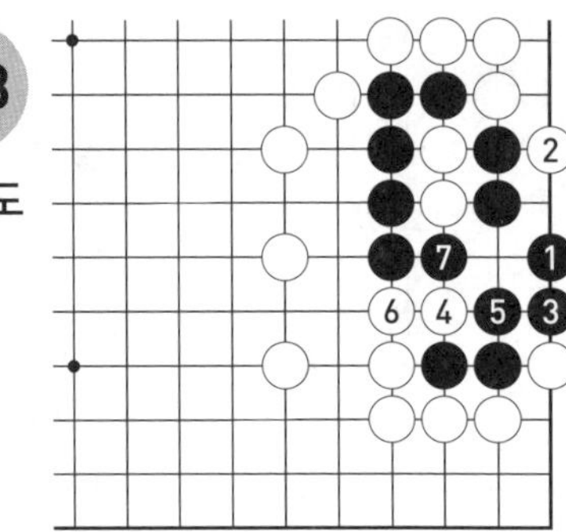

178 정해도

흑1로 입구자하는 것은 요점. 백
2 파호할 때 흑3 단수치고 흑7로
따냄까지 진행되어 흑은 살았다.

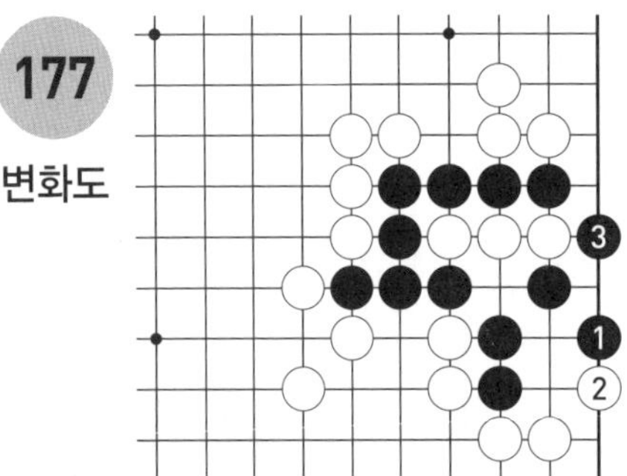

177 변화도

백이 2에 입구자하면 흑3으로 집
을 지어 살 수 있다.

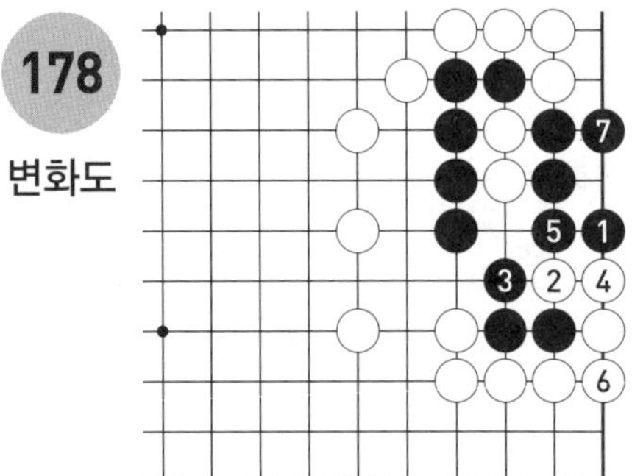

178 변화도

만약 백2로 단수치면 흑3 꼬부리
고 흑5 단수, 다시 흑7에 집을 지
어 역시 살았다.

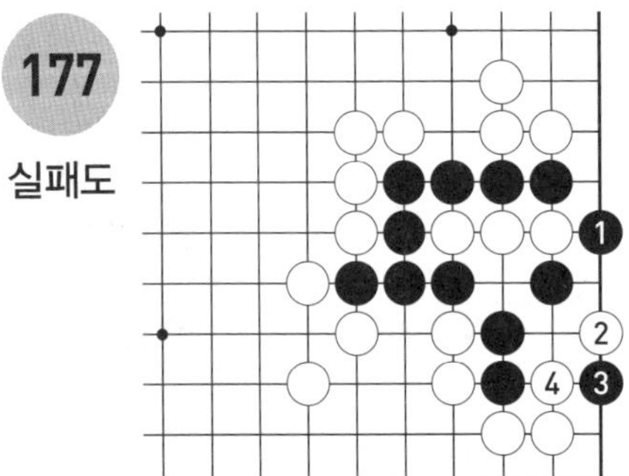

177 실패도

흑1 단수치는 것은 착오. 백2로
정확하게 흑의 안형을 파괴하여
흑의 실패.

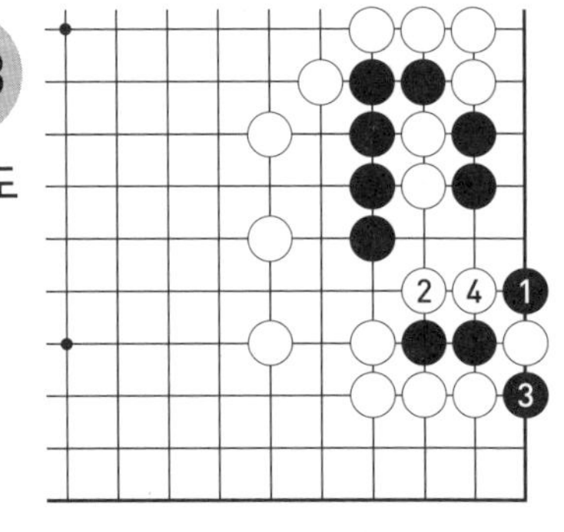

178 실패도

흑1로 단수치는 것은 착오. 백2,
4 단수쳐서 잡아 흑의 실패.

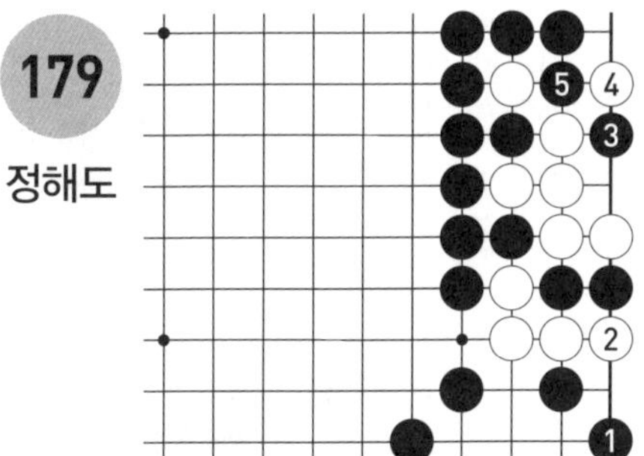

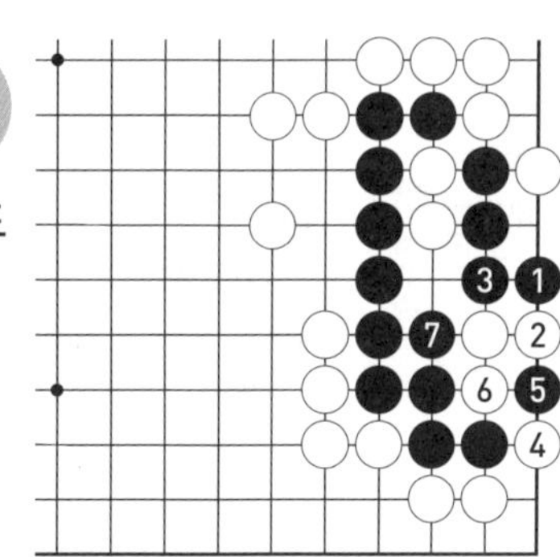

흑1 입구자가 백을 잡는 절묘한 수법. 백2로 따낼 때, 흑3, 5로 파호하여 백이 잡힌다.

흑1 입구자가 집을 짓는 맥. 백2로 세울 때, 흑3 빈삼각, 흑5 먹여치기하는 수순이 좋다. 흑7에 다시 단수쳐서 살았다.

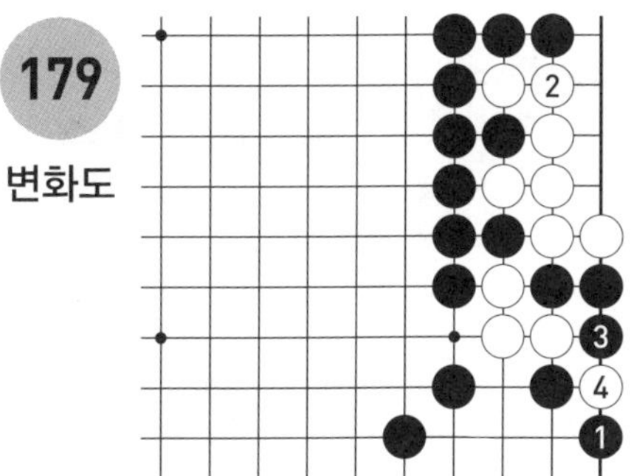

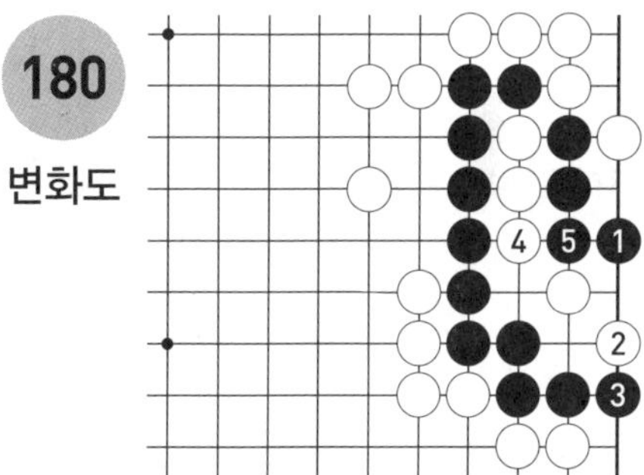

만약 백이 2와 같이 집을 지으면 흑3으로 1점 더 버리는 것이 맥. 흑5로 다시 따내어 백은 역시 살 수 없다. 흑5=흑3

만약 백이 2로 입구자하면 흑3으로 막고 흑5 단수치는 수순이 좋으며 흑은 살았다.

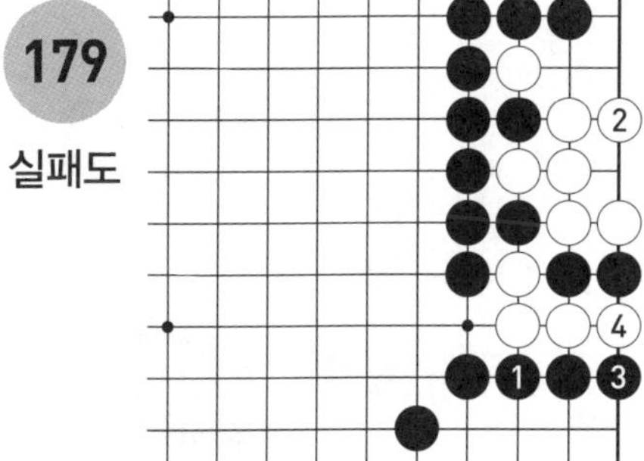

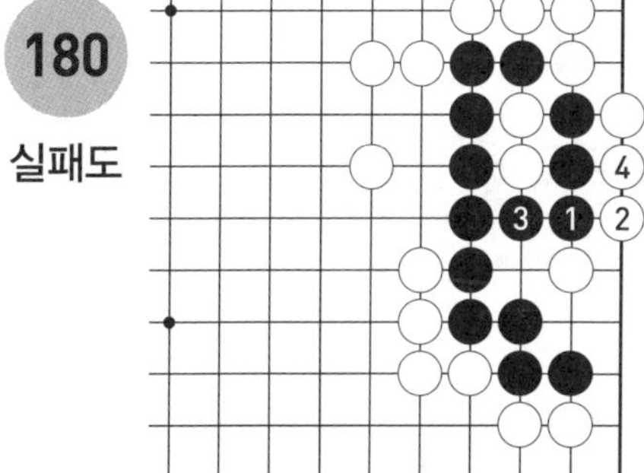

흑1로 잇는 것은 착오. 백2, 4로 집을 지어 살 수 있다. 흑의 실패.

흑1로 미는 것은 착오. 백2 젖힘이 묘수. 다시 백4로 이어 흑의 실패.

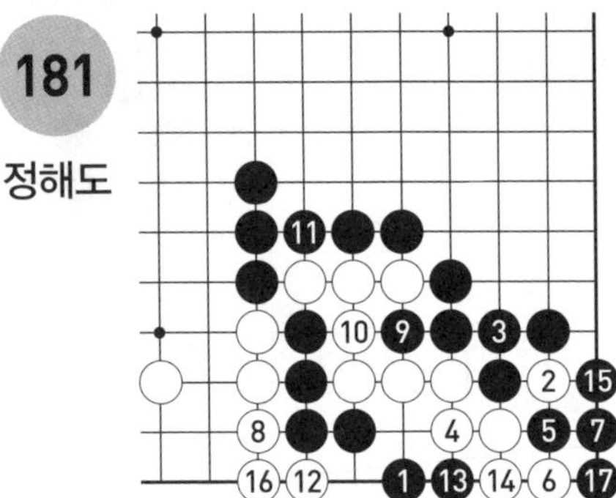

181 정해도

흑1 입구자는 수상전의 요점. 백
2 단수칠 때, 흑3으로 연결, 흑5
단수치고 흑17까지 진행되어 백
이 잡힌다.

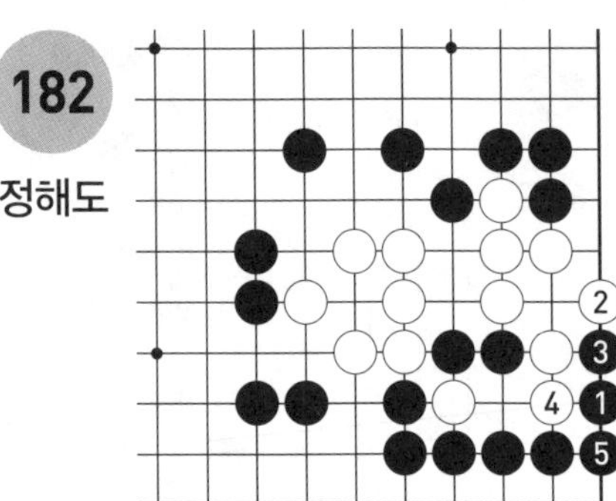

182 정해도

흑1 입구자하는 것이 묘수. 백2
로 집을 지을 때, 흑3 파호하고
다시 흑5에 이어 백이 잡힌다.

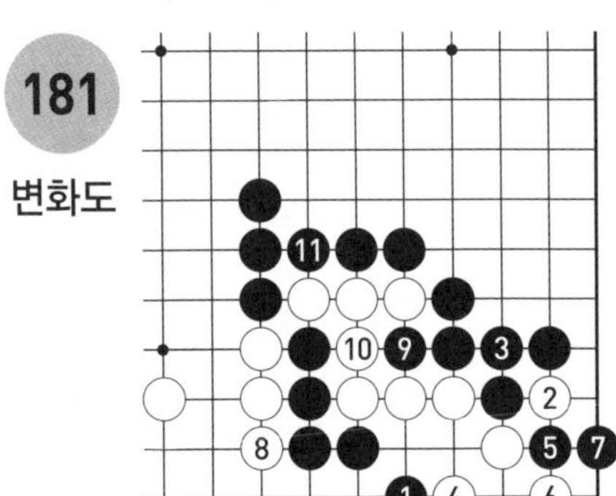

181 변화도

만약 백4로 호구치면 흑5로 여전
히 끊고 흑11까지 진행되어 백은
역시 안된다.

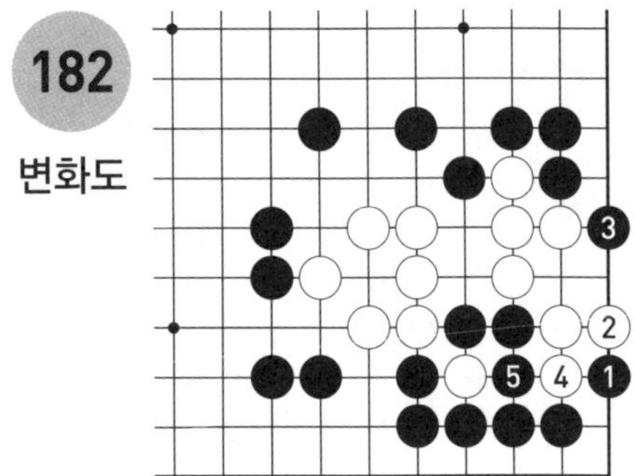

182 변화도

만약 백이 2에 늘면 흑3 젖힘, 흑
5 따냄으로 백은 역시 살 수 없다.

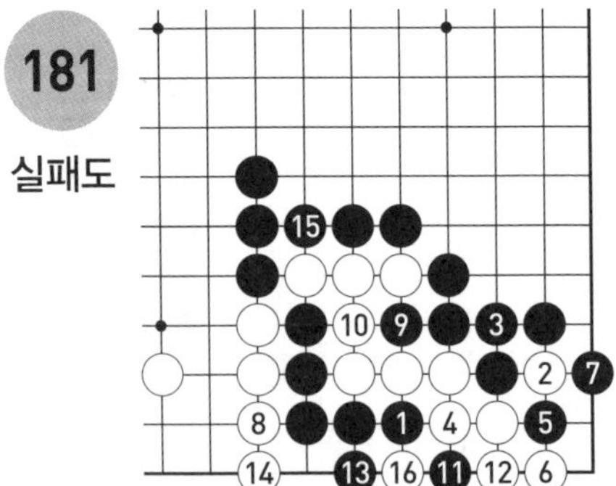

181 실패도

흑1로 늘음은 착오. 백2 단수치
고 백4로 연결, 백16까지 패가
된다. 흑의 실패.

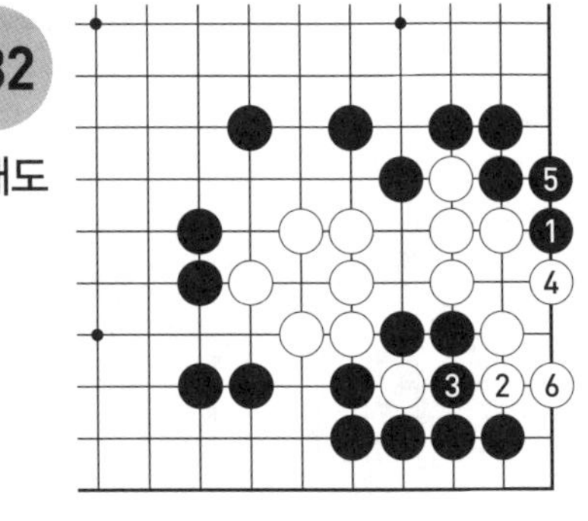

182 실패도

흑1로 먼저 젖히는 것은 수순 착
오. 백2 늘고 백4 단수, 다시 백6
에 집을 지어 살았다. 흑이 실패.

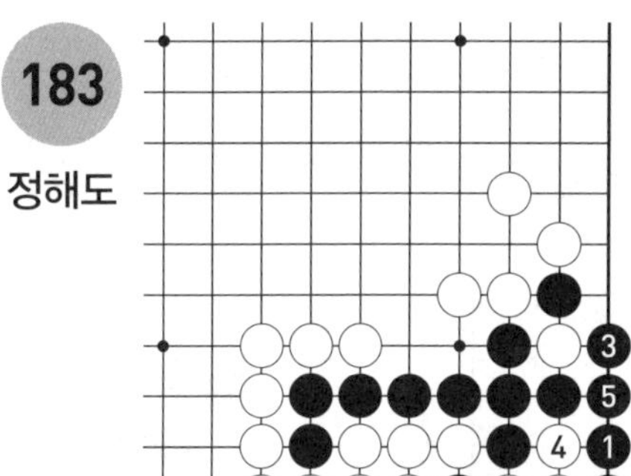

흑1 입구자가 살 수 있는 요점, 백2로 파호할 때, 흑3으로 따내고 흑9까지 진행되어 살았다.

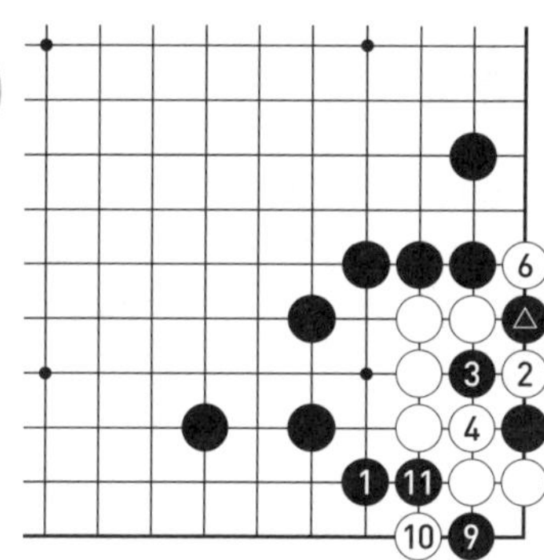

흑1 입구자가 요점. 백2 먹여치기할 때, 흑3으로 따내고 흑5 잇는 수순이 좋다. 다시 흑7에 치중으로 백이 잡힌다. 흑5=백2, 흑7=백2, 백8=▲

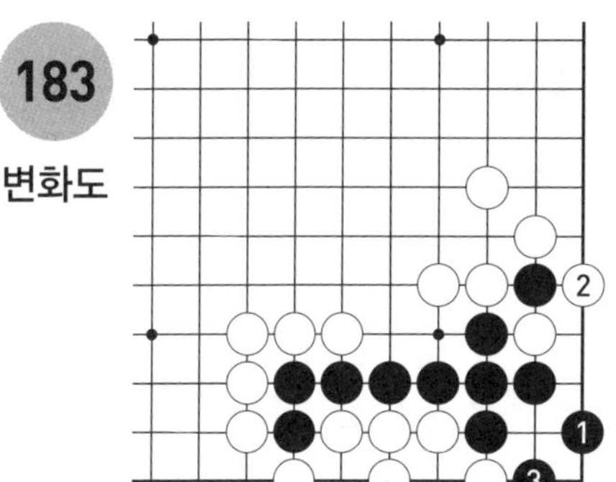

만약 백이 2로 따내면 흑3으로 집을 지어 여전히 살게 된다.

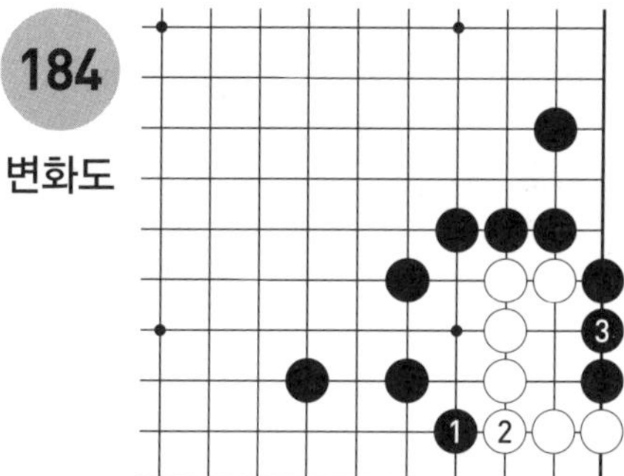

만약 백이 2로 이으면 흑3도 이어 백은 여전히 살 수 없다.

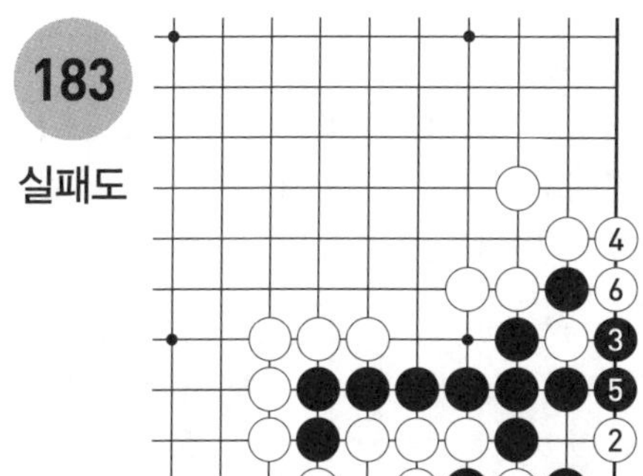

흑1로 단수치는 것은 착오. 백이 2로 들여다볼 수 있으며 흑7까지 진행되어 패가 된다. 흑의 실패.

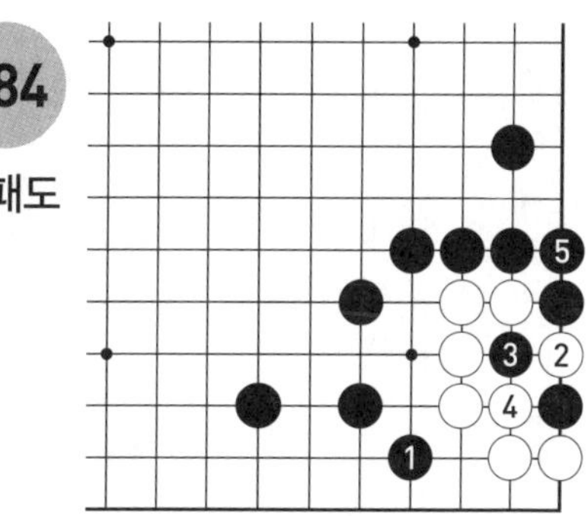

백이 4에 단수칠 때, 흑5로 잇는 것은 착오. 백6으로 2점을 따내어 살았다. 흑의 실패. 백6=백3

185 정해도

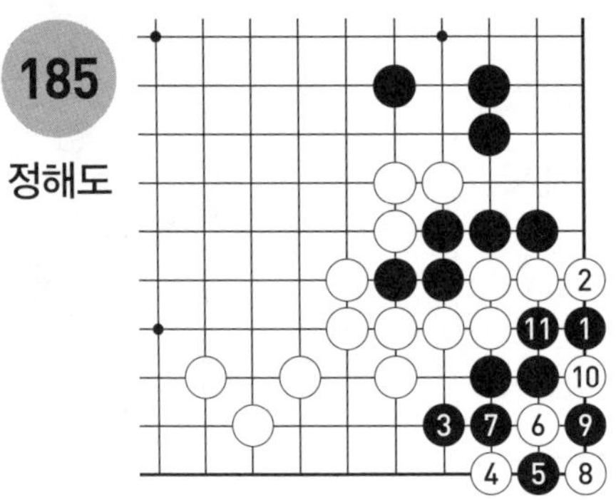

흑1, 3의 두 입구자가 묘수. 백
4로 들여다볼 때, 흑5로 붙이고
흑7 단수치는 것은 맥. 흑11까지
진행되어 흑이 살았다.

186 정해도

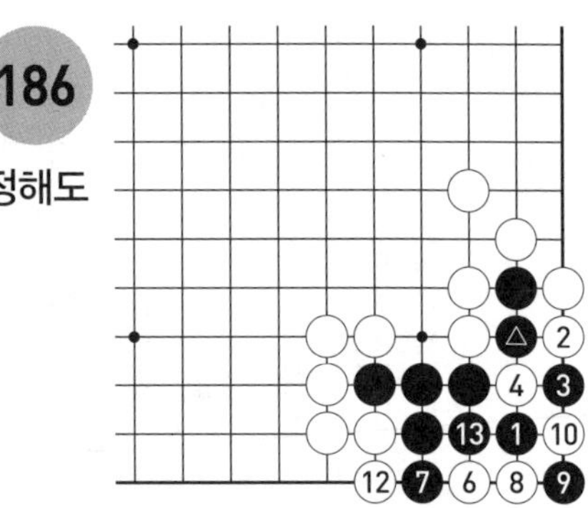

흑1 입구자는 사는 요점. 흑3 단
수, 흑5로 따내는 수순이 좋다.
흑13까지 진행되어 살았다.
흑5=▲, 흑11=백4

185 변화도

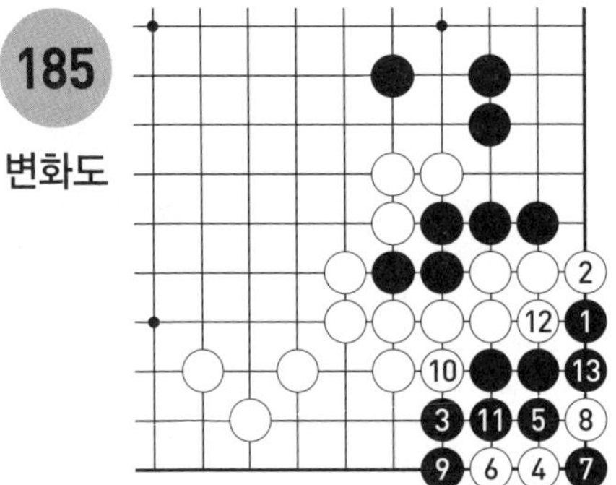

백이 4와 같이 치중하면 흑5 꼬부
리고 흑7 먹여치기가 맥. 흑13까
지 진행되어 흑은 살게 된다.

186 변화도

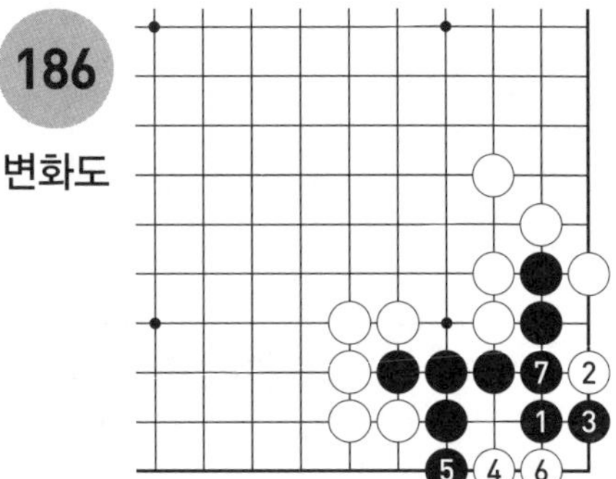

백이 2와 같이 치중하면 흑3에 막
고 흑7로 이어 역시 살게 된다.

185 실패도

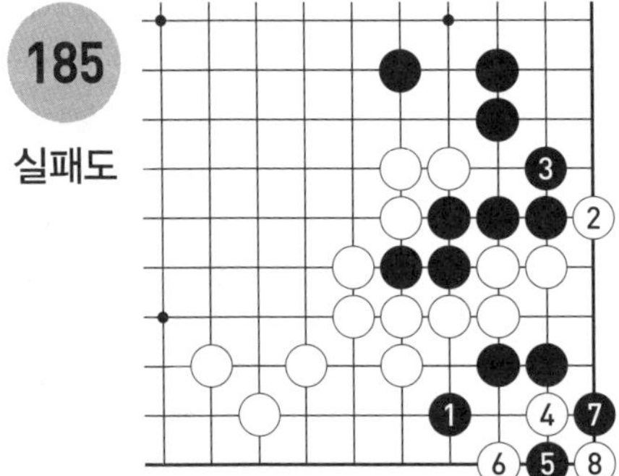

흑1에 먼저 입구자하는 것은 수순
상 착오. 백은 2로 선수하여 젖힘
하고, 다시 백4로 치중하고 백8까
지 진행되어 패가 된다. 흑의 실패.

186 실패도

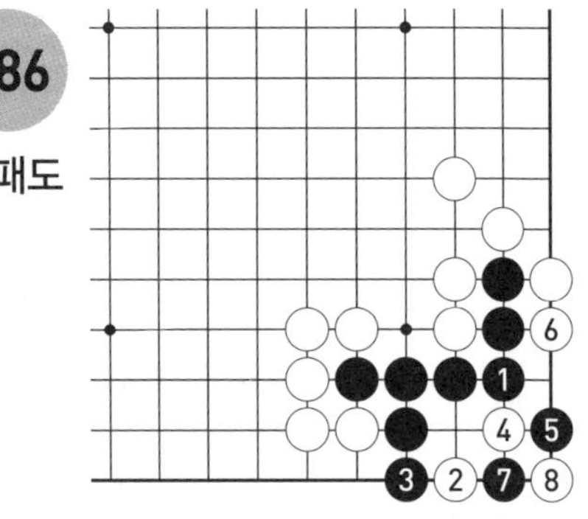

흑1로 잇는 것은 착오. 백2에 치
중하고 백8 따냄까지 패가 된다.
흑의 실패.

187 문제도 ★

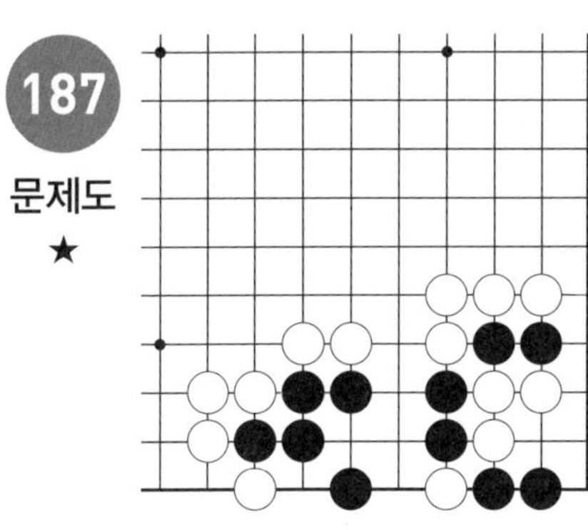

188 문제도 ★

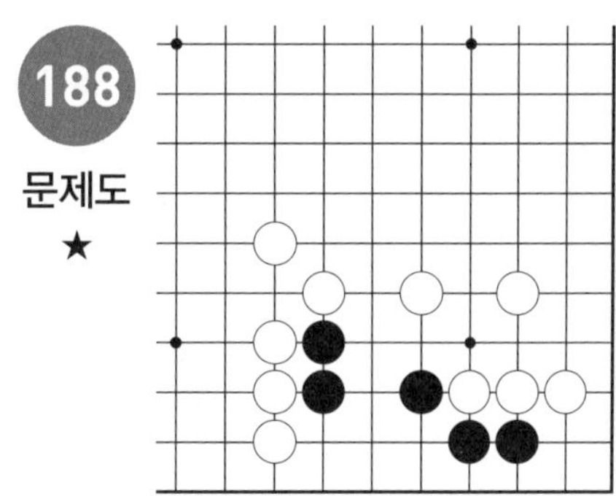

189 문제도 ★★

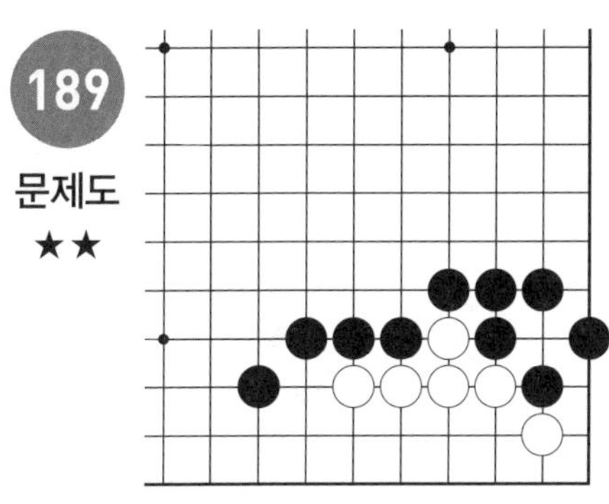

190 문제도 ★★

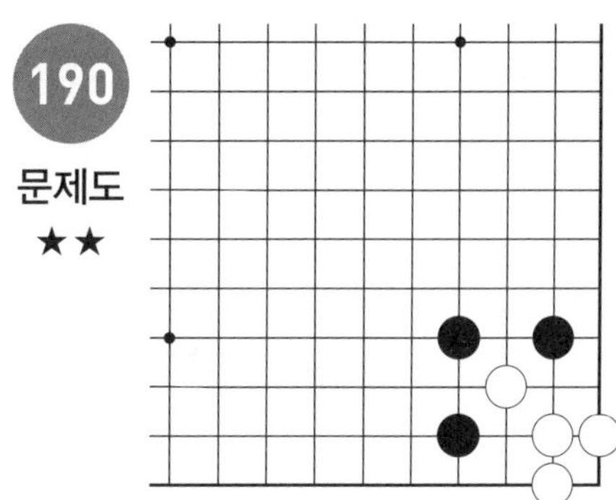

191 문제도 ★★★

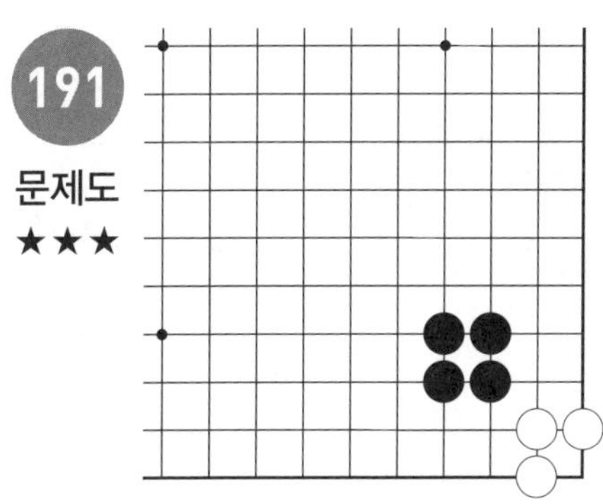

192 문제도 ★★

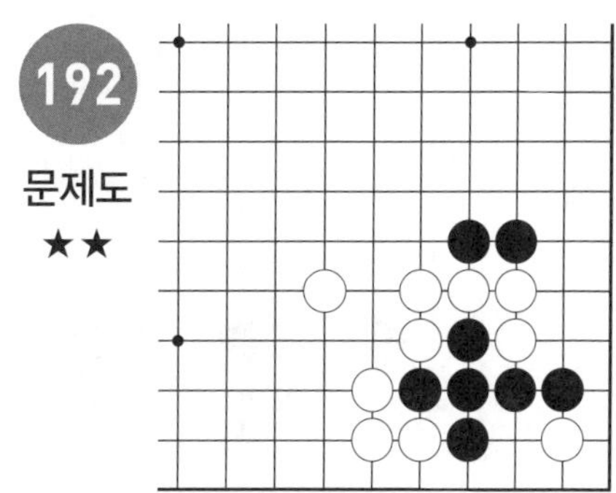

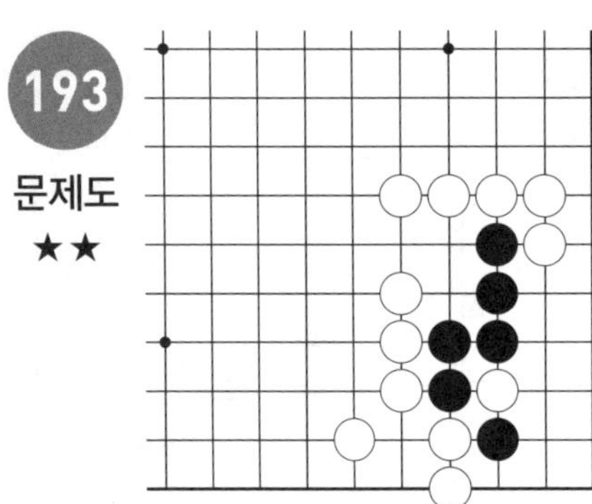

193
문제도
★ ★

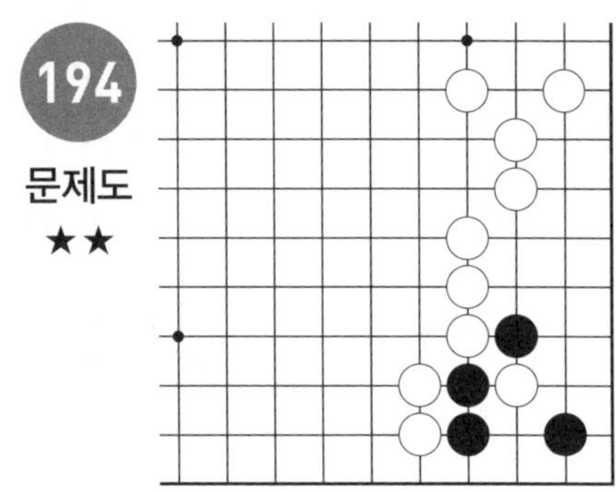

194
문제도
★ ★

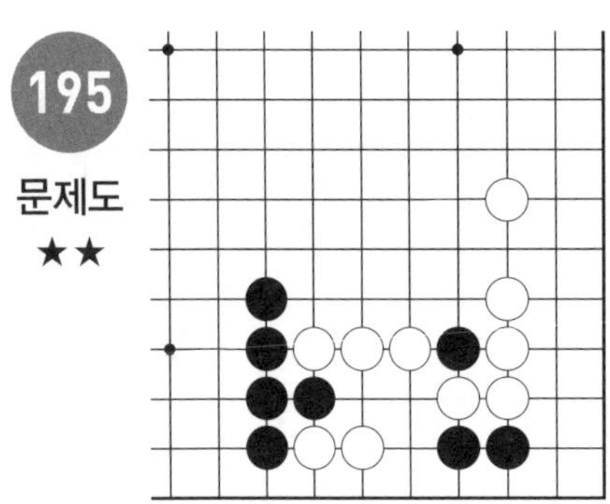

195
문제도
★ ★

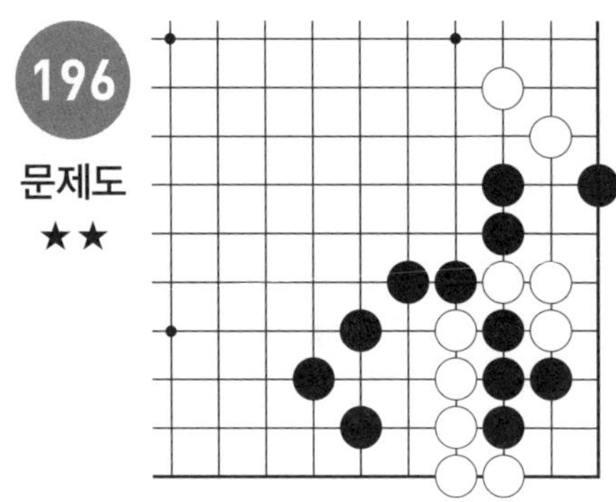

196
문제도
★ ★

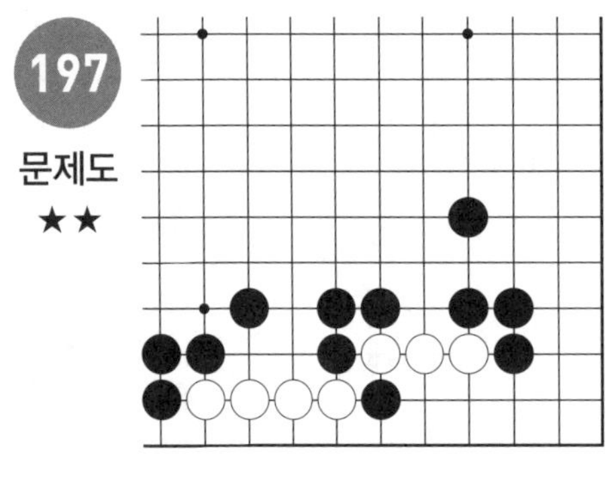

197
문제도
★ ★

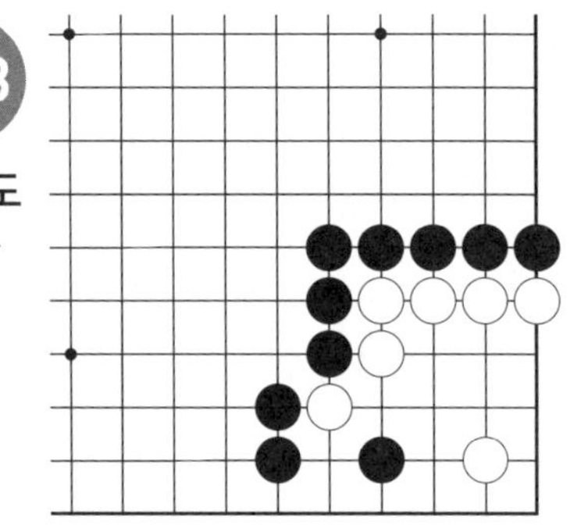

198
문제도
★ ★

187 정해도

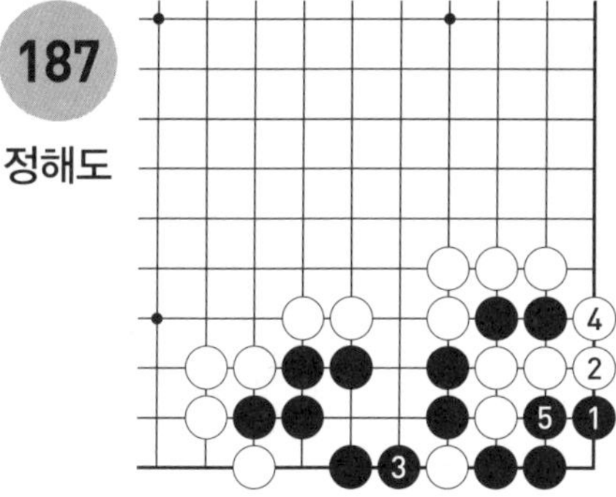

흑1 입구자가 사는 요점. 백2로
막을 때, 흑3으로 따내고 흑5로
빈삼각하여 살 수 있다.

188 정해도

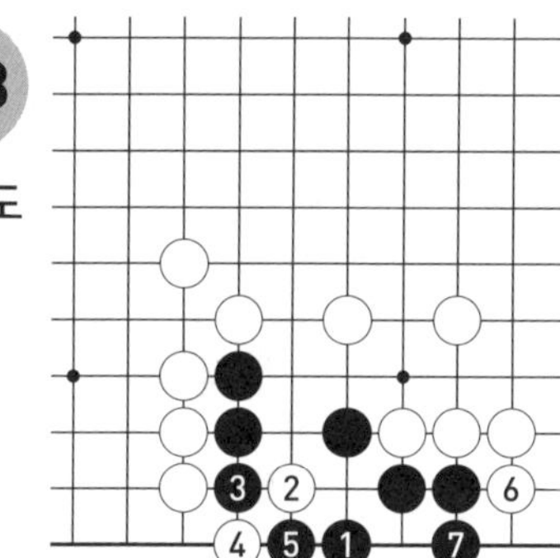

흑1로 호구치는 것이 보기 좋은
맥. 백2로 들여다볼 때 흑3 끼움,
흑5 끊음, 다시 흑7로 집을 지어
살 수 있다.

187 변화도

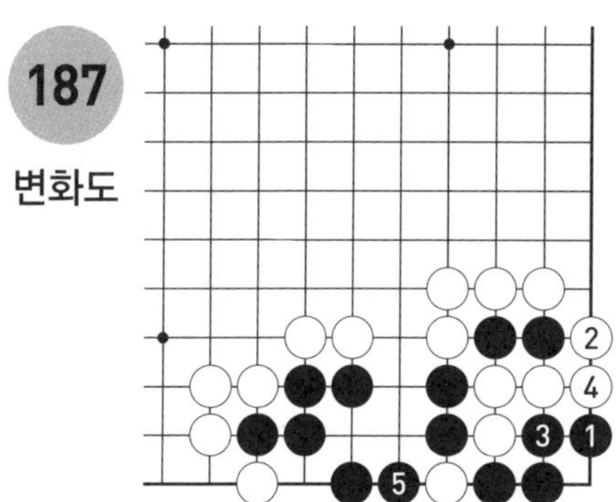

만약 백이 2로 따내면 흑3으로
빈삼각하여 집을 내어 역시 살
수 있다.

188 변화도

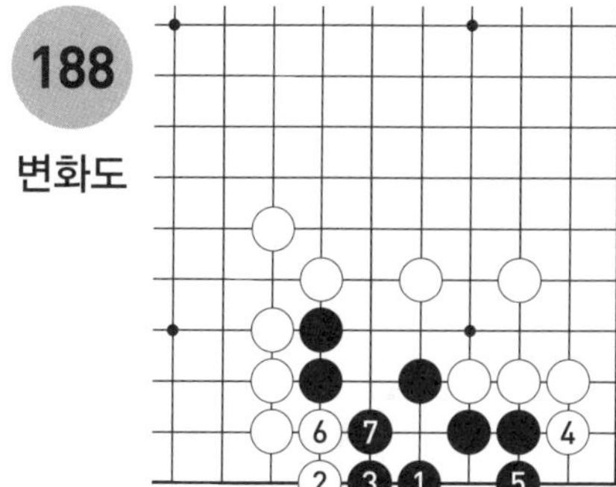

백이 2와 같이 입구자하면 흑3으
로 내밀고 흑7까지 집을 지어 여
전히 살았다.

187 실패도

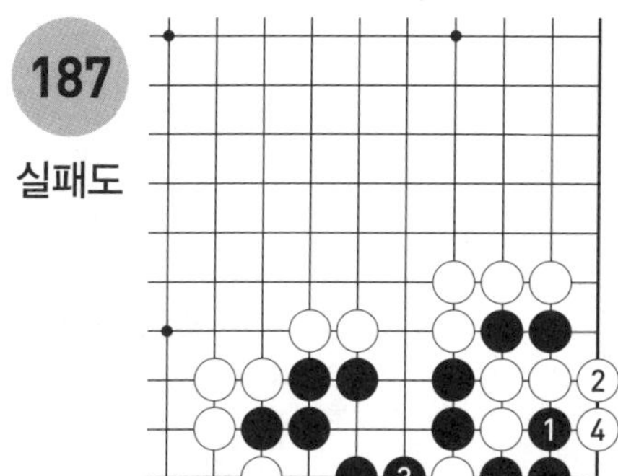

흑1로 단수치는 것은 착오. 백2
로 느는 것이 묘수. 다시 백4로
파호. 흑의 실패.

188 실패도

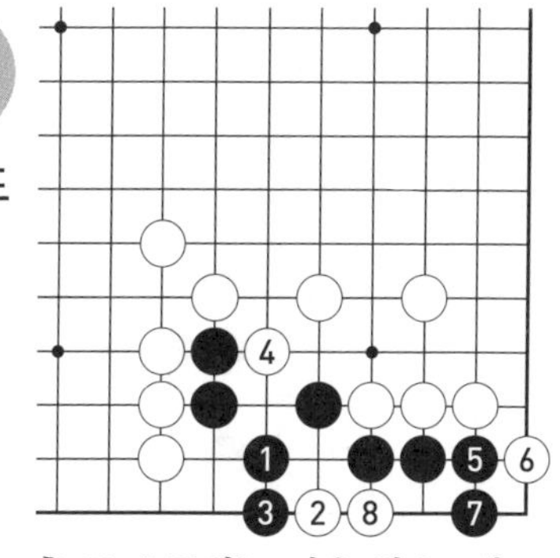

흑1로 호구치는 것은 착오. 백2
부터 백8 파호까지 흑의 실패.

189 정해도

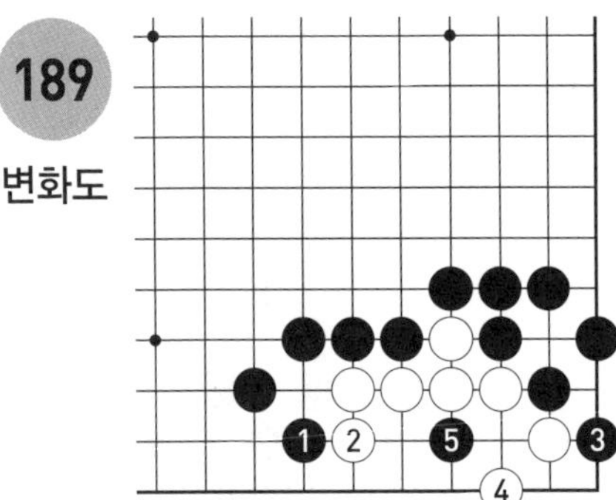

흑1 입구자, 흑3 젖혀서 수를 줄이고 다시 흑5, 7로 치중하여 백이 잡힌다.

190 정해도

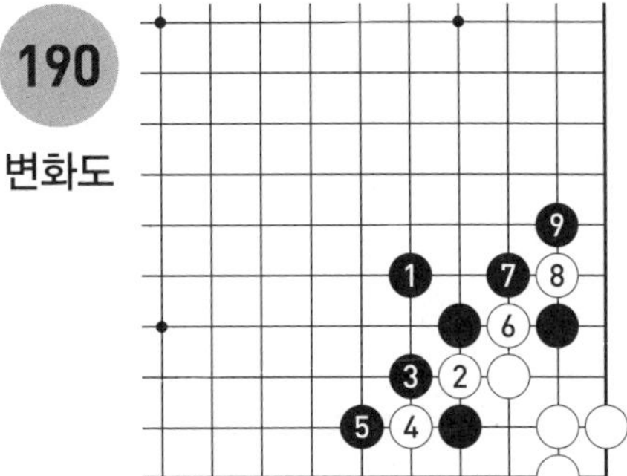

흑1 입구자로 좌우동형이면 치중하고 백2로 기댈 때, 흑3으로 붙이고 흑5로 잇는 수순이 좋다. 흑17까지 진행되어 백이 잡힌다.

189 변화도

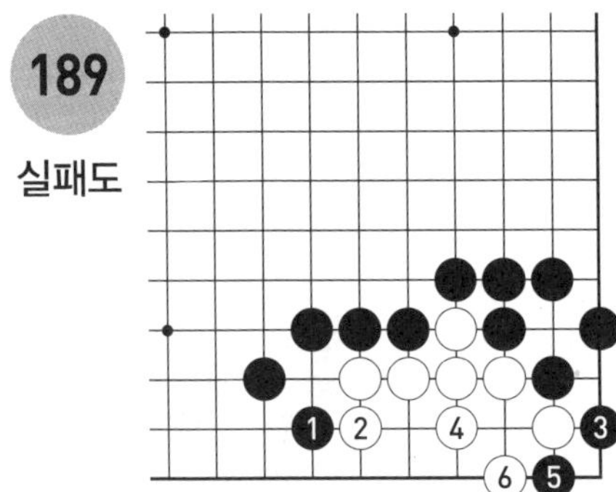

백이 4와 같이 호구치면 흑5로 치중하여 백은 역시 살 수 없다.

190 변화도

백2로 끼우면 흑3으로 막고, 흑9까지 진행되어 백은 역시 살 수 없다.

189 실패도

흑5 단수는 착오. 백6으로 패가 되어 흑의 실패.

190 실패도

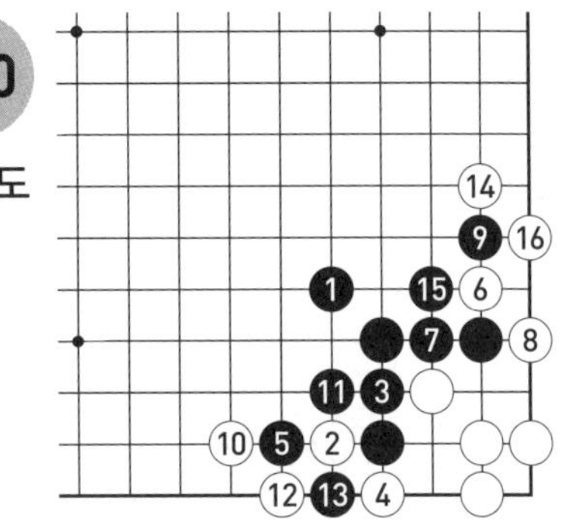

흑3으로 먼저 잇고 흑5로 붙이는 것은 수순 착오. 백16까지 진행되어 꽃놀이패가 되어 흑의 실패.

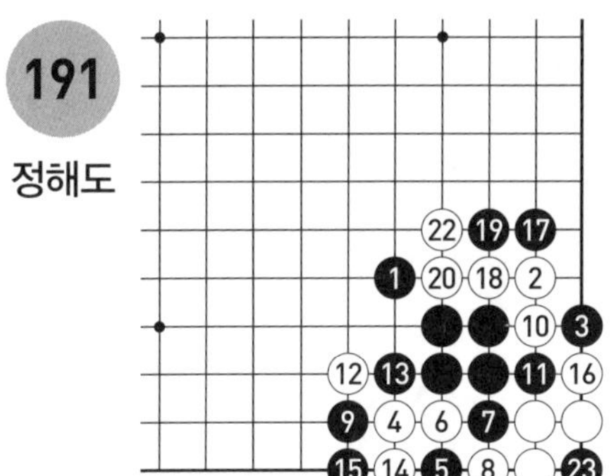

191 정해도

흑1 입구자가 요점. 흑9에 기대는 것이 맥. 흑23까지 진행되어 귀의 백이 잡힌다. 흑21=흑5

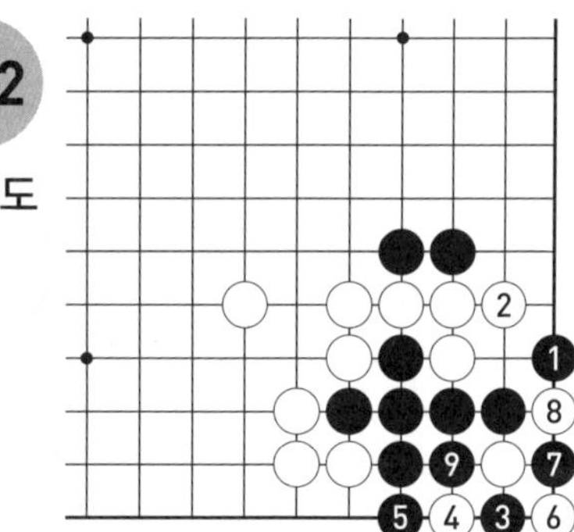

192 정해도

흑1 입구자하는 것이 묘수. 흑3 붙임, 흑7 먹여치기하는 수순이 좋다. 흑9로 다시 단수쳐서 살았다.

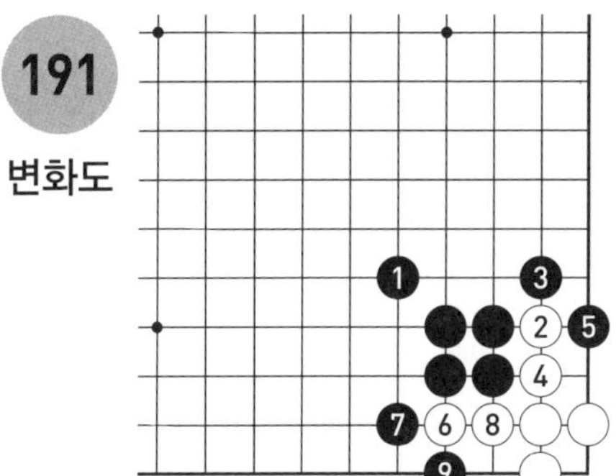

191 변화도

백이 2로 기대면 흑3으로 젖히고 흑9 파호까지 진행. 백은 역시 살 수 없다.

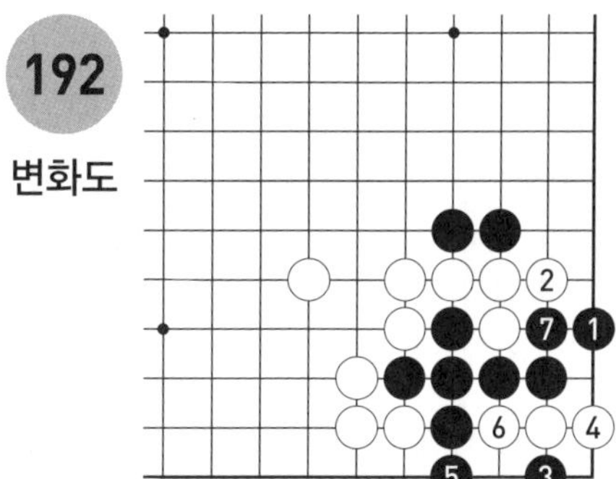

192 변화도

백이 4에 늘면 흑5로 늘고 흑7로 빈삼각하여 역시 살았다.

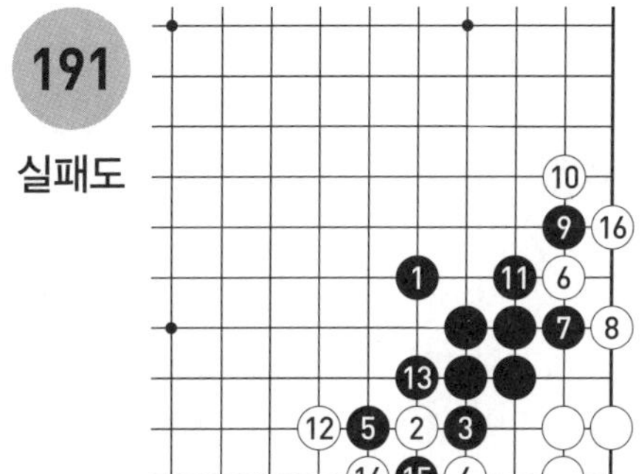

191 실패도

백2로 벌릴 때, 흑3에 끼우는 것은 착오. 백16까지 양패가 되어 흑의 실패.

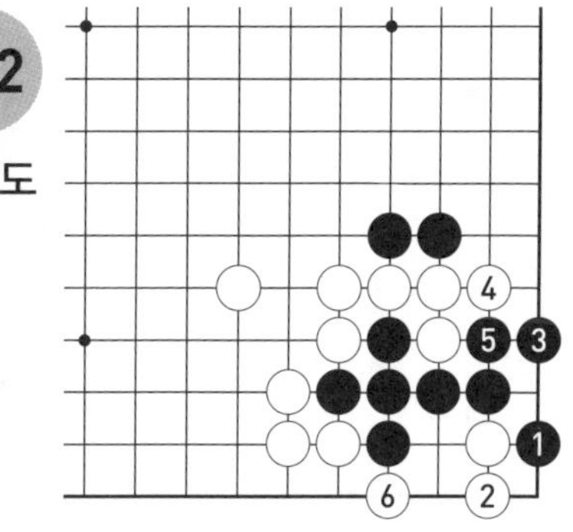

192 실패도

흑1로 젖힘은 착오. 백2로 늘고 백6으로 건너서 흑의 실패.

193 정해도

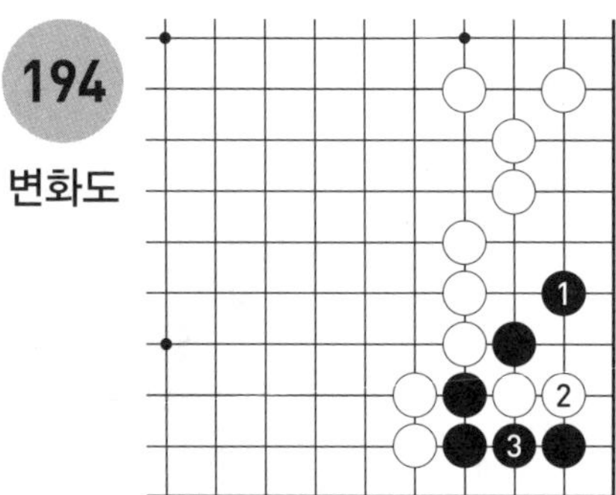

흑1로 입구자하는 것이 묘수. 백
2로 세울 때 흑3이 좋다. 흑5로
다시 단수쳐서 살았다.

194 정해도

흑1 입구자가 살 수 있는 요점.
백2 단수칠 때 흑3으로 버리고
흑7까지 진행하여 살았다.

193 변화도

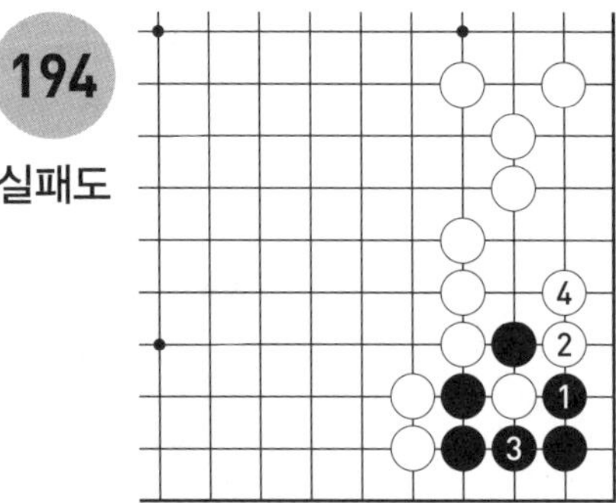

백이 2로 젖히면 흑3 끼움, 흑5
단수, 다시 흑7로 집을 지어 역
시 살았다.

194 변화도

백이 2로 늘면 흑3으로 이어 역
시 살았다.

193 실패도

흑1로 따내는 것은 착오. 백2로
뛰고 백4 단수쳐서 흑의 실패.

194 실패도

흑1로 단수치는 것은 착오. 백2
단수, 백4로 물러섬이 맥. 흑의
실패.

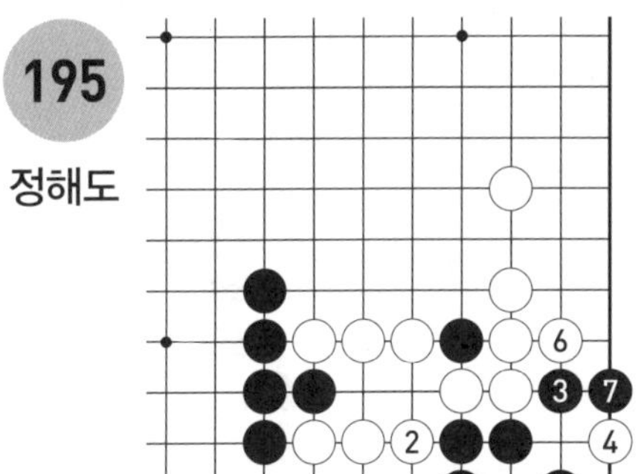

흑1 입구자가 절묘한 맥. 백2는
부득이하며 흑3에서 흑7까지 살
았다.

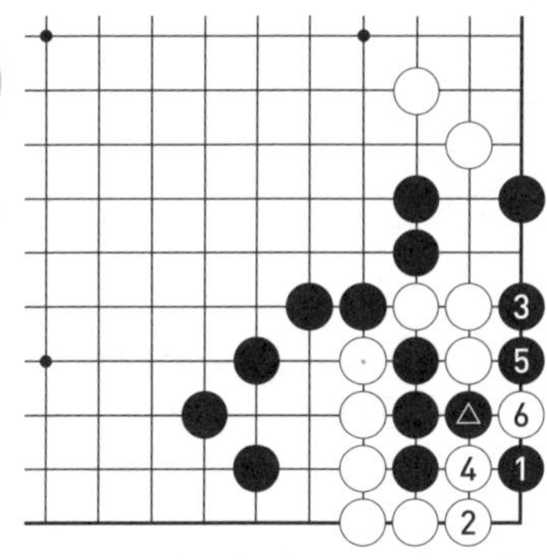

흑1 입구자, 흑3으로 기대는 것
이 묘수의 연발. 다시 흑5로 단
수치고 흑7로 따내어 백이 잡힌
다. 흑7=▲

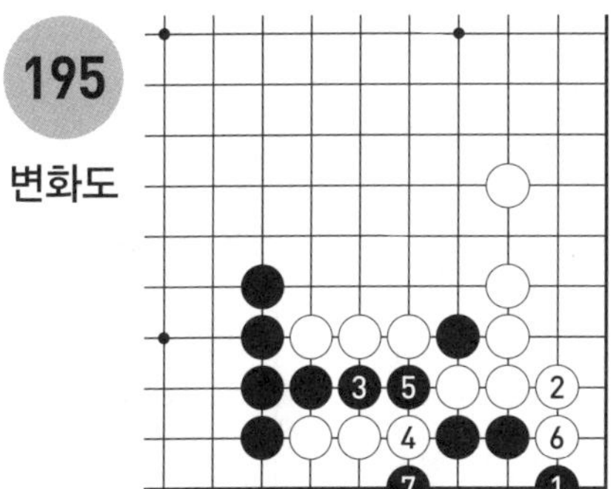

백이 2로 늘면 흑3 끼움, 흑5 끊
음. 다시 흑7 젖힘하여 백이 잡
힌다.

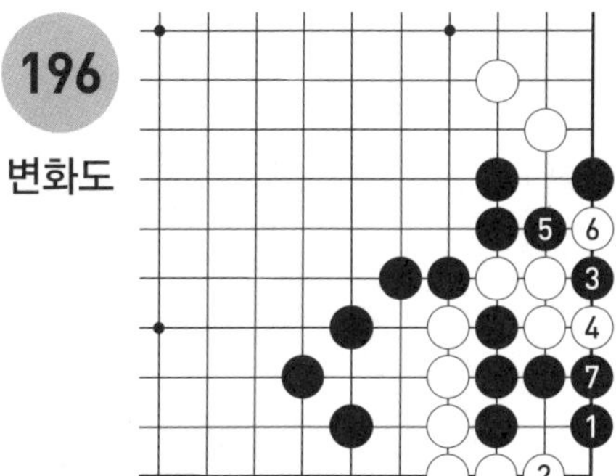

백이 4에 단수치면 흑5, 7로 두 번
단수쳐서 백은 역시 살 수 없다.

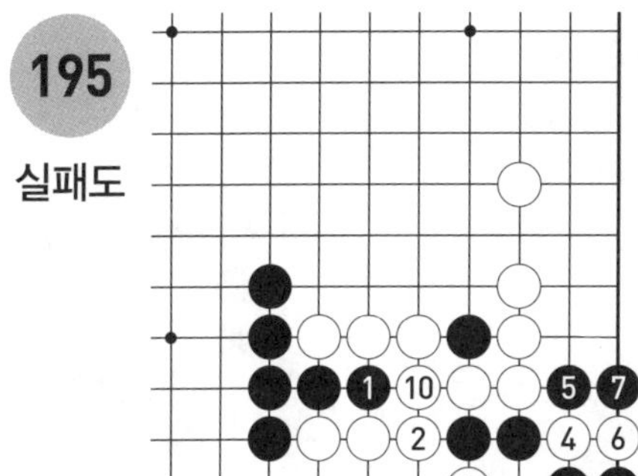

흑1로 먼저 끼우고 흑3에 입구
자하는 것은 잘못된 수순. 백4는
묘수. 백10 연결까지 흑의 실패.

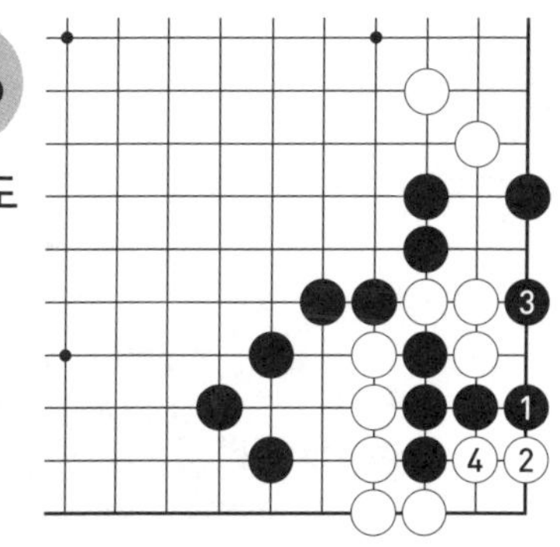

흑1로 느는 것은 착오. 백2로 기
대는 것이 맥. 백4로 다시 단수
쳐서 흑의 실패.

197 정해도

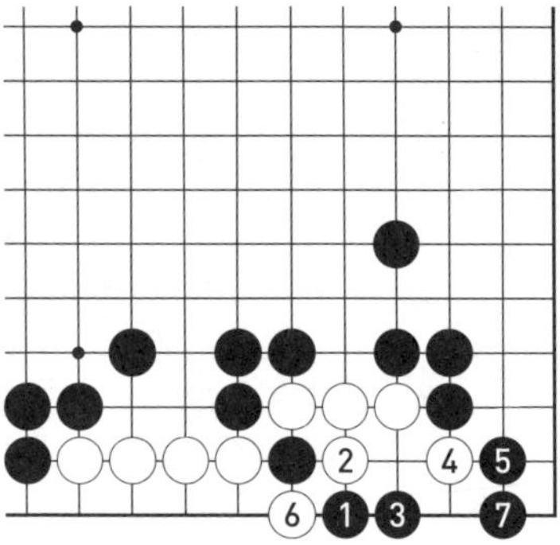

흑1 입구자가 요점. 흑3으로 늘고 흑5로 젖힘이 좋은 수순. 흑7로 다시 세워 백이 잡힌다.

198 정해도

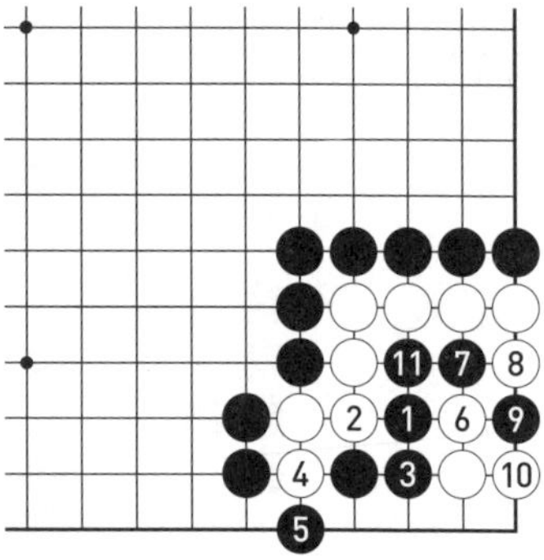

흑1 입구자가 요점. 흑7 끼워 붙임, 흑9 먹여치기가 맥. 다시 흑11에 단수쳐서 백이 잡힌다.

197 변화도

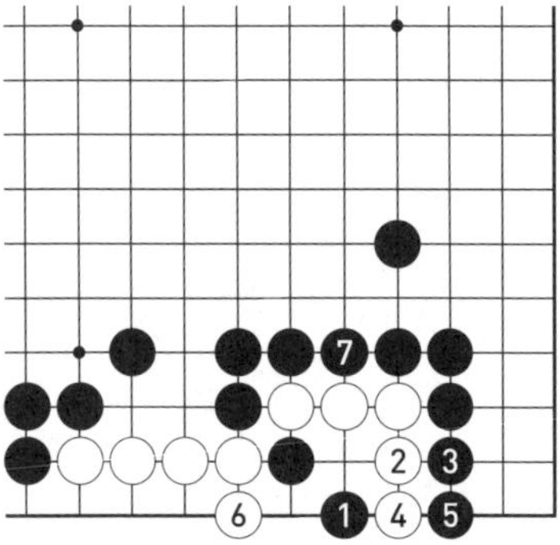

백이 2와 같이 꼬부리면 흑3, 5로 수를 메우고 다시 흑7로 단수쳐서 백은 역시 살 수 없다.

198 변화도

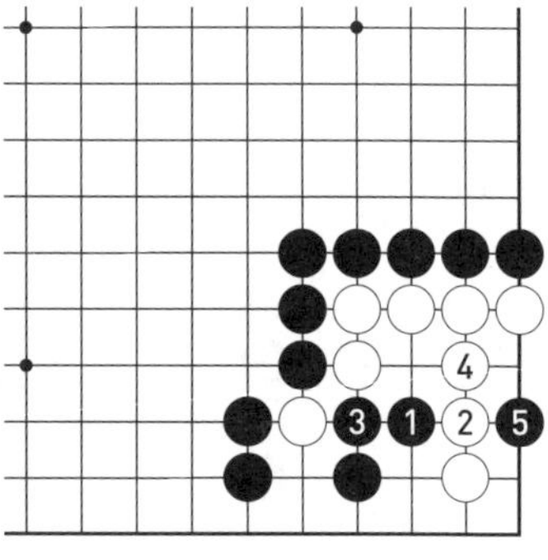

백이 2와 같이 늘리면 흑3으로 끊고 흑5 치중으로 백은 역시 살 수 없다.

197 실패도

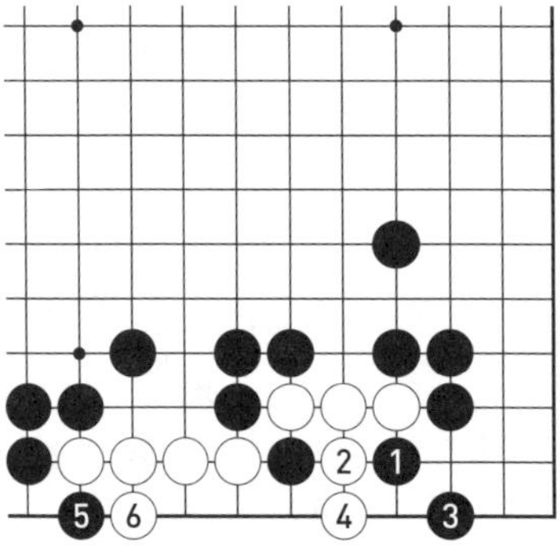

흑1 젖힘, 흑3 호구가 착오. 백2부터 백6까지 살 수 있다. 흑의 실패.

198 실패도

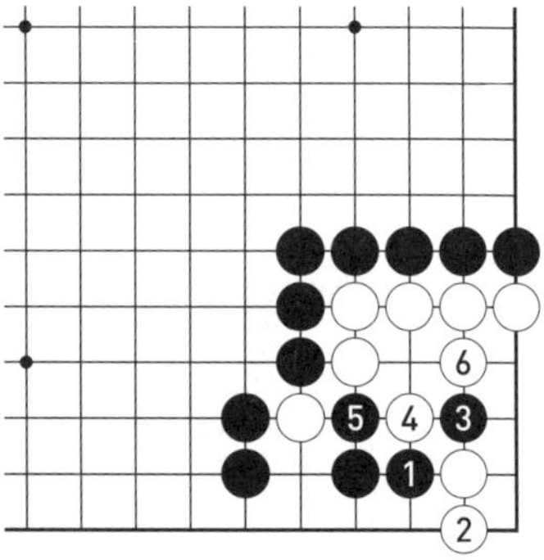

흑1에 느는 것은 착오. 백2부터 백6까지 패가 된다. 흑의 실패.

장면도 – 중앙 쪽 흑의 생사가 바람 앞에 촛불인 상황

백△로 젖혔을 때 흑1로 1선에 치중하고 백2에 흑3으로 나란히 늘어서는, 이 두 수를 눈여겨보기 바란다. 다음 백A면 흑B의 끊음, 백C면 흑D로 백 석 점은 꼼짝없는 신세. 바둑판 끝에서 흑이 보여준 솜씨는 한 편의 마술과도 같다.

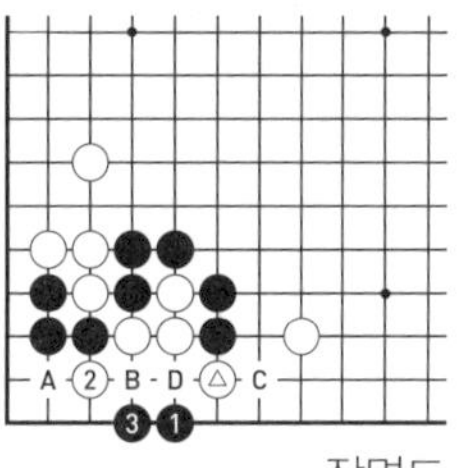

장면도

1도

흑1에 대해 백2로 잇는다면 흑3으로 막고 백4에는 흑5로 그만. 백은 A나 B의 단점을 추궁할 여유가 없다.

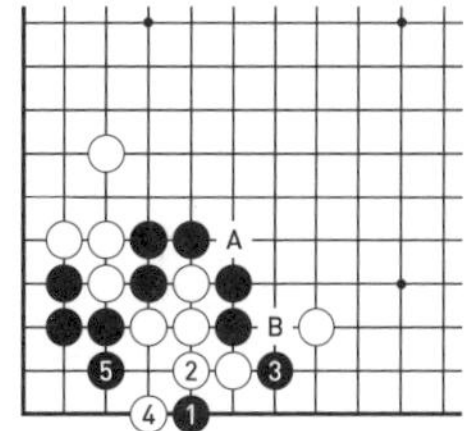

2도

계속해서 〈장면도〉에 이어, 백4에 흑5, 7 이하 백 석 점은 두 수 이상 늘어나지 않는 모습이다.

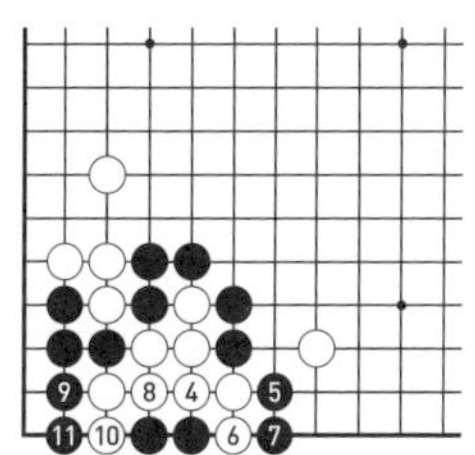

제 7 부 건너기

대국 중에 자신의 돌이 상대의 돌에 둘러싸여 불리해지는 경우가 있습니다. 이럴 때 건너기를 하면 위험에서 벗어날 수 있으며 상대의 공든 탑을 무너뜨려 대국을 승리로 이끌기도 합니다. 병법의 삼십육계와 같은 이치라 할 수 있습니다. 만약 기력을 높이고 싶다면 건너기의 기회를 절대 놓쳐서는 안 됩니다.

제7부는 27개의 연습문제로 구성되어 있으며 모두 흑 선입니다. 실전에서 건너기를 이용할 수 있게 되기를 바랍니다.

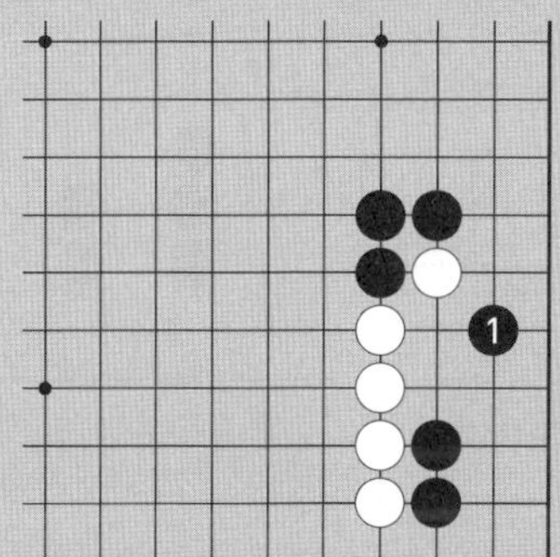

[도해1] 흑1은 '건너기'로 귀 부분의 흑 두 점을 바깥쪽의 흑과 이어준다.

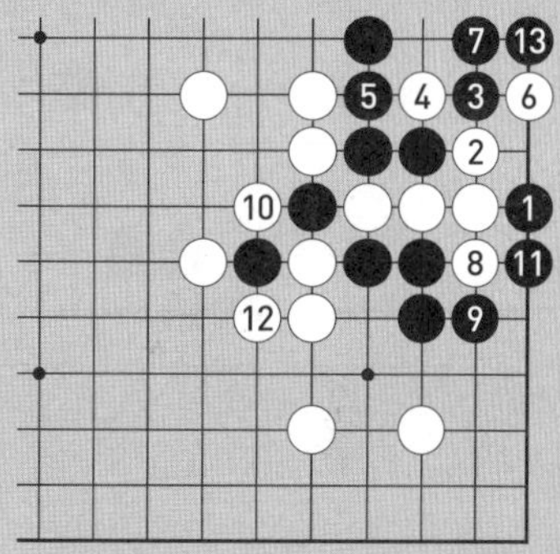

[도해2] 흑1로 받치는 것은 교묘한 착수법으로 흑13 단수까지 흑 석 점을 '넘어가기'로 원래대로 이어 놓았다.

199 문제도 ★

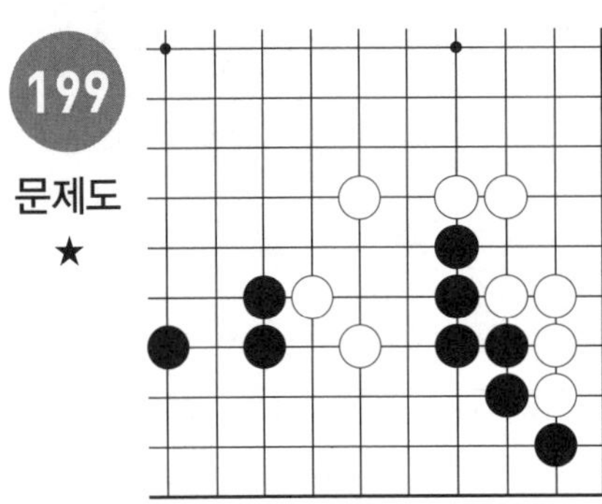

200 문제도 ★

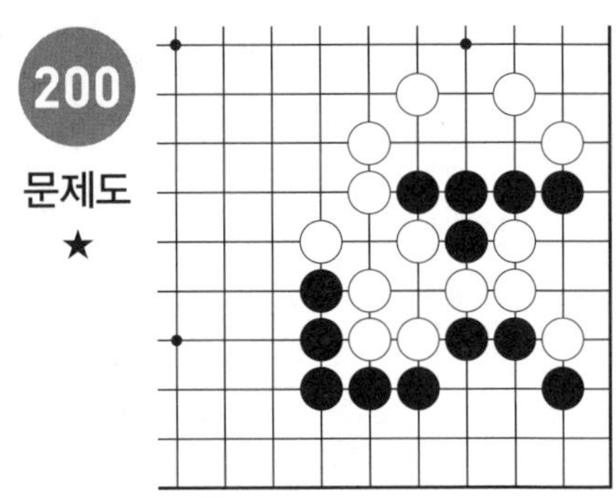

201 문제도 ★

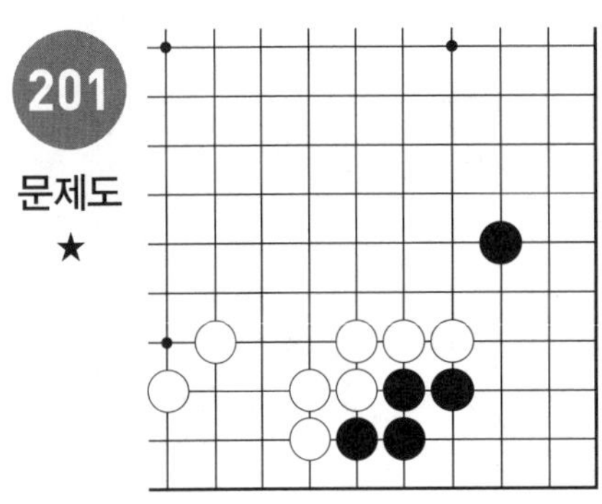

202 문제도 ★★

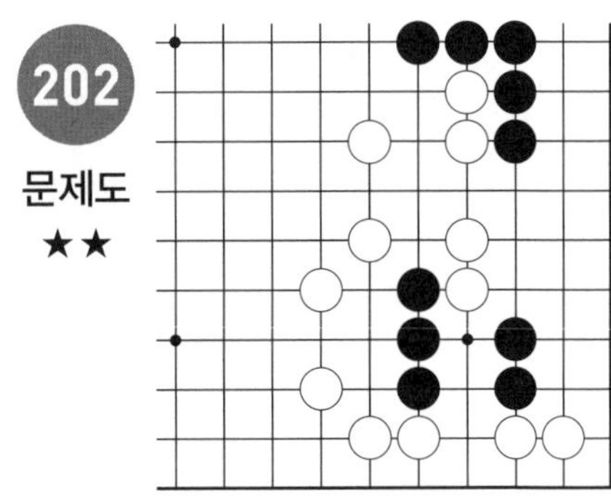

203 문제도 ★

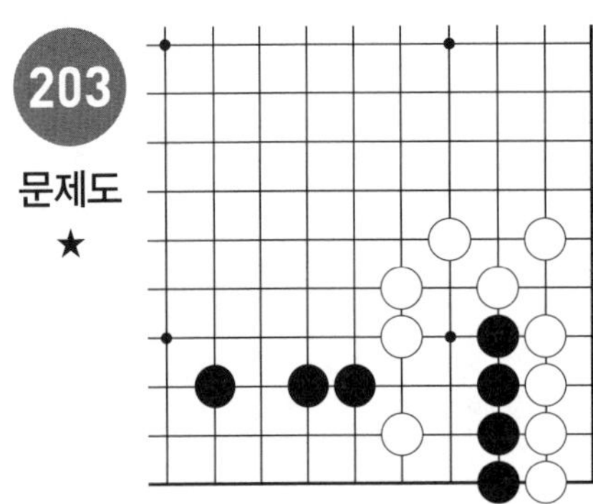

204 문제도 ★

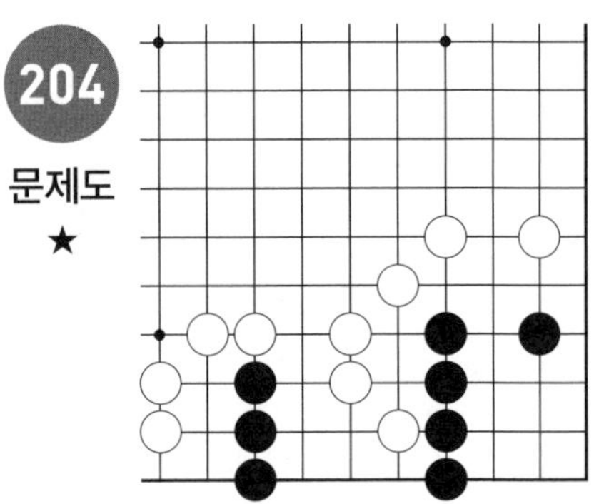

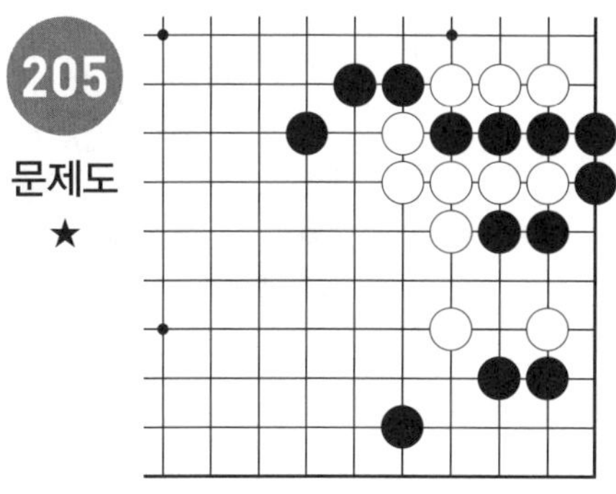

205

문제도

★

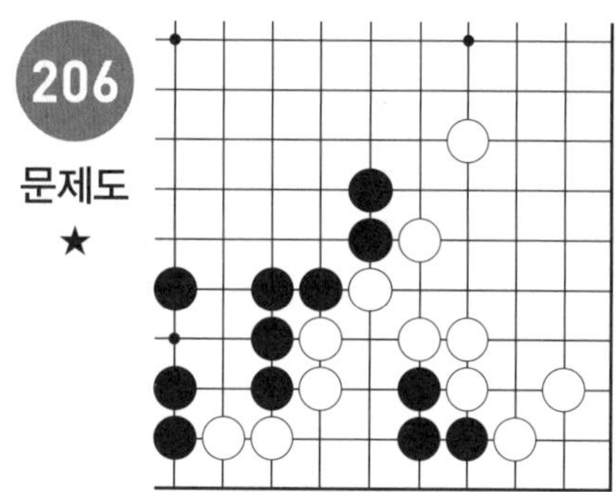

206

문제도

★

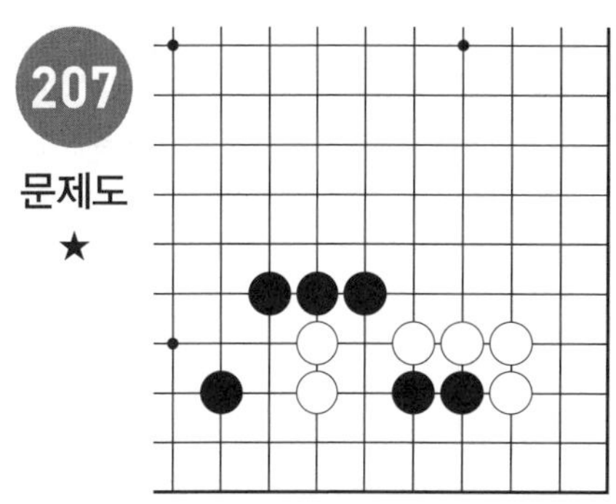

207

문제도

★

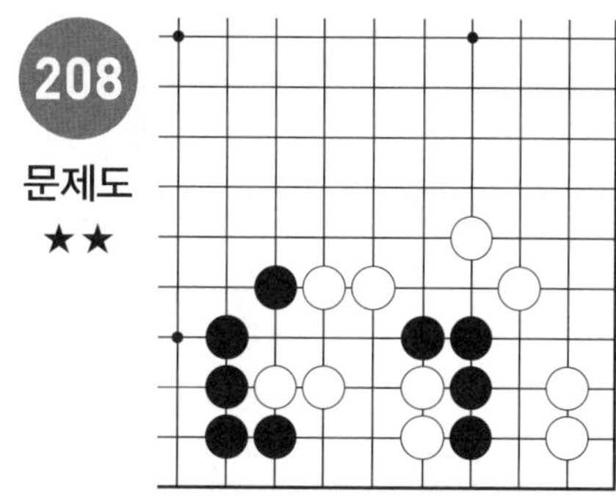

208

문제도

★ ★

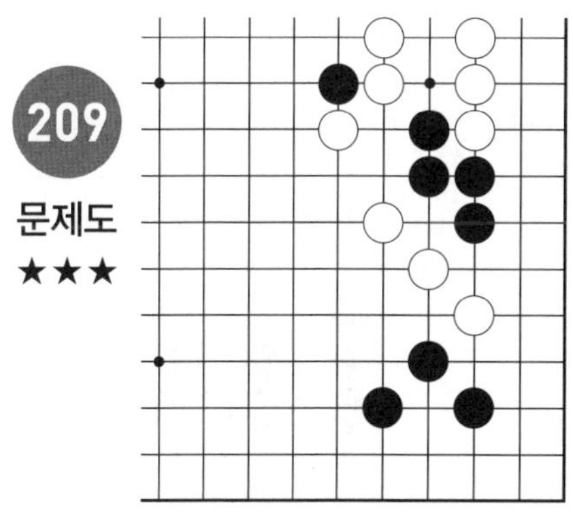

209

문제도

★ ★ ★

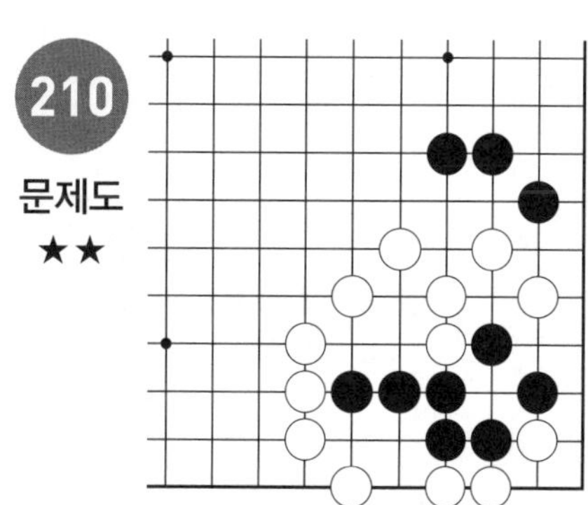

210

문제도

★ ★

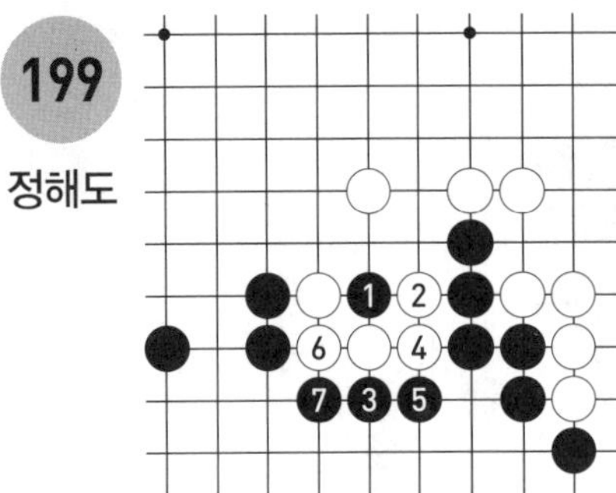

199

정해도

흑1, 3이 좋은 수순. 흑7까지 진행되어 흑이 성공적으로 건너게 된다.

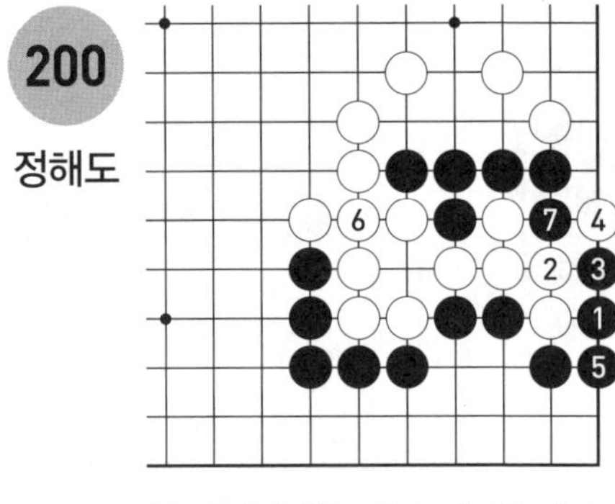

200

정해도

흑1로 단수치는 것이 맥. 흑7까지 진행되어 건널 수 있다. 흑1로 백2 위치에 단수치면 백2로 흑7 위치에 단수쳐서 흑은 건널 방법이 없다.

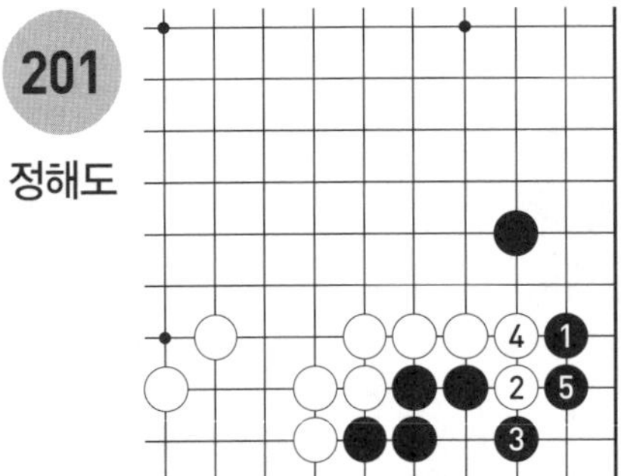

201

정해도

흑1로 나는 것이 요점. 흑3에 젖힘이 맥. 다시 흑5로 가서 건너기 성공.

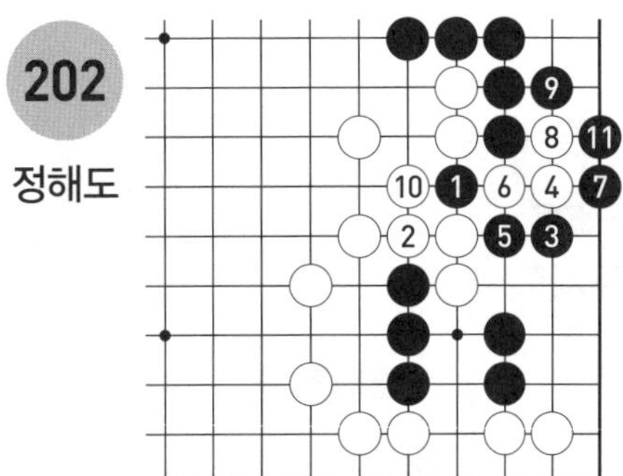

202

정해도

흑1로 끼워 붙임이 맥. 백2와 같이 잇고 흑3으로 나는 것이 요점. 흑11까지 진행되어 연결이 된다.

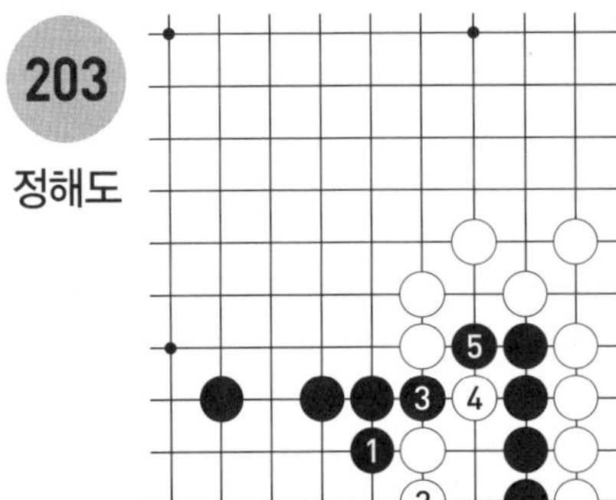

203

정해도

흑1이 요점. 백2와 같이 늘어서 건넘을 막으면 흑은 3에 끼우고 흑5로 끊어 백이 잡힌다.

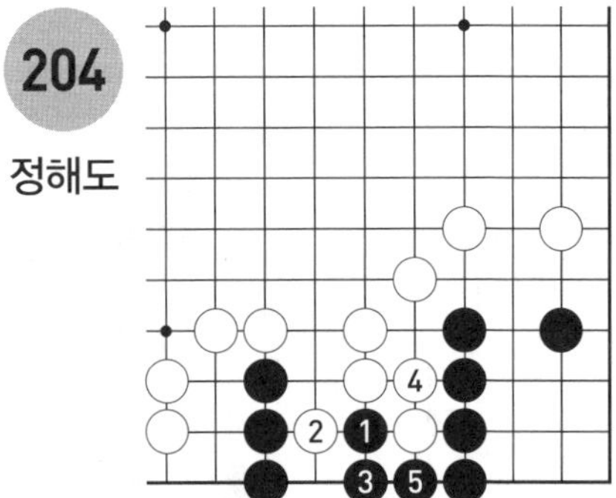

204

정해도

흑1 먹여치기가 좋은 수. 백2로 단수칠 때, 흑3으로 늘어서 연결이 된다.

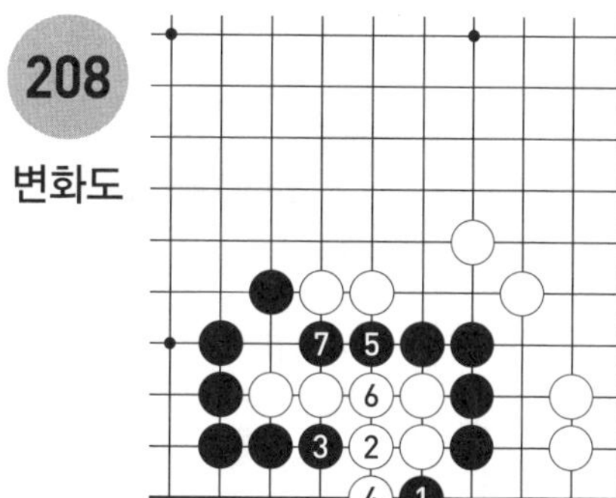

205 정해도

흑1로 잇는 것이 침착하고 좋은 수. 흑3에 다시 젖힘이 요점. 백 4로 건넘을 막으면 흑5에 단수쳐서 백이 잡힌다.

206 정해도

흑1로 끊음이 보기 좋은 맥. 백2로 단수칠 때, 흑3으로 양단수쳐서 백 2점을 끊는 데 성공.

207 정해도

흑1로 기대는 것이 맥. 백이 2와 같이 젖히면 흑3으로 끼우고 흑5로 물러서서 백이 잡힌다.

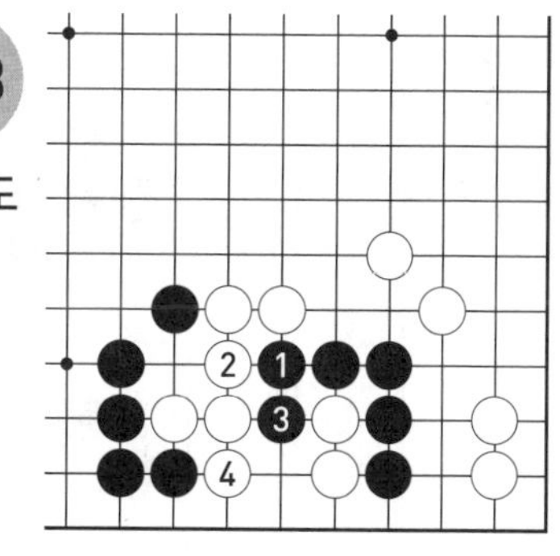

208 정해도

흑1 젖힘, 흑3 끼워 붙임은 서로 관련이 깊은 묘수. 백이 4에 단수치면 흑5로 연결, 흑7로 끊어서 백이 잡힌다.

208 변화도

백이 2와 같이 꼬부리면 흑3 먹여치기가 좋은 수. 다시 흑5, 7로 두 번 끼움하여 백은 역시 안된다.

208 실패도

흑1, 3 두 번 끼움은 착오. 백2 연결, 백4 세움으로 흑의 실패.

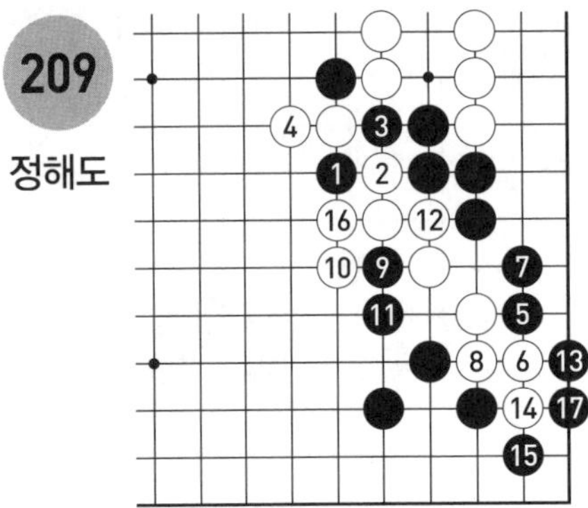

209 정해도

흑1 건너붙임, 흑3 끊음이 좋은 수순. 흑9 먹여치기가 맥. 흑17 까지 진행되어 건너기 성공.

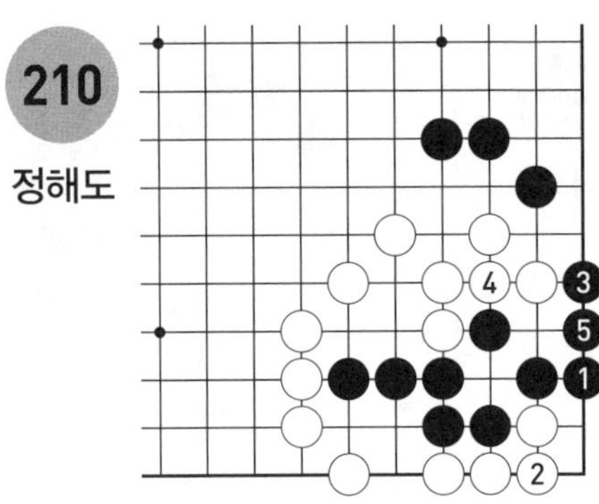

210 정해도

흑1로 빠짐이 요점. 백2로 이을 때, 흑3, 5로 건너기 성공.

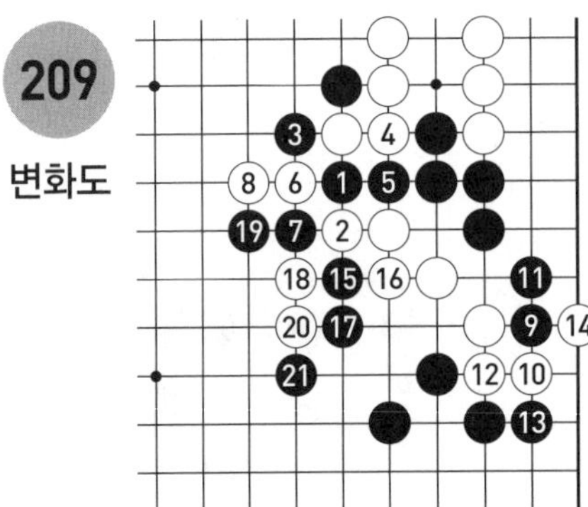

209 변화도

백이 2와 같이 붙임하면 흑3에서 흑13까지 는 쌍방이 필연적이며 흑15 젖힘이 치밀 함. 흑21 젖힘까지 진행되어 백이 잡힌다.

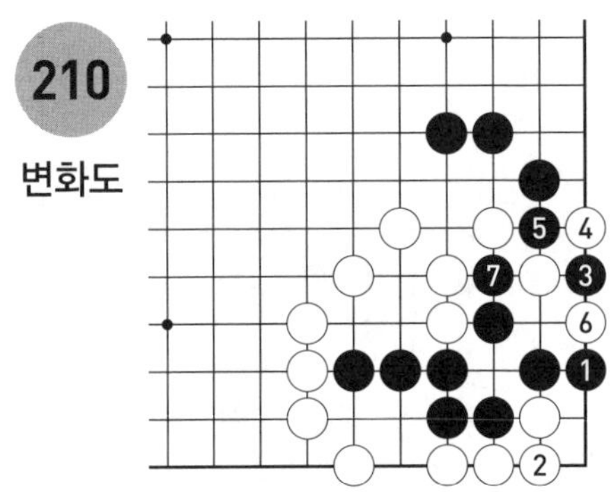

210 변화도

백이 4로 젖히면 흑5, 7로 끊어 서 백이 잡힌다.

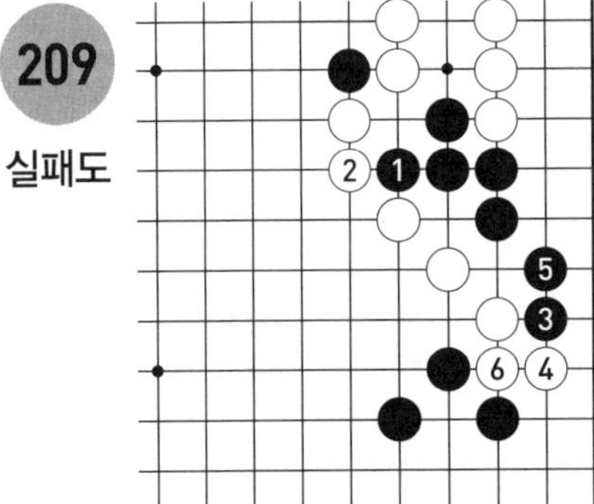

209 실패도

흑1로 미는 수는 책략이 없는 수. 흑3, 5로 붙이고 빠져도 백6 이면 흑이 다 잡힘.

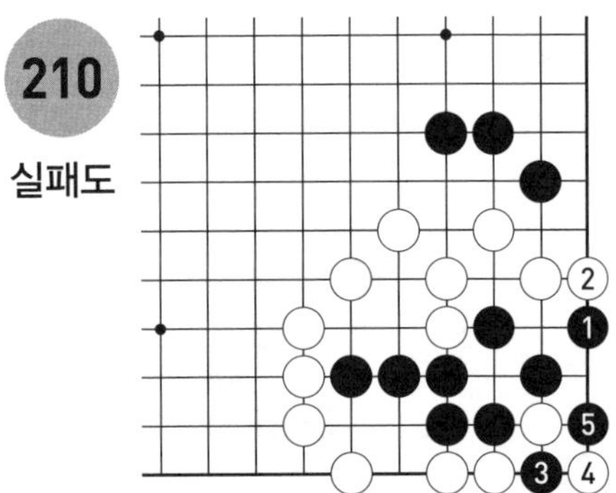

210 실패도

흑1 입구자는 착오. 백2로 막을 때, 흑은 3, 5로 패를 만들 수밖 에 없어서 흑의 실패.

211 문제도
★★★

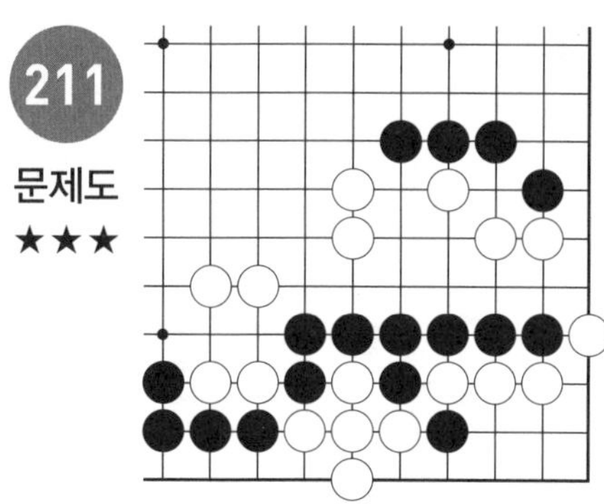

212 문제도
★★

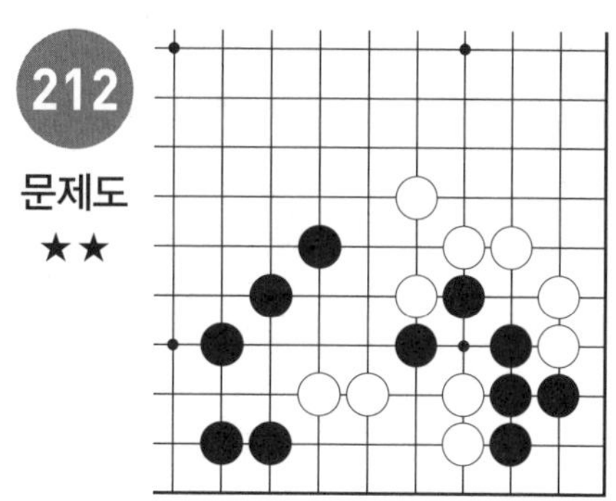

213 문제도
★★

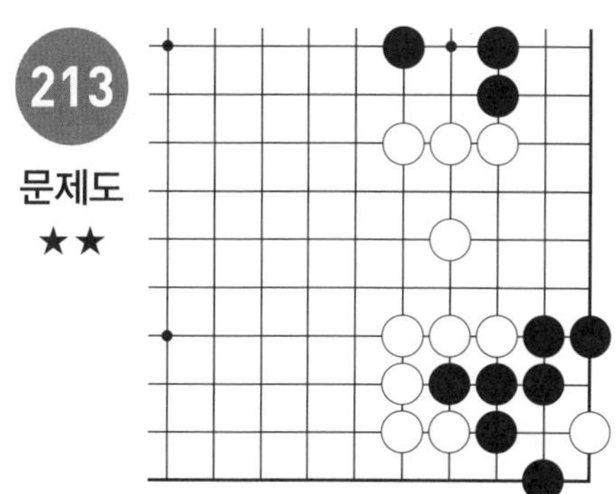

214 문제도
★

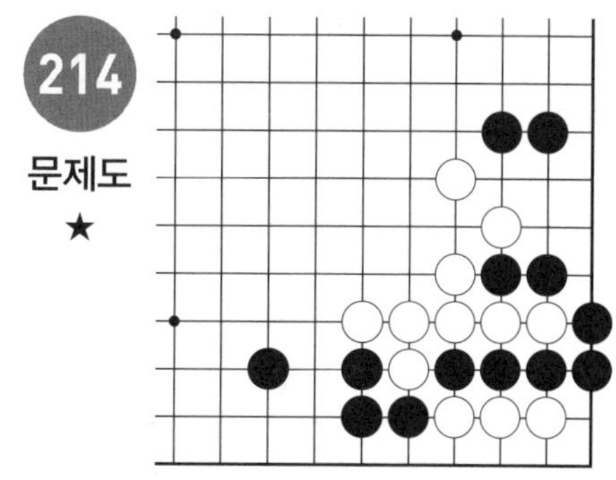

215 문제도
★★

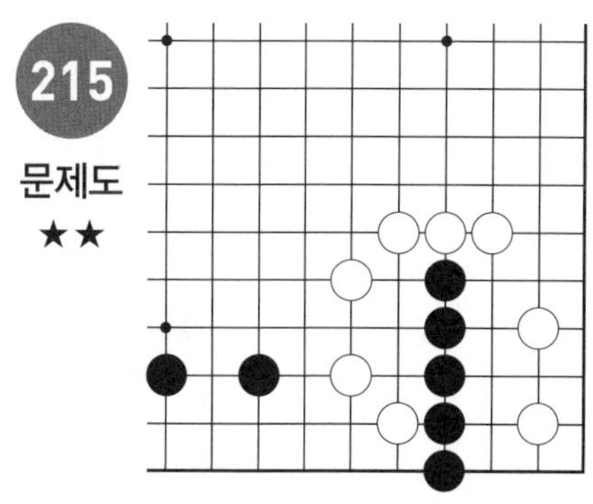

216 문제도
★★

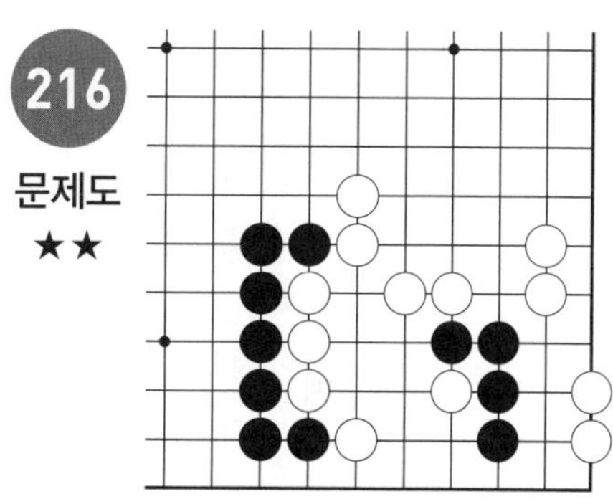

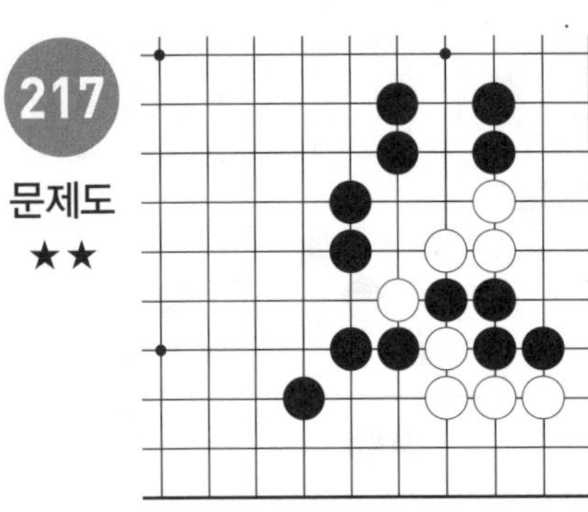

217
문제도
★★

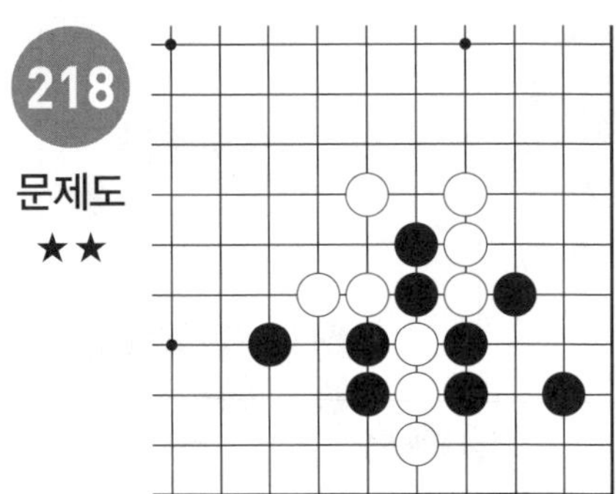

218
문제도
★★

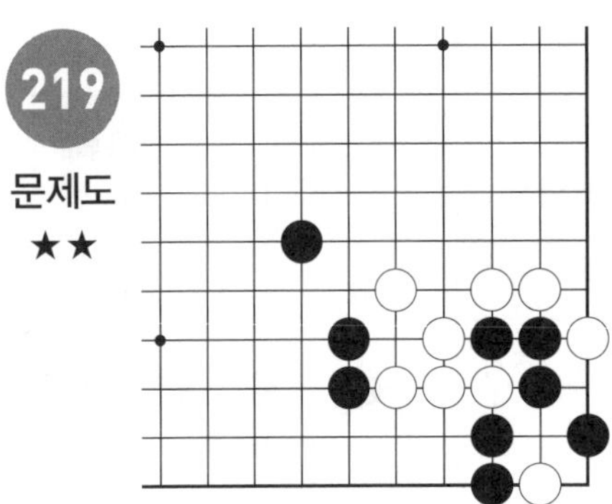

219
문제도
★★

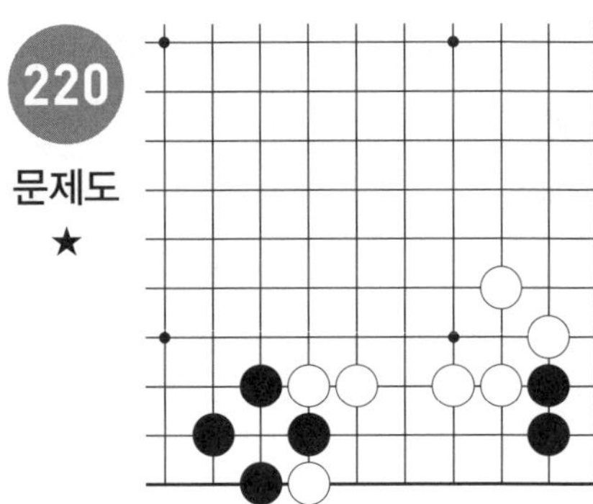

220
문제도
★

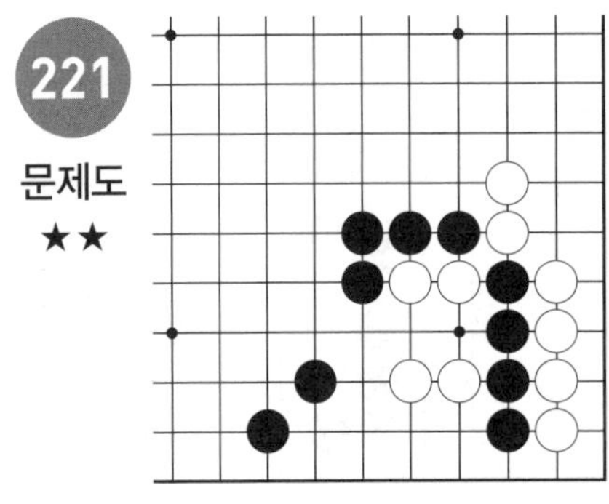

221
문제도
★★

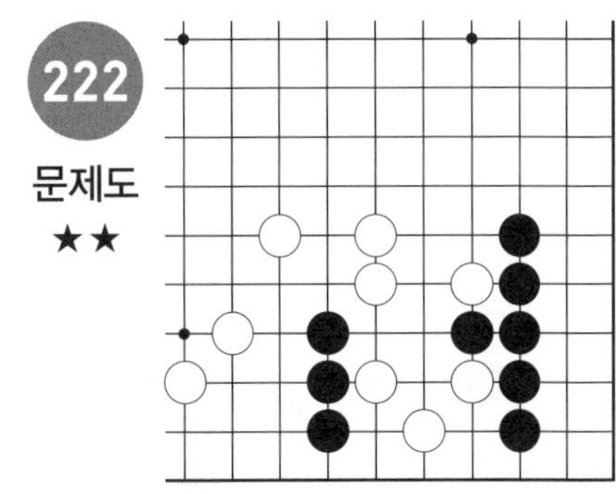

222
문제도
★★

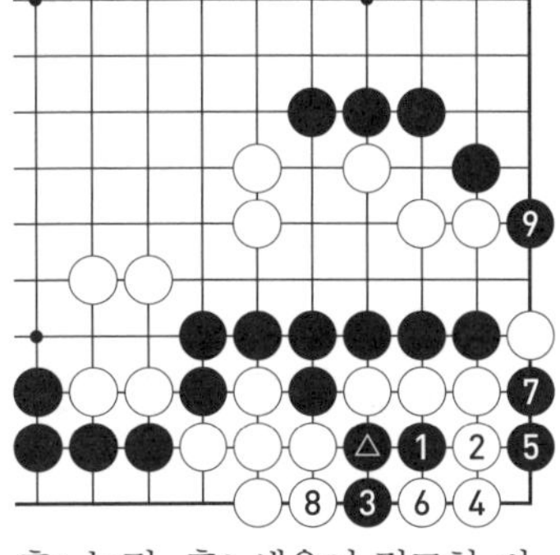

211 정해도

흑1 늘림, 흑3 세움이 절묘한 버림의 맥. 흑5 붙임, 흑7 끊음의 수순이 좋다. 흑9에 다시 젖힘으로 건너게 된다. 백10=▲

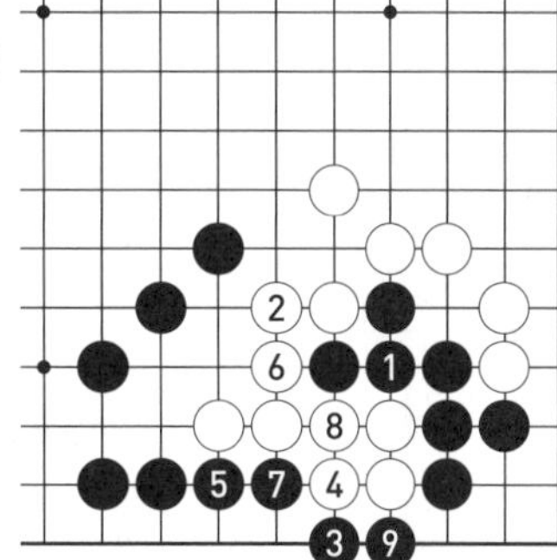

212 정해도

흑1 연결, 흑3 치중하기가 좋은 수순. 흑5 늘림, 흑7 먹여치기가 맥. 다시 흑9로 건널 수 있다.

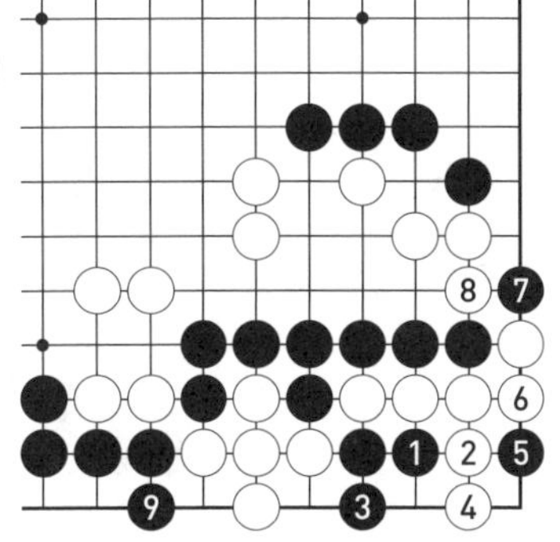

211 변화도

만약 백이 6에 이으면 흑7 젖힘, 흑9 세움으로 백 5점이 잡힌다.

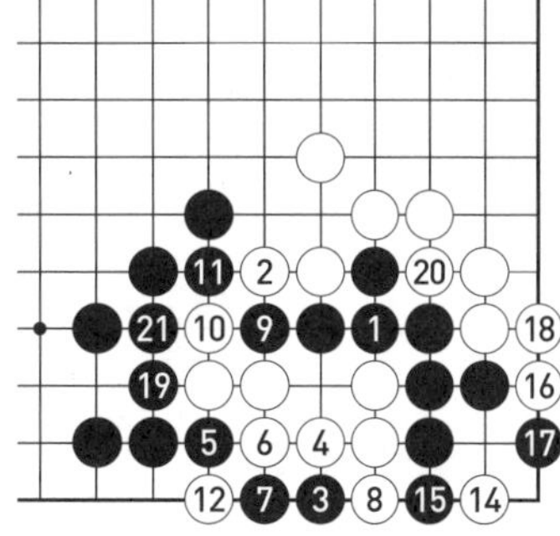

212 변화도

백이 6에 빈삼각하면 흑7 이하 흑21까지 백 전몰. 흑13=흑7

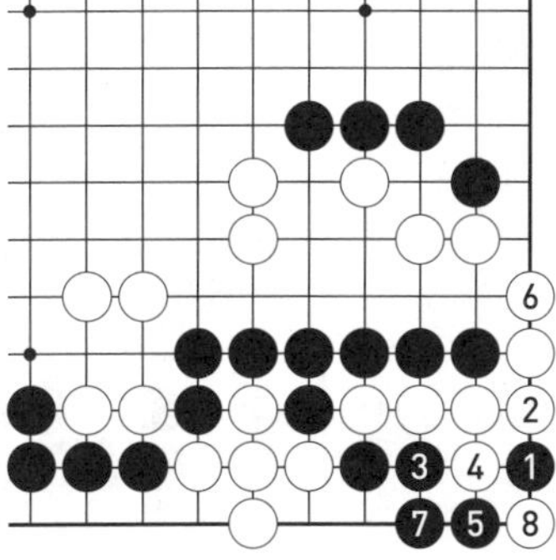

211 실패도

흑1로 치중하기는 착오. 백2 잇고 백8 따냄까지 패가 되어 흑의 실패.

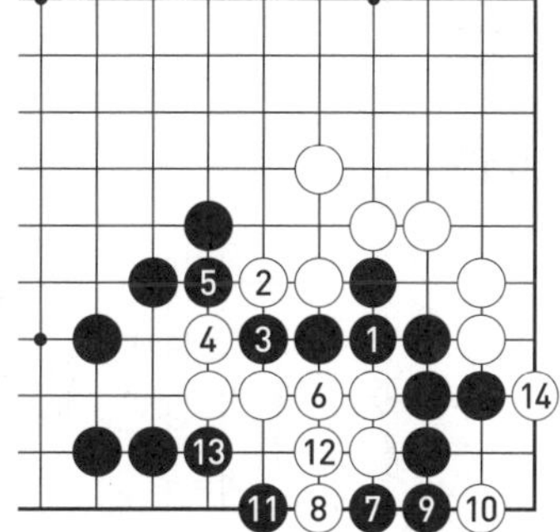

212 실패도

흑3 끼움, 흑5 끊음은 착오. 이하 백14까지 진행되어 흑이 오히려 잡힌다.

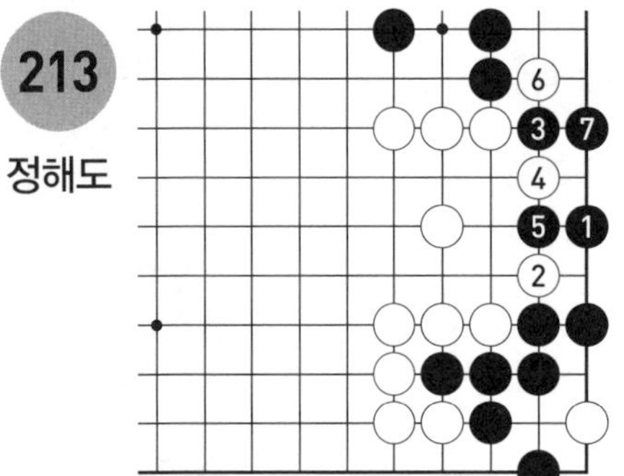

213 정해도

흑1로 벌림이 요점. 흑3 젖힘, 흑 5 끼움이 좋은 수순. 흑7에 다시 세움으로 건널 수 있다.

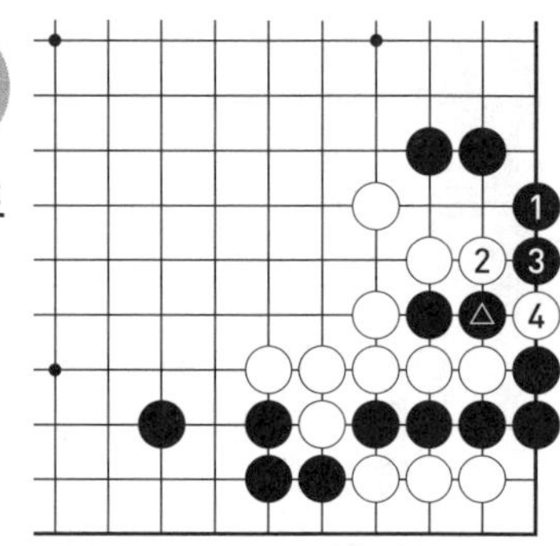

214 정해도

흑1 입구자. 이 한 수로 건널 수 있다. 백2 단수칠 때, 흑3이 좋은 수. 다시 흑5로 맞따냄하여 흑의 성공. 흑5=▲

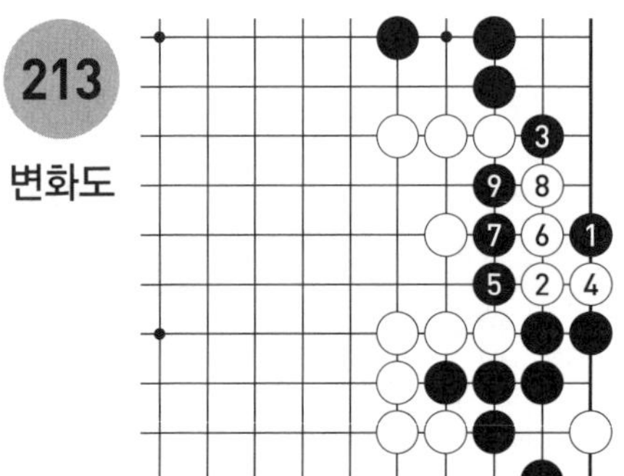

213 변화도

만약 백이 4와 같이 끊으면 흑5 에서 흑9까지 단수쳐서 백이 잡 힌다.

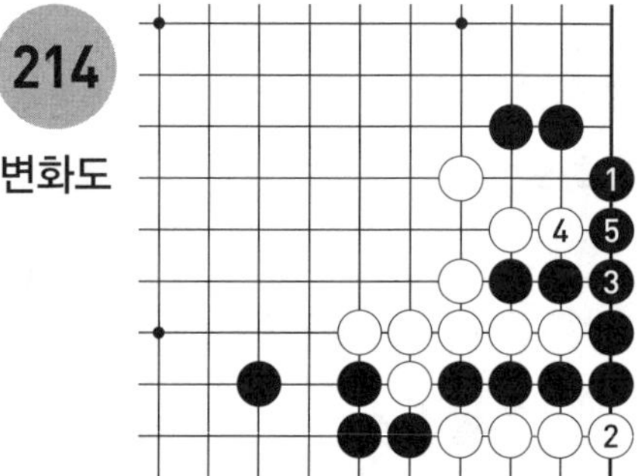

214 변화도

백이 2, 4에 단수칠 때, 흑은 3, 5 로 이어 여전히 건널 수 있다.

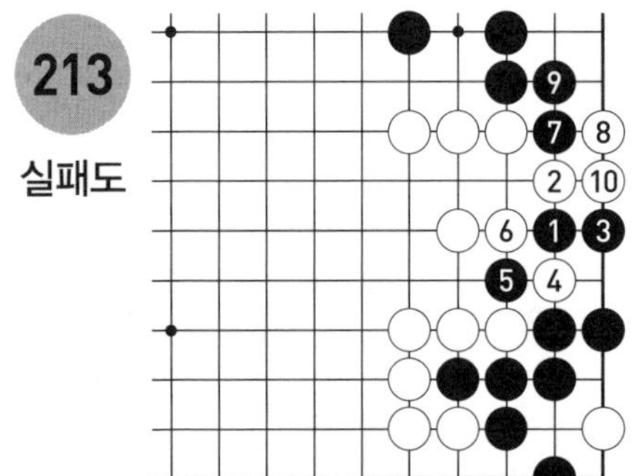

213 실패도

흑1로 뛰는 것은 착오. 백2로 밀 고 백4 끼워 붙임이 좋은 수. 흑 의 실패.

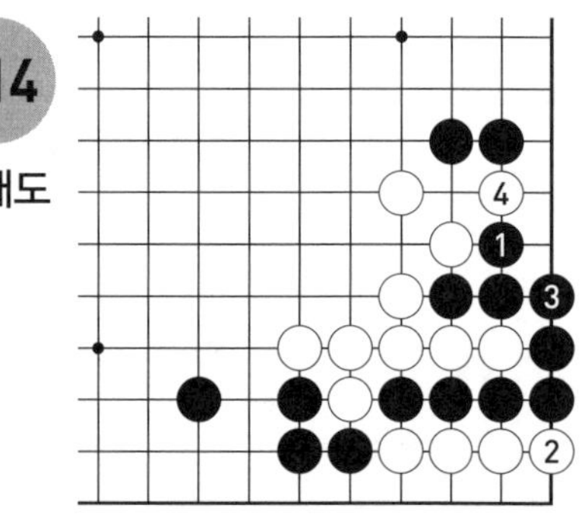

214 실패도

흑1 꼬부림은 착오. 백2, 4 두 번 단수로 흑의 실패.

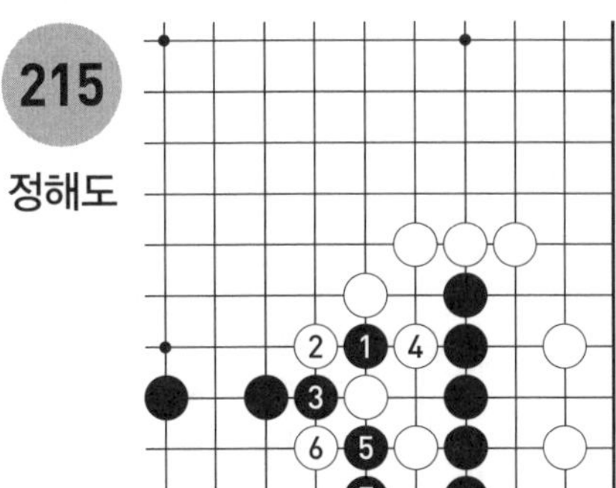

흑1로 끼워 붙임이 요점. 흑3 끊음, 흑5 먹여치기가 맥. 다시 흑7로 늘어서 건널 수 있다.

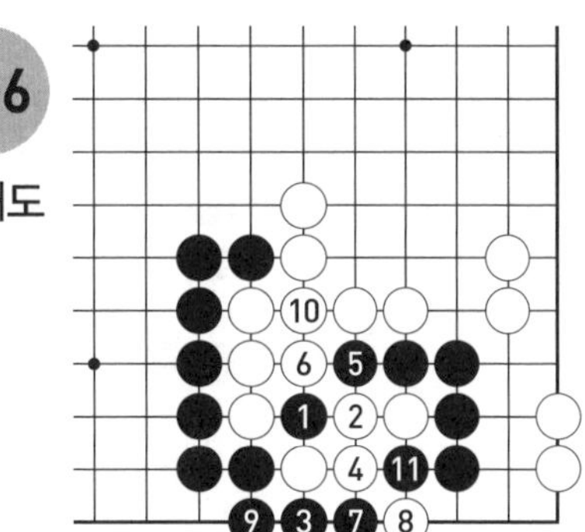

흑1로 끊고 흑3 단수치는 수순이 좋다. 흑5에 다시 끼움이 맥. 흑11까지 진행하여 건넘.

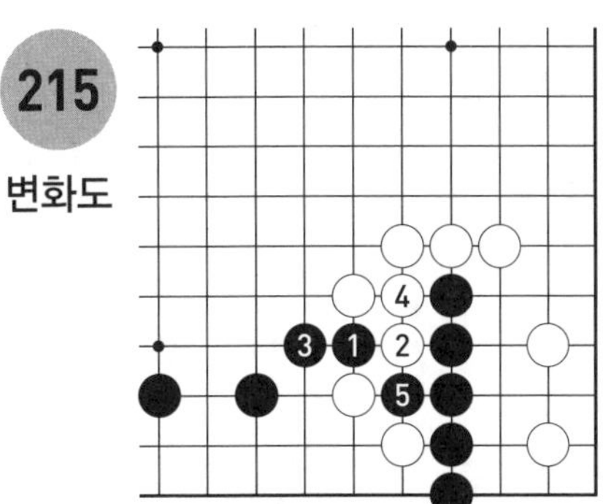

백이 2에 단수치면 흑3 늘리고 흑5 끊어서 백 2점이 잡힌다.

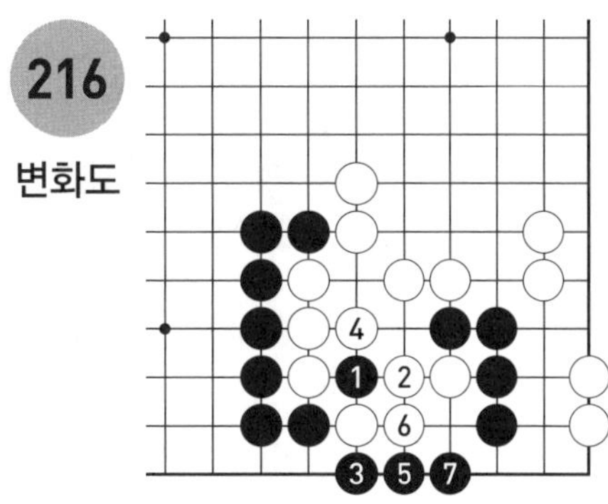

만약 백이 4로 따내면 흑5, 7로 역시 건너게 된다.

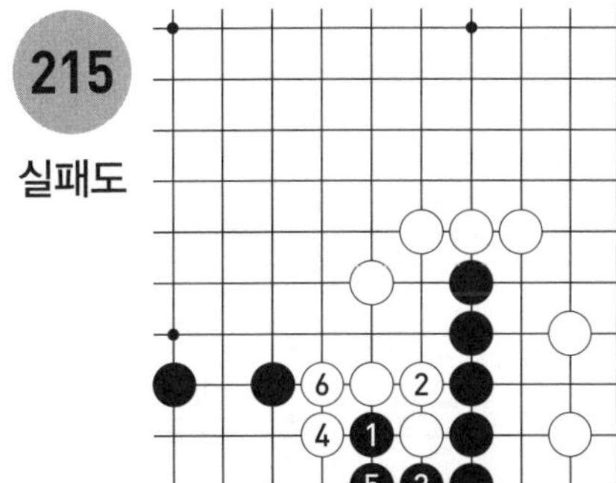

흑1로 먼저 먹여치기하는 것은 착오. 백6 연결까지 진행되어 흑의 실패.

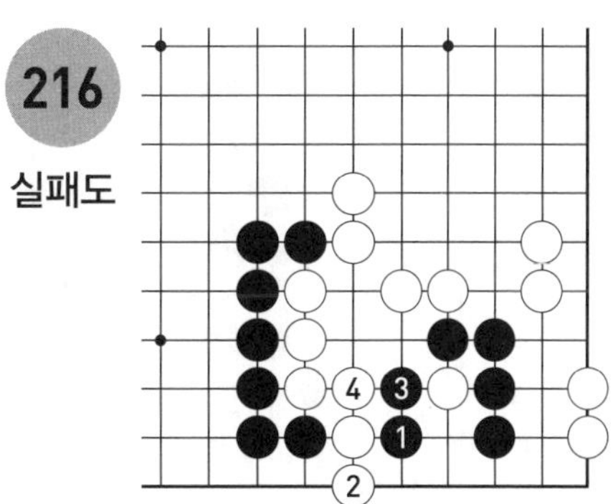

흑1에 붙임하는 것은 착오. 백2, 4로 이어 흑의 실패.

217 정해도

흑1 입구자가 요점. 흑3 다시 벌림이 맥. 흑7까지 진행하여 건넘.

218 정해도

흑1로 코 붙이는 것이 묘수. 흑5까지 진행되어 백이 잡힌다.

217 변화도

백이 2와 같이 늘면 흑은 3으로 끊어서 백은 역시 안된다.

218 변화도

만약 백이 2로 꼬부리면 흑3에 젖힘, 흑9까지 진행되어 여전히 건넘.

217 실패도

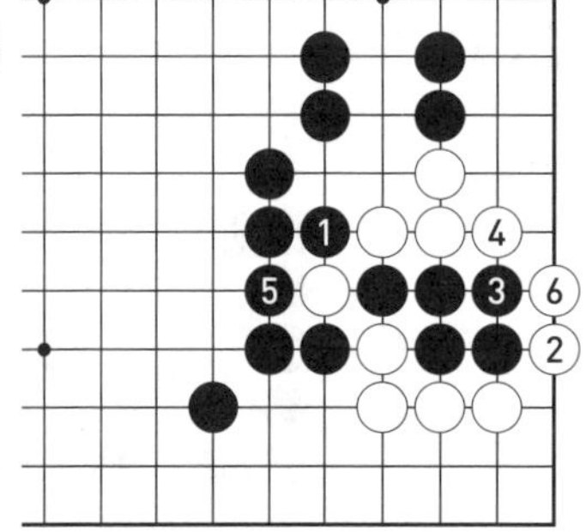

흑1로 끊음은 착오. 백2에서 백6까지 건너게 된다. 흑의 실패.

218 실패도

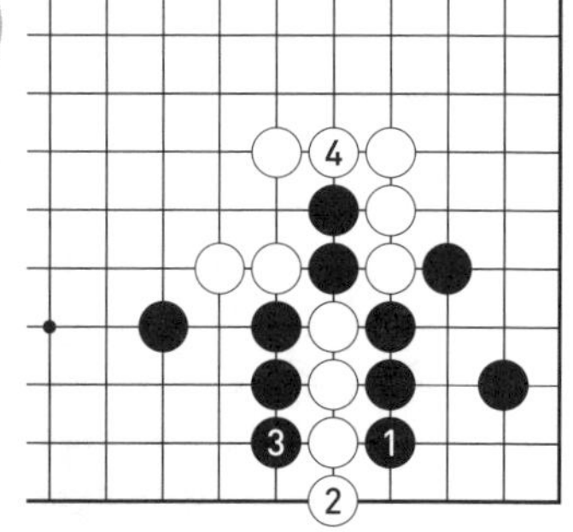

흑1에 느는 것은 착오. 백2로 늘고, 백4 단수쳐서 흑의 실패.

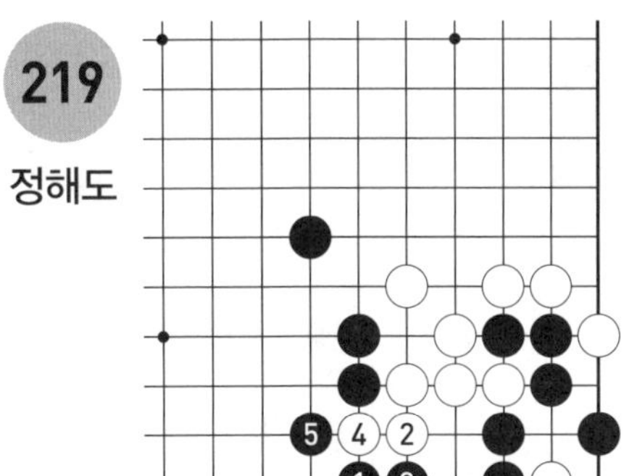

흑1로 벌림이 요점. 흑5까지 진행되어 건넘.

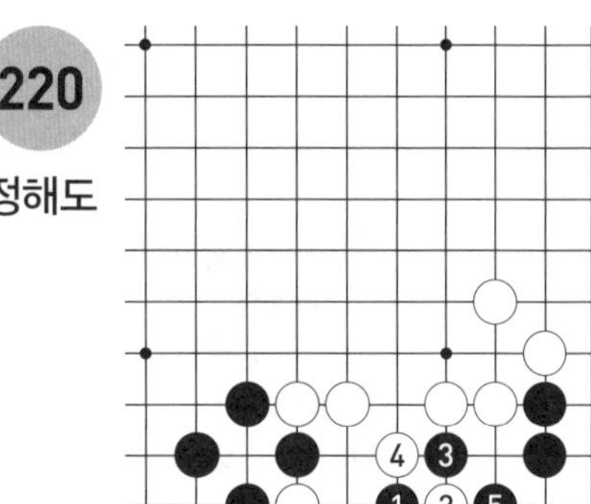

흑1로 나는 것이 묘수. 백2로 기댈 때, 흑3 끼워 붙임, 흑5 따냄으로 건너기 성공.

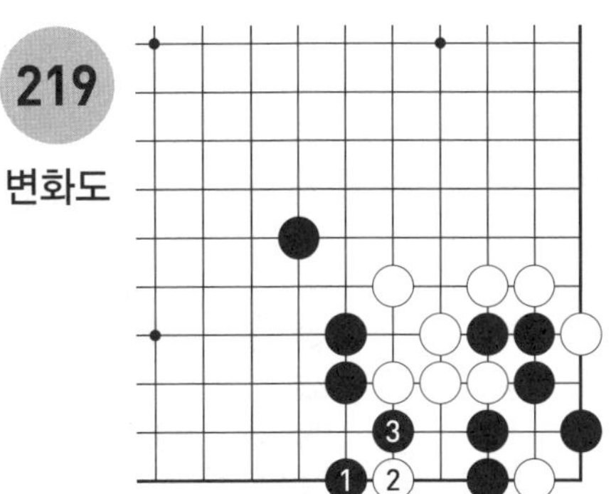

만약 백이 2로 기대면 흑3에 단수쳐서 역시 건너게 된다.

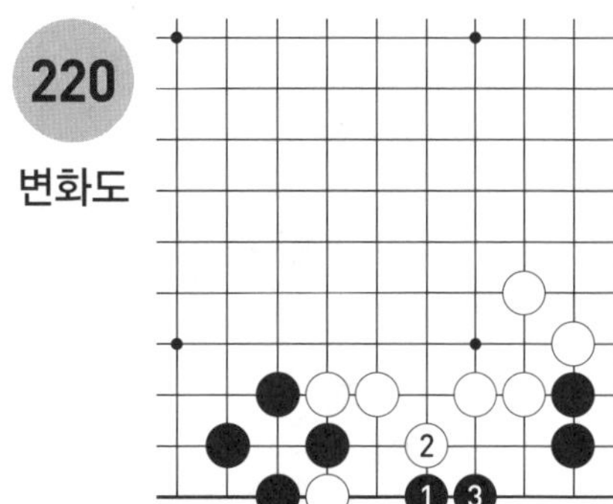

백이 2와 같이 밀면 흑3으로 물러서서 역시 건너게 된다.

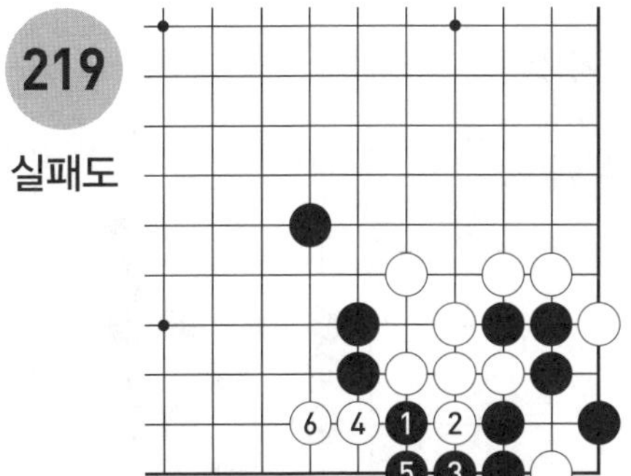

흑1 젖힘, 흑3 건너는 것은 착오. 백6으로 늘려서 귀의 흑이 잡힌다.

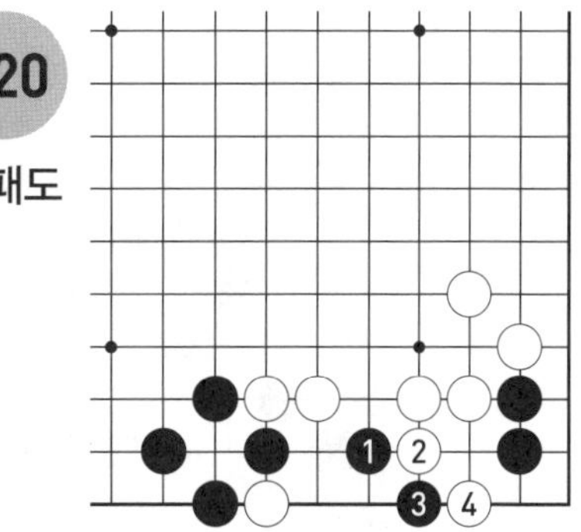

흑1로 벌림은 착오. 백2 끼우고 백4로 막아서 흑의 실패.

221 정해도

흑1 입구자가 요점. 흑3, 5 두 번 끼움이 맥. 흑13까지 진행되어 백이 잡힌다. 백12=흑3

222 정해도

흑1로 받치는 것이 좋은 수. 흑3 끼움, 흑5 끊음이 좋은 수순. 흑 7로 다시 늘어 연결이 되었다.

221 변화도

백이 2와 같이 입구자하면 흑3에 벌림이 맥. 다시 흑5로 이어서 흑은 건넘 성공.

222 변화도

만약 백이 2와 같이 빈삼각하면 흑3 끼움, 흑5 물러서기의 수순 이 좋다. 흑9까지 진행되어 역시 건넘.

221 실패도

흑1로 꼬부림은 착오. 백2로 막 고 백4로 이어 흑이 오히려 잡 힌다.

222 실패도

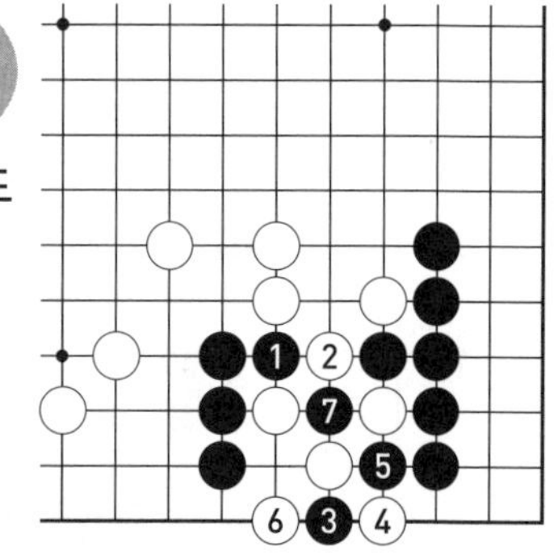

흑1로 먼저 끼우는 수순은 착오. 백6까지 진행되어 패가 된다, 흑 의 실패.

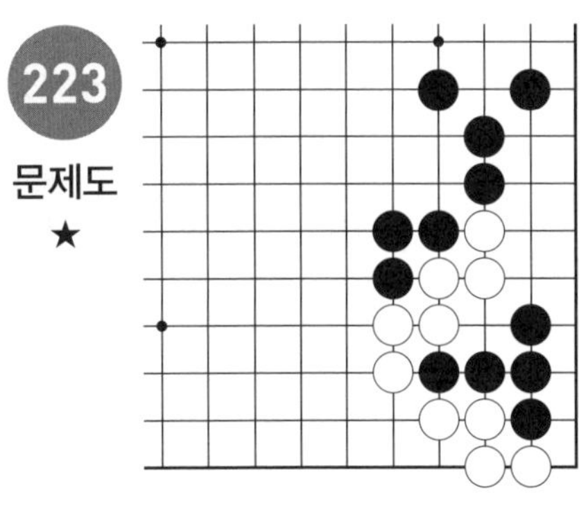

223
문제도
★

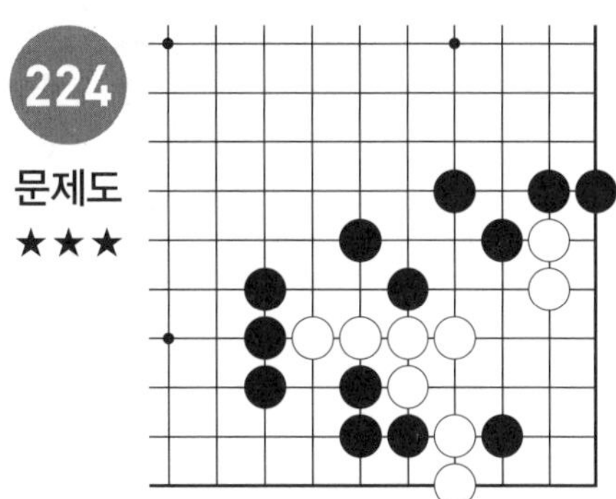

224
문제도
★ ★ ★

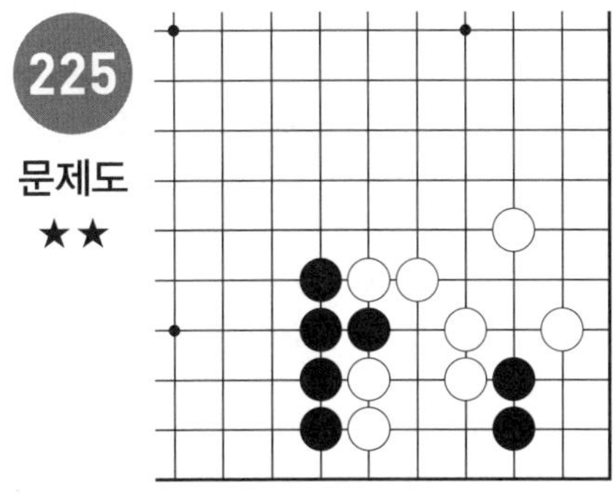

225
문제도
★ ★

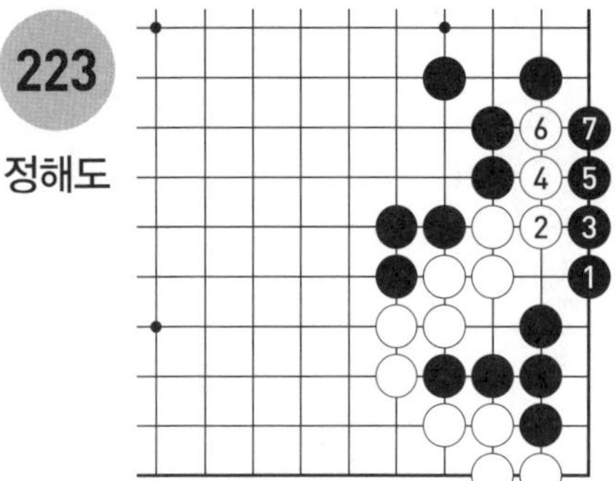

223 정해도

흑1 입구자가 요점. 흑7까지 진행되어 건너기 성공.

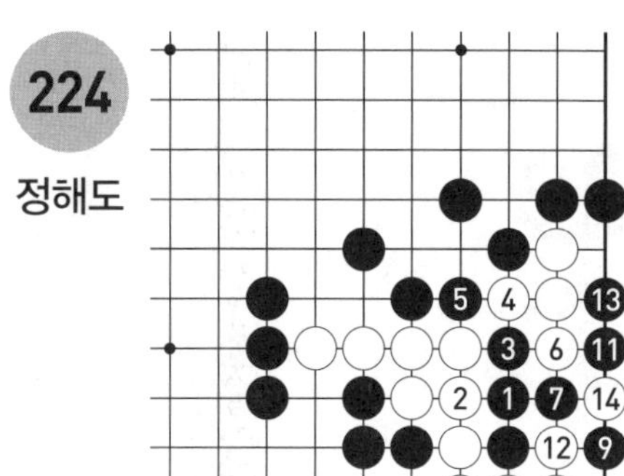

224 정해도

흑1, 3, 5는 필연적인 착지법. 흑9로 입구자하는 것이 요점. 흑15까지 진행되어 백이 잡힌다.
흑15= 흑7

223 변화도

백2로 젖히면 흑3 받치고 흑7까지 여전히 살게 된다.

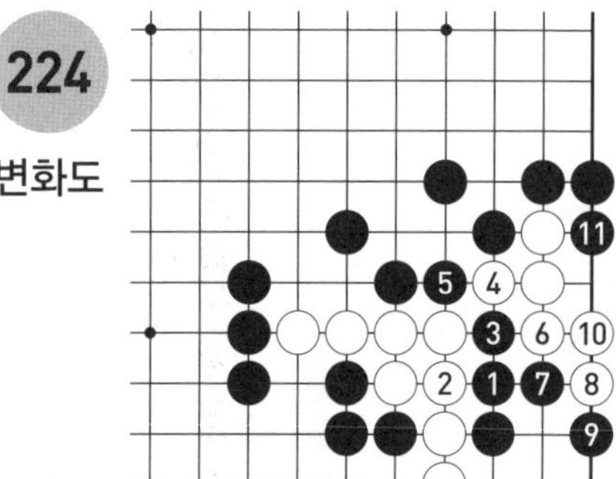

224 변화도

백8로 젖히면 흑9, 11로 두 번 단수당해서 백은 여전히 살 수 없다.

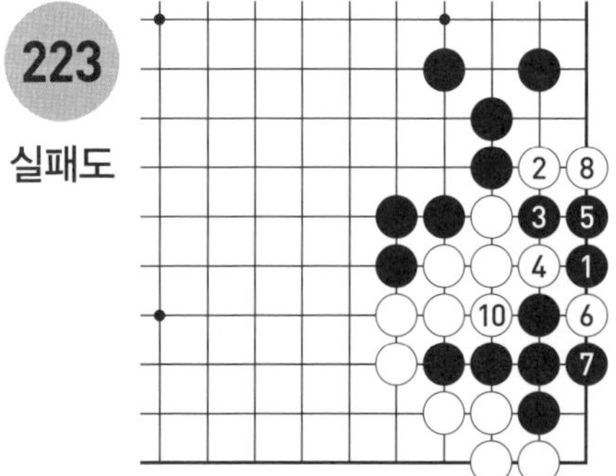

223 실패도

흑3 끊음은 착오. 백10까지 진행되어 흑의 실패.

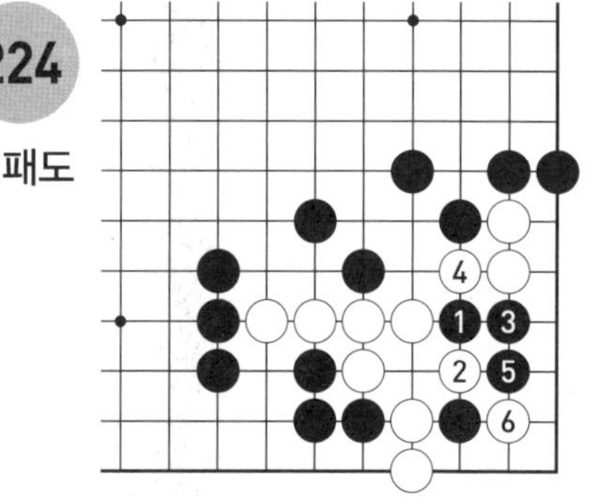

224 실패도

흑1은 착오. 백2 끼워 붙임하고 백6 끊어 단수까지 흑의 실패.

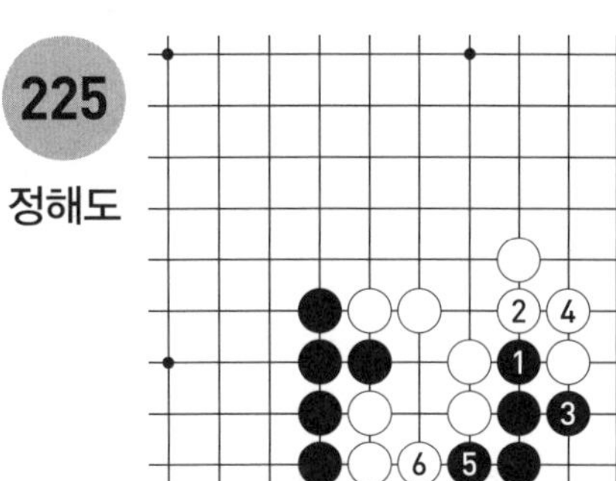

225 정해도

흑1 끼움, 흑3 막음이 속수처럼 보이나 실제로는 좋은 수. 다시 흑5 꼬부림, 흑7 세움, 백이 만약 8로 치중하면 흑9로 건넘.

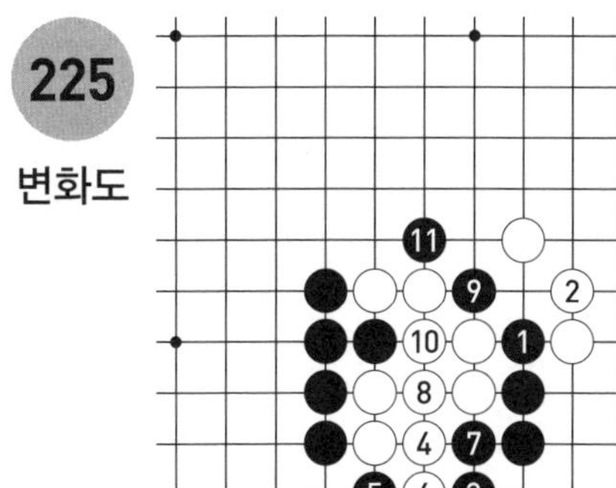

225 변화도

백2로 물러서면 흑3 입구자가 절묘한 수로, 흑11까지 진행되어 축으로 잡는다.

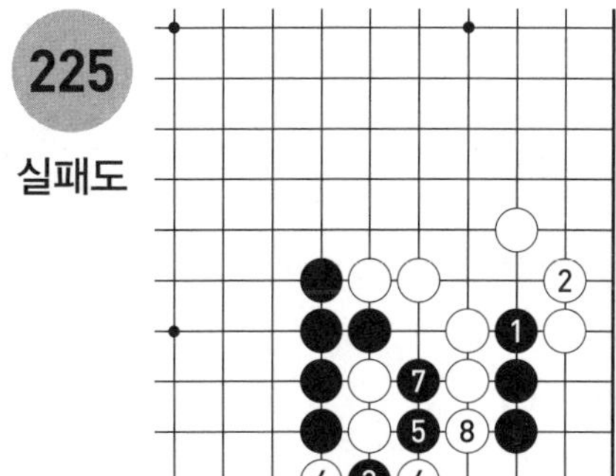

225 실패도

흑3에 젖힘은 착오. 백8까지 진행되어 흑의 실패.

제 8 부 한칸 띔

원래의 돌에서 직선이나 대각선으로 한칸 벌려서 두는 것을 '한칸 뜀'이라고 합니다. 한칸 뜀은 '날일자'와 비슷하나 집을 만들기도 하고 지형을 부수기도 하여 변이나 귀 지역에서 상대에게 접근해 공방전을 벌이거나 탐색전을 펼칠 때 주로 사용합니다.

한칸 뜀은 집을 만들기도 하고 부수기도 합니다. 대국에서 자신의 돌이 상대에게 좌우로 공격당할 때는 한칸 뜀을 이용해 도망갈 수 있습니다. 또한 변과 귀 지역에서 탐색전을 할 때 한칸 뜀은 적을 향해 쏘는 한 발의 화살과 같아서 방어가 쉽지 않습니다. 그러나 상대방에게 쉽게 끊길 수 있다는 것이 단점이 있기 때문에 한칸 뜀은 적절한 시기에 사용해야 합니다.

제8부는 36개의 연습문제로 구성되어 있으며 모두 흑 선입니다. 한칸 뜀을 확실하게 익혀 여러분의 기력을 한층 높이시길 바랍니다.

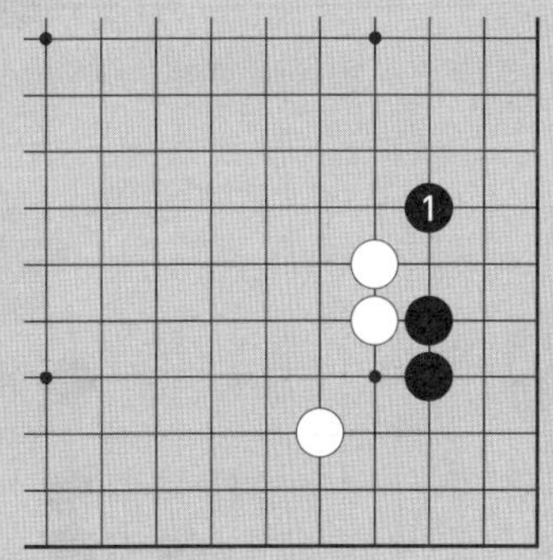

[도해1] 흑1이 '한칸 뜀'이다.

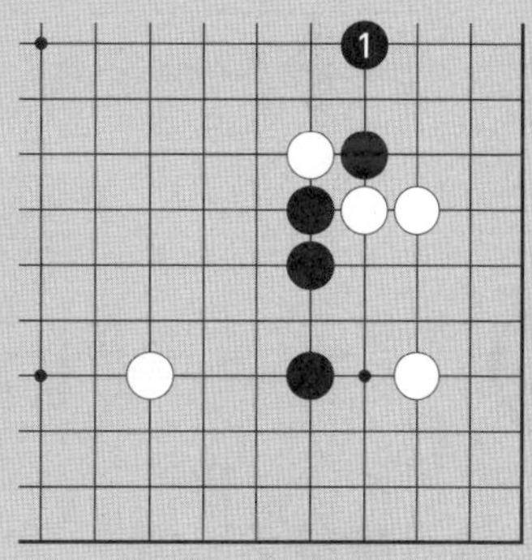

[도해2] 흑1이 '한칸 뜀'이다.

226

문제도
★

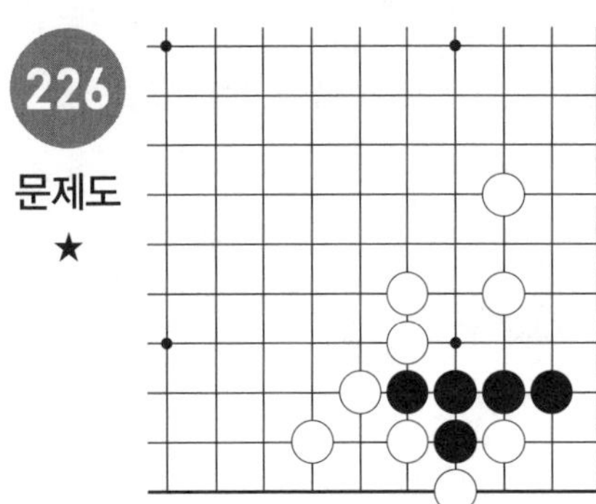

227

문제도
★

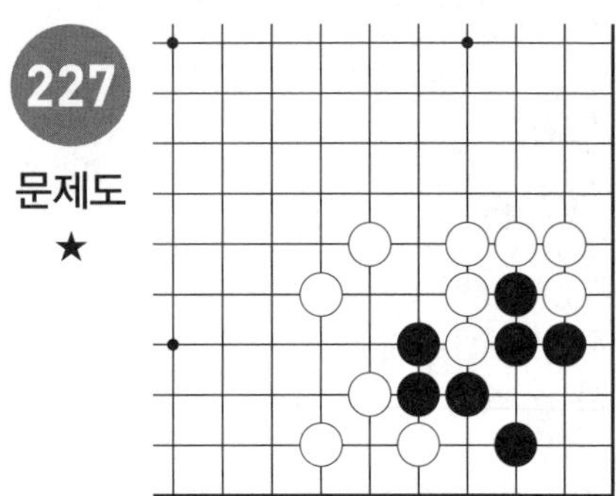

228

문제도
★

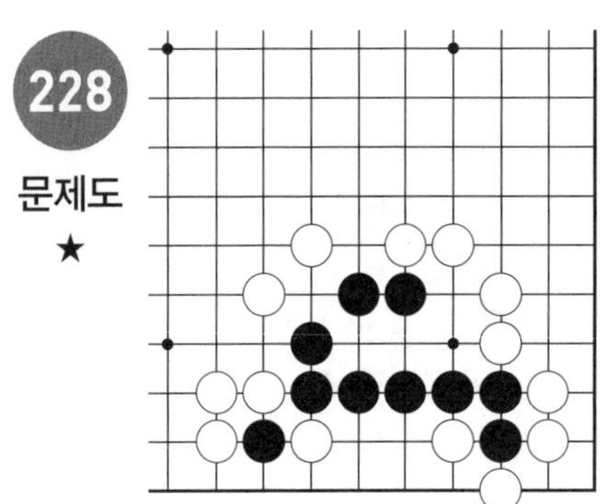

229

문제도
★ ★

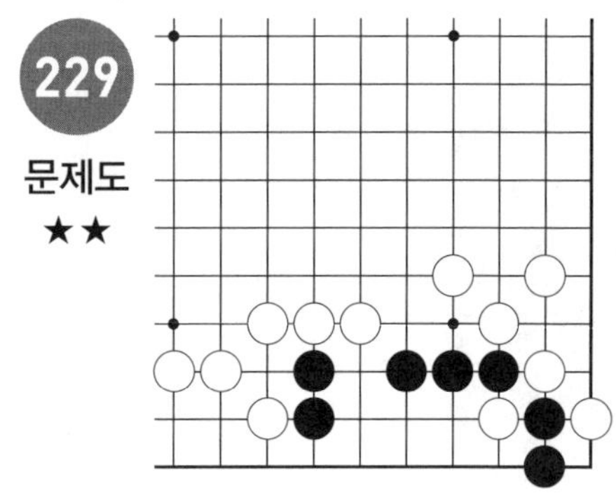

230

문제도
★ ★

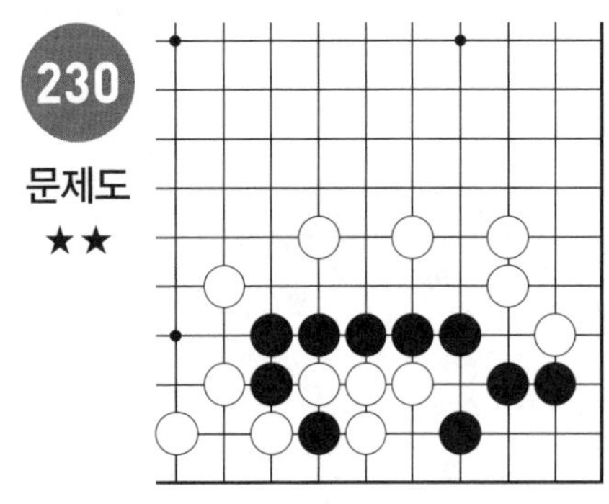

231

문제도
★ ★

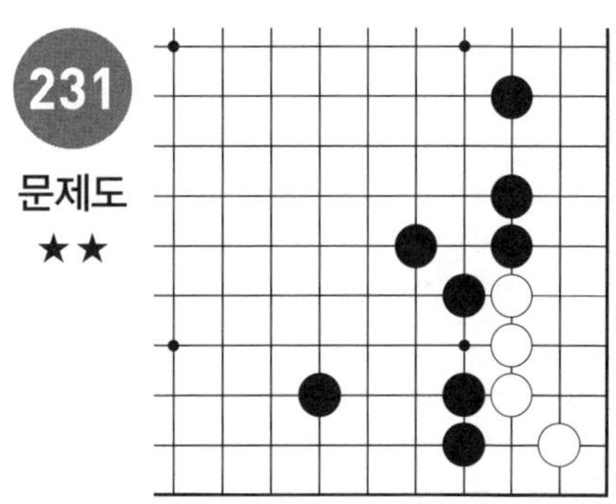

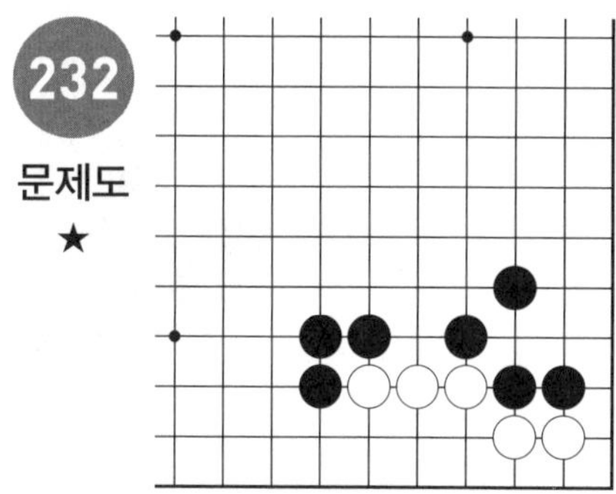

232 문제도 ★

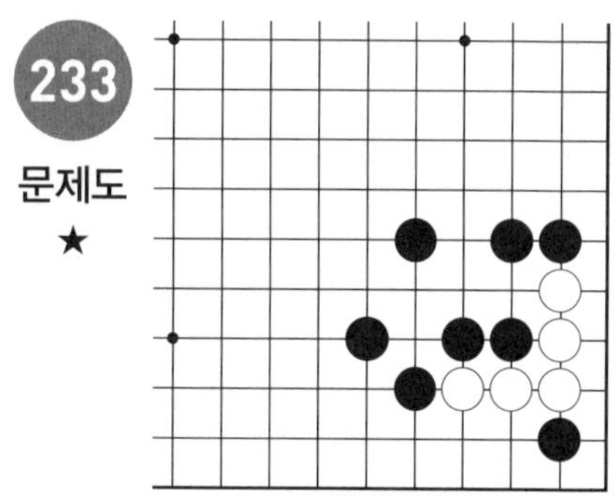

233 문제도 ★

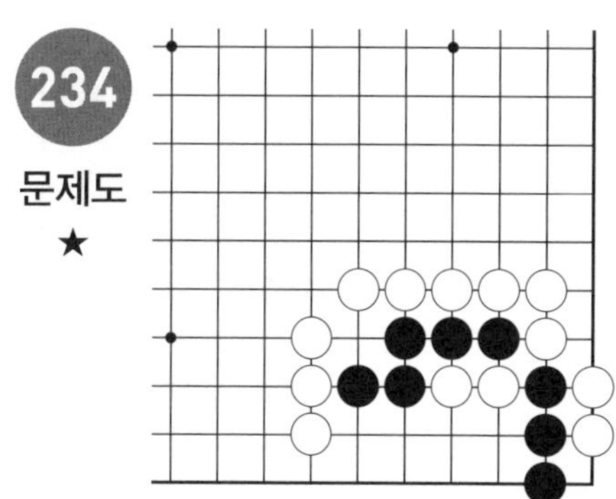

234 문제도 ★

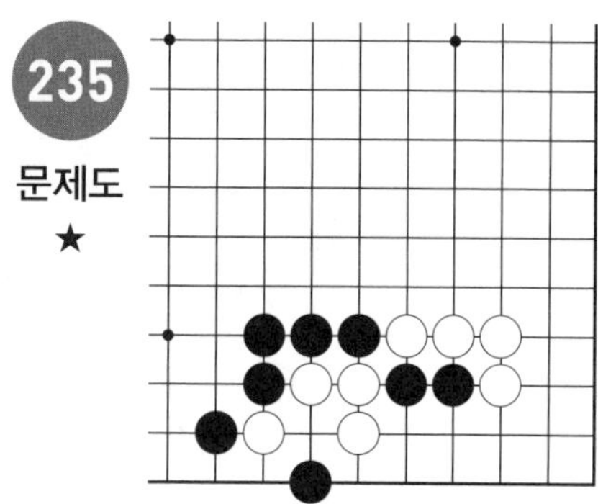

235 문제도 ★

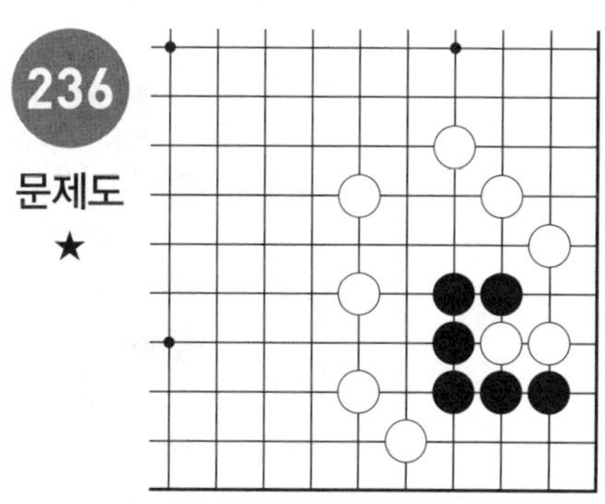

236 문제도 ★

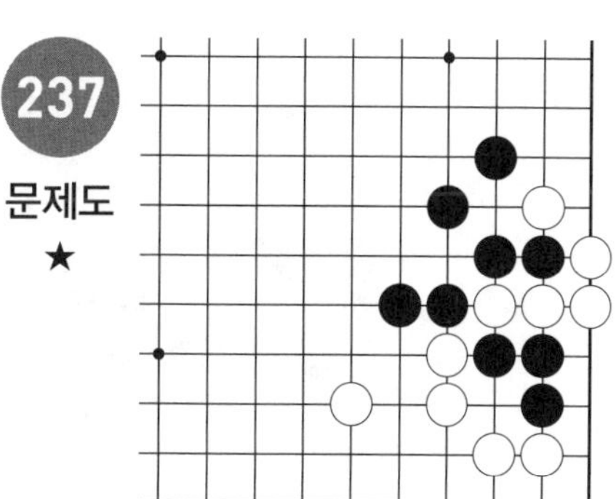

237 문제도 ★

226 정해도

흑1 벌림이 귀 사활의 요점. 흑5 받치고 흑7 늘어서 안형을 넓혀서 흑은 살았다.

227 정해도

흑1 벌림이 요점. 백2로 들여다 볼 때, 흑3으로 빈삼각하는 것이 맥. 흑7까지 진행되어 살았다.

228 정해도

흑1 벌림이 묘수. 백2로 따낼 때, 흑3 먹여치기, 흑5 단수가 좋은 수순. 흑은 살았다.

229 정해도

흑1 벌림이 맥. 흑3 젖힘, 흑5 단수가 좋은 수순. 흑7로 다시 단수쳐서 살았다.

230 정해도

흑1 벌림이 사는 요점. 백2로 들여다볼 때 흑3 늘고 흑5 입구자하는 것이 좋은 수순. 흑9까지 진행하여 살았다.

231 정해도

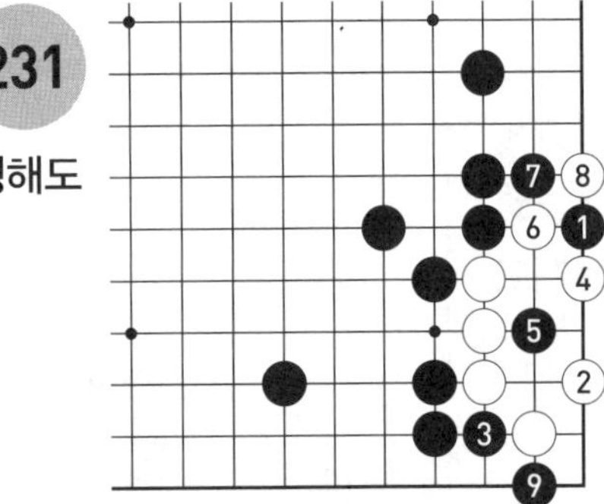

흑1 벌림이 좋은 수. 백2로 호구칠 때 흑3으로 먹여치기가 묘수. 흑9까지 진행하여 백이 잡힌다.

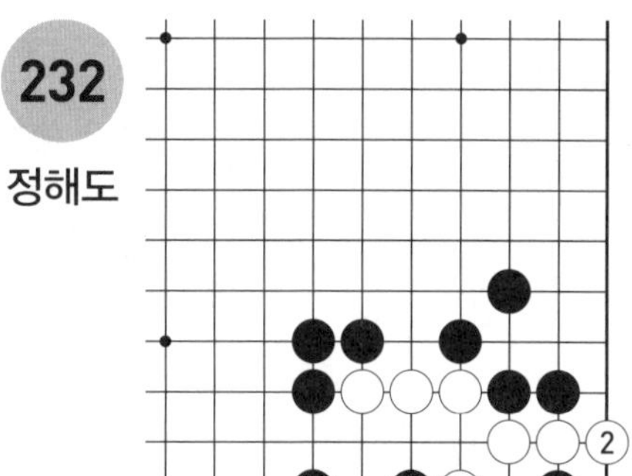

흑1, 3 두 번 벌림이 맥. 흑5로 다시 치중하여 백이 잡힌다.

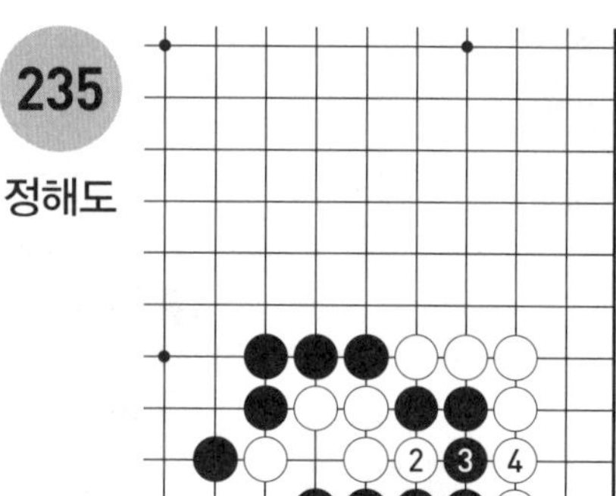

흑1 벌림이 요점. 백2로 끼울 때, 흑3 세움, 흑7 연결까지 백이 잡힌다.

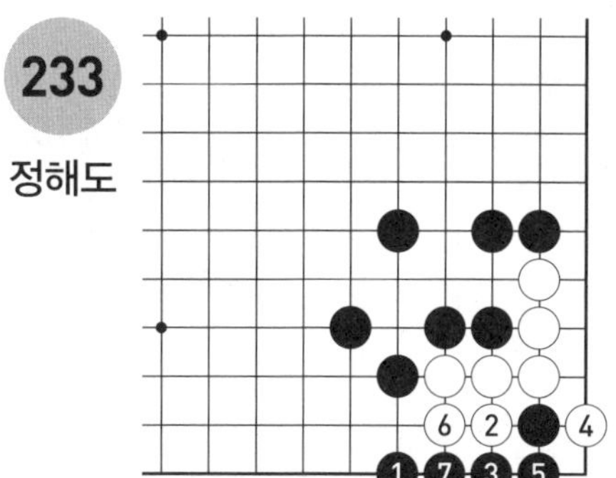

흑1로 벌림이 요점. 흑7까지 진행되어 귀의 1점은 건넜으며 백이 잡힌다.

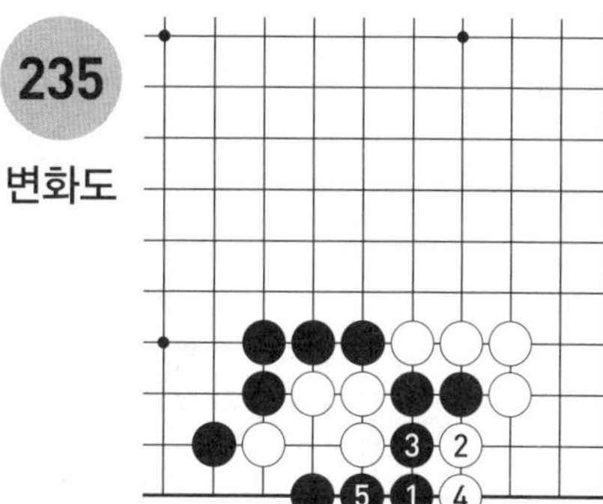

만약 백2로 단수치면 흑3, 5로 두 번 이어 역시 백이 안된다.

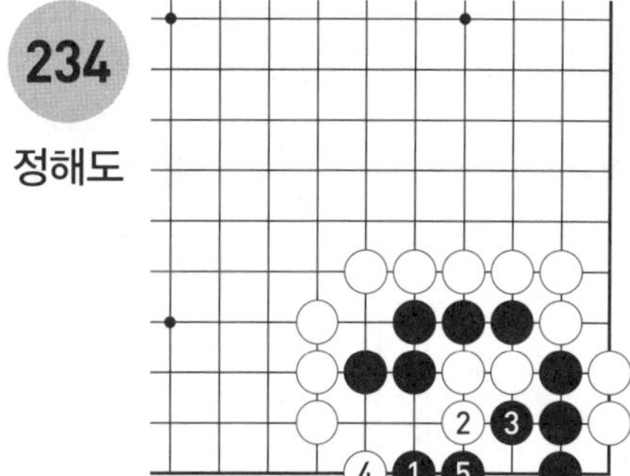

흑1 벌림이 사는 요점. 백2로 꼬부릴 때, 흑3 먹여치기가 묘수로 살게 된다.

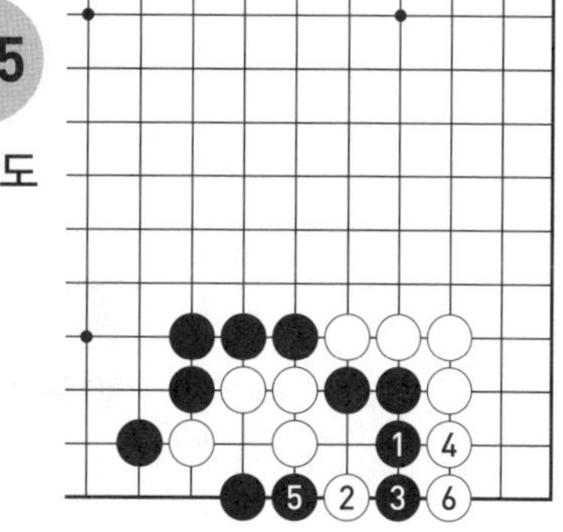

흑1로 꼬부리는 것은 착오. 백2 입구자가 묘수. 백6까지 진행되어 흑의 실패.

236 정해도

흑1 벌림이 귀에서 사는 요점.
백2로 이을 때 흑3으로 집을 지
어 살았다.

237 정해도

흑1 벌림이 묘수. 백2로 끼우고
흑3부터 흑7 단수까지 백이 잡
힌다.

236 변화도

만약 백2로 치중하면 흑3 단수쳐
서 역시 살 수 있다.

237 변화도

백2로 이으면 흑3 잇고 흑5 단수
쳐서 백은 역시 안된다.

236 실패도

흑1 끼움은 착오. 백2로 크게 날
아 근거지를 점거하는 것이 요
점. 흑이 오히려 잡힌다.

237 실패도

흑1로 막는 것은 착오. 백2, 백4
로 수를 메워 흑의 실패.

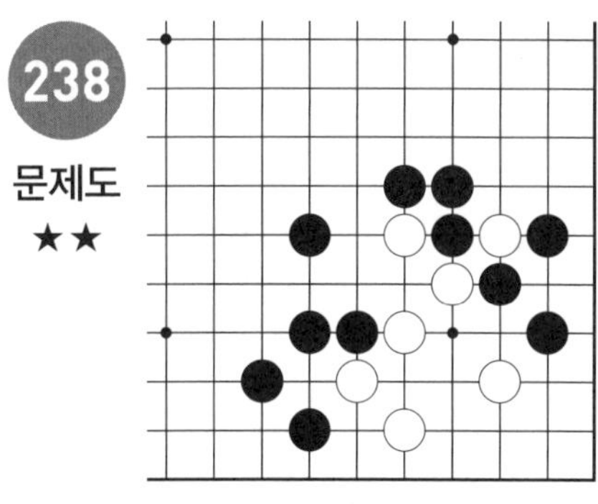

238 문제도 ★★

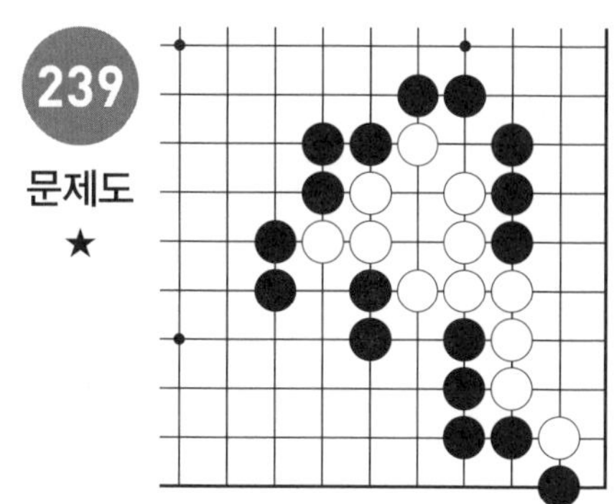

239 문제도 ★

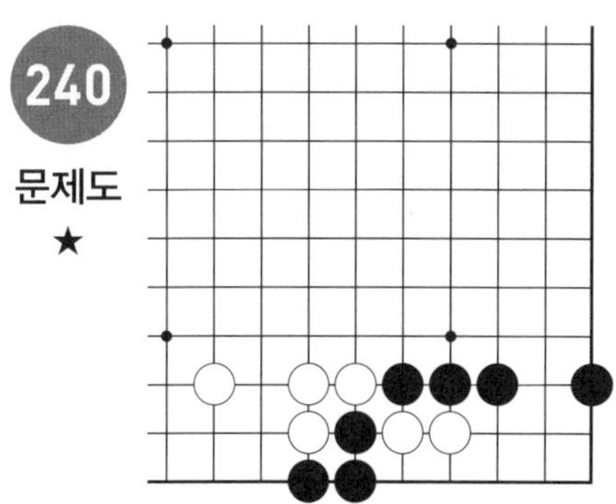

240 문제도 ★

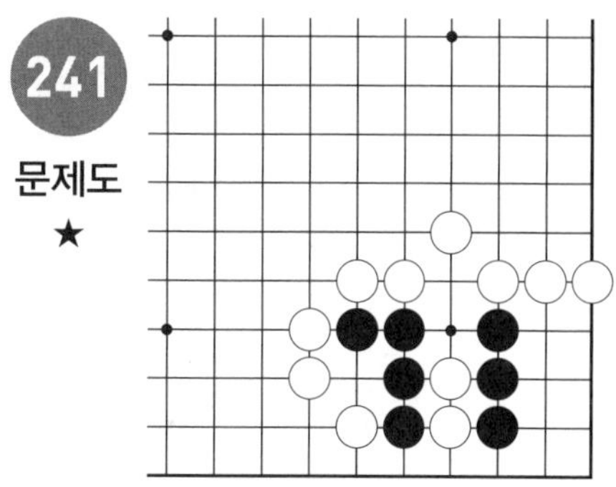

241 문제도 ★

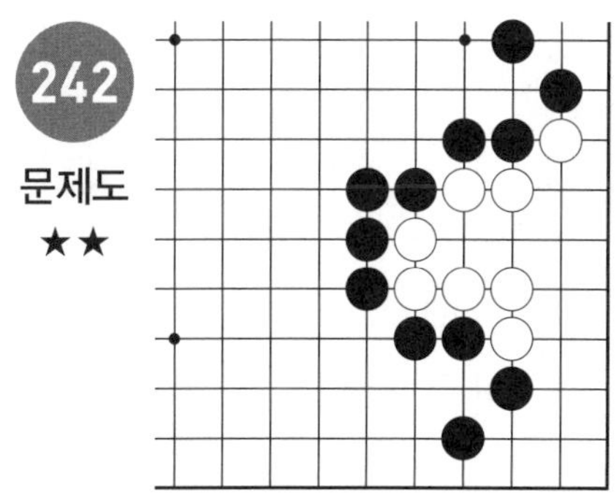

242 문제도 ★★

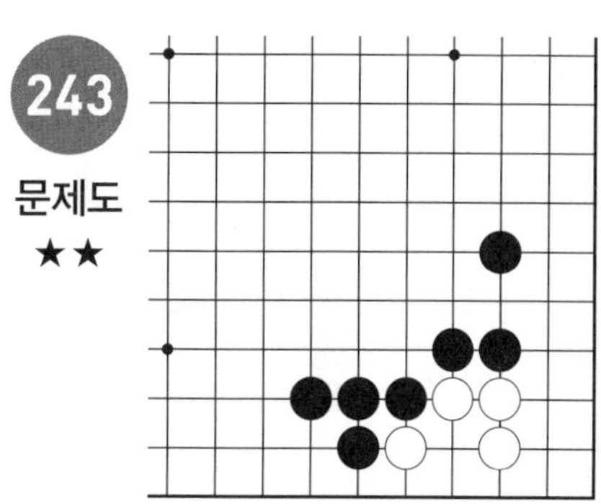

243 문제도 ★★

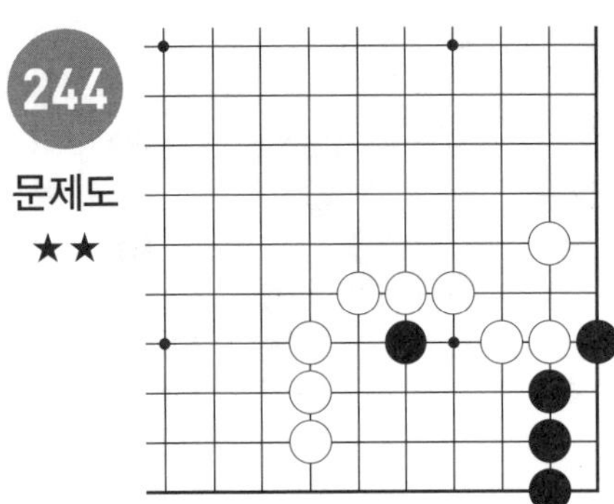

244 문제도 ★★

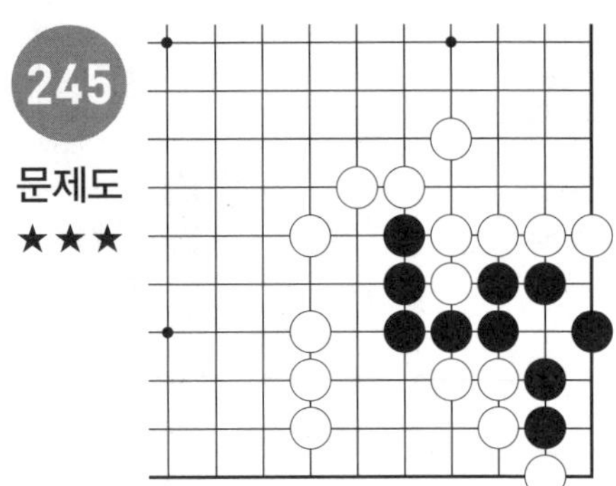

245 문제도 ★★★

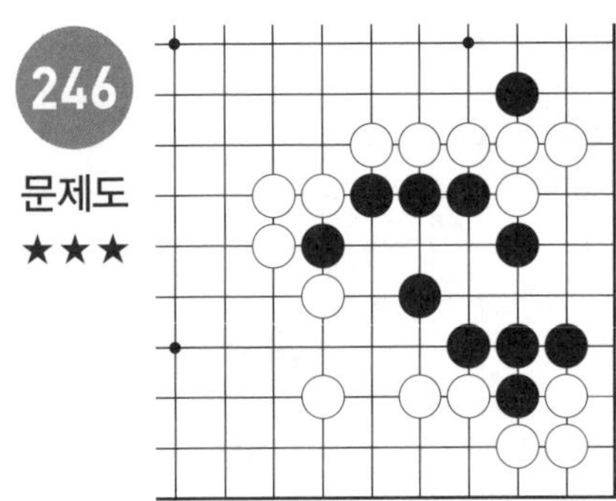

246 문제도 ★★★

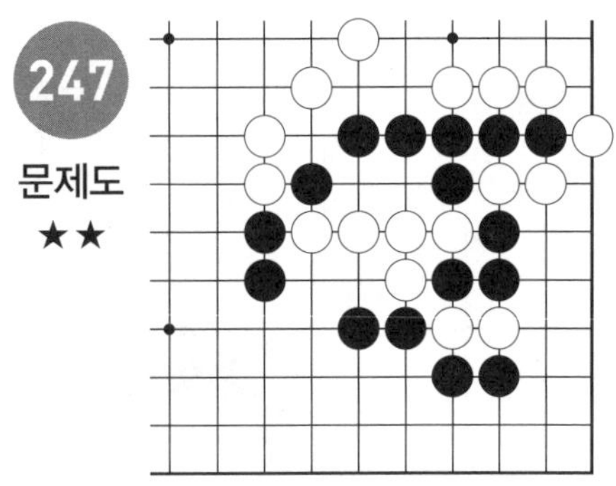

247 문제도 ★★

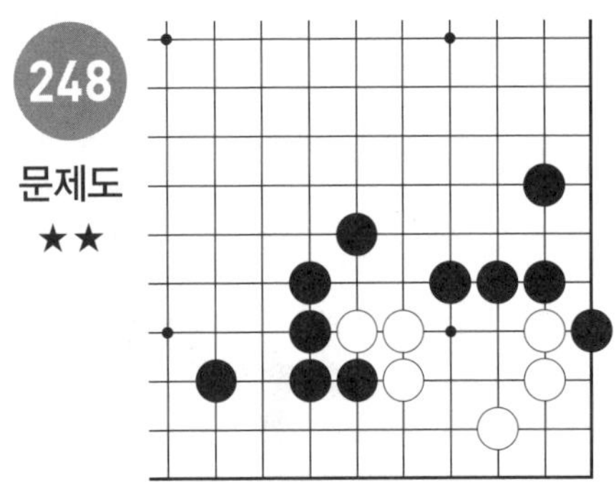

248 문제도 ★★

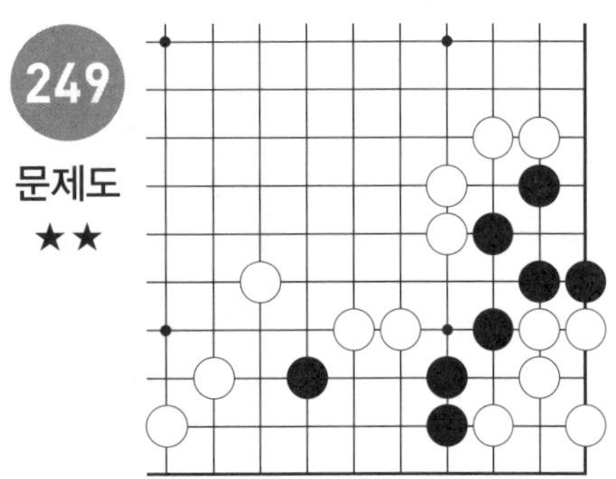

249 문제도 ★★

238 정해도

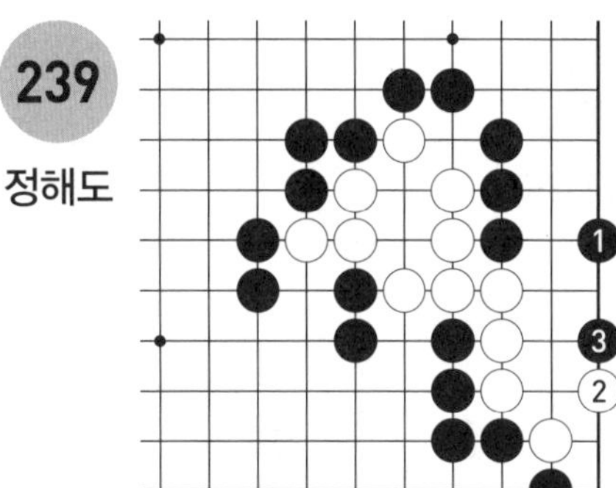

흑1 벌림, 흑3 건넘이 좋은 수순.
흑7 치중하는 것이 맥. 흑15까지
진행되어 백이 잡힌다.

239 정해도

흑1로 벌림이 요점. 백2 호구치
면 흑3 다시 벌려서 백이 잡힌다.

238 변화도

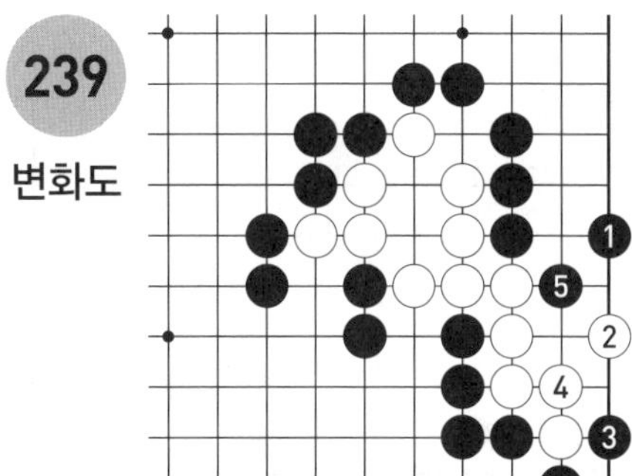

백2로 막으면 흑3에 치중하기,
흑7까지 진행되어 정해도로 되
돌아가게 된다.

239 변화도

만약 백2로 뛰면 흑3 단수치고
다시 흑5로 파호하여 여전히 백
은 살 수 없다.

238 실패도

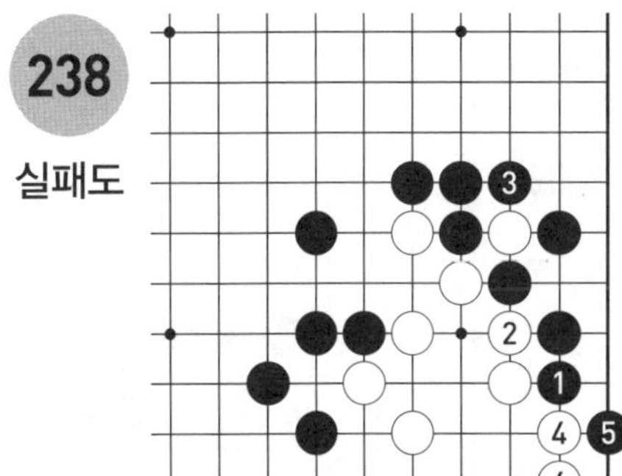

흑1로 늘림은 착오. 백2하고, 백
6까지 살 수 있다. 흑의 실패.

239 실패도

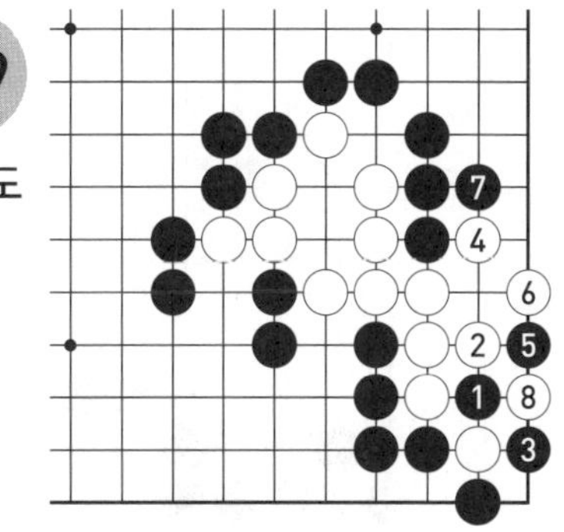

흑1 끊음은 착오. 백2 단수치고
백8 따냄까지 패가 되어 흑의
실패.

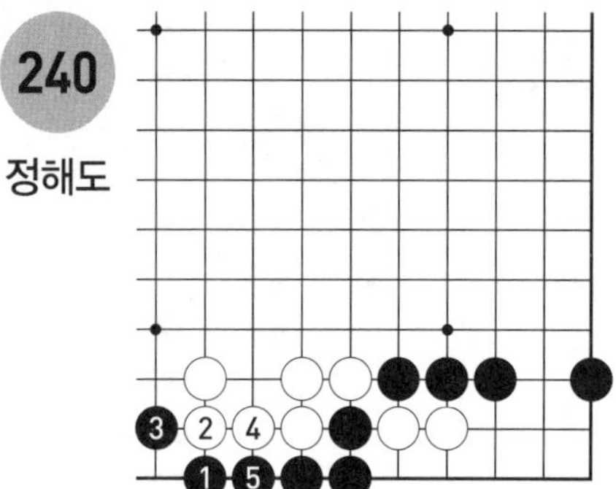

240 정해도

흑1로 벌림이 좋은 수. 백2로 밀면 흑3 젖힘, 흑5 이어 백이 잡힌다.

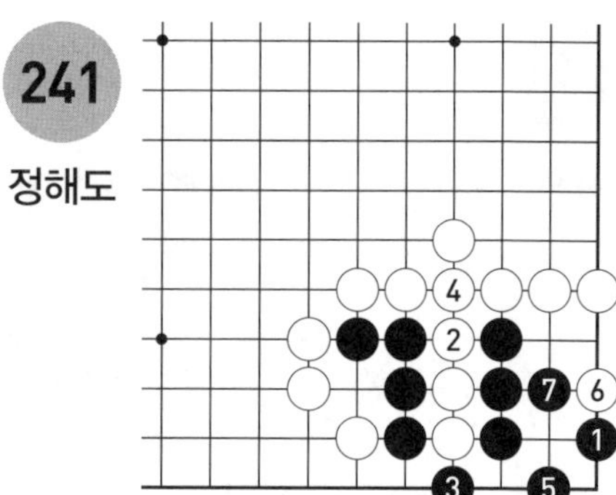

241 정해도

흑1로 벌림이 사는 요점. 흑7까지 진행되어 살았다.

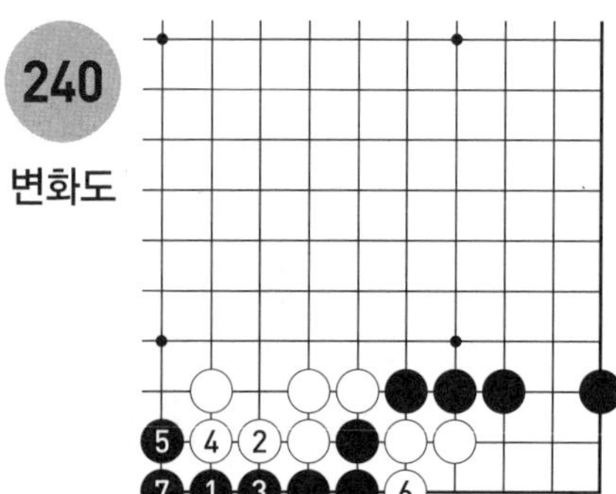

240 변화도

만약 백2로 꼬부리면 흑3 하고 흑7 연결까지, 여전히 백은 안된다.

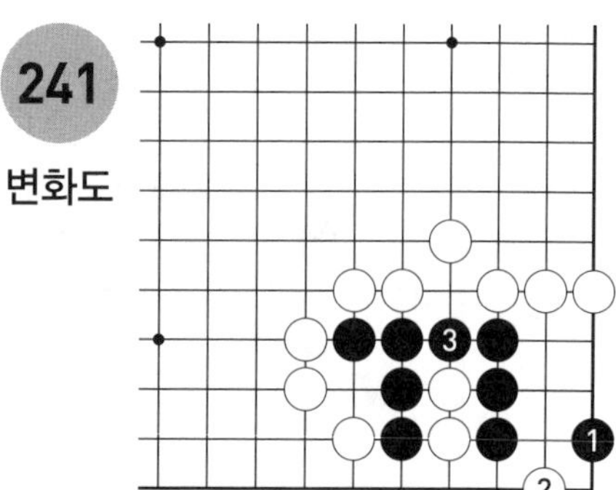

241 변화도

만약 백이 2에 치중하면 흑이 3에 단수쳐서 역시 살게 된다.

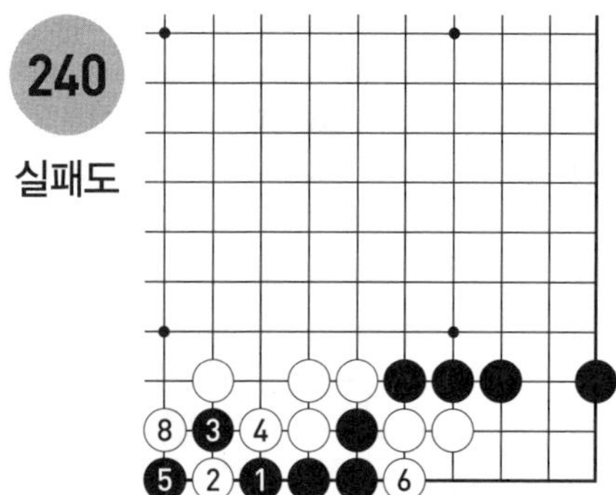

240 실패도

흑1로 늘림은 착오. 백2로 내미는 것이 묘수. 백8까지 진행되어 흑의 실패. 흑7=백2

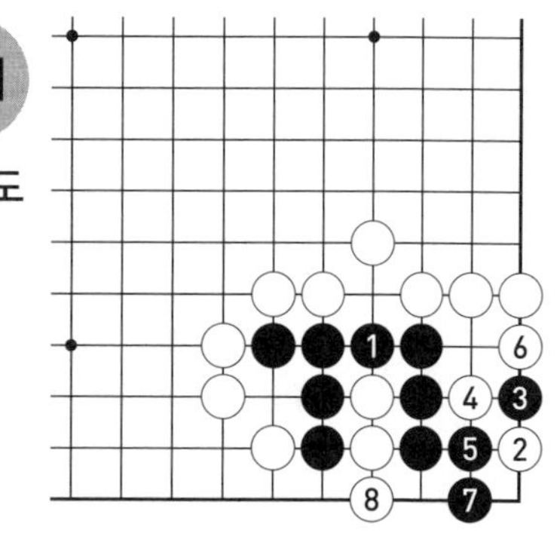

241 실패도

흑1 단수치는 것은 착오. 백2 벌림이 묘수. 백8까지 진행되어 흑의 실패.

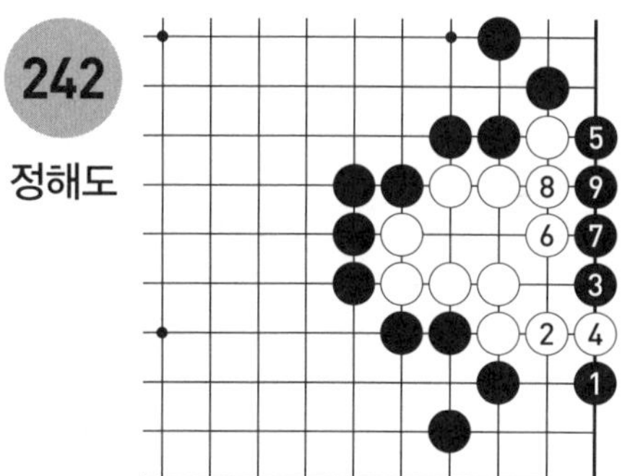

흑1 벌림이 요점. 백2 꼬부릴 때, 흑3 다시 벌림이 묘수. 흑9 까지 진행되어 백이 잡힌다.

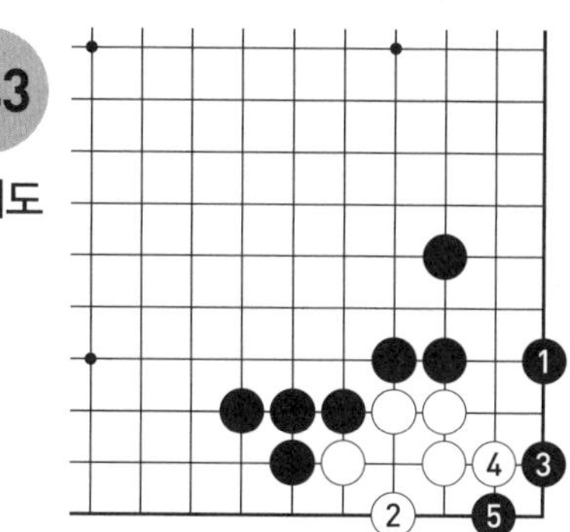

흑1, 3 두 번 벌림이 백을 잡는 묘수. 흑5 파호하여 백이 잡힌다.

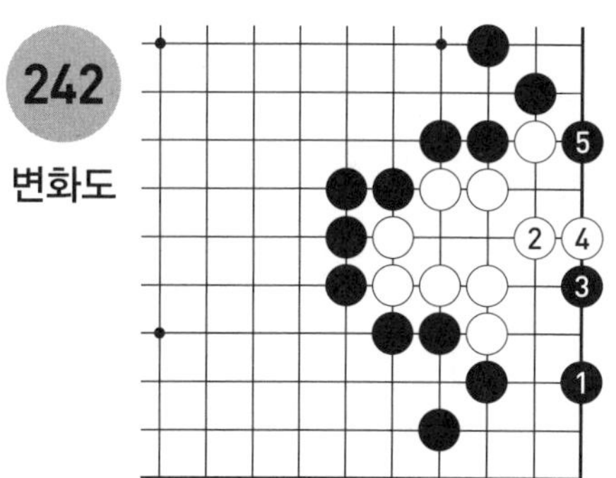

백2 호구치면 흑3 뛰고 흑5 단수 쳐서 백은 여전히 살 수 없다.

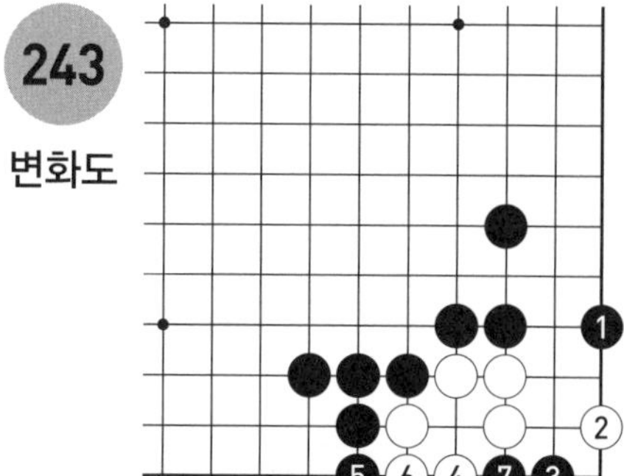

만약 백2로 뛰면 흑3에 들여다 봄이 묘수. 흑7까지 진행되어 백은 역시 살 수 없다.

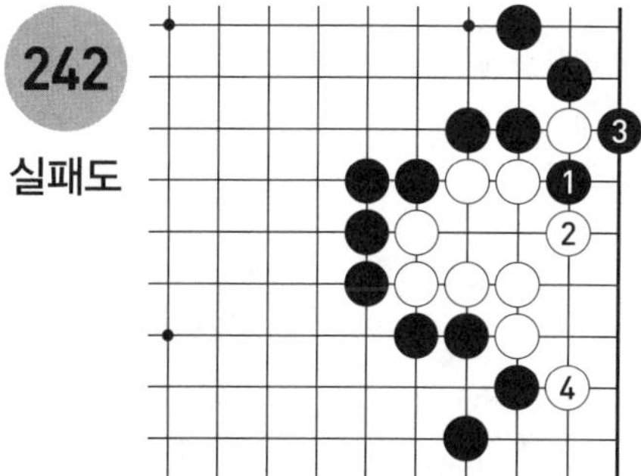

흑1에 단수치는 것은 착오. 백2, 4로 집을 지어 살 수 있다. 흑의 실패.

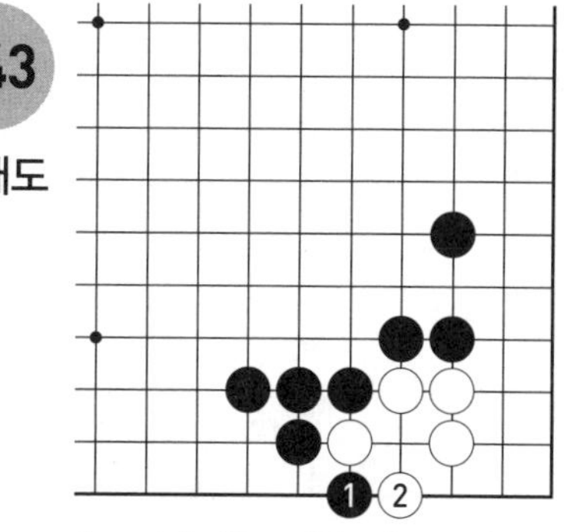

흑1 단수치는 것은 착오. 백2로 패를 만들고 패에서 이기면 흑의 실패.

244 정해도

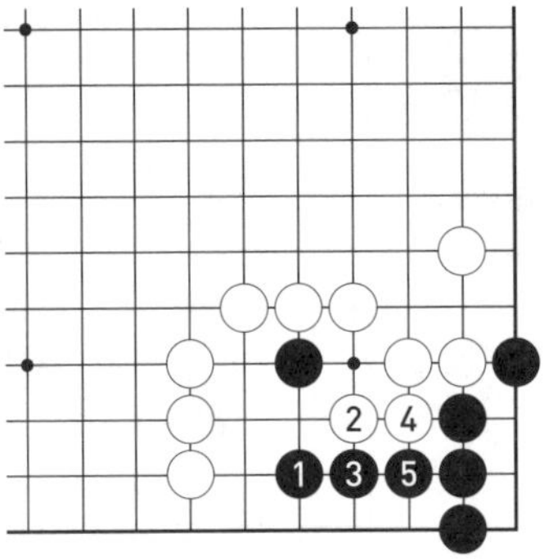

흑1로 집을 짓는 것이 요점. 흑5
까지 진행되어 살았다.

245 정해도

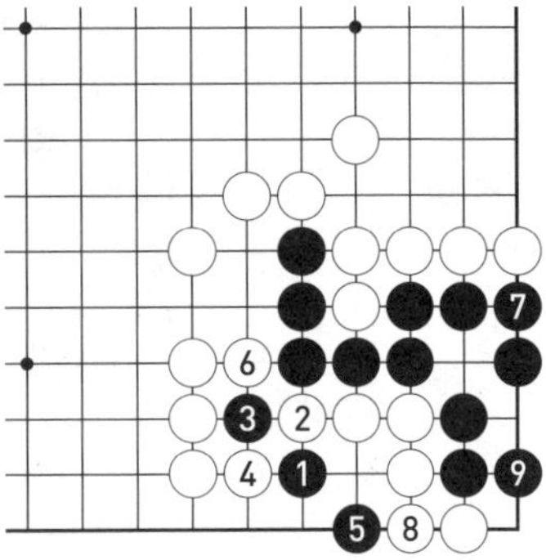

흑1 벌림이 요점. 백2 끼울 때,
흑3 끼워 붙임, 흑5 입구자가 맥.
흑9까지 진행되어 살았다.

244 변화도

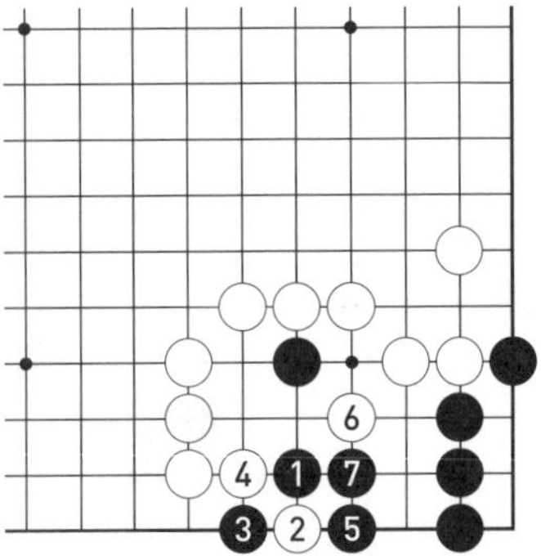

백2 받치면 흑3 젖혀서 막고 흑5
따냄, 흑7 연결로 역시 살게 된다.

245 변화도

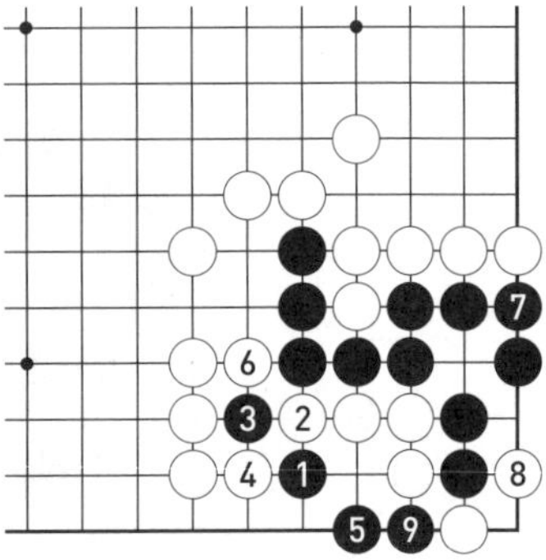

만약 백이 8로 파호하면 흑9에
끊어서 역시 살게 된다.

244 실패도

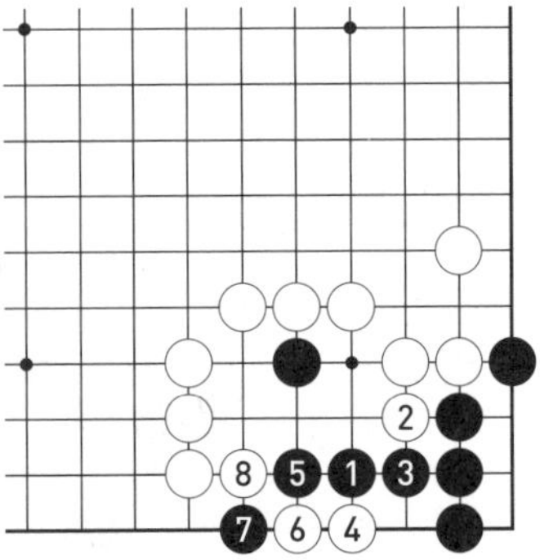

흑1 벌림은 착오. 백2 끼움, 백4
받침이 맥. 백8까지 진행되어 흑
의 실패.

245 실패도

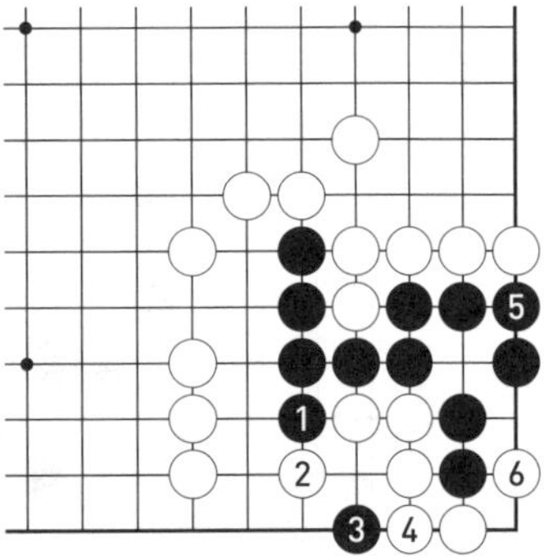

흑1 끼움은 착오. 백2 막고 백6
파호까지 흑의 실패.

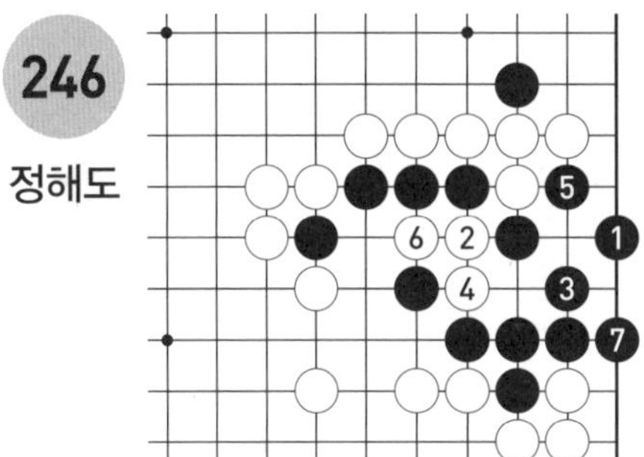

흑1 벌림이 묘수, 백2 끊을 때,
흑3, 5 집을 짓는 것이 좋은 수순.
흑7 버림으로 살 수 있다.

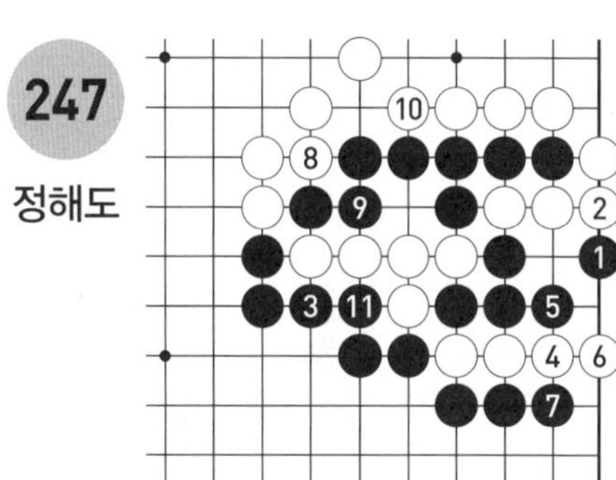

흑1 벌림, 다시 흑3 수 메움의 수
순이 정답. 흑11까지 진행되어
백이 잡힌다.

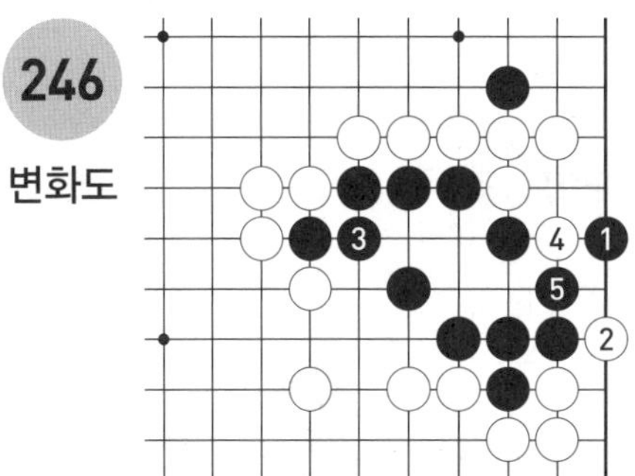

만약 백이 2에 젖히면 흑3 연결.
흑5 단수쳐서 역시 살게 된다.

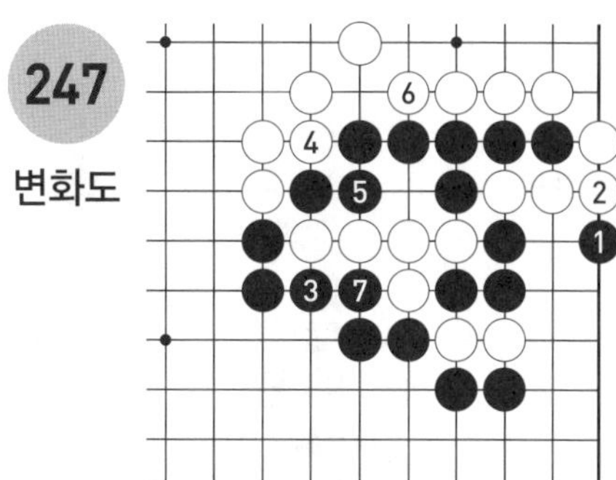

만약 백이 4에 단수치면 흑5 연
결, 다시 흑7에 수를 메워 백은
역시 안된다.

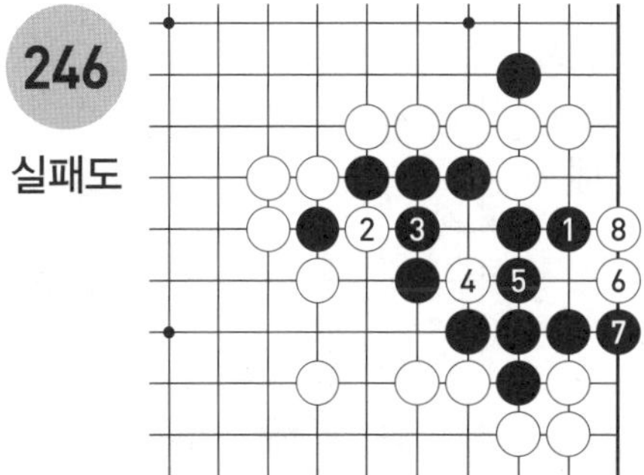

흑1 세움은 착오. 백4, 6 두 곳의
치중하기가 묘수. 백8 다시 물러
서서 흑의 실패.

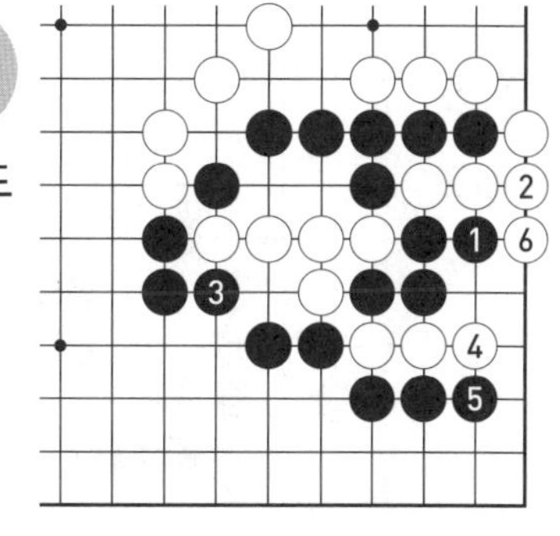

흑1 단수는 착오. 백2 잇고 다시
백4 늘림, 백6 단수쳐서 오히려
흑이 잡힌다.

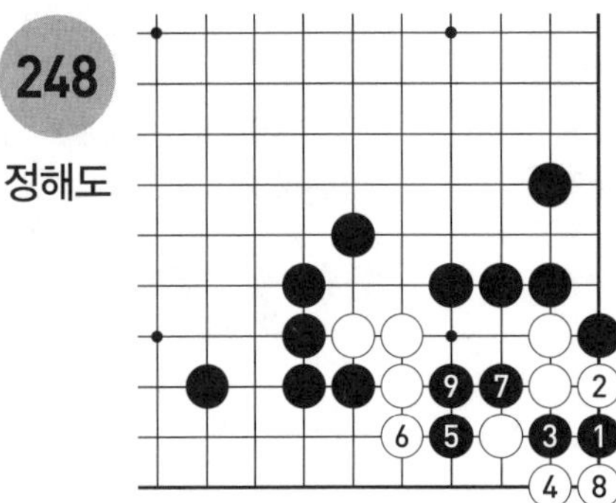

248 정해도

흑1 벌림이 요점. 흑3 늘림. 흑5 붙임이 묘수. 흑9까지 진행되어 백이 잡힌다.

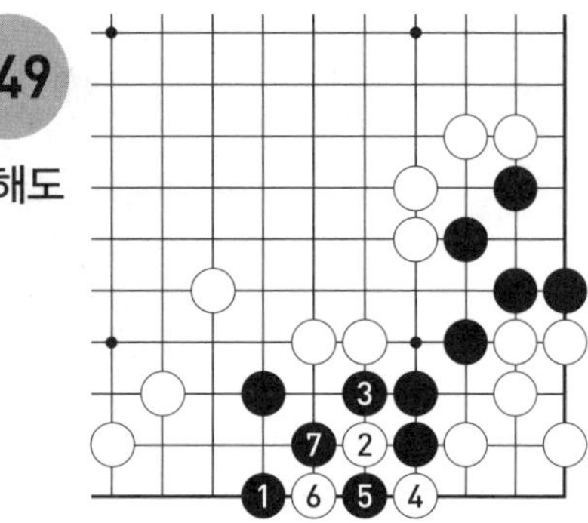

249 정해도

흑1 벌림이 살 수 있는 요점. 백2 붙임할 때, 흑3 끼움, 흑5 먹여치기가 좋은 수순. 흑7 다시 단수쳐서 살았다.

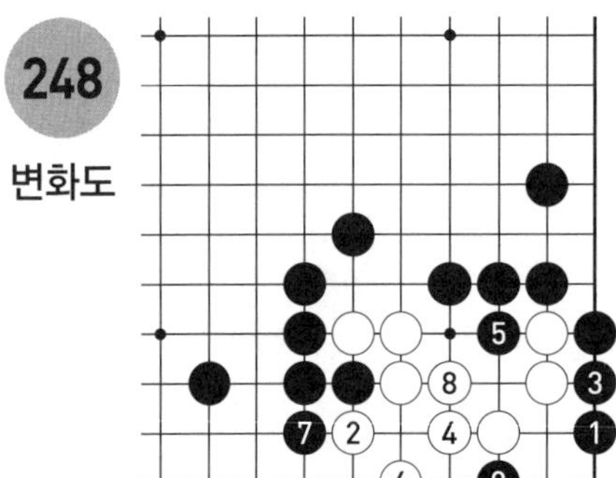

248 변화도

만약 백이 2에 젖힘하면 흑3 연결, 흑5 끼움이 좋은 수순. 흑9까지 진행되어 백은 역시 살 수 없다.

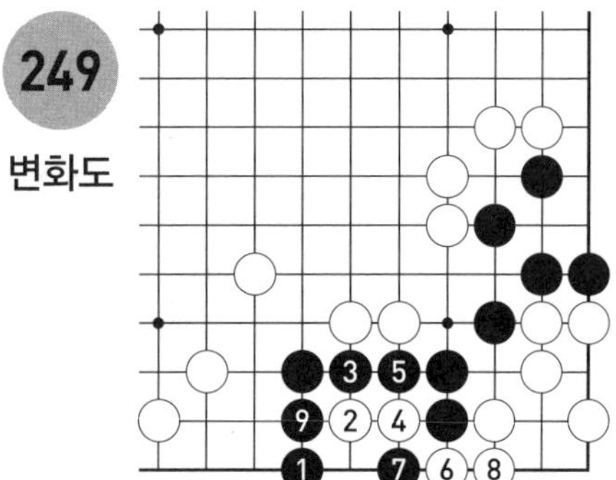

249 변화도

백이 2에 치중하면 흑3 끼움, 흑9 단수까지 역시 살게 된다.

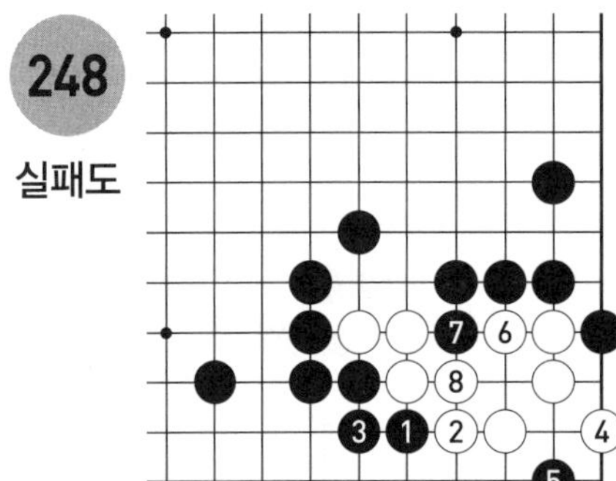

248 실패도

흑1 젖힘은 착오. 백3부터 백8까지 살게 된다. 흑의 실패.

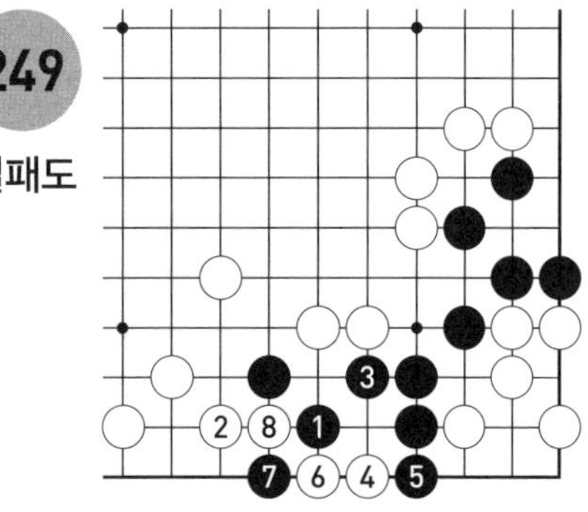

249 실패도

흑1 입구자는 착오. 백2 입구자, 백4 치중하기고 백8 끊음까지 흑의 실패.

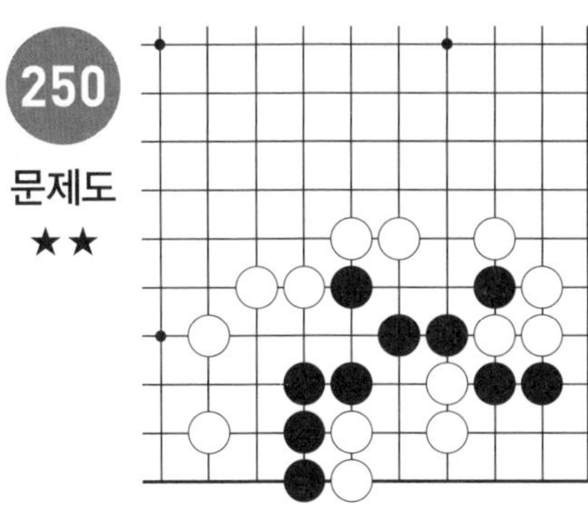

250
문제도
★ ★

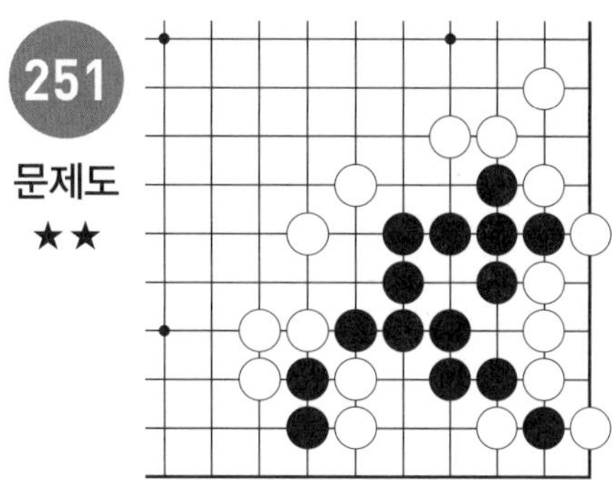

251
문제도
★ ★

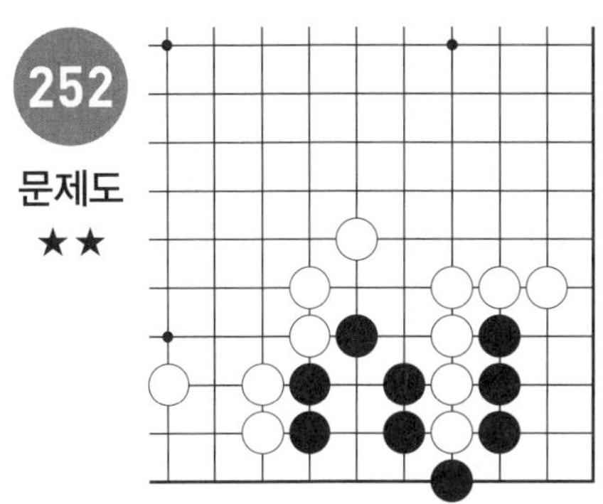

252
문제도
★ ★

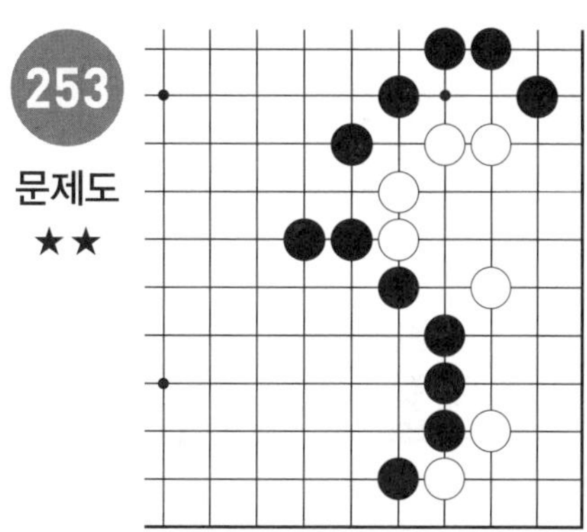

253
문제도
★ ★

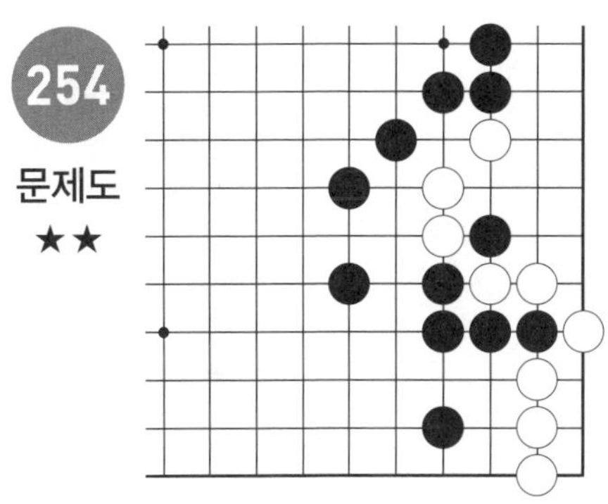

254
문제도
★ ★

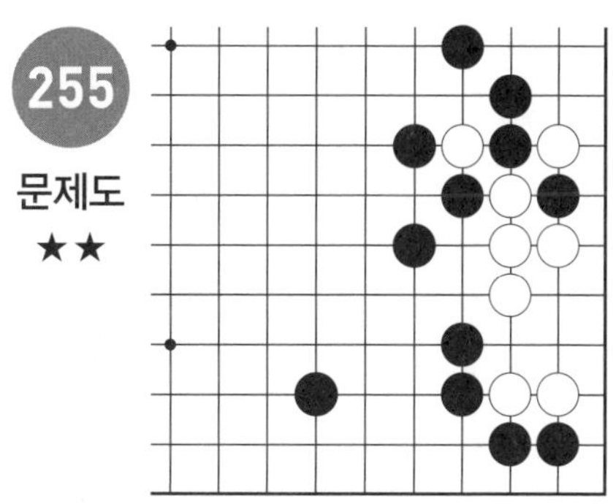

255
문제도
★ ★

256
문제도
★★

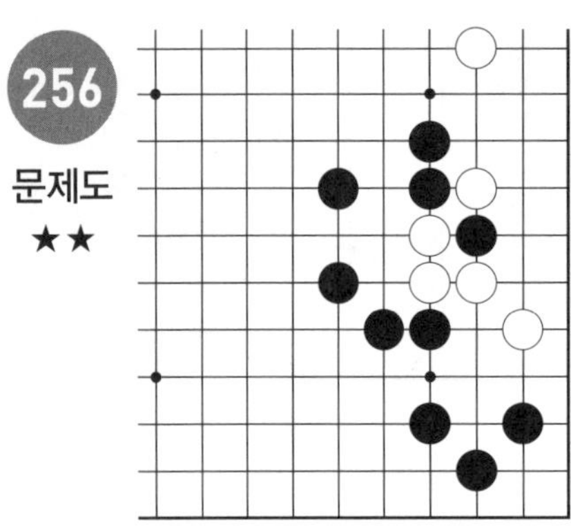

257
문제도
★★

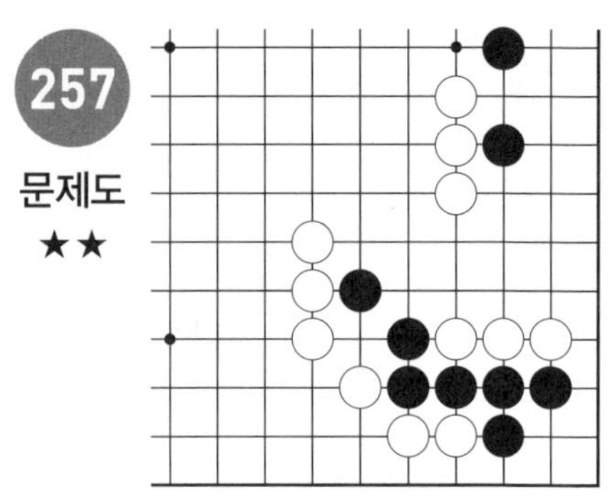

258
문제도
★★

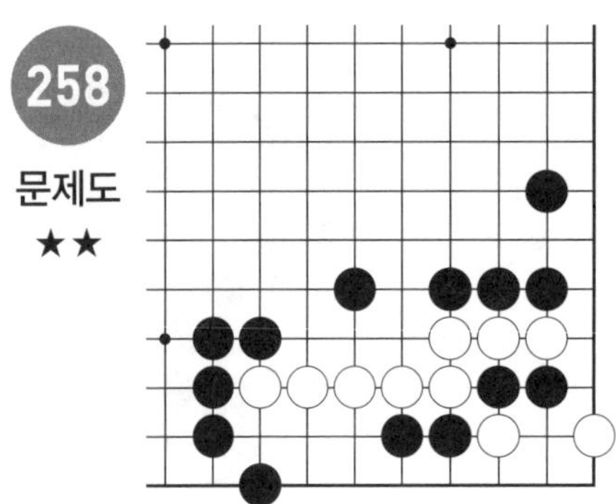

259
문제도
★

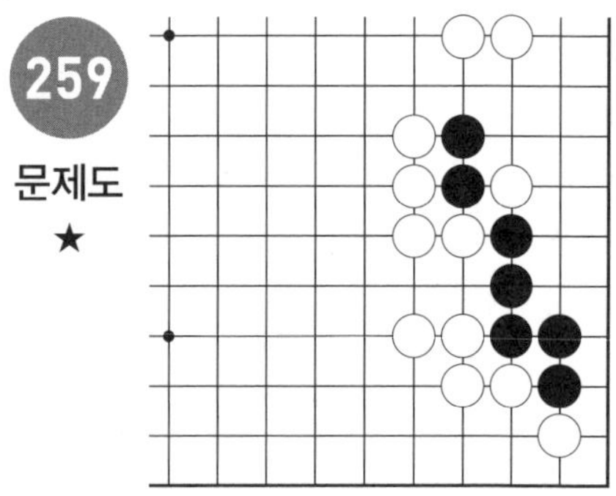

260
문제도
★

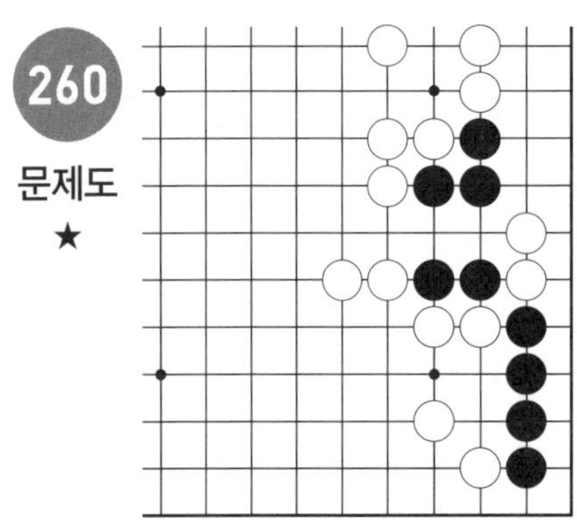

261
문제도
★★

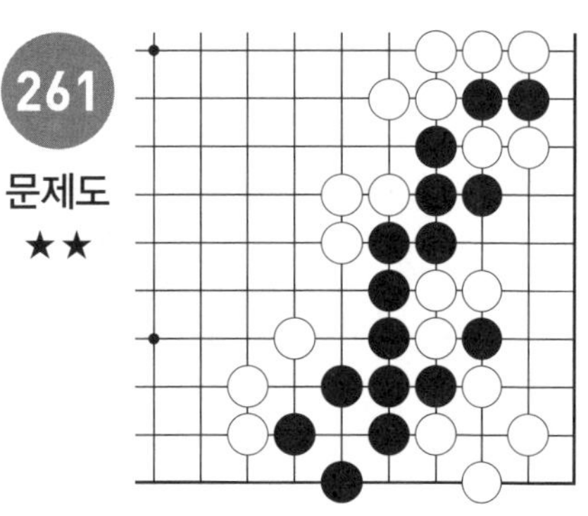

250 정해도

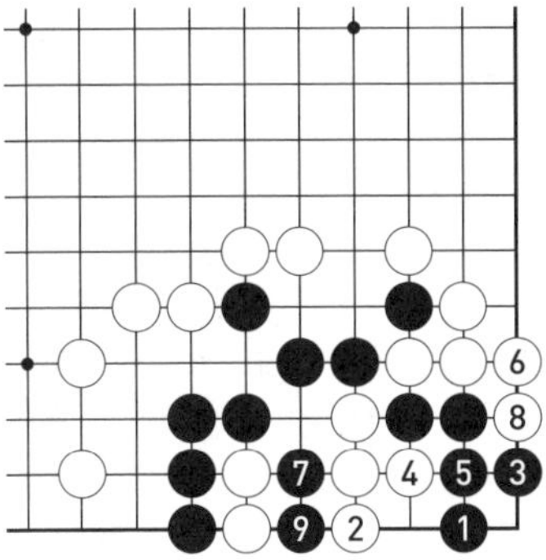

흑1 벌림, 흑3 입구자로 귀에 집을 짓고 흑9로 집을 없애서 흑은 살았다.

251 정해도

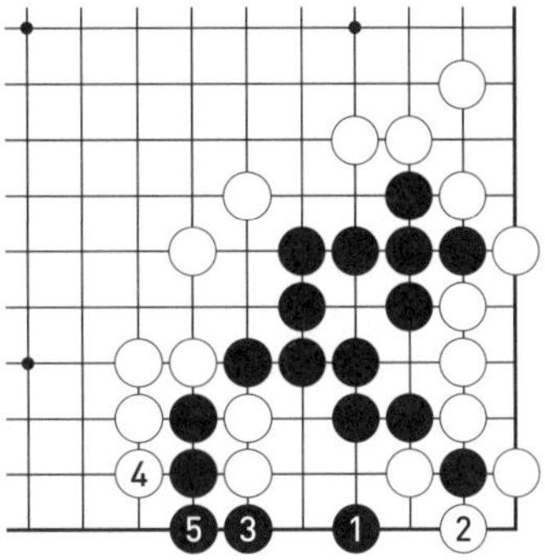

흑1 벌림이 묘수. 백2 단수, 흑3 젖힘, 흑5 연결로 살수 있다.

250 변화도

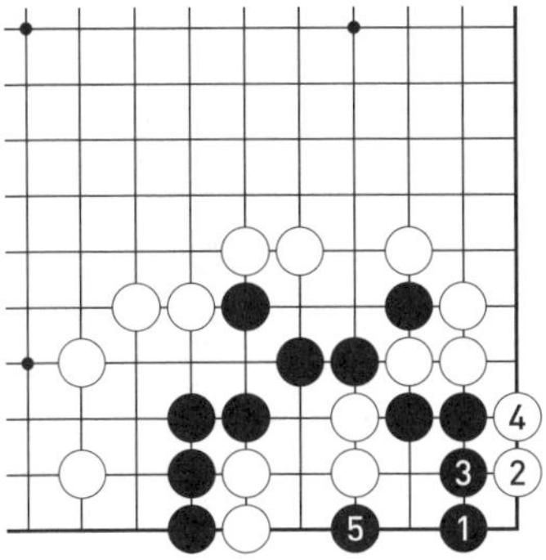

만약 백이 2에 치중하면 흑3 잇고 흑5 받쳐서 역시 살게 된다.

251 변화도

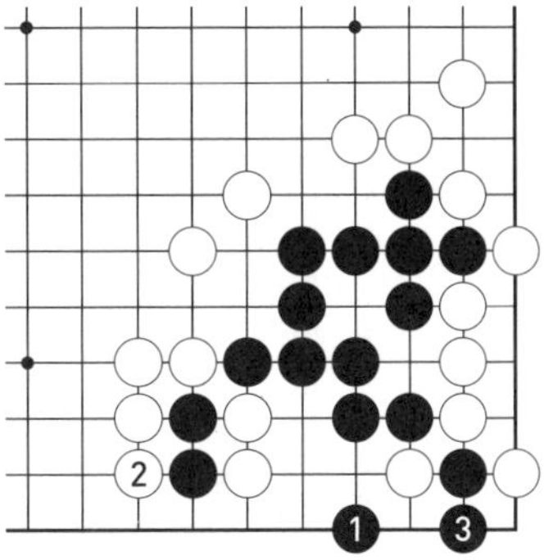

만약 백이 2에 단수치면 흑3 늘어서 역시 살게 된다.

250 실패도

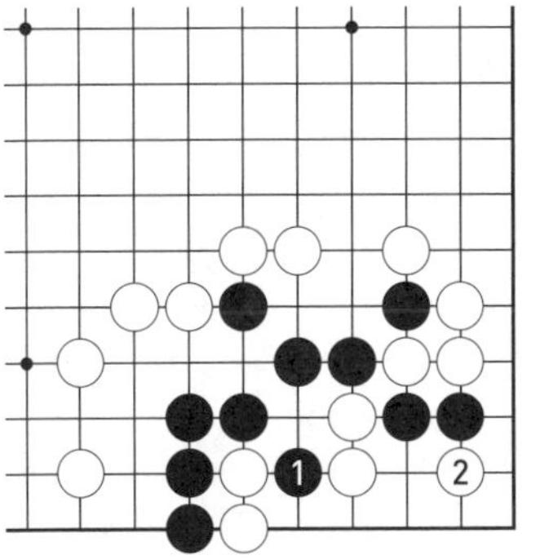

흑1 단수치는 것은 착오. 백2로 붙임하여 흑의 실패.

251 실패도

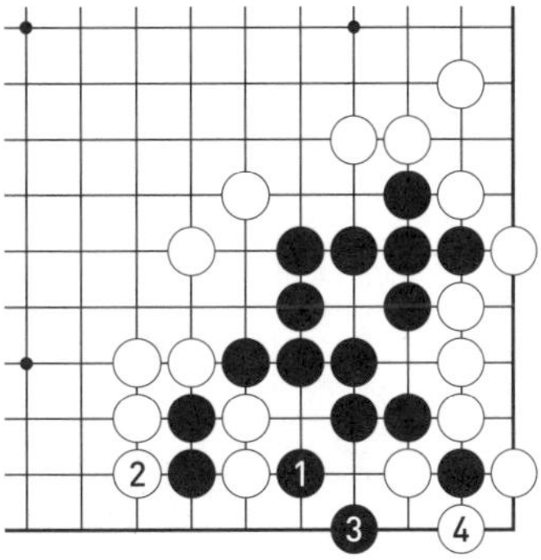

흑1 입구자하는 것은 착오. 백2 단수, 백4로 따내어 흑의 실패.

252

정해도

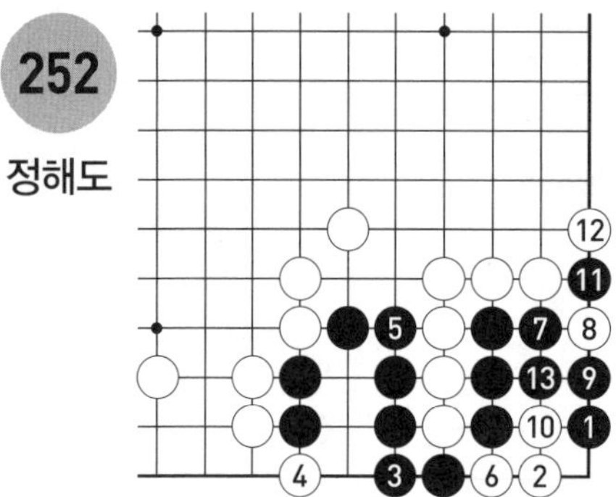

흑1 벌림이 요점. 백2로 들여다 볼 때, 흑3 연결, 흑5 빈삼각이 좋은 수순. 흑13까지 진행되어 살았다.

252

변화도

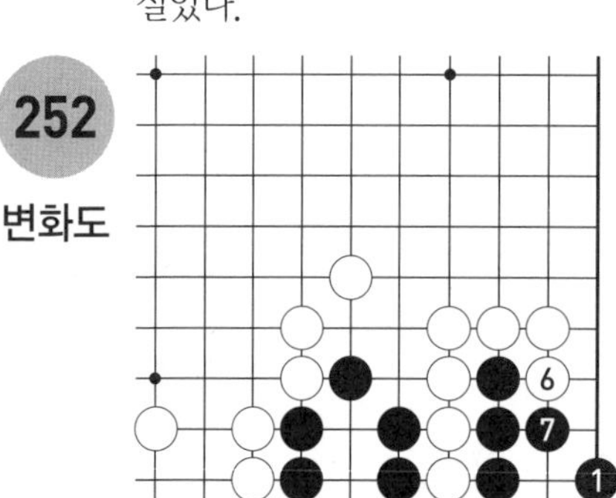

만약 백이 2에 치중하면 흑3 잇고 흑7 집짓기까지 역시 살게 된다.

252

실패도

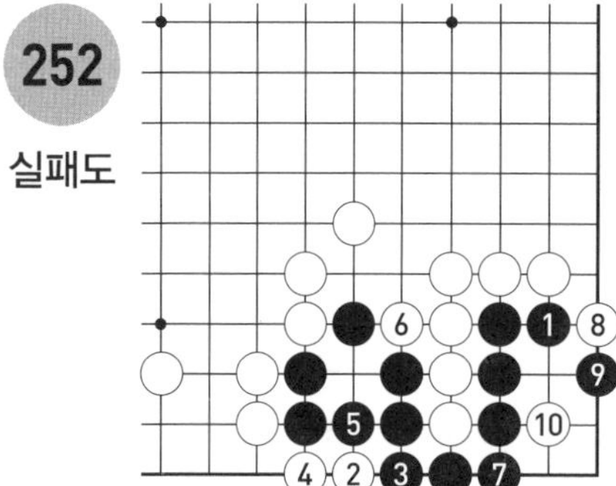

흑1 막는 것은 착오. 백2에서 백 10 파호까지 흑의 실패.

253

정해도

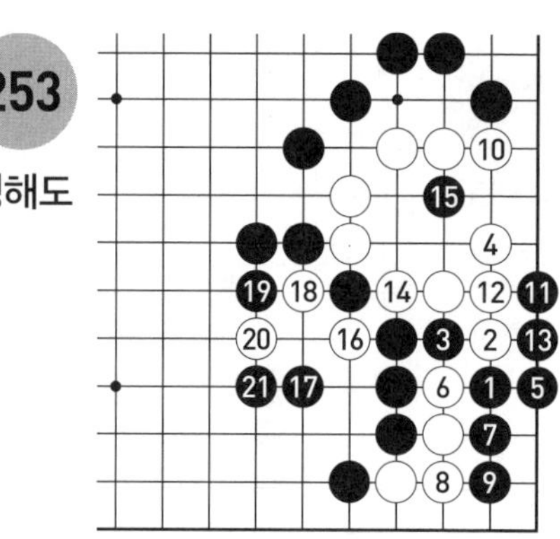

흑1 벌림이 묘수. 흑3 먹여치기, 흑 5 세움이 좋은 수순. 흑17 벌림이 맥. 흑21까지 진행되어 백이 잡힌다.

253

변화도

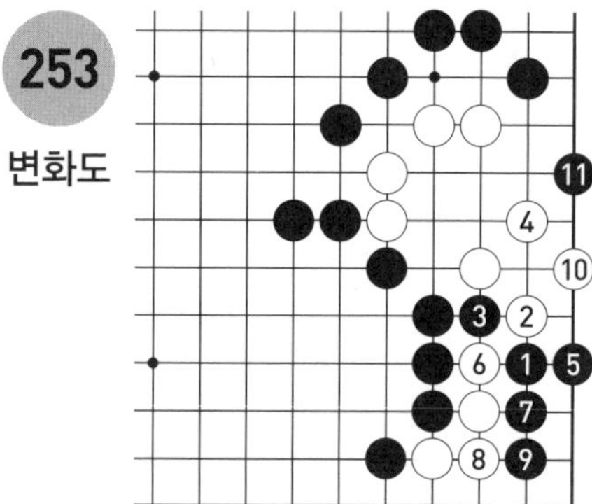

만약 백이 10으로 집을 지으면 흑11로 날아서 백은 역시 살 수 없다.

253

실패도

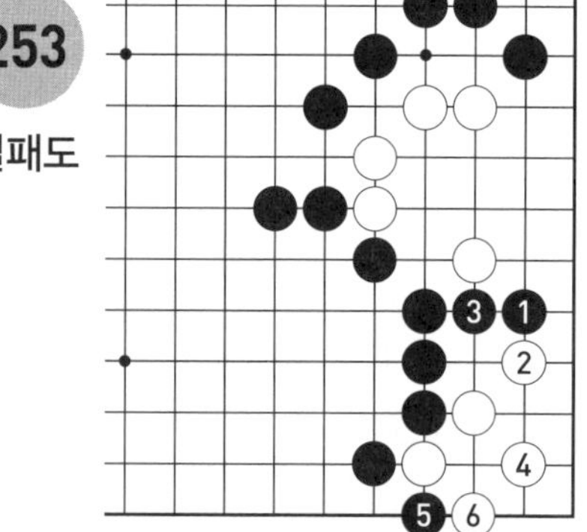

흑1에 벌림은 착오. 백2 입구자 로 밀고 다시 백4, 6 하여 패를 만듦. 흑의 실패.

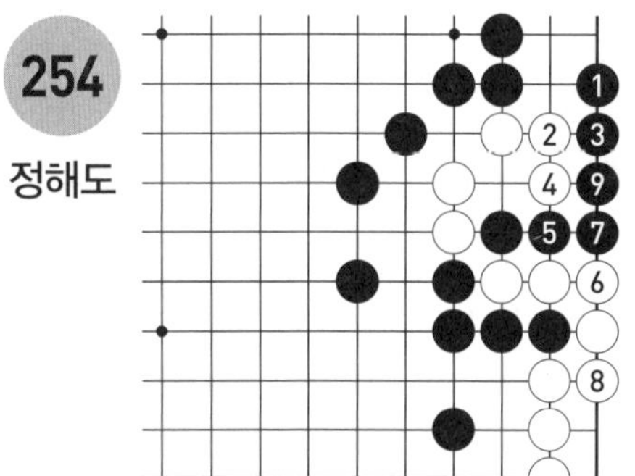

흑1 벌림이 묘수. 백2 세울 때, 흑
3, 5로 끼움이 좋은 수순. 다시 흑
7 단수, 흑9 이어서 백이 잡힌다.

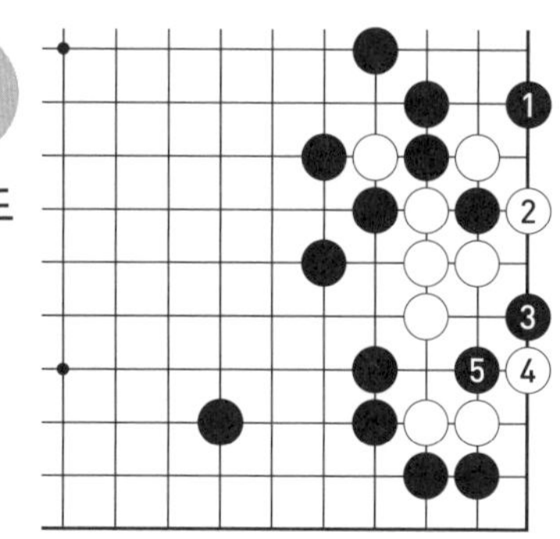

흑1 벌림이 요점. 백2 따낼 때,
흑3 치중하기, 흑5 단수로 백이
잡힌다.

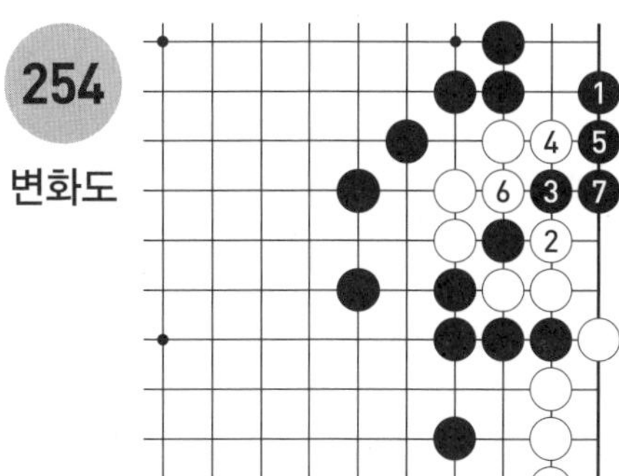

만약 백이 2로 단수치면 흑3 젖
힘, 흑5 건넘. 다시 흑7 이어 백
은 역시 살 수 없다.

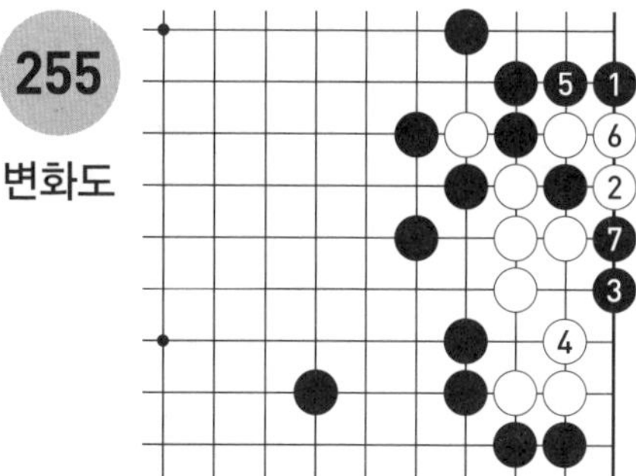

만약 백이 4로 꼬부리면 흑5로
잇고 흑7 단수쳐서 백은 여전히
살 수 없다.

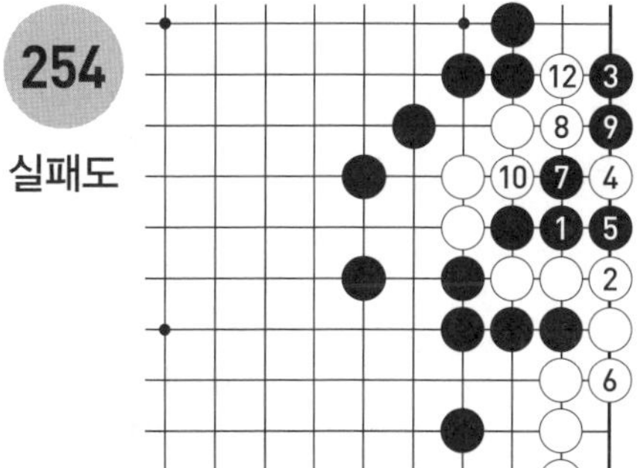

흑1로 먼저 단수치는 것은 수순
착오. 흑3의 한칸 뜀에 백4의 맥
점을 당해 12까지 흑돌이 전부
잡힌다. 흑11=백4

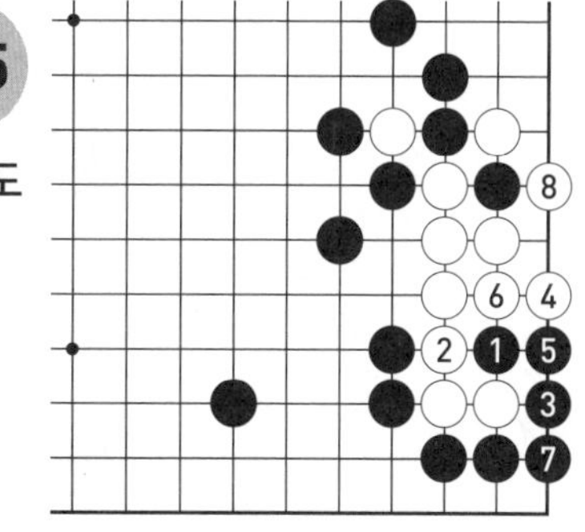

흑1에 붙임하는 것은 착오. 백2
부터 백8까지 살 수 있다. 흑의
실패.

256 정해도

흑1 벌림, 흑3 세움이 서로 관련이 깊은 맥. 흑5 선수로 단수치고 다시 흑7, 9로 파호하여 백이 잡힌다.

256 변화도

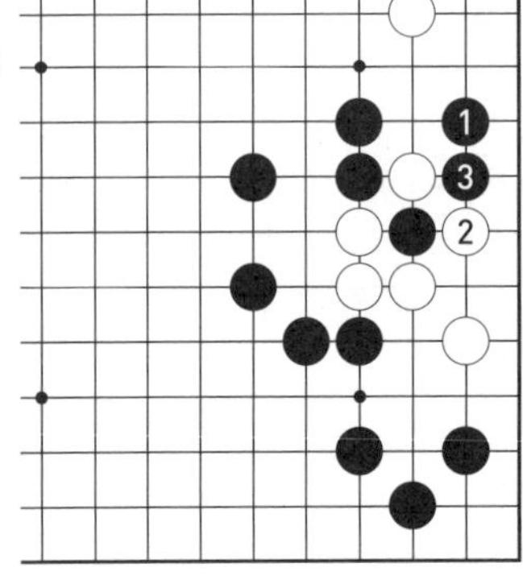

만약 백이 2로 따내면 흑3에 먹여쳐 역시 백이 살 수 없다.

256 실패도

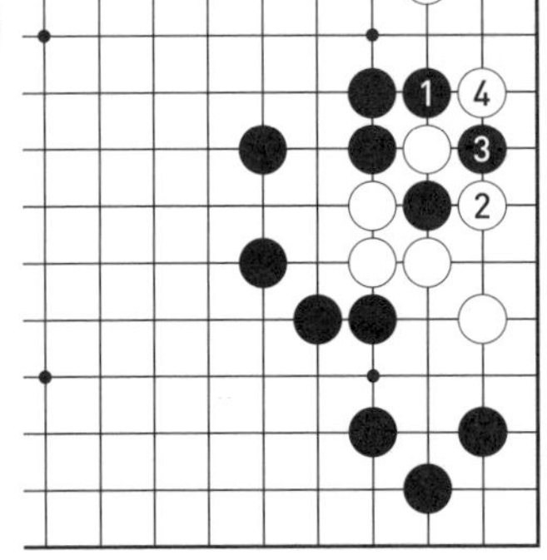

흑1로 먼저 단수치는 것은 착오. 백2 따내고 다시 백4에 단수쳐서 흑의 실패.

257 정해도

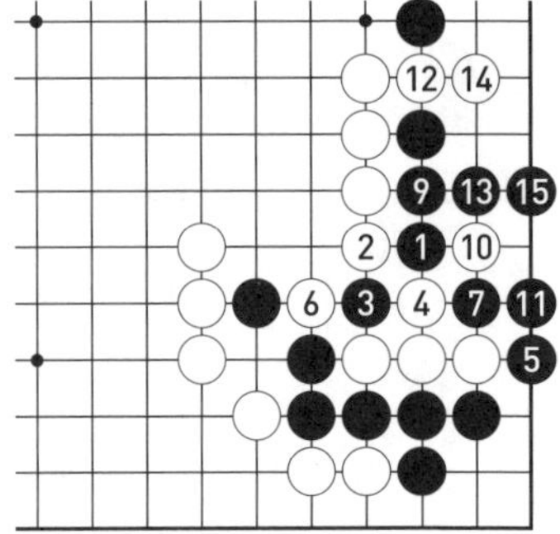

흑1 벌림이 좋은 수. 흑3 끼워 붙임. 흑5 젖힘이 치밀한 착지법. 흑15까지 진행되어 흑은 살았다. 백8=흑3

257 변화도

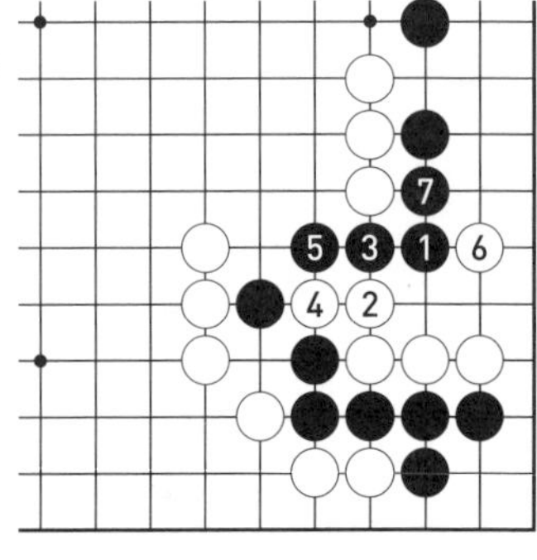

만약 백이 2에 꼬부리면 흑3 끼움, 흑5 막음. 다시 흑7 이어 백이 잡힌다.

257 실패도

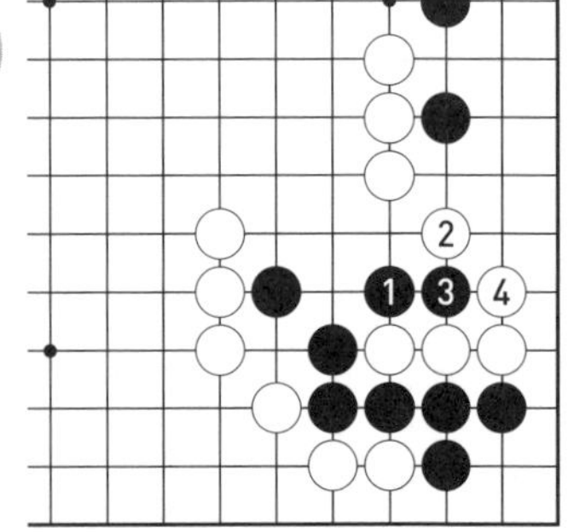

흑1 젖힘은 착오. 백2, 4로 건너게 되어 흑의 실패.

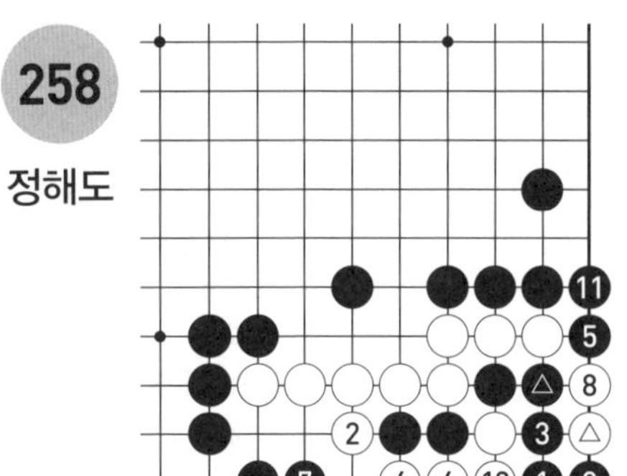

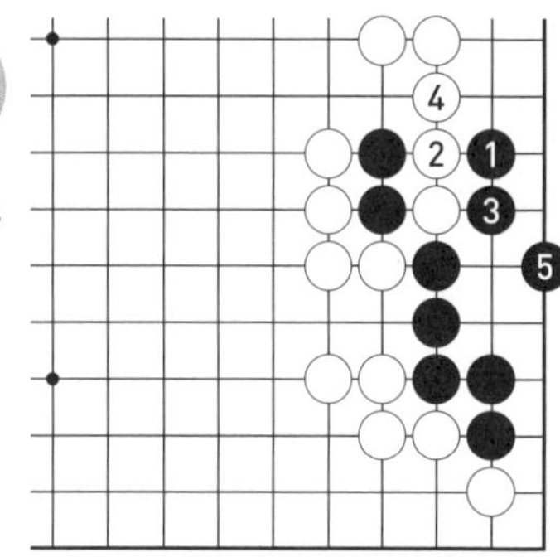

흑1 벌림이 묘수. 흑3 연결, 흑5 건넘
이 서로 관련이 깊은 맥. 흑13까지 진
행되어 교묘하게 백을 잡는다. 백10=
백8, 흑13=△, 백14=백8, 흑15=▲

흑1 벌림이 요점. 백2 단수칠 때
흑3 물러서고 흑5 호구쳐서 살
수 있다.

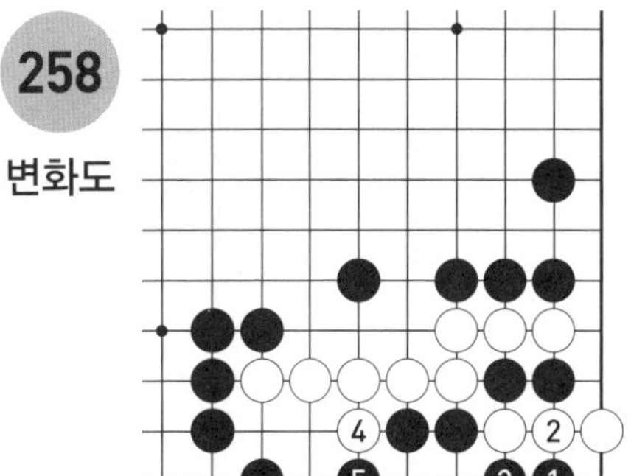

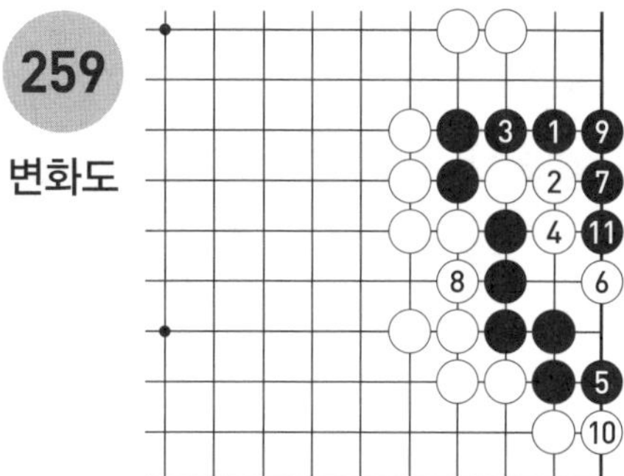

만약 백이 2에 이으면 흑3,5로
건너서 백은 역시 살 수 없다.

만약 백이 2에 늘면 흑3으로 잇
고 흑5로 늘어서 역시 살 수 있다.

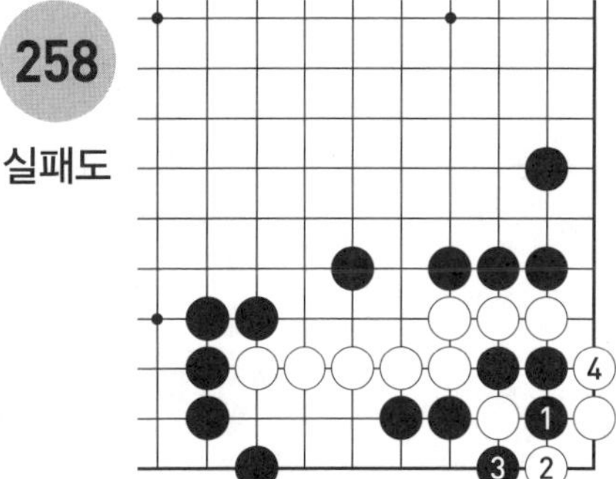

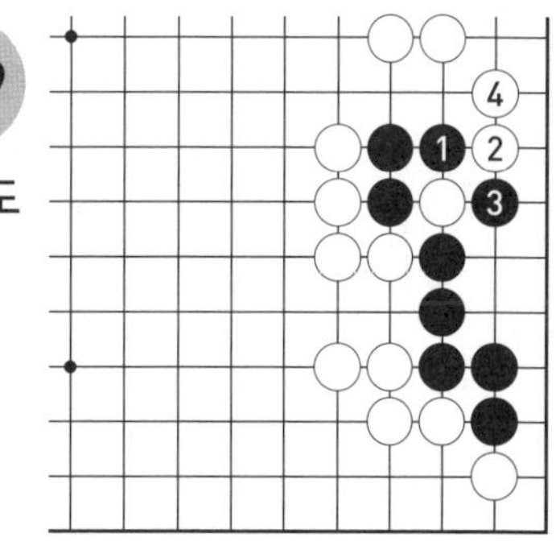

흑1 단수치는 것은 착오. 백2, 4
로 패가 되어 흑의 실패.

흑1 단수는 착오. 백2 젖힘, 백
4 후퇴. 흑은 두 집을 지을 수 없
어서 실패.

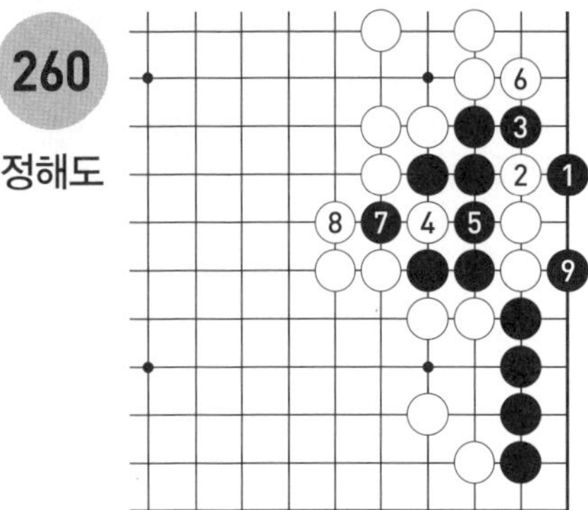

260 정해도

흑1 벌림이 맥. 백6 단수칠 때,
흑7로 따내고 흑9 다시 단수쳐서
살 수 있다.

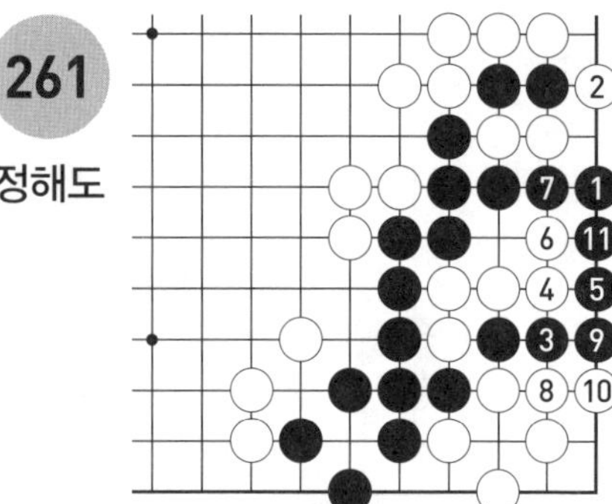

261 정해도

흑1 벌림이 묘수. 흑3 늘고 흑5 젖
힘이 관련이 깊은 맥. 흑11까지
진행되어 백 5점이 잡힌다.

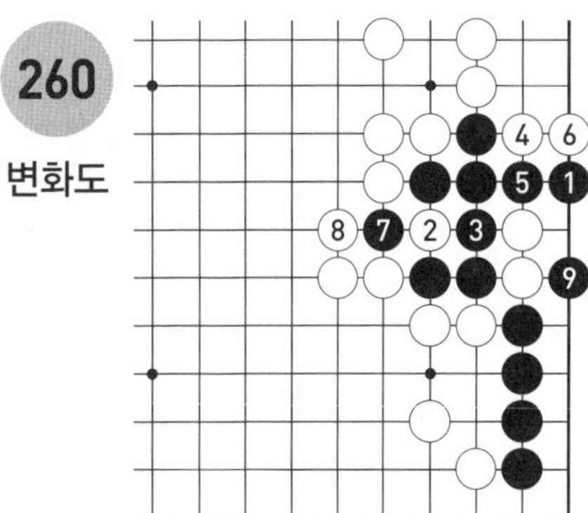

260 변화도

백2 먼저 단수쳐도 안된다. 흑9
까지 진행되어 역시 살게 된다.

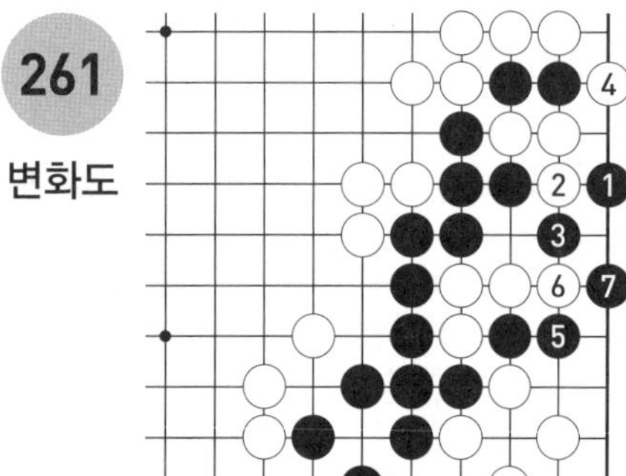

261 변화도

만약 백2 끼우면 흑3 단수, 흑5
늘고 흑7에 다시 단수쳐서 역시
살게 된다.

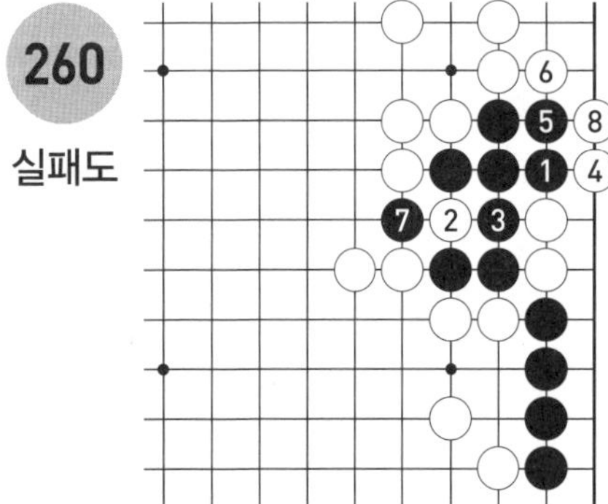

260 실패도

흑1로 막는 것은 착오. 백2부터
백8까지는 치밀한 착지법. 오히
려 흑이 잡힌다.

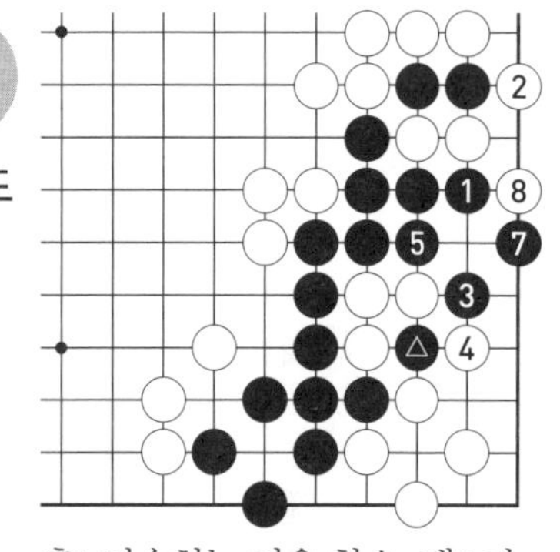

261 실패도

흑1 단수치는 것은 착오. 백2 따
내고 백8 먹여치기로 패가 되어
흑의 실패. 백6=▲

상대의 급소는 나의 급소

장면도–흑의 다음 한 수는?

어느 게임이나 마찬가지겠지만 상대가 가고 싶은 급소는 이쪽에서도 유력하게 통하는 때가 많다. '급소는 하나로 통한다'는 의미이기도 한데, 이는 양쪽의 사활이 걸린 수상전에서 특히 자주 나타난다.

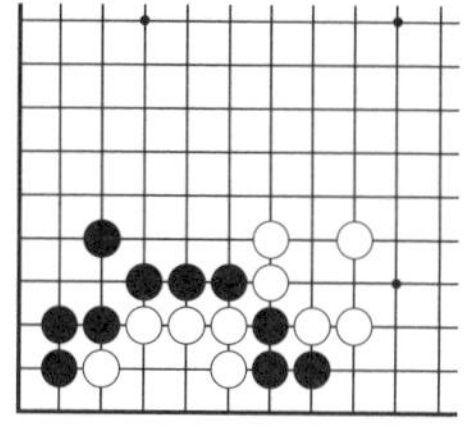

장면도

1도–실패

흑1로 끊어 백 넉 점이 그대로 잡힌 것처럼 보이나 백2가 공백 메움을 이용한 묘수이다. 이로써 흑은 자충이 되어 좌우 어느 쪽에서 들어가도 한 수 부족한 모양이다.

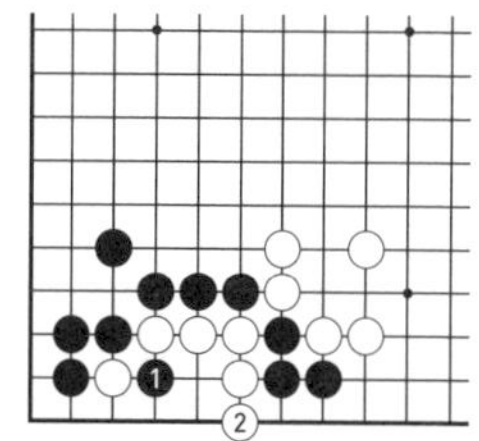

2도–젖힘

상대가 두면 곤란해질 곳을 먼저 두면 바로 급소가 된다. 흑1로 젖혀두고 3으로 끊는 것이 좋은 전법. 흑5까지 패가 나는 모양으로, 이제 백은 앞 그림처럼 무조건 잡히지는 않게 되었다.

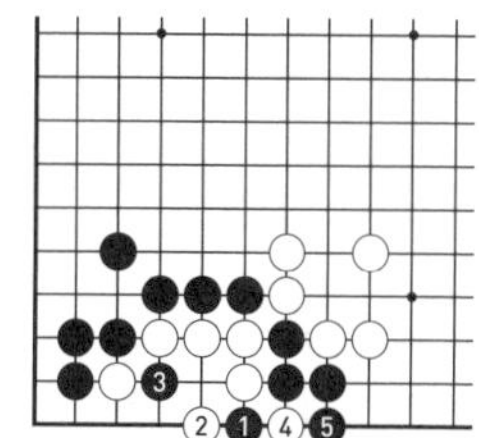

제 9 부 붙임

상대의 돌을 양쪽으로 끼고 공격하는 것을 '붙임'이라고 합니다. 붙임은 바둑의 기본 전술 중 하나로, 느슨한 붙임과 급한 붙임이 있습니다. 느슨한 붙임은 상대의 돌이 진행하고자 하는 곳에서 일정한 간격을 두는 착점을 말하며 한칸 붙임과 두칸 붙임이 이에 해당합니다. 수상전에서 쓰이는 급한 붙임은 살상력이 크고 파괴력도 강합니다. 수상전에서 붙임은 상대를 피동적인 국면으로 몰아 부주의하게 대응하도록 만들어서 상대방에게 큰 손실을 입힐 수 있습니다.

기서에 '좌측을 공격하면 우측을 돌보고 뒤를 공격하면 앞을 보라'는 말이 있습니다. 이는 포격 소리로 요란한 수상전에서 깨어있는 두뇌와 민첩한 사고를 유지해야 한다는 것을 뜻하는 말입니다. 또한 넓은 시각과 더불어 민첩하고 기동력 있는 전략 전술을 갖추어야 합니다. 대국에 대한 시각에 따라 행마의 방향이 결정되고 전술에 따라 승패가 결정됩니다.

제9부는 36개의 연습문제로 구성되어 있으며 모두 흑 선입니다. 여러분도 수상전에서 붙임을 이용할 수 있게 되기를 바랍니다.

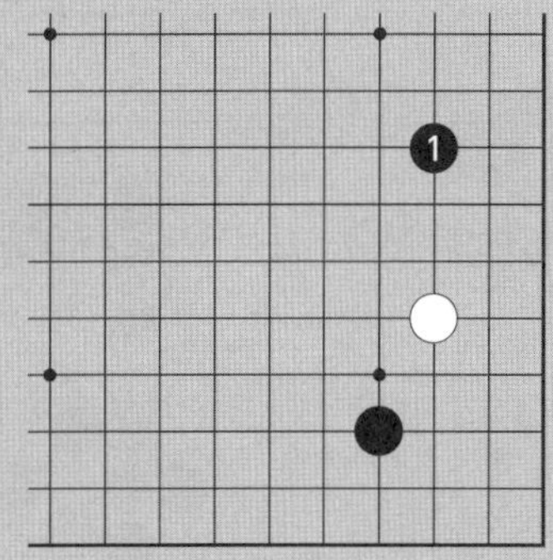

[도해1] 흑1이 '붙임'이다.

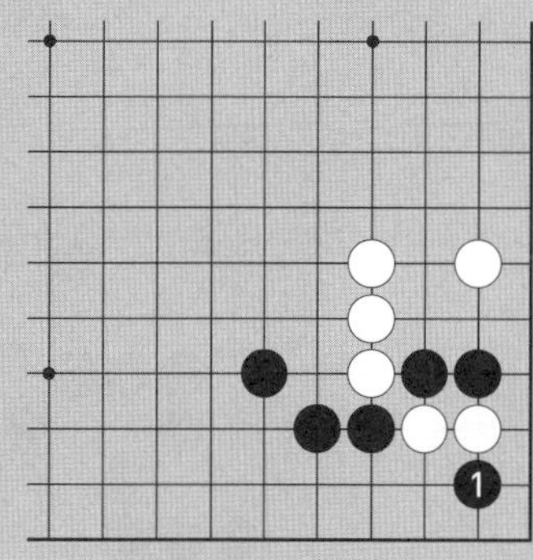

[도해2] 흑1이 '붙임'이다.

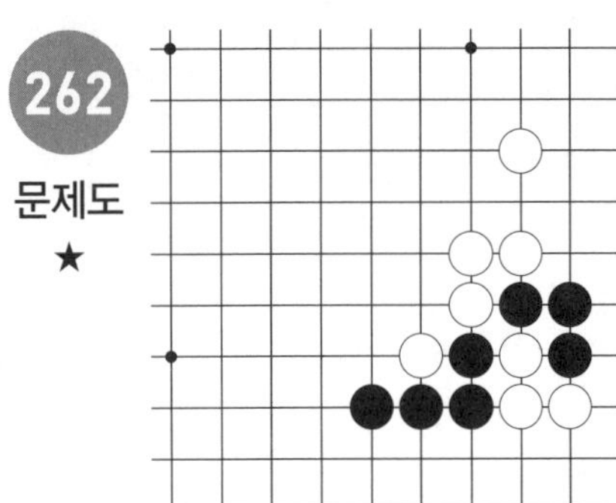

262
문제도
★

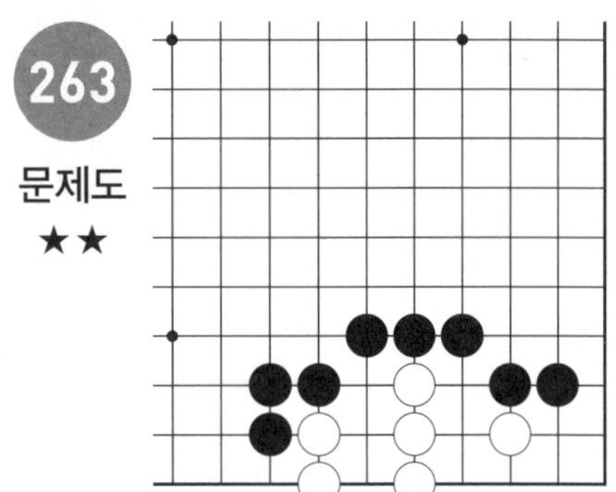

263
문제도
★ ★

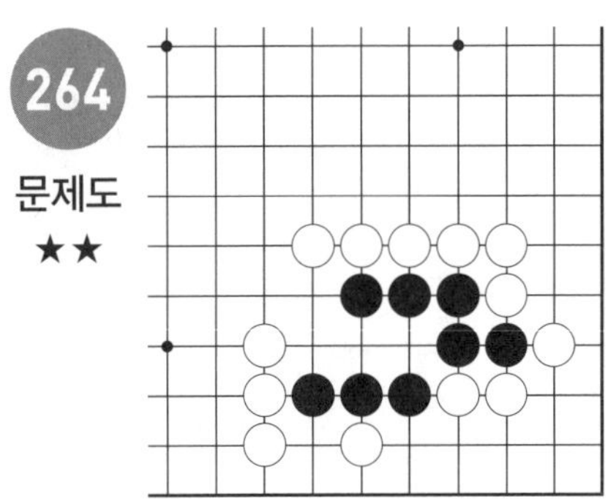

264
문제도
★ ★

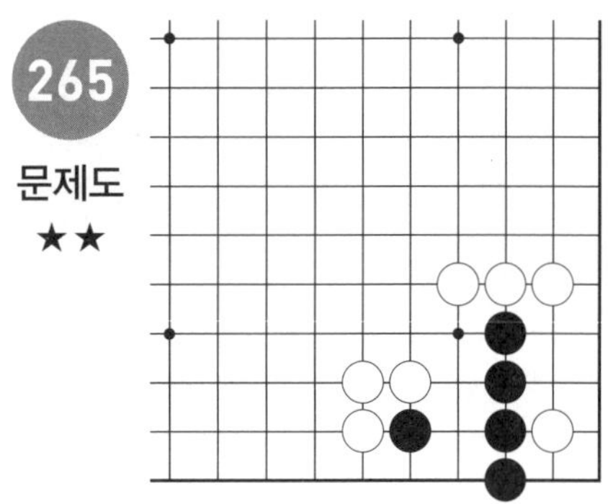

265
문제도
★ ★

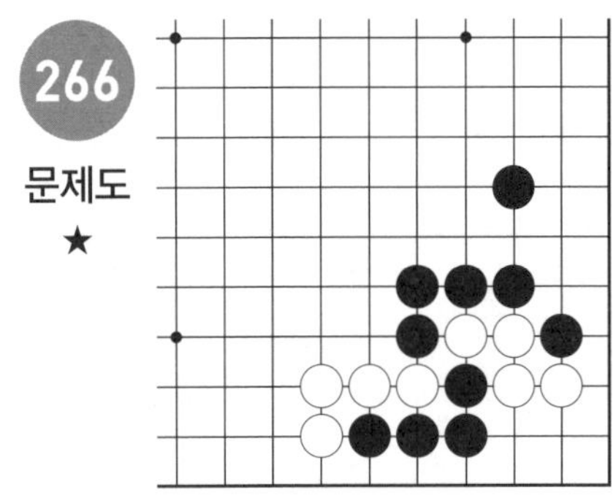

266
문제도
★

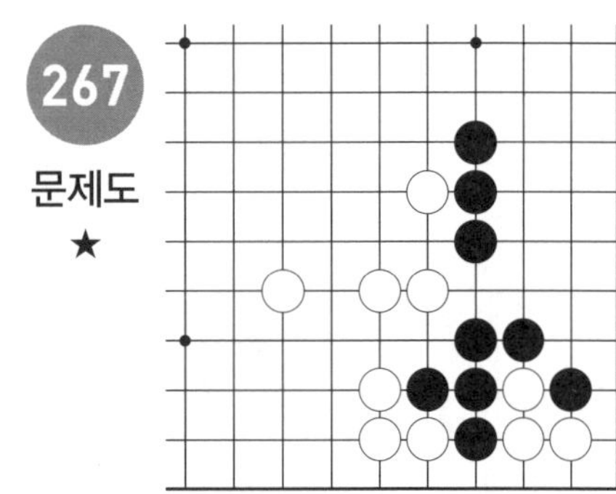

267
문제도
★

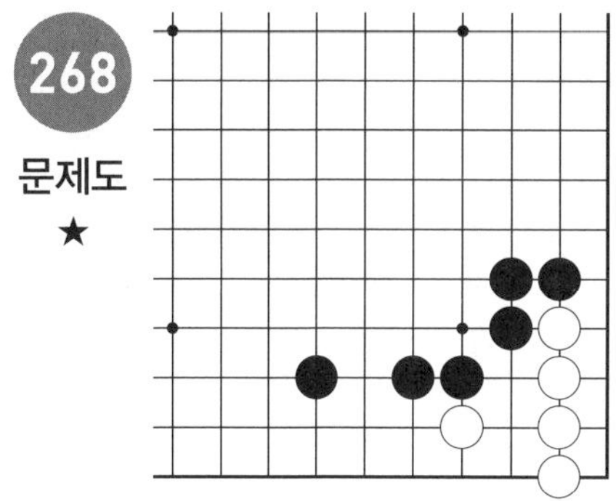

268 문제도
★

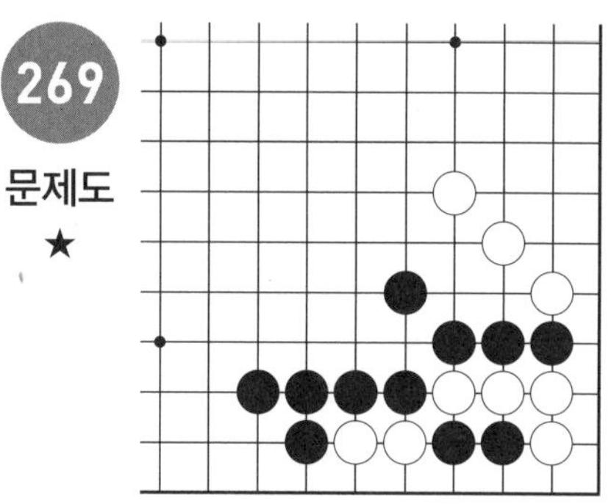

269 문제도
★

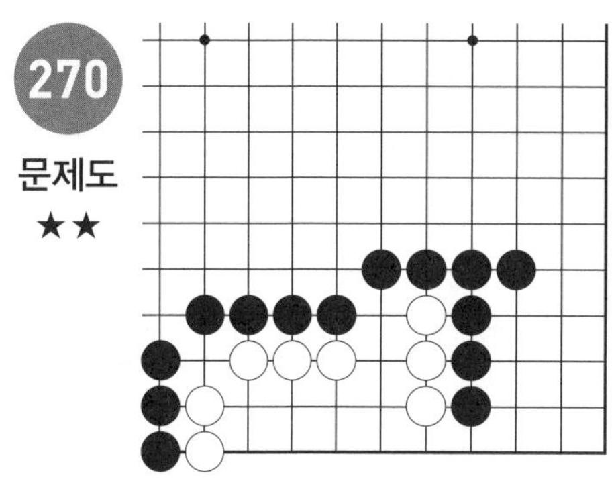

270 문제도
★ ★

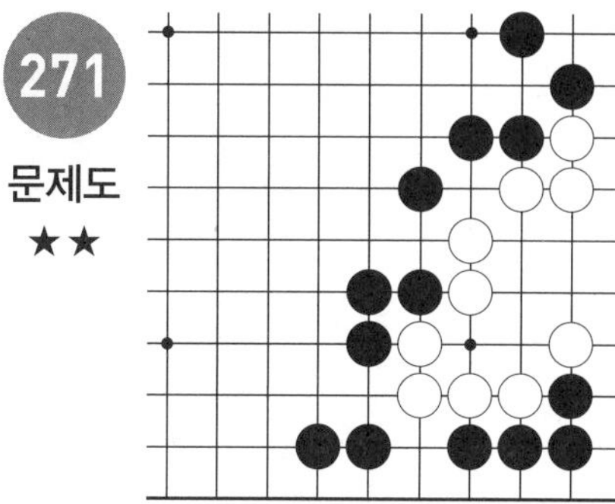

271 문제도
★ ★

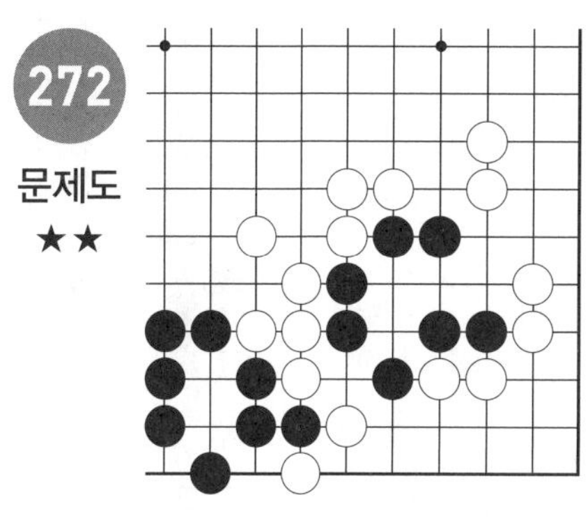

272 문제도
★ ★

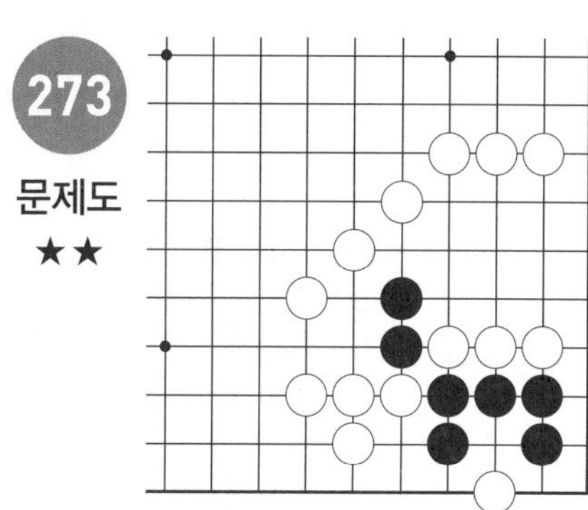

273 문제도
★ ★

262
정해도

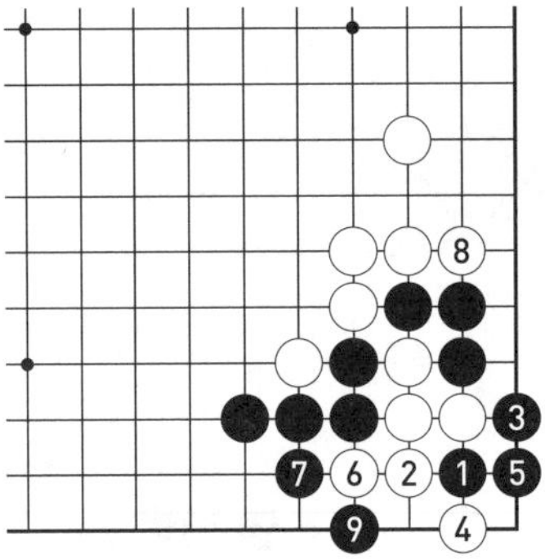

흑1 붙임, 흑3 건넘이 요점. 흑9
까지 진행되어 수상전으로 흑 승.

263
정해도

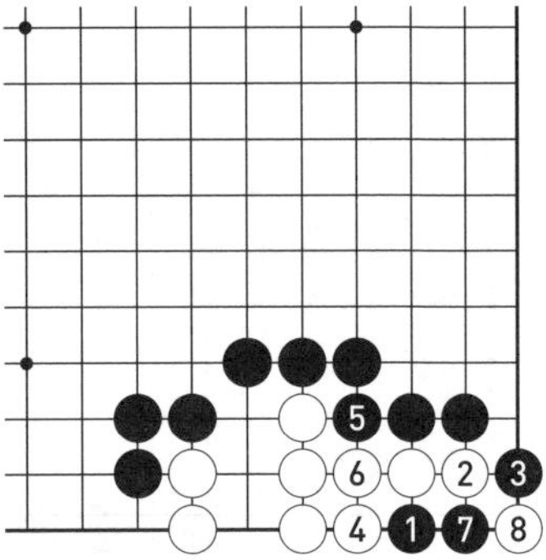

흑1 붙임이 요점. 흑3 젖힘이 맥.
흑9 맞따냄까지 진행되어 백이
잡힌다. 흑9=흑7

264
정해도

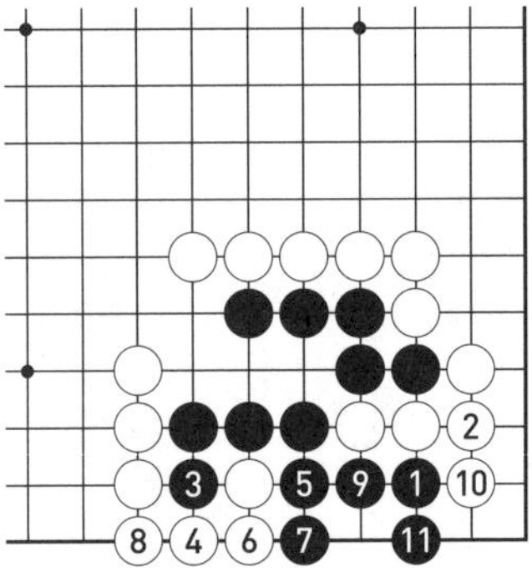

흑1 붙임이 묘수. 백2 이을 때,
흑3 끼우고 흑5 단수치고 흑11까
지 진행되어 살 수 있다.

265
정해도

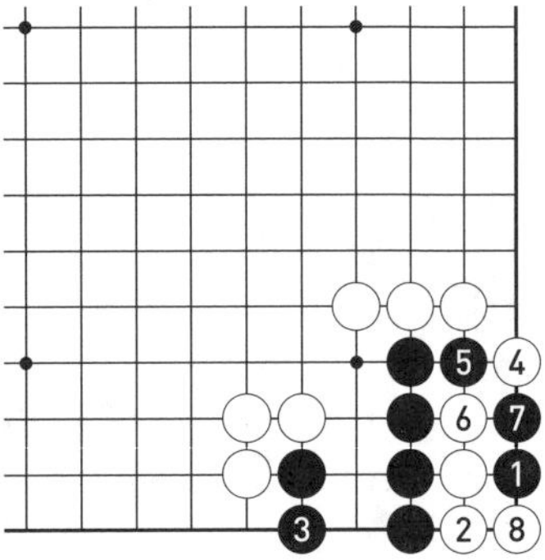

흑1 붙임이 사는 맥. 백2 파호하
면 흑3 늘고 흑9까지 진행되어
살 수 있다. 흑9=흑7

266
정해도

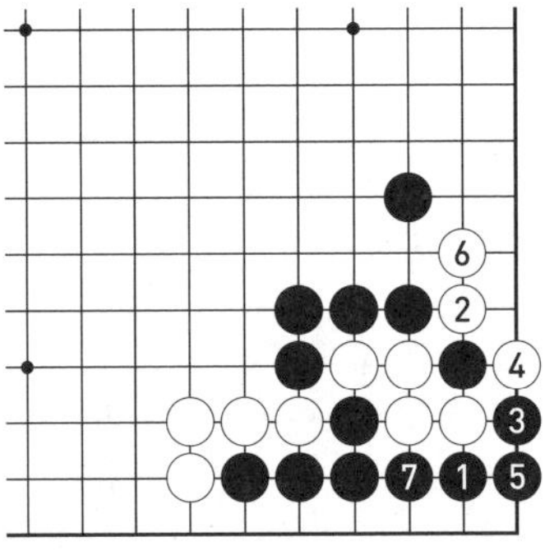

흑1 붙임, 흑3 단수가 관련이 깊
은 맥. 흑7까지 진행되어 백은
살 수 없다.

267
정해도

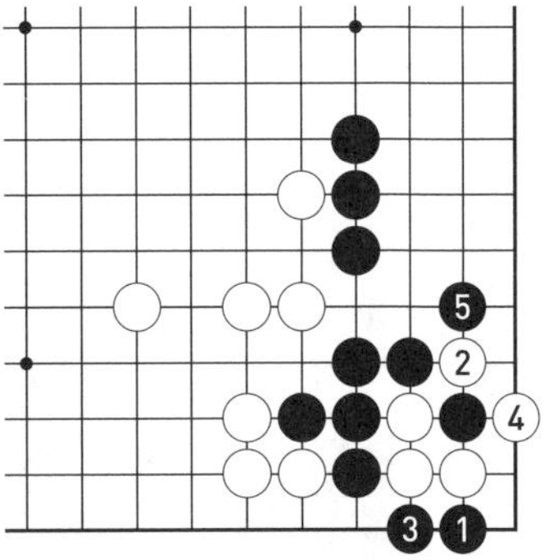

흑1 붙임이 좋은 수. 백2 단수칠
때 흑3이 묘수. 흑5 다시 젖힘으
로 백을 잡는다.

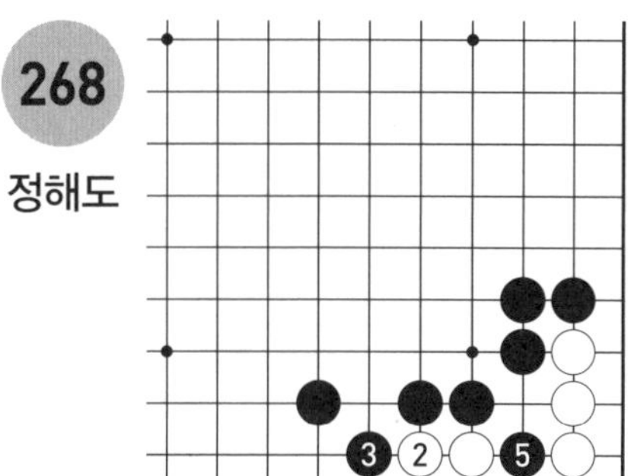

268 정해도

흑1 붙임이 파호의 맥. 백2로 늘리면 흑3 젖힘. 흑5 끼워 붙임이 좋은 수순. 백이 잡힌다.

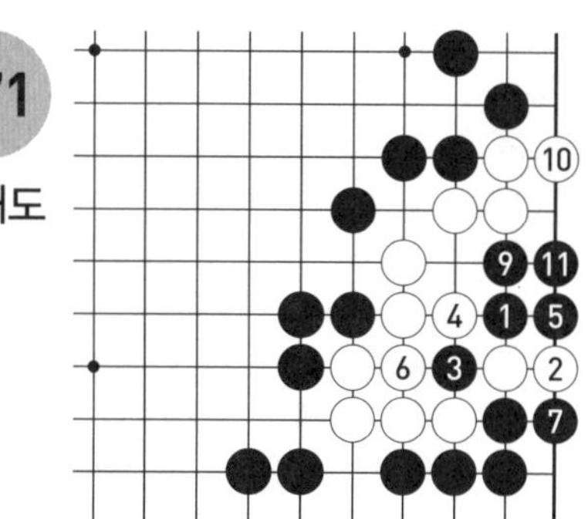

271 정해도

흑1 붙임이 요점. 백2 빠질 때, 흑3 먹여치기가 맥. 흑11까지 진행되어 백이 잡힌다. 백8=흑3

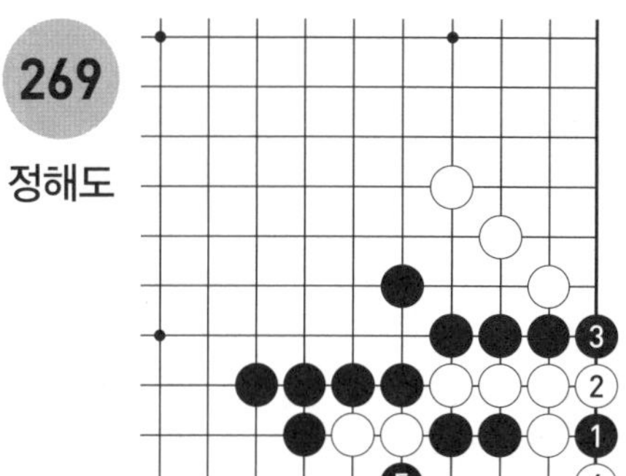

269 정해도

흑1 붙임이 좋은 수. 흑3, 5로 두 번 단수쳐서 백이 잡힌다.

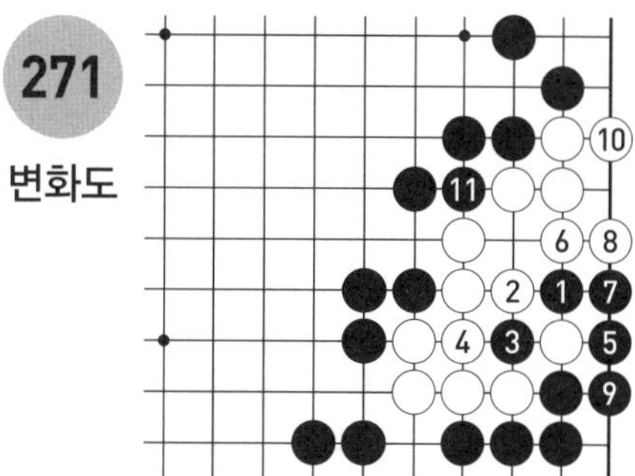

271 변화도

만약 백이 2로 밀어 나가면 흑 3 먹여치기, 흑5 건넘, 흑11까지 진행되어 백은 역시 살 수 없다.

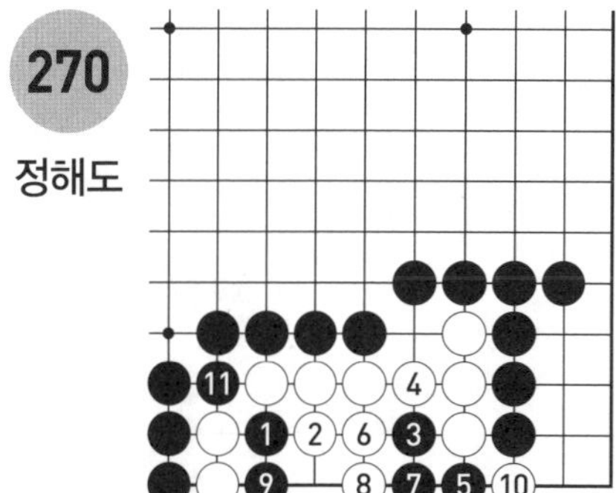

270 정해도

흑1이 좋은 수. 흑3으로 붙임하고 흑5 건넘이 좋은 수순. 흑11까지 진행되어 백이 잡힌다.

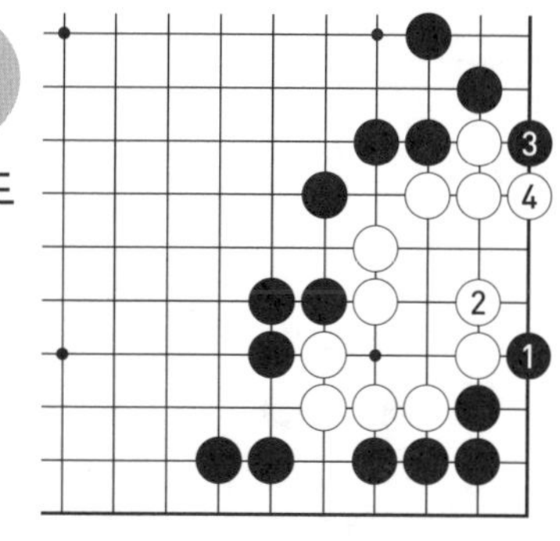

271 실패도

흑1, 3 두 곳의 젖힘은 착오. 백2로 후퇴하고 백4로 막아서 살게 된다. 흑의 실패.

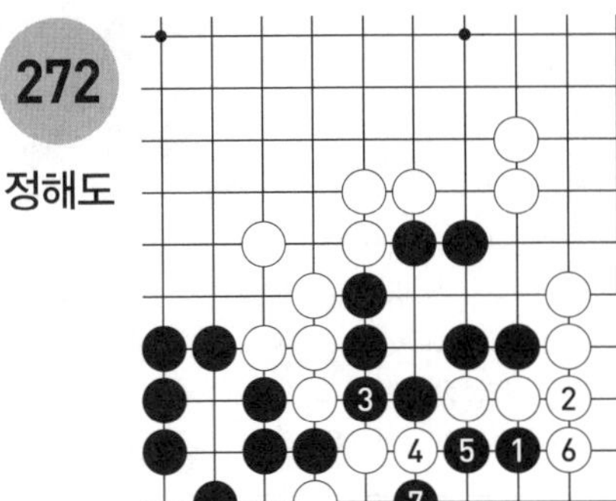

272 정해도

흑1 붙임이 맥. 백2 이을 때, 흑3, 5로 두 번 끊고 다시 흑7 단수쳐서 흑은 살았다.

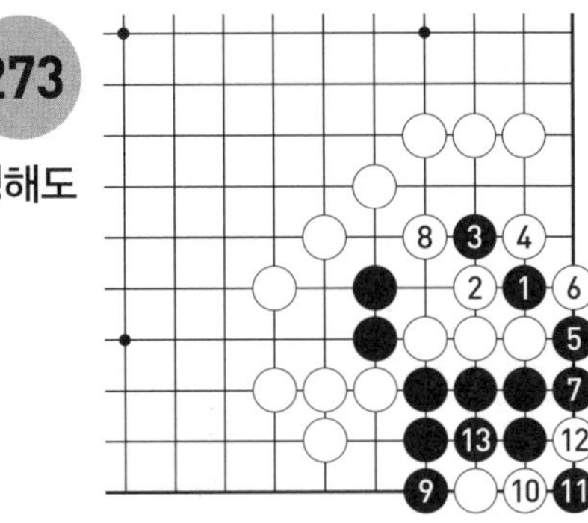

273 정해도

흑1 붙임이 묘수. 흑3 젖힘, 흑5 단수가 좋은 수순. 흑13까지 진행되어 착수금지 규정에 의해 살게 된다.

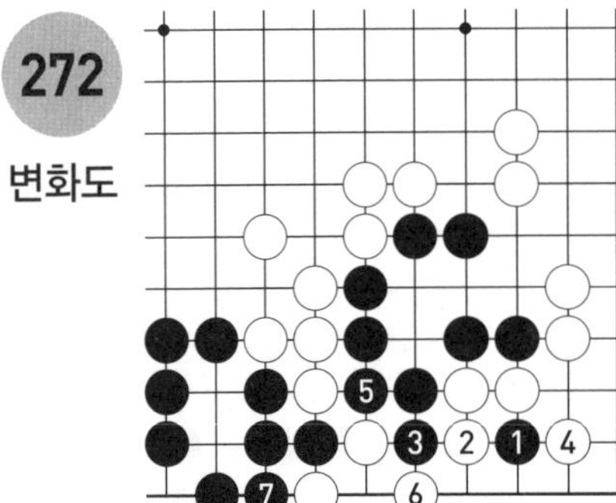

272 변화도

만약 백이 2에 늘면 흑3으로 먼저 끼우고 다시 흑5, 7로 두 번 단수쳐서 백은 촉촉수가 된다.

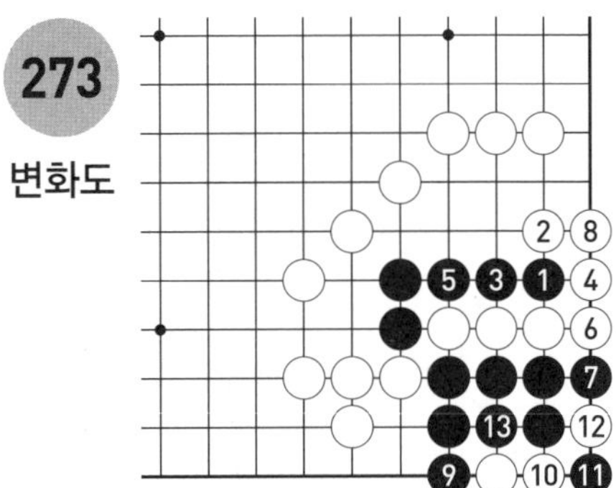

273 변화도

만약 백이 2에 붙임하면 흑3 늘리고 다시 흑5, 7로 두 번 단수쳐서 정해도대로 된다.

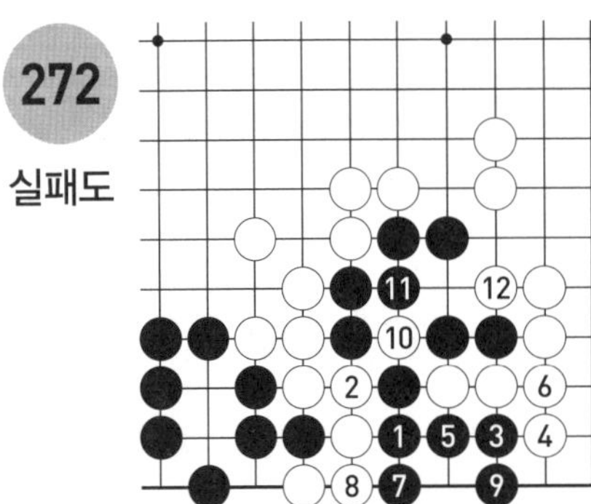

272 실패도

흑1 붙임은 착오. 백2부터 백8 연결까지 하고 다시 백10에 먹여쳐 흑의 실패.

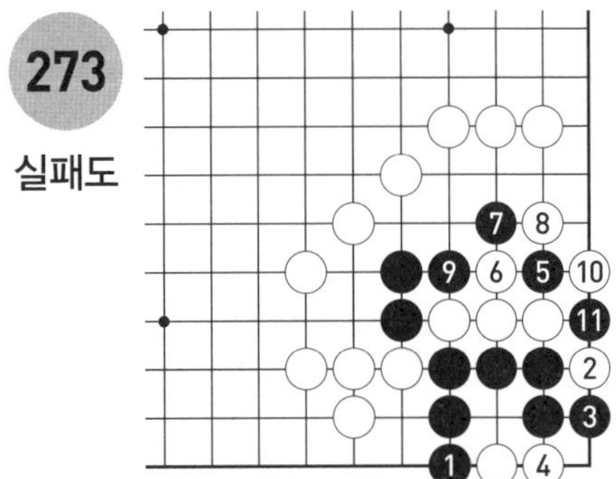

273 실패도

흑1로 막는 것은 착오. 백2 젖힘, 백4 늘림, 흑11까지 진행되어 패가 된다. 흑의 실패.

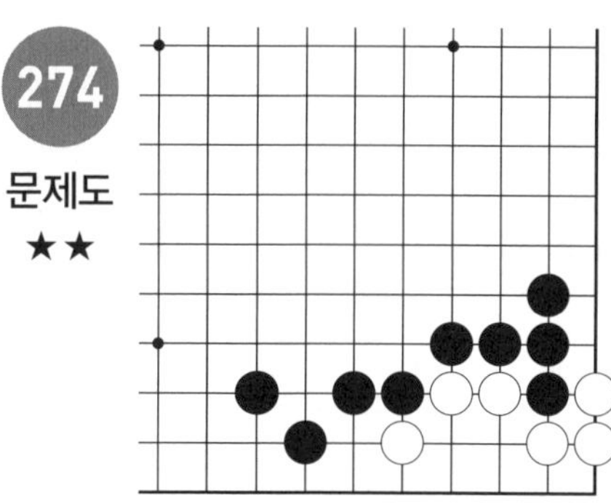
274
문제도
★ ★

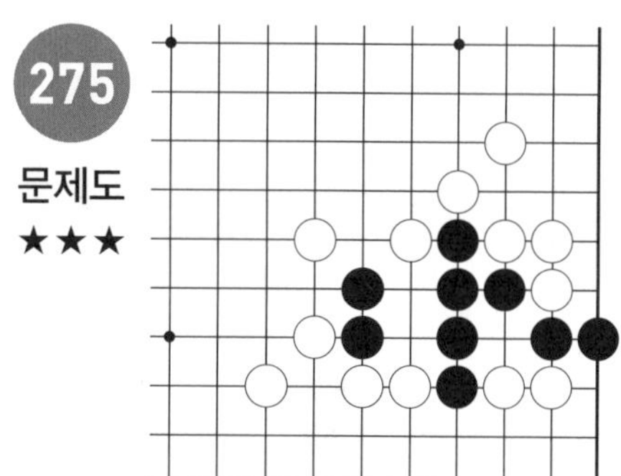
275
문제도
★ ★ ★

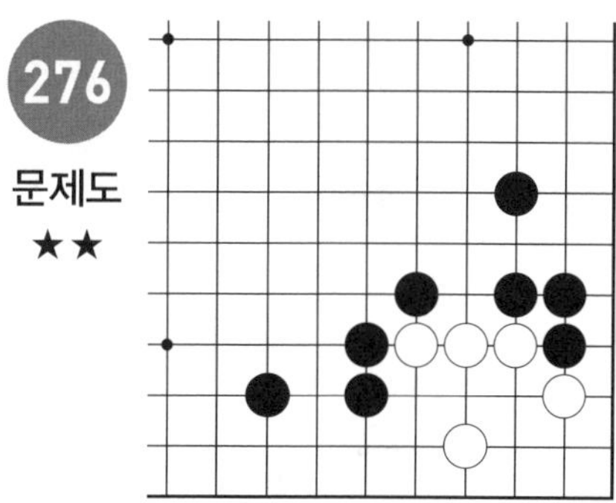
276
문제도
★ ★

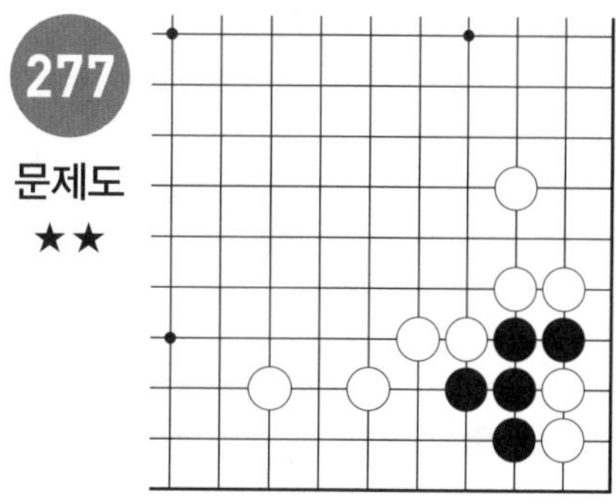
277
문제도
★ ★

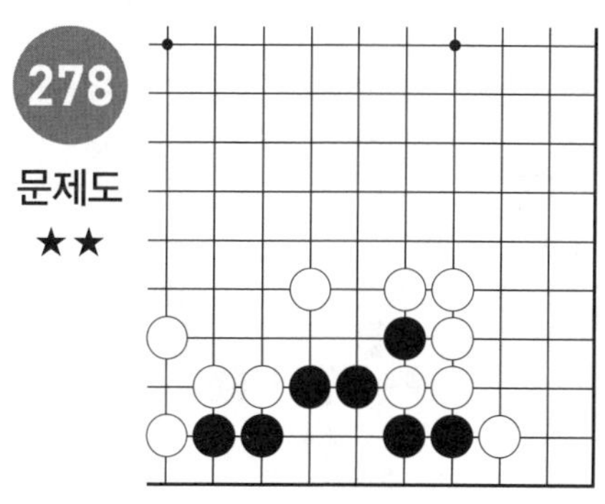
278
문제도
★ ★

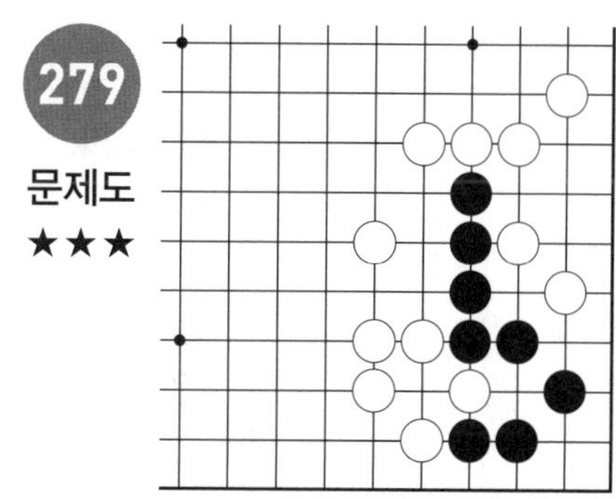
279
문제도
★ ★ ★

280
문제도
★★

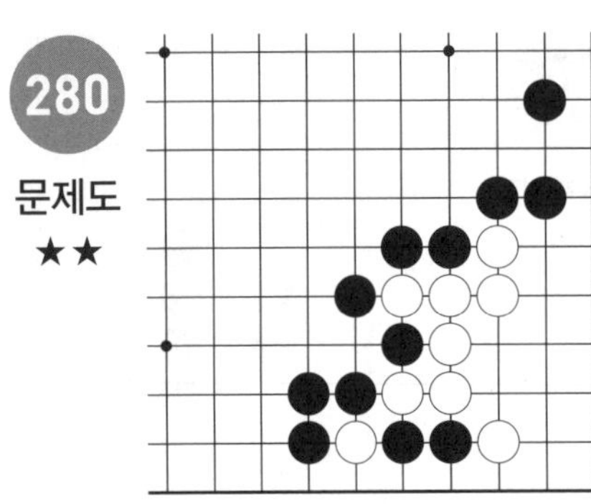

281
문제도
★★★

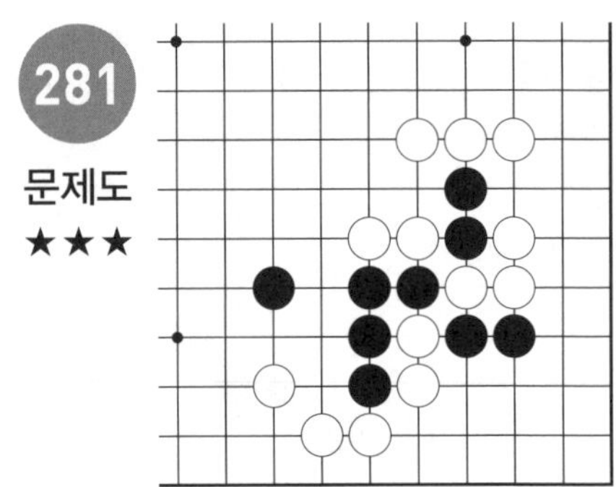

282
문제도
★★

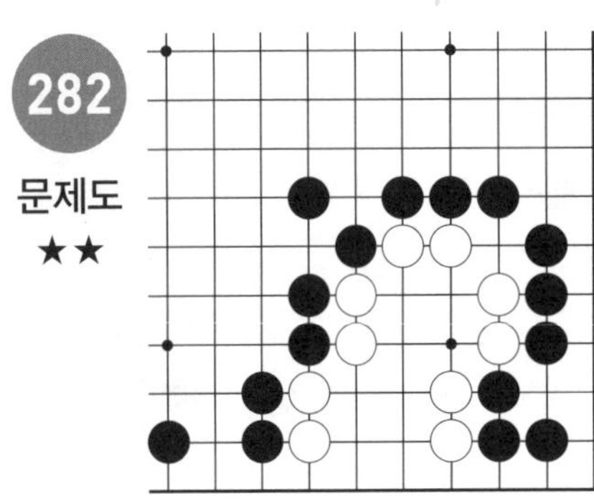

283
문제도
★★★

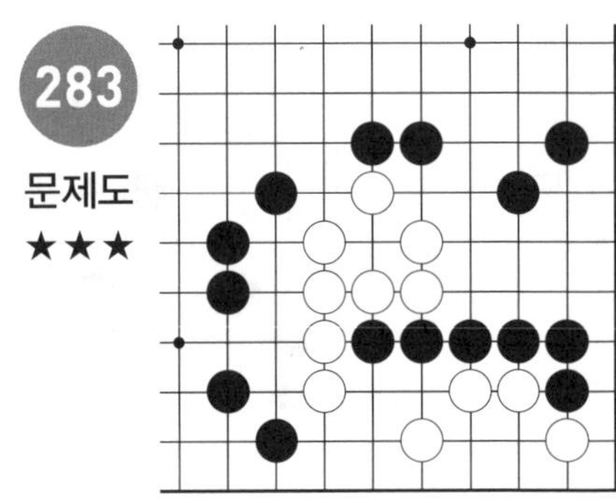

284
문제도
★★

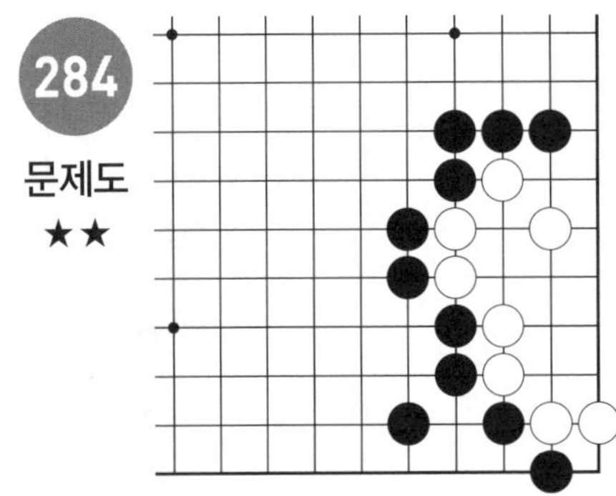

285
문제도
★★

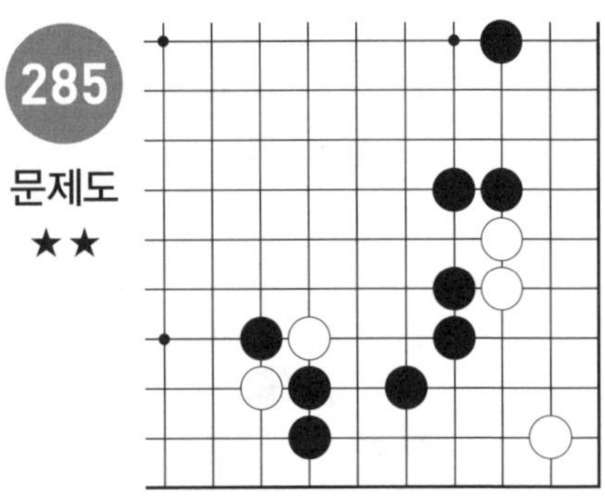

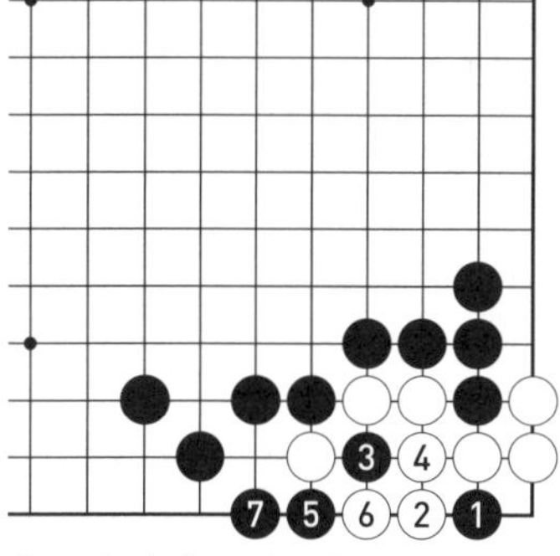

274 정해도

흑1 붙임이 묘수. 흑3, 5 두 번 단수가 맥. 흑7 다시 물러서서 백이 잡힌다.

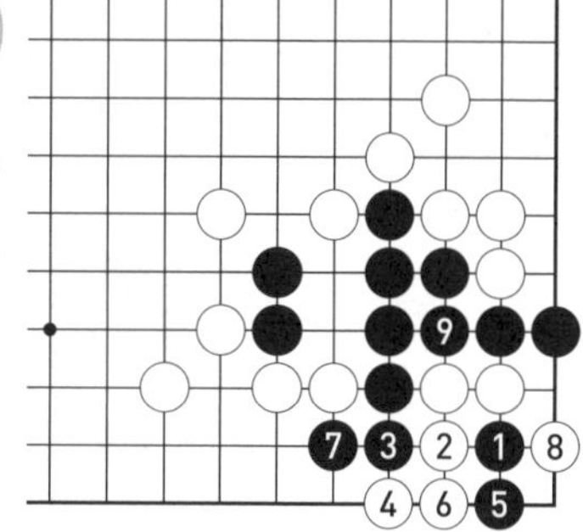

275 정해도

흑1 붙임이 요점. 흑3, 5로 두 번 빠지는 것이 맥. 흑9까지 진행되어 백이 잡힌다.

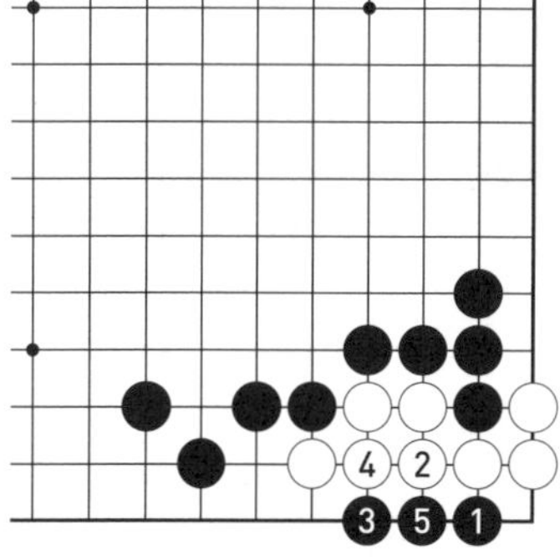

274 변화도

만약 백이 2에 이으면 흑3에 치중하기가 묘수. 다시 흑5에 이어 백은 살 수 없다.

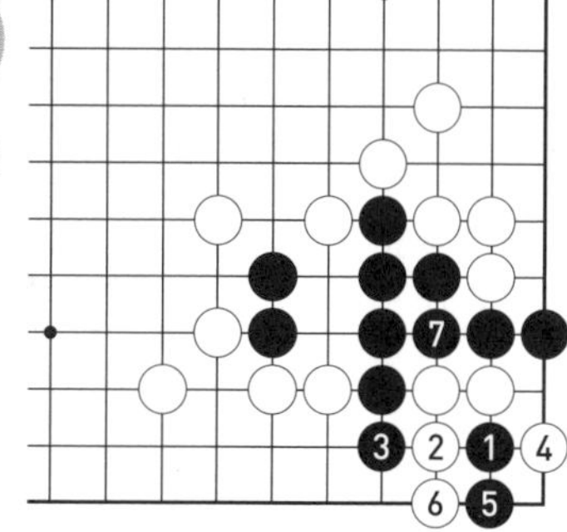

275 변화도

백이 4와 같이 단수치면 흑5로 늘고 흑7로 이어 백은 살 수 없다.

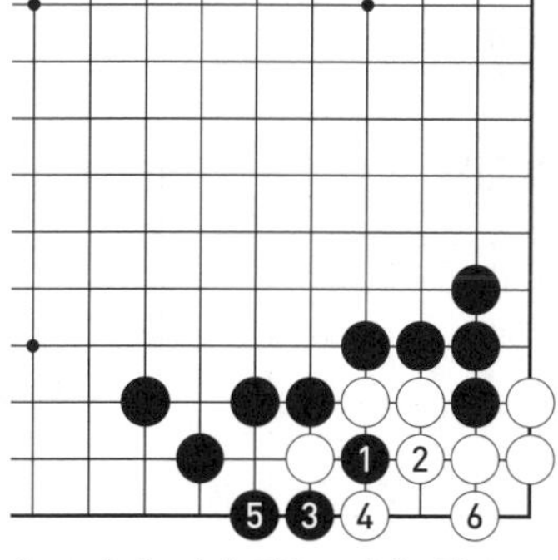

274 실패도

흑1 먼저 단수치는 것은 착오. 계속해서 백6까지 집을 지어 흑의 실패.

275 실패도

흑1 젖힘. 흑3 연결이 착오. 백은 4로 끊을 수 있어서 흑의 실패.

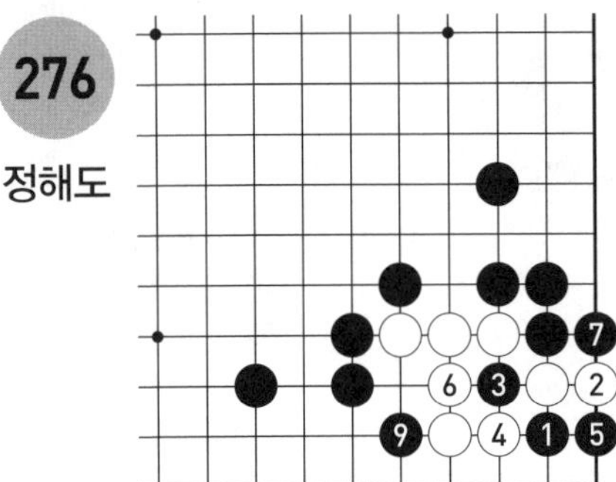

276 정해도

흑1 붙임, 흑3 끊음이 관련이 깊은 맥. 흑9까지 진행되어 백이 잡힌다. 백8=흑3

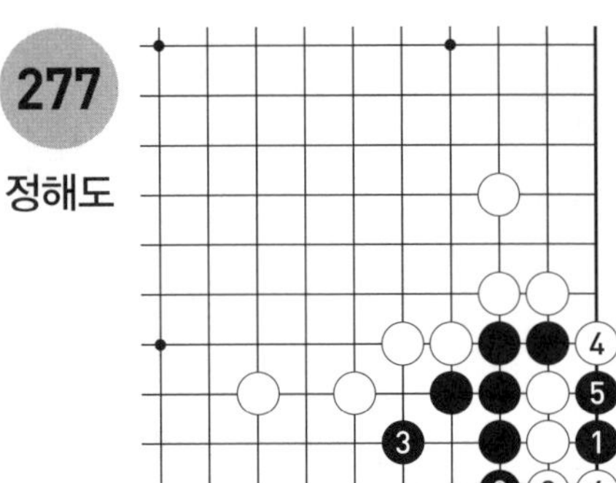

277 정해도

흑1 붙임이 묘수. 백2에 세울 때 흑3 입구자, 흑은 9까지 진행하여 살았다. 흑7=흑5, 백8=흑1

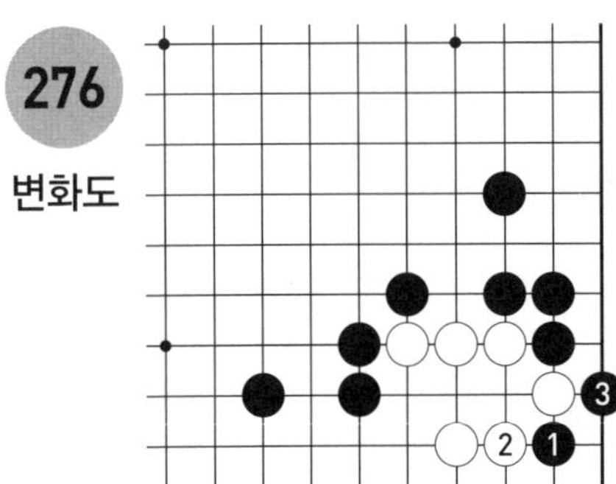

276 변화도

백이 2와 같이 쌍립하면 흑3으로 건너서 백은 여전히 살 수 없다.

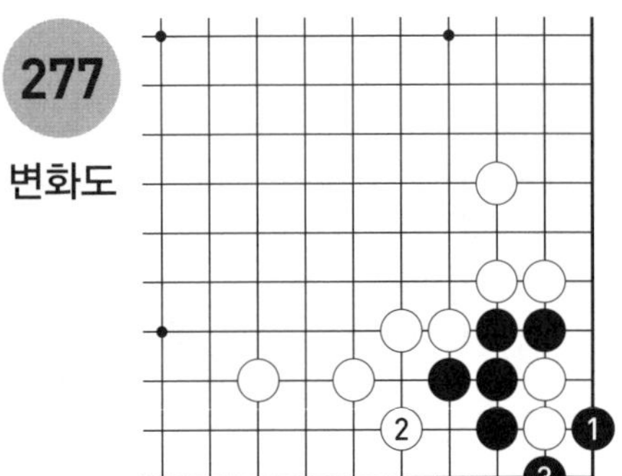

277 변화도

만약 백이 2와 같이 입구자하면 흑3 단수쳐서 여전히 살 수 있다.

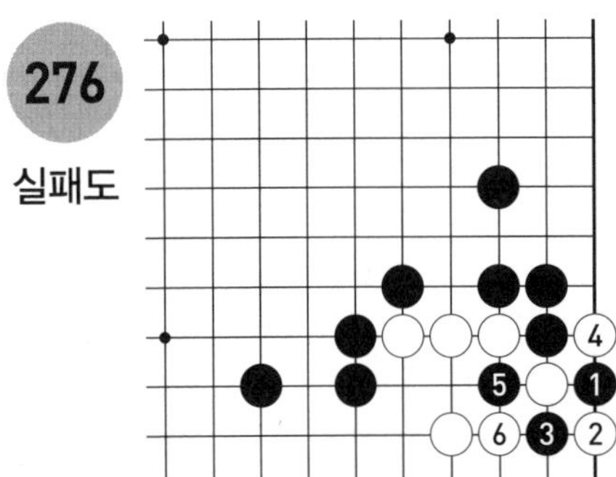

276 실패도

흑1 젖힘은 착오. 계속해서 백6까지 진행되어 패가 된다. 흑의 실패.

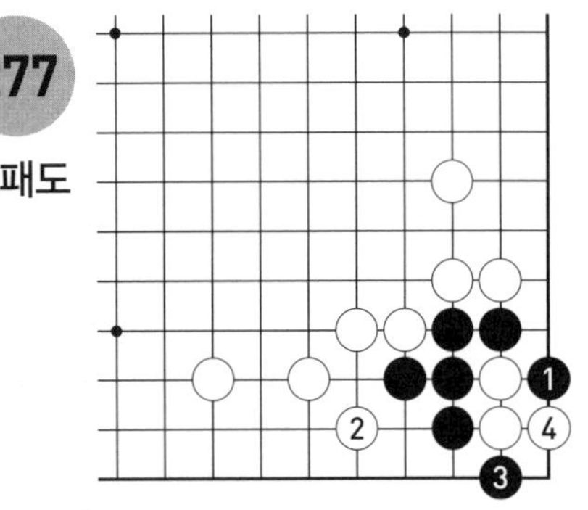

277 실패도

흑1 젖힘은 착오. 백4까지 진행되어 흑의 실패.

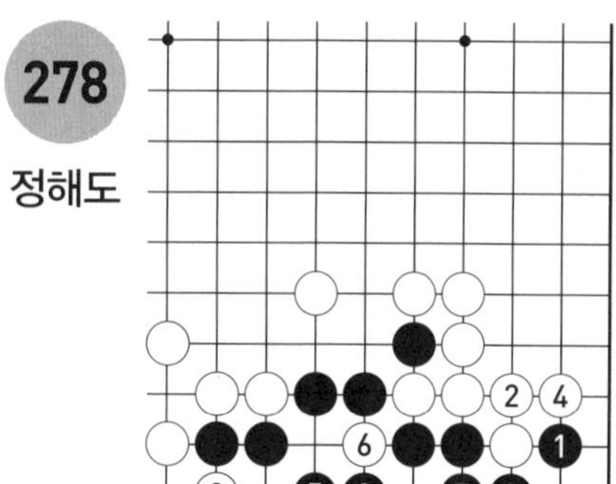

정해도

흑1 붙임, 흑3 건넘이 좋은 수순. 흑5 호구가 요점. 흑은 9까지 진행하여 살았다.

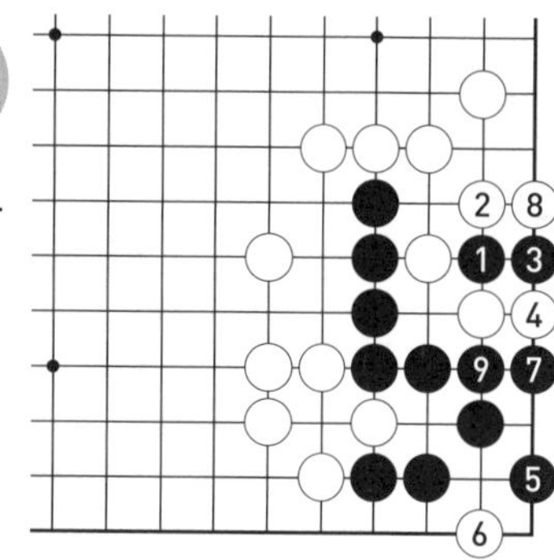

정해도

흑1에 붙이는 것이 묘수. 흑3 늘고 흑5 호구치는 것이 좋은 수순. 흑9까지 진행해서 살았다. 흑1에 붙이는 것이 묘수.

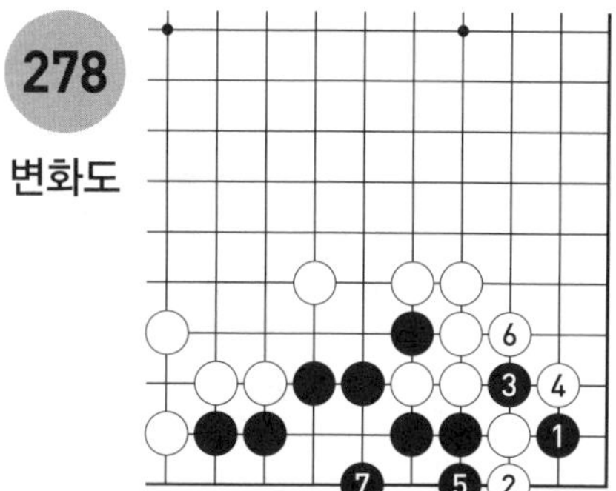

변화도

만약 백이 2에 늘면 흑3에 끊는 것이 맥. 흑7까지 진행해서 살 수 있다.

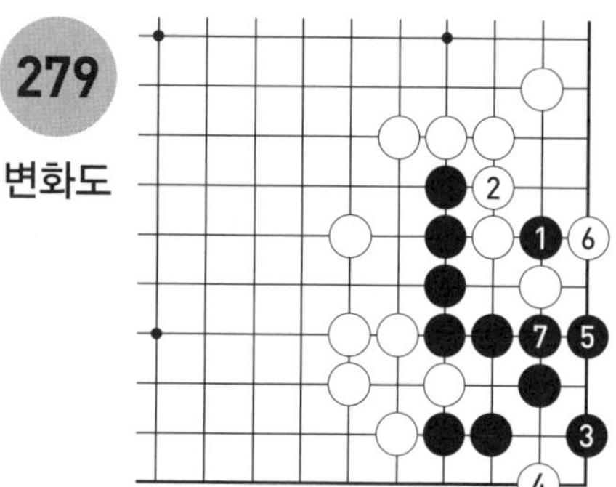

변화도

만약 백이 2에 이으면 흑3에서 흑7까지 여전히 살 수 있다.

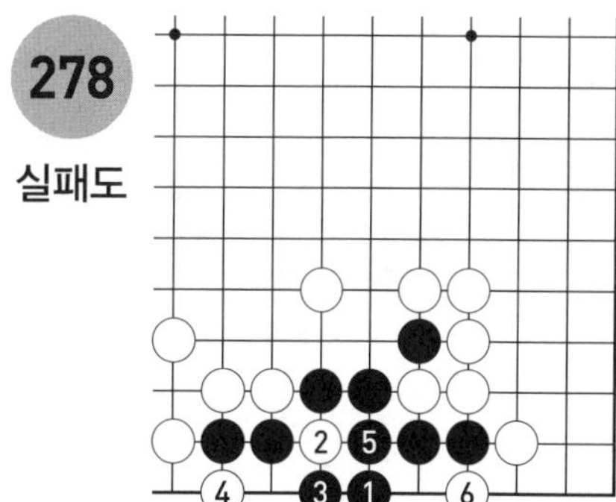

실패도

흑1 호구는 착오. 백2에 끊고 백4 단수, 백6 파호하여 흑의 실패.

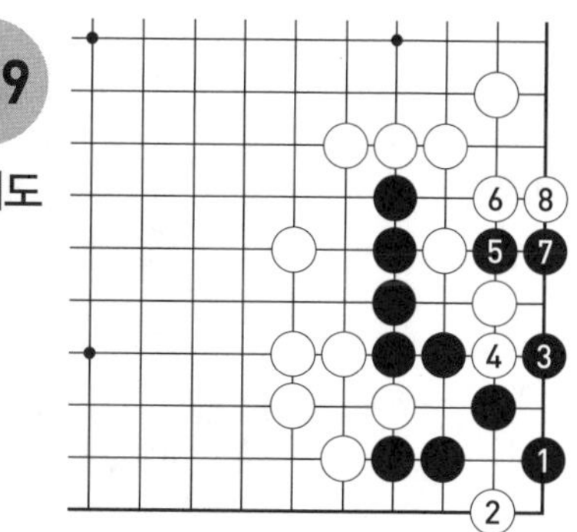

실패도

흑1 먼저 호구치는 수순은 착오. 백2 파호하고 백8 단수까지, 흑이 실패.

280 정해도

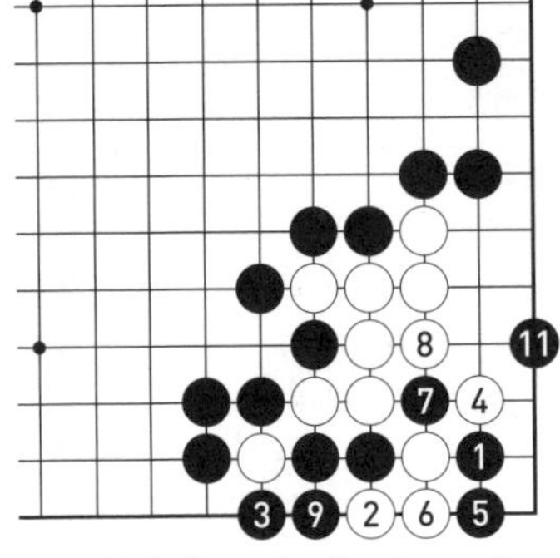

흑1 붙임이 요점. 흑5 늘고 흑7 먹여치기가 관련이 깊은 맥. 흑 11까지 진행되어 백이 잡힌다. 백10=흑7

281 정해도

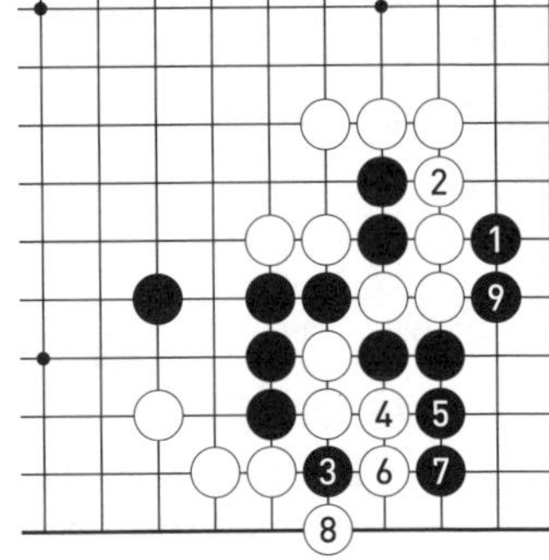

흑1에 붙이는 것은 보기 좋은 맥. 흑3에서부터 흑7 단수까지 묘수 연발. 흑9에 다시 물러서서 살 았다.

280 변화도

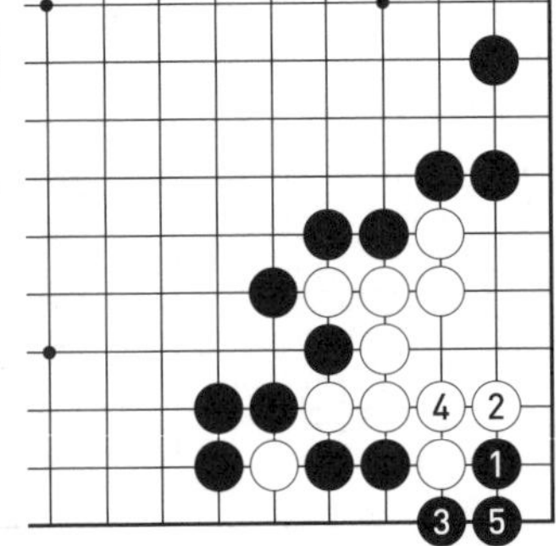

만약 백이 2에 호구치면 흑3 단 수, 흑5에 날아서 백은 여전히 살 수 없다.

281 변화도

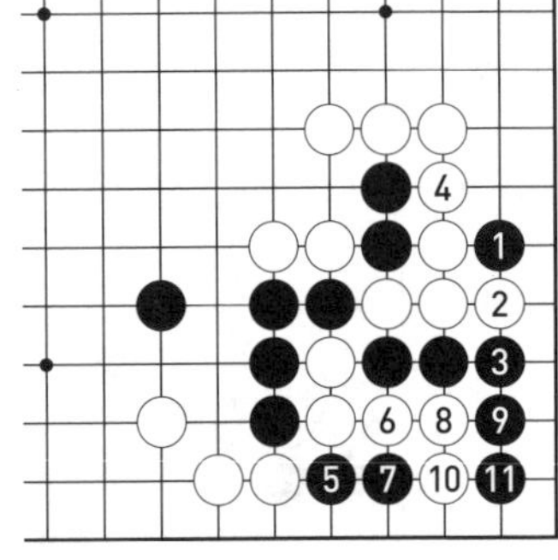

만약 백이 2에 막으면 흑3에 느 는 것이 요점. 흑5부터 흑11까지 백을 잡을 수 있다.

280 실패도

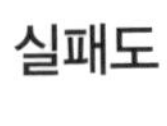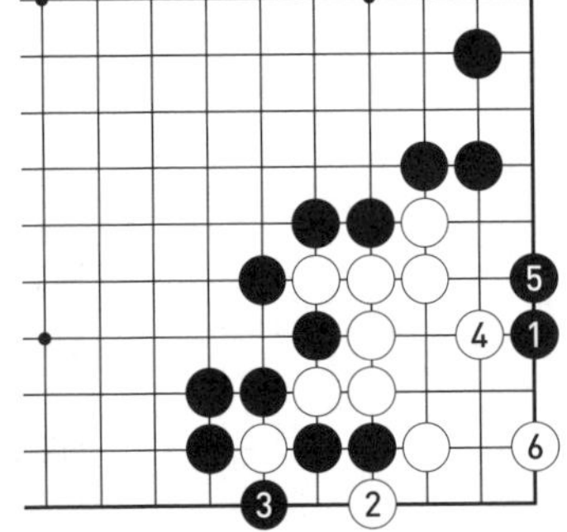

흑1로 먼저 나는 것은 수순 착오. 백4, 6으로 집을 지어 살 수 있다. 흑의 실패.

281 실패도

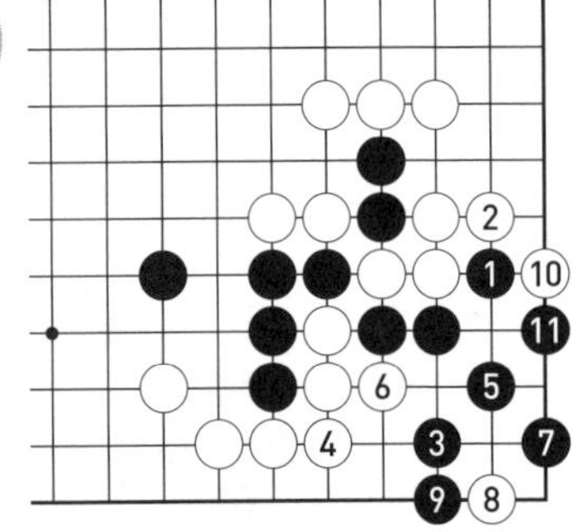

흑1 젖힘은 착오. 흑7에 다시 호 구쳐서 패가 된다. 흑의 실패.

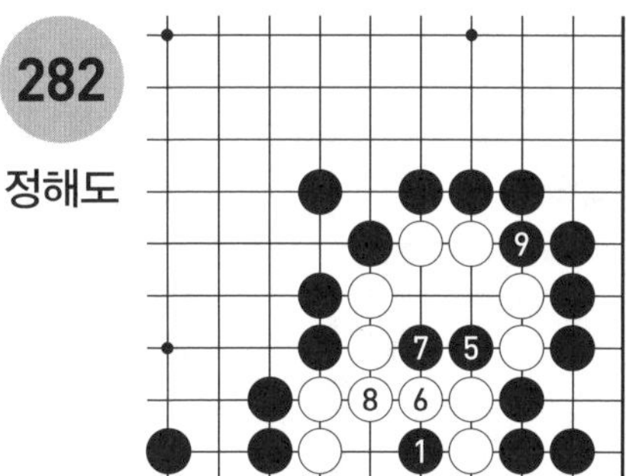

282 정해도

흑1 붙임이 파호의 요점. 흑3 건너고 흑5 단수가 좋은 수순. 흑7, 9로 다시 단수쳐서 백을 잡을 수 있다.

283 정해도

흑1이 숨겨진 아주 좋은 묘수, 백은 오로지 2에 단수치고 흑3 걸침, 흑5 연결로 상변의 백이 잡힌다.

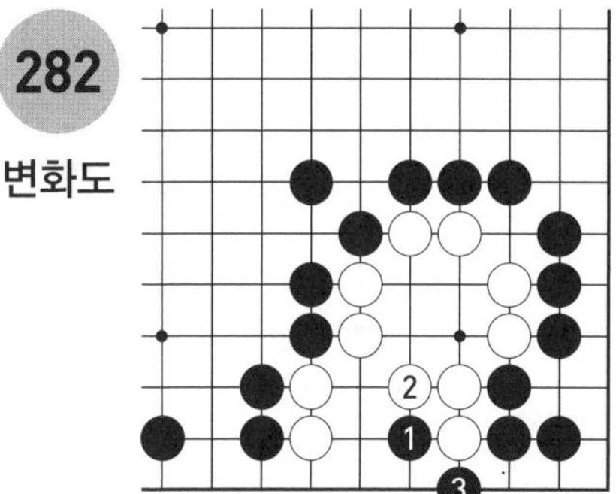

282 변화도

만약 백이 2에 꼬부리면 흑3 건너서 백은 역시 살 수 없다.

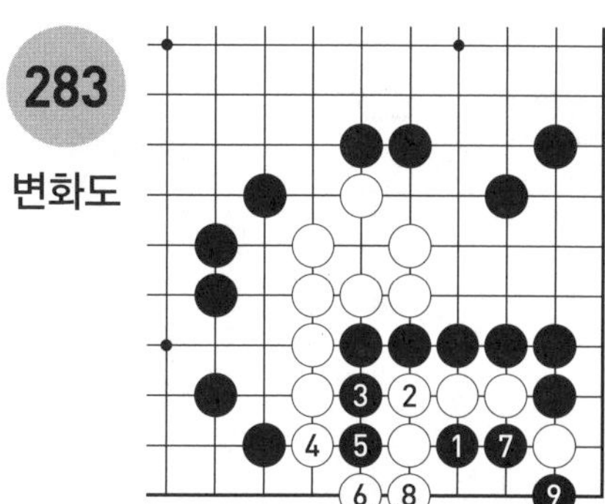

283 변화도

만약 백이 2에 빈삼각하면 흑3에 끼우고 흑9 단수까지 백 전몰.

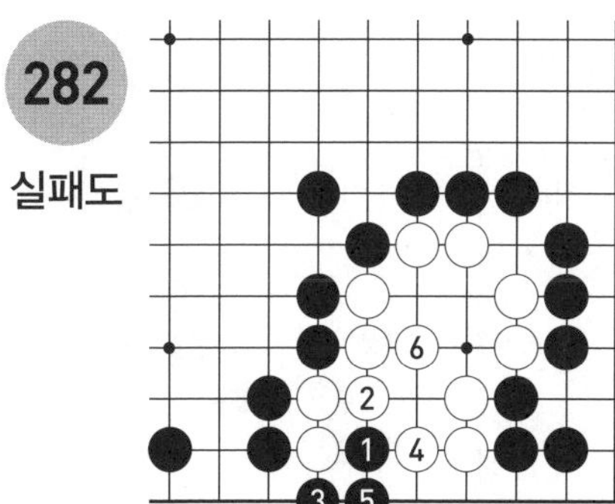

282 실패도

흑1에 붙이는 것은 착오. 백2부터 백6까지 살 수 있다. 흑의 실패.

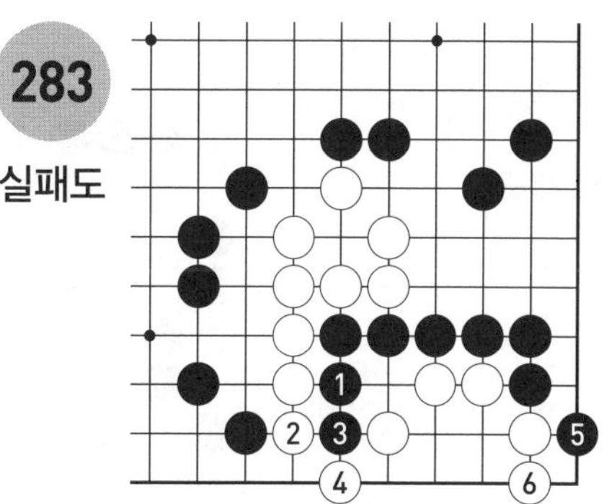

283 실패도

흑1 꼬부림은 착오. 백은 2부터 6까지 살 수 있다. 흑의 실패.

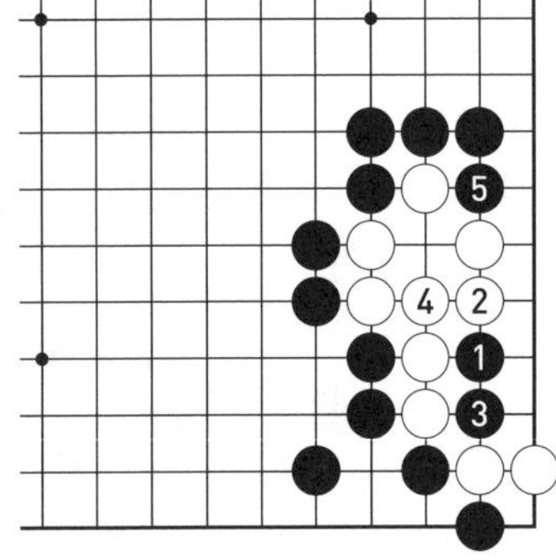

284 정해도

흑1 붙임이 요점. 흑3에 느는 것이 맥. 다시 흑5 먹여치기, 흑7 단수쳐서 백이 잡힌다.

285 정해도

흑1, 3, 5가 맥의 연발. 백이 잡힌다.

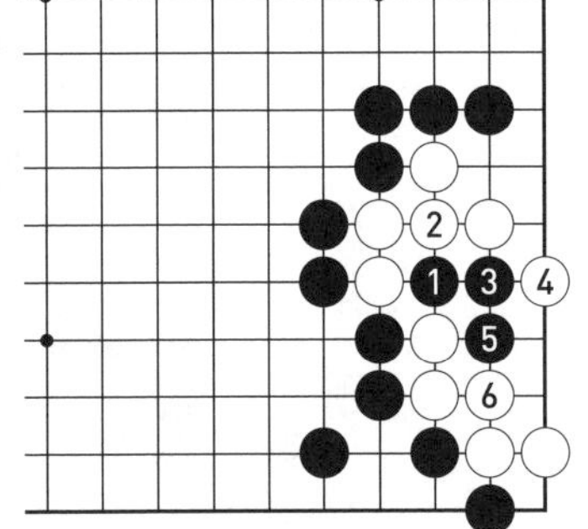

284 변화도

만약 백이 2에 밀고 나오면 흑3 단수, 다시 흑5 파호하여 백은 역시 살 수 없다.

285 변화도

만약 백이 2에 젖히면 흑3 호구친다. 흑5 물러서고 흑11 먹여치기까지 백은 역시 살 수 없다.

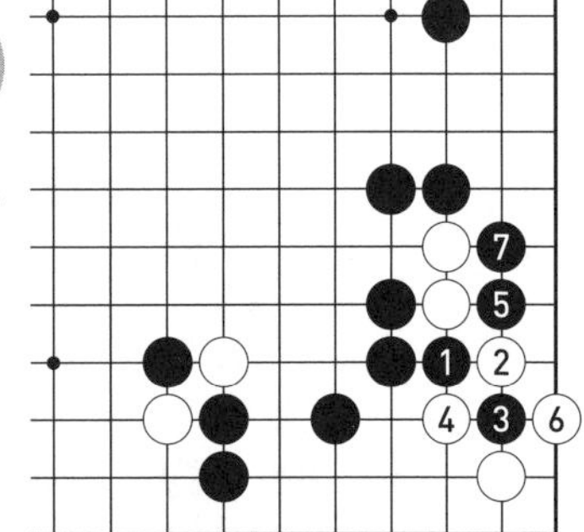

284 실패도

흑1에 끊어 단수치는 것은 착오. 백2부터 백6까지 살 수 있다. 흑의 실패.

285 실패도

흑1 끼움은 착오. 백은 2부터 6까지 2점을 버림으로써 귀에서 살 수 있다. 흑의 실패.

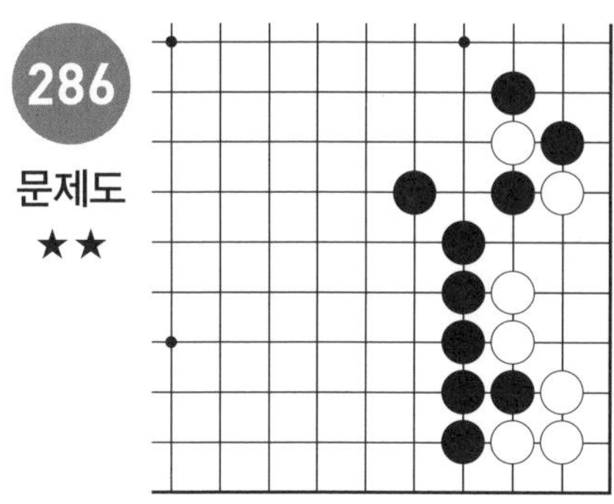

286
문제도
★★

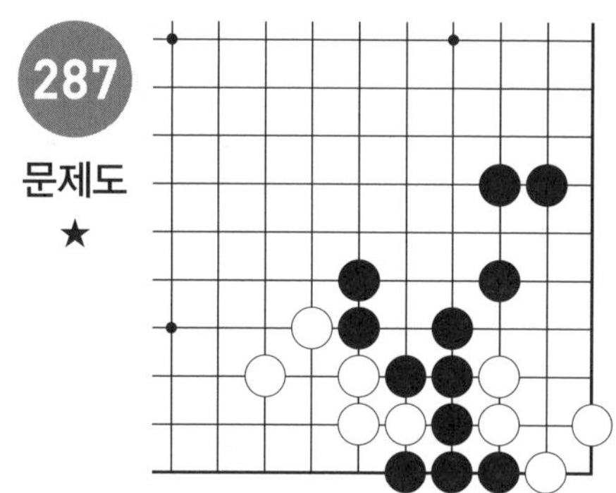

287
문제도
★

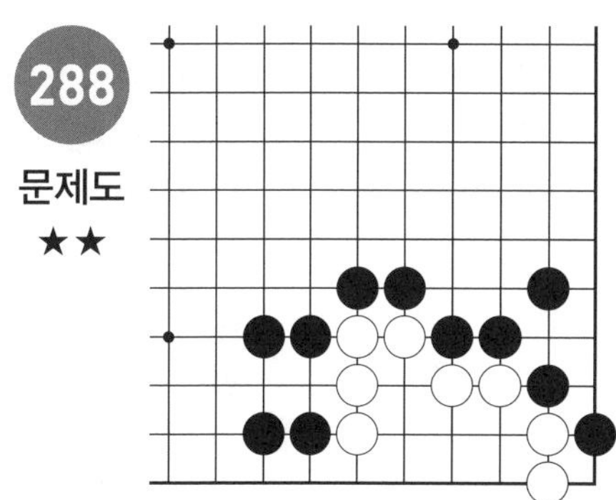

288
문제도
★★

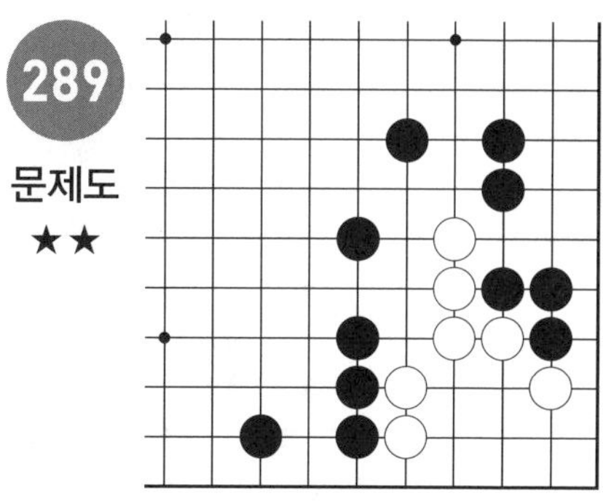

289
문제도
★★

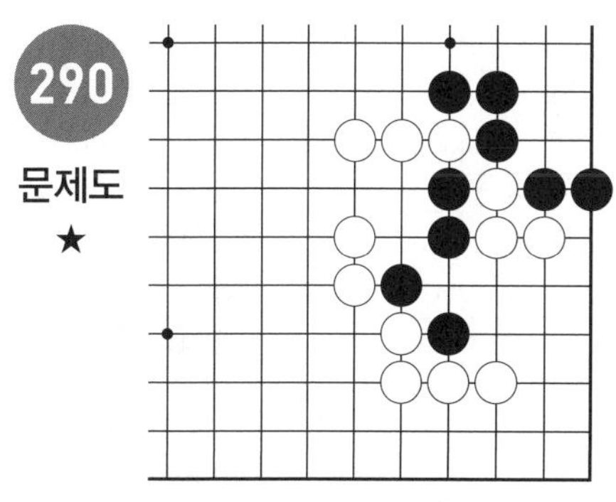

290
문제도
★

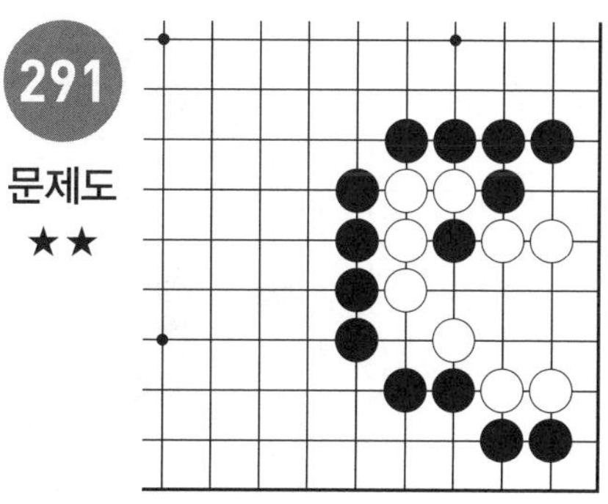

291
문제도
★★

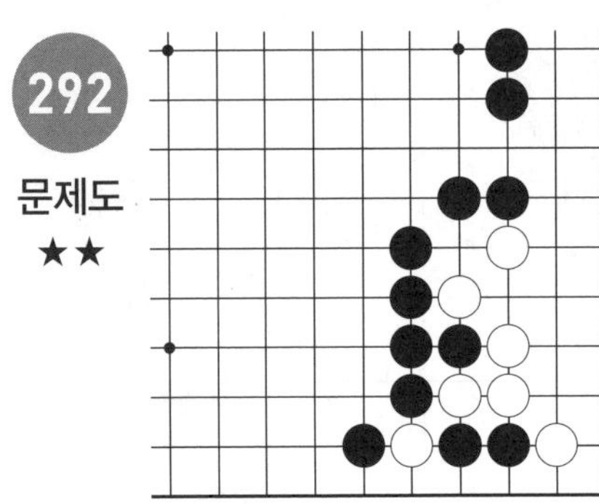

292 문제도 ★★

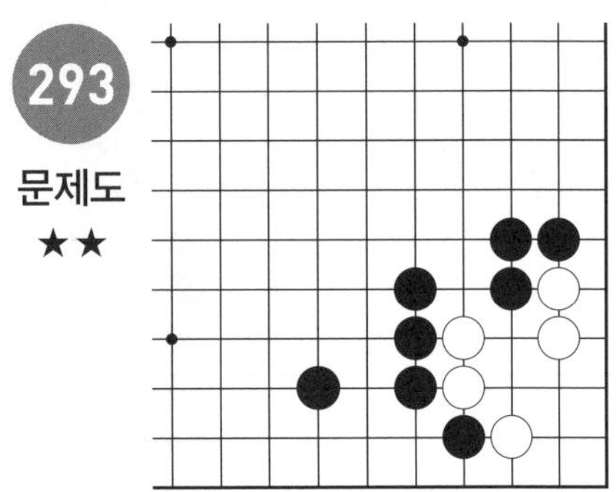

293 문제도 ★★

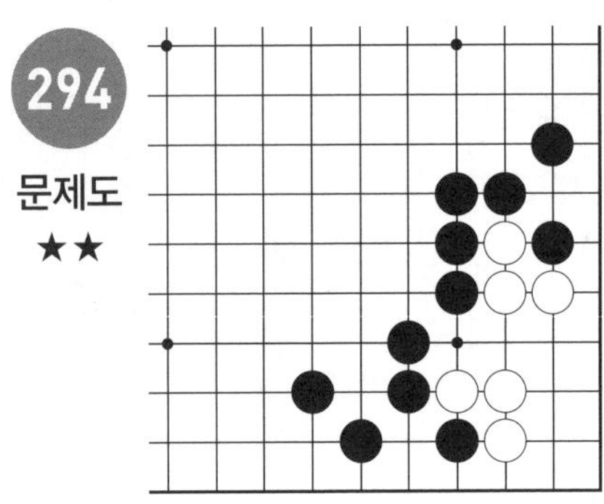

294 문제도 ★★

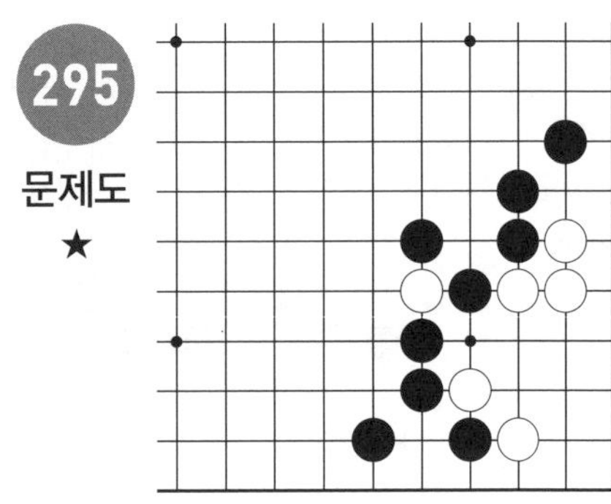

295 문제도 ★

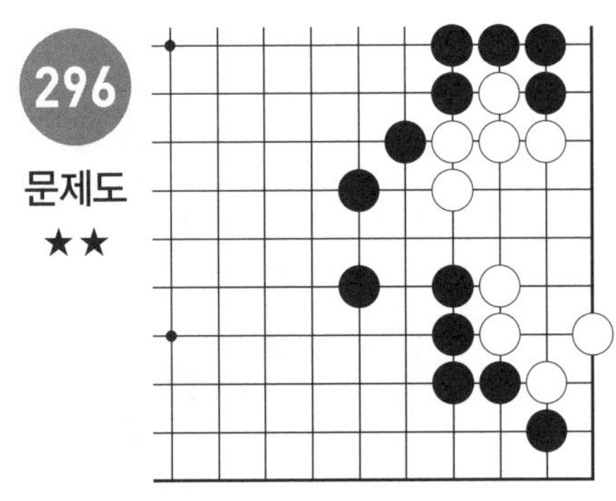

296 문제도 ★★

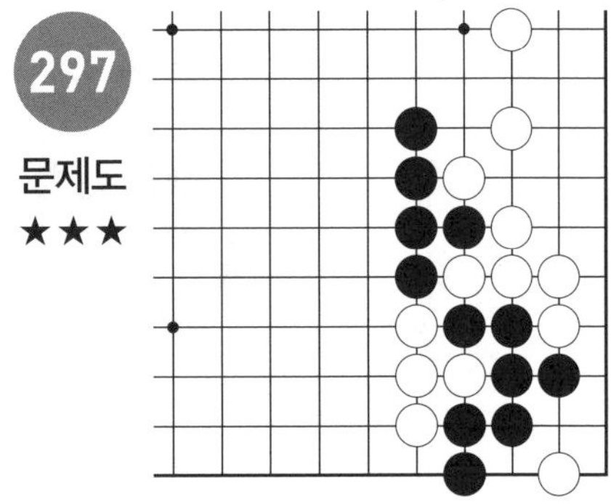

297 문제도 ★★★

286 정해도

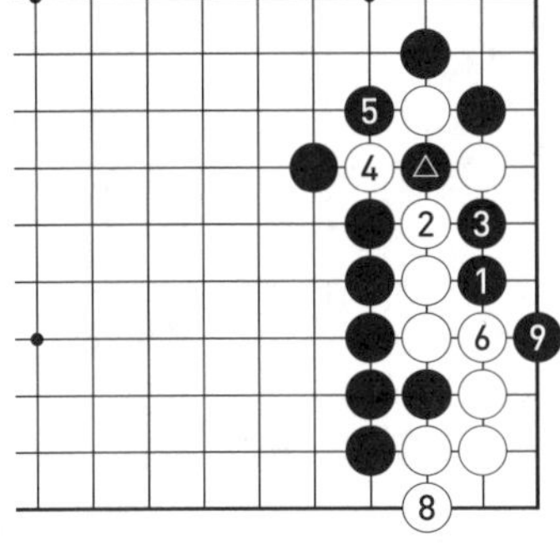

흑1 붙임, 흑3 단수가 좋은 수순.
흑9까지 진행되어 백이 잡힌다.
흑7=▲

287 정해도

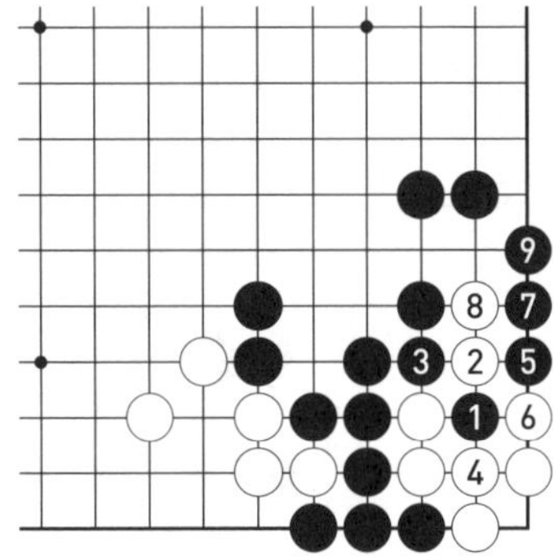

흑1에 붙이는 것이 파호의 요점.
백이 2에 젖힐 때, 흑3에서 흑7 단
수까지는 치밀한 착지법. 흑9에
다시 물러서서 귀의 백은 잡힌다.

286 변화도

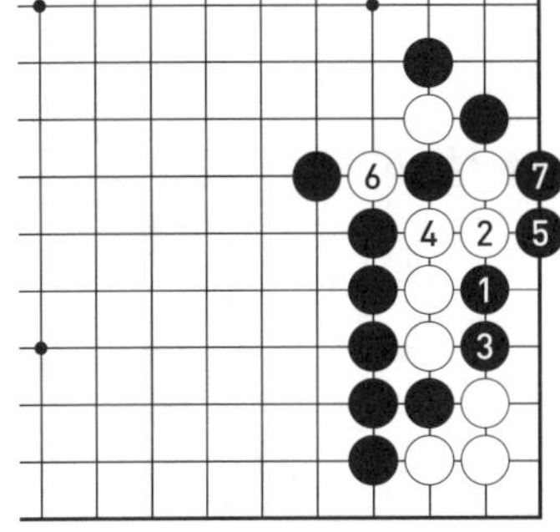

만약 백이 2에 밀고 나오면 흑3
부터 흑7 회돌이까지가 치밀한
착지법. 백은 여전히 살 수 없다.

287 변화도

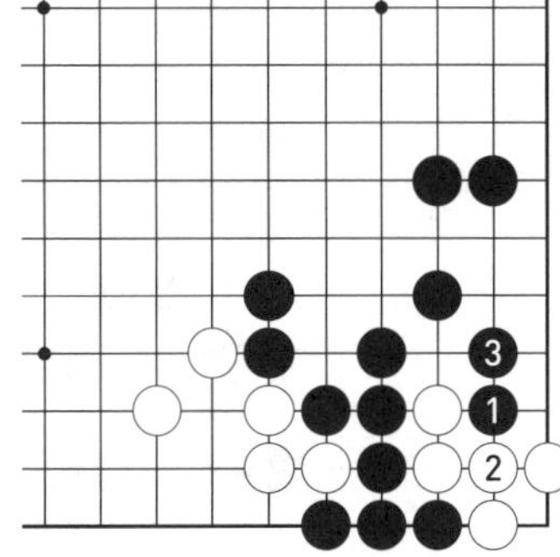

만약 백이 2와 같이 이으면 흑은
3에 물러서서 백은 역시 살 수
없다.

286 실패도

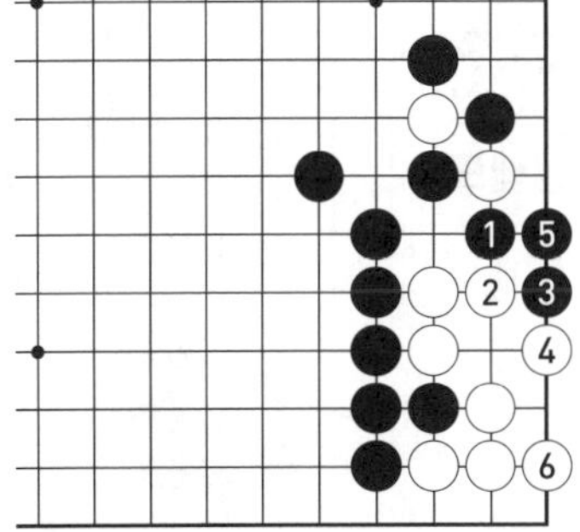

흑1에 단수치는 것은 착오. 백2
부터 백6까지 살 수 있다. 흑의
실패.

287 실패도

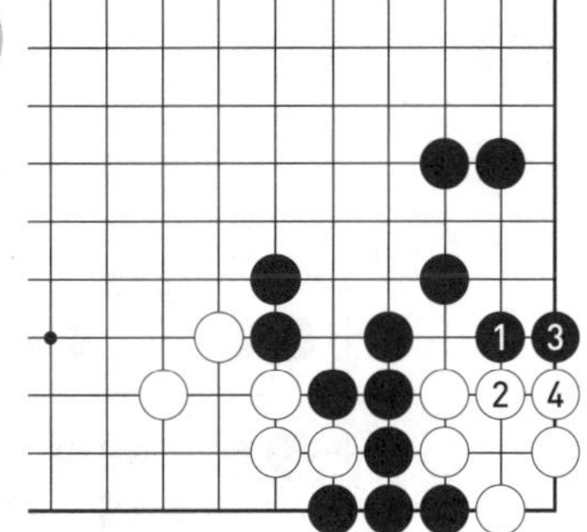

흑1에 입구자하는 것은 착오. 백
2, 4로 집을 지어 살 수 있다. 흑
의 실패.

288 정해도

흑1에 붙이는 것이 요점. 흑3 건너
고, 흑5 늘림이 좋은 수순. 흑13까
지 진행되어 백이 잡힌다. 백8=백
4, 흑9=백2, 흑11=백4, 흑13=백2

289 정해도

흑1에 붙이는 것이 요점. 흑3 늘
리고, 흑5 젖힘이 좋은 수순. 흑
13까지 진행되어 백이 잡힌다.

288 변화도

만약 백이 2에 늘면 흑3 늘리고
흑5 꼬부려서 백은 역시 살 수
없다.

289 변화도

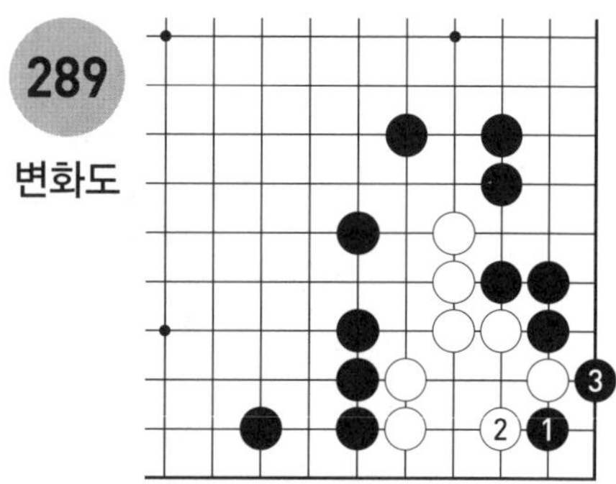

만약 백이 2에 젖히면 흑3 건너
서 백이 살 수 없다.

288 실패도

흑1에 붙이는 것은 착오. 백2 잇
고 백8 단수까지, 착수금지 규정
에 의해 흑을 잡아 살 수 있다.
흑의 실패.

289 실패도

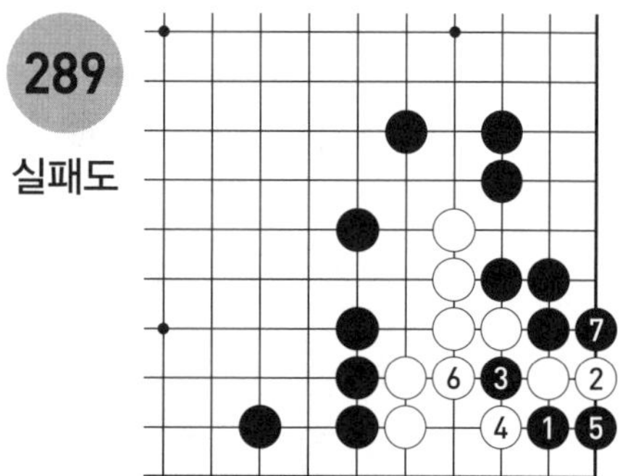

흑이 3에 끊는 것은 착오. 백은
2에서 백8까지 살수 있다. 흑의
실패. 백8=흑3

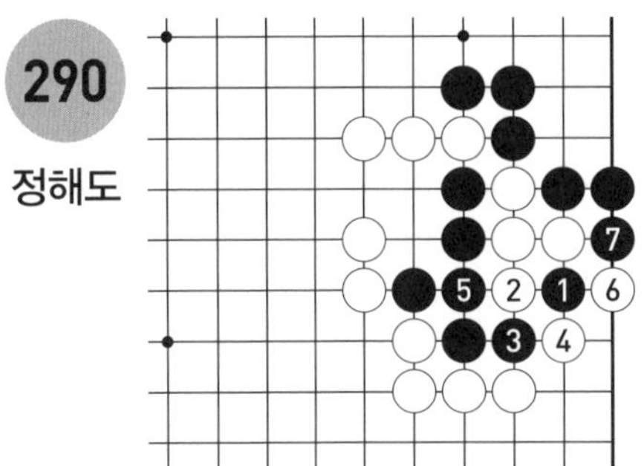

흑1에 붙이는 것이 백 3점을 잡는 맥. 백2로 끼울 때, 흑3 끼우고, 흑7 단수까지 백이 잡힌다.

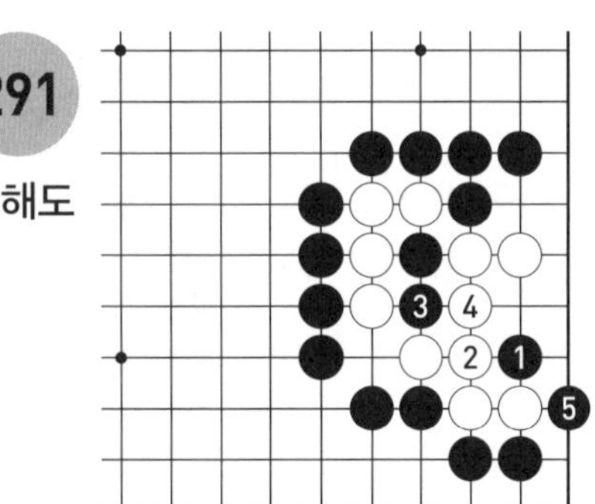

흑1 붙임, 흑3 단수가 관련 있는 맥. 흑5로 건너서 백이 잡힌다.

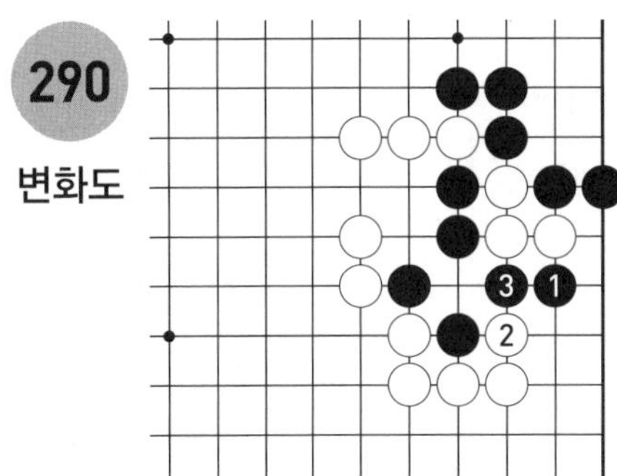

만약 백이 2에 꼬부리면 흑3 단수쳐서 백은 역시 살 수 없다.

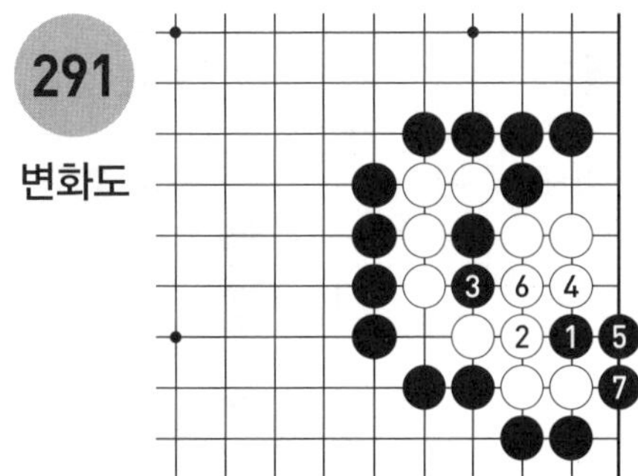

만약 백이 4에 단수치면 흑5로 연결, 흑7 건너서 백은 여전히 살 수 없다.

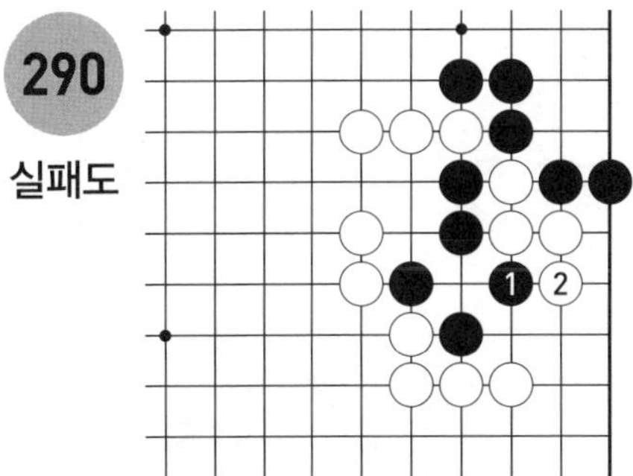

흑1은 착오. 백은 2에 꼬부려서 건너갈 수 있다. 흑의 실패.

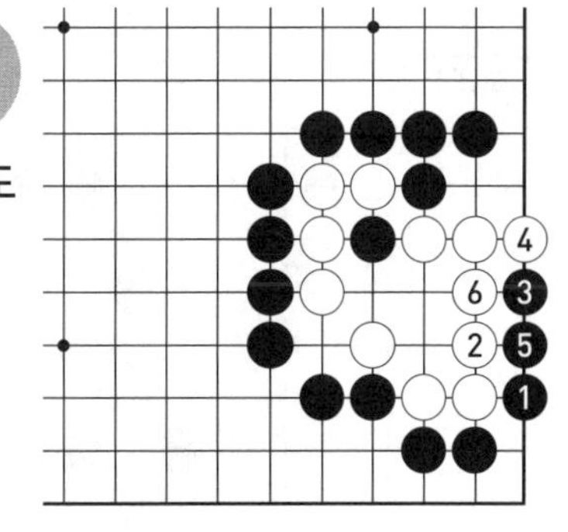

흑1에 젖힘은 착오. 백은 2부터 6까지 살 수 있다. 흑의 실패.

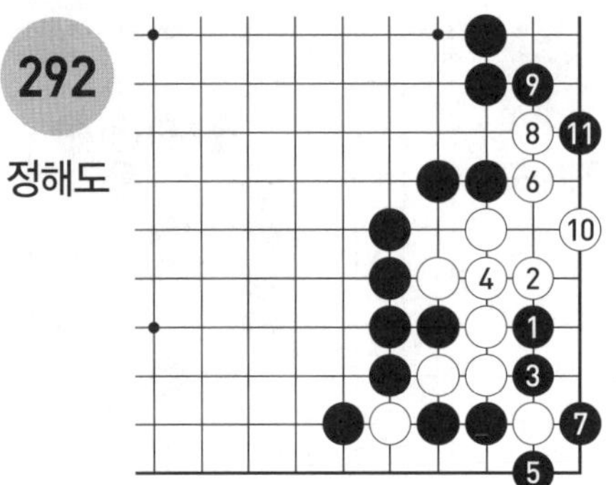

292 정해도

흑1 붙임, 흑3 끊음이 관련 있는
맥. 흑11까지 진행되어 백이 잡
힌다.

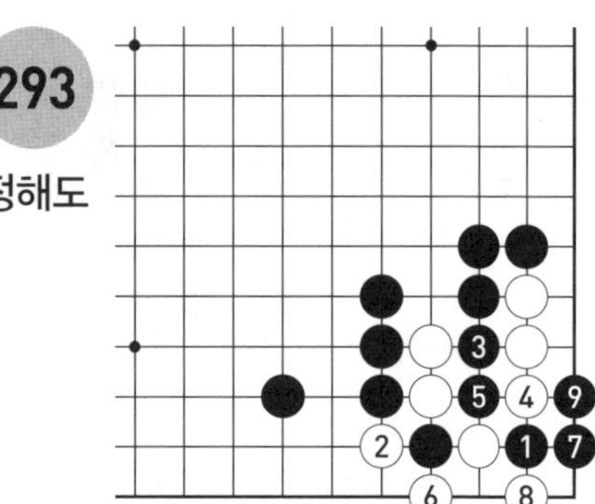

293 정해도

흑1 붙임이 요점. 흑3 끼움, 흑5
단수까지가 좋은 수순. 흑7까지
진행되어 백이 잡힌다.

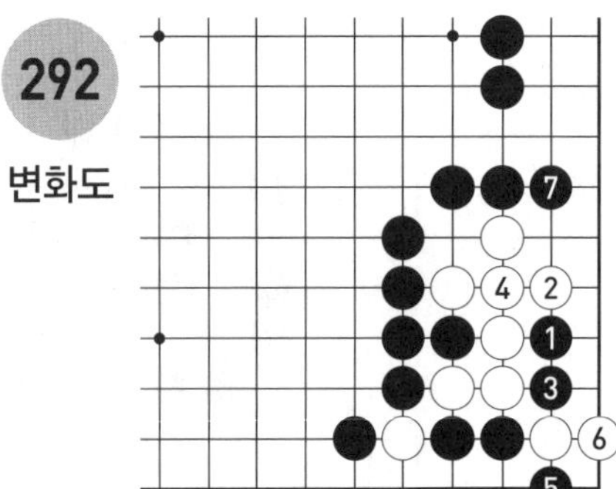

292 변화도

만약 백이 6에 늘면 흑은 7에 늘
어서 백은 여전히 살 수 없다.

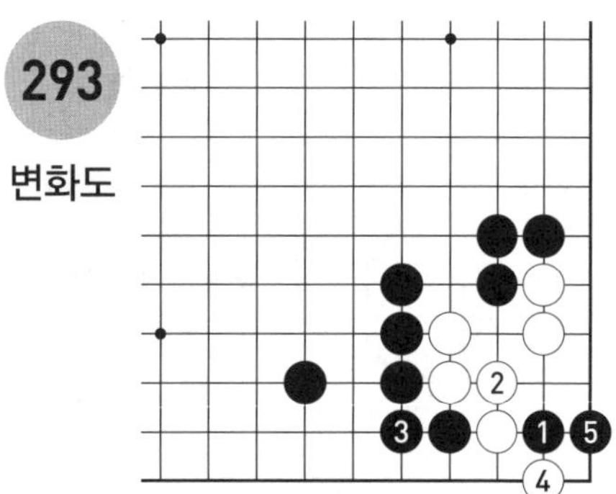

293 변화도

만약 백이 2에 이으면 흑3에 연
결, 흑5 늘어서 백은 여전히 살
수 없다.

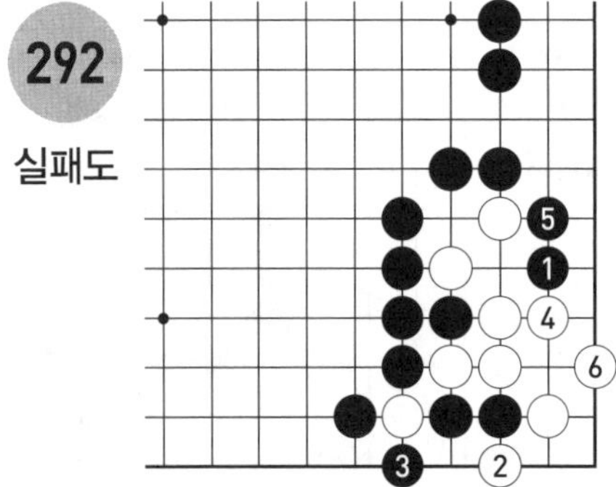

292 실패도

흑1에 치중하기는 착오. 백2부터
백6까지 살 수 있다. 흑의 실패.

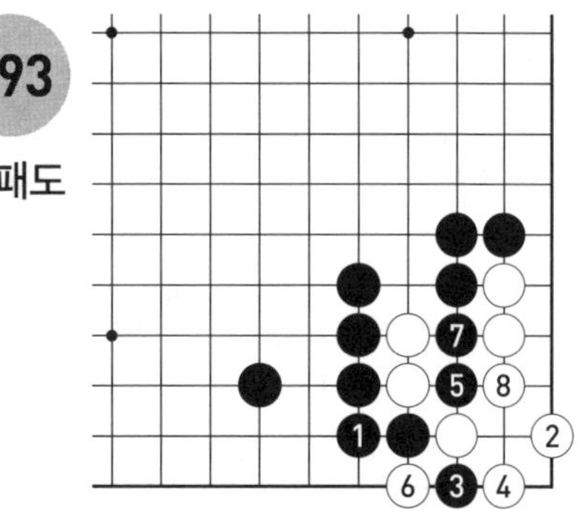

293 실패도

흑1에 잇는 것은 착오. 백2부터
백8까지 살 수 있다. 흑의 실패.

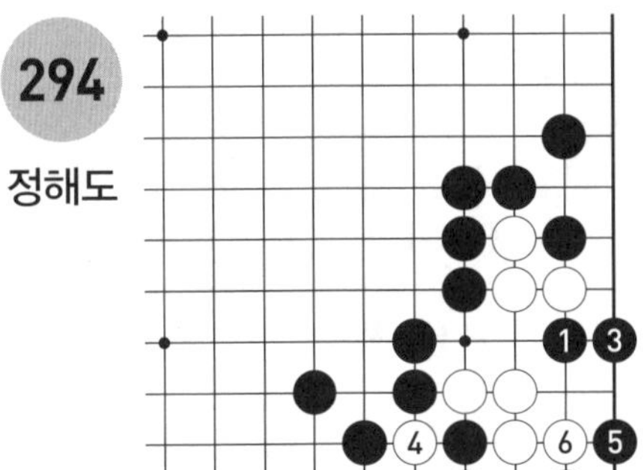

흑1 붙임이 맥. 흑3 늘고 흑5 건넘이 좋은 수순. 흑7로 다시 젖혀서 귀의 백이 잡힌다.

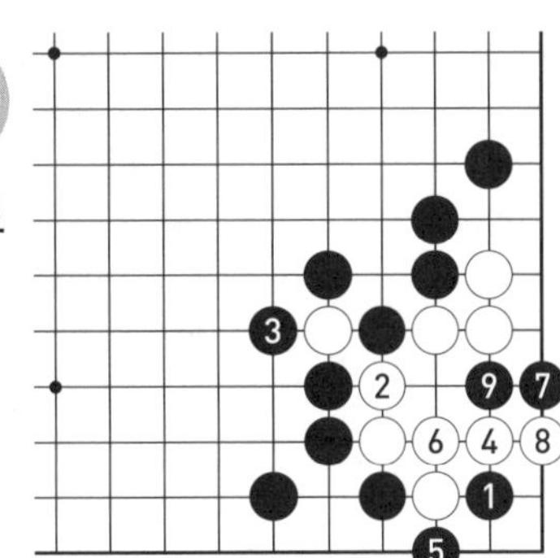

흑1에 붙이는 것이 백을 잡는 묘수. 흑7 치중하기, 흑9로 들어가 귀의 백은 잡힌다.

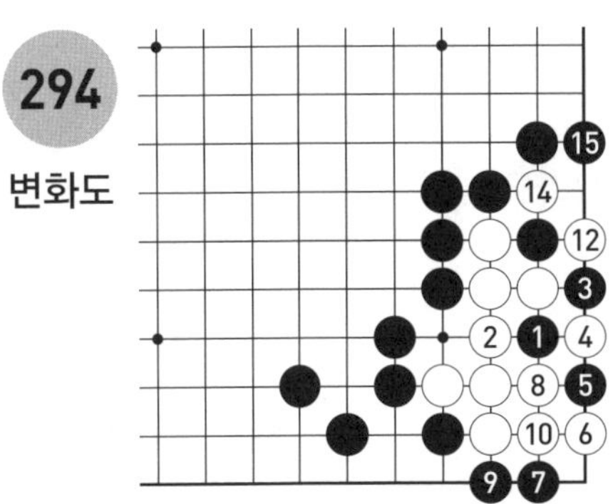

만약 백이 2에 이으면 흑3 건너고 흑7 치중하기, 흑9 물러서기가 좋은 수순. 흑13에 다시 치중하기로 백은 살 수 없다. 흑11=백4, 흑13=백4

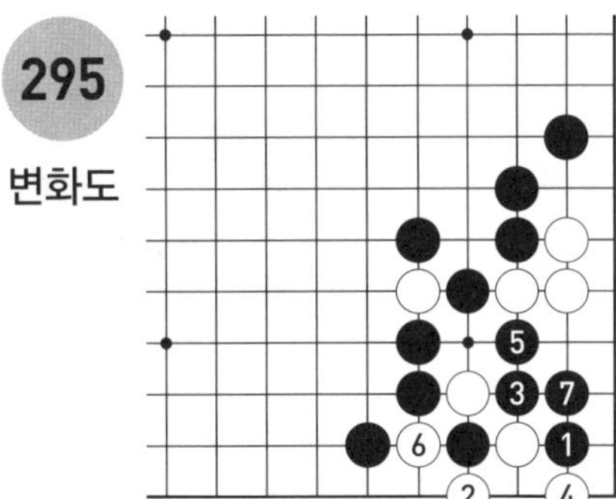

백이 2에 단수치면 흑3 단수, 흑5 연결, 다시 흑7로 밀고 나가 백은 여전히 살 수 없다.

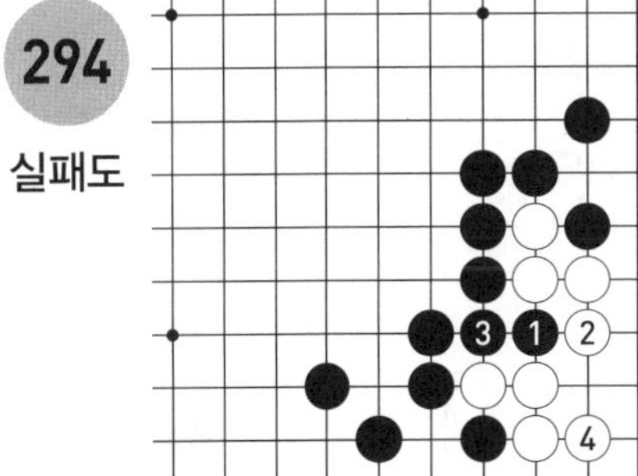

흑1 끼워 붙임은 착오. 백2 단수, 백4 꼬부림으로 살 수 있다. 흑의 실패.

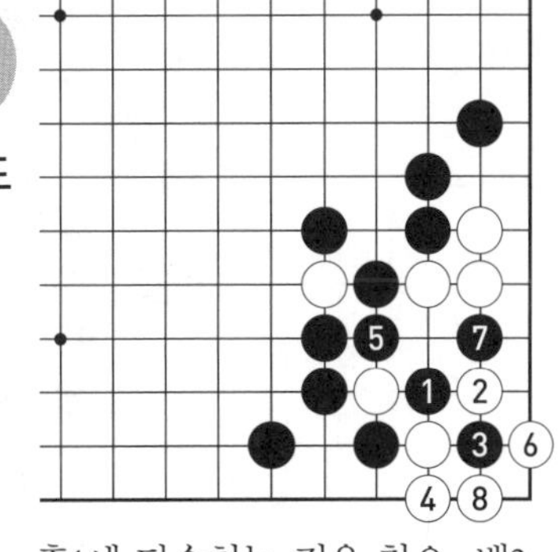

흑1에 단수치는 것은 착오. 백2 단수, 백4 늘어서 귀에서 살 수 있다. 흑의 실패.

296 정해도

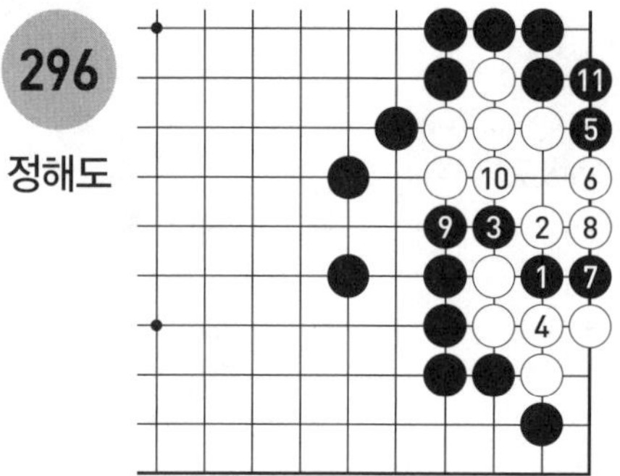

흑1에 붙이는 것이 요점. 흑3 단수, 흑5 젖힘이 좋은 수순. 흑11까지 진행되어 백이 잡힌다.

297 정해도

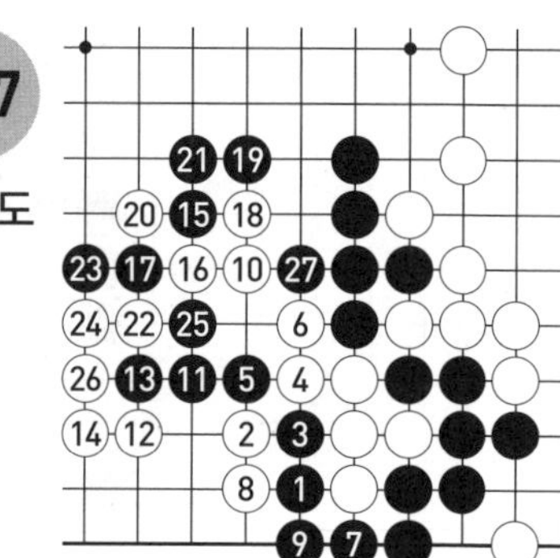

흑1 붙임이 맥. 백이 2에 벌릴 때 흑3 끼움, 흑5 끊음이 좋은 수순. 흑27까지 진행되어 백이 잡힌다.

296 변화도

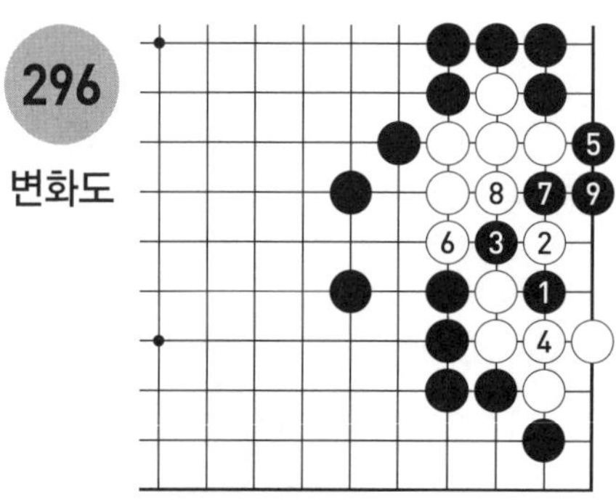

만약 백이 6에 끊으면 흑7에 끼워 붙임이 맥. 백은 역시 살 수 없다.

297 변화도

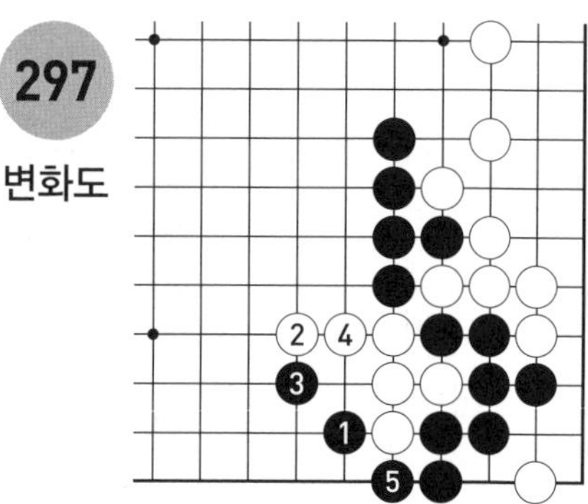

만약 백이 2에 뛰면 흑3 입구자, 흑5로 순조롭게 건넘.

296 실패도

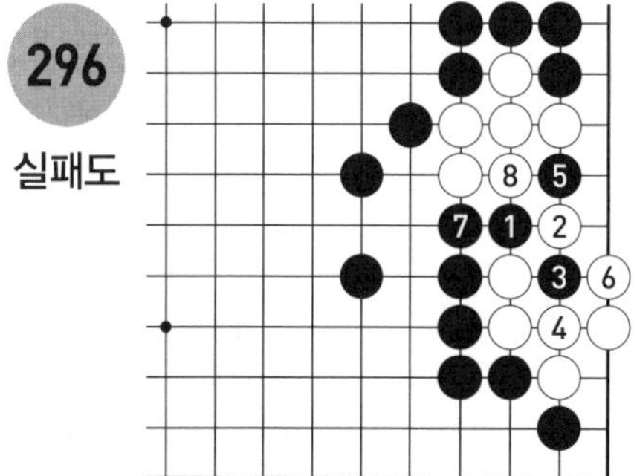

흑5에 끼워 붙임은 착오. 백6 따냄, 백8 끊음으로 살 수 있다. 흑의 실패.

297 실패도

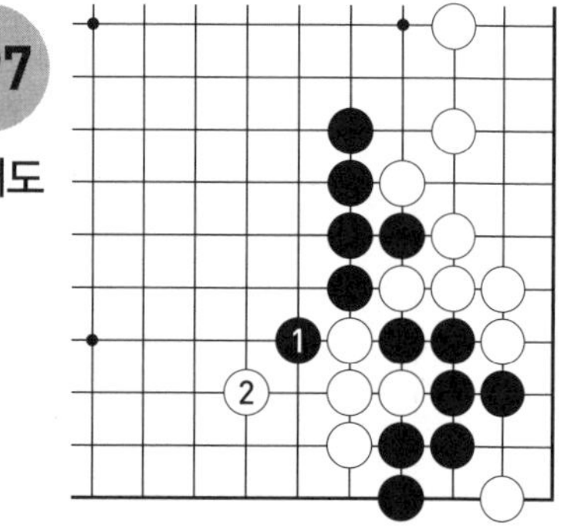

흑1 젖힘은 착오. 백2 벌림으로 흑의 실패.

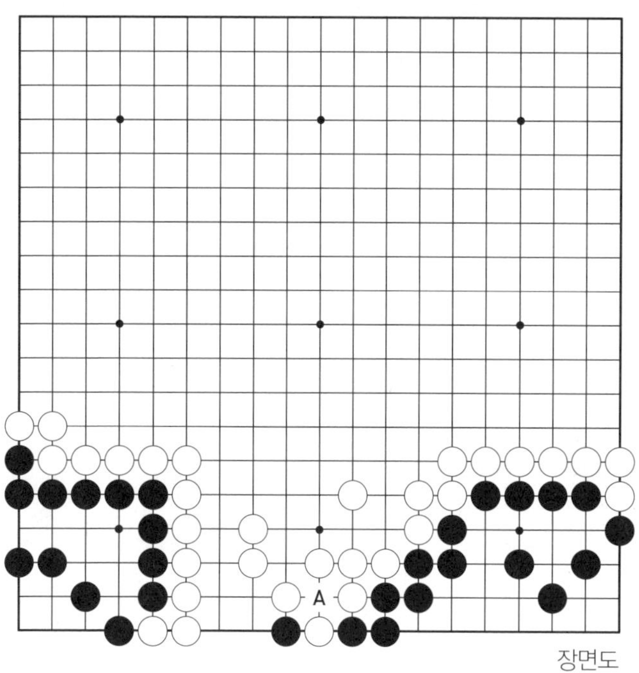

장면도

〈장면도〉에서 A의 가일수 문제를 생각해보자.

쉽게 생각하면, 백은 이곳을 보강하면 된다. 하지만 패감이 많다고 버티면 어떻게 되는 것일까? 실제로 과거에 이런 일이 일본 프로바둑에서 생긴 적이 있다. 패감이 많으므로 백은 가일수를 안 하겠다는 것이었다.

물론 일방적으로 틀린 주장이라고 할 수는 없다. 이런 식의 논란 시비는 상당히 복잡한 문제점을 안고 있다. 그래서 일본에서는 그 사건을 계기로 패감에 상관없이 단패는 가일수를 하도록 규칙으로써 규정짓게 됐다. 우리의 규칙도 마찬가지이다.

제 10 부 늘기

3선에서 2선으로 혹은 2선에서 1선으로 자신의 돌에 변방향으로 일착하는 것을 '늘기'라고 합니다. 늘기는 수상전에서 자주 쓰이는 수단 중 하나로, 자신의 수를 늘리고 상대의 안형을 파괴하여 공격하는 효과가 있습니다. 바둑 십결의 '버림으로 세력을 취한다'는 말은 바로 여기에서 생겨난 말입니다.

변이나 귀의 수상전에서는 늘기 일착으로 자신의 기반이 강해져 상대를 공격하는데 훨씬 유리해질 수 있습니다. '변에서는 두 점으로 키워서 버려라'는 바둑격언은 대국 중에 최대한 '늘기'를 해야 함을 보여주는 말입니다.

대국 중에 2선과 3선 돌을 모두 늘리는 것은 아닙니다. 국면에서 돌의 형태를 고려하여 결정해야 합니다. 적절한 시기가 아님에도 맹목적으로 늘리면 필요치 않는 손실을 입기도 하므로 초보자는 필히 주의하여야 합니다.

제10부는 36개의 연습문제로 구성되어 있으며 모두 흑 선입니다. 여러분도 늘기를 자유자재로 구사할 수 있게 되기를 바랍니다.

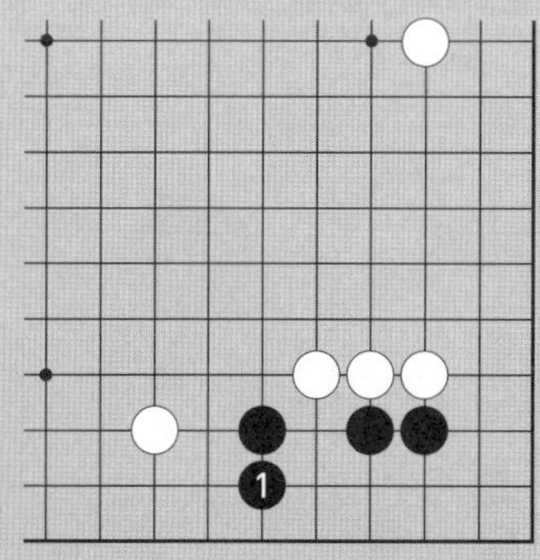

[도해] 흑1이 '늘기'이다.

298
문제도
★

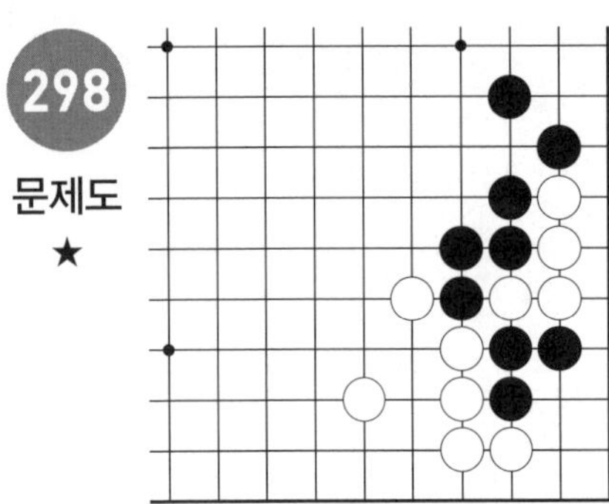

299
문제도
★★

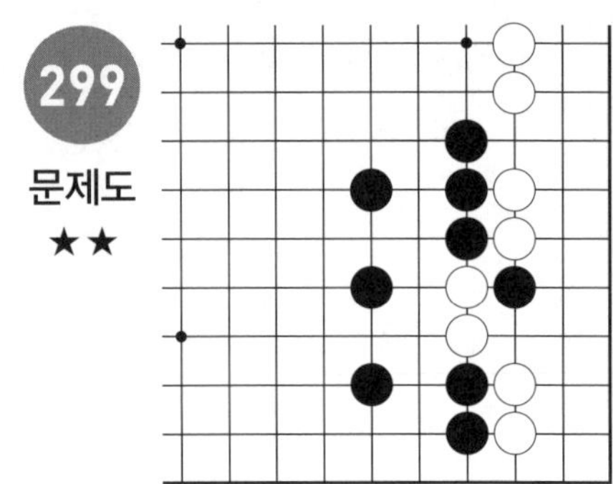

300
문제도
★★

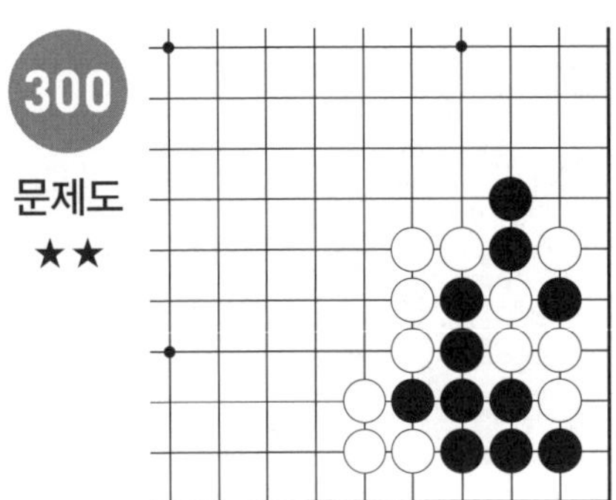

301
문제도
★

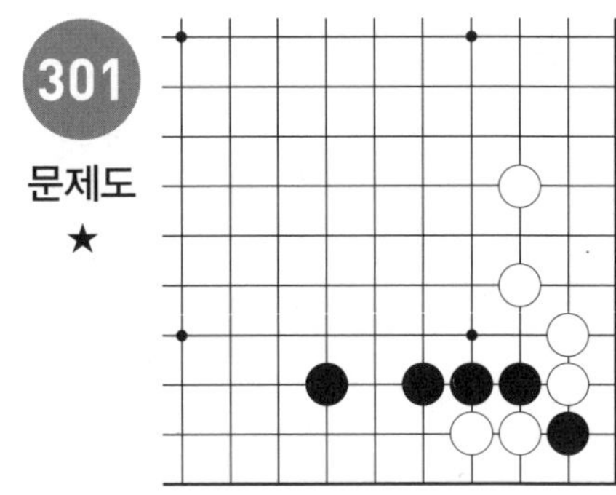

302
문제도
★★

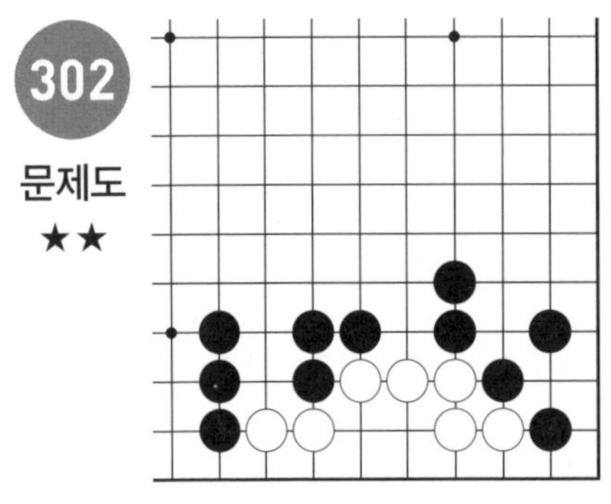

303
문제도
★★

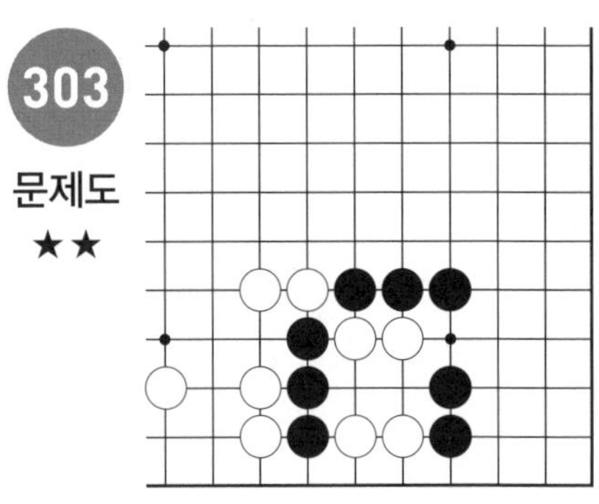

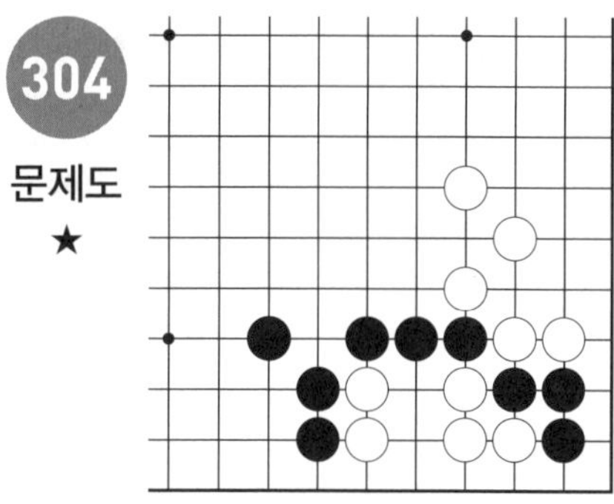

304

문제도
★

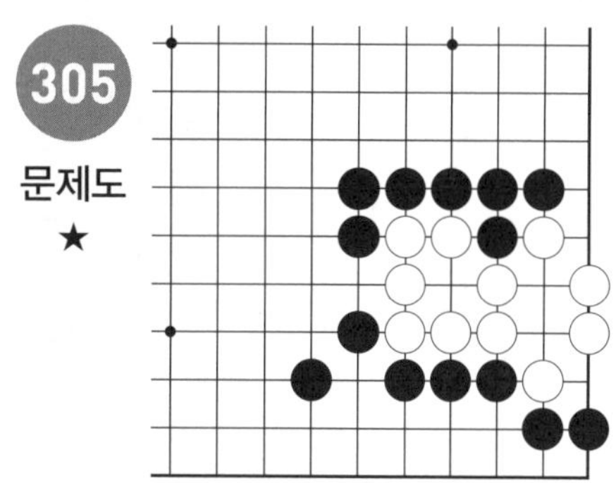

305

문제도
★

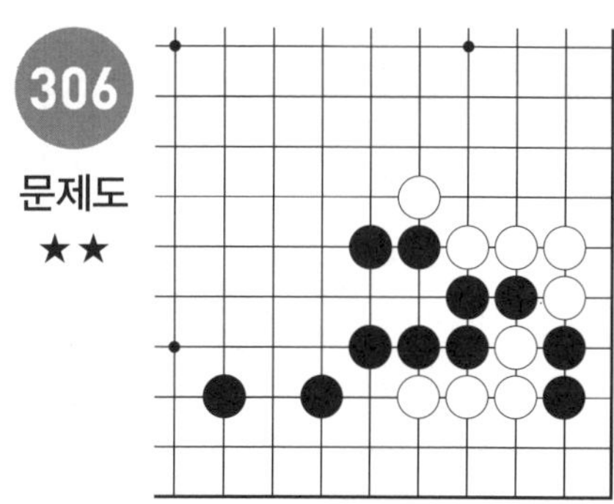

306

문제도
★ ★

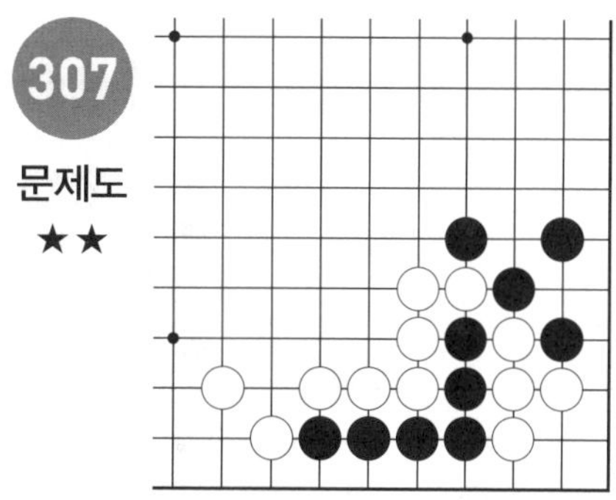

307

문제도
★ ★

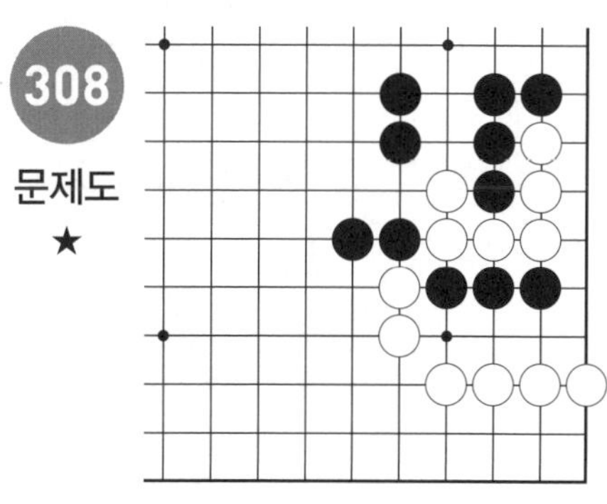

308

문제도
★

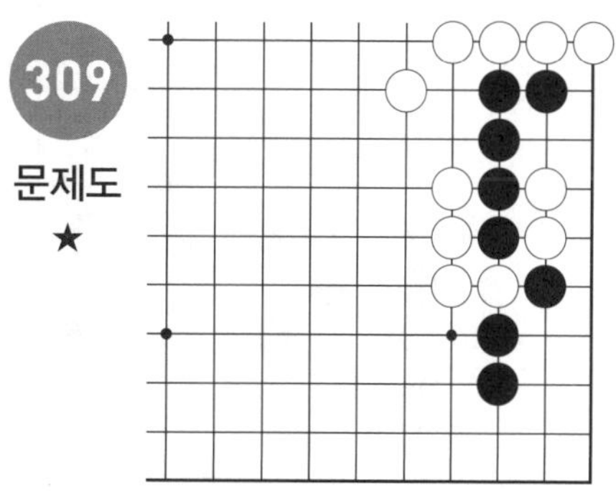

309

문제도
★

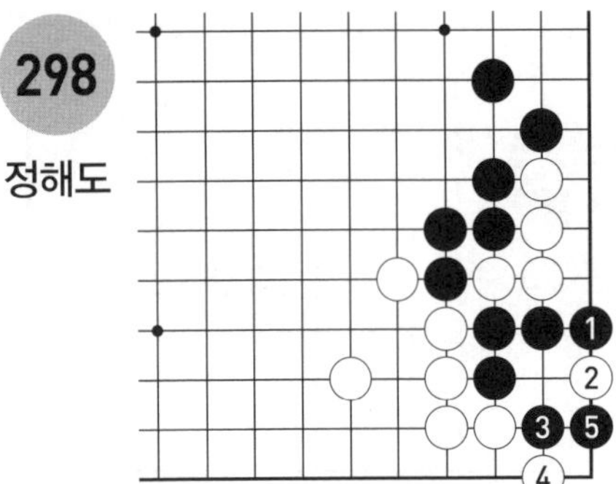

298 정해도

흑1 늘기, 흑3 젖힘이 좋은 수순. 다시 흑5로 집을 지어 백이 잡힌다.

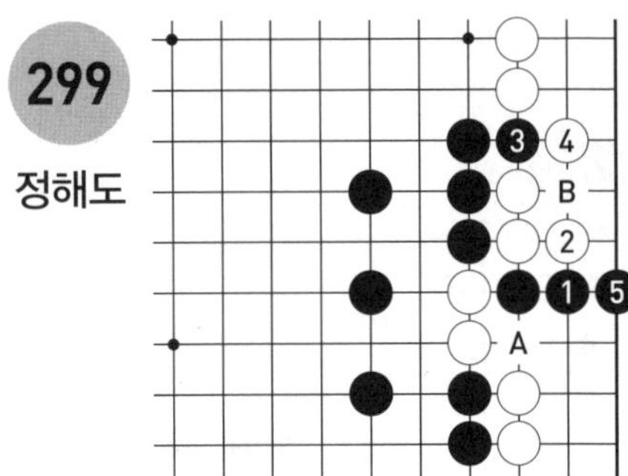

299 정해도

흑1 늘기가 좋은 수. 흑5에 다시 느는 것이 맥. A, B 두 곳 중 한 곳을 차지함으로 백이 잡힌다.

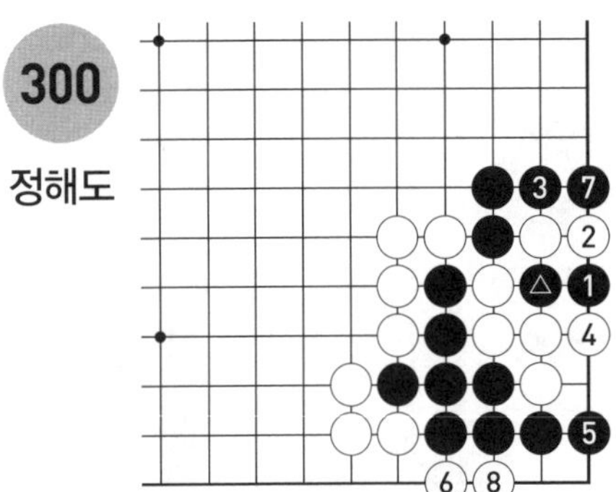

300 정해도

흑1 늘기, 흑3 단수가 좋은 수순. 흑5에 다시 느는 것이 맥. 흑9에 먹여치기까지 진행되어 백이 잡힌다. 흑9=▲

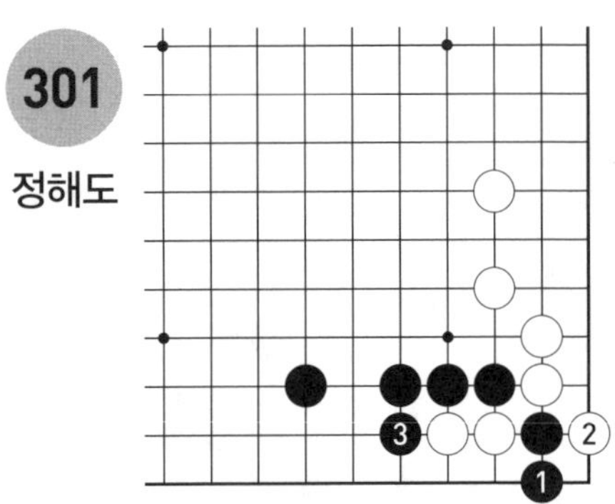

301 정해도

흑1 늘기가 요점. 백 2점은 잡힌다.

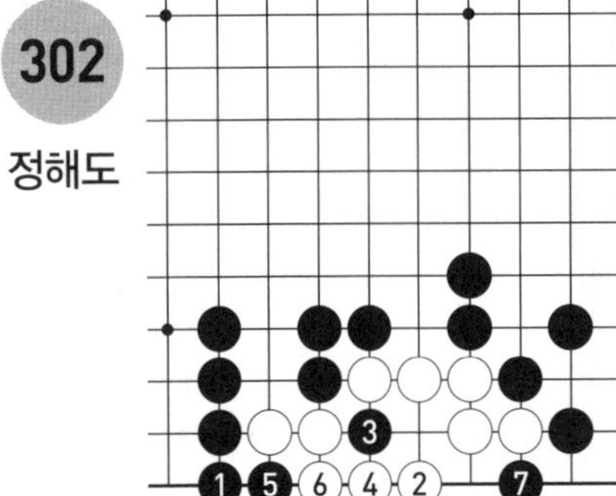

302 정해도

흑1 늘기가 백을 잡는 요점. 흑3에 끊는 것이 맥. 흑7까지 진행하여 백이 잡힌다.

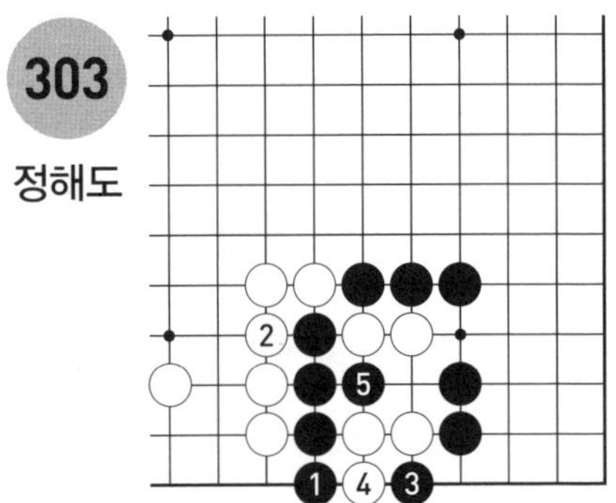

303 정해도

흑1 늘기, 흑3 젖힘이 좋은 수순. 다시 흑5에 단수쳐서 백이 잡힌다.

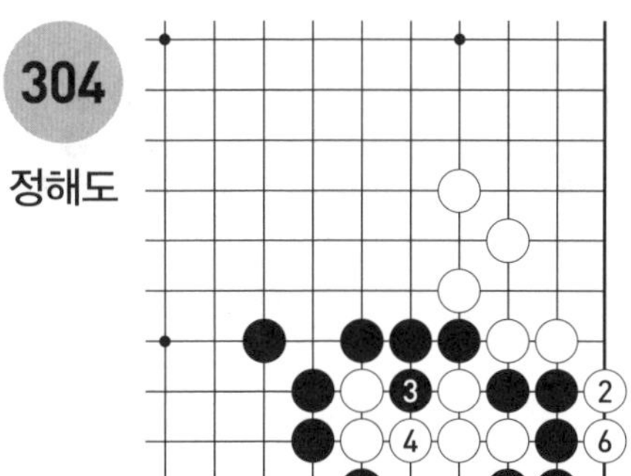

304 정해도

흑1 늘기, 흑3에 찌르는 것이 좋은 수순. 흑5 다시 젖힘으로 백이 잡힌다.

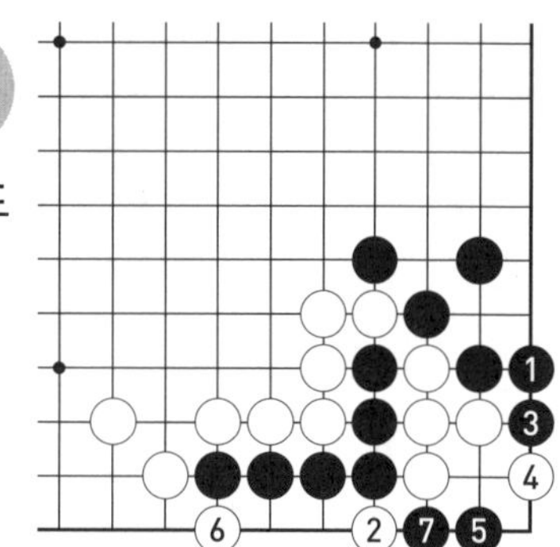

307 정해도

흑1 늘기, 흑3 꼬부림이 관련 있는 좋은 수. 다시 흑5에 치중하기, 흑7 먹여치기로 백이 잡힌다.

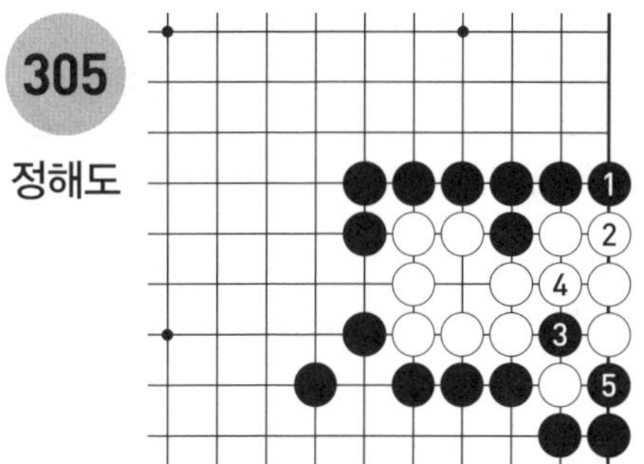

305 정해도

흑1 늘기, 이 한 수로 백을 잡을 수 있다. 백2로 집을 지을 때 흑3 먹여치기로 백이 잡힌다.

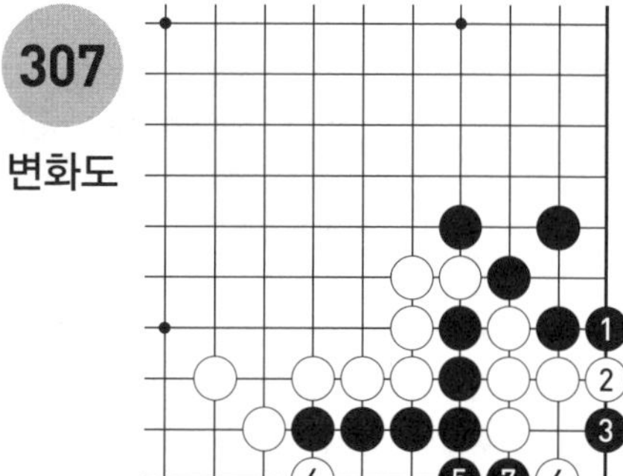

307 변화도

만약 백이 2에 막으면 흑3 치중하기가 좋으며 계속해서 흑7까지 백은 역시 안된다.

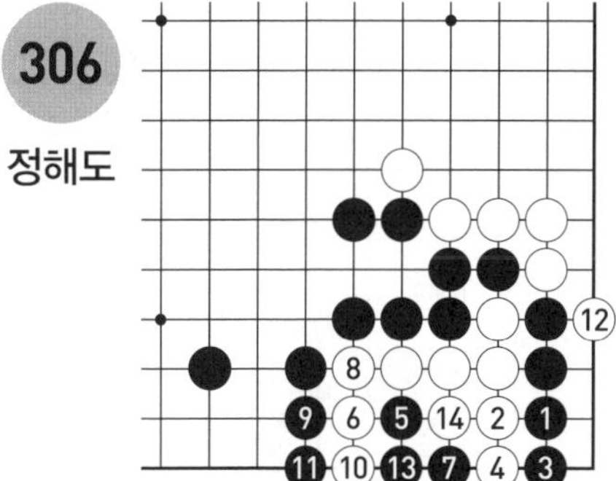

306 정해도

흑1, 3 두 번 늘기가 좋은 수순. 흑5가 맥. 흑15까지 진행되어 백이 잡힌다. 흑15=흑13

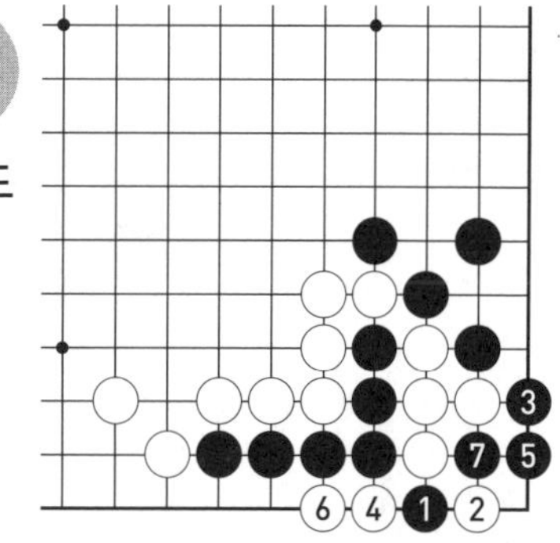

307 실패도

흑1 먼저 젖힘은 착오. 백2로 막고, 백4 따내고 백8 연결까지 흑이 실패. 백8=흑1

308 정해도

309 정해도

흑1 늘기가 좋은 수. 흑3 젖힘은 맥. 흑9까지 진행되어 백이 잡힌다.

흑1 늘기가 좋다. 이어서 흑3 먹여치기가 좋은 수순. 다시 흑5 먹여치기로 백 2점은 잡힌다.

308 변화도

309 변화도

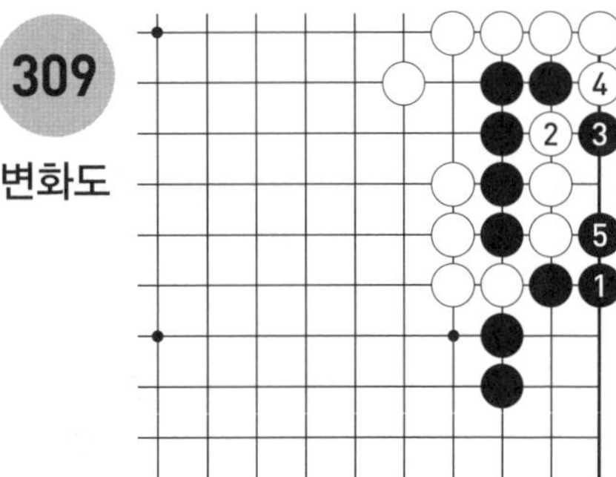

만약 백이 2에 막으면 흑3 젖힘 후 백은 역시 안된다.

만약 백이 2와 같이 수를 메우면 흑3 젖힘, 흑5 단수로 백은 역시 안된다.

308 실패도

309 실패도

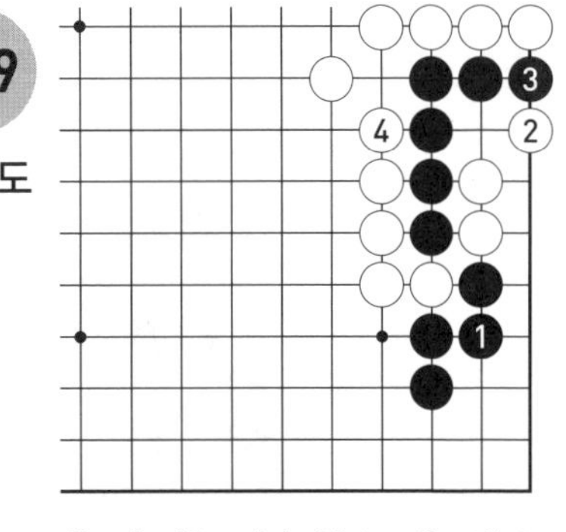

흑1로 먼저 젖힘은 착오. 백2 먹여치기, 백4 단수로 흑의 실패.

흑1에 잇는 것은 착오. 백2 입구자, 백4로 다시 수를 메워서 흑의 실패.

310
문제도
★★★

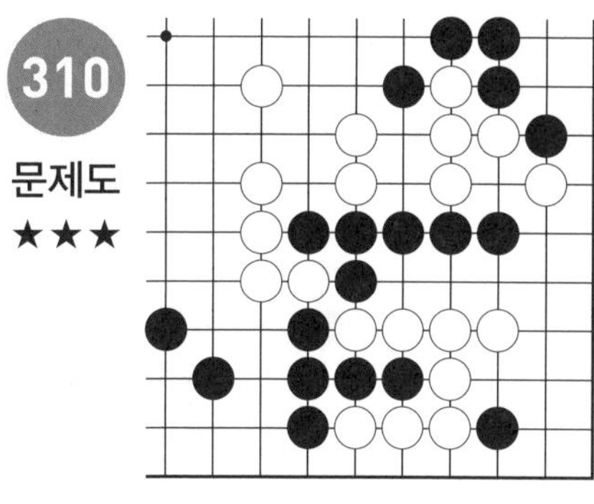

311
문제도
★

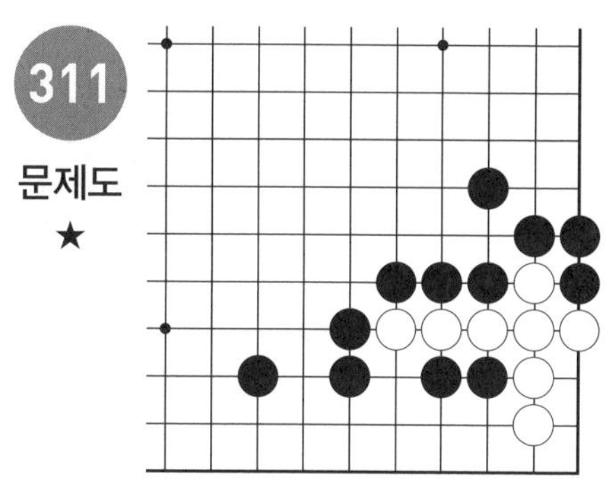

312
문제도
★★

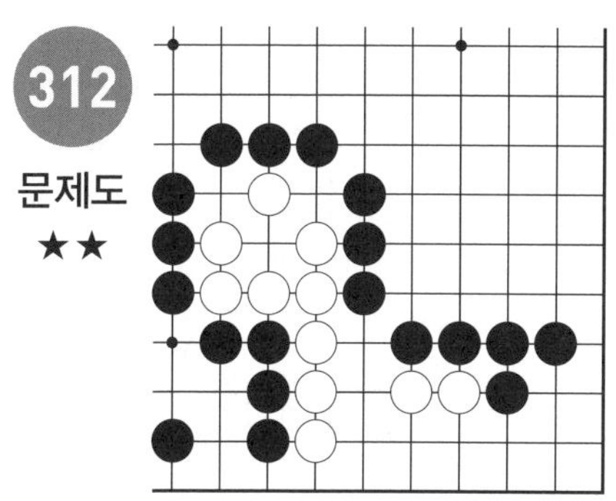

313
문제도
★★

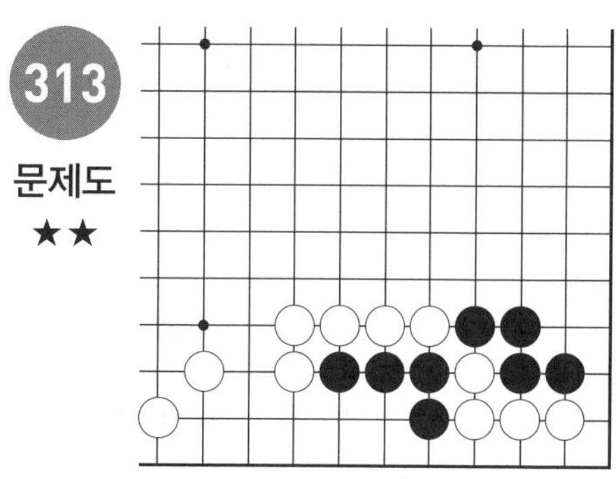

314
문제도
★★

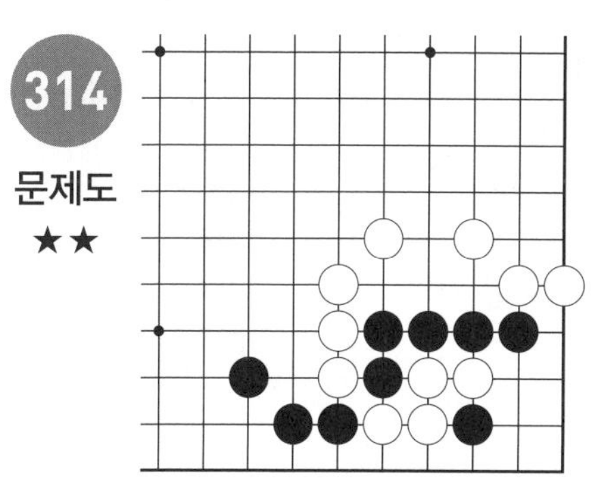

315
문제도
★★

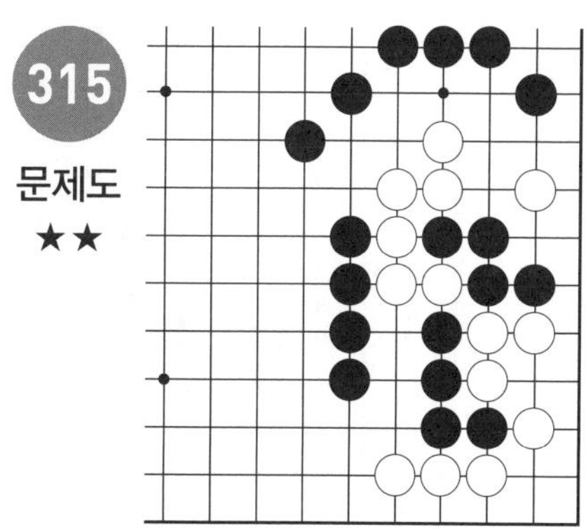

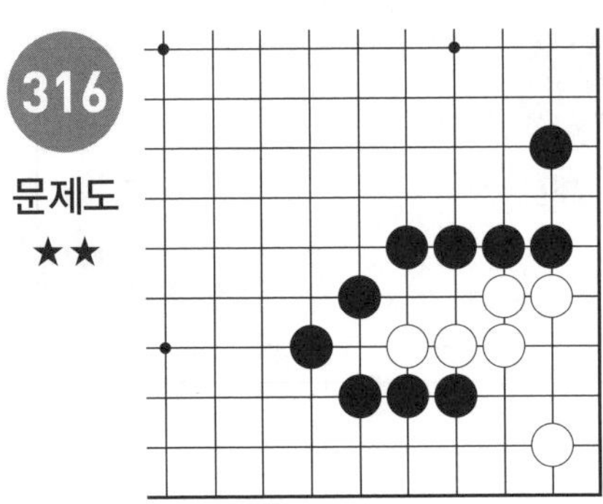

316
문제도
★★

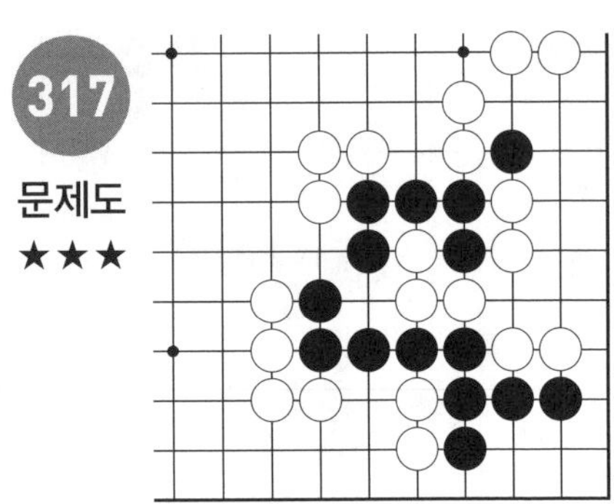

317
문제도
★★★

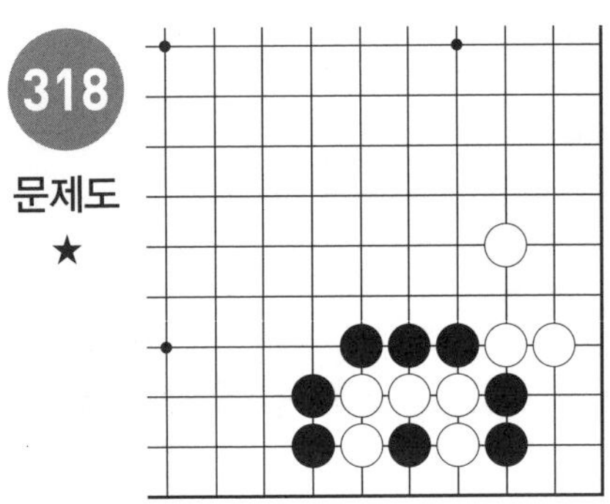

318
문제도
★

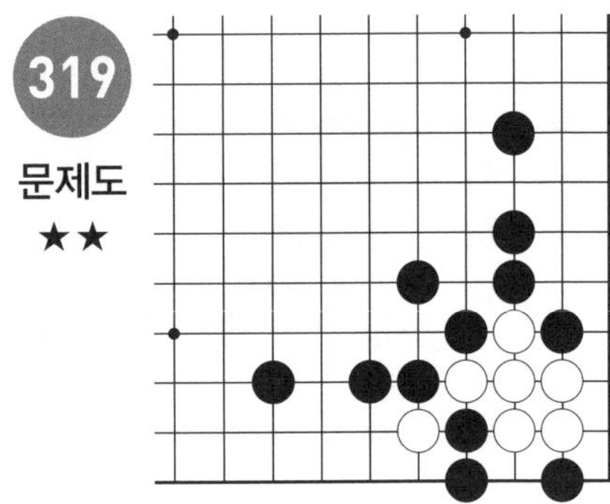

319
문제도
★★

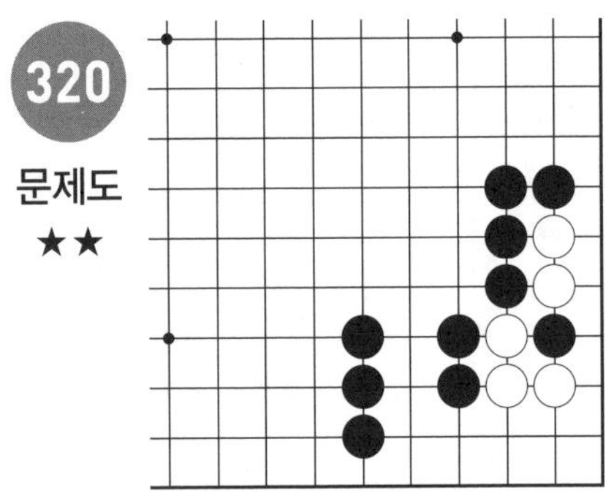

320
문제도
★★

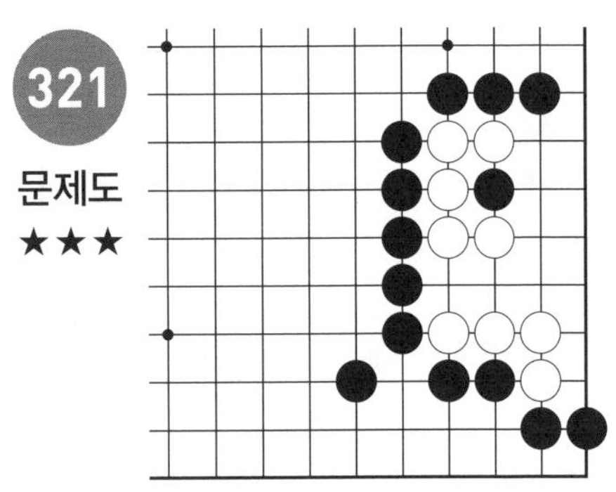

321
문제도
★★★

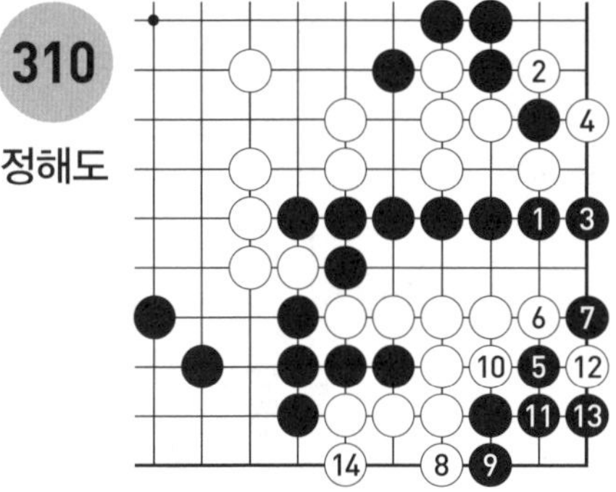

310 정해도

흑1, 3이 묘수. 흑5 귀에 치중하기, 이하 백14 집짓기까지 진행되어 흑 선수로 빅이 된다.

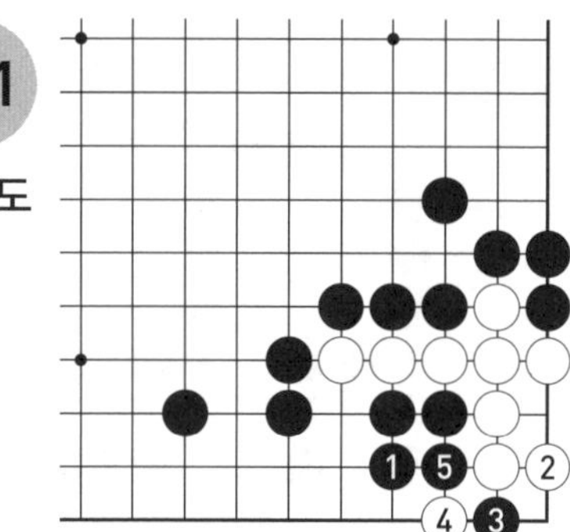

311 정해도

흑1이 묘수. 다시 흑3, 5에 집을 지어 백이 잡힌다.

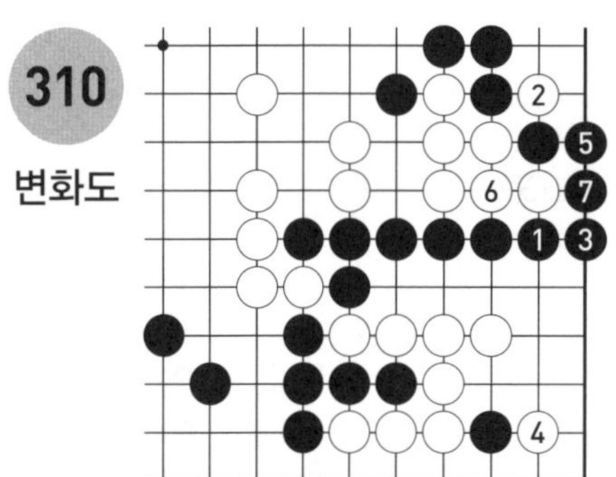

310 변화도

만약 백이 4로 귀살이하면 흑5 늘기, 흑7 연결로 순조롭게 탈출.

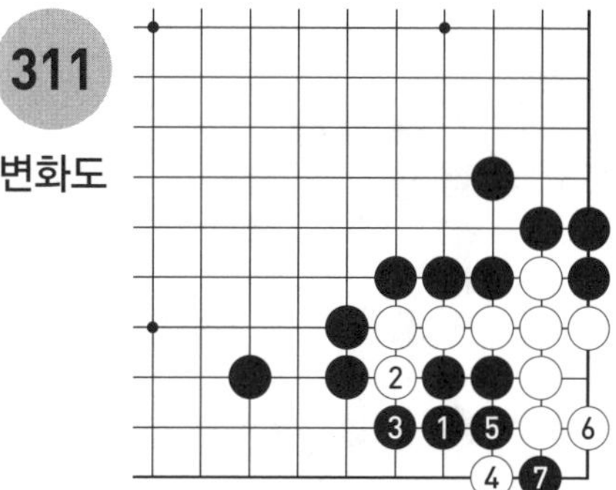

311 변화도

만약 백이 2에 끼우면 흑3 막고 다시 흑5, 7에 파호하여 귀의 백은 역시 살 수 없다.

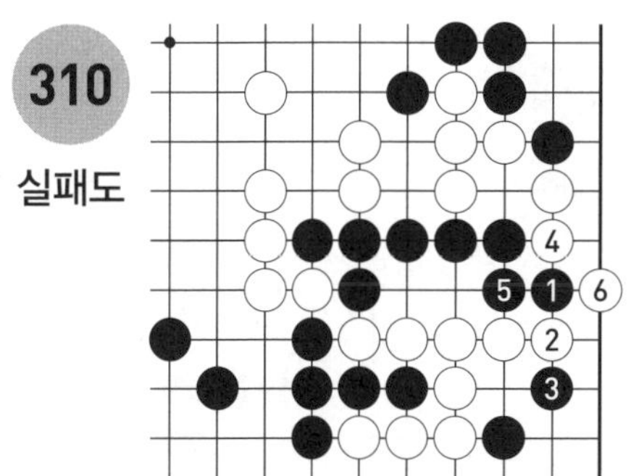

310 실패도

흑1 입구자, 흑3 붙임이 착오. 백6 건너기까지 진행되어 흑의 실패.

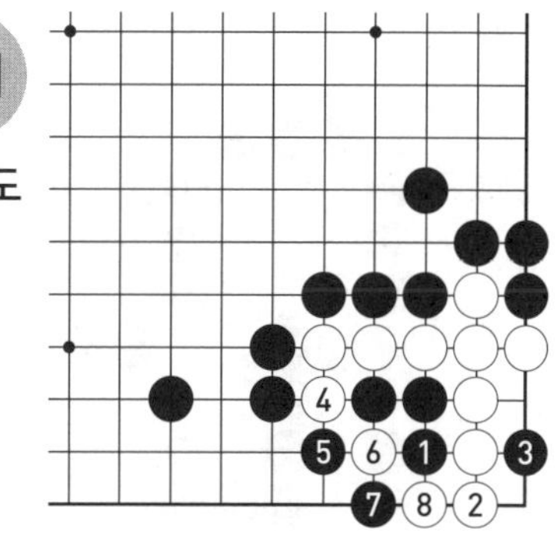

311 실패도

흑1은 착오. 백2로 살고자 하고 흑3 파호할 때, 백4에 이어 백6 먹여치기가 좋은 수. 흑이 실패.

312 정해도

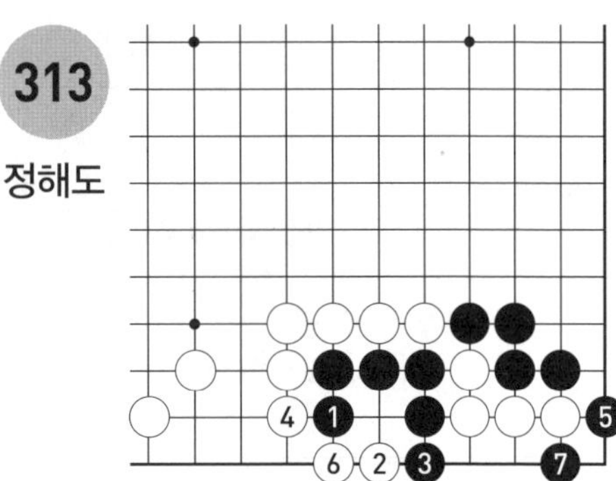

흑1에 느는 것이 묘수. 백2에 벌리 때, 흑3 젖힘, 흑5 끼워 붙이는 수순이 정답. 흑9까지 백이 잡힌다.

313 정해도

흑1, 3 두 번 늘기가 좋은 수. 다시 흑5에 젖혀서 백이 잡힌다.

312 변화도

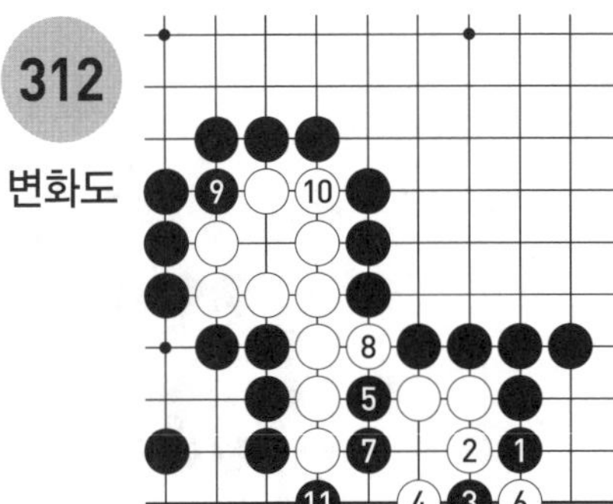

백2로 막으면 흑3으로 두는 것이 정답. 흑5, 7로 두면 8로 끊을 수밖에 없을 때 흑9로 두면 자충으로 잡을 수 있다.

313 변화도

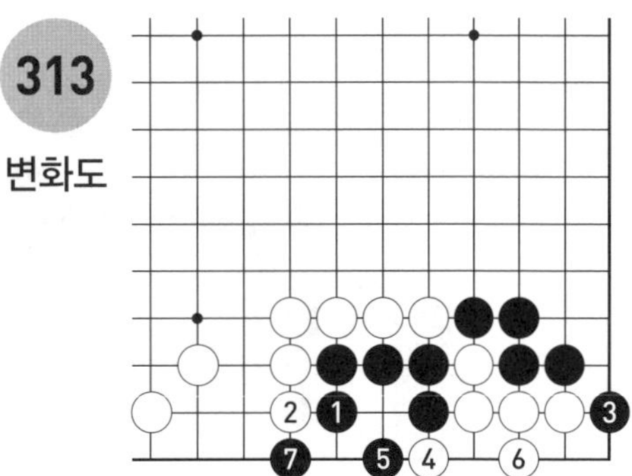

만약 백이 2에 막으면 흑3 젖힘. 백6으로 패를 만들려고 하면 흑7 젖혀서 꽃놀이패를 만들어 백은 역시 안된다.

312 실패도

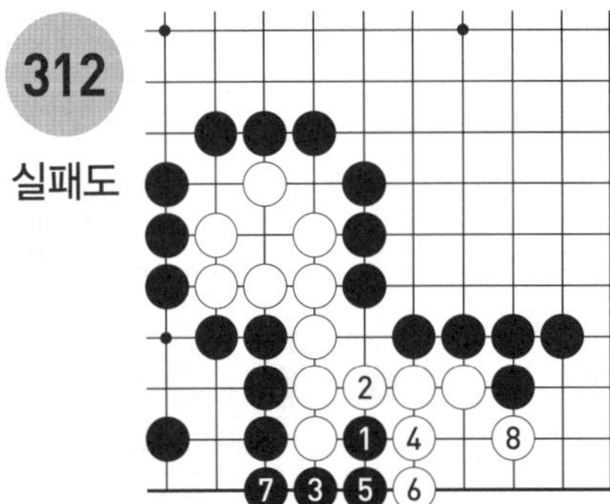

흑1 붙임은 착오. 백2에 잇고 백8까지 살 수 있다. 흑의 실패.

313 실패도

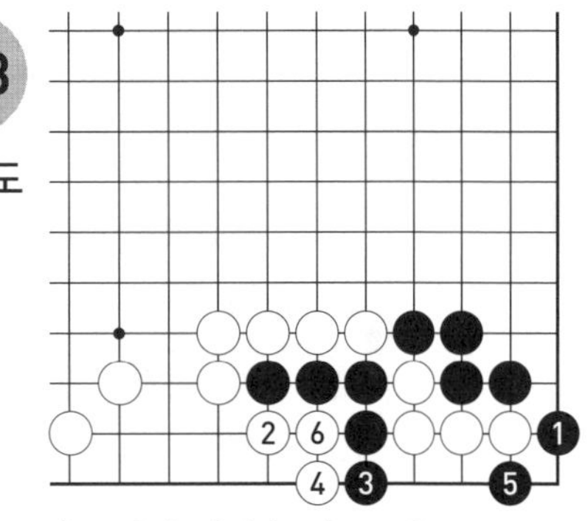

흑1 먼저 젖힘은 착오. 백2, 4로 수를 메워서 흑의 실패.

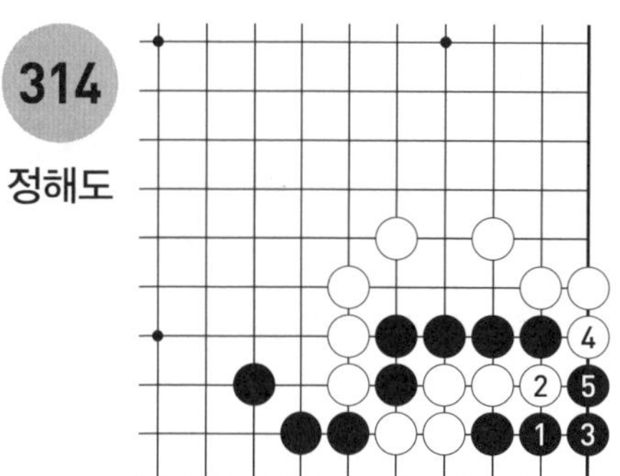

흑3이 요점. 이 수로 흑5에 두어
서는 안된다. 그렇지 않으면 백
이 흑3에 먹여쳐 패가 된다.

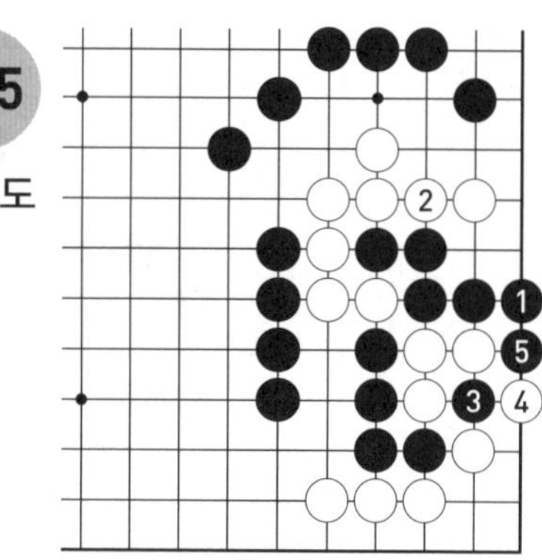

흑1 늘기가 묘수, 백이 2에 이으
면 흑3 먹여치기, 흑5 단수쳐서
백이 잡힌다.

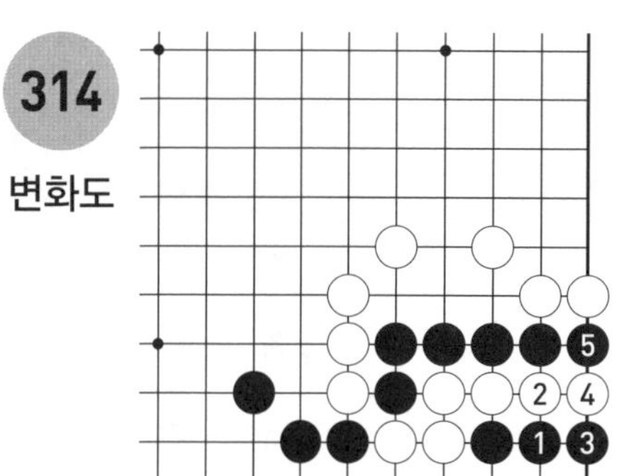

만약 백이 4에 늘면 흑5로 차단
하여 백은 역시 안된다.

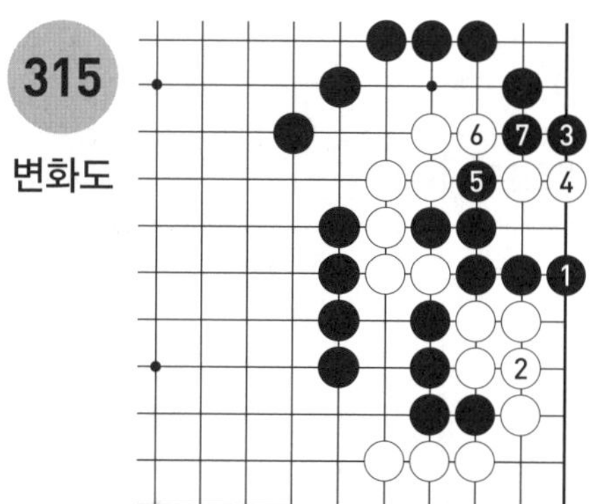

백이 2에 두어서 귀를 보강하면 흑3
에 입구자하는 것이 절묘. 다시 흑5,
7로 끼워 끊어서 역시 백은 안된다.

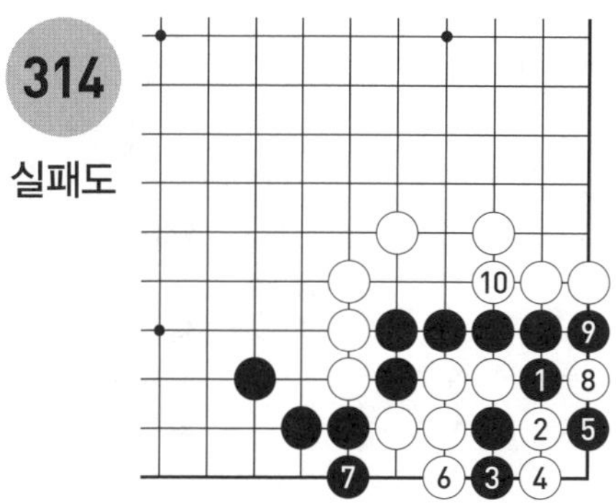

흑1 꼬부림, 흑3 늘기는 착오. 이
하 백10까지 진행되어 흑의 실패.

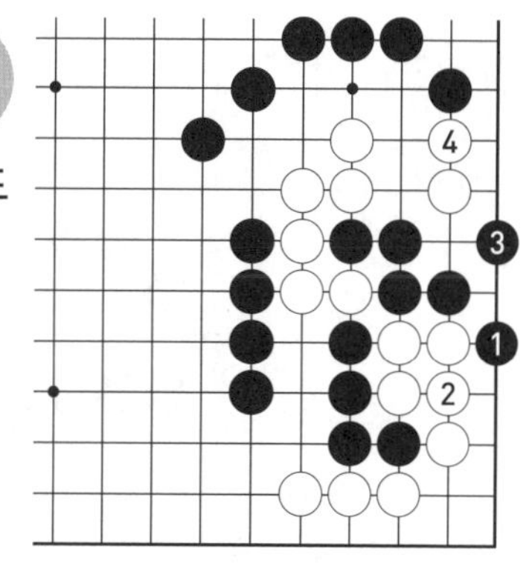

흑1 단수, 흑3 입구자는 착오. 백
4 쌍립하여 흑의 실패.

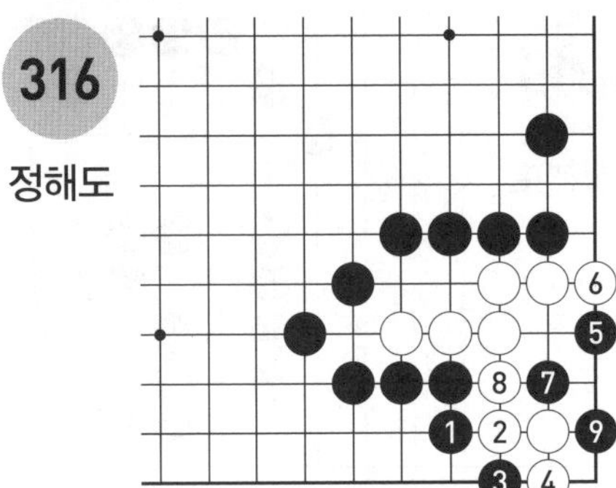

316 정해도

흑1 늘기가 절묘. 백2 밀고 나올 때, 흑3 선수로 젖히고 다시 흑5 치중하기. 흑9까지 백이 잡힌다.

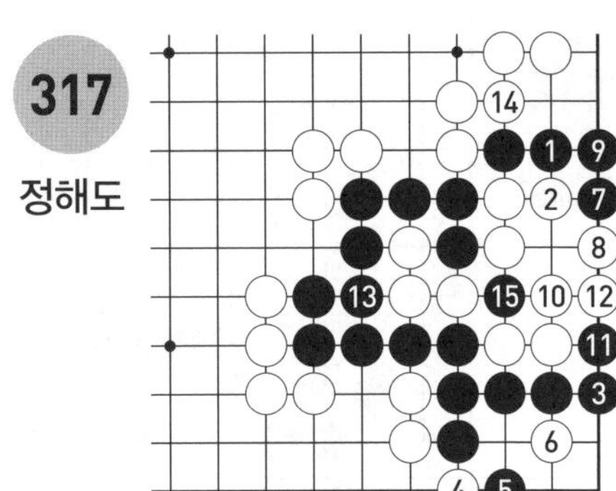

317 정해도

흑1 늘기가 좋은 수. 흑7 젖힘, 흑9 연결이 좋은 수순. 흑15까지 진행. 흑이 살았다.

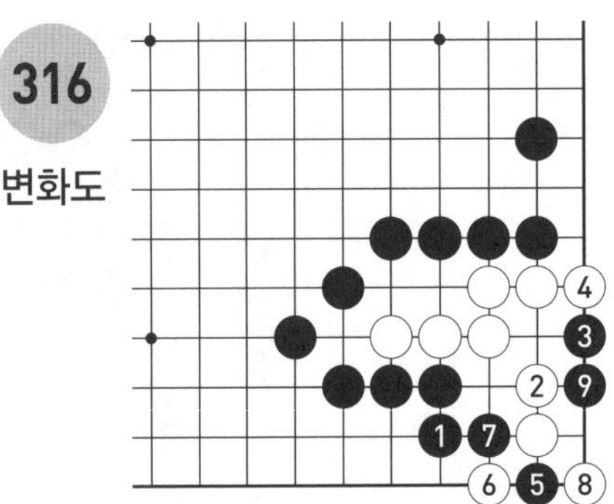

316 변화도

만약 백이 2에 물러서면 흑3 치중하고 흑5 받침이 좋은 수순. 흑9까지 백은 살 수 없다.

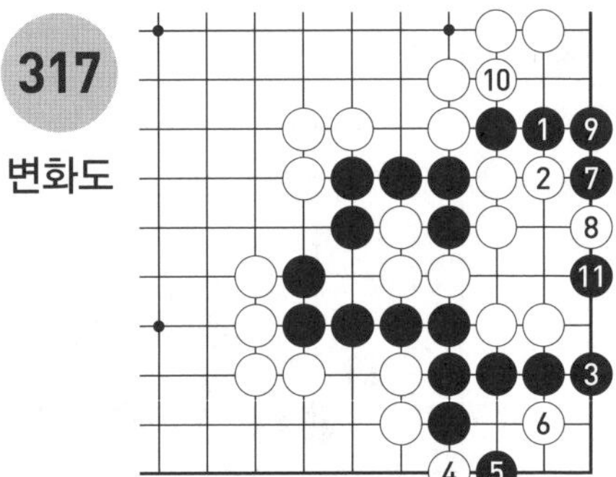

317 변화도

백이 10에 수를 메우면 흑11 단수쳐서 역시 살 수 없다.

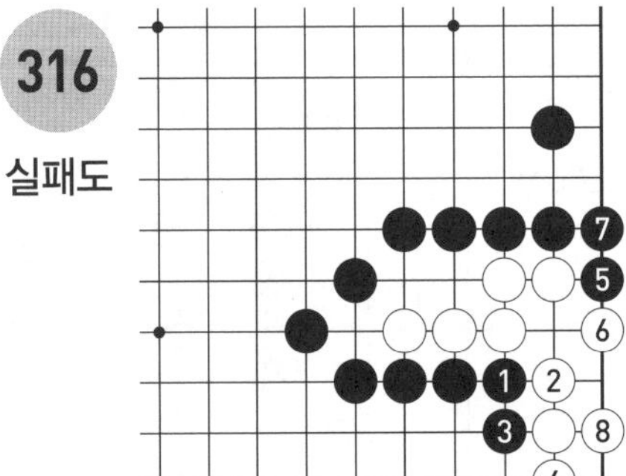

316 실패도

흑1로 들어가는 것은 착오. 백2 막고, 백8 집을 지어서 살았다. 흑의 실패.

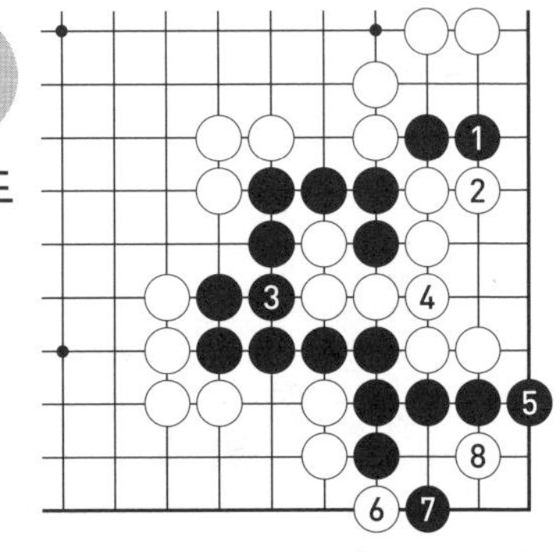

317 실패도

흑3 단수치는 것은 착오. 백8 치중하기까지 진행되어 흑의 실패.

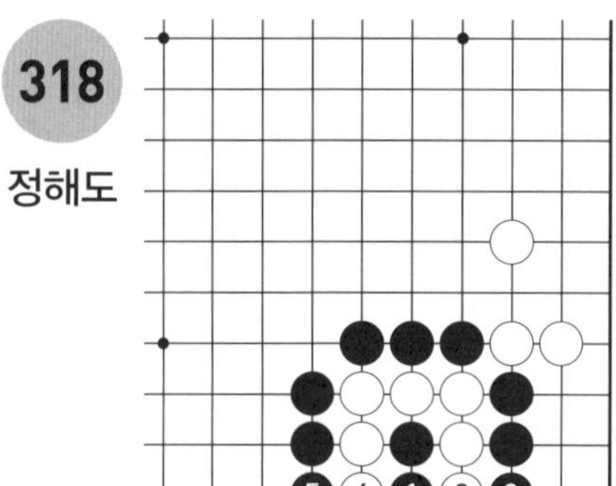

흑1 늘기가 백을 잡는 묘수. 이하 흑5까지 진행되어 백이 잡힌다.

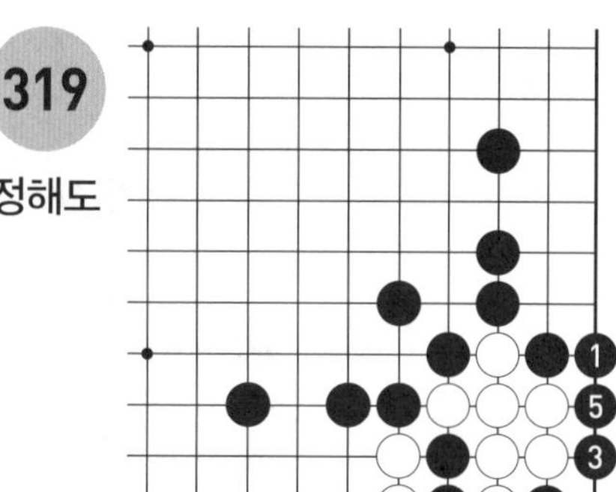

흑1 늘기, 흑3 젖힘이 묘수. 다시 흑5에 이어 백이 잡힌다.

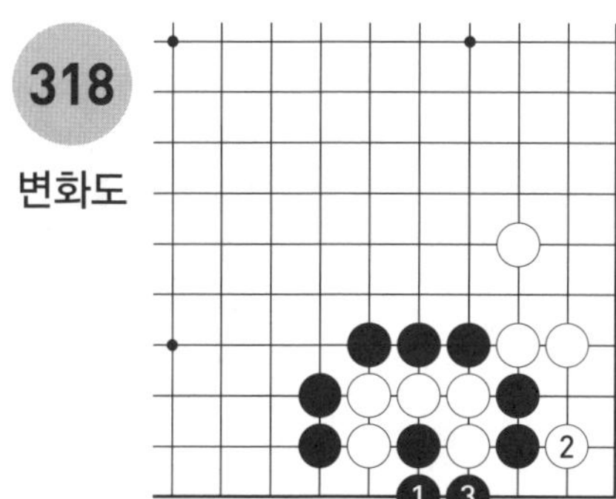

만약 백2에 붙임하면 흑3 단수쳐서 백은 역시 살 수 없다.

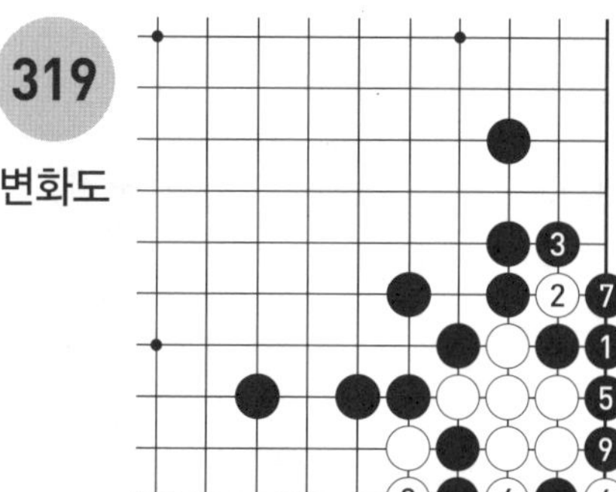

만약 백2에 끊으면 흑3 단수, 흑5로 늘림이 묘수. 흑9까지 진행되어 여전히 백은 살 수 없다.

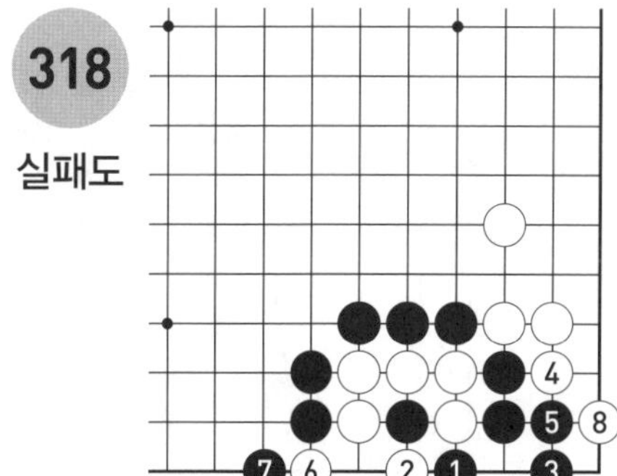

흑1로 먼저 단수치는 것은 착오. 백2로 따낼 때 흑3으로 두어도 백6으로 젖히는 수가 있어 양패로 흑을 잡을 수 있다.

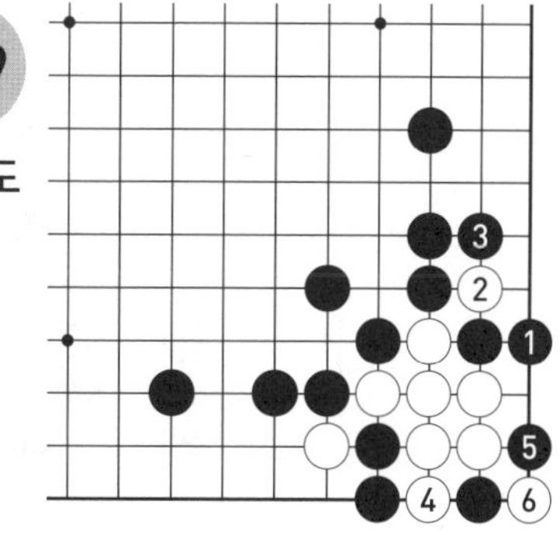

백4 할 때 흑5는 착오. 백6 따냄으로 패가 된다. 흑의 실패.

320 정해도

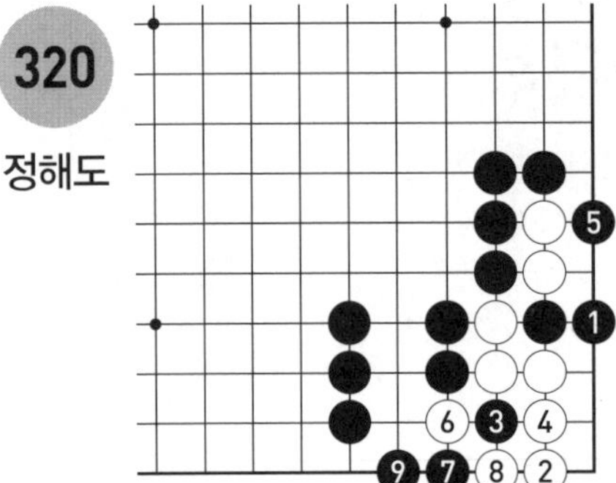

흑1,3이 좋은 수순. 백6에 끊을 때, 흑7 단수, 흑9 물러섬으로 귀의 백은 잡힌다.

321 정해도

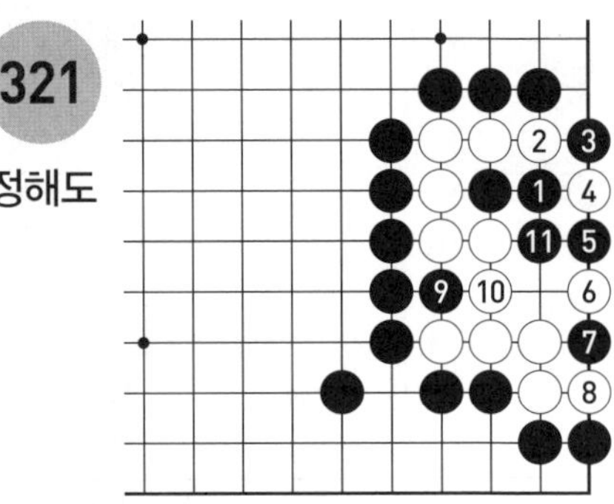

흑1 늘기는 좋은 수. 흑7 먹여치기가 묘수. 흑11까지 진행되어, 백이 잡힌다.

320 변화도

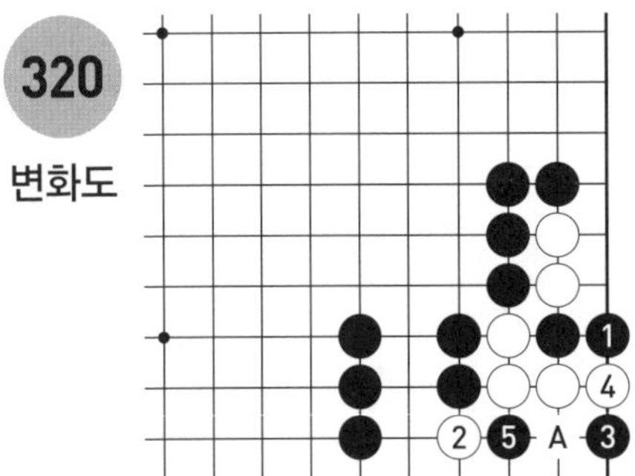

백2 젖히면 흑3 치중하기가 묘수. 백4하면 흑5, 만약 백4로 A에 두면 흑5를 백4 위치에 두어 백은 역시 잡힌다.

321 변화도

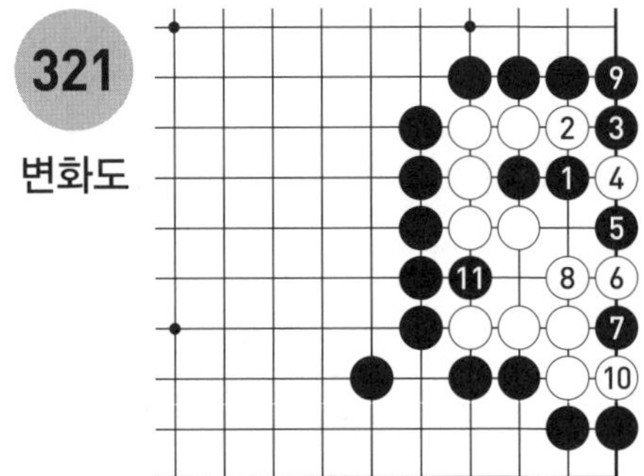

만약 백8과 같이 이으면 흑9 연결, 흑11 파호까지 진행되어 백은 역시 살 수 없다.

320 실패도

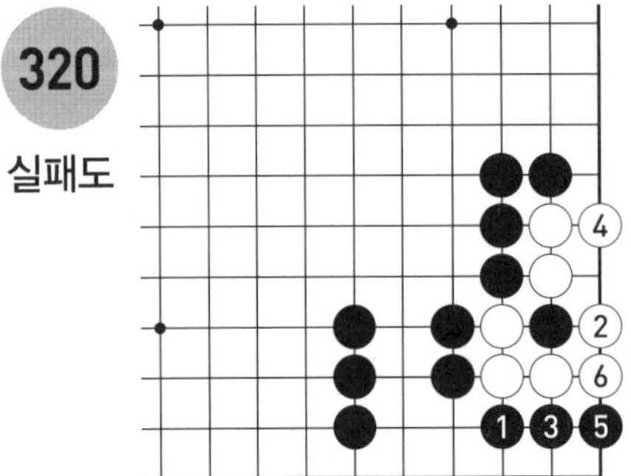

흑1에 먼저 젖힘은 착오. 백2 따냄으로 살 수 있다. 흑의 실패.

321 실패도

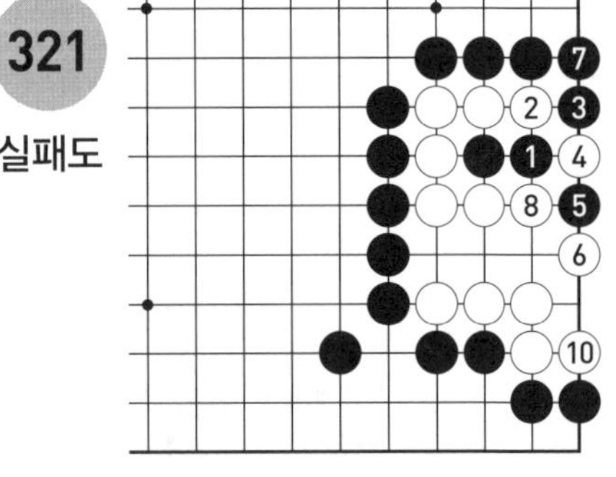

흑7에 잇는 것은 착오. 백8, 10으로 집을 지어 살 수 있다. 흑의 실패. 흑9=백4

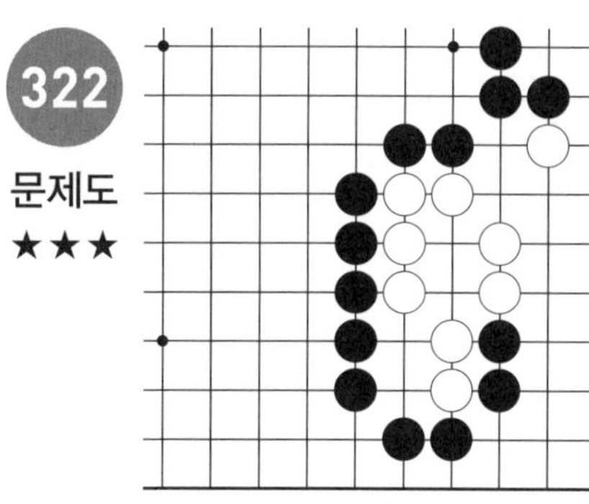

322
문제도
★ ★ ★

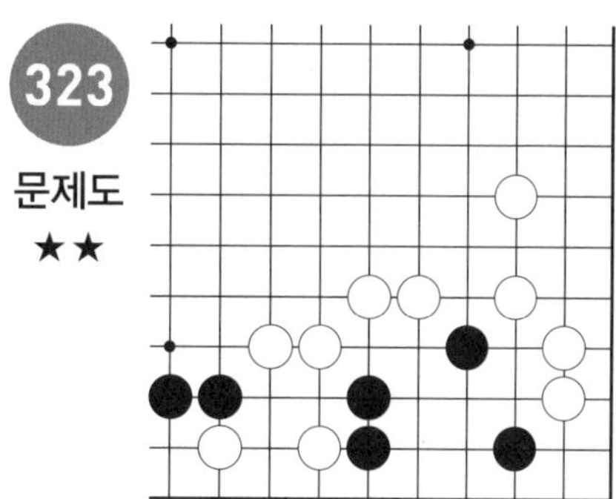

323
문제도
★ ★

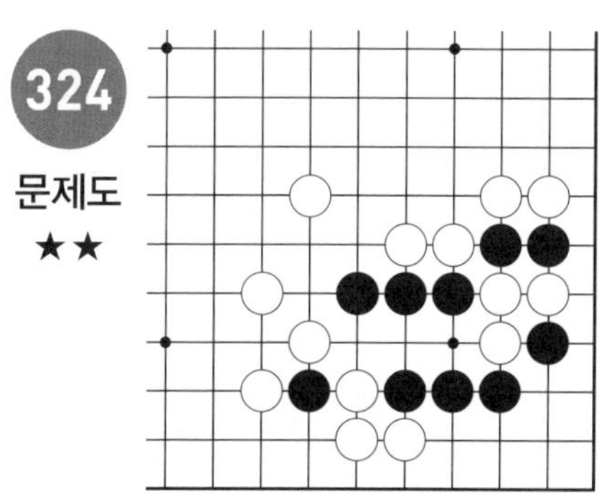

324
문제도
★ ★

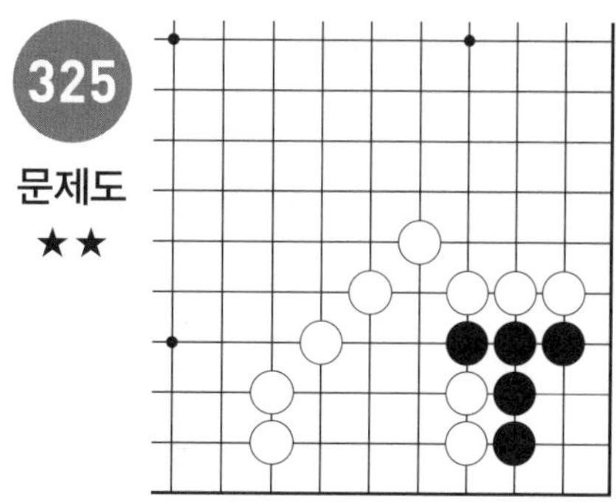

325
문제도
★ ★

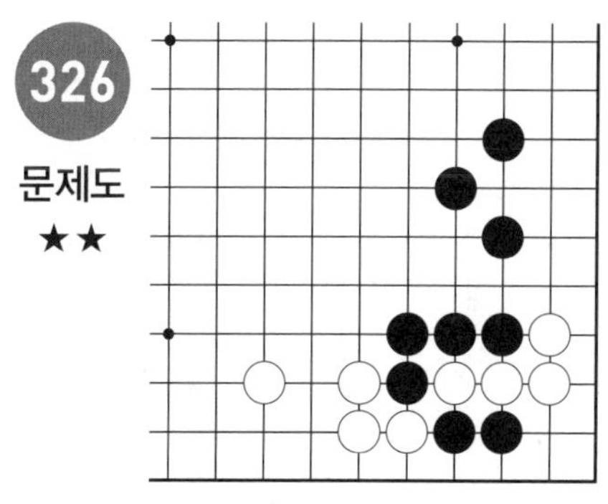

326
문제도
★ ★

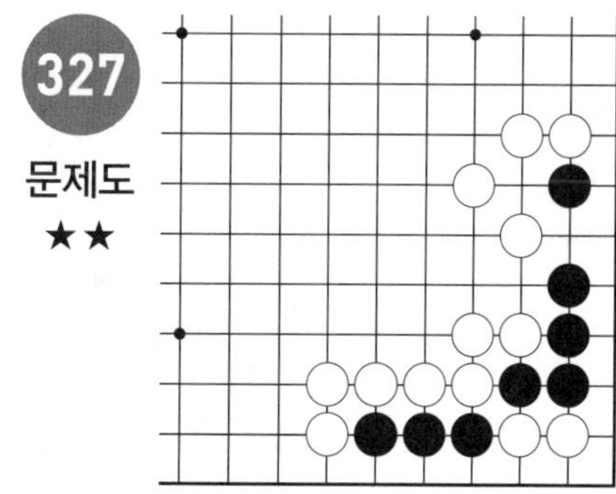

327
문제도
★ ★

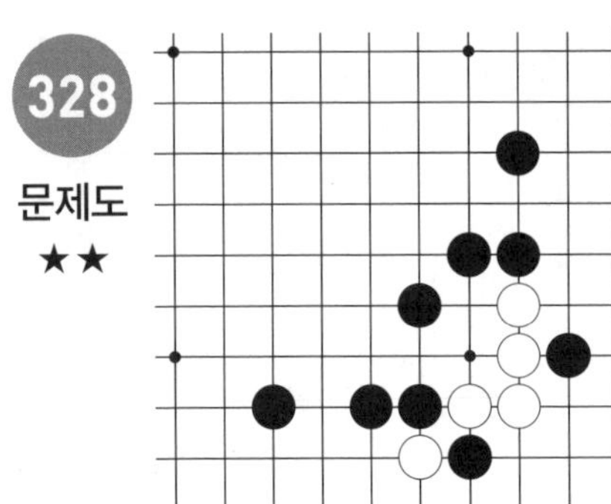

328 문제도 ★★

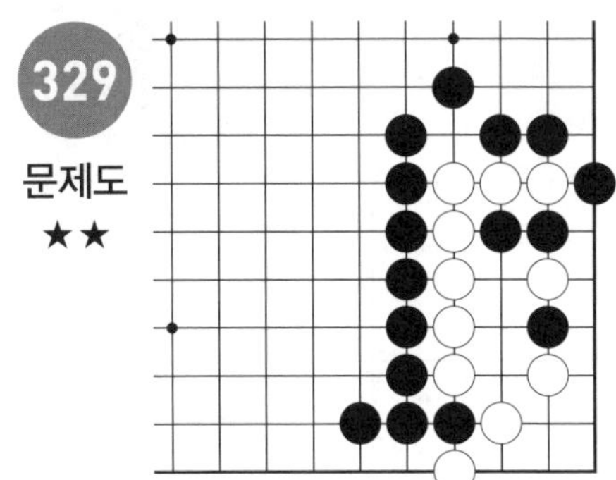

329 문제도 ★★

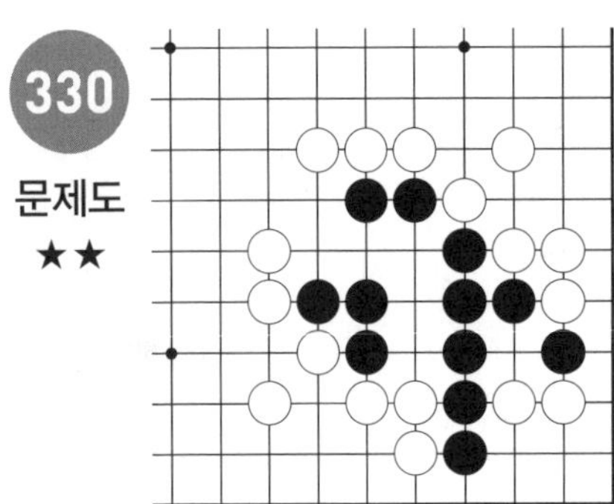

330 문제도 ★★

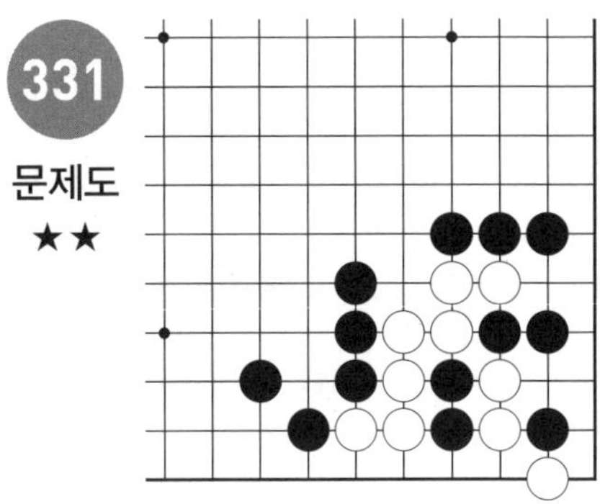

331 문제도 ★★

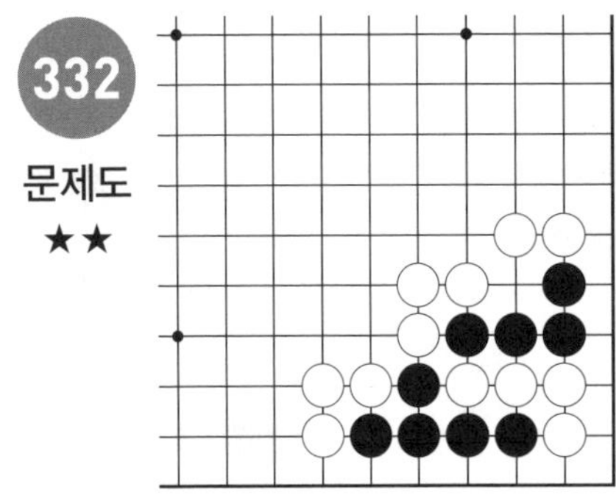

332 문제도 ★★

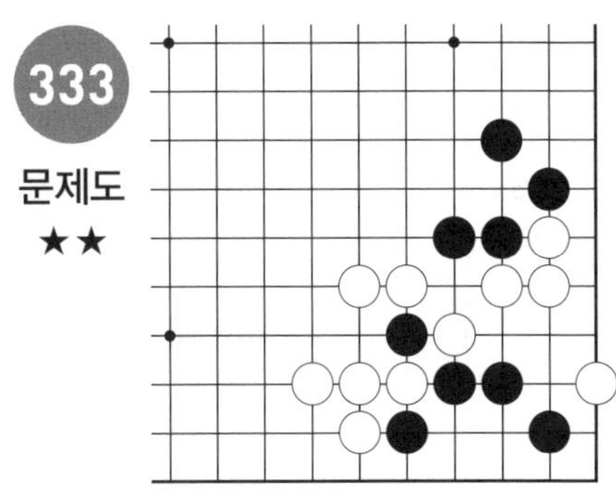

333 문제도 ★★

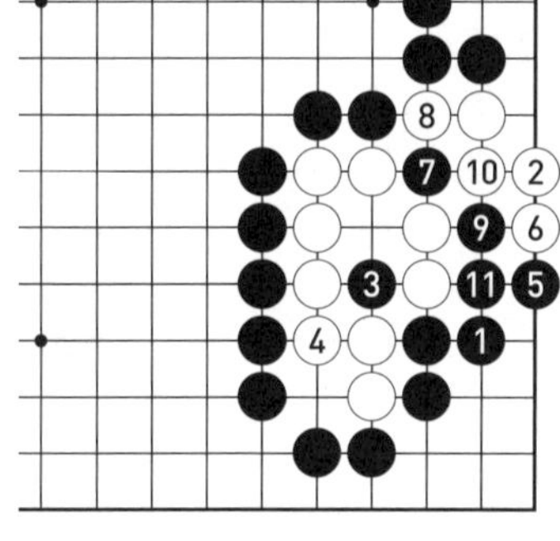

322　정해도

흑1 늘기, 흑3 먹여치기의 수순이 대단히 좋다. 흑5 입구자도 매우 절묘. 흑11까지 진행되어 백이 잡힌다.

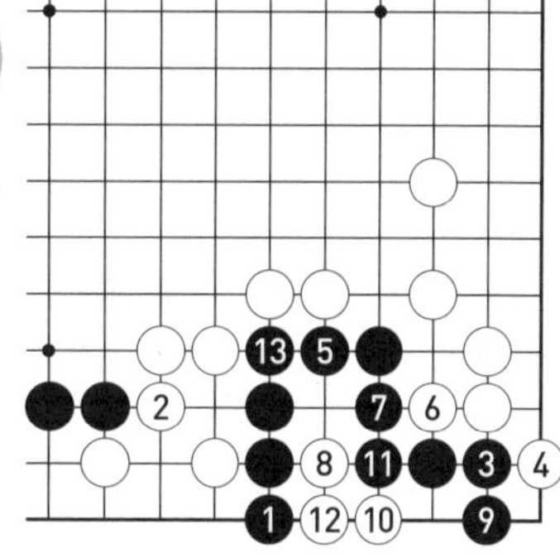

323　정해도

흑1, 3, 5로 최대한 안형을 넓히고, 흑13까지 진행되어 빅이 된다.

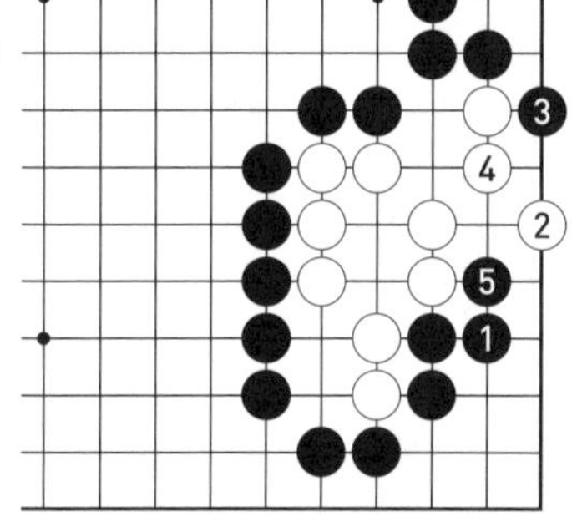

322　변화도

만약 백2에 뛰면 흑3 젖힘, 흑5 늘림으로 백은 살 수 없다.

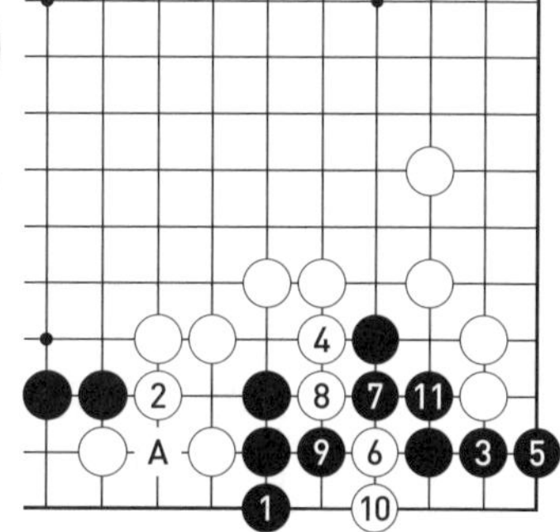

323　변화도

만약 백4에 두면 흑5로 귀에 집을 짓고, 흑11까지 진행되어 흑이 깨끗히 삶. 백2로 만약 흑3에 두면 흑은 A에 끼워 붙여 건널 수 있다.

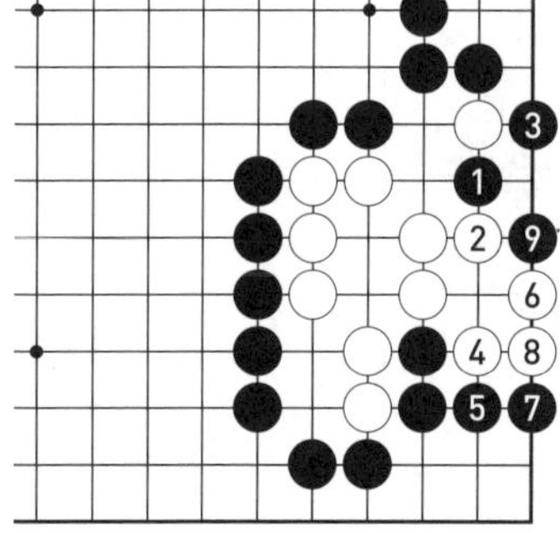

322　실패도

흑1에 붙이는 것은 착오. 백2, 4로 집을 지을 수 있으며 흑9까지 진행. 빅이 되어 흑 실패.

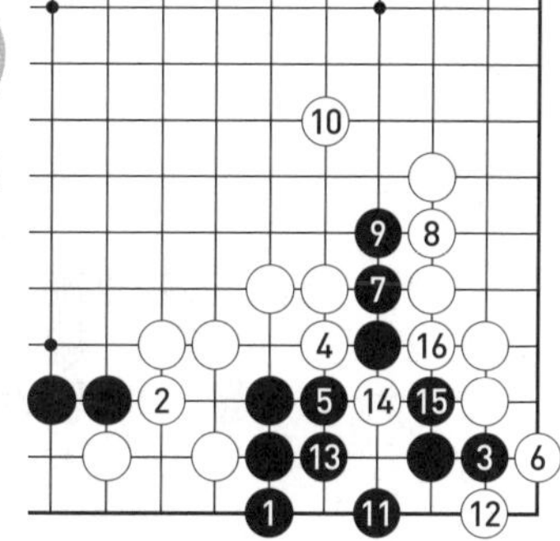

323　실패도

흑5에 막는 것은 착오. 흑7에 끼울 때 백8 연결이 절묘. 백16까지 진행되어 흑의 실패.

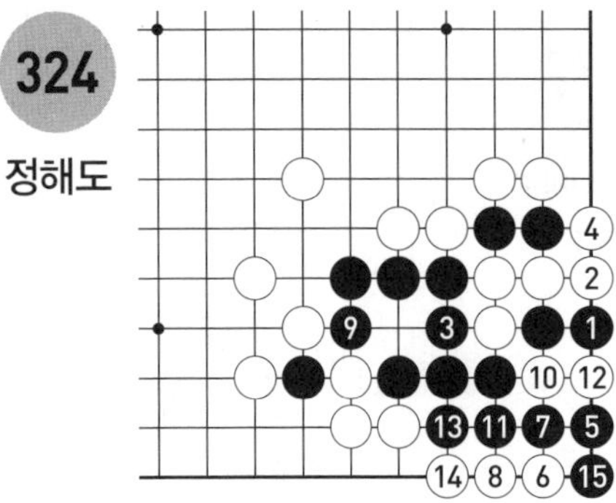

324 정해도

흑1 늘기, 흑3 단수가 좋은 수순. 흑5 벌림은 맥. 흑15까지 진행되어 흑은 살았다.

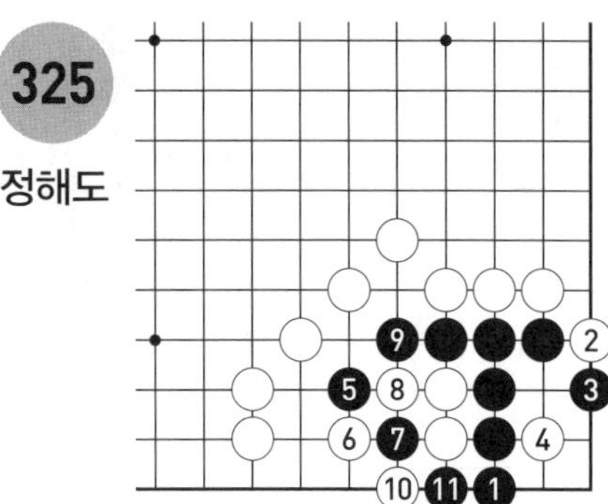

325 정해도

흑1에 느는 것이 삶의 요점. 흑5에 날고 흑7 끼워 붙임이 맥. 흑11까지 진행되어 살았다.

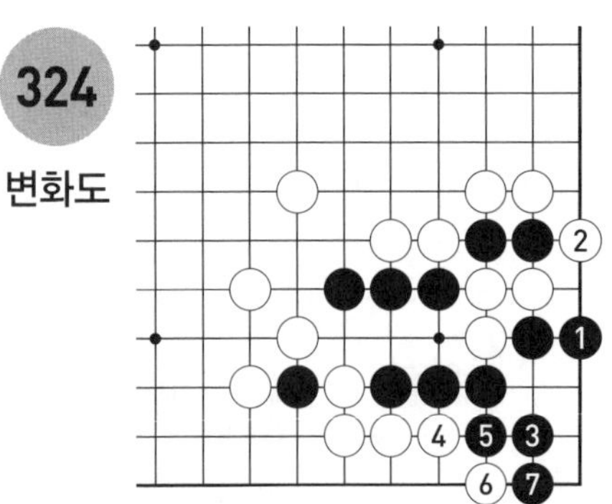

324 변화도

만약 백2 따내면 흑3에 호구쳐서 살게 된다.

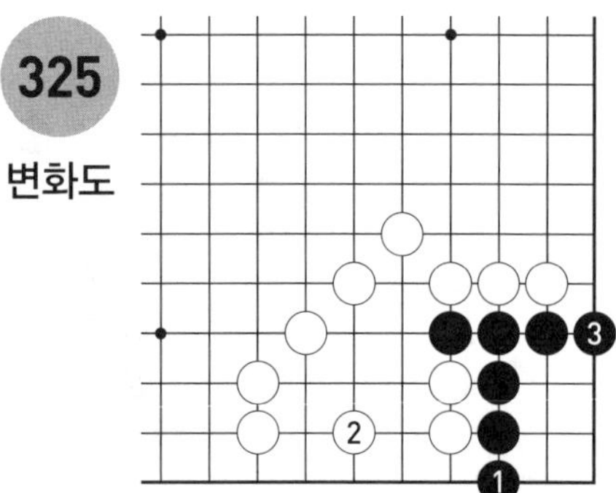

325 변화도

만약 백2에 뛰면 흑3으로 직육궁이 되어 살았다.

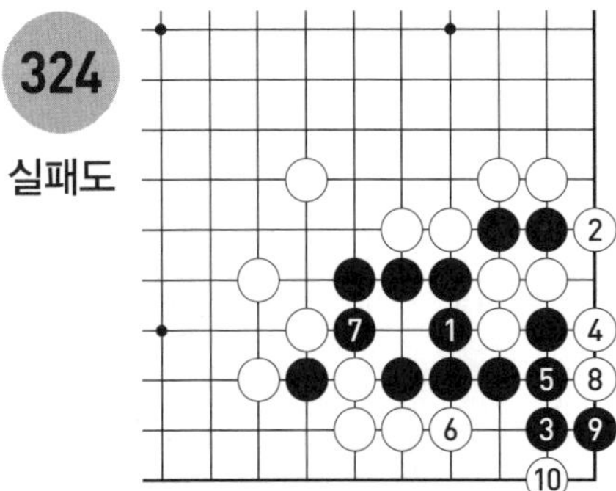

324 실패도

흑1에 먼저 단수치는 것은 착오. 백10 파호까지 진행되어 흑의 실패.

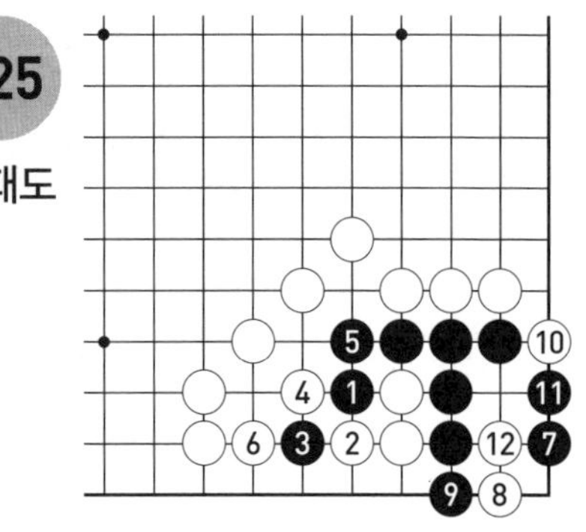

325 실패도

흑1, 3의 두 번 젖힘은 착오. 이하 백12까지 진행되어 흑의 실패.

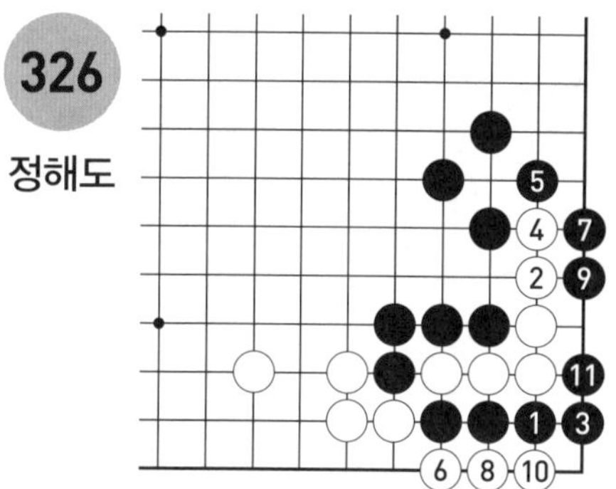

정해도

흑1, 3으로 늘리는 것이 요점.
이하 흑11까지 진행되어 백이
잡힌다.

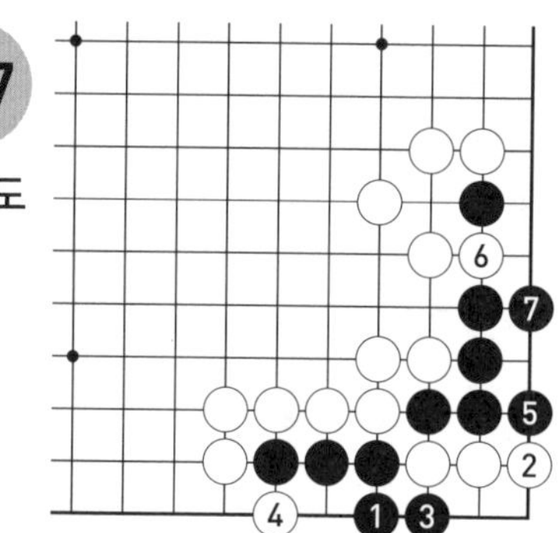

정해도

흑1에 꼬부림이 사는 요점. 흑3,
5가 좋은 수순. 다시 흑7에 집을
지어 살게 된다.

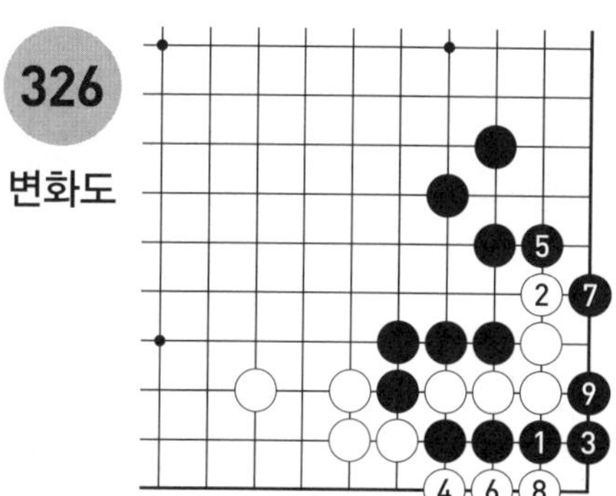

변화도

백4에 먼저 젖힘도 안된다. 수상
전 결과 흑의 승리.

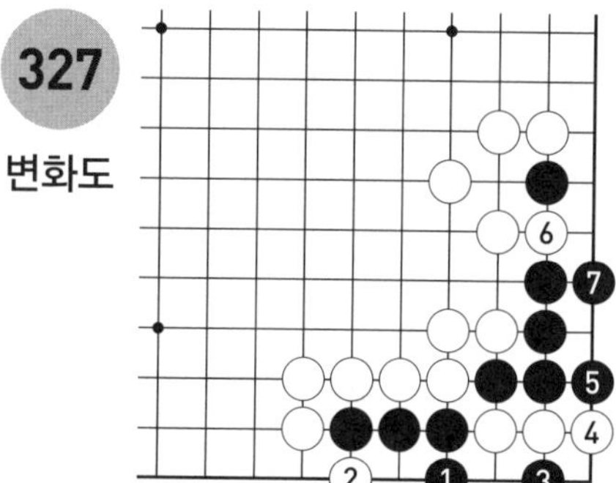

변화도

만약 백이 2에 젖히면 흑3이 묘
수. 흑7까지 진행되어 역시 살게
된다.

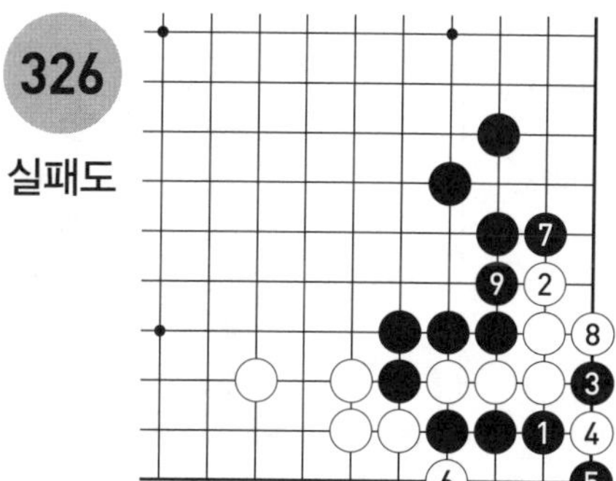

실패도

흑3에 먼저 젖혀 서둘러 구조하
는 것이 성공하지만, 백4 먹여치
기로 패가 되어 흑이 실패.
백10=백4

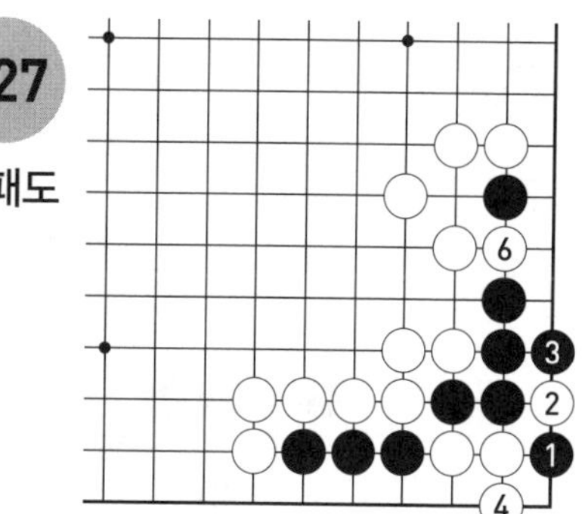

실패도

흑1 젖힘은 착오. 백2 먹여치기,
백6 끼움에 의해 흑의 실패.
흑5=백2

328 정해도

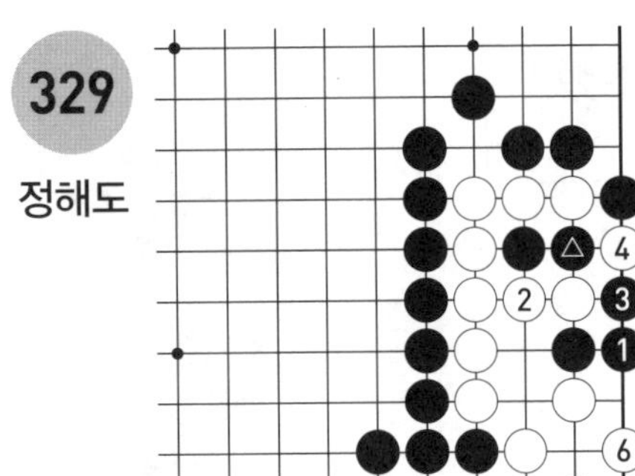

흑1, 3이 급소로 백을 잡는 맥.
흑7까지 진행되어 백이 잡힌다.

329 정해도

흑1 늘기는 버림으로 잡는 묘수.
흑7에 치중하기까지 진행되어
귀의 백은 잡힌다. 흑5=▲

328 변화도

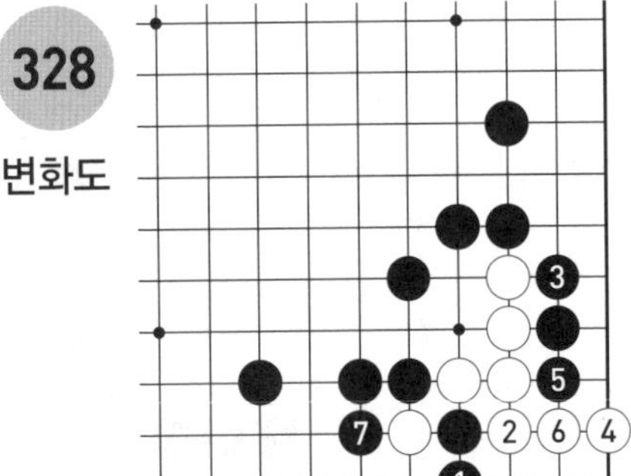

만약 백2에 늘면 흑3 물러서고
흑7 단수까지 진행되어 백은 여
전히 살 수 없다.

329 변화도

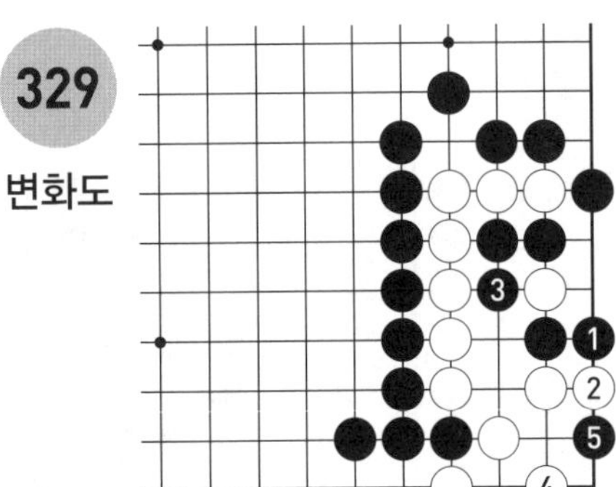

만약 백2에 막으면 흑3, 5로 파
호하여 백은 역시 살 수 없다.

328 실패도

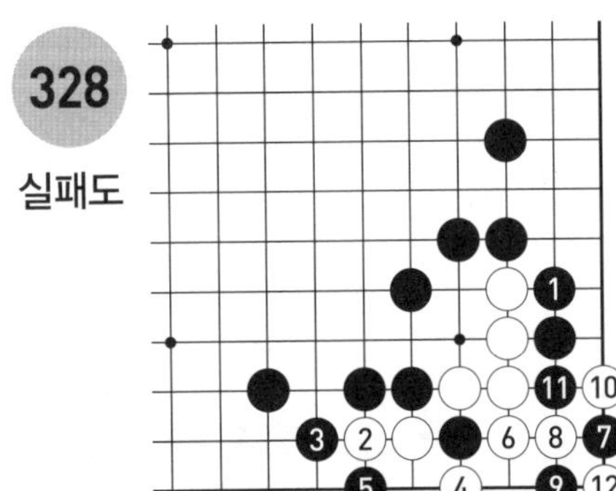

흑1로 먼저 물러서는 것은 착오.
백12까지 진행되어 패가 된다,
흑의 실패.

329 실패도

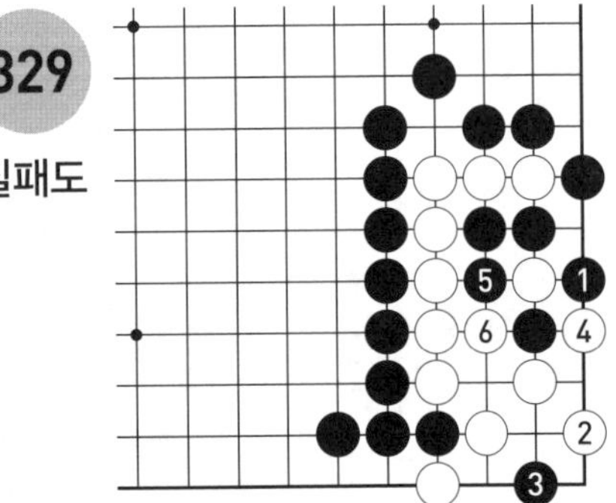

흑1로 건너는 것은 착오. 백4, 백
6 패가 되어 흑의 실패.

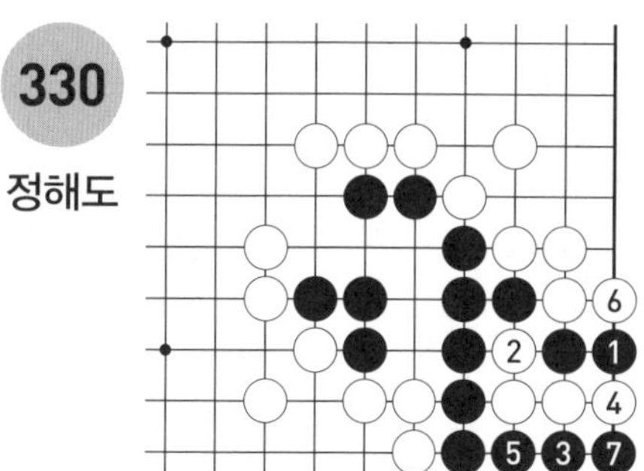

흑1 늘기는 버림으로 삶을 구하는 좋은 수. 흑3, 5의 수순이 좋다. 다시 흑7로 살 수 있다.

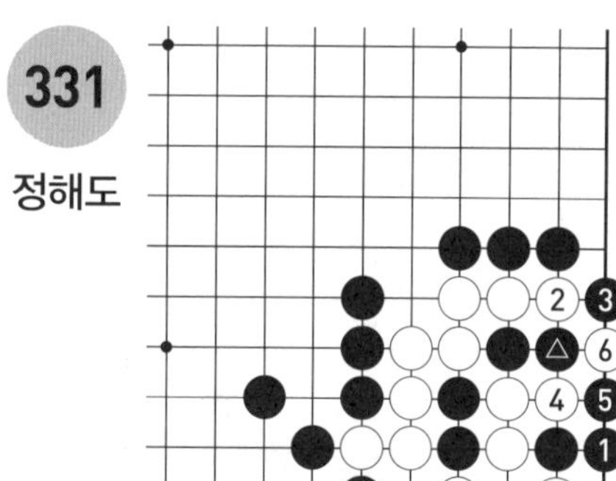

흑1에 느는 것이 백을 잡는 맥. 흑9까지 진행되어 귀의 백은 잡힌다. 흑=▲

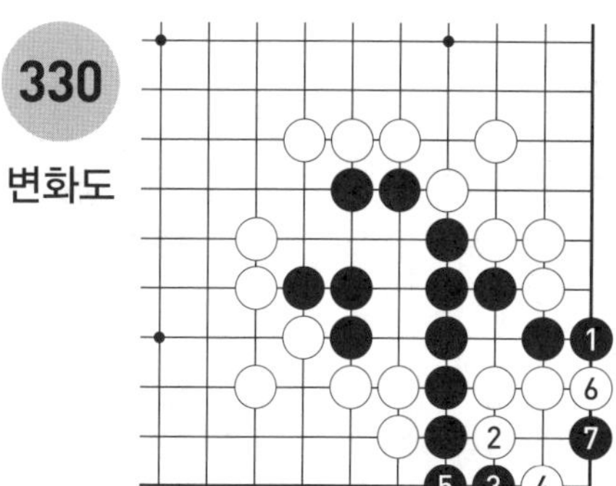

만약 백2에 꼬부리면 흑3 젖힘, 흑5 연결, 다시 흑7 치중하기로 백은 살 수 없다.

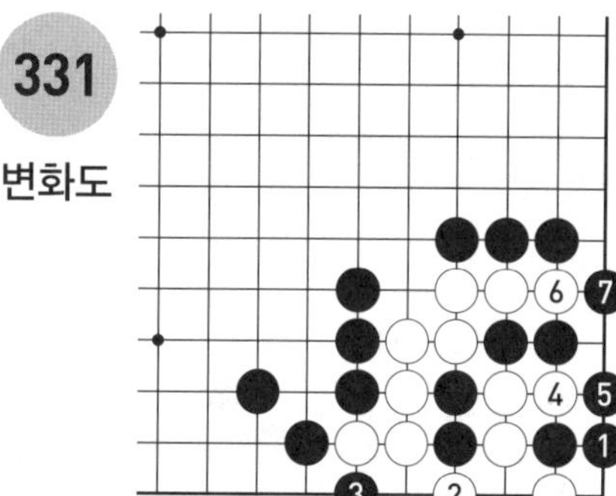

만약 백2로 따내면 흑3 파호하고 흑7까지 백은 역시 살 수 없다.

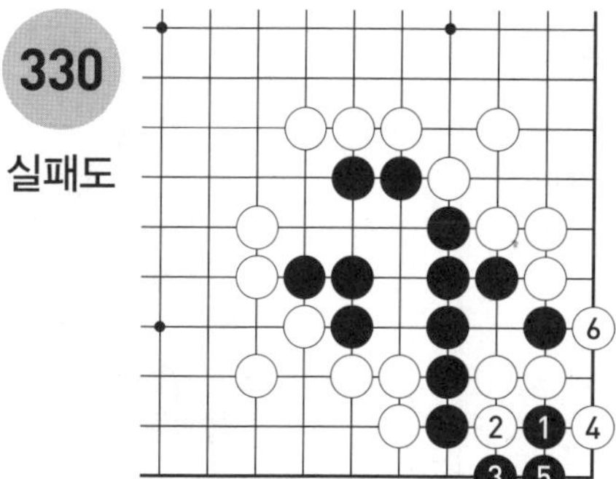

흑1에 붙이는 것은 착오. 백2 끼움, 백4 단수, 다시 백6으로 건너서 흑의 실패.

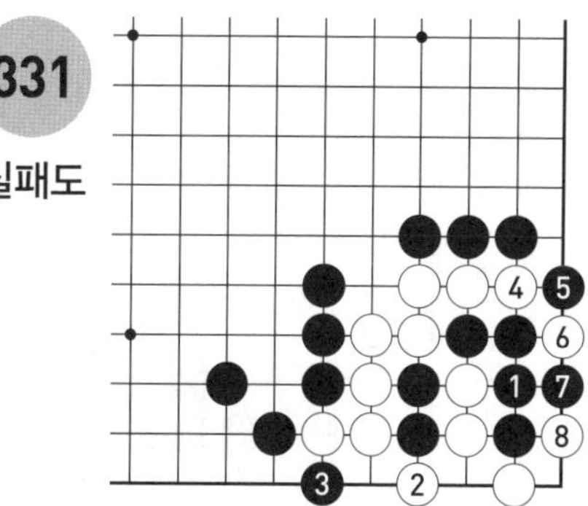

흑1 단수치는 것은 착오. 백8 먹여치기로 패가 된다. 흑의 실패.

332 정해도

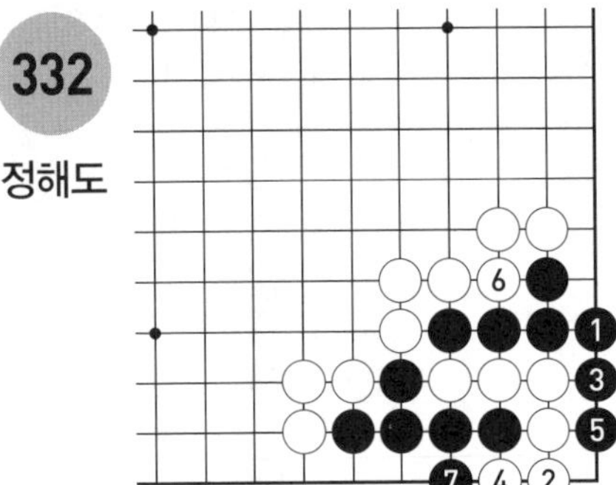

흑1에 느는 것이 요점. 이하 흑7
까지 진행되어 백이 잡힌다.

333 정해도

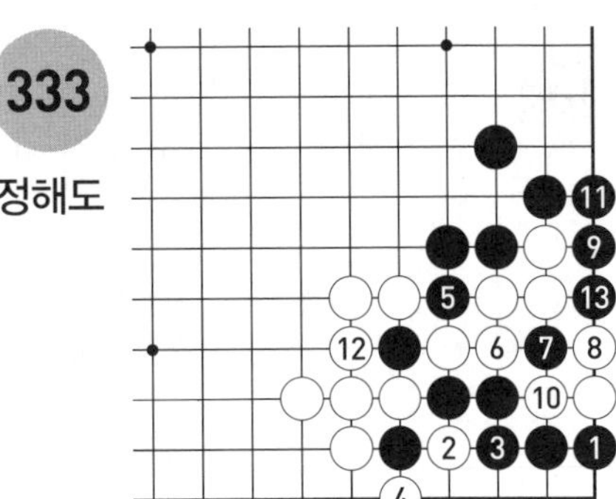

흑1에 느는 것이 귀에서 사는 요
점. 흑5 단수, 흑7 먹여치기가 맥.
흑13까지 진행되어 귀는 살았다.

332 변화도

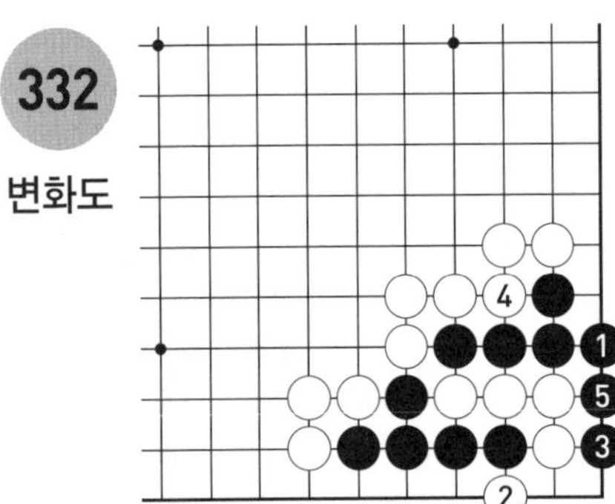

만약 백2로 젖히면 흑3 붙임, 흑
5 단수가 좋은 수순. 백은 역시
잡힌다.

333 변화도

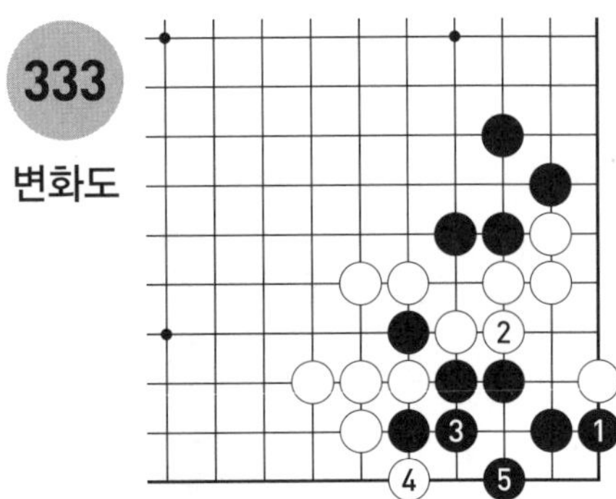

만약 백2에 이으면 흑3, 흑5로
즉시 귀에서 살 수 있다.

332 실패도

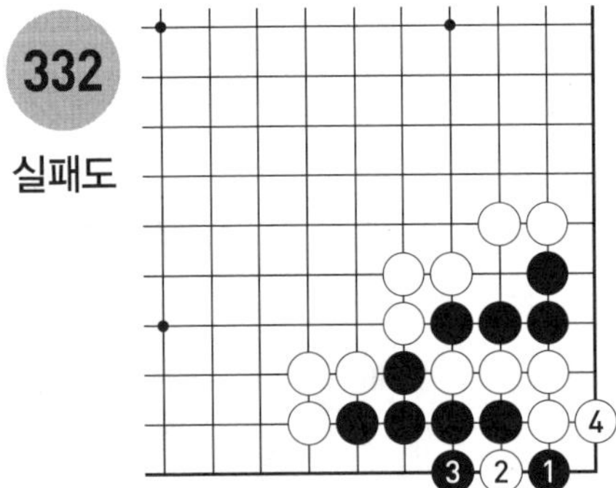

흑1 젖힘은 착오. 백2 먹여치기,
백4 늘기로 오히려 흑이 잡힌다.

333 실패도

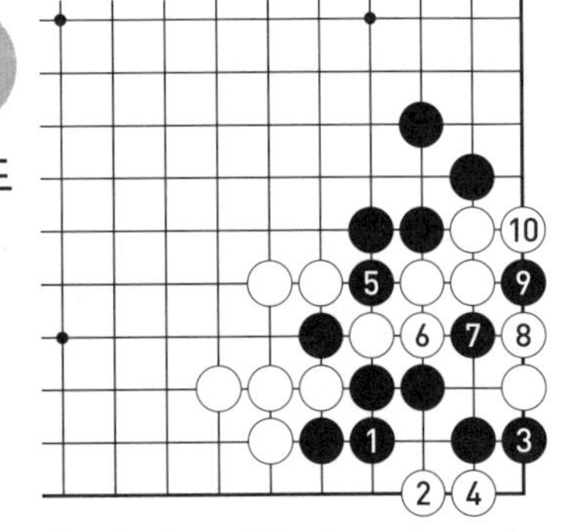

흑1에 잇는 것은 착오. 백2, 4 파
호하고, 백10까지 진행되어 흑의
실패.

〈장면도1〉에서 흑은 살기 위해 백△와 〇를 잡아야
하는 것일까? 가일수를 어디까지 해야 하는 것일까?
가장 깨끗한 것은 흑이 A와 B를 모두 두고 사는 것이
다. 하지만 아주 미세한 바둑이라면 한 집이 아쉬운
마당이므로 가일수 문제는 상당히 중요해진다.
이곳의 가일수는 우선 패감에 관계없이 흑A까지는
둬야 한다. 그리고 계가를 하면 따낸 돌을 포함해 이
곳은 여섯 집이다.

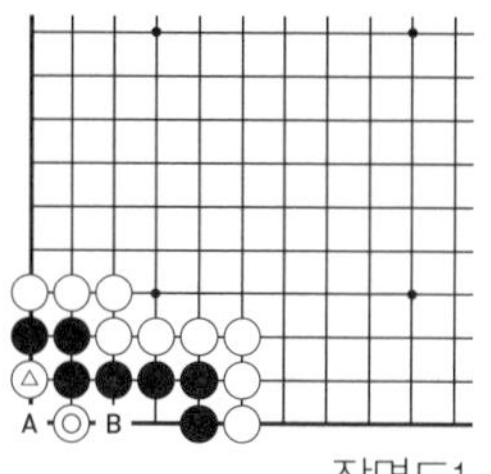

장면도1

〈장면도2〉를 보자.
백1로 두면 흑2는 다음 패감에 상관없이 단패이므로
흑은 A에 마저 두고 패를 해소해야 한다.
결국 흑은 따낸 돌을 포함해 여섯 집을 얻는다. 애당
초 가일수한 〈장면도1〉과 흑집은 똑같은 것이다.

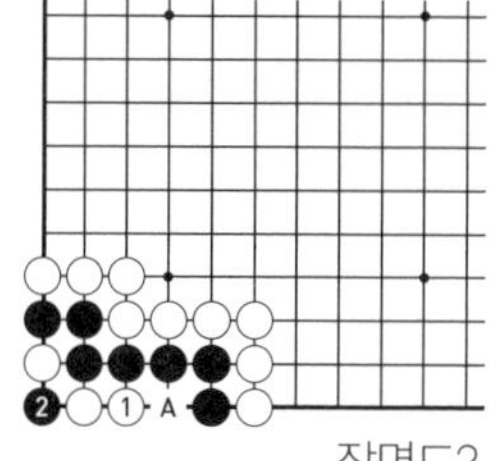

장면도2

제 11 부 치중하기

'치중하기'라는 말은 이제 익숙해졌을 것입니다. 치중하기는 상대의 단점이나 약한 연결 고리를 노릴 때, 상대의 안형을 파괴할 때, 상대의 대응을 시험할 때, 상대의 영역을 침범할 때 등의 상황에서 이용합니다.

'기회가 있으면 반드시 치중하라', '기회가 있는데 치중하지 않으면 30%의 죄를 지은 것이다'라는 바둑격언은 치중하기가 대국에서 얼마나 중요한지를 잘 보여주는 말입니다. 치중하기는 먹여치기, 축, 젖힘 등과 같은 직접적인 압박 수단과 달리, 잠자리가 물을 스치듯 혹은 태극권처럼 부드러움 속에 강함이 내재되어 있기 때문에 대응하기가 쉽지 않습니다. 특히, 변과 귀의 수상전에서 그 위력이 잘 나타납니다.

치중하기를 할 때에도 그 시기에 주의해야 합니다. 시기가 너무 빠르면 공든 탑이 무너지기도 하며 반대로 시기가 늦어지면 좋은 기회를 잃게 됩니다. 적절한 시기의 치중하기는 화룡점정이요, 그 묘수가 더욱 빛을 발하게 됩니다.

제11부는 36개의 연습문제로 구성되어있으며 모두 흑 선입니다. 여러분도 치중하기를 이용해 상대를 가볍게 정복할 수 있게 되기를 바랍니다.

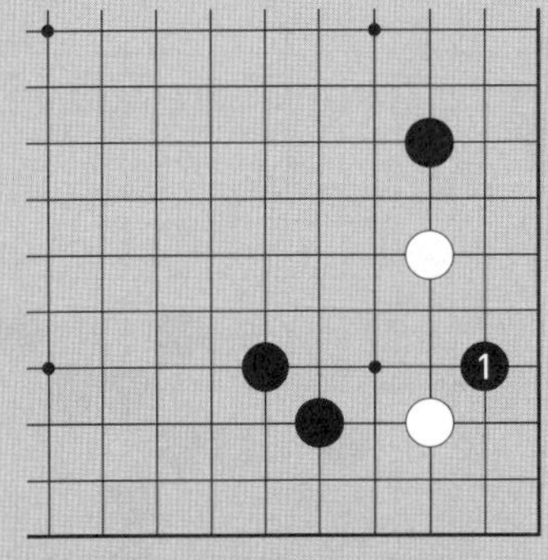

[도해1] 흑1이 '치중하기'이다.

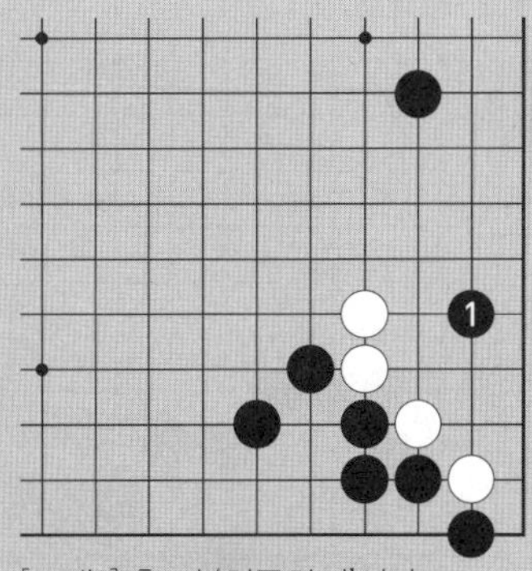

[도해2] 흑1이 '치중하기'이다.

334 문제도 ★

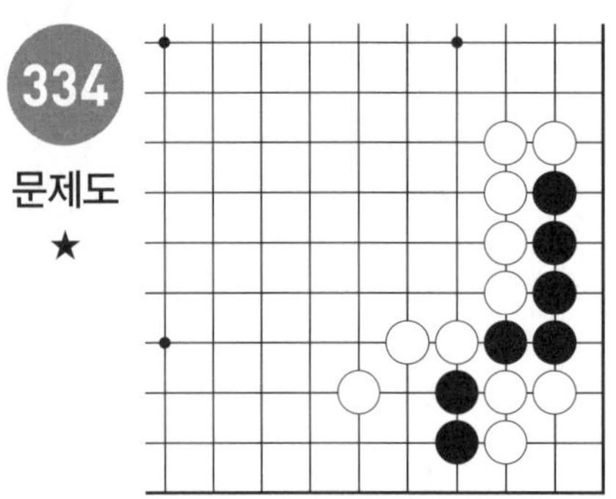

335 문제도 ★

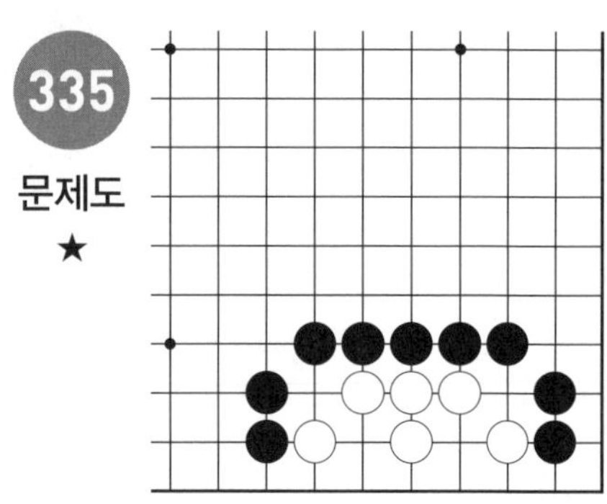

336 문제도 ★

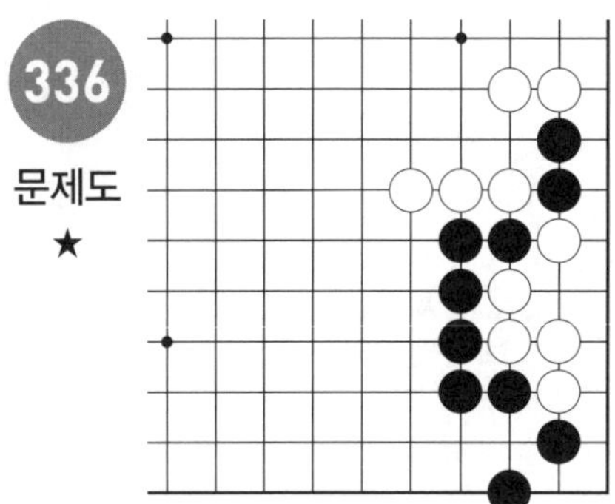

337 문제도 ★

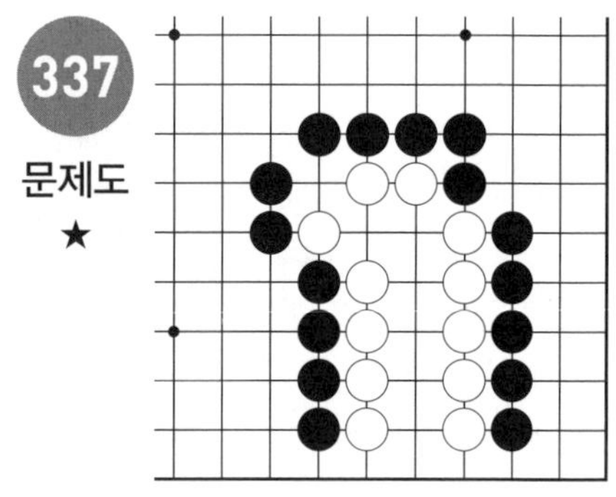

338 문제도 ★

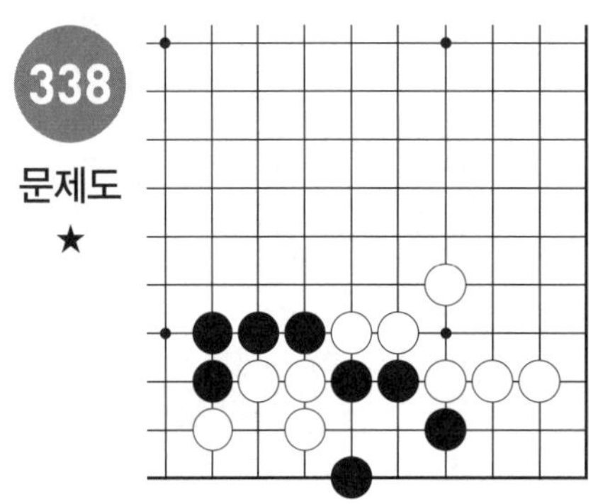

339 문제도 ★

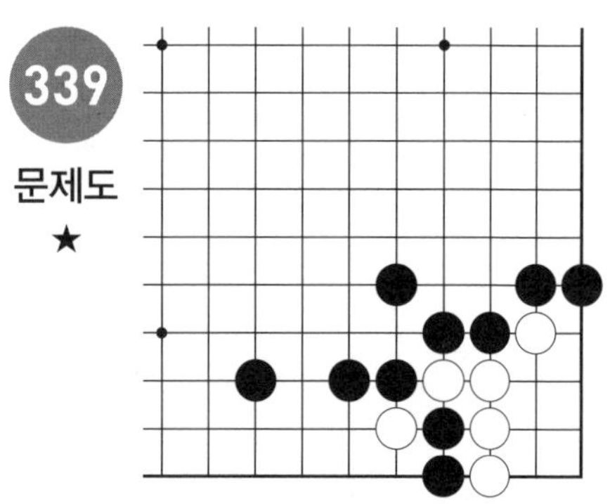

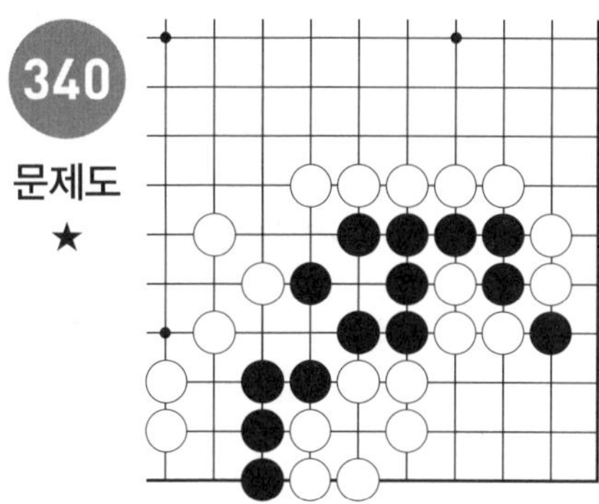

340 문제도 ★

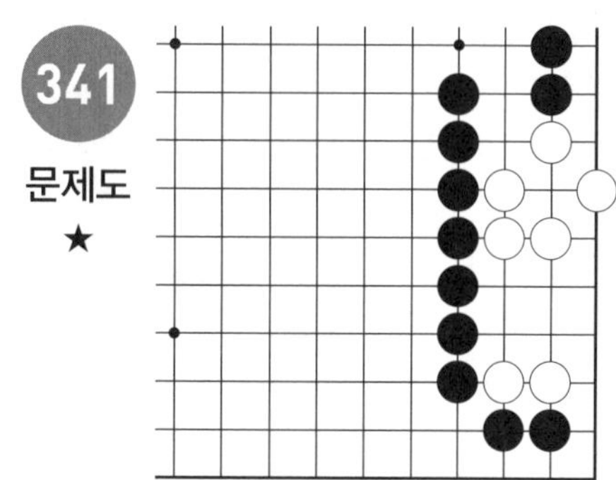

341 문제도 ★

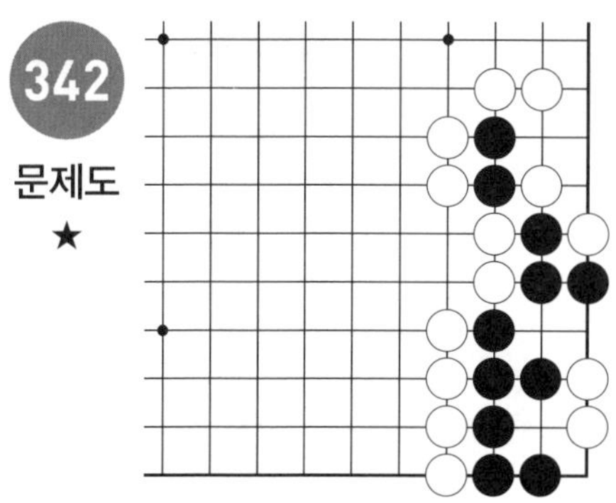

342 문제도 ★

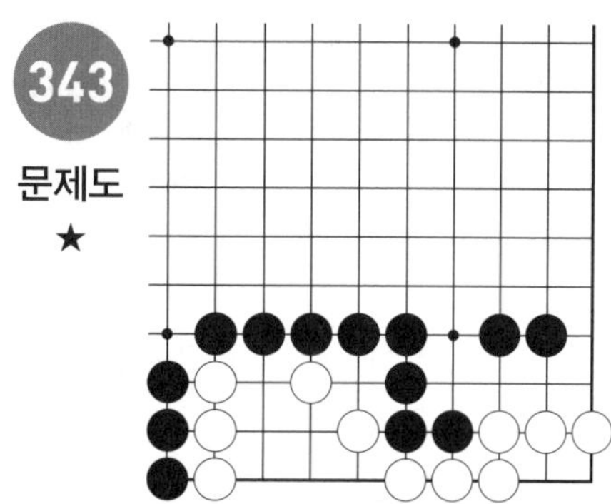

343 문제도 ★

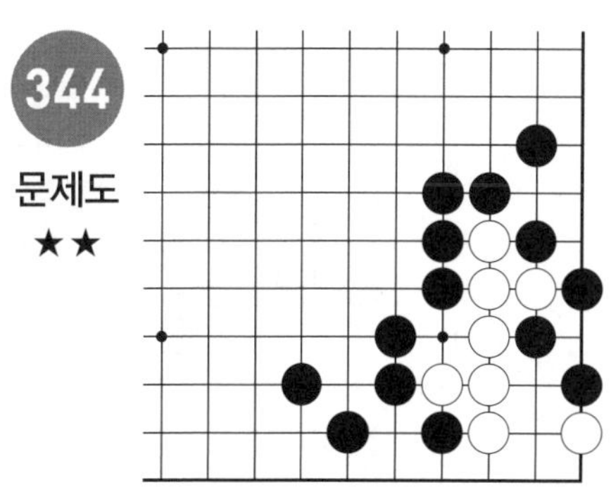

344 문제도 ★★

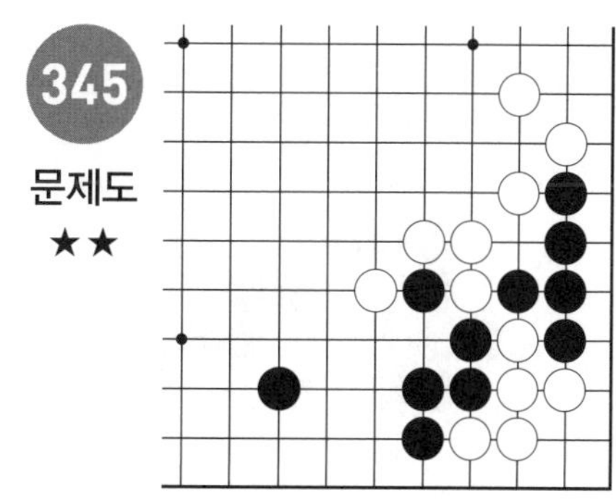

345 문제도 ★★

334

정해도

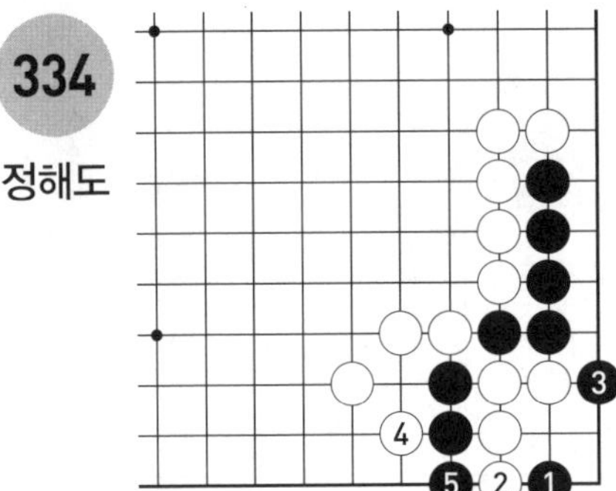

흑1 치중하기, 흑3 젖힘이 좋은
수순. 다시 흑5에 단수쳐서 백이
잡힌다.

335

정해도

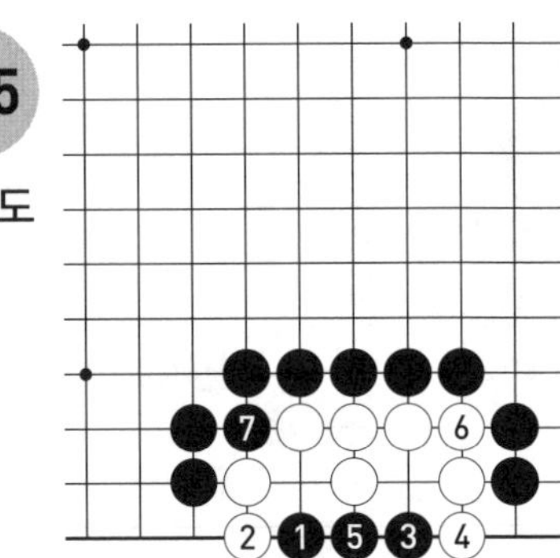

흑1, 3 치중하기 후 다시 흑5에
연결. 백6 빈삼각할 때 흑7 먹여
치기로 백이 잡힌다.

336

정해도

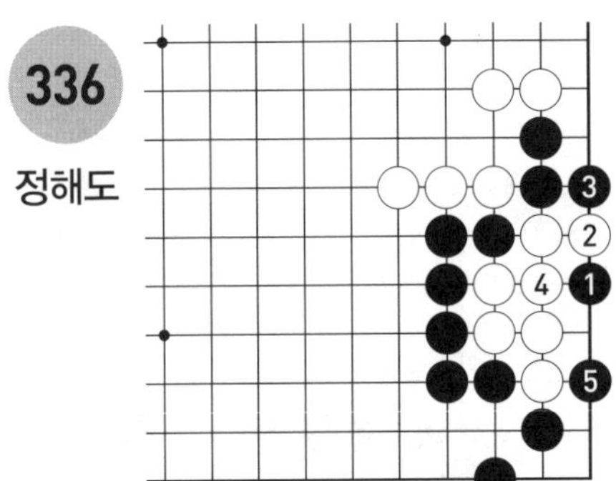

흑1 치중하기가 요점. 백은 어떻
게 두든지 잡히게 된다.

337

정해도

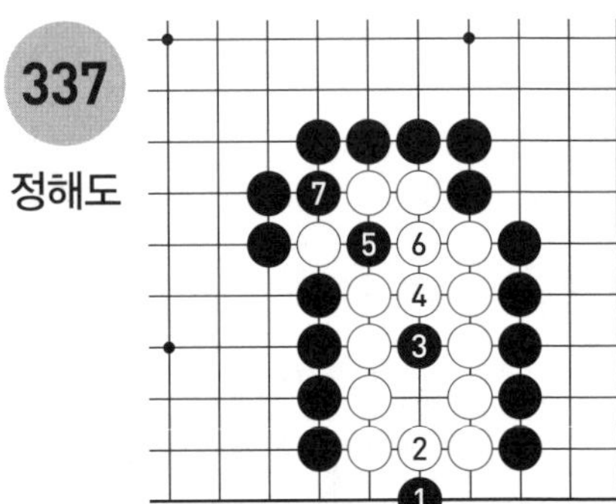

흑1이 요점. 백2에 이을 때 흑3
다시 들여다봄이 묘수. 흑5 먹여
치기, 흑7 단수쳐서 백이 잡힌다.

338

정해도

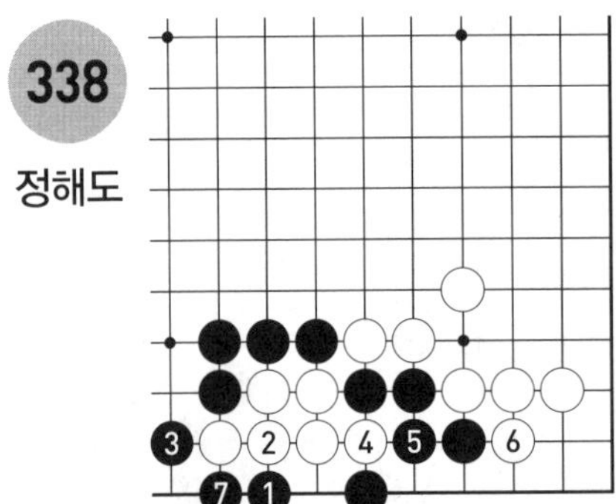

흑1 치중하기가 좋은 수. 만약
백2에 이으면 흑3에 젖히고 흑7
까지 백이 잡힌다.

339

정해도

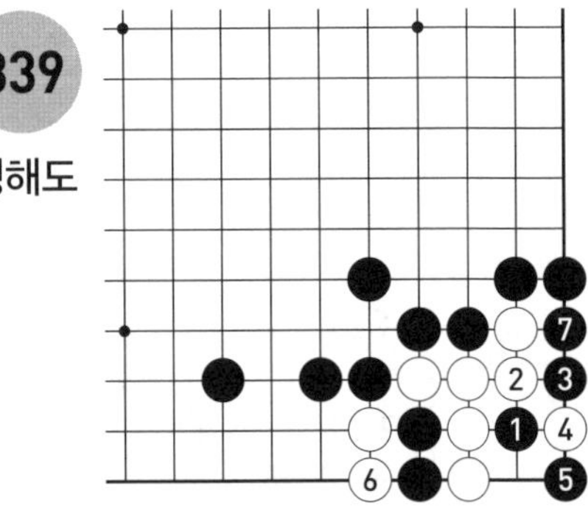

흑1 치중하기, 흑3 젖힘이 좋은
수순. 이하 흑7까지 진행되어 백
이 잡힌다.

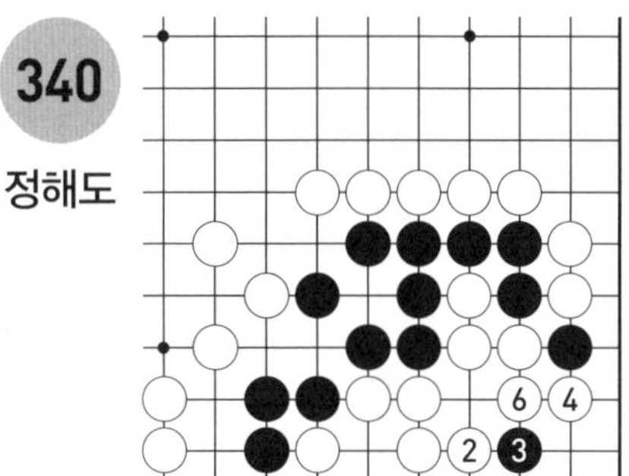

흑1 치중하기가 요점. 흑3 젖힘. 흑5 연결이 묘수. 흑7에 다시 단수쳐서 살 수 있다.

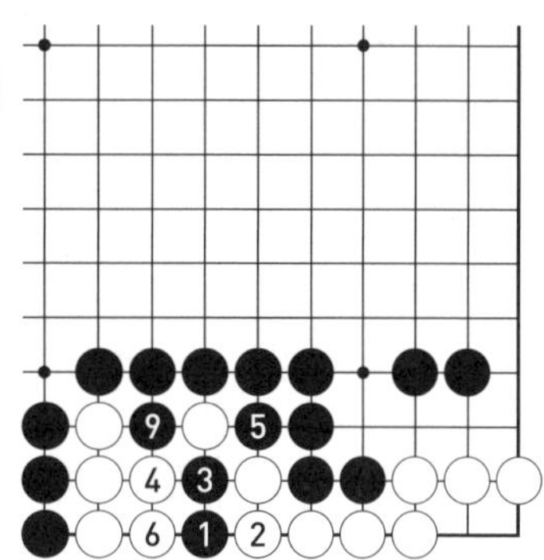

흑1 치중하기, 흑3 미는 것이 좋은 수순. 흑5 단수, 흑7 먹여치기가 맥. 백이 잡힌다.
흑7=흑3, 백8=흑1

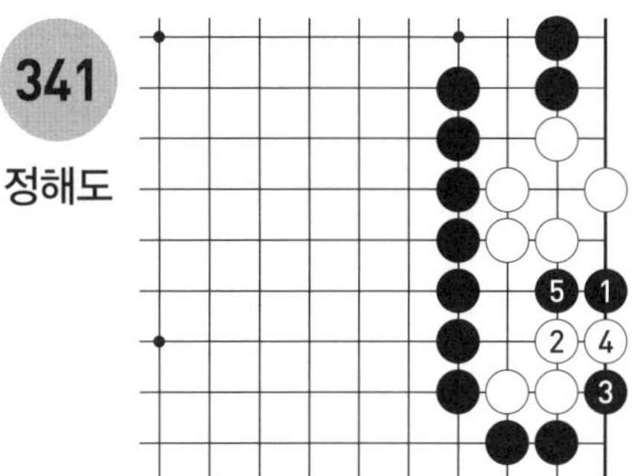

흑1 치중하기가 묘수. 흑3 젖힘, 흑5 단수치는 수순이 좋다. 백이 잡힌다.

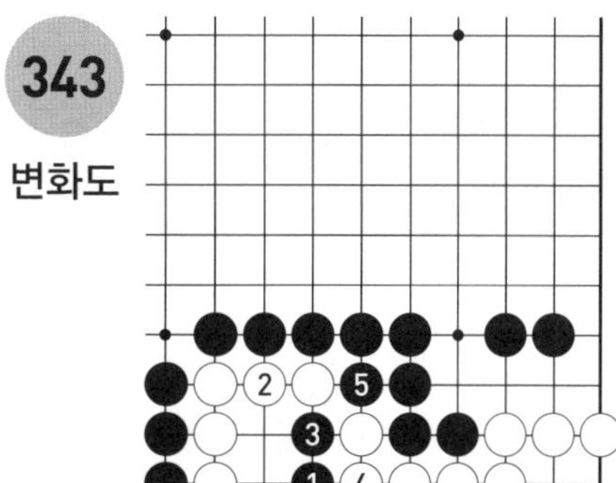

만약 백이 2에 이으면 흑3에 밀고 흑5로 끊어서 백은 역시 살 수 없다.

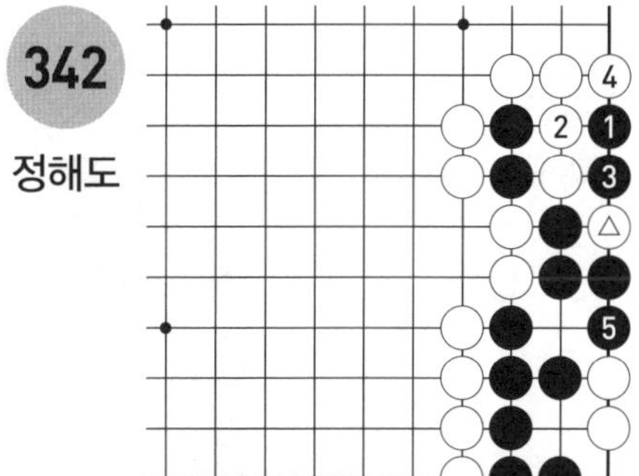

흑1 치중하기가 맥. 흑3에 먼저 먹여치기하고 흑5에 집을 지어 살 수 있다. 백6=△, 흑7=흑3

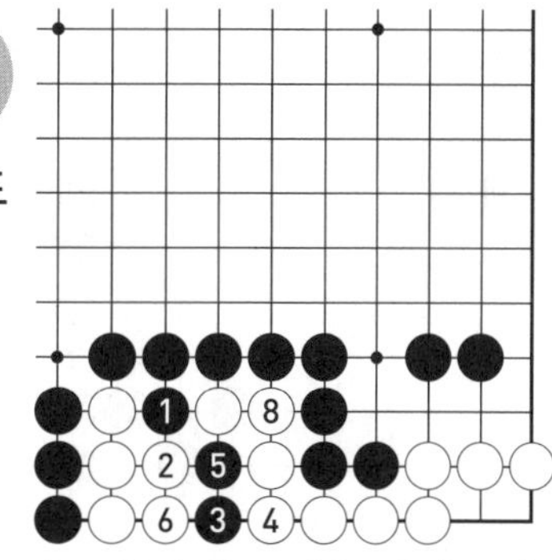

흑1 끼움은 착오. 백은 2에 막는 것이 당연하고, 백8에 잇는 것이 묘수. 백10에 다시 끊어서 살았다. 흑의 실패. 흑7=흑5, 흑9=흑3, 백10=백2

344 정해도

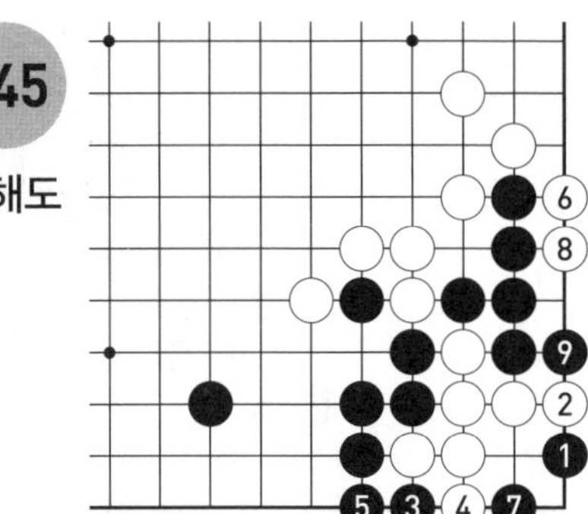

흑1이 요점. 흑5 연결, 흑7 치중하기가 맥. 흑9에 다시 늘어서 백이 잡힌다. 흑7=흑5

345 정해도

흑1이 요점. 흑3 젖힘, 흑5 연결이 좋은 수순. 흑9까지 진행되어 백이 잡힌다.

344 변화도

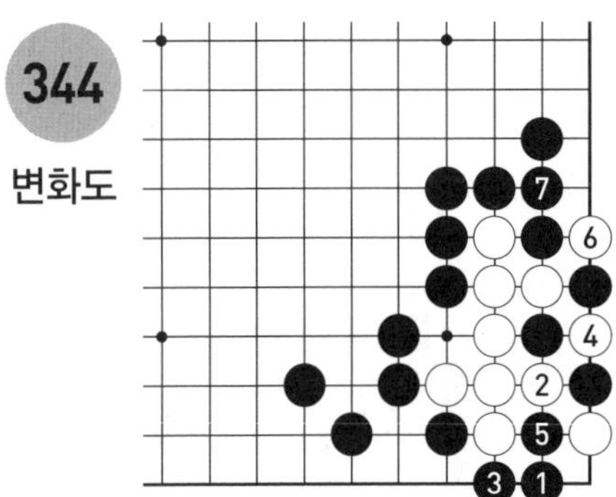

만약 백이 4로 따내면 흑5 파호하고 백6으로 따낼 때 흑7에 이어 백은 역시 살 수 없다.

345 변화도

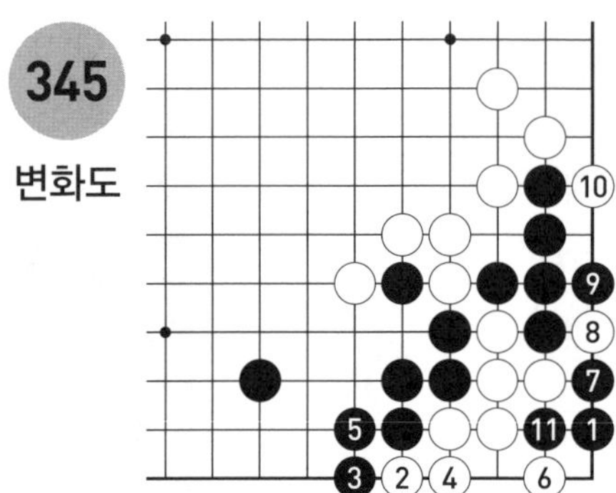

만약 백2에 젖히고 다시 백6에 집을 지으면 흑7로 물러서고 흑11 단수까지 진행되어 백은 역시 살 수 없다.

344 실패도

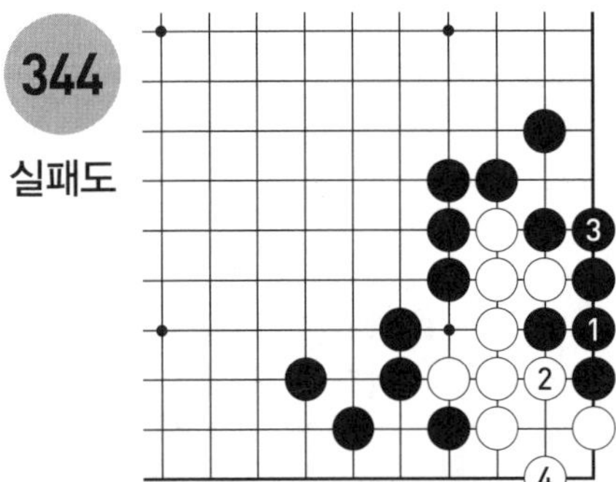

흑1에 먼저 잇는 것은 착오. 백2, 4로 집을 지어 살 수 있다. 흑의 실패.

345 실패도

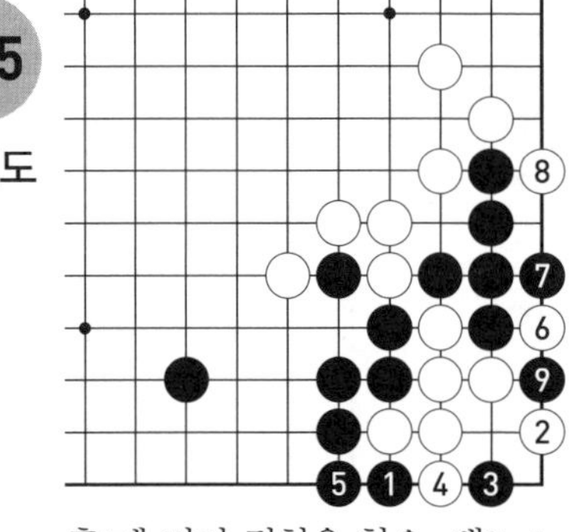

흑1에 먼저 젖힘은 착오. 백2, 4로 집을 짓고 다시 백6 젖힘으로 패가 된다. 흑의 실패.

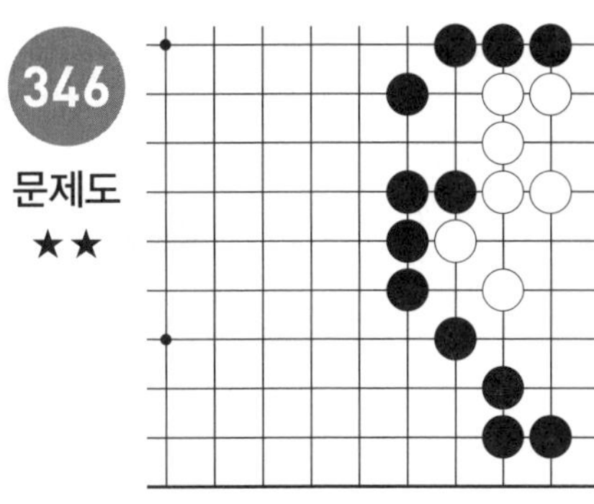

346

문제도
★★

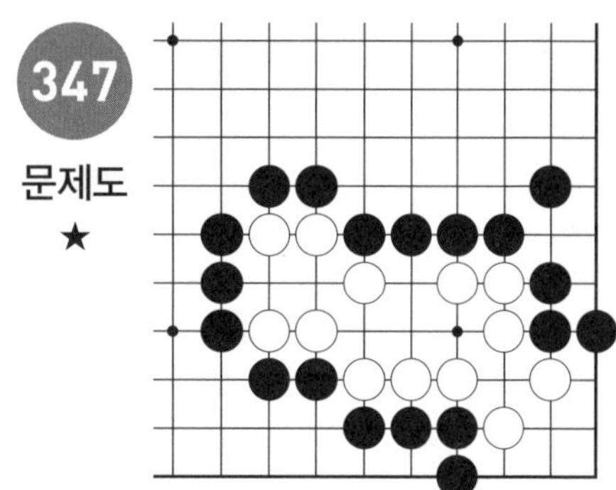

347

문제도
★

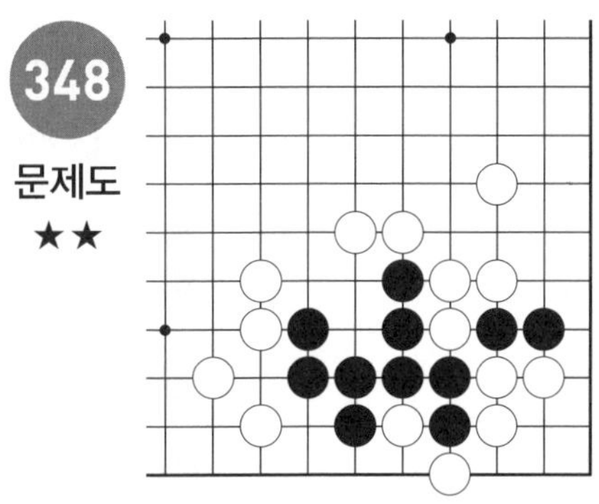

348

문제도
★★

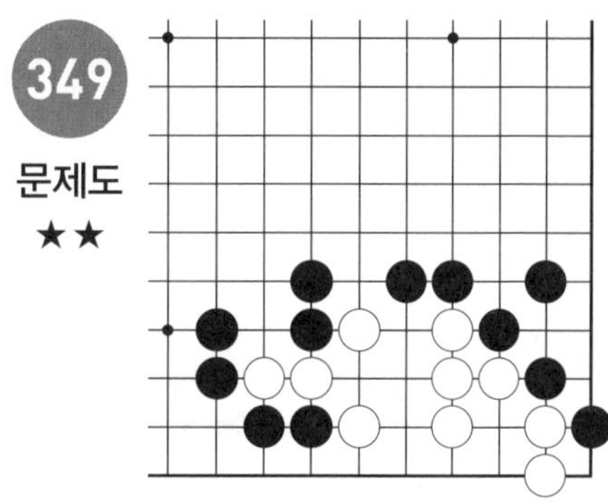

349

문제도
★★

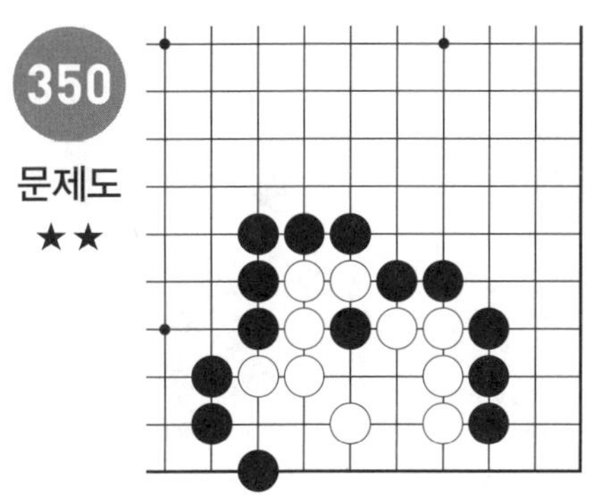

350

문제도
★★

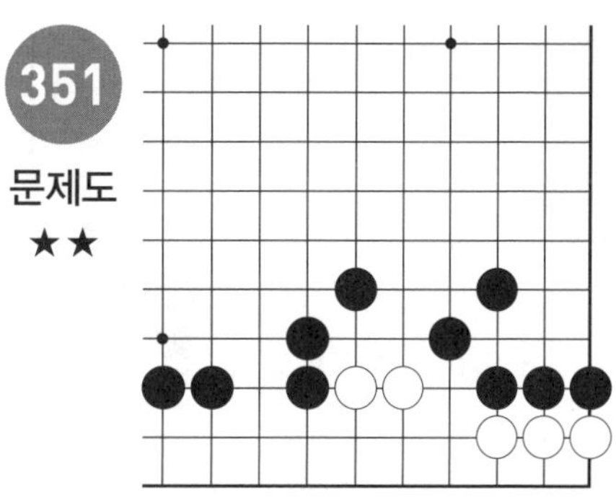

351

문제도
★★

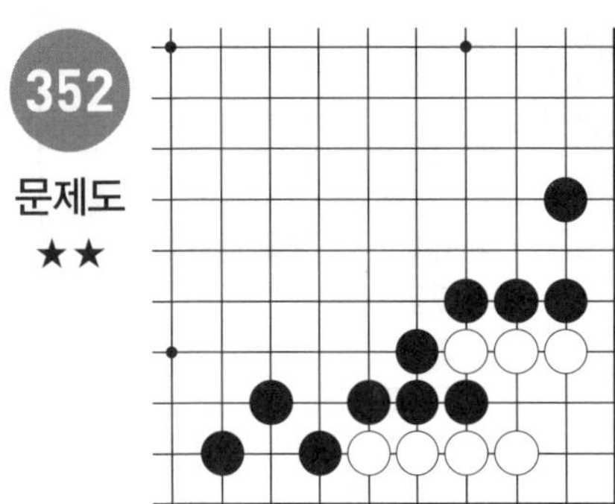

352 문제도 ★★

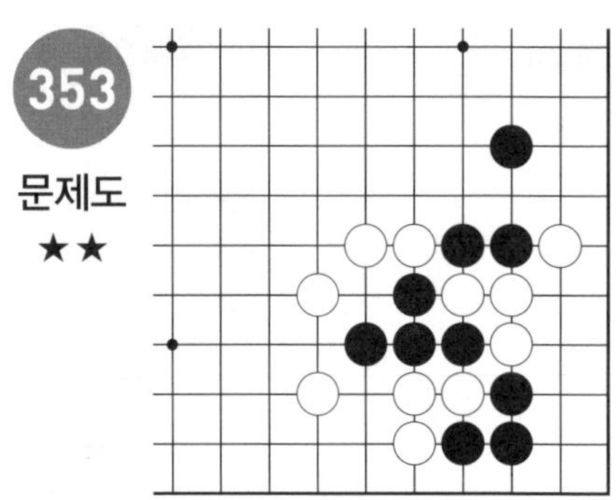

353 문제도 ★★

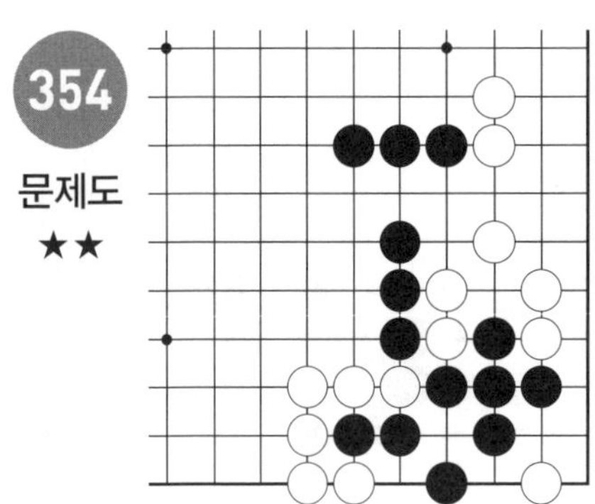

354 문제도 ★★

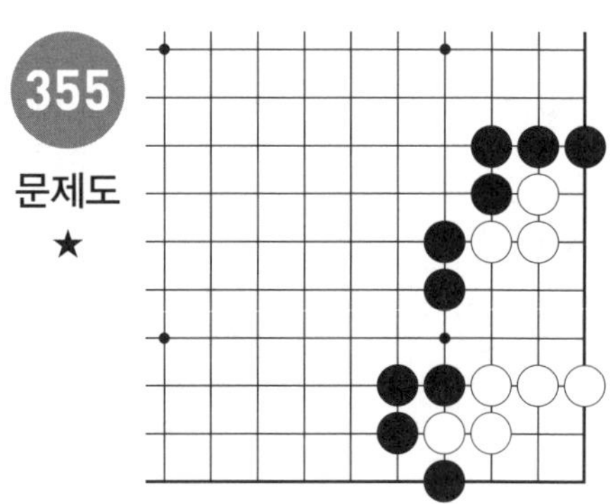

355 문제도 ★

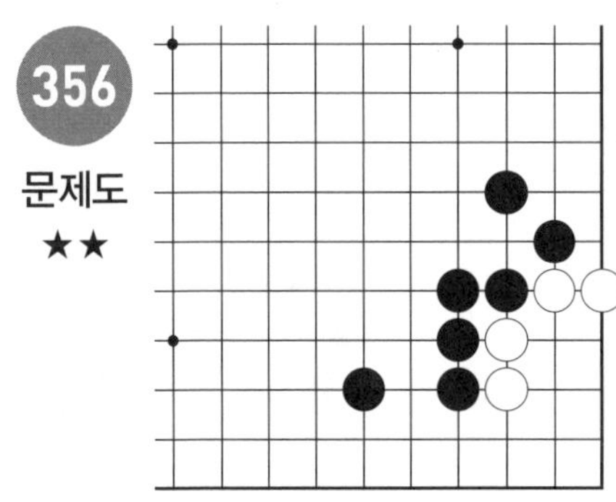

356 문제도 ★★

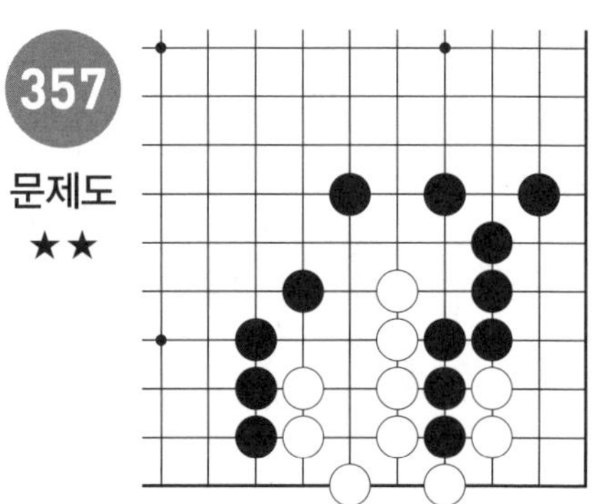

357 문제도 ★★

346 정해도

흑1이 요점. 흑3 먹여치기가 맥. 다시 흑5 입구자하여 백이 잡힌다.

346 변화도

백4와 같이 늘면 흑5로 따내고 흑7까지 백은 여전히 살 수 없다.

346 실패도

흑1 먼저 입구자하는 것은 착오. 백2에서 백6까지 안형을 넓혀서 살 수 있다. 흑의 실패.

347 정해도

흑1 치중하기, 흑3 먹여치기가 서로 관련 있는 맥. 다시 흑5로 찝어서 백이 잡힌다.

347 변화도

백이 2와 같이 이으면 흑3, 5로 두 번 먹여치기가 좋은 수순. 흑 9에 다시 치중하여 백은 살 수 없다. 흑5=흑3, 백6=흑1

347 실패도

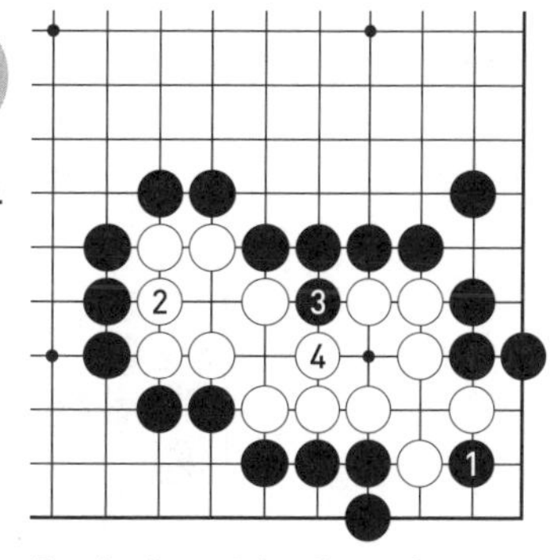

흑1에 찝는 것은 착오. 백2, 4로 집을 지어 살 수 있다. 흑의 실패.

348 정해도

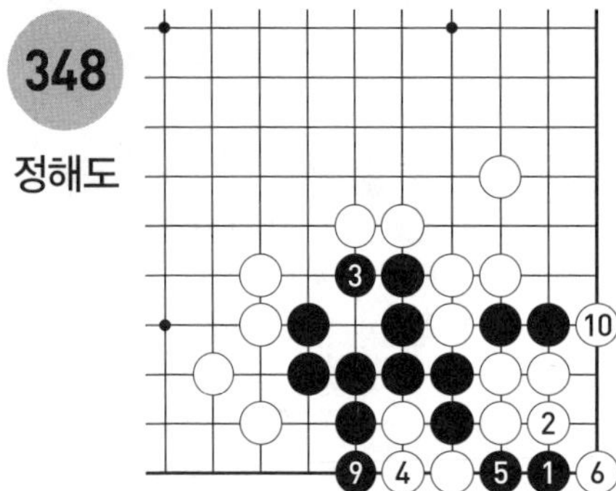

흑1이 요점. 흑5, 7로 먹여치는
게 맥. 흑9에 단수쳐서 살았다.
흑7=흑5, 백8=흑1, 흑11=흑5

349 정해도

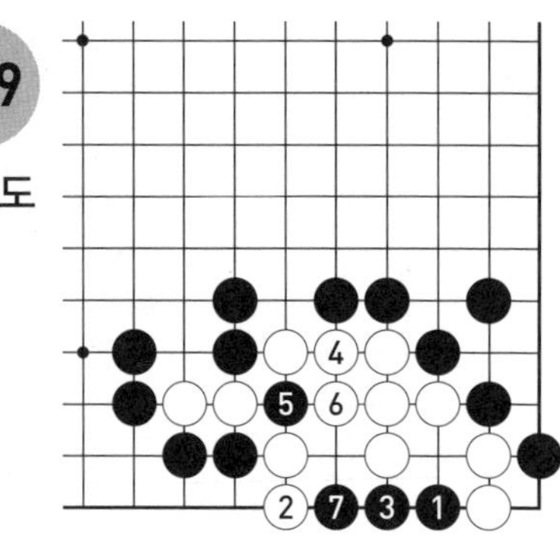

흑1 치중하기, 흑3 늘림이 좋은
수순. 흑5 먹여치기가 맥, 백이
잡힌다.

348 변화도

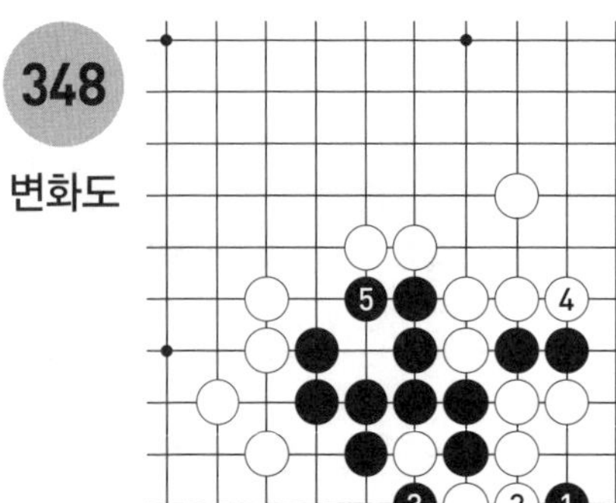

백이 2와 같이 이으면 흑3 선수
로 따내고 흑5에 다시 집을 지어
여전히 살 수 있다.

349 변화도

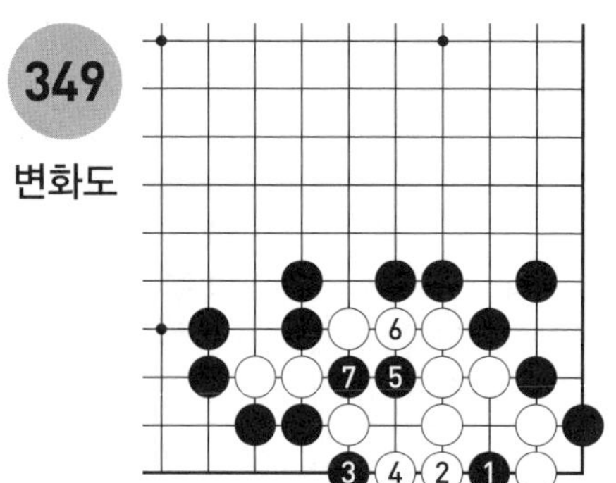

만약 백2에 늘면 흑3 젖혀서 안
형을 줄이고 다시 흑5, 7 먹여치
기하여 백은 역시 살 수 없다.

348 실패도

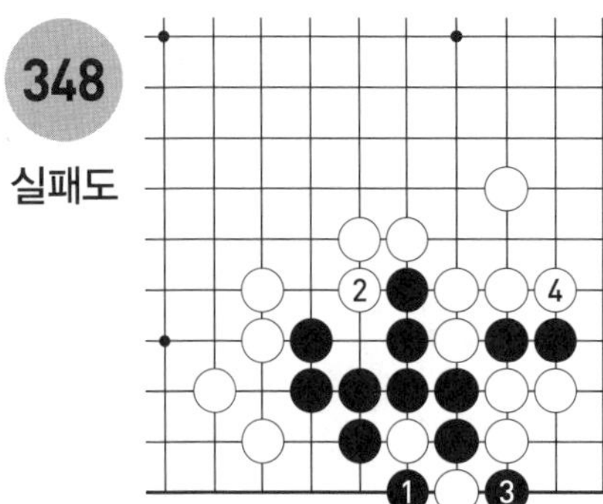

흑1로 먼저 따내는 것은 착오.
백2 파호하여 흑의 실패.

349 실패도

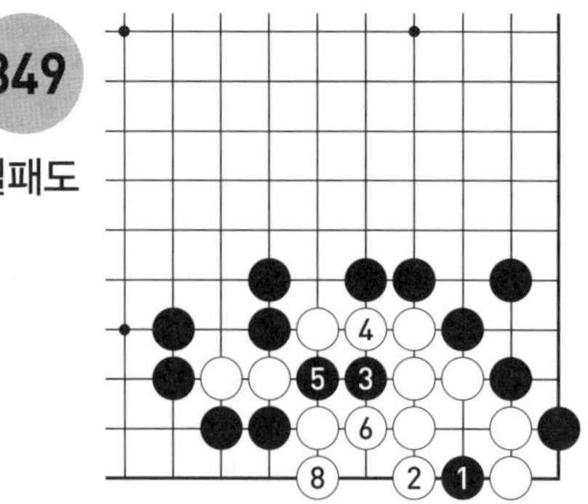

흑3에 치중하는 것은 착오. 백6,
8로 집을 지어 살 수 있다. 흑의
실패. 흑7=흑5

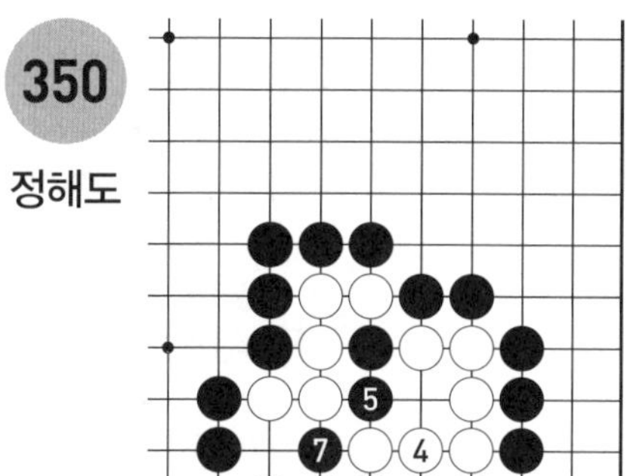

흑1 치중하기, 흑3 늘림이 좋은 수순. 흑7에 다시 먹여치기로 백이 잡힌다.

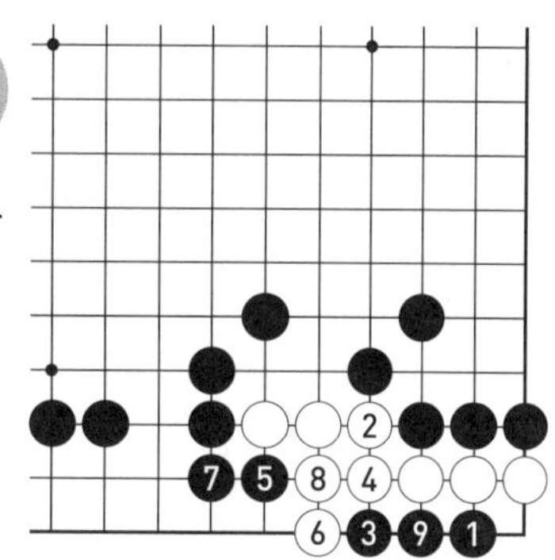

흑1 치중하기가 맥. 흑3 벌림, 흑5 젖힘이 좋은 수순. 흑9에 다시 이어 백을 잡을 수 있다.

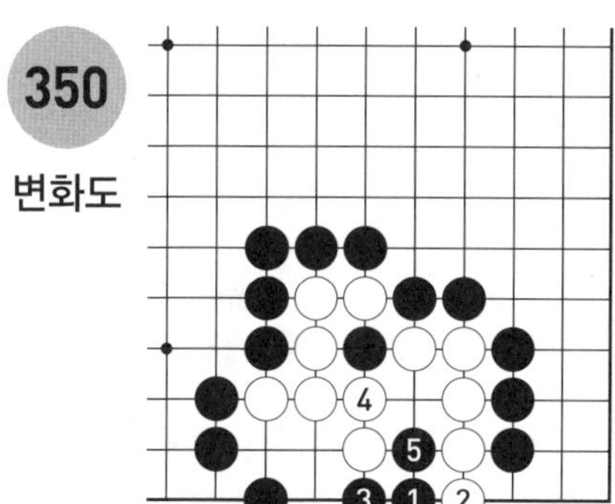

만약 백4로 따내면 흑5에 파호하여 백은 역시 살 수 없다.

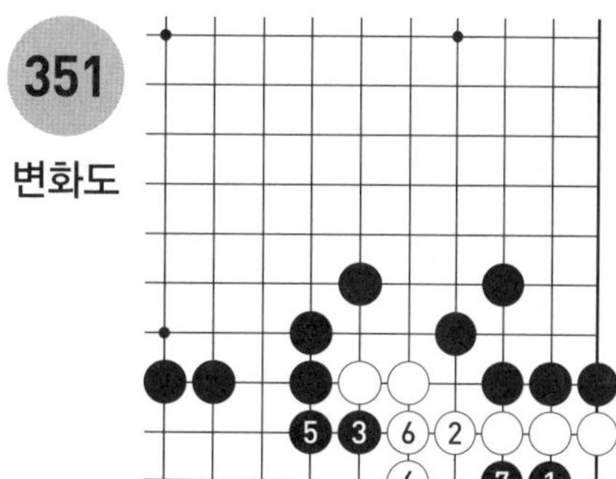

만약 백2에 물러서면 흑3 젖힘, 흑5 잇고 다시 흑7로 늘려서 백은 역시 살 수 없다.

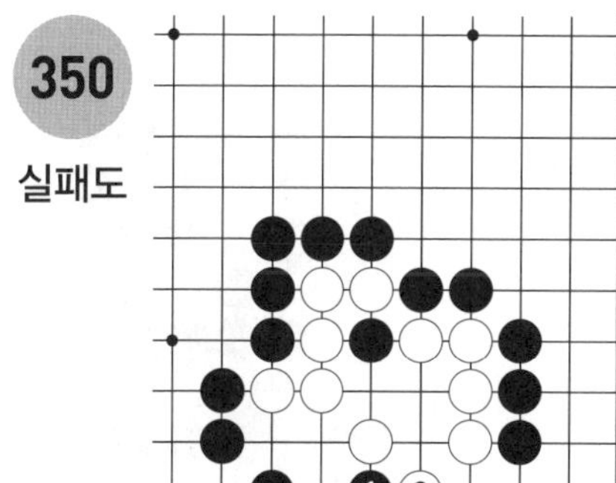

흑1로 붙이는 것은 착오. 백2에 막아서 곡사가 되어 살았다. 흑의 실패.

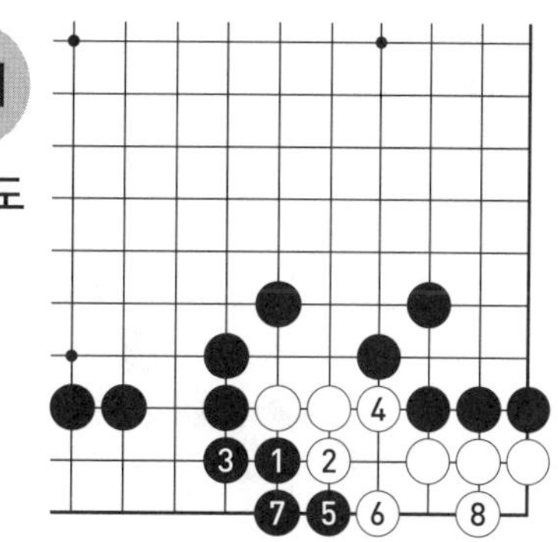

흑1 젖힘은 착오. 백8까지 진행해 집을 지어 살 수 있다. 흑의 실패.

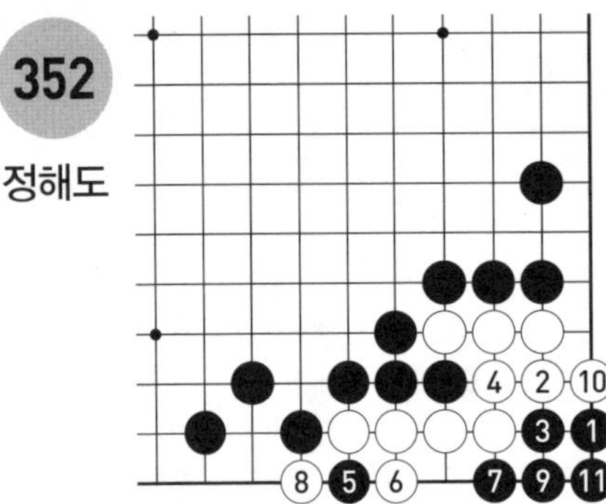

352 정해도

흑1 치중하기, 흑3 밀기가 묘수. 다시 흑5에 젖힘, 흑11까지 진행되어 백이 잡힌다.

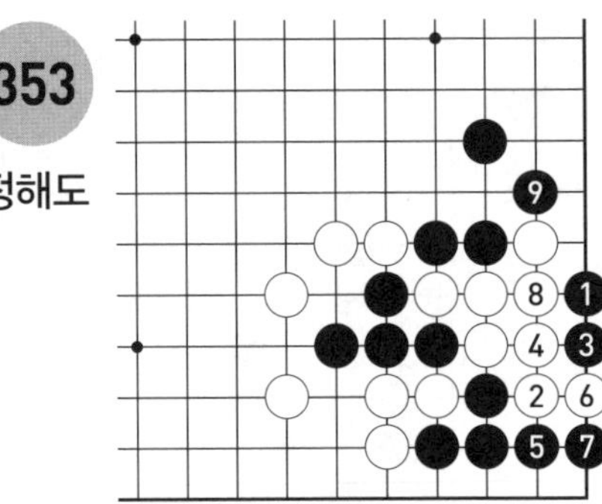

353 정해도

흑1, 3 두 번 치중하기가 묘수. 이하 흑9까지 진행되어 백은 살 수 없다.

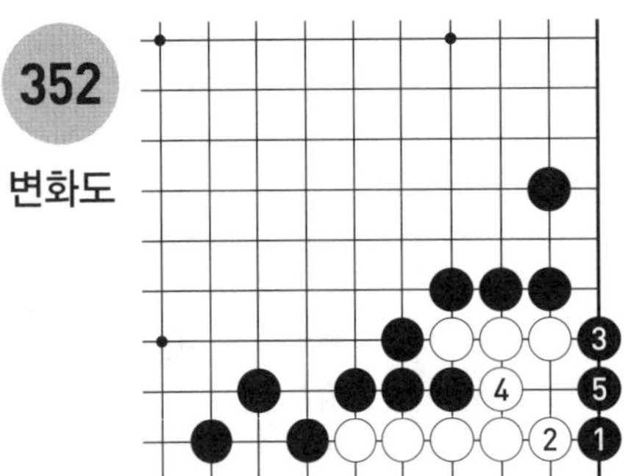

352 변화도

만약 백2에 쌍립하면 흑3 젖힘, 흑5 연결로 백은 역시 살 수 없다.

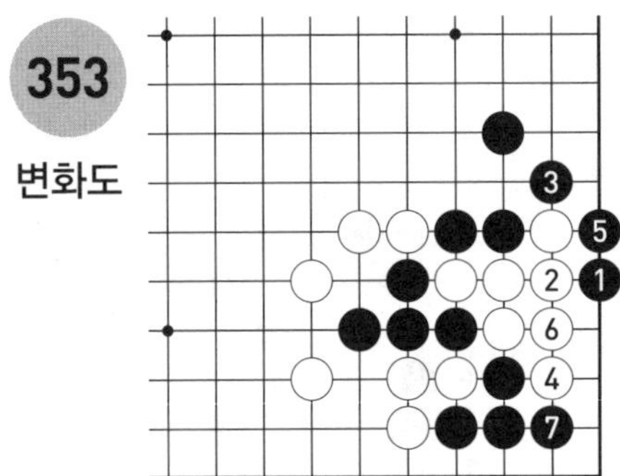

353 변화도

만약 백2에 이으면 흑3 호구치고 흑5 단수쳐서 백은 역시 살 수 없다.

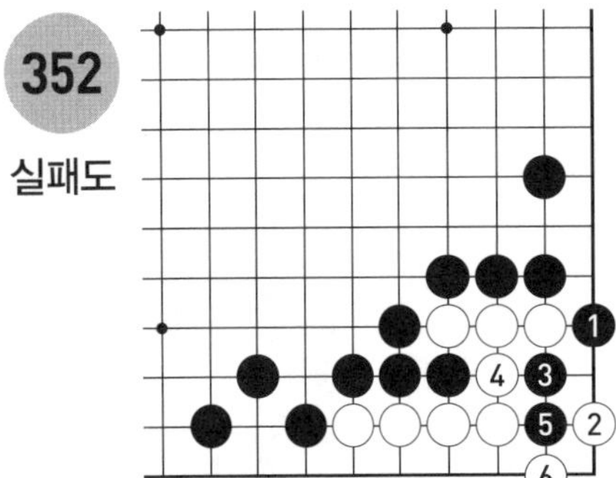

352 실패도

흑1로 젖히는 수는 백2의 한칸 뛰는 맥으로 실패. 흑3, 5로 파호하려 해도 백6이면 그만이다.

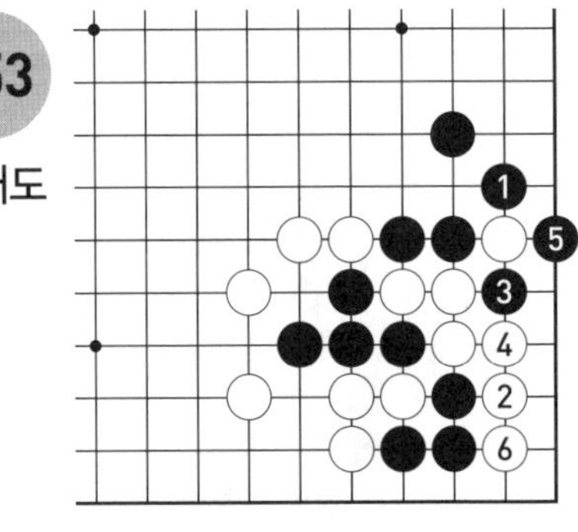

353 실패도

흑1, 3으로 1점을 잡는 것은 착오. 백6으로 수를 메워 흑의 실패.

정해도

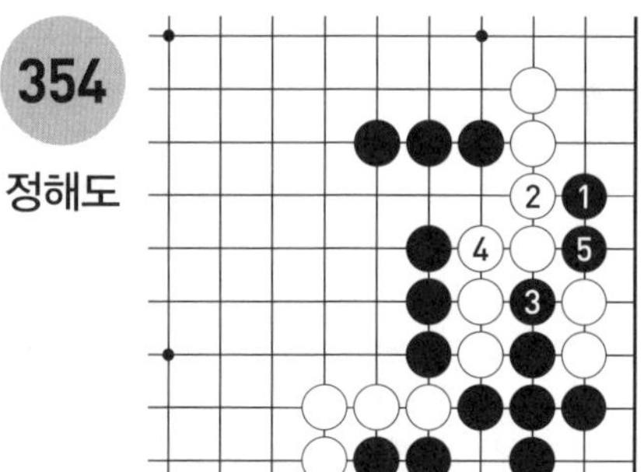

흑1 치중하기, 흑3 단수가 서로 관련 있는 맥. 백4에 이을 때, 흑5에 단수쳐서 2점을 잡아 살았다.

정해도

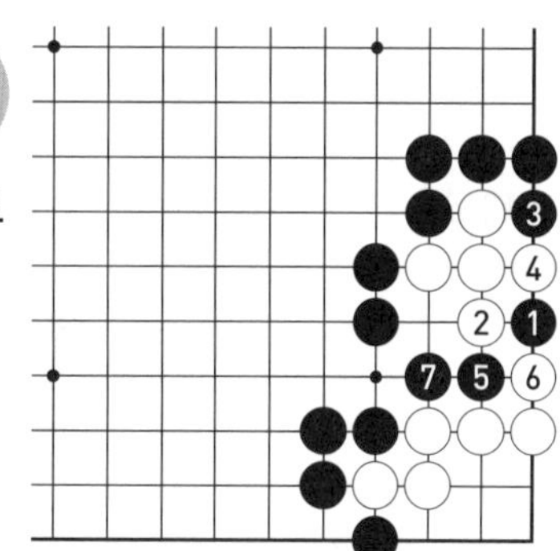

흑2에 치중하기가 좋은 수. 흑3 끼움, 흑5 단수가 좋은 수순. 다시 흑7로 물러서서 백이 잡힌다.

변화도

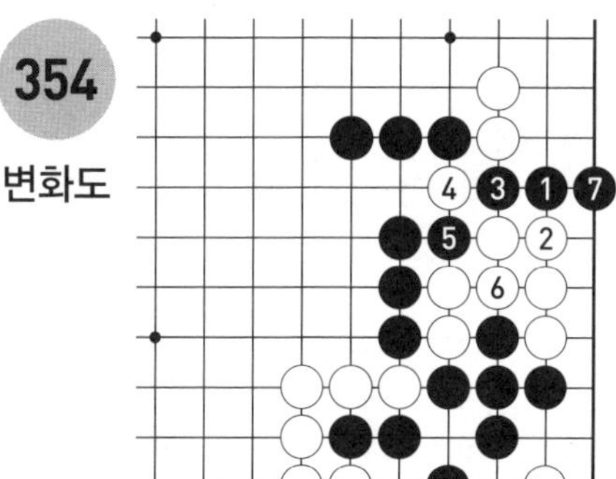

만약 백2 빈삼각하면 흑3 끼움, 흑5로 끊고 다시 흑7에 늘면 백은 전몰.

변화도

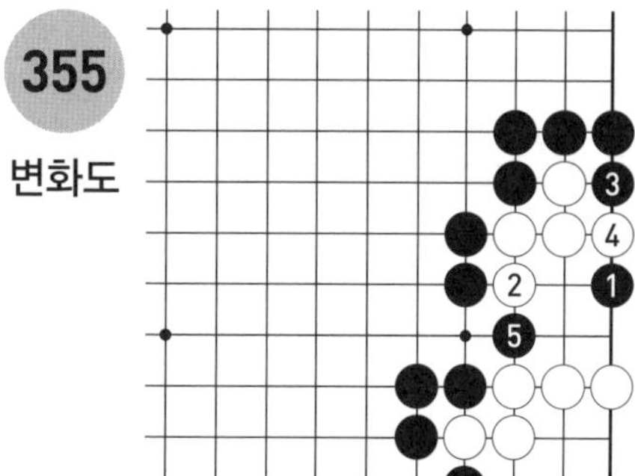

만약 백2에 막으면 흑은 역시 3에 끼우고 흑5에 단수쳐서 백은 역시 살 수 없다.

실패도

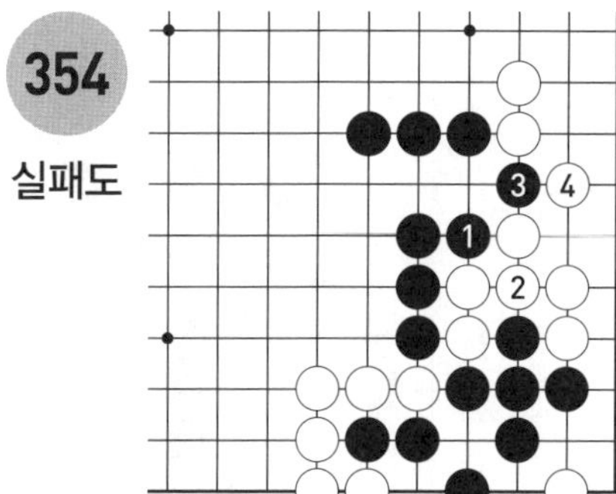

흑1에 단수는 착오. 흑3에 끼워 붙일 때, 백4에 단수쳐서 흑의 실패.

실패도

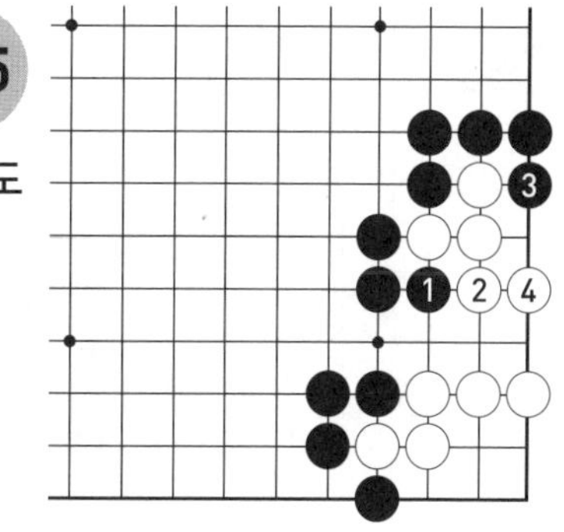

흑1에 끼움은 착오. 백2, 4로 집을 지어 살 수 있다. 흑의 실패.

356 정해도

흑1이 요점. 흑3 끊음, 흑5 늘림이 좋은 수순. 다시 흑7에 단수쳐서 백이 잡힌다.

357 정해도

흑1 치중하기, 흑3 벌림이 맥. 이하 흑9까지 진행되어 백이 잡힌다.

356 변화도

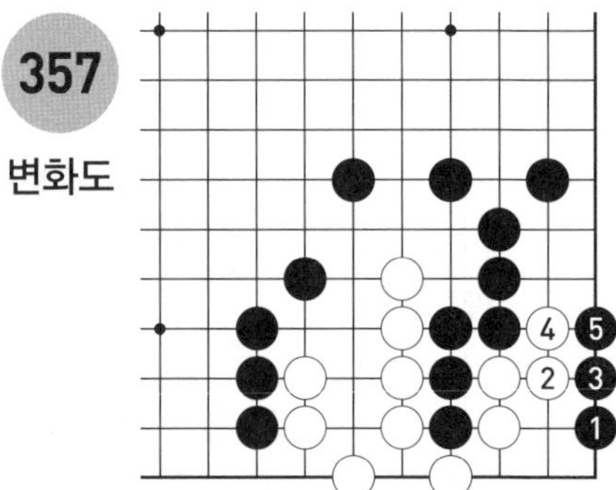

만약 백2에 꼬부리면 흑3에 늘리고 다시 흑5, 7로 두 번 세워 백은 역시 살 수 없다.

357 변화도

만약 백2에 꼬부리면 흑3, 5로 물러서서 이어 돌아갈 수 있어 백은 역시 살 수 없다.

356 실패도

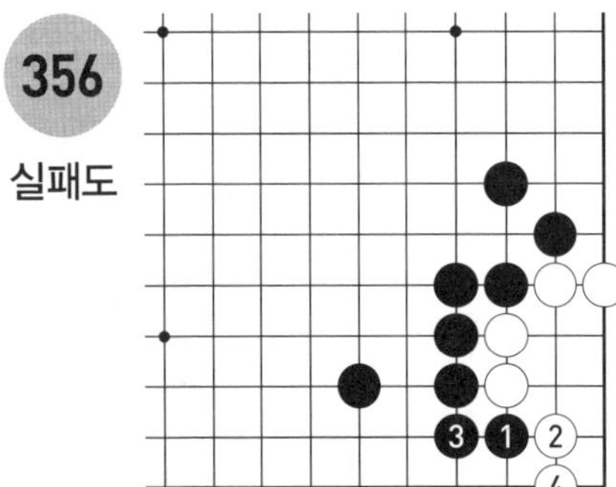

흑1 젖힘은 착오. 백2 젖힘, 백4 빠지는 것으로 살 수 있다. 흑의 실패.

357 실패도

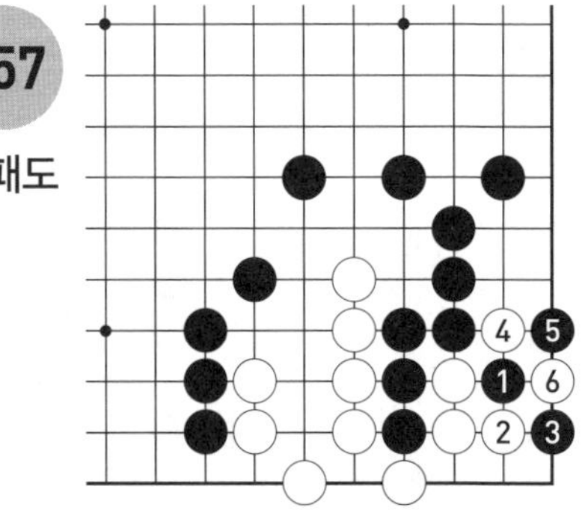

흑1 젖힘은 착오. 흑5까지 진행되어 패가 된다. 흑의 실패.

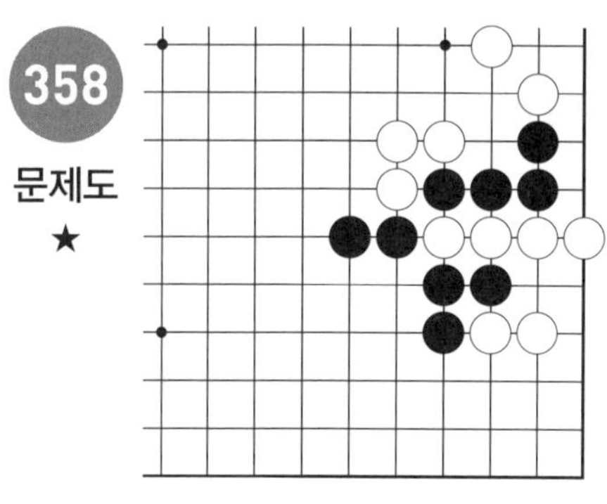

358
문제도
★

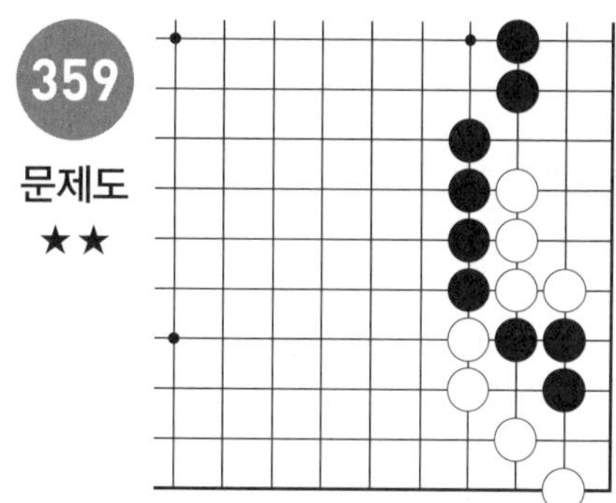

359
문제도
★★

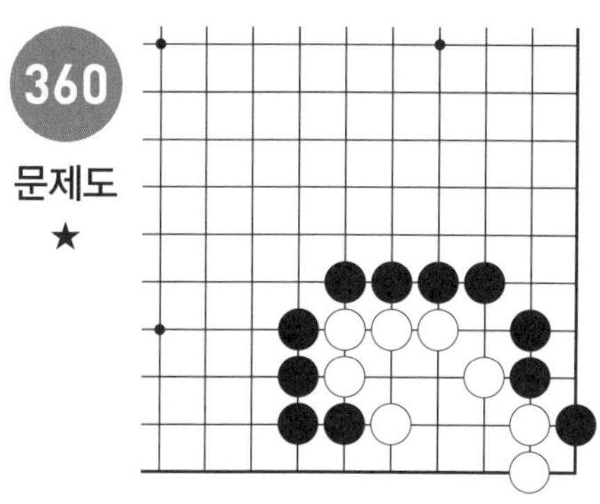

360
문제도
★

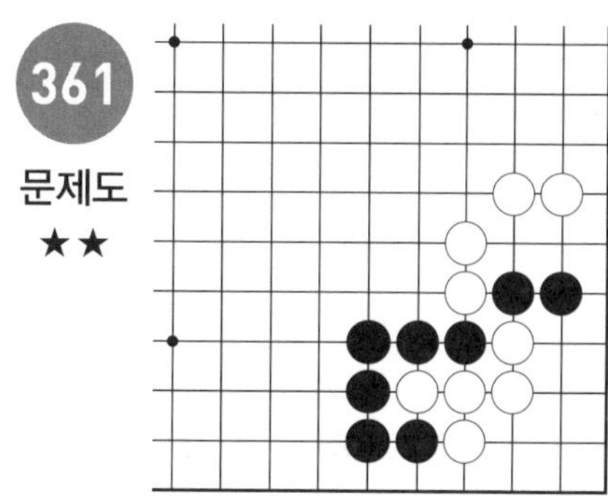

361
문제도
★★

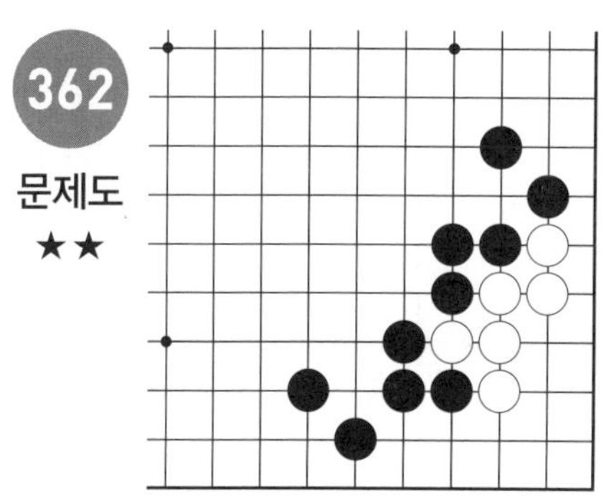

362
문제도
★★

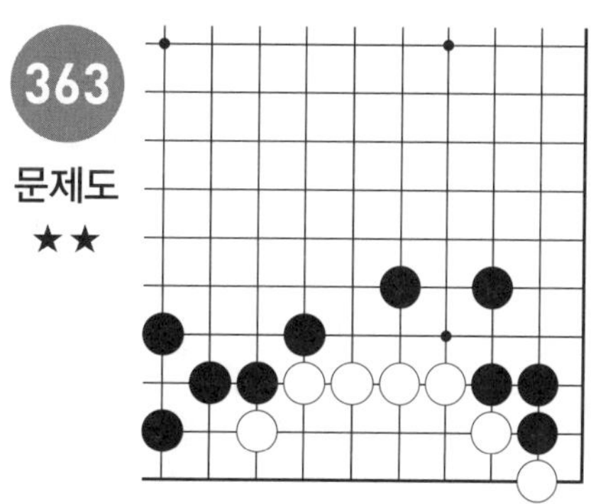

363
문제도
★★

364
문제도
★★

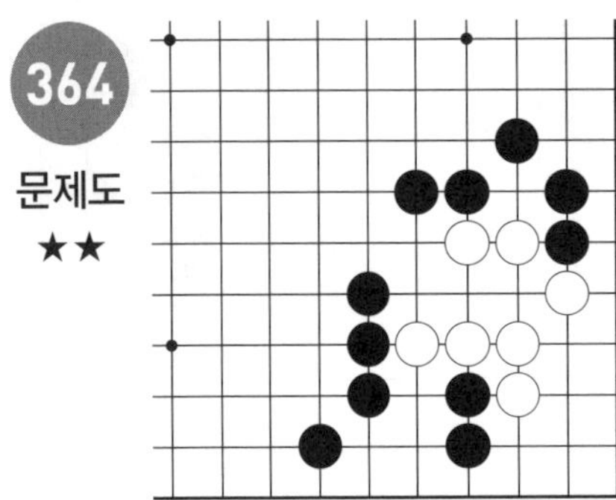

365
문제도
★★

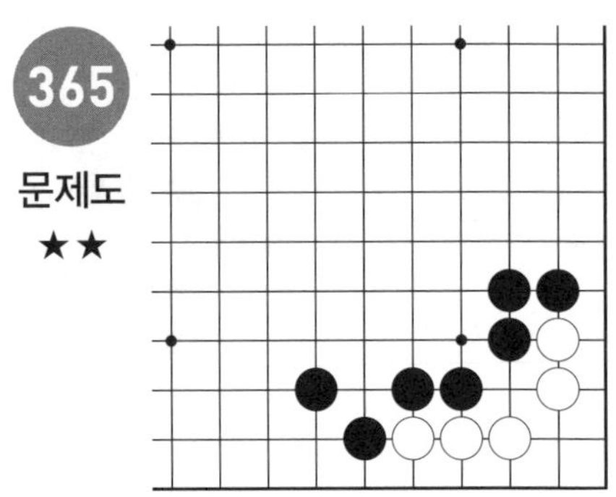

366
문제도
★★

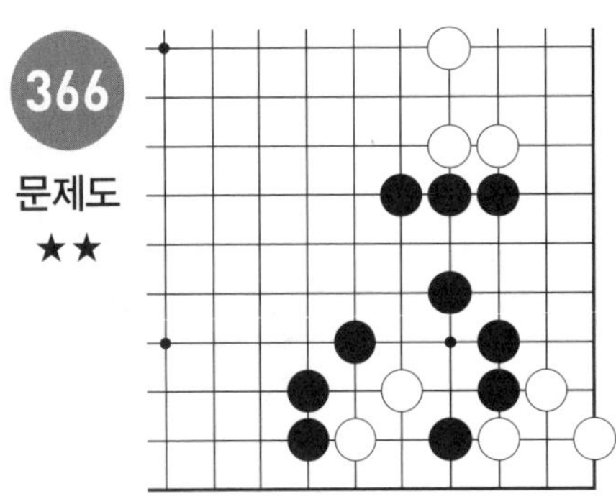

367
문제도
★

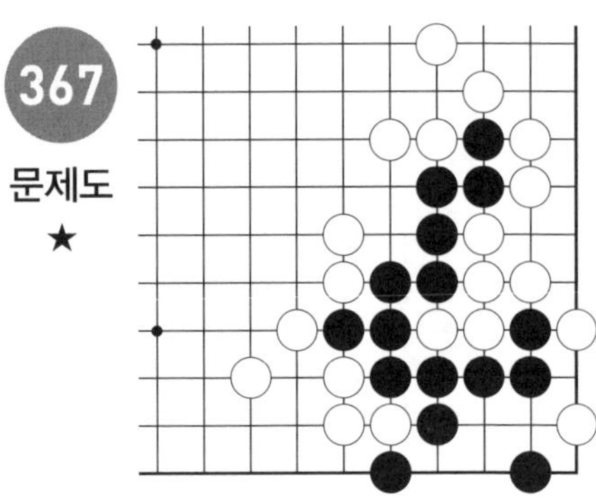

368
문제도
★★

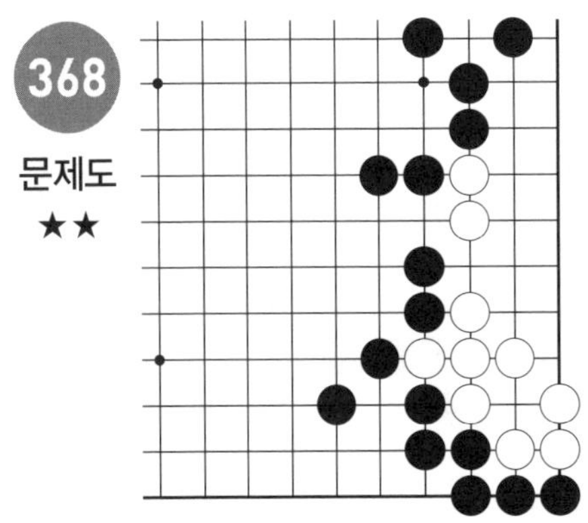

369
문제도
★★

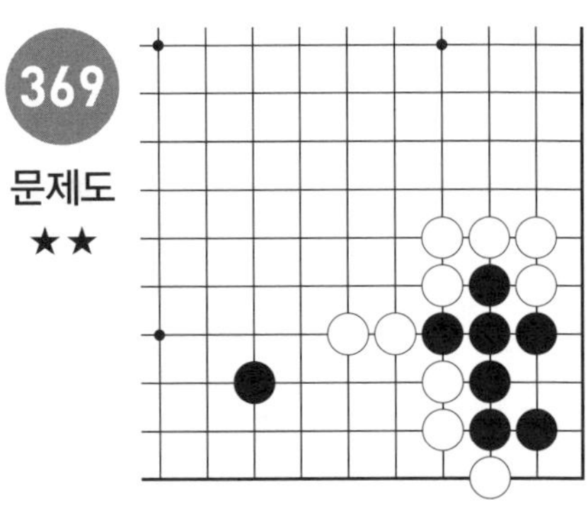

358 정해도

흑1 끼움, 흑3 치중하기가 좋은 수순. 흑7, 9 회돌이가 맥. 흑17 까지 진행되어 백이 잡힌다.

358 변화도

만약 백4에 이으면 흑5 젖힘, 흑7 단수쳐서 백은 역시 살 수 없다.

358 실패도

흑1 끼움, 흑3 젖힘은 착오. 백은 2점을 버림으로 탈출하게 된다. 흑의 실패.

359 정해도

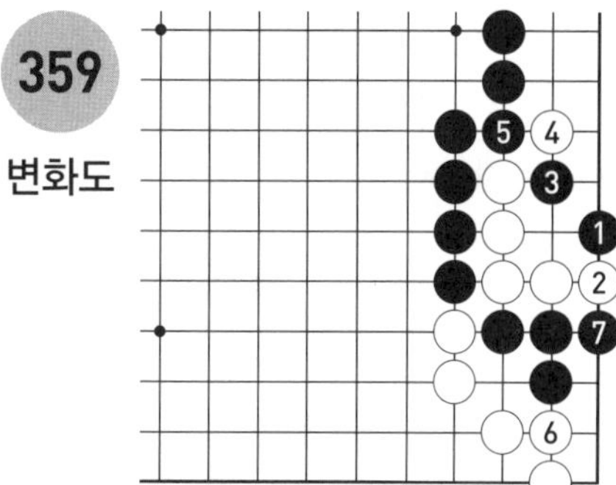

흑1 치중하기, 흑3에 물러서기 가 묘수. 다시 흑5, 7로 수를 메 워 백이 잡힌다.

359 변화도

만약 백2에 막으면 흑3에 입구자, 흑5에 끊음으로 백은 역시 살 수 없다.

359 실패도

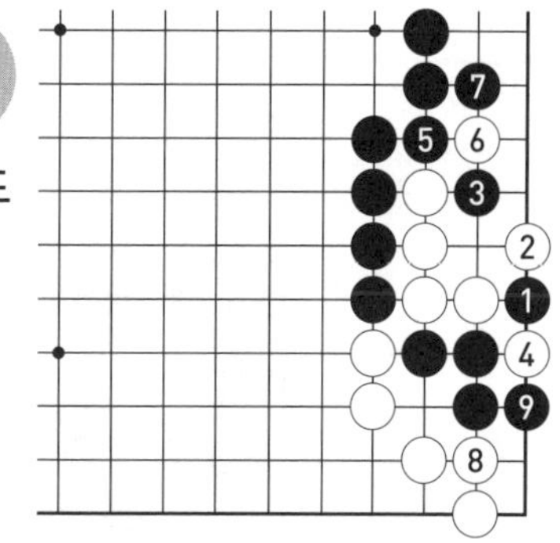

흑1로 먼저 젖힘은 착오. 이하 흑9까지 진행되어 패가 된다. 흑 의 실패.

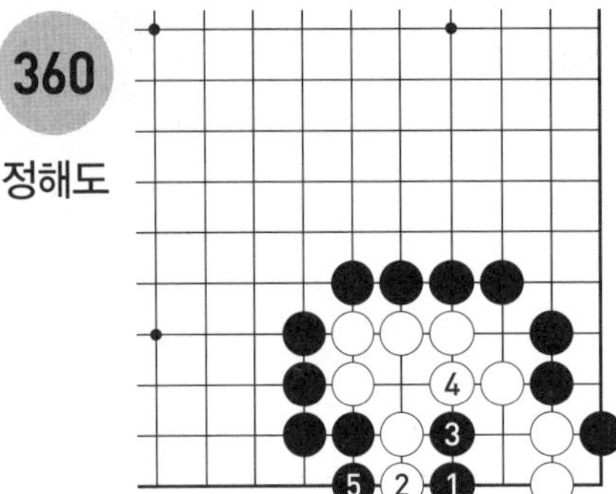

흑1 치중하기, 흑3 늘림이 좋은 수순. 다시 흑5에 단수쳐서 백이 잡힌다.

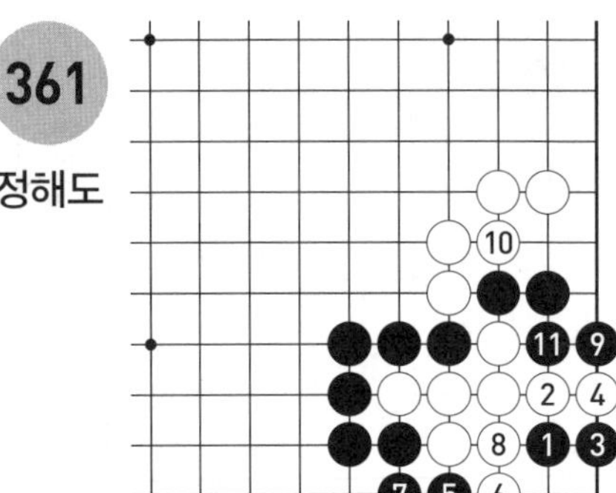

흑1 치중하기, 흑3 빠지는 것이 맥. 다시 흑5에 젖힘하고 흑11까지 진행되어 백이 잡힌다.

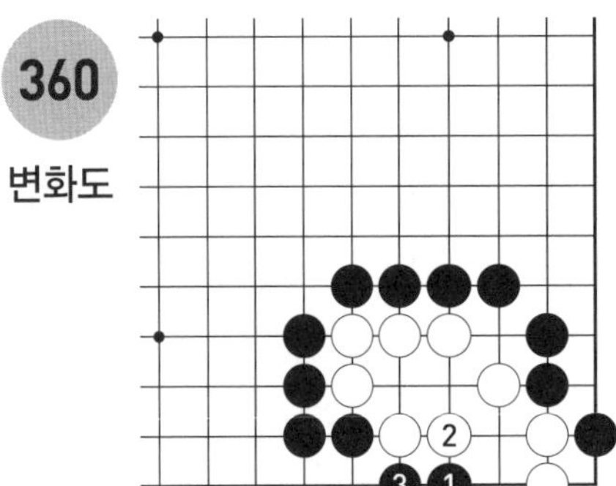

만약 백2와 같이 집을 지으면 흑은 3에 물러서서 백은 여전히 잡힌다.

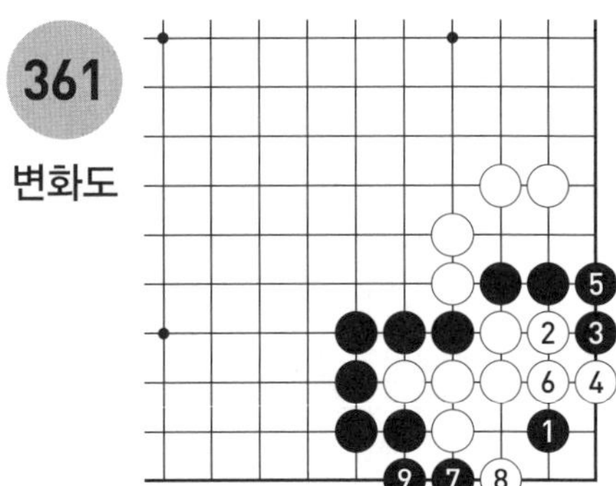

만약 백2에 막으면 흑3 젖힘, 흑5 잇고 흑9까지 백은 여전히 안 된다.

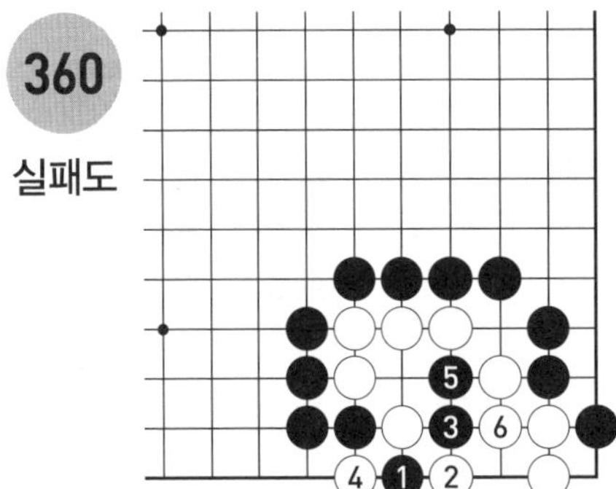

흑1 젖힘, 흑3 단수는 착오. 백6으로 집을 지을 수 있어서 살게 된다. 흑의 실패.

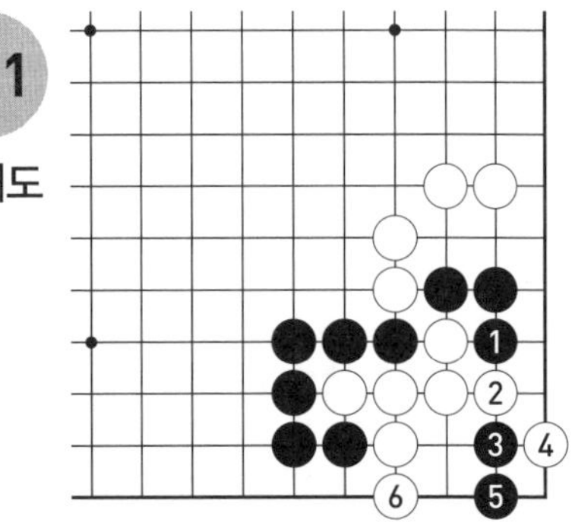

흑1로 꺾는 것은 착오. 계속해서 백6 집 없애기까지 진행되어 흑의 실패.

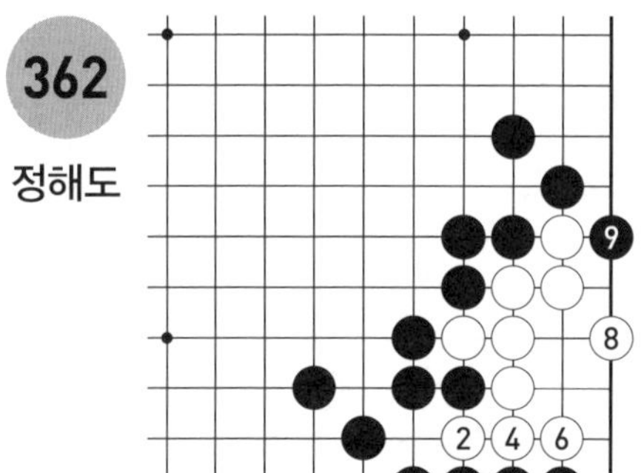

흑1에 치중하기가 요점. 백2 젖힘, 흑3에서 흑7까지 연결되어 살아감. 다시 흑9에 파호하여, 백이 잡힌다.

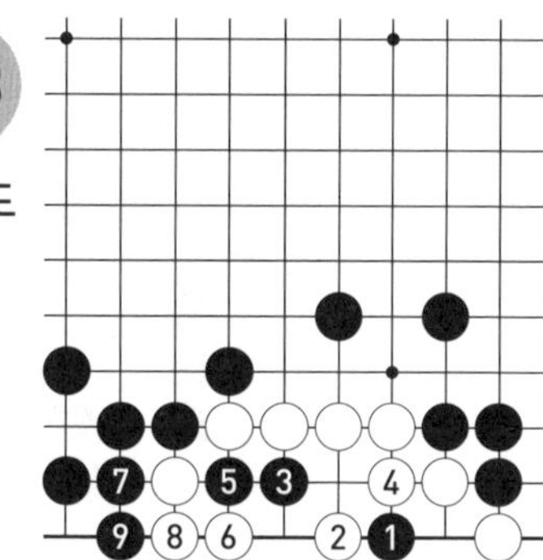

흑1 치중하기가 요점. 흑3에 다시 치중하기가 묘수. 흑9까지 진행되어 백이 잡힌다.

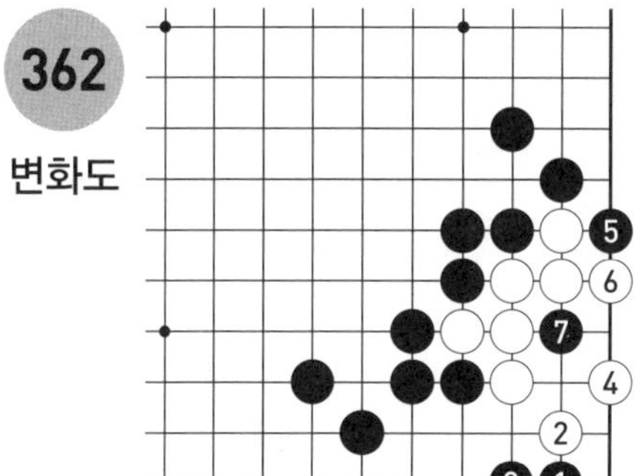

만약 백2와 같이 입구자하면 흑3에 물러서고 흑7에 치중하여 백은 역시 살 수 없다.

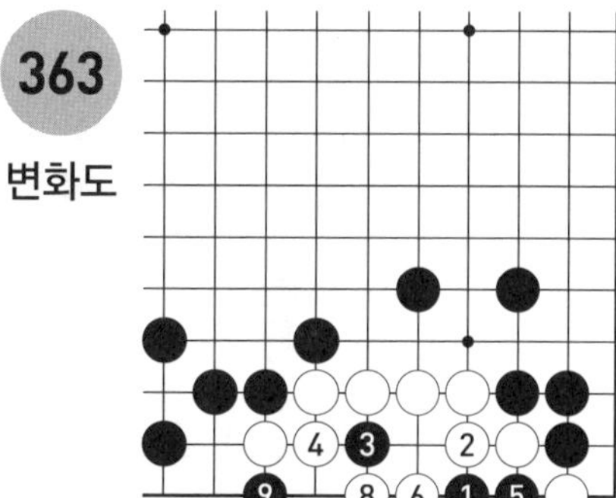

만약 백2에 이으면 흑은 3에 치중하고, 흑9 파호까지 백은 살 수 없다. 흑7=흑5

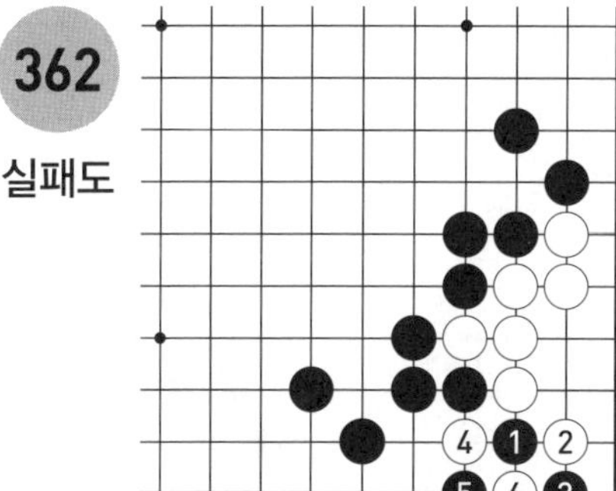

흑1 젖힘은 착오. 흑3, 5는 오로지 패만 할 수 있어서 흑의 실패.

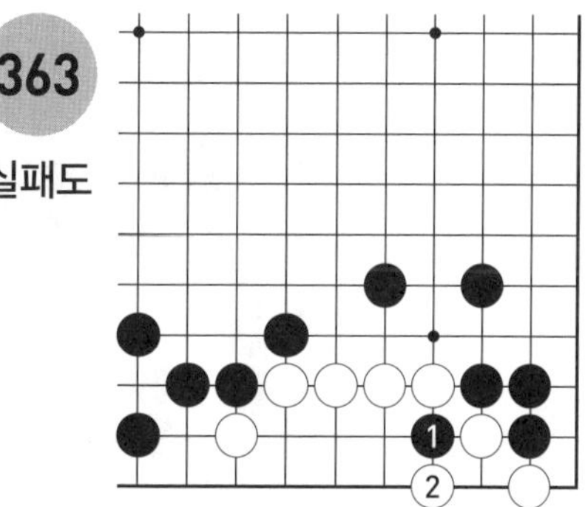

흑1에 끊는 것은 착오. 백2로 패가 되어 흑의 실패.

364 정해도

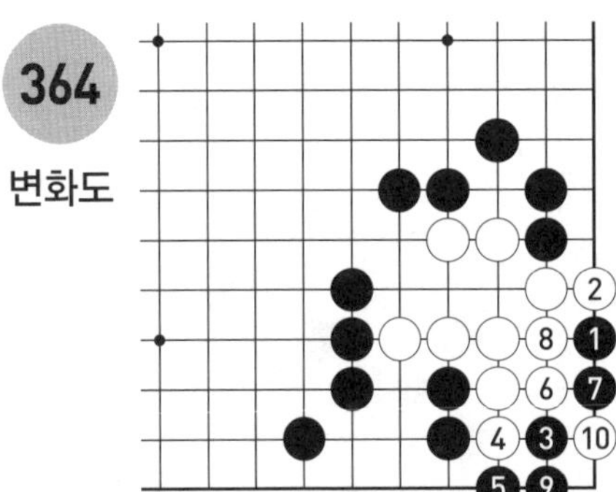

흑1이 요점. 흑3에 물러서고 흑
5 한칸 뜀이 좋은 수순. 흑9 보태
줌까지 진행되어 백이 잡힌다.
흑9=흑3

365 정해도

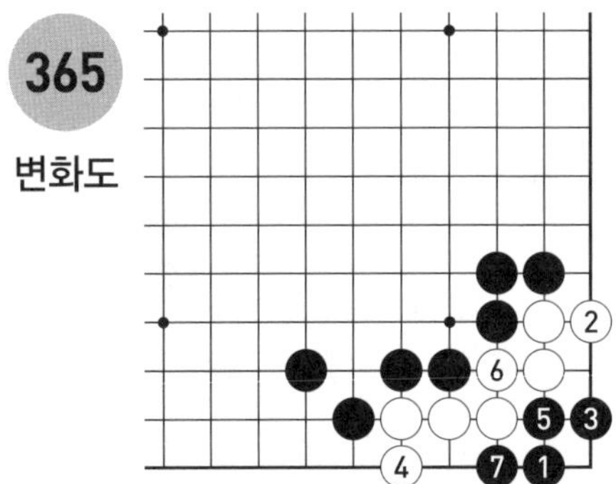

흑1이 요점. 흑3 늘림, 흑5로 미
는 것이 좋은 수순. 흑9까지 진
행되어 백이 잡힌다.

364 변화도

만약 백2에 막으면 흑3 뛰고 흑
11 먹여치기까지, 백은 역시 살
수 없다. 흑11=흑7

365 변화도

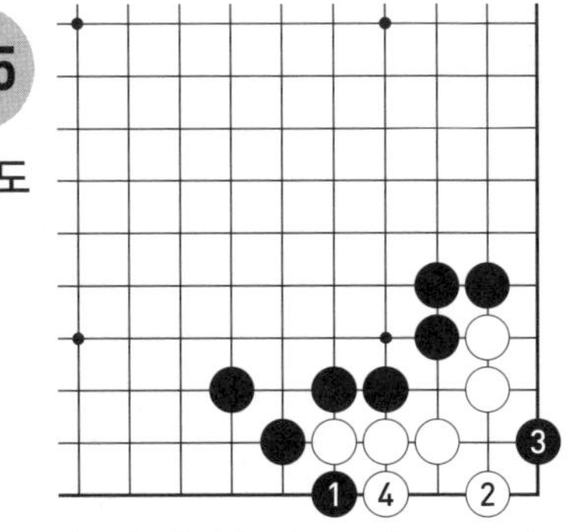

만약 백2에 늘면 흑3부터 흑7까
지 눈 없애기로 백은 역시 살 수
없다.

364 실패도

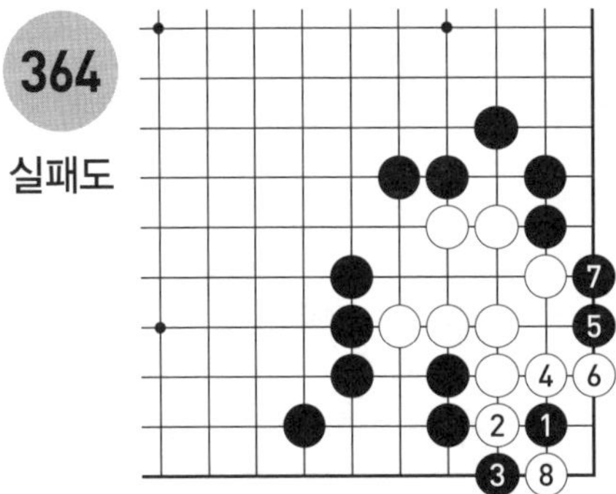

흑1로 먼저 뛰는 것은 수순 착오.
백6이 묘수. 백8에 다시 먹여치
기로 살았다. 흑 실패.

365 실패도

흑1에 젖힘은 착오. 백2, 4로 집
을 지어 살았다. 흑의 실패.

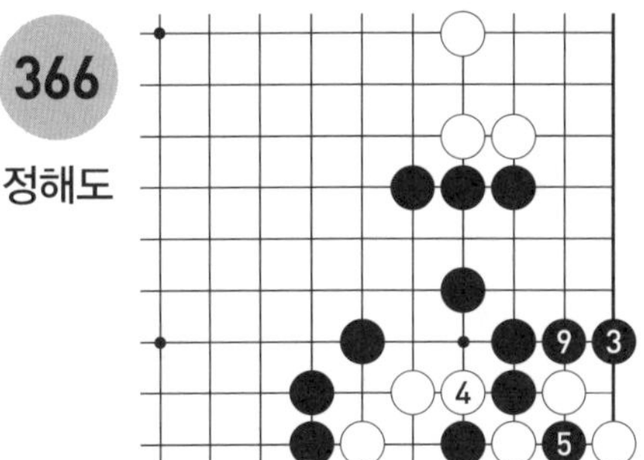

흑1이 요점, 흑5에 먹여치기가 묘수. 흑9까지 진행되어 백이 잡힌다. 흑7=흑5, 백8=흑1

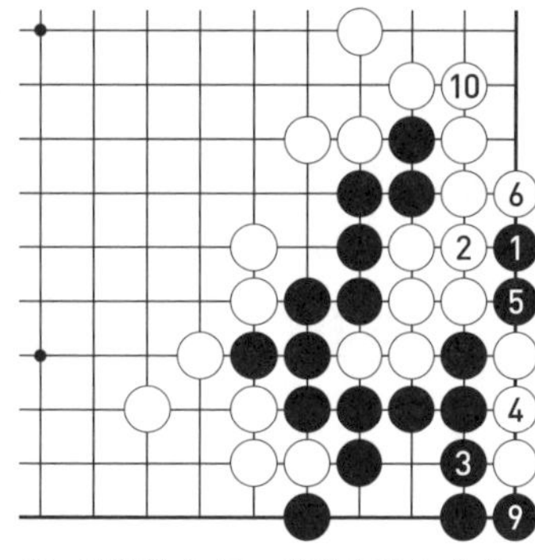

흑1 치중하기, 흑3 연결이 좋은 수순. 만약 백4에 이으면 흑5, 7로 두 번 먹여치기가 맥. 흑9에 다시 단수쳐서 살았다. 흑7=흑5, 백8=흑1, 흑11=흑5

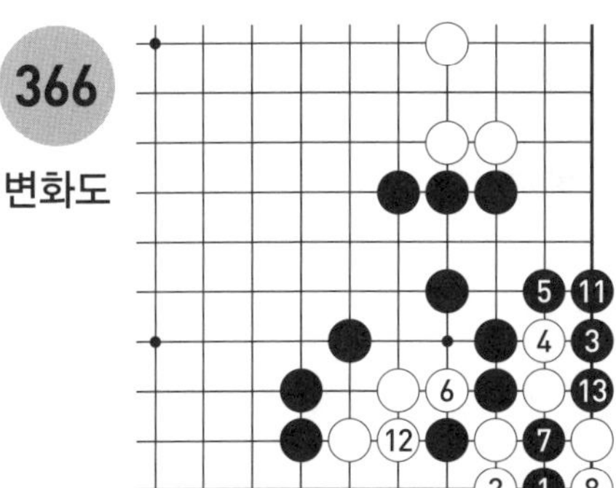

만약 백4로 끼우면 흑5에 막고 흑13 파호까지 백은 역시 살 수 없다. 흑9=흑7, 백10=흑1

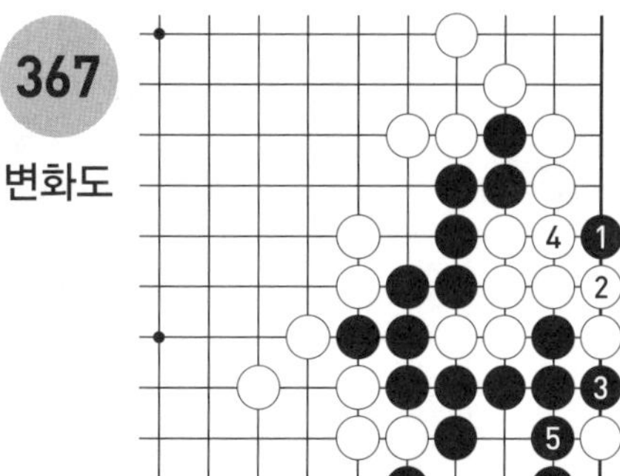

만약 백2에 이으면 흑3 단수치고 흑5로 이어 살 수 있다.

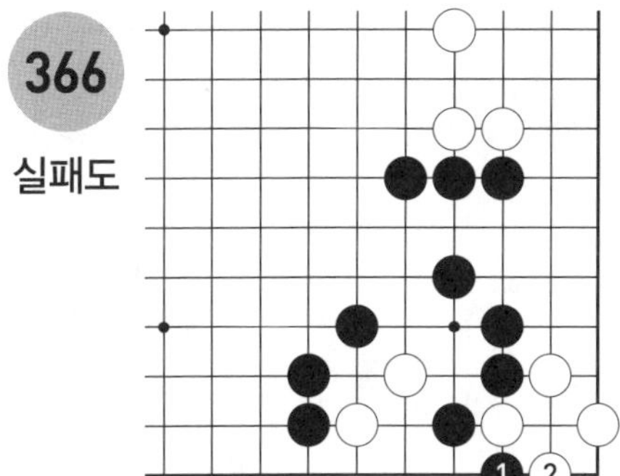

흑1에 단수치는 것은 착오. 백2로 패가 되어 흑의 실패.

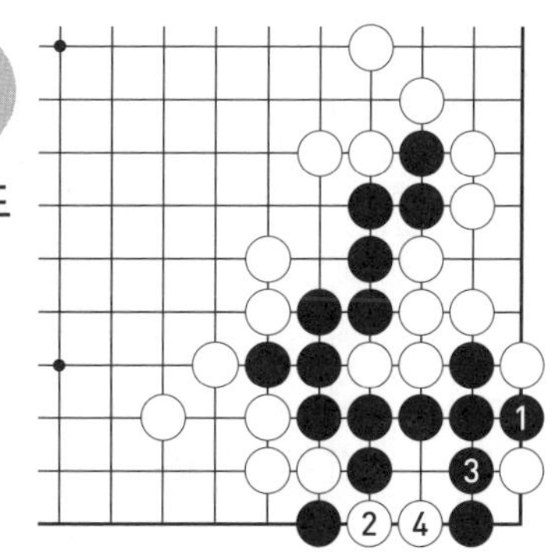

흑1에 단수치는 것은 착오. 백2 먹여치기, 백4 늘림. 흑은 두 집을 지을 수 없어서 실패.

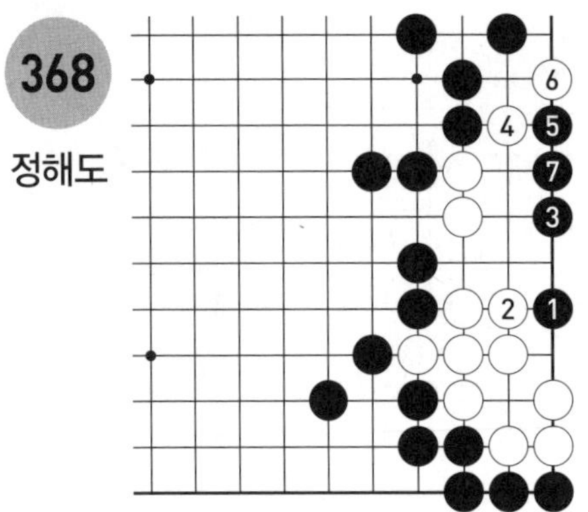

368 정해도

흑1이 요점. 흑3, 5로 두 번 벌림이 맥. 다시 흑7에 이어 백이 잡힌다.

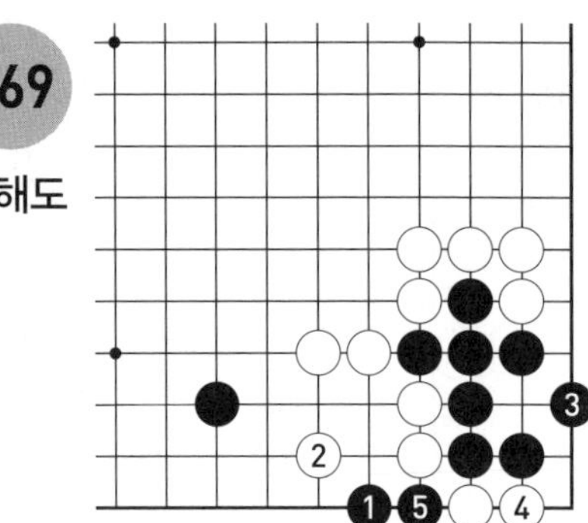

369 정해도

흑1이 요점. 흑3, 5가 좋은 수순. 흑은 살았다.

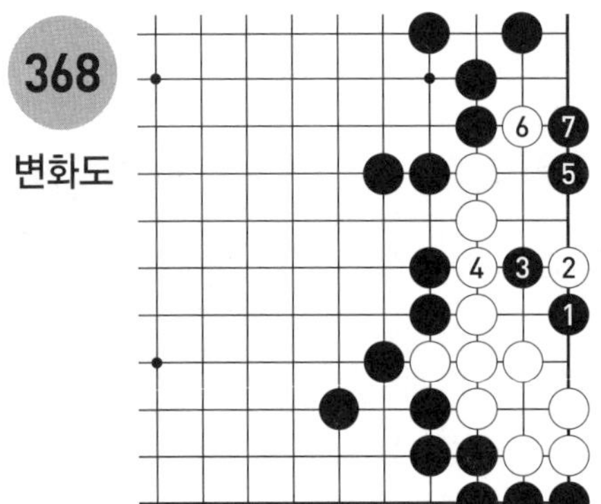

368 변화도

만약 백2에 기대면 흑3 단수, 흑5로 날아서 건널 수 있다. 백은 역시 살 수 없다.

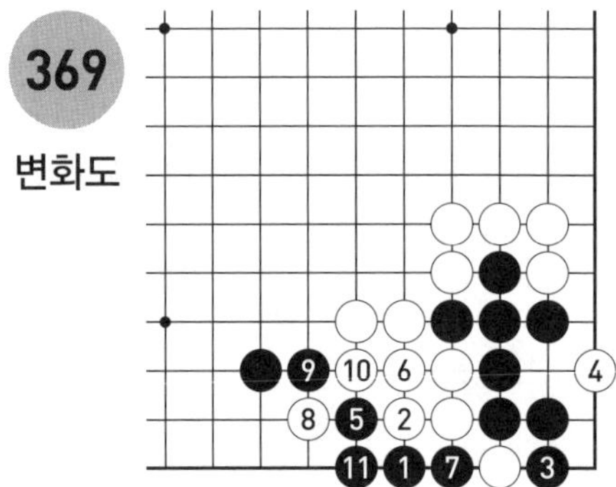

369 변화도

만약 백2와 같이 꼬부리면 흑3 단수치고, 흑5 젖힘이 묘수. 흑11까지 진행되어 순조롭게 탈출.

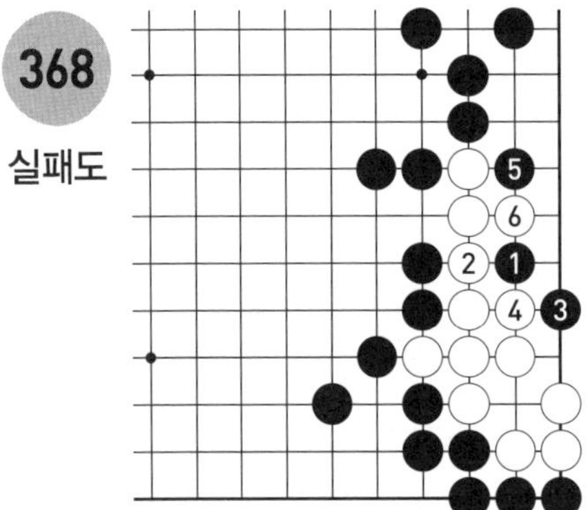

368 실패도

흑1에 치중하는 것은 착오. 백6까지 진행되어 살았다. 흑의 실패.

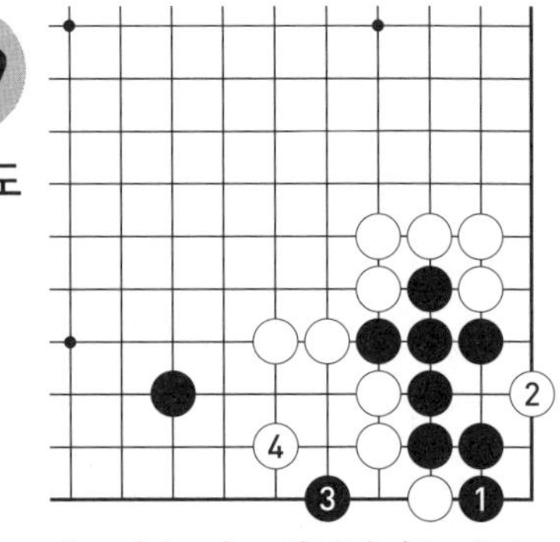

369 실패도

흑1 단수, 흑3 치중하기는 수순 착오. 백4에 벌림하여 흑 실패.

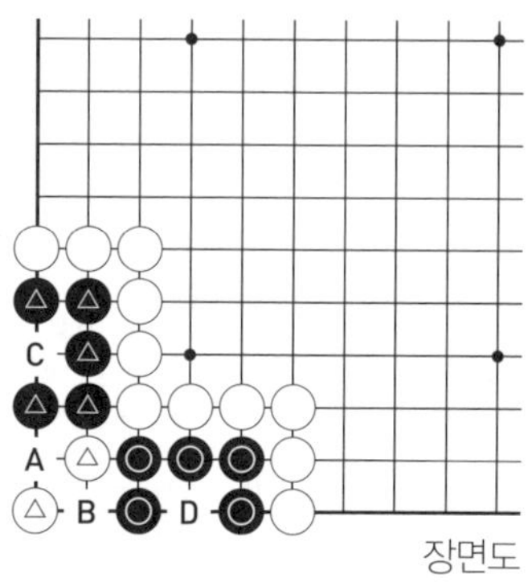

장면도

〈장면도〉에서 백△ 두 수와 이를 경계로 끊어진 흑▲, ● 열 수는 소위 '삼빅' 의 형태이다. A나 B를 두는 쪽이 자충에 걸리므로 서로를 잡을 수가 없는 입 장인 것이다. 여기서 궁금한 점은 C와 D의 집 처리에 관한 사항이다. 계가 할 때 이곳은 흑집일까? 아닐까?

현행 바둑 규칙에서는 빅으로 생긴 집은 계가할 때 집으로 인정하지 않는다 고 규정하고 있다. 따라서 C와 D는 분명 집의 형태는 있되 공배와도 같은 것 이다.

외국의 경우는 어떨까?

우리나라 바둑 규칙은 근본적으로 일본 규칙을 답습해왔다. 몇 해 전 개정을 해 약간 변화를 주긴 했지만 그래도 기본 골격에는 커다란 변화가 없다. 따 라서 빅에서 생긴 집의 처리는 일본이나 우리나 마찬가지다.

다만 중국은 다르다. 집의 개념이 다르기 때문이다. 간단히 말해서 중국 규 칙에서 집은 살아있는 돌과 우리가 말하는 집을 모두 더하는 개념이다. 따라 서 C와 D는 모두 흑집이다. 우리의 규칙과 비교할 때 여기서 두 집이 차이 나는 것이다.

제 12 부 먹여치기

더 큰 이득을 위해 일부러 상대에게 먹히는 수를 '먹여치기'라고 합니다. 주로 옥집이나 촉촉수를 만들 때 많이 쓰이는 기술로 상대의 수를 줄이고 안형을 파괴하는 효과가 있습니다. 먹여치기는 크게 먹여치기, 환격, 쌍환격으로 나눌 수 있습니다.

'호랑이 굴에 들어가야 호랑이를 잡는다'라는 말이 있습니다. 먹여치기는 바로 호랑이 굴에 들어가는 것을 의미합니다. 대국 중에서 먹여치기를 정확하게 활용하면 상대의 허를 찌르는 공격효과를 얻을 수 있습니다.

제12부는 36개의 연습문제로 구성되어 있으며 모두 흑 선입니다. 여러분도 먹여치기를 정확하게 활용하여 연습문제를 풀어보기 바랍니다.

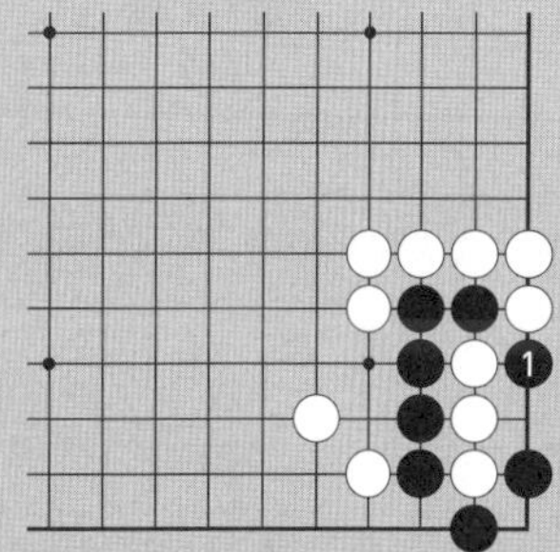

[도해1] 흑1이 '먹여치기' 이다.

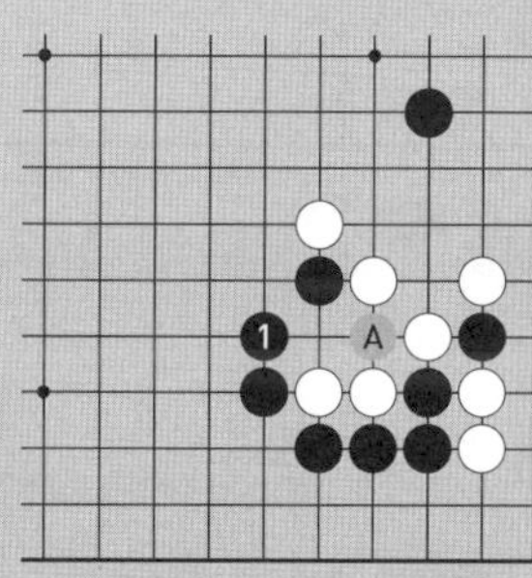

[도해2] 흑1은 환격으로 만약 백이 응수를 하지 않으면 흑은 A에 먹여쳐 백 두 점을 잡을 수 있다.

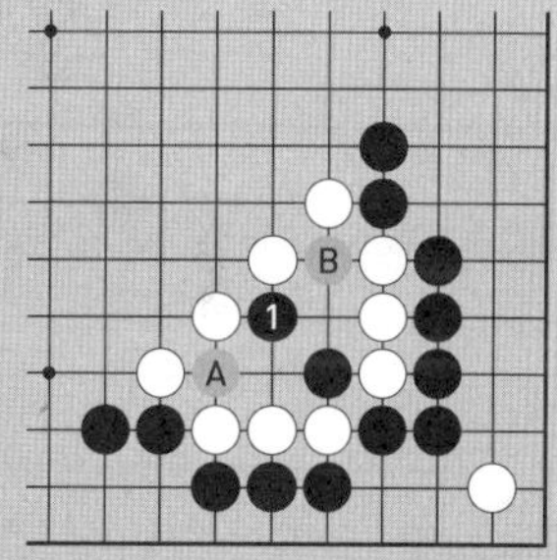

[도해3] 흑1 입구자하면 A, B 양쪽에 '먹여치기'를 할 수 있어 백은 두 곳 모두 완전할 수 없다.

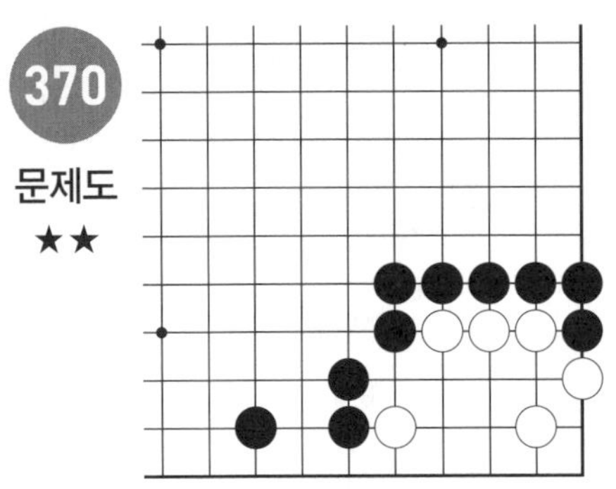

370
문제도
★★

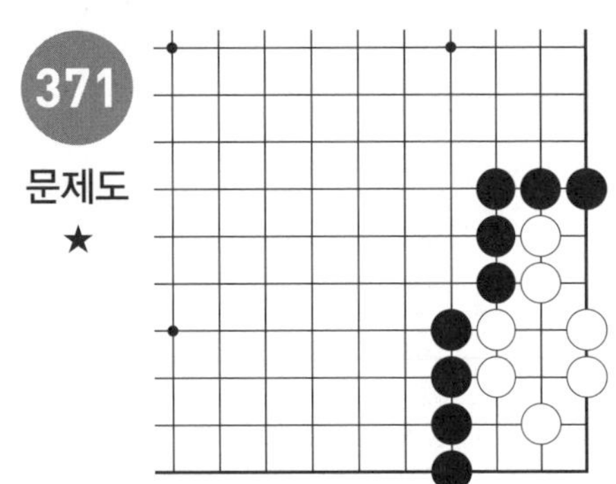

371
문제도
★

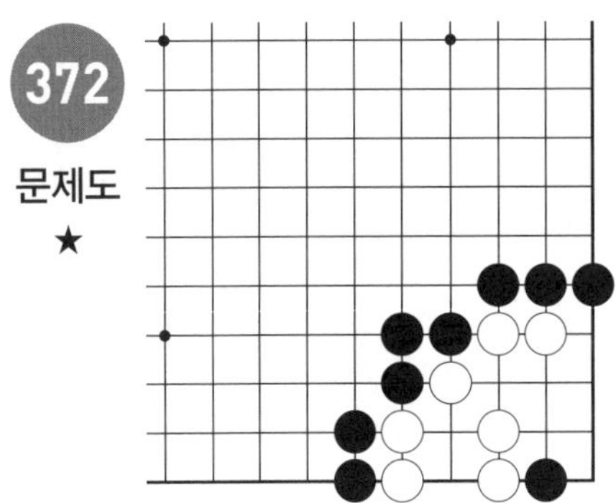

372
문제도
★

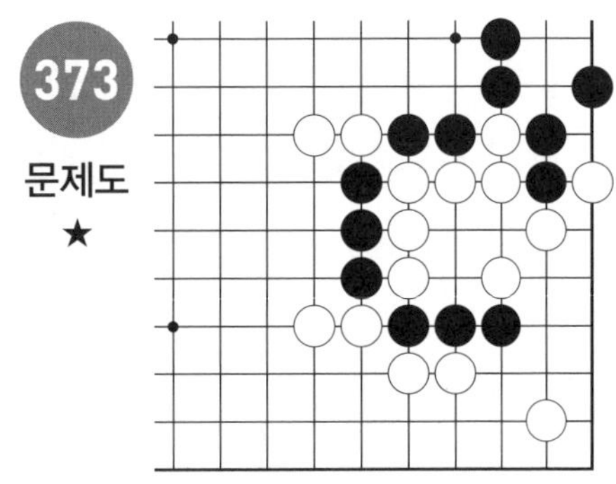

373
문제도
★

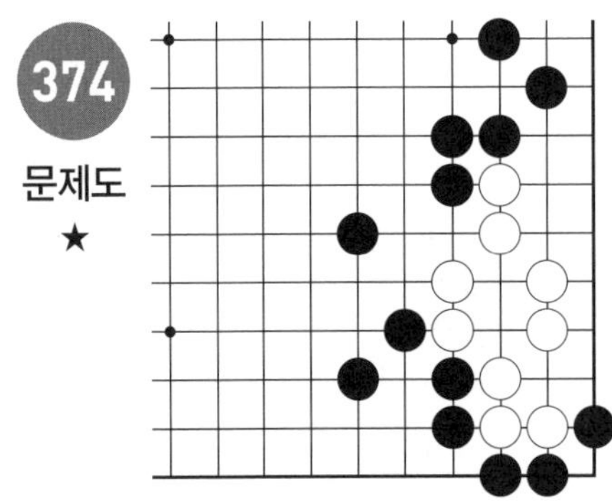

374
문제도
★

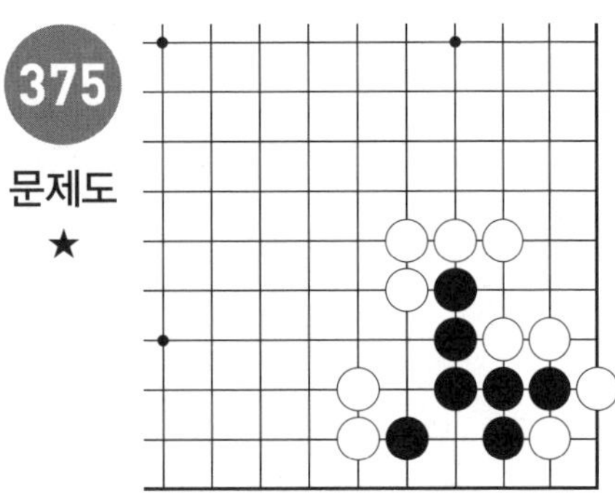

375
문제도
★

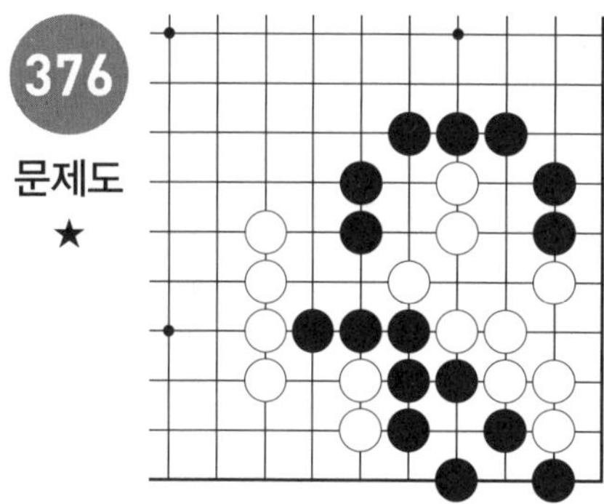

376 문제도 ★

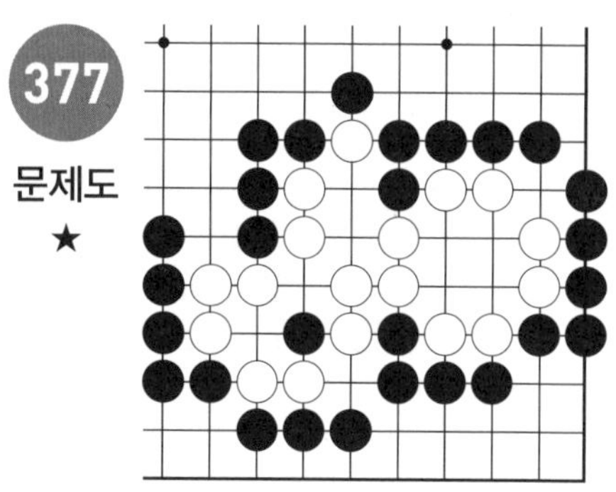

377 문제도 ★

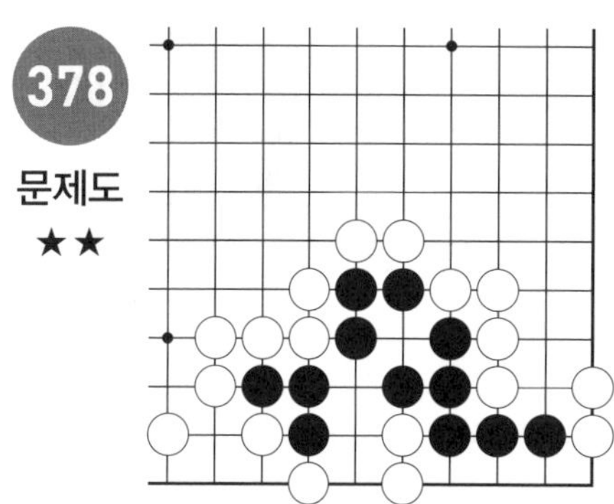

378 문제도 ★★

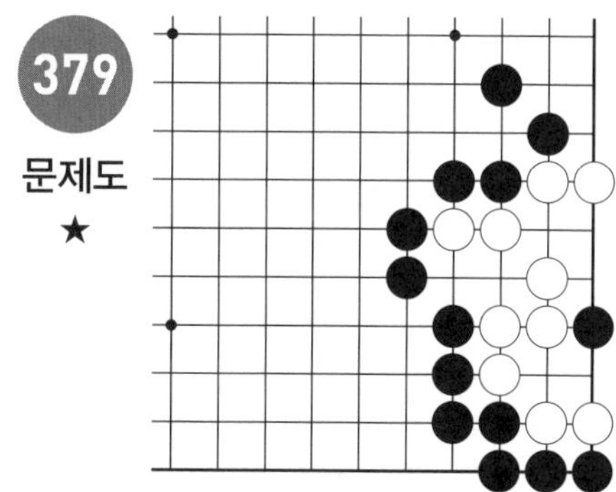

379 문제도 ★

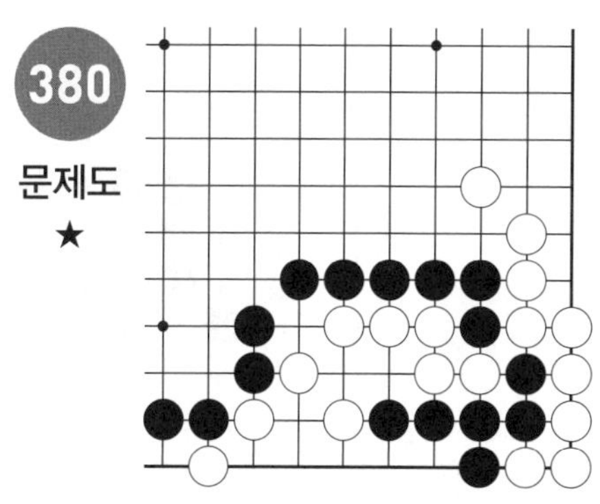

380 문제도 ★

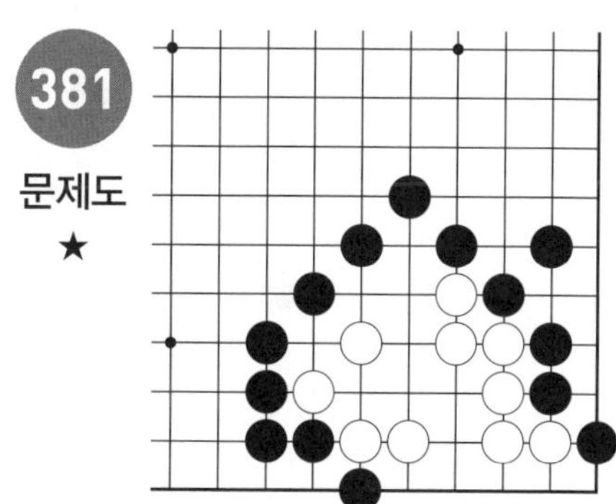

381 문제도 ★

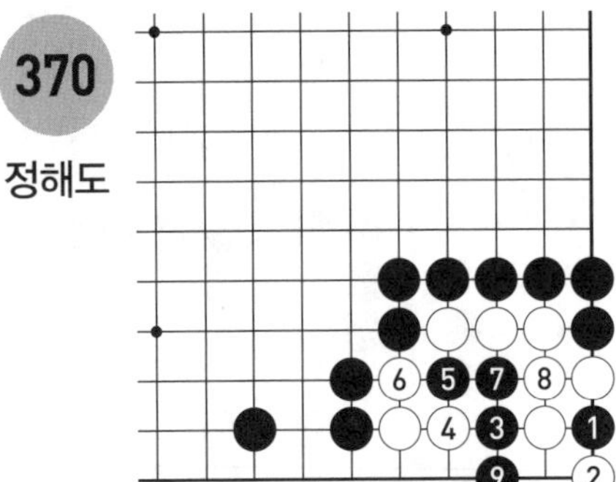

370 정해도

흑1 먹여치기가 묘착. 흑3에 기대는 것이 요점. 이하 흑9까지 진행되어 양자충으로 백이 잡힌다.

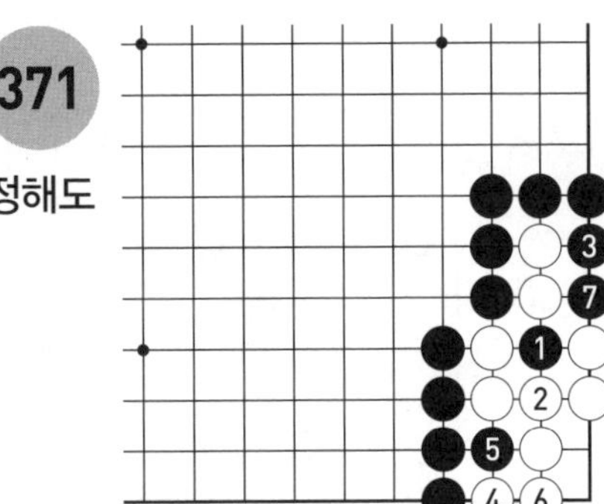

371 정해도

흑1 먹여치기가 좋은 수. 백은 2로 따낼 수밖에 없으며 흑3 파호하고 이하 흑7까지 진행되어 백이 잡힌다.

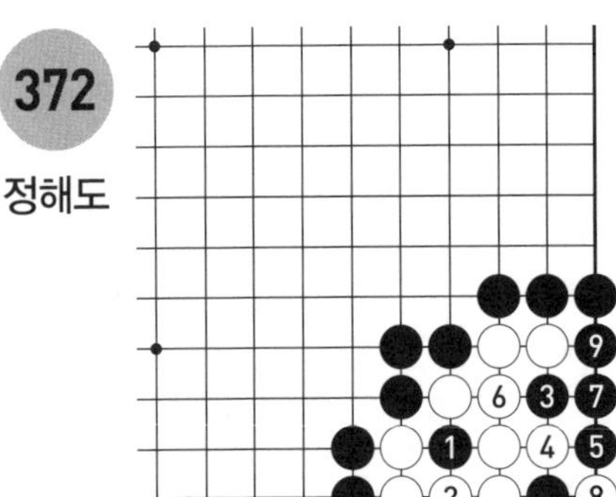

372 정해도

흑1 먹여치기할 때 백2 따냄, 흑3이 좋은 수. 이하 흑9까지 진행되어 백이 잡힌다.

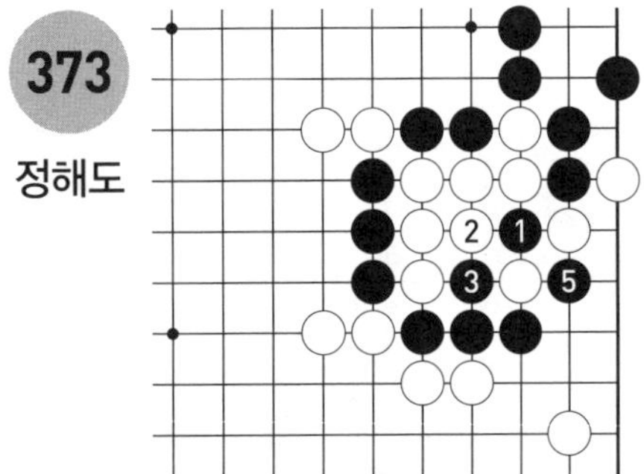

373 정해도

흑1 먹여치기가 백을 잡는 유일한 요점. 백2로 따내면, 흑3, 5로 한 수 차이로 성공. 백4=흑1

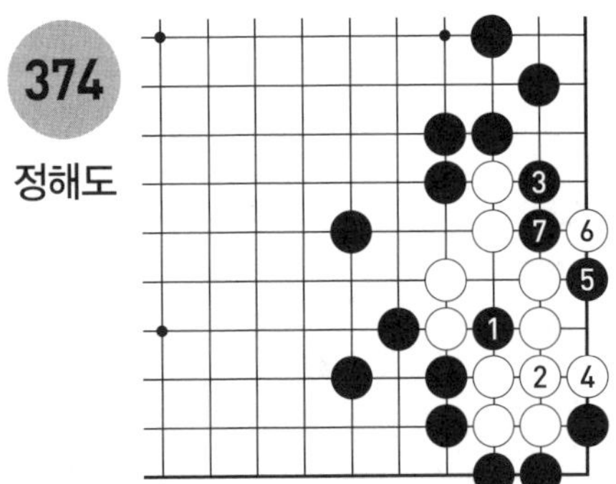

374 정해도

흑1 선수로 먹여치기, 다시 흑3에 젖힘. 흑5, 7로 파호하여 백이 잡힌다.

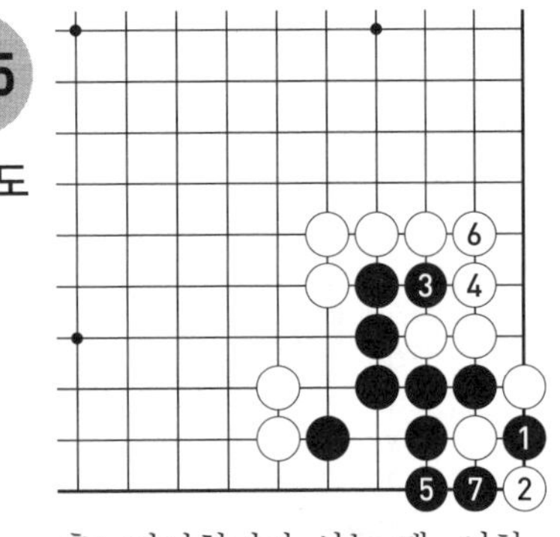

375 정해도

흑1 먹여치기가 사는 맥. 이하 흑7까지 진행되어 백을 촉촉수로 잡는다.

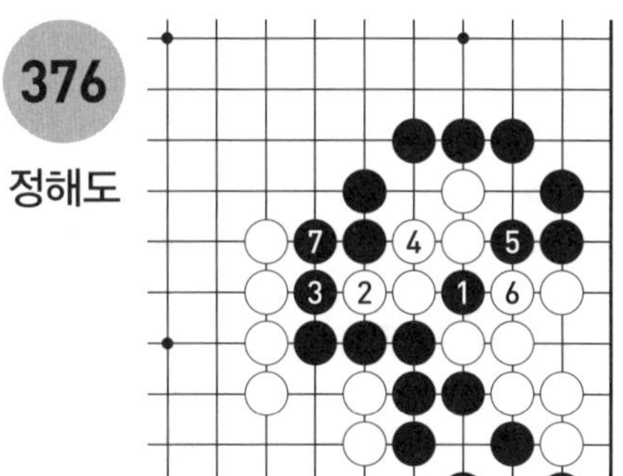

흑1 먹여치기가 백을 잡는 맥.
이하 흑7까지 진행되어 백이 잡
힌다.

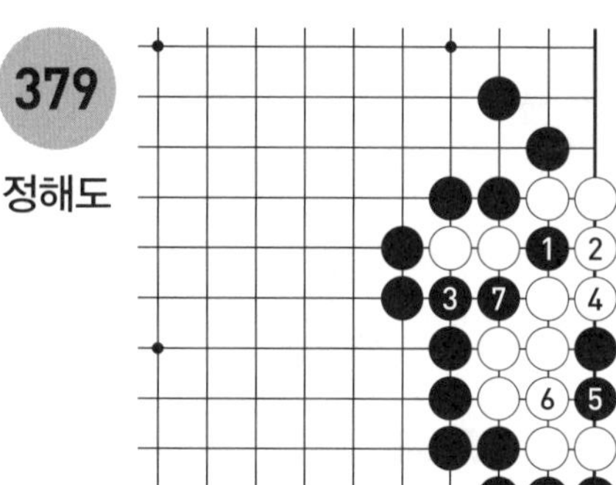

흑1에 먼저 먹여치기, 다시 흑3
에 파호가 좋은 수순. 이하 흑7
까지 진행되어 백이 잡힌다.

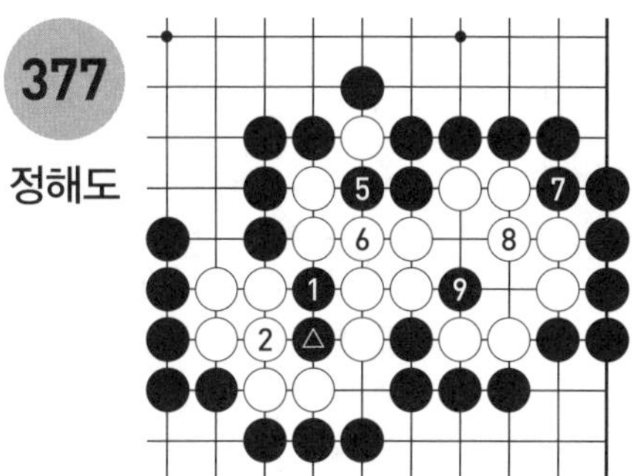

흑1, 3 먹여치기가 묘수. 흑5 따
냄, 흑7에 찝기가 좋은 수순. 흑
9에 파호하여 백이 잡힌다.
흑3=흑1, 백4=▲

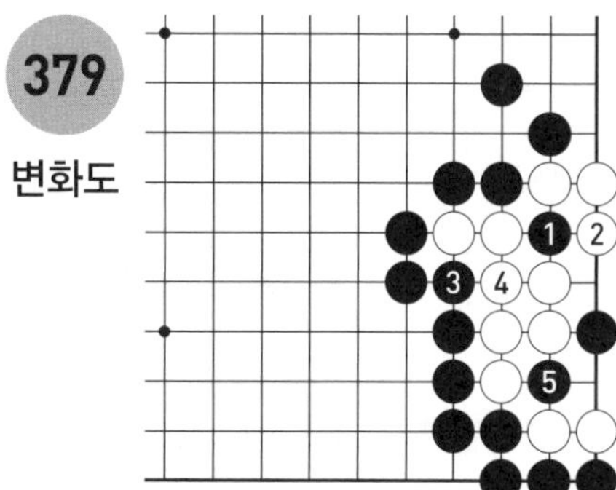

만약 백4로 빈삼각하여 집을 지
으면 흑5로 다시 먹여치기하여
백은 여전히 살 수 없다.

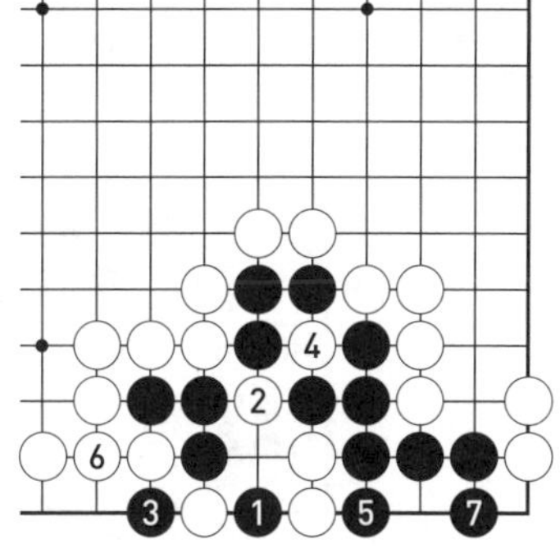

흑1 먹여치기가 묘수. 백2에 먹
여치기할 때, 흑3 따내고 다시
흑5, 7로 집을 지어 흑은 살았다.

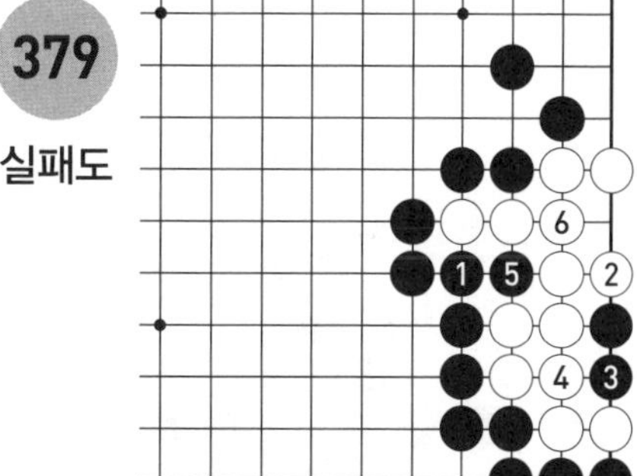

흑1로 먼저 파호하는 것은 착오.
백2 단수, 이하 백6까지 진행되
어 백은 살았다.

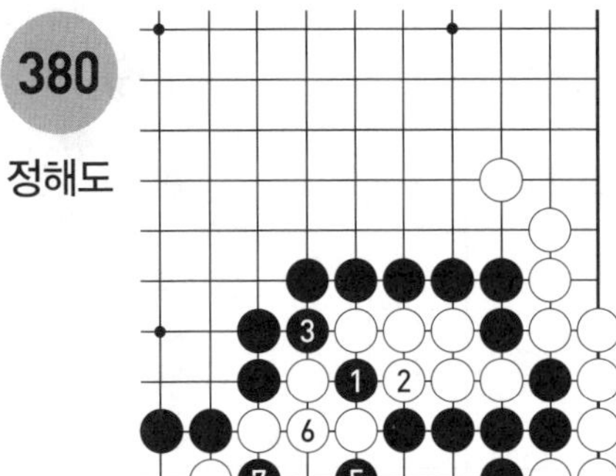

380 정해도

흑1 먹여치기가 좋은 수. 백2로 따낼 때, 흑3, 5 두 번 단수쳐서 백은 한 수 차이로 잡힌다.
백4=흑1

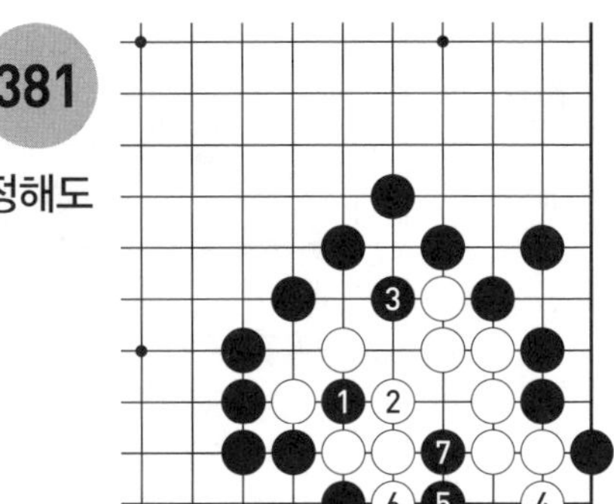

381 정해도

흑1 먹여치기, 흑3 파호가 좋은 수순. 이하 흑7까지 진행되어 백이 잡힌다.

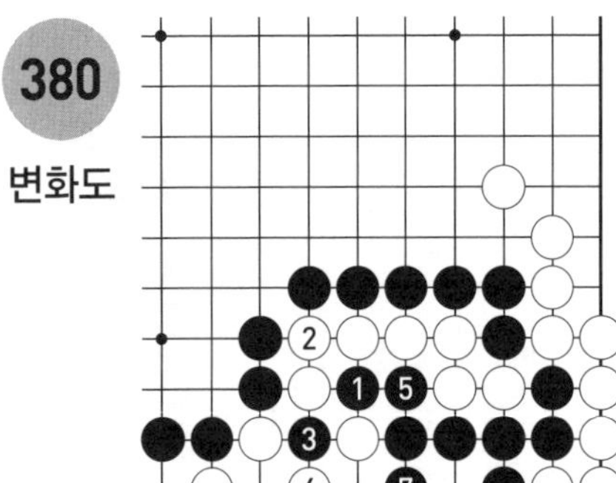

380 변화도

백2에 이으면 흑은 3으로 다시 먹여치기가 아주 절묘함, 백은 4로 딸 수밖에 없다. 흑5 단수 후에 다시 흑7로 집을 지어 안형 없애기로 성공. 백6=흑3

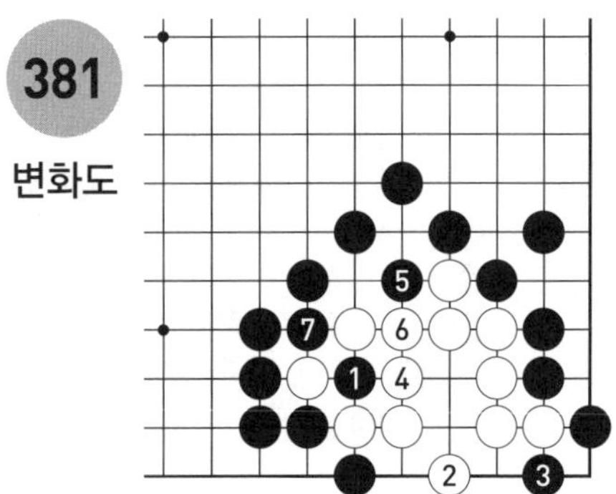

381 변화도

만약 백2에 집을 지으면 흑3으로 파호하고 이하 흑7까지 진행하여 백은 역시 살 수 없다.

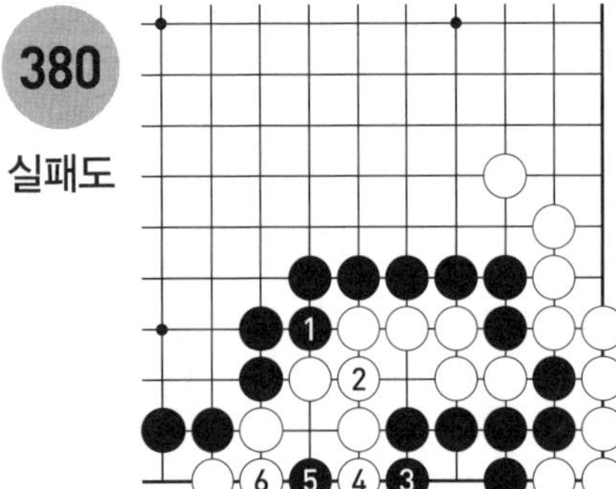

380 실패도

흑1로 먼저 미는 것은 착오. 흑3에 집을 지을 때, 백도 4에 집을 지음. 흑5 들여다볼 때, 백6은 이어 빅이 된다. 흑의 실패.

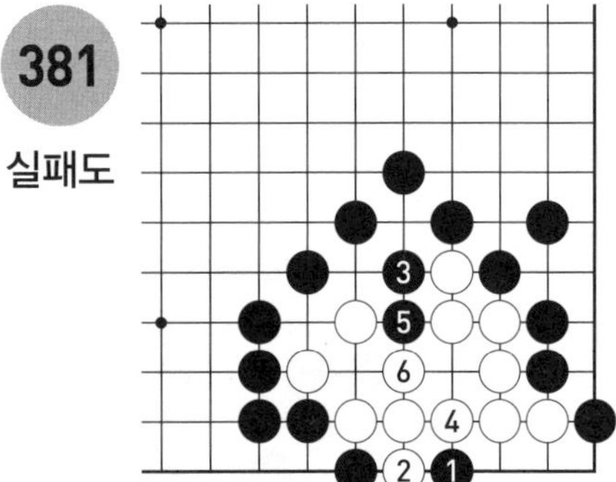

381 실패도

흑1로 먼저 치중하기는 착오. 이하 백6까지 진행되어 백이 살았다.

382
문제도
★

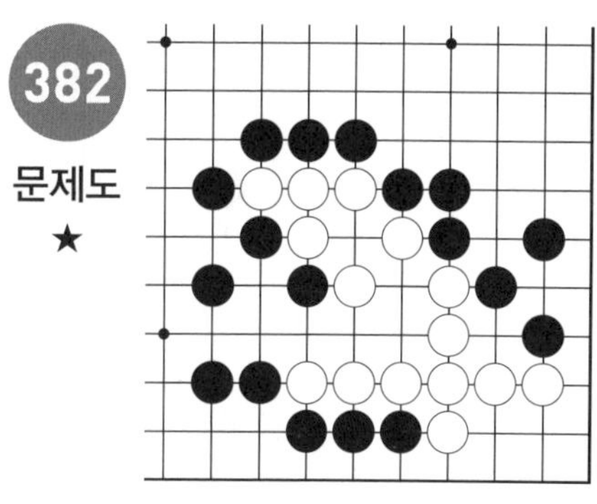

383
문제도
★

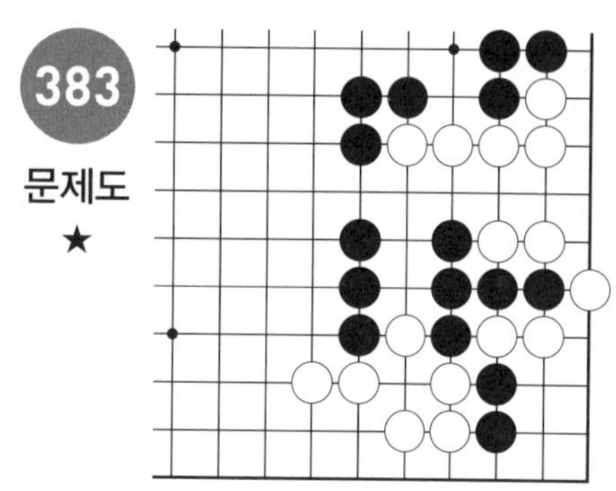

384
문제도
★

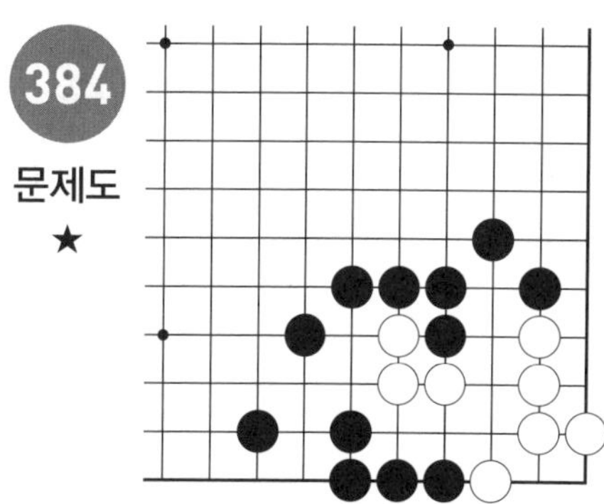

385
문제도
★

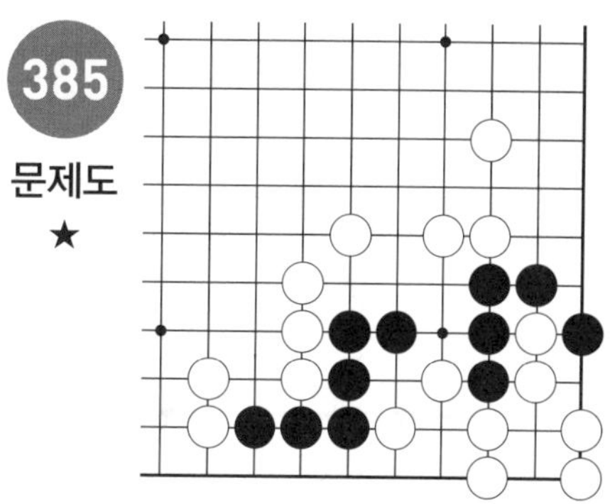

386
문제도
★★★

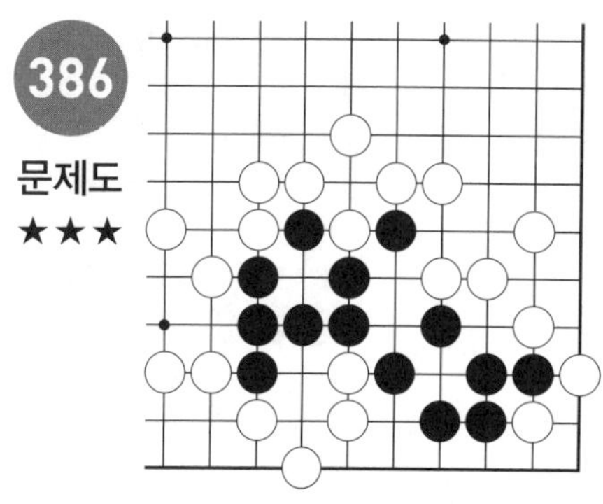

387
문제도
★★

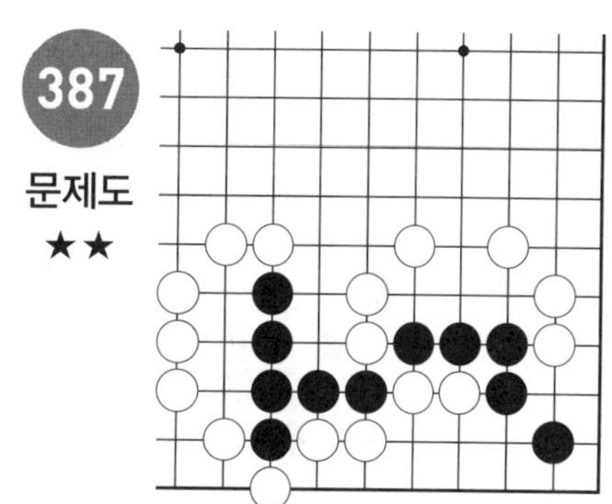

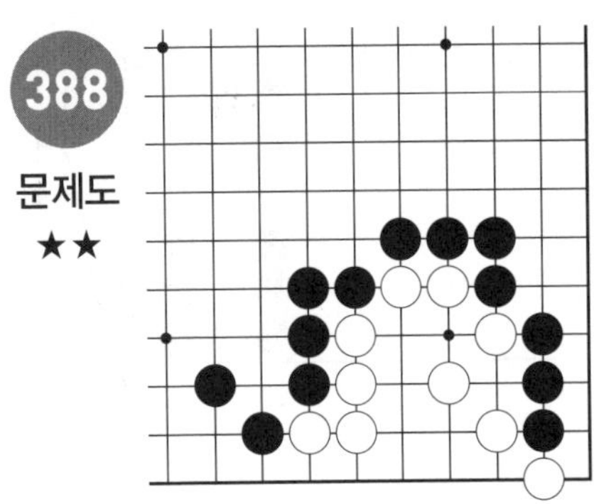
388
문제도
★★

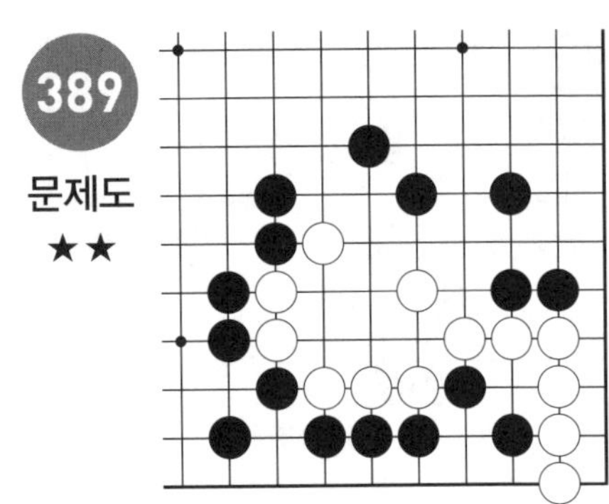
389
문제도
★★

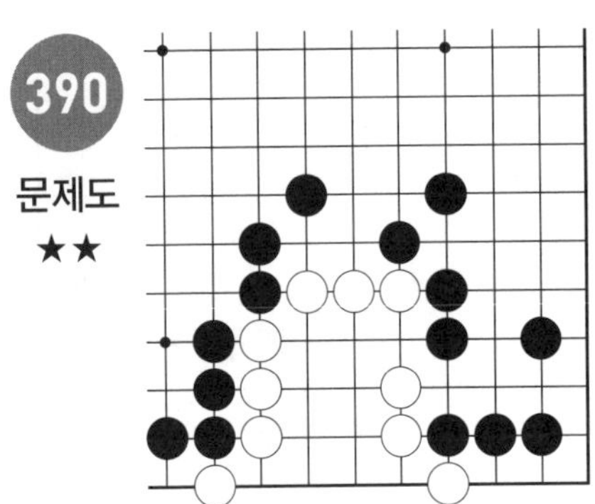
390
문제도
★★

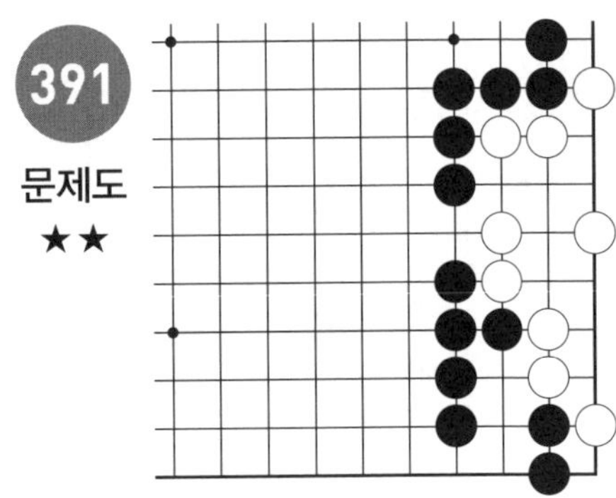
391
문제도
★★

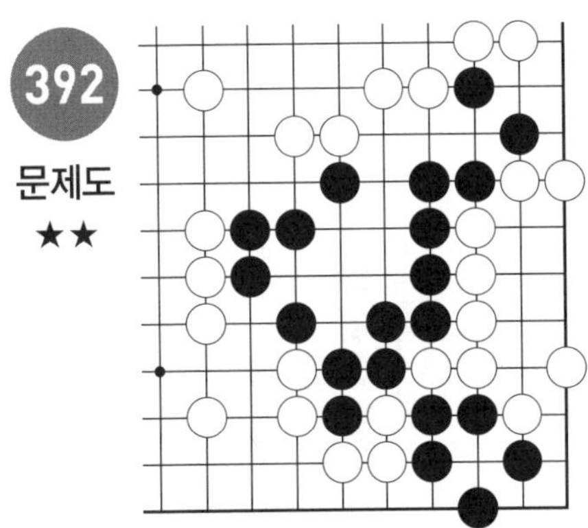
392
문제도
★★

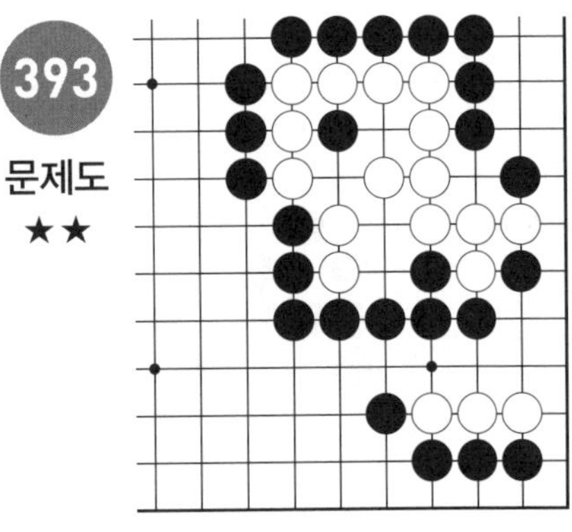
393
문제도
★★

382 정해도

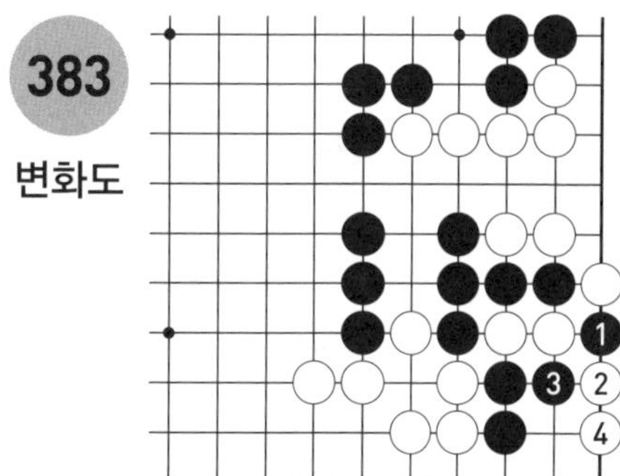

흑1 먹여치기가 좋은 수. 이하 흑9까지 진행되어 귀곡사가 되어 백이 잡힌다.

383 정해도

흑1 먹여치기는 귀살이의 절묘한 착지법. 백2로 따낼 때 흑3, 5 선수로 따내고 흑7에 집을 지어 백이 잡힌다. 백4=흑1

382 변화도

만약 백이 4로 뛰면 흑5 치중하기, 흑9 늘림으로 백은 역시 살 수 없다.

383 변화도

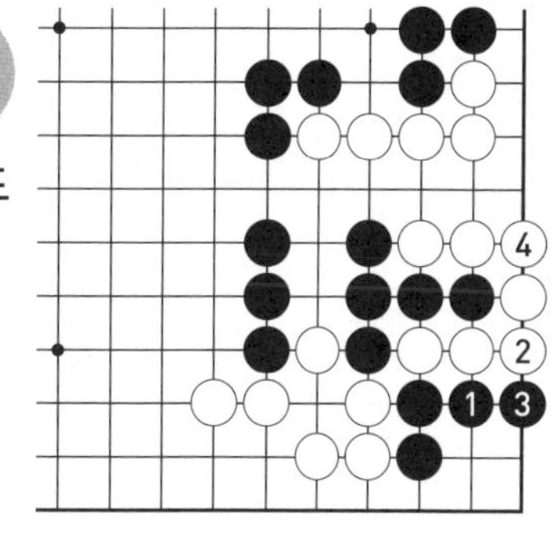

만약 백4로 늘리면 흑5로 백 2점을 따내어 연결이 된다. 백은 역시 살 수 없다. 흑5=흑1

382 실패도

흑1로 먼저 잡는 것은 착오. 백2로 잇고 다시 백4로 집을 지어 흑의 실패.

383 실패도

흑1, 3에 먼저 단수치는 것은 착오. 백2, 4에 이어 흑은 귀에서 살 수 없다. 수상전으로 백 승.

384 정해도

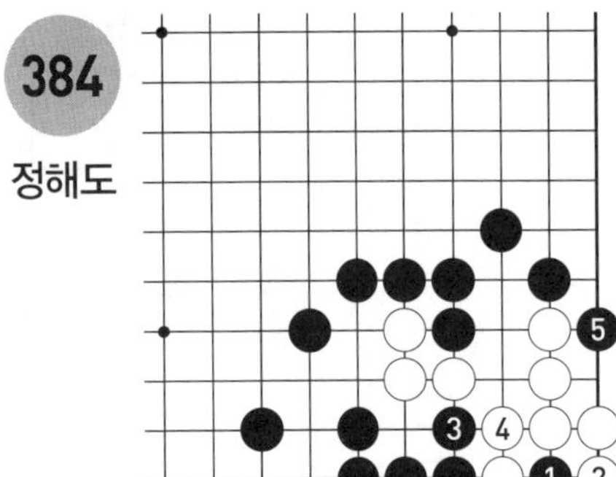

흑1에 먼저 먹여치기하고 다시
흑3, 5에 파호하여 백이 잡힌다.

385 정해도

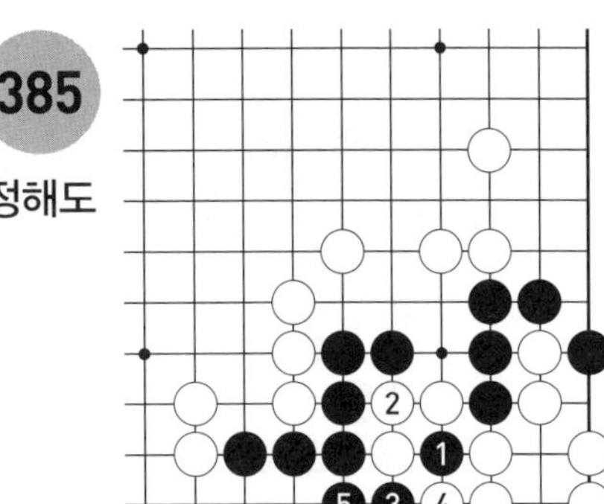

흑1 먹여치기가 좋은 수. 만약
백2에 빈삼각하여 집을 지으면
흑3 단수, 흑5 연결로 귀의 백은
잡힌다.

384 변화도

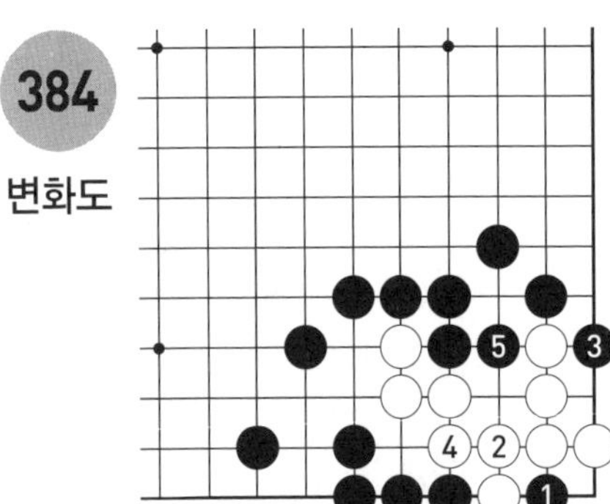

만약 백2에 이으면 흑3, 5 파호
하여 백은 여전히 살 수 없다.

385 변화도

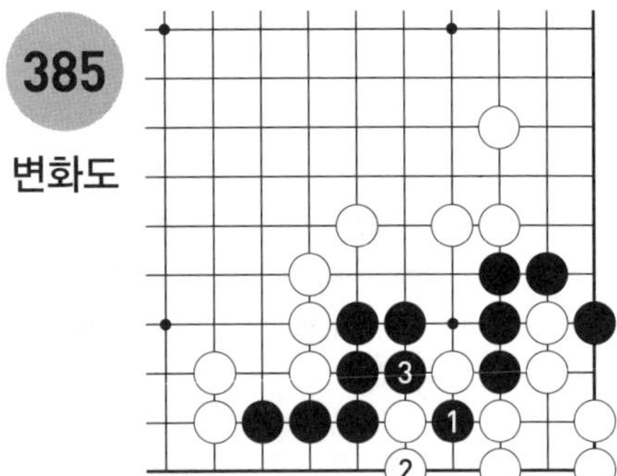

만약 백이 2에 늘면 흑3에 끊어
서 백은 역시 살 수 없다.

384 실패도

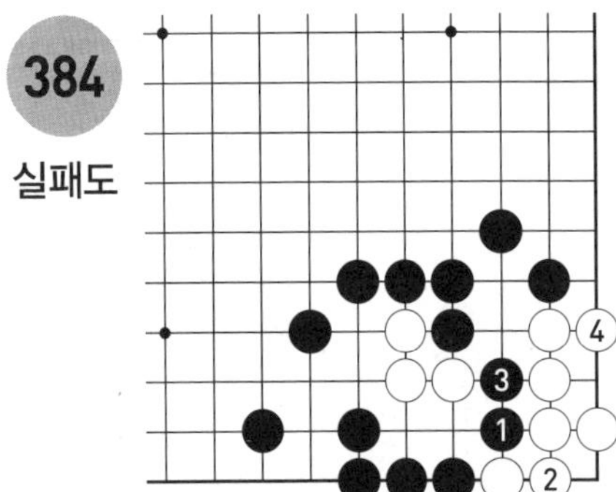

흑1에 먼저 단수치는 것은 착오.
백2에 잇고 백4에 집을 짓고 3점
을 버림으로써 귀에서 살게 된
다, 흑의 실패.

385 실패도

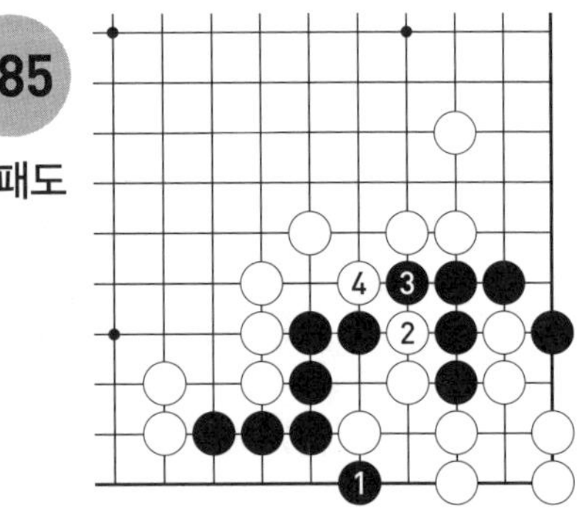

흑1에 먼저 젖혀 파호하는 것은
착오. 백2, 4 끼워 끊음 후에 흑
이 오히려 잡힌다.

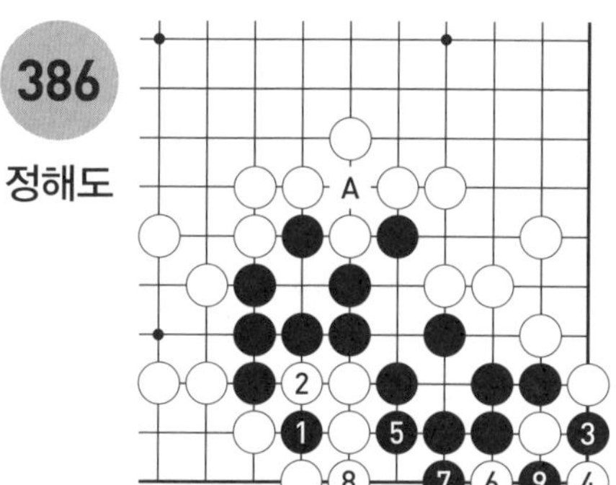

흑1, 3 두 번의 먹여치기는 서로 관련 있는 묘수. 이하 흑9까지 진행되어 귀에 패가 생김. 하지만 위의 A에 패가 하나 있어 흑은 살았다.

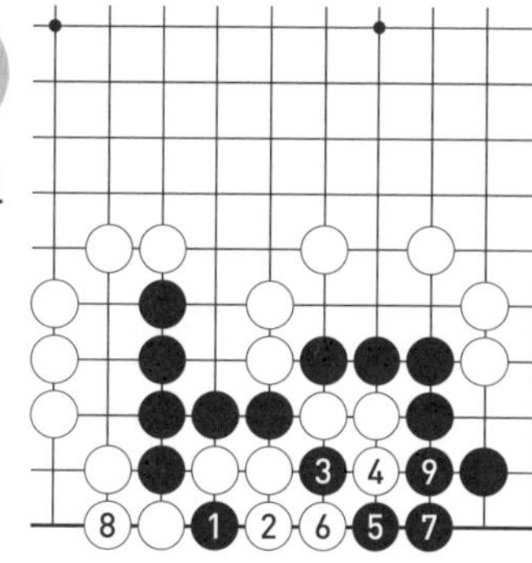

흑1에 먼저 먹여치기가 절묘. 백2로 따낼 때 흑3에 끊고 흑5에 단수치는 것이 서로 관련 있는 좋은 수. 이하 흑9까지 진행되어 백은 촉촉수가 된다.

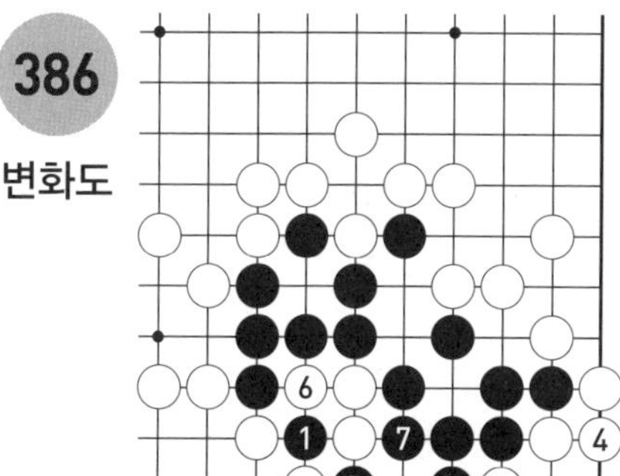

만약 백2에 젖히면 흑3 이하 흑7까지 역시 패가 되어 흑이 역시 살게 된다.

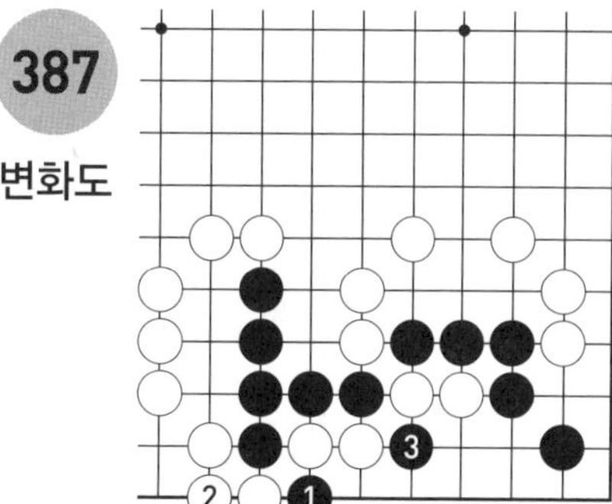

만약 백2에 이으면 흑3에 양단수쳐서 살 수 있다.

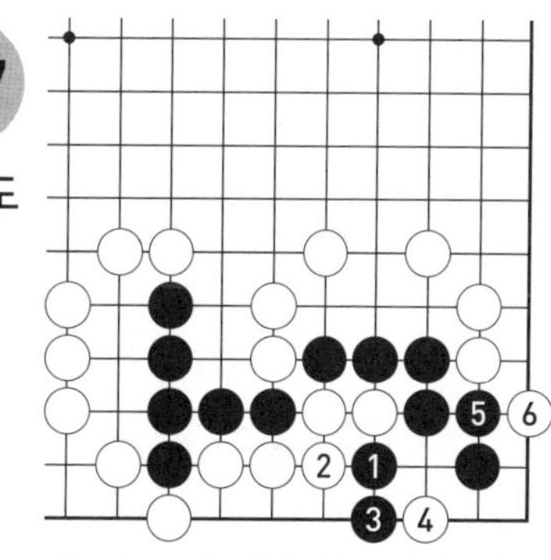

흑3을 먼저 두면 흑5의 먹여침에 백6으로 잇는 수가 있어서 실패. 수순이 매우 중요하다. 흑 대마는 A의 패로 살아야 한다.

흑1로 그냥 단수치는 수는 착오. 흑3으로 빠질 때 백은 자충을 피하는 4의 맥점이 있어서 흑 대마는 잡힌다.

388 정해도

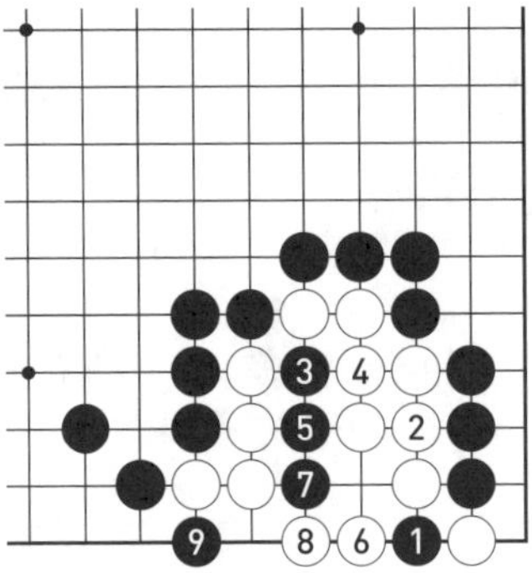

흑1 먹여치기가 절묘, 흑3, 5는 좋은 수순. 이하 흑9까지 진행되어 파호로 백이 잡힌다.

389 정해도

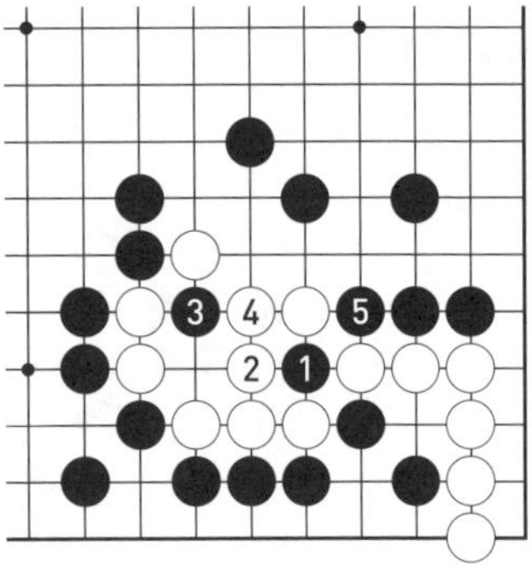

흑1 먹여치기가 백을 잡는 맥. 백2로 따낼 때 흑3 단수, 흑5에 밀어서 백이 잡힌다.

388 변화도

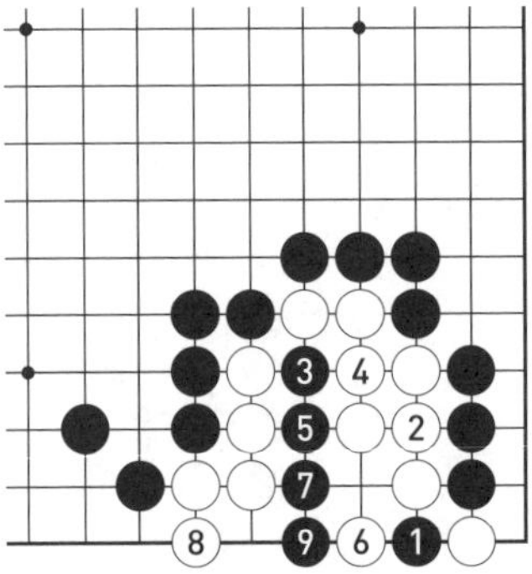

만약 백이 8에 늘면 흑도 9에 늘어서 양자충이 되어 백이 잡힌다.

389 변화도

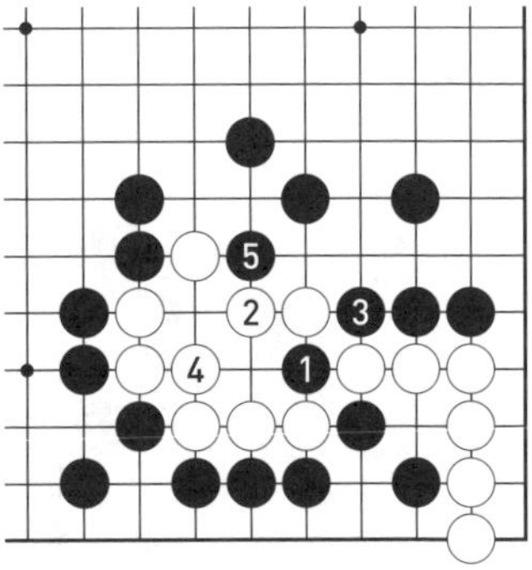

만약 백2에 집을 지으면 흑3, 5로 옥집을 만들어 백은 역시 살 수 없다.

388 실패도

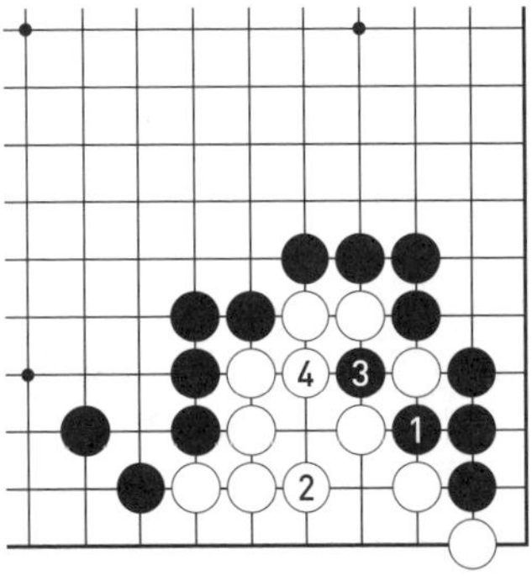

흑1에 먼저 단수치는 것은 착오. 백2, 4로 집을 지어 살 수 있다. 흑의 실패.

389 실패도

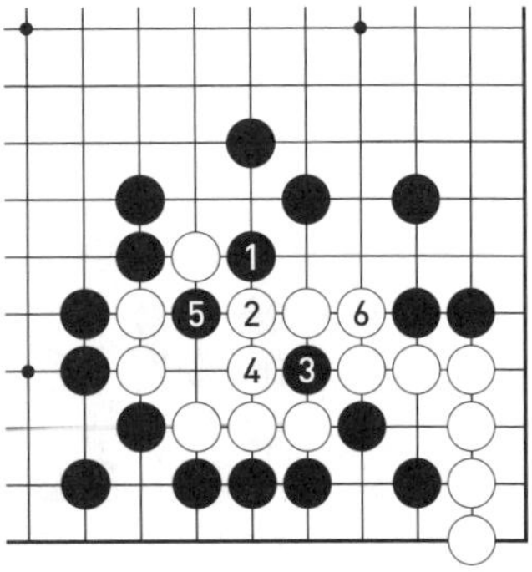

흑1은 착오. 백2에 집을 짓고 흑3, 5에 먹여치기할 때, 백6에 집을 지어 흑의 실패.

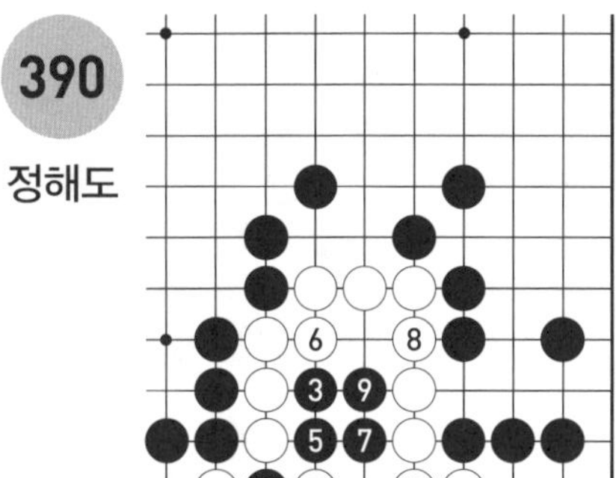

390 정해도

흑1 먹여치기, 흑3 치중하기가 좋은 수. 이하 흑9까지 진행되어 백이 잡힌다.

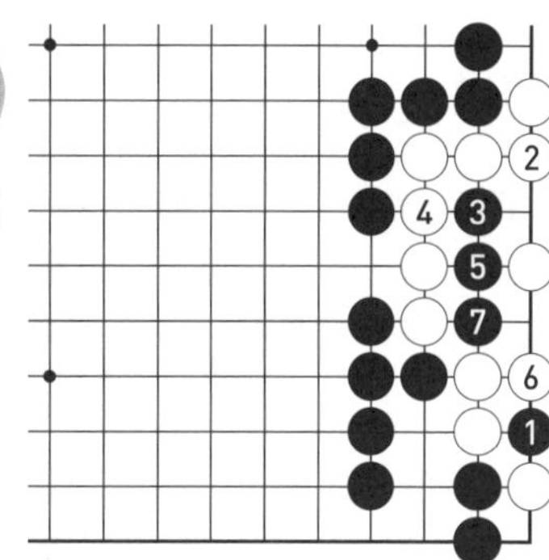

391 정해도

흑1 먹여치고 흑3 치중하는 것이 좋은 수. 이하 흑7까지 진행되어, 백이 잡힌다.

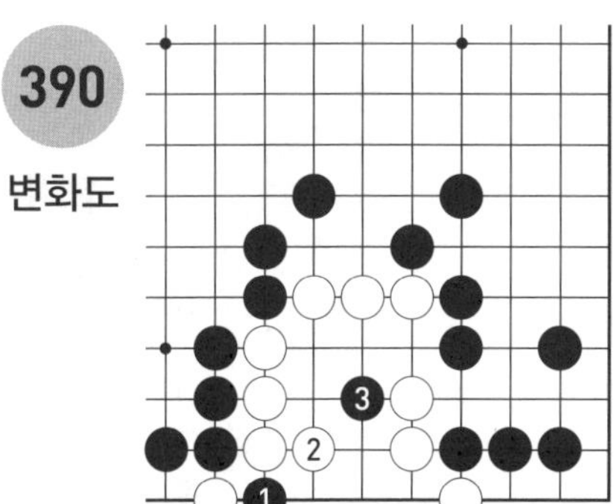

390 변화도

만약 백2를 본 도식처럼 꼬부리면 흑3에 치중하여 백은 역시 살 수 없다.

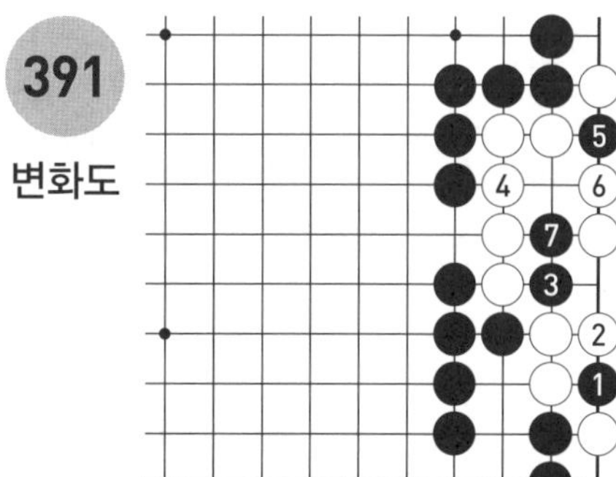

391 변화도

만약 백2로 따내면 흑3으로 먼저 끊고 다시 흑5로 먹여치기, 흑7에 늘려서 백은 여전히 살 수 없다.

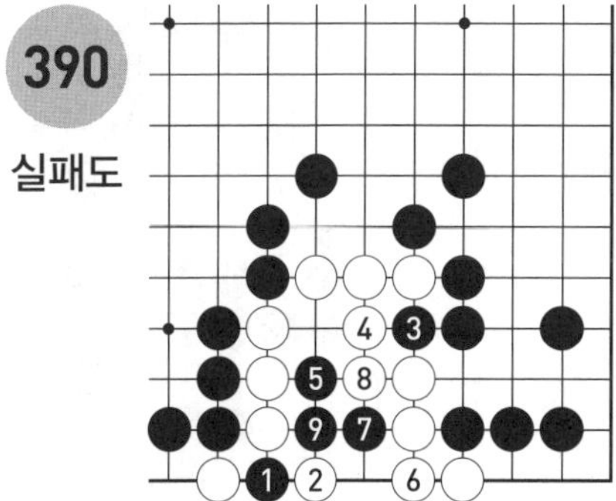

390 실패도

흑3에 먼저 두는 것은 착오. 이하 흑9까지 진행되어 빅이 된다. 흑의 실패.

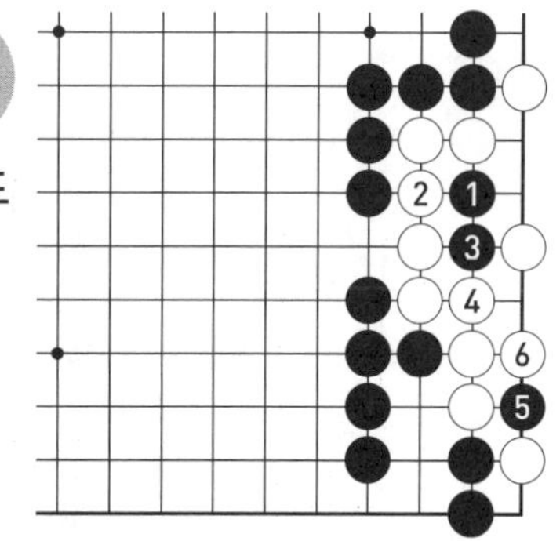

391 실패도

흑1에 먼저 치중하는 것은 착오. 이하 백6까지 진행되어 백은 살았다. 흑의 실패.

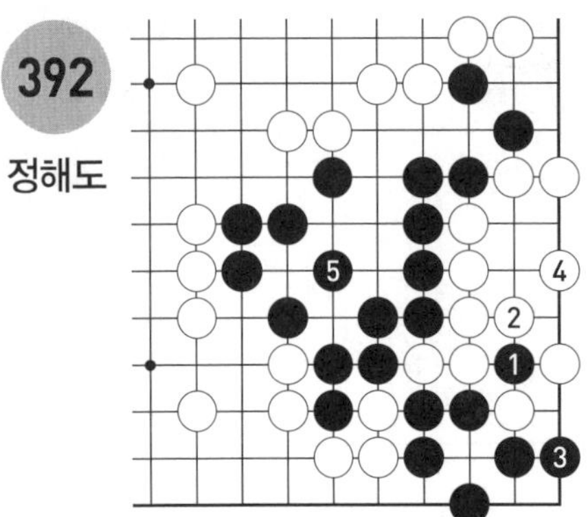

392 정해도

흑1 먹여치기가 절묘한 착지법. 백2로 따내면 흑3에 집을 짓고 백4도 집을 지으면 흑5로 살 수 있어 서로 만족함.

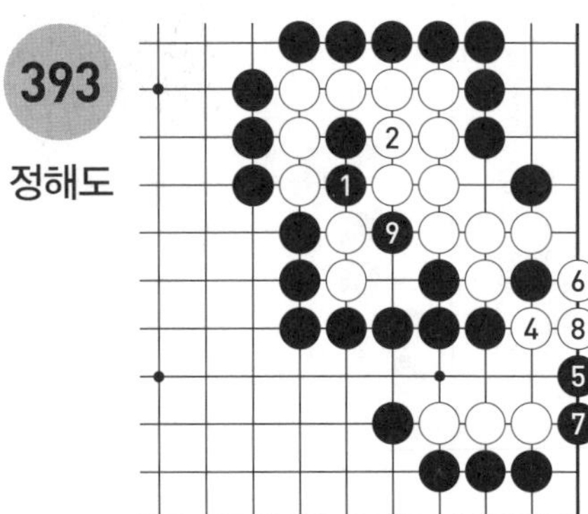

393 정해도

흑1, 3 연속 먹여치기가 좋은 수. 백4 단수칠 때, 흑5 치중이 결정타, 이하 흑9까지 진행되어 백이 잡힌다. 흑3=흑1

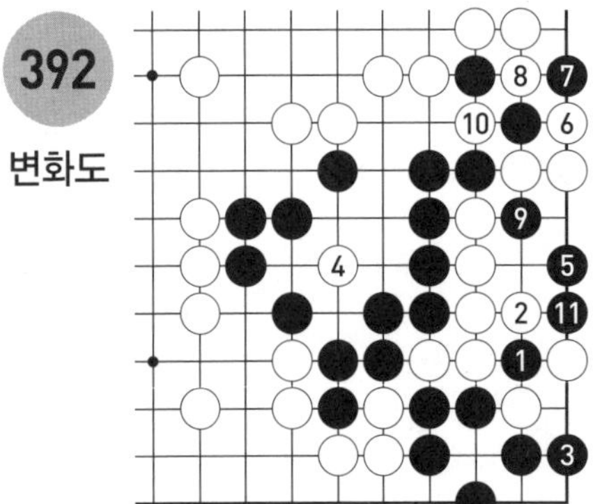

392 변화도

백4에 치중하면 흑도 5에 치중하고 백6으로 건널 때 흑7 젖힘이 절묘, 흑11까지 진행되어 양자충이 되어 백의 실패.

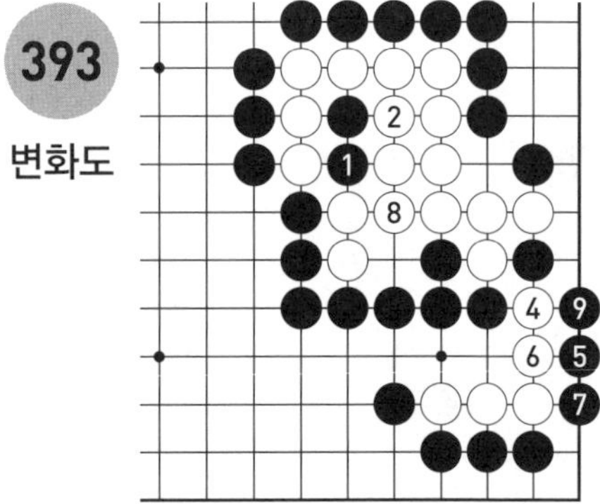

393 변화도

만약 백6에 이으면 흑7로 물러선 후, 다시 흑9에 두어서 백은 역시 살 수 없다. 흑3=흑1

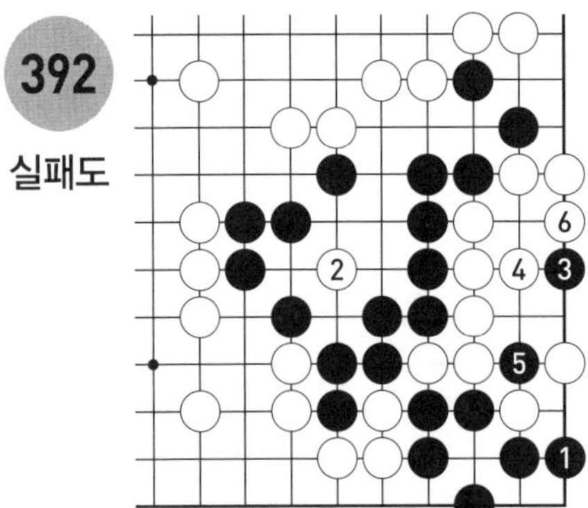

392 실패도

흑1로 집을 짓는 것은 착오. 백2로 먼저 치중하고 다시 백4로 집을 지음, 흑5로 다시 먹여치기해도 때는 늦었음. 백6으로 살게 된다. 흑의 실패.

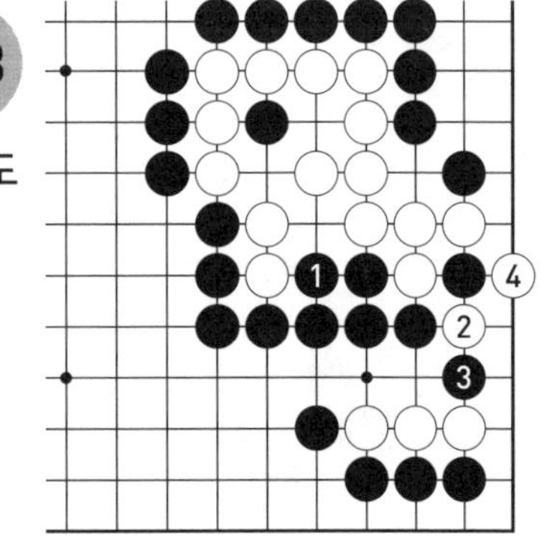

393 실패도

흑1에 먼저 파호하는 것은 착오. 백2 단수, 백4 연결로 살았다. 흑의 실패.

394

문제도
★★★

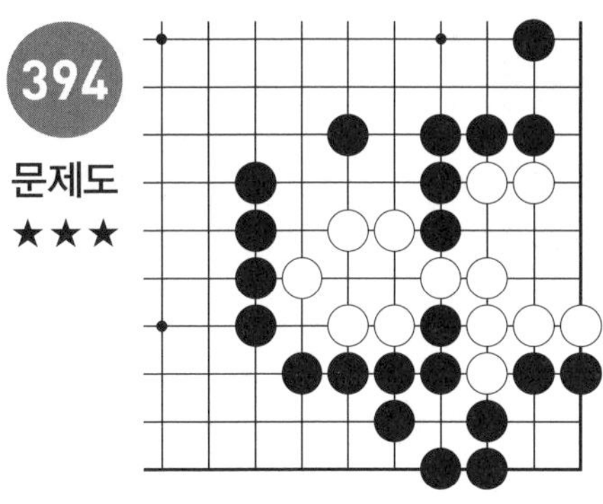

395

문제도
★★★

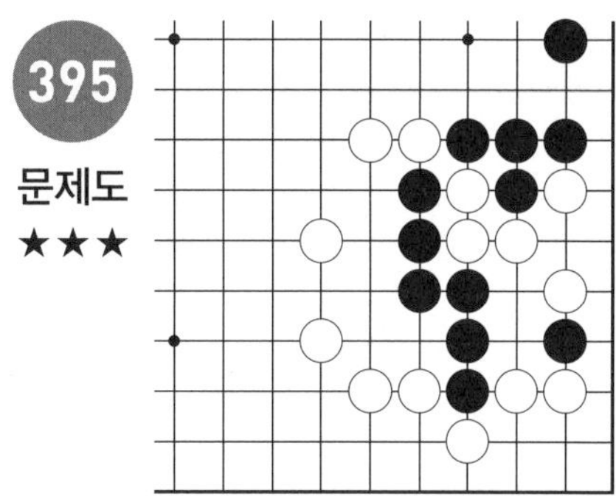

396

문제도
★★★

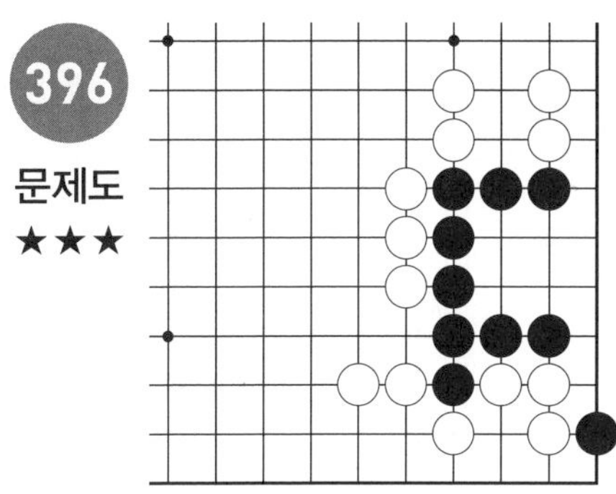

397

문제도
★★

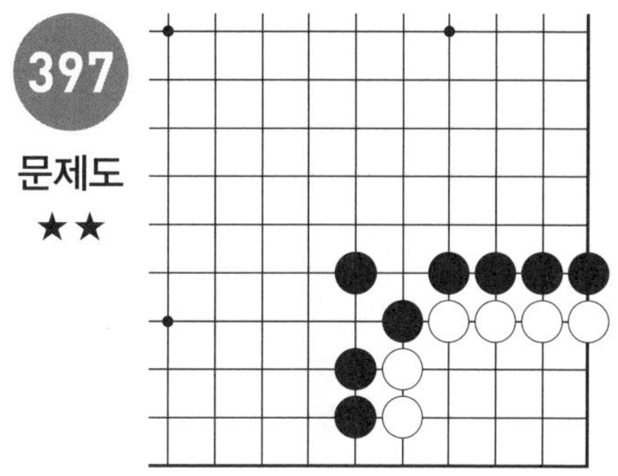

398

문제도
★★

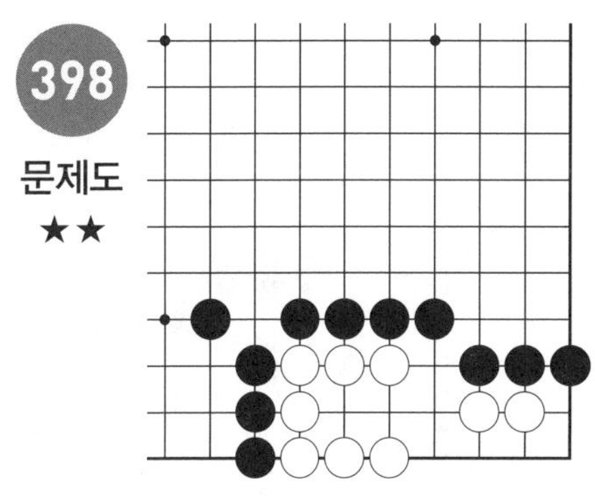

399

문제도
★★

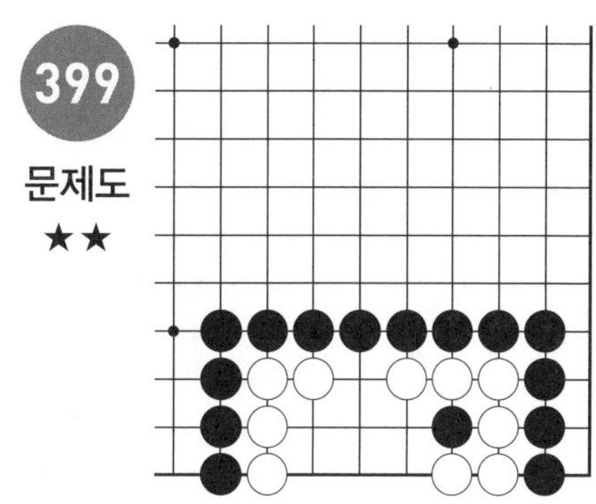

400
문제도
★★

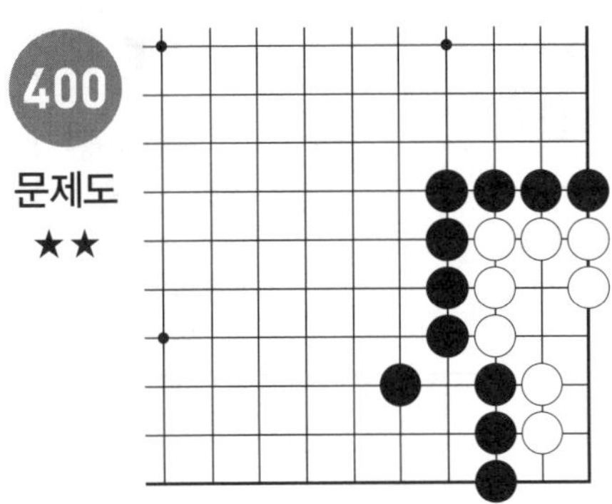

401
문제도
★★★

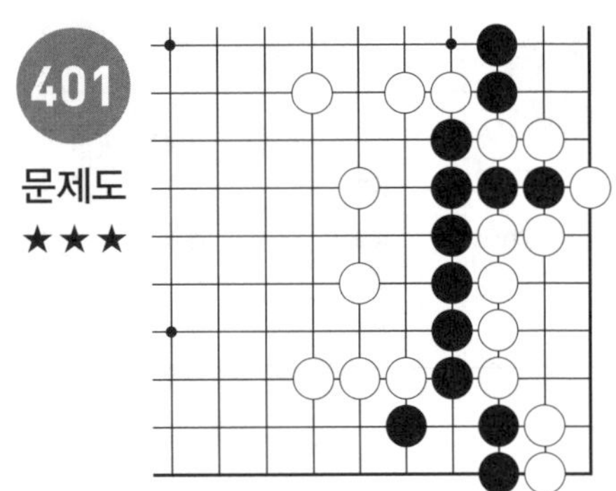

402
문제도
★★

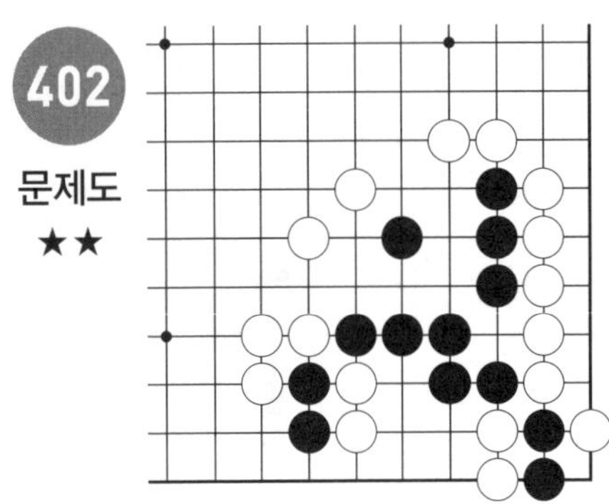

403
문제도
★★

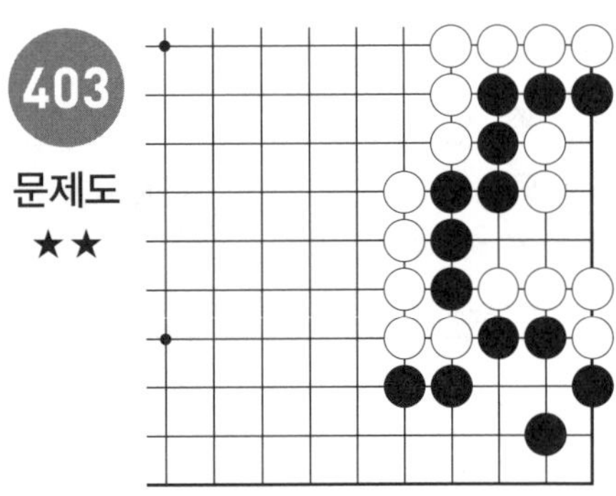

404
문제도
★★

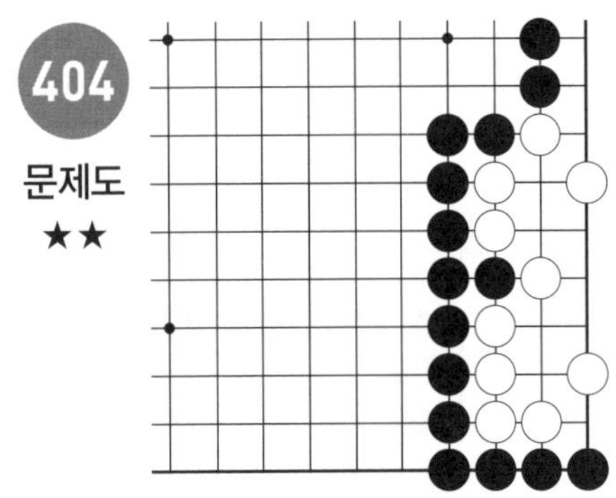

405
문제도
★★★

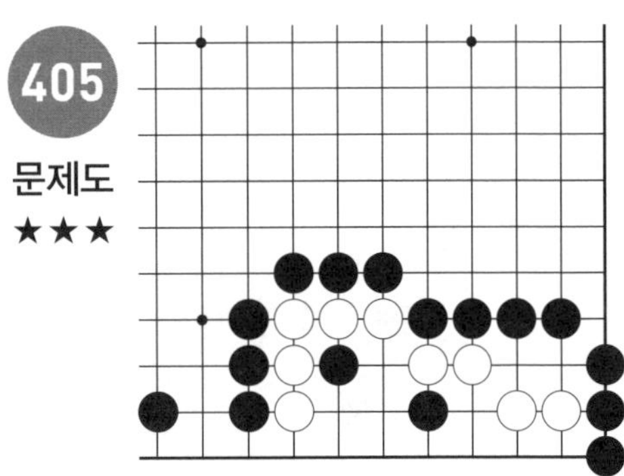

394 정해도

흑1 먹여치기, 백2 단수칠 때 흑3으로 보태 줌이 절묘. 이하 흑13까지 진행되어 백이 잡힌다.
흑5=▲, 백6=●, 백8=흑3

395 정해도

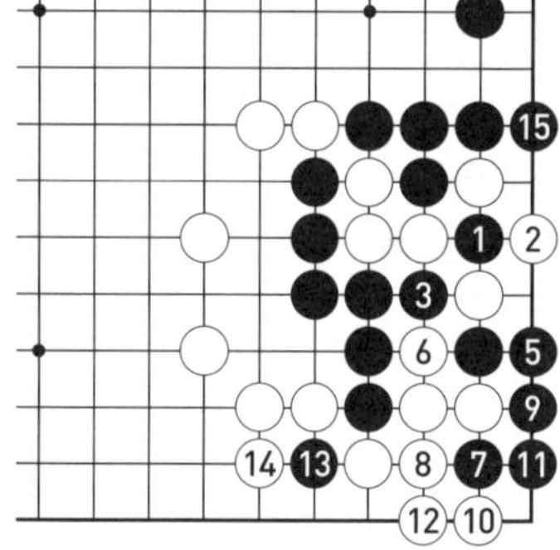

흑1, 3은 필연적. 흑5 세움, 흑7 붙임이 절묘한 착지. 흑9로 건너서 수를 늘리고 흑15까지 진행되어 백이 잡힌다. 백4=흑1

394 변화도

만약 백6에 이으면 흑7 단수, 흑9 따냄으로 백은 역시 잡힌다.
흑5=▲, 백8=●, 흑9=흑3

395 변화도

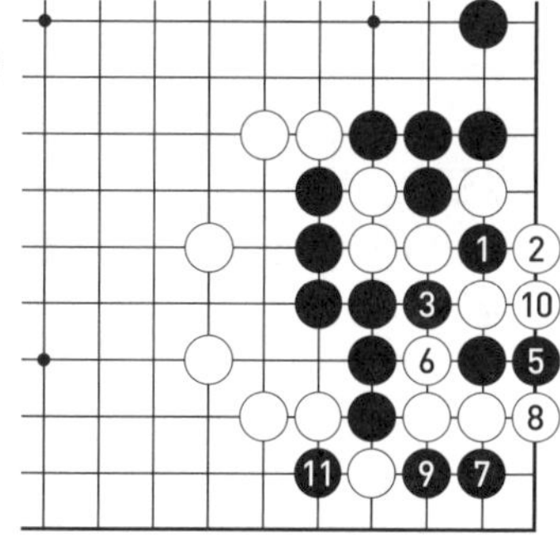

만약 백8에 늘면 흑9에 의해 끊어짐. 다시 흑11 단수쳐서 백은 역시 살 수 없다. 백4=흑1

394 실패도

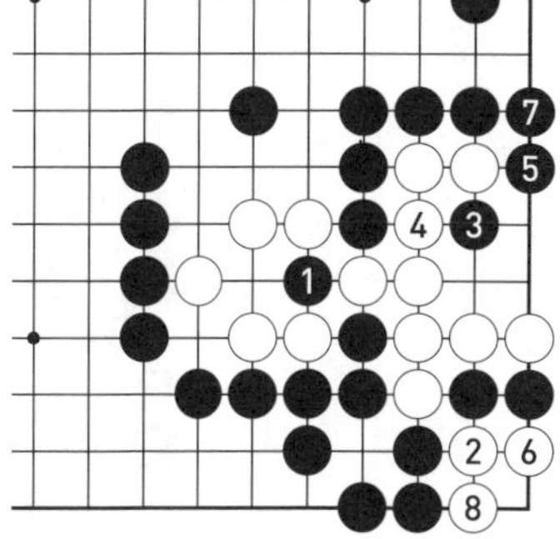

흑3에 먼저 붙이는 것은 착오. 백6, 8에 집을 지어 살게 된다. 흑의 실패.

395 실패도

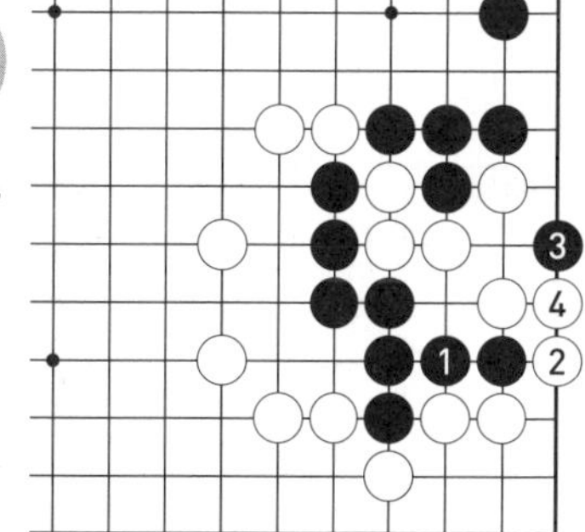

흑1에 잇고 흑3에 치중하는 것은 착오. 백2, 4로 안전하게 건넘. 흑의 실패.

273

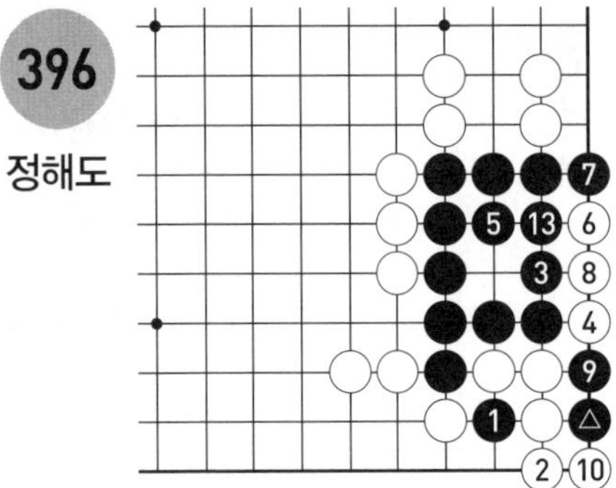

396 정해도

흑1 먹여치기, 흑3 꼬부림이 좋은 수순. 이하 흑13까지 진행되어 백을 촉촉수로 잡는다.
흑11=흑9, 백12=▲

397 정해도

흑1에 치중하기가 백을 잡는 요점. 흑9, 11은 관련 있는 좋은 수로, 양 먹여치기로 백이 잡힌다.

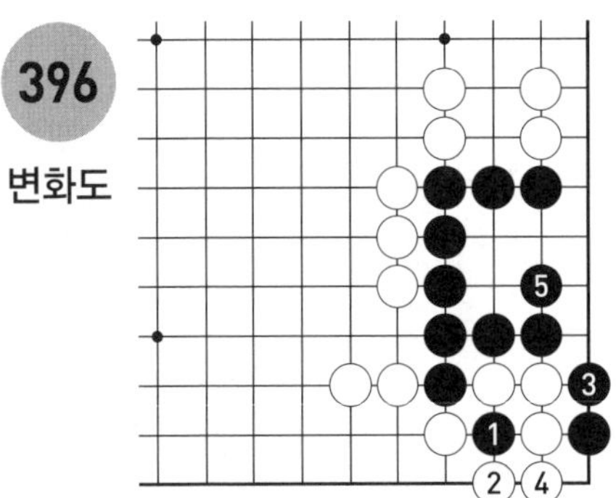

396 변화도

만약 백2로 따내면 흑3으로 물러 패를 만들고자 하여 패가 된다.

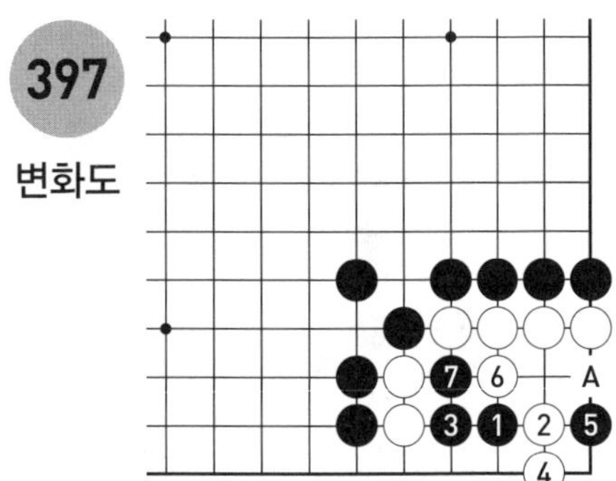

397 변화도

만약 백4로 두면 흑7로 두어 백이 잡힌다.

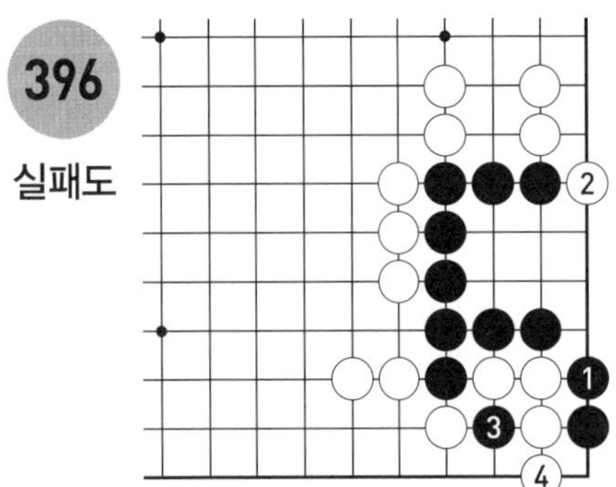

396 실패도

흑1로 먼저 물러서고 흑3에 먹여치기하는 것은 착오. 이 때 백4로 늘어서 흑이 살 방법이 없다. 흑의 실패.

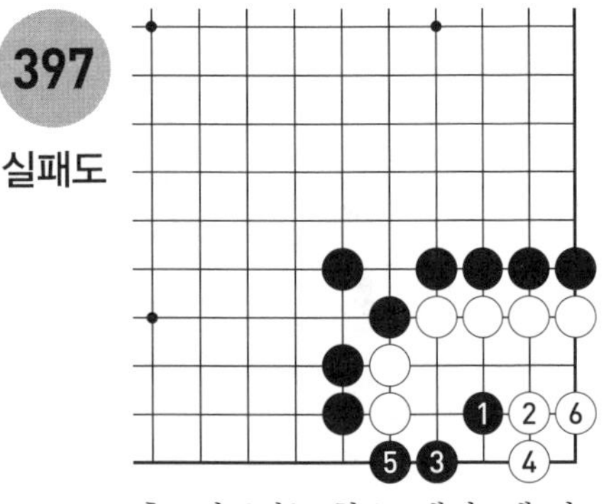

397 실패도

흑3 입구자는 착오. 백이 6에 집을 지어 살 수 있다. 흑의 실패.

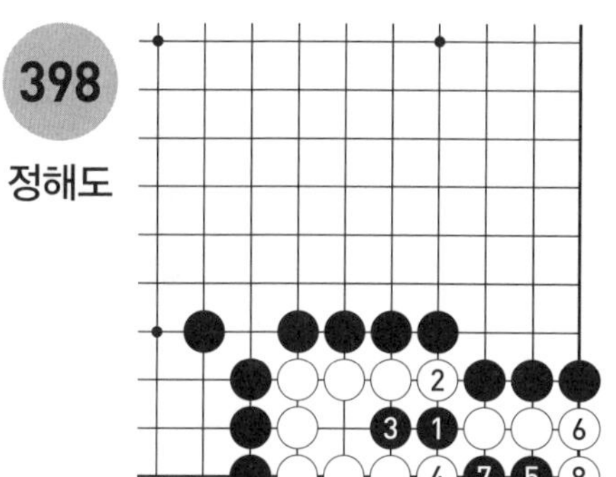

398 정해도

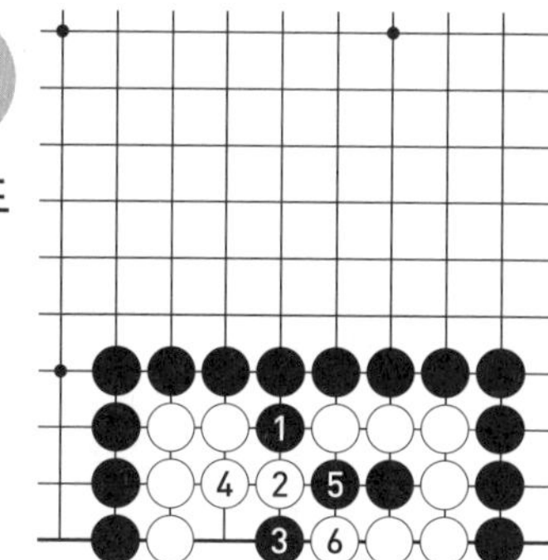

399 정해도

흑1, 3이 좋은 수순. 흑5, 7은 파호의 맥. 흑9 이후 양 먹여치기로 백이 잡힌다. 흑9=흑7

흑1 끼움, 흑3 붙임이 좋은 수. 백4에 이을 때, 흑5, 7로 양 먹여치기가 되어 백이 잡힌다. 흑7=흑5

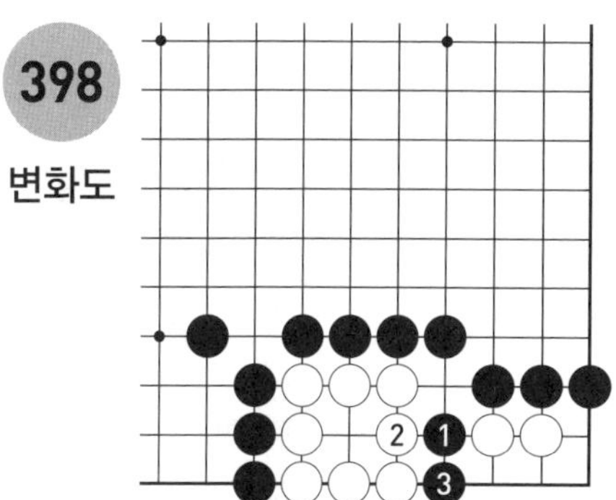

398 변화도

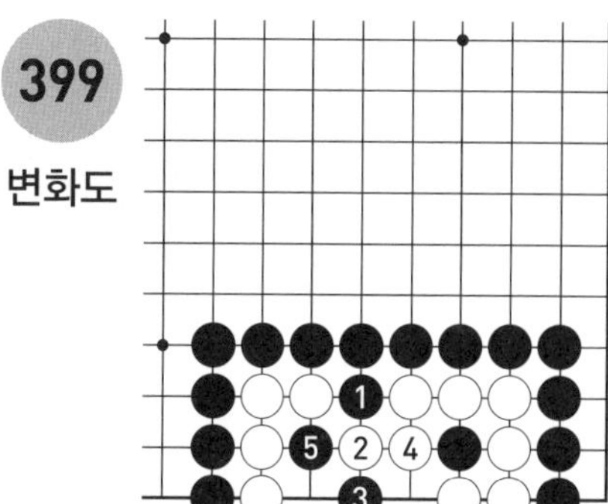

399 변화도

만약 백2에 집을 지으면 흑3에 늘어서 백은 역시 살 수 없다.

만약 백4로 흑 1점을 잡으면 흑5에 먹여치기로 백은 역시 살 수 없다.

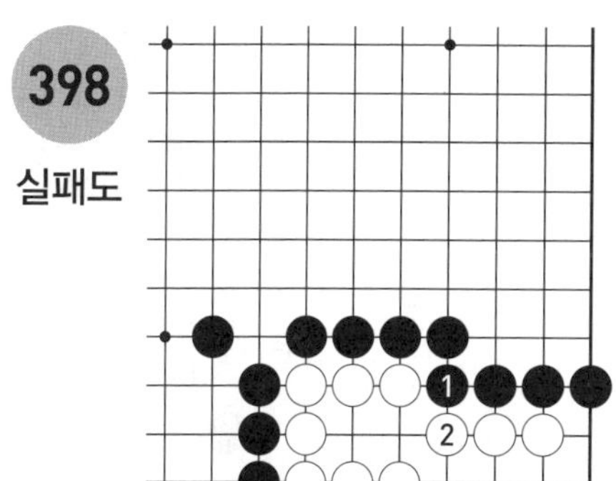

398 실패도

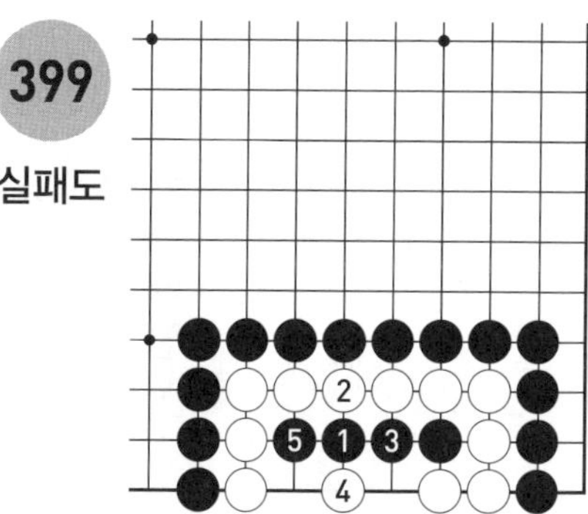

399 실패도

흑1은 착오. 백2에 막은 후 살았다. 흑의 실패.

흑1에 먼저 치중하기는 착오. 백2, 4 후에 빅이 된다. 흑의 실패.

400 정해도

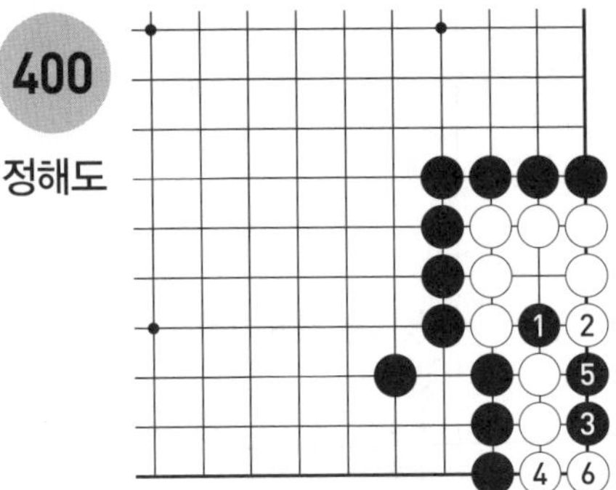

흑1 끊음, 흑3 치중하기가 좋은 수. 다시 흑5와 7로 두 번 먹여치기로 양 먹여치기가 되어 백이 잡힌다. 흑7=흑5

400 변화도

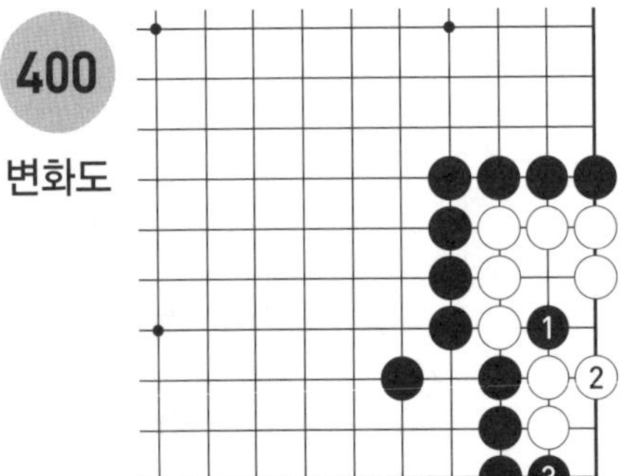

만약 백이 2에 간다면 흑3에 파호하여 백은 역시 살 수 없다.

400 실패도

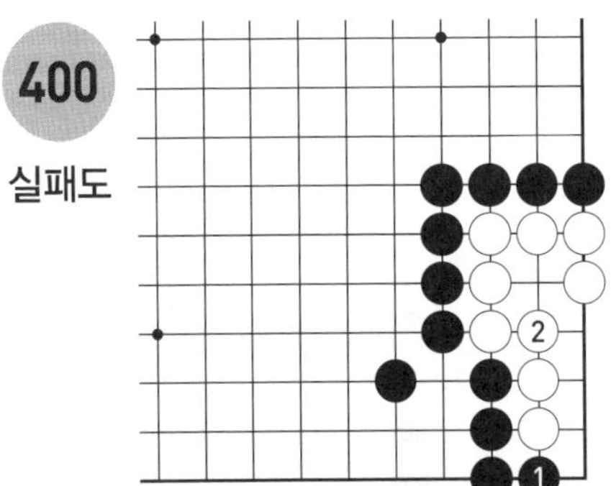

흑1에 미는 것은 착오. 백2에 집을 지어 살았다. 흑의 실패.

401 정해도

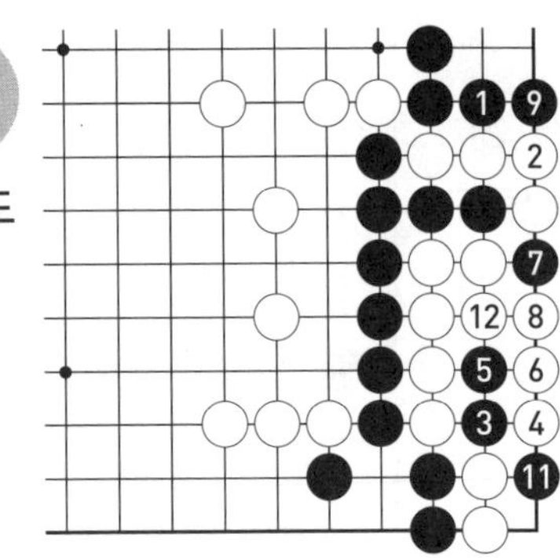

흑1 단수, 백2 연결은 필연적. 흑3, 5의 수순이 좋다. 흑13까지 진행되어 양 먹여치기가 되어 백이 잡힌다. 백10=흑7, 흑13=흑3

401 변화도

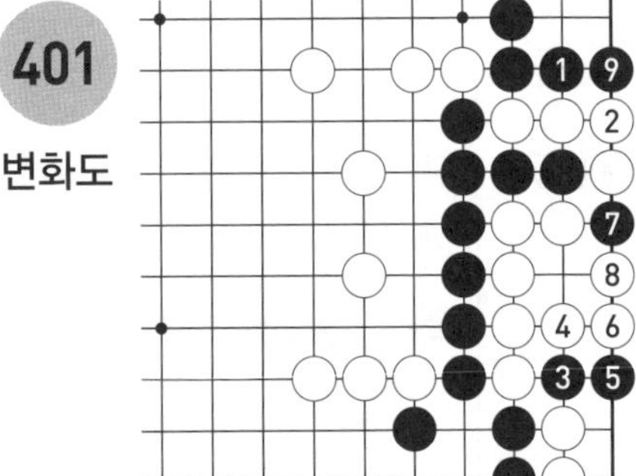

만약 백이 4에 단수치면 흑5로 1점 더 보태 줌이 좋다. 다시 흑7에 먹여치기, 흑9 단수쳐서 백을 촉촉수로 잡는다.

401 실패도

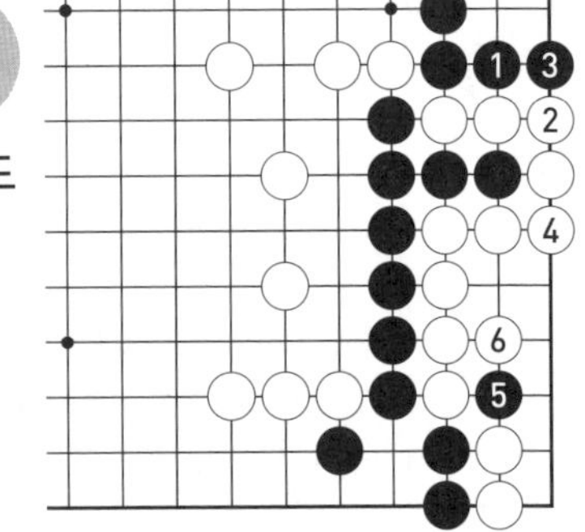

흑1, 3에 먼저 단수치는 것은 착오. 백6 단수로 살 수 있다. 흑의 실패.

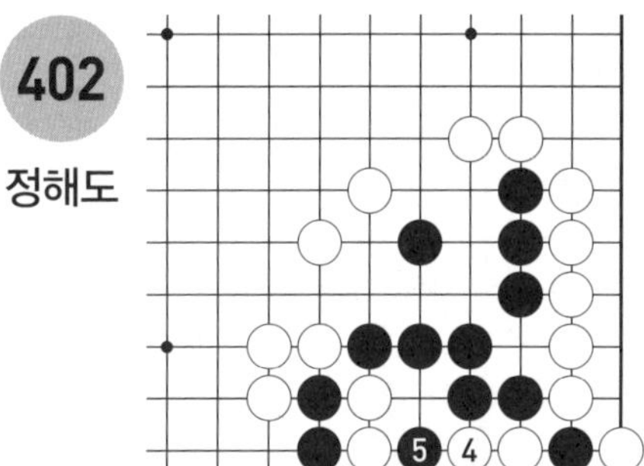

흑1, 4는 관련 있는 좋은 수. 백 4로 따낼 때, 흑5는 양 먹여치기가 되어 흑은 살았다.

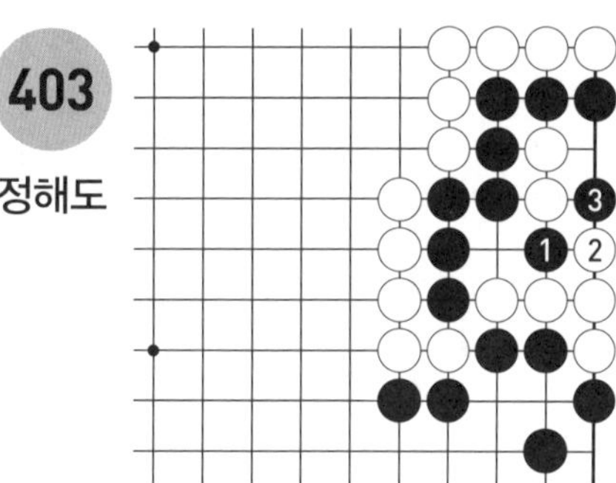

흑1 끼워 붙임, 흑3 먹여치기가 좋은 수. 양 먹여치기가 되어 백은 잡힌다.

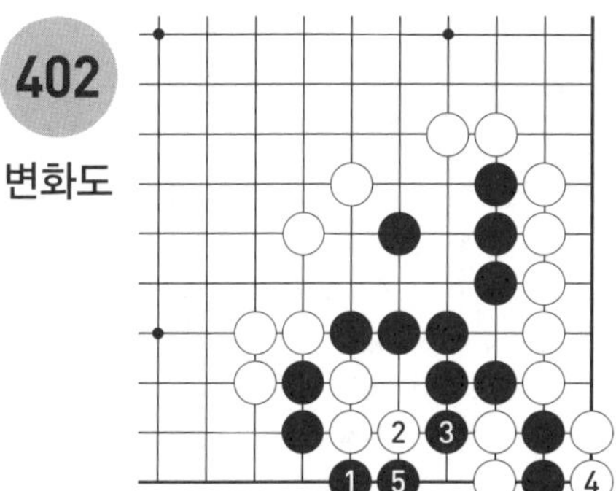

만약 백이 2에 꼬부리면 흑3, 5 단수쳐서 역시 살게 된다.

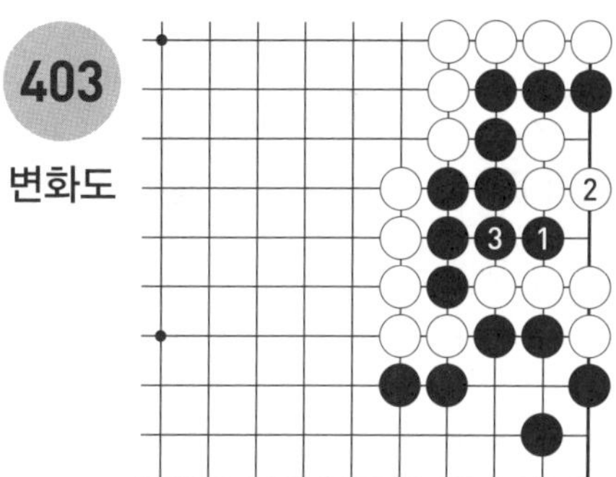

만약 백2에 늘면 흑3에 이어 백은 역시 살 수 없다.

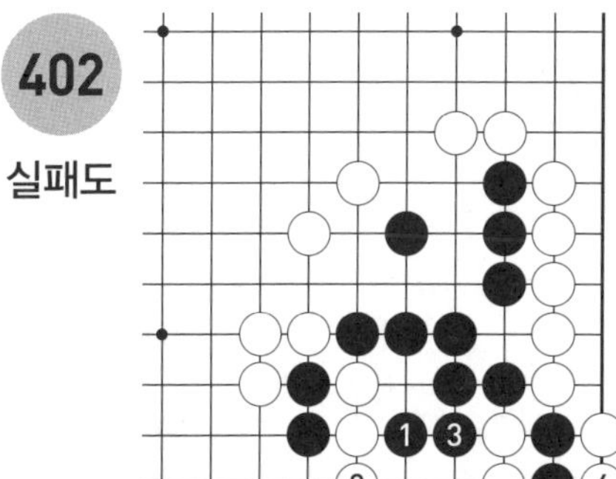

흑1에 먼저 붙이는 것은 착오. 백2에 늘고 백4 따냄으로 흑은 두 집을 낼 방법이 없으므로 실패.

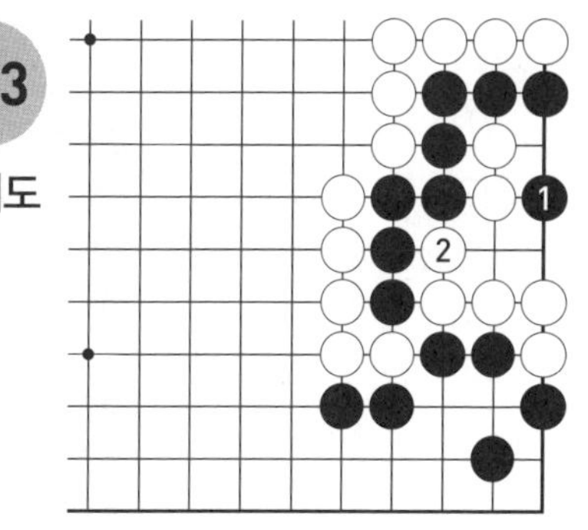

흑1에 먼저 붙이는 것은 착오. 백2로 수를 메워서 흑을 잡는다. 흑의 실패.

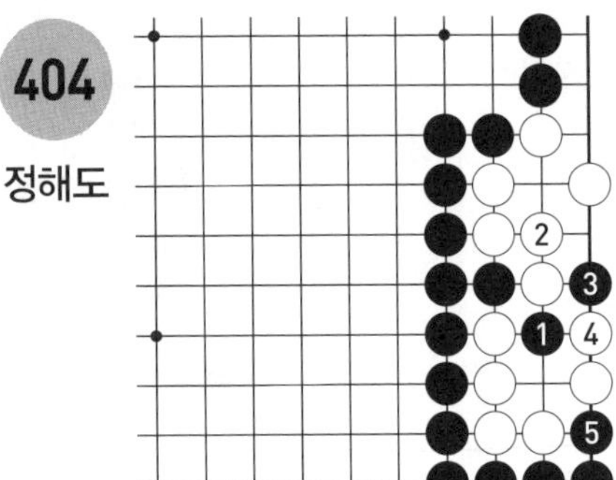

404 정해도

흑1, 3이 좋은 수순. 그리고 다시 흑5에 단수쳐서 먹여치기가 되어 백이 잡힌다.

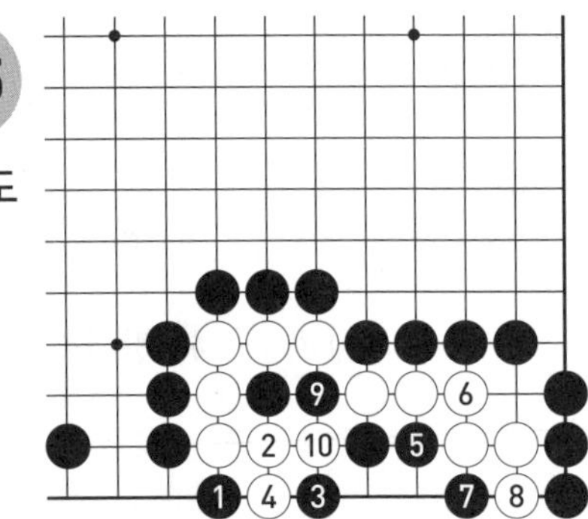

405 정해도

흑1, 3이 좋은 수순. 흑5, 7은 장차 백과 팽팽하게 부딪히는 위치. 다시 흑11로 먹여치기가 형성되어 백이 잡힌다. 흑11=흑9

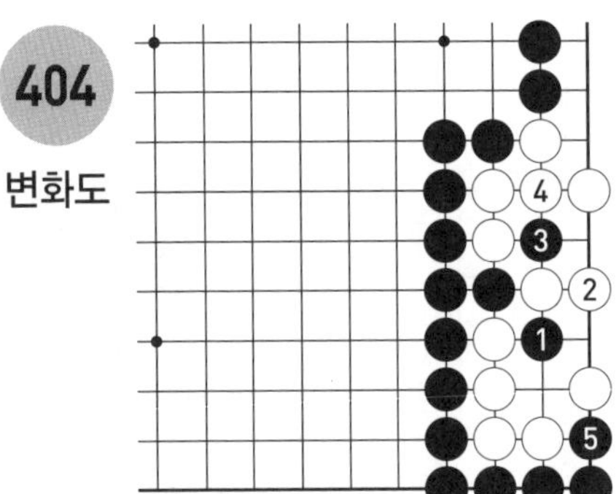

404 변화도

만약 백2에 늘면 흑3에 먼저 단수치고 다시 흑5에 밀어서 백은 역시 살 수 없다.

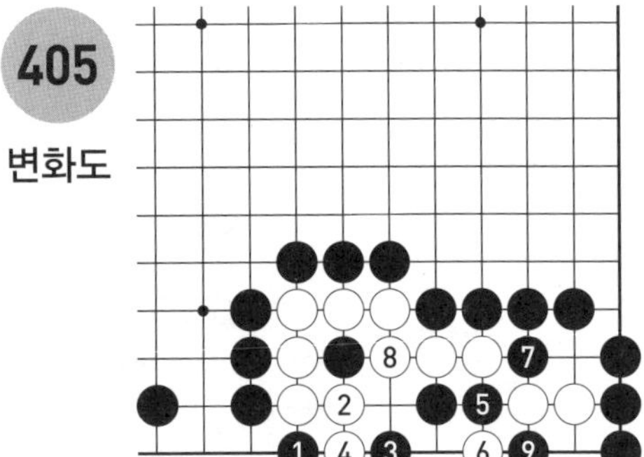

405 변화도

만약 백6에 젖히면 흑7에 끊고 흑9에 먹여치기하여 백은 역시 살 수 없다.

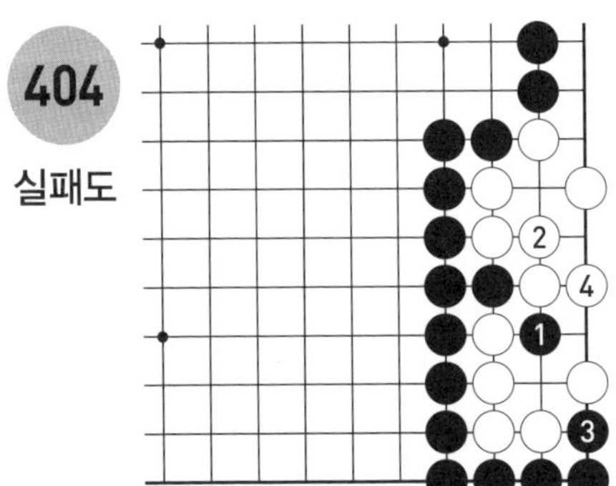

404 실패도

흑3으로 먼저 4점을 잡는 것은 착오. 백4로 버림이 사는 수. 흑의 실패.

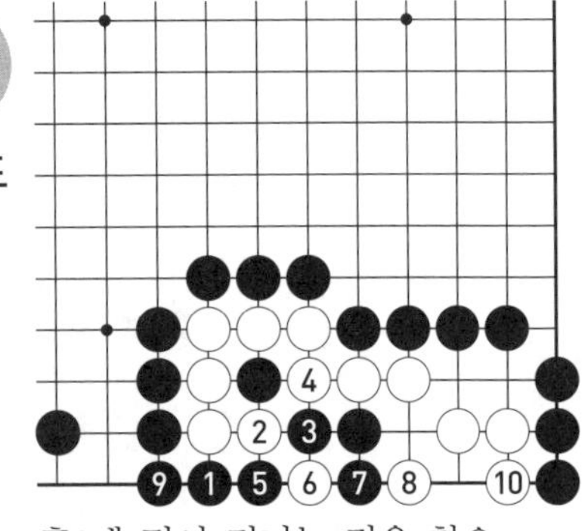

405 실패도

흑3에 밀어 건너는 것은 착오. 백6 먹여치기가 좋은 수. 백10까지 진행하여 집을 지어 살게 된다. 흑의 실패.

〈장면도1〉에서 백이든 흑이든 평화적인 해결을 원한
다면 빅을 만들면 된다. 흑이라면 A, 백이라면 B에
두어 뜻을 쉽게 이룰 수 있는 것이다.

문제는 그것이 한 수를 놀리는 꼴이며, 또한 굴복이
라는 점이다. 따라서 서로 눈치를 보며 상대가 보강
하길 바랄 것이다. 그러다보면 패가 발생하기도 한다.

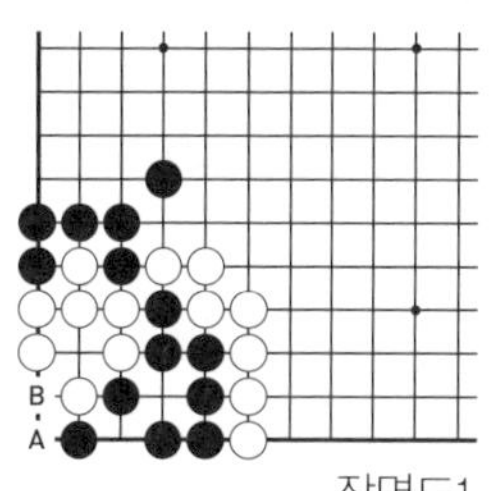

장면도1

가령 〈장면도2〉처럼 백1에 집어 넣으면 패다. 그런데
이 패는 백이 A를 따내고도 B까지 두어야 완전히 끝
나게 된다. 즉, 패를 두 번씩이나 이겨야 하는 것이
다. 이런 패를 이단패라 부른다. 두 번을 이겨야 하므
로 이단패는 값어치가 상당히 떨어진다. 전체 이득의
1/3 정도밖에 쳐주지 않는 이유도 여기에 있다.

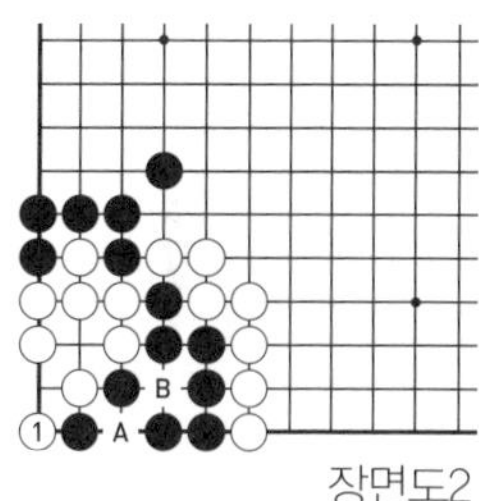

장면도2

제 13 부 끊고 뻗기

'끊고 뻗기'는 귀에서 상대를 잡을 때 생기는 특수한 모양으로, 한쪽에서 끼워 끊기와 버림을 이용해 상대를 잡는 수법을 말합니다.

처음에는 끊고 뻗기가 어렵게 느껴질 수 있습니다. 끊고 뻗기에는 몇 가지 규칙이 있습니다. 첫 번째로 상대의 약점을 잡고 상대의 수를 줄여 다시 메워서 상대를 잡는 방법인 끼워 끊기, 두 번째로 한 점 더 상대에게 주는 버림(보태 줌), 세 번째로 먼저 먹여치기로 상대의 수를 줄였다가 다시 메워서 상대를 잡는 방법이 있습니다. 이러한 규칙을 잘 파악하면 여러분의 기력도 크게 향상되리라 믿습니다.

제13부는 27개의 연습문제로 구성되어 있으며 모두 흑 선입니다. 이 장을 통해 여러분의 기력이 단기간에 크게 향상되길 바랍니다.

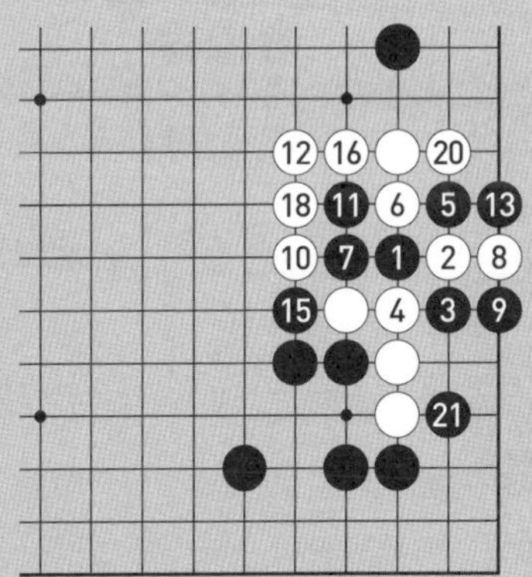

[도해1] 흑1 단수치고 흑3과 흑5는 백 두 점을 잡아 흑19까지 진행된다. 흑1, 7, 11 등 아홉 점으로 구성된 특수한 모양을 '끊고 뻗기'라고 한다. 백14=백2, 흑17=백8, 흑19=백2

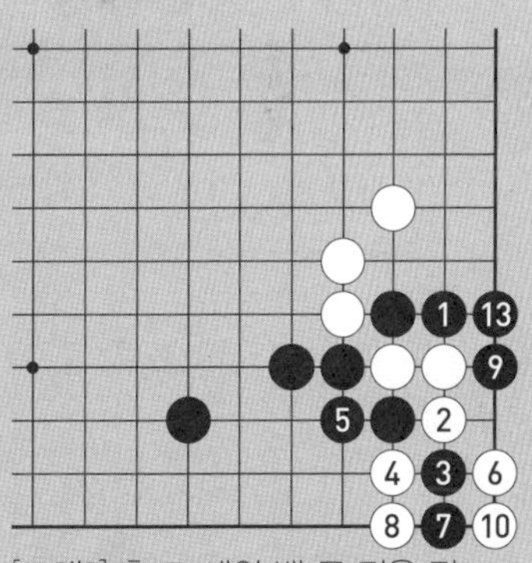

[도해2] 흑1로 세워 백 두 점을 잡고 만약 백이 2처럼 강하게 꼬부리면 흑13까지 백은 저울추 형상으로 잡힌다. 흑11=백3, 백12=흑7

406 문제도 ★

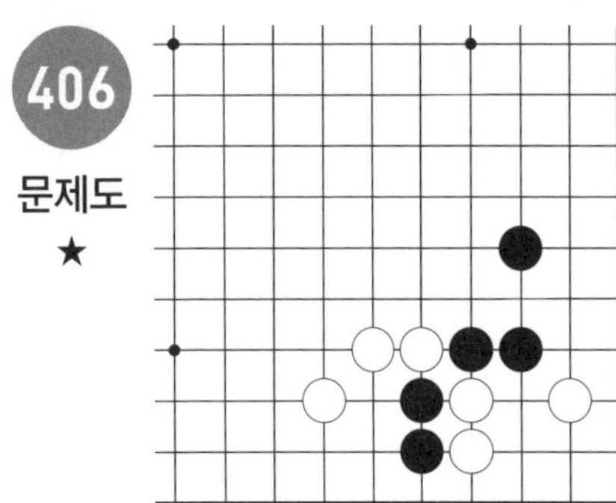

407 문제도 ★

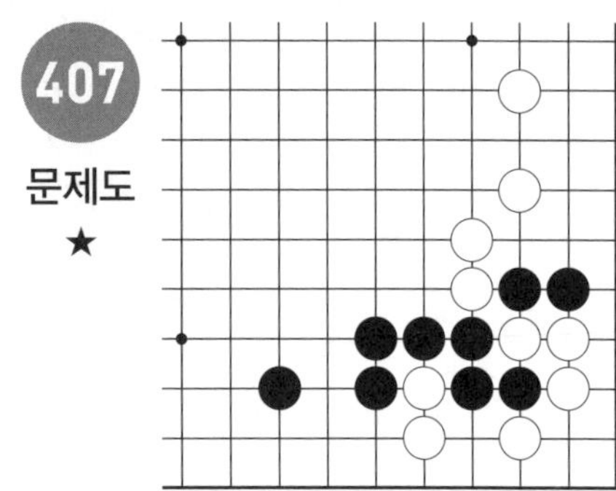

408 문제도 ★★

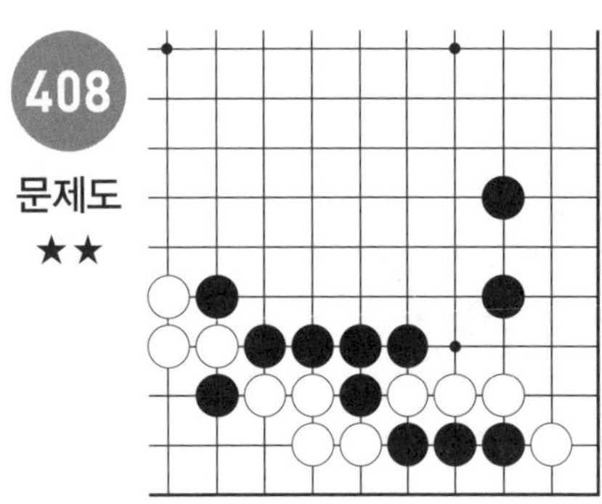

409 문제도 ★★

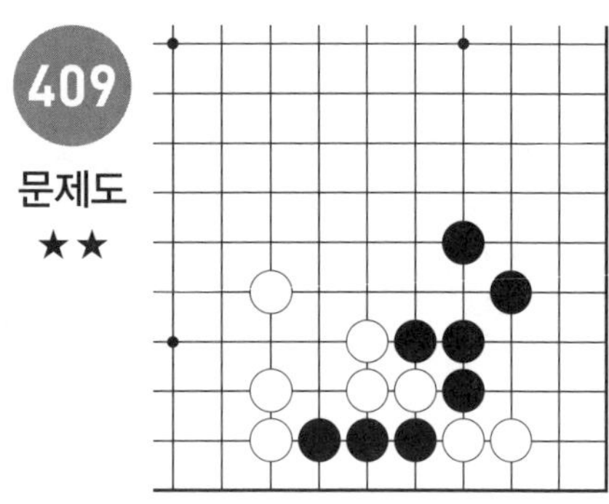

410 문제도 ★★

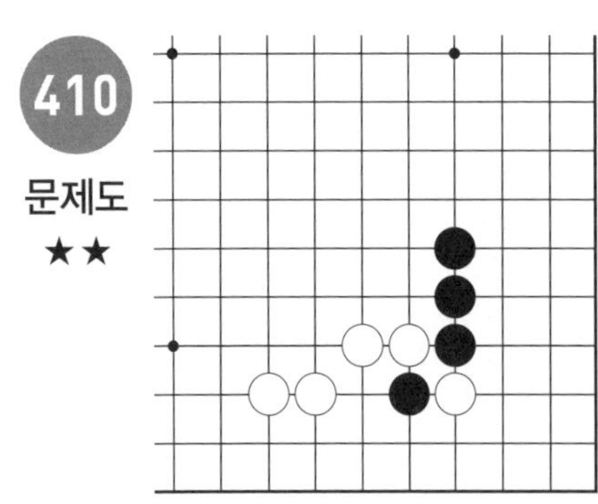

411 문제도 ★★

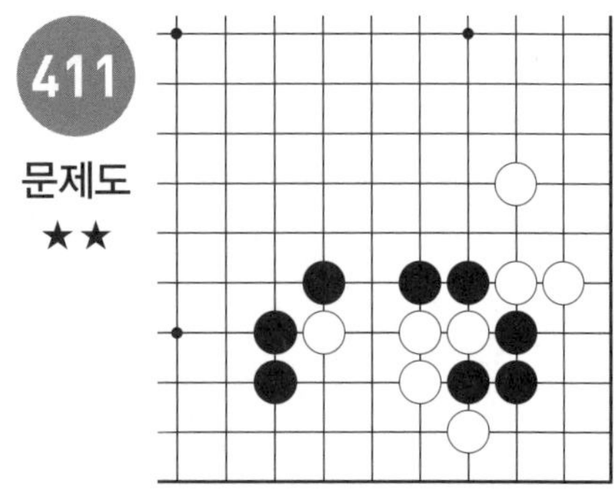

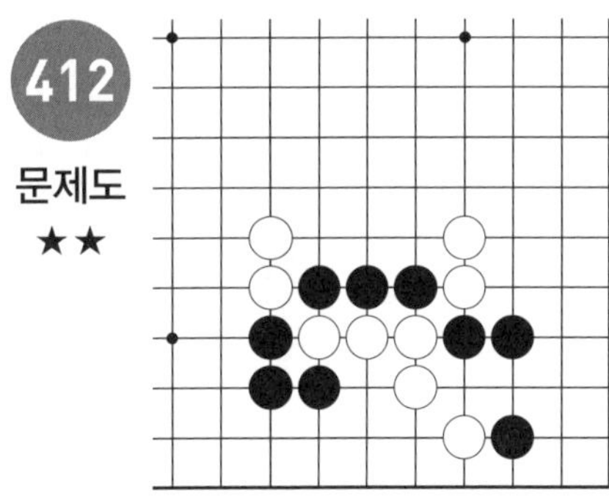

412
문제도
★★

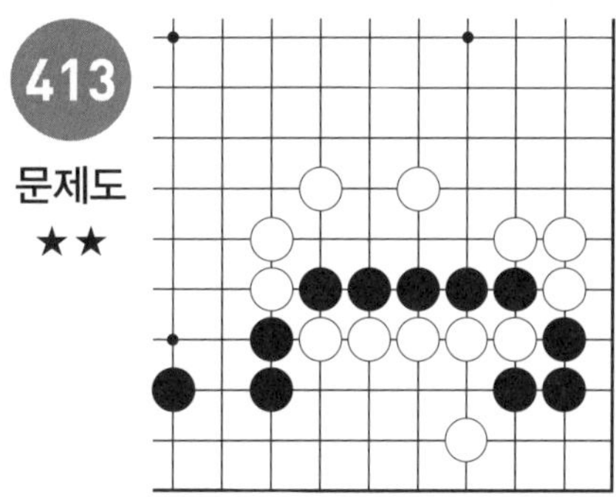

413
문제도
★★

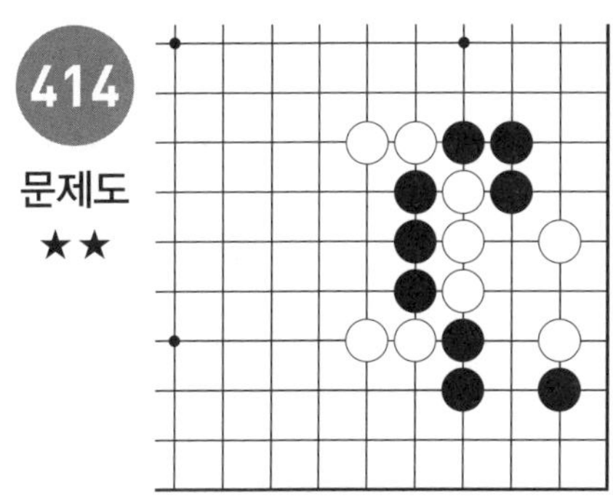

414
문제도
★★

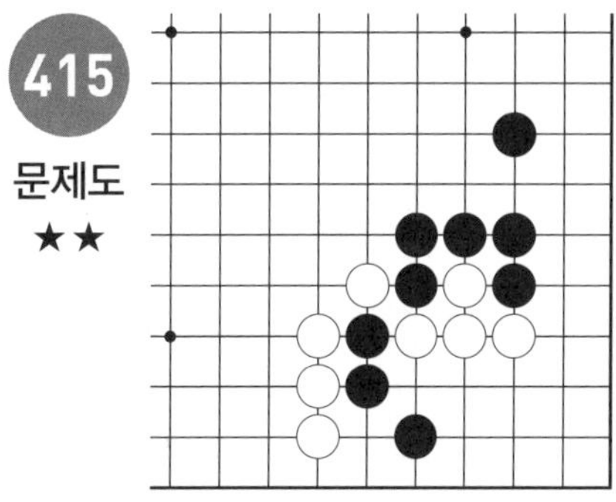

415
문제도
★★

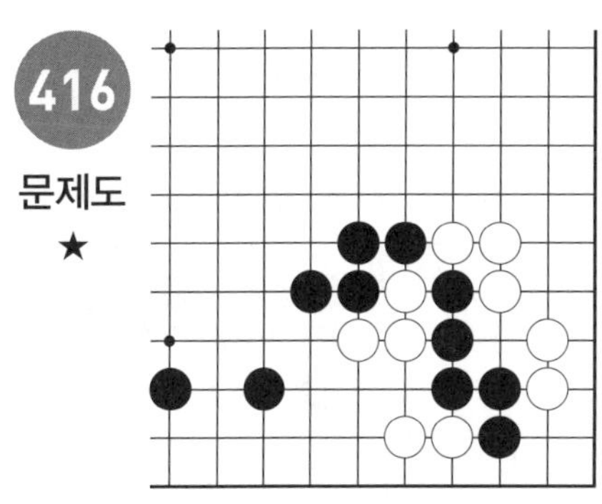

416
문제도
★

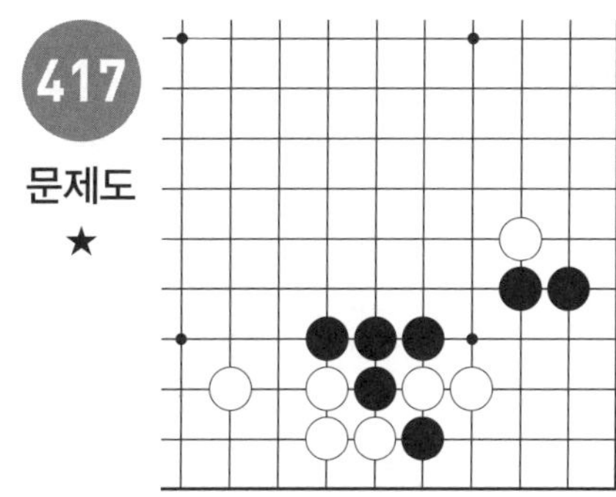

417
문제도
★

406 정해도

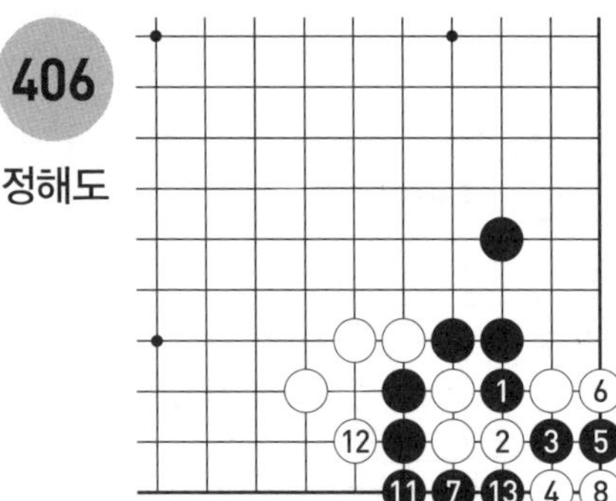

흑1, 3, 5가 좋은 수순. 흑7로 단수, 흑9 먹여치기는 맥. 흑13까지 진행되어 결정타가 되어 백이 잡힌다. 흑9=흑3, 백10=흑5

407 정해도

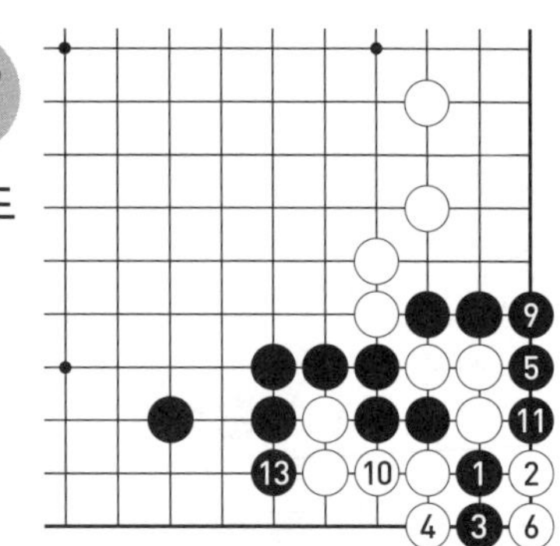

백10에 이을 때 흑11로 먼저 단수치는 것이 좋은 수순. 다시 흑13에 수를 메워 백이 잡힌다. 흑7=흑1, 백8=흑3, 백12=흑1

408 정해도

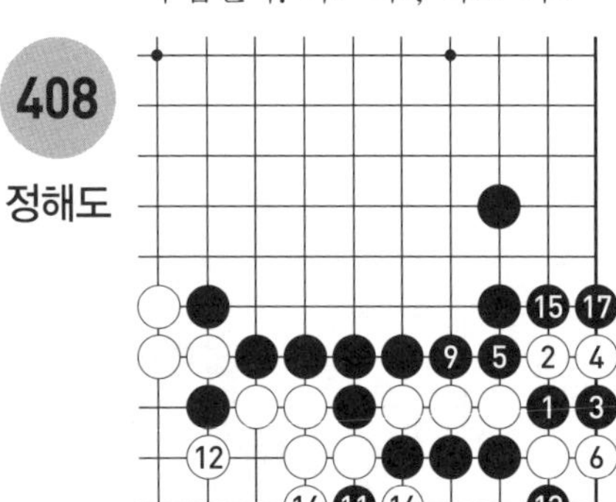

흑11, 13 두 번 젖힘으로 수를 늘림, 이하 흑17까지 진행하여 백이 잡힌다.
흑7=흑1, 백8=흑3, 백10=흑1

409 정해도

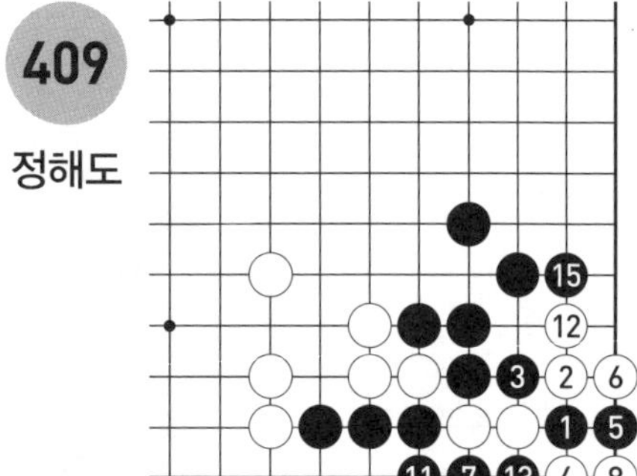

흑1에 내미는 것이 묘수. 백2에 젖힐 때, 흑3 끊음, 흑5 세움하여 역시 결정타가 되어 백이 잡힌다.
흑9=흑1, 백10=흑5, 백14=흑1

410 정해도

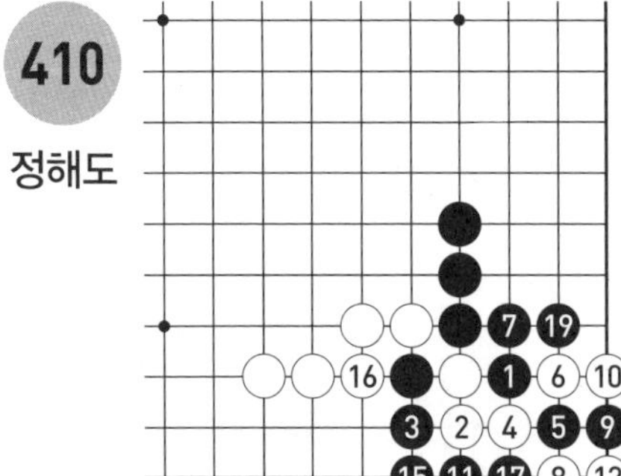

흑1, 3이 좋은 수순. 흑5에 다시 젖힘으로 결정타가 되어 백이 잡힌다.
흑13=흑5, 백14=흑9, 백18=흑5

411 정해도

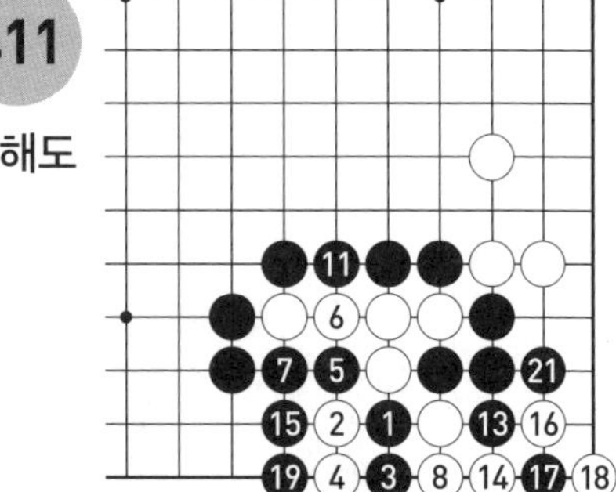

흑1 끊음, 흑3 세움이 좋은 수. 흑17 먹여치기가 묘수. 흑21까지 백이 잡힌다. 흑9=흑1, 백10=흑3, 백12=흑1, 백20=흑17

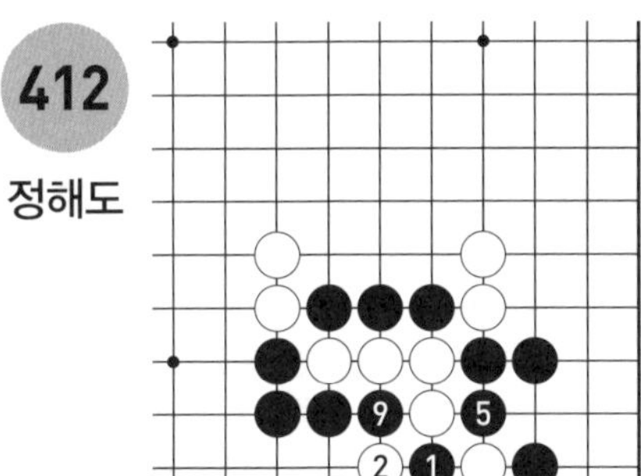

412 정해도

흑1에 미는 것이 교묘한 맥. 다시 흑3에 늘어서 결정타가 되어 백이 잡힌다.
흑7=흑1, 백8=흑3, 백10=흑1

413 정해도

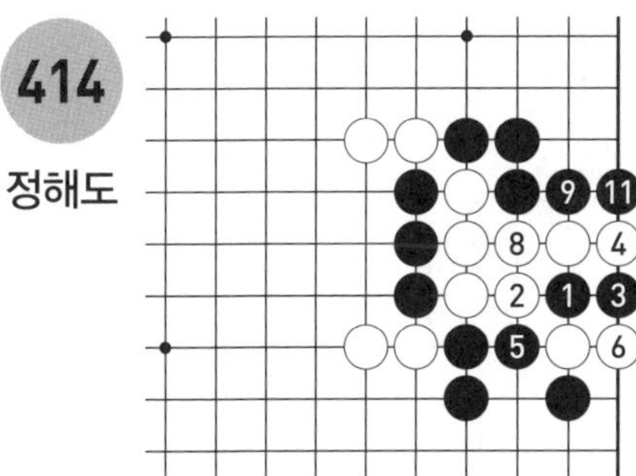

흑1 끼움, 흑3 끊음이 좋은 수순. 이하 흑15까지 진행되어 백이 잡힌다. 흑9=흑3, 백12=흑5

414 정해도

흑1에 끼워 붙임은 결정타를 준비하는 맥. 이하 흑11까지 백이 잡힌다. 흑7=흑1, 백10=흑3

415 정해도

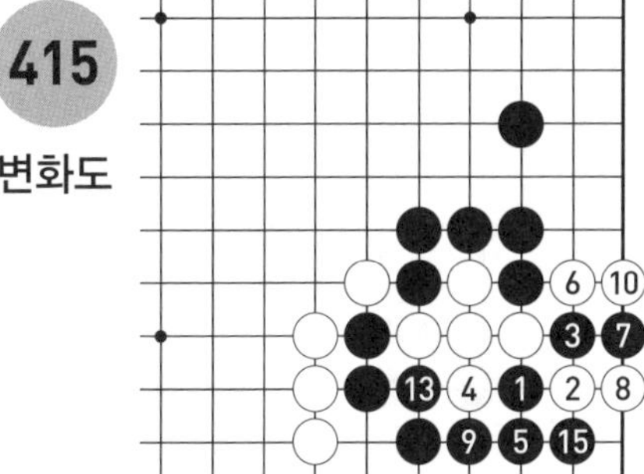

흑1 붙임이 좋은 수. 다시 흑3에 끊고, 흑5 세움이 결정타가 되어 백이 잡힌다.
흑9=흑3, 백10=흑5, 백12=흑3

415 변화도

만약 백4에 먼저 단수치면 흑5에 늘려 백은 역시 안된다.
흑11=흑3, 백12=흑7, 백14=흑3

415 실패도

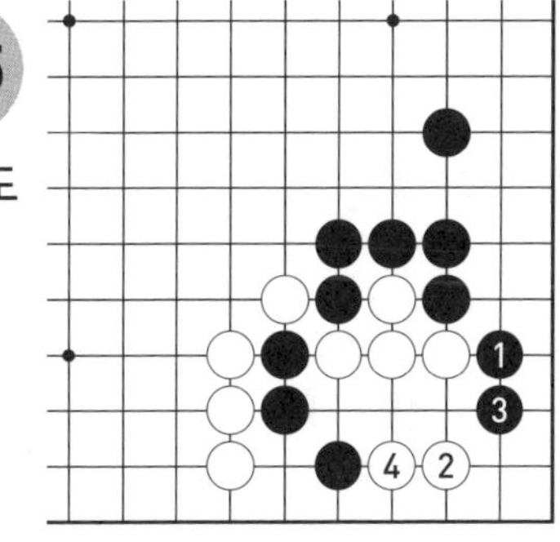

흑1 젖힘, 흑3 늘림은 착오. 백2 벌림, 백4 쌍립으로 흑의 실패.

416 정해도

흑1, 3으로 나와 끊는 것이 좋
다. 이어 5가 결정타로 백이 한
수 부족. 흑9=흑3, 백10=흑5, 백
12=흑3

417 정해도

흑1, 3 두 번 늘림이 좋은 수. 백
4 젖힘할 때 흑5에 끊어서 결정
타가 된다. 백이 잡힌다.
흑11=흑5, 백12=흑7, 백14=흑5

416 변화도

만약 백2에 붙임하면 흑3에 젖혀
서 백은 역시 안된다.

417 변화도

만약 백4에 늘리면 흑도 늘림.
흑9까지 진행되어 백은 역시 안
된다.

416 실패도

흑1, 3으로 수를 메우는 것은 착
오. 백2 연결, 백4 붙임으로 흑의
실패.

417 실패도

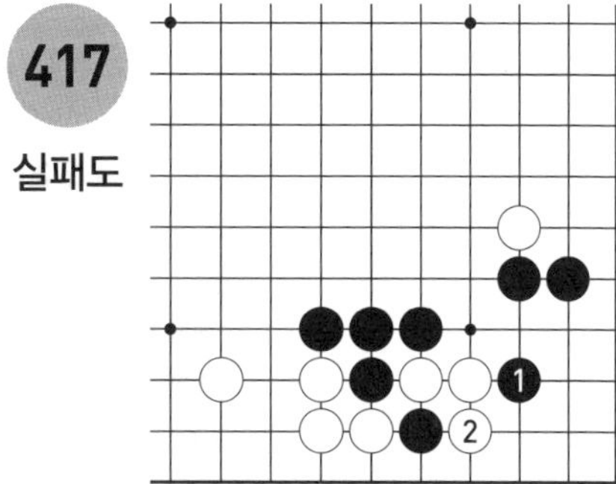

흑1은 착오. 백2 단수로, 흑 2점
을 잡는 기회를 잃게 된다.

418
문제도
★

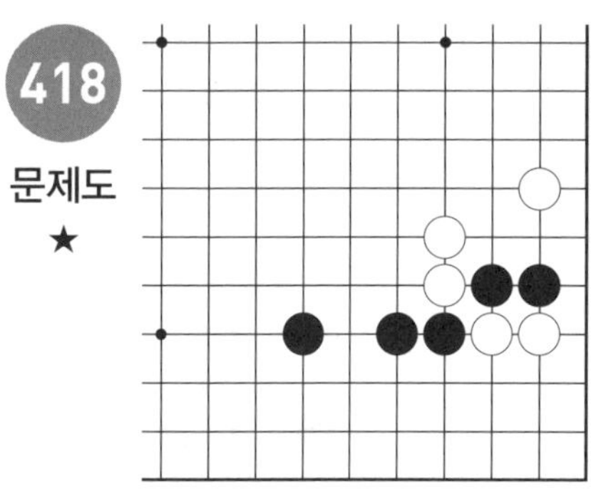

419
문제도
★★

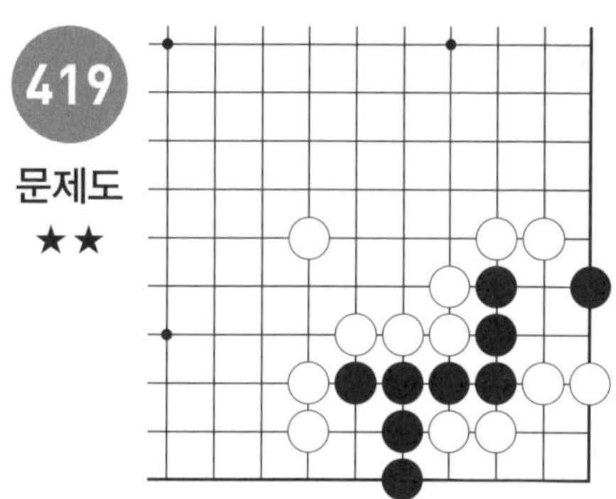

420
문제도
★★

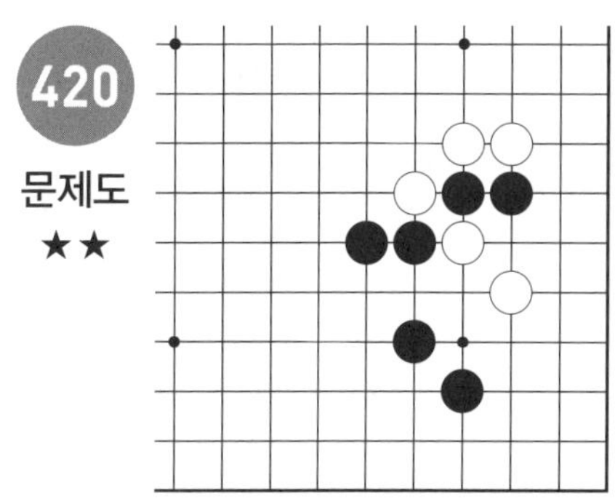

421
문제도
★★

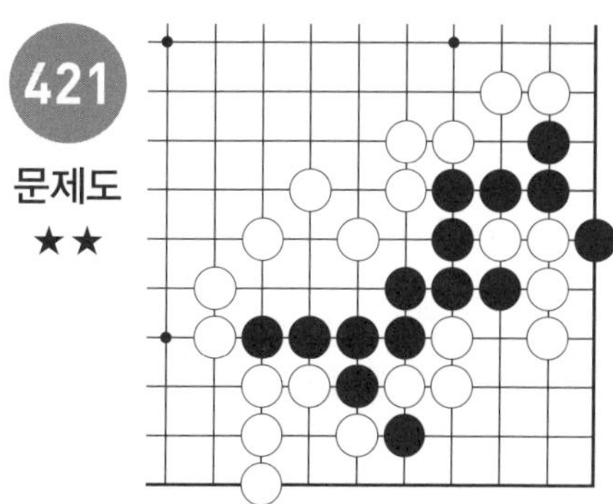

422
문제도
★★

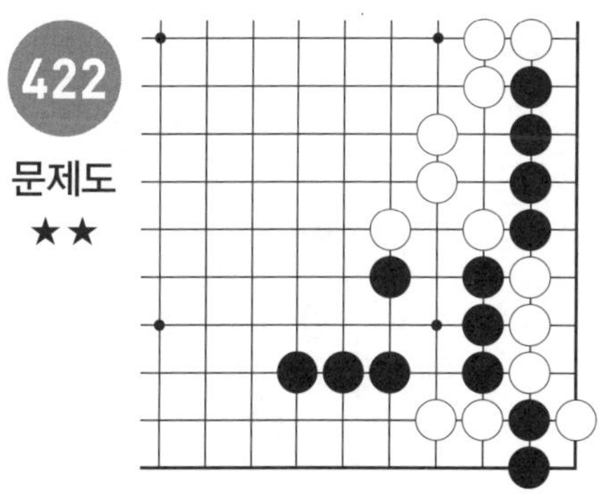

423
문제도
★★

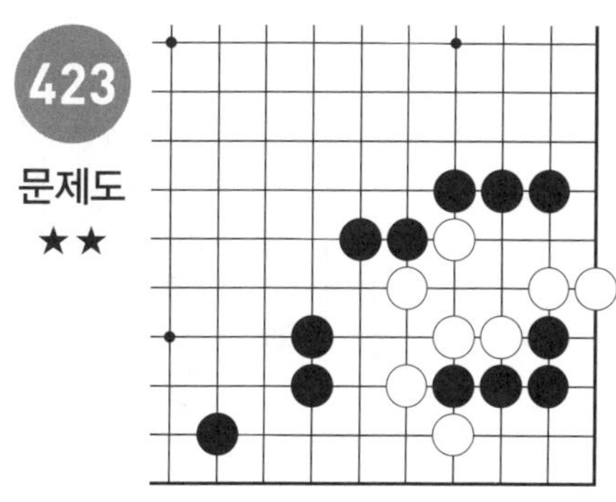

424
문제도
★★

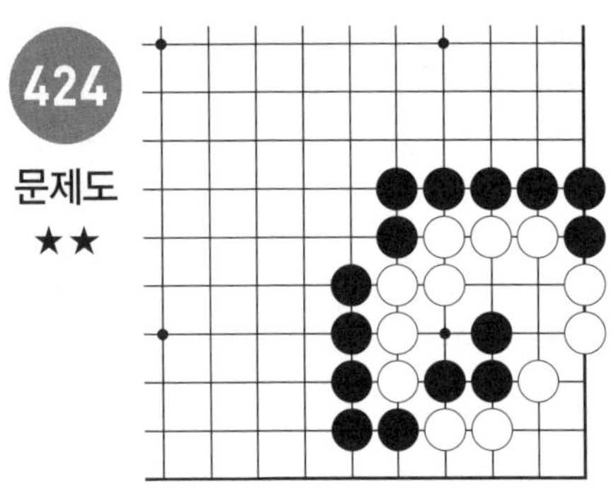

425
문제도
★★★

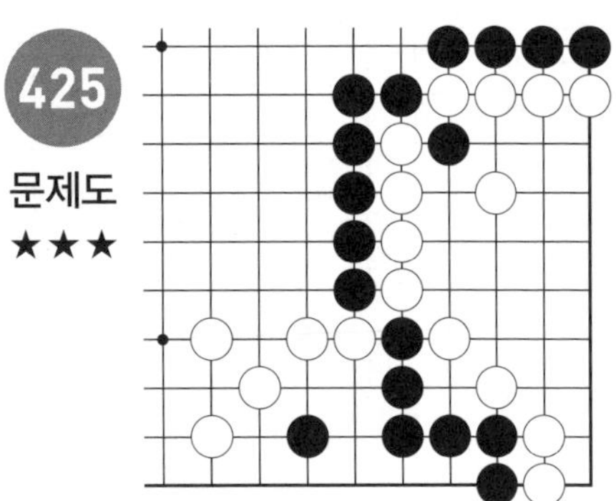

426
문제도
★★

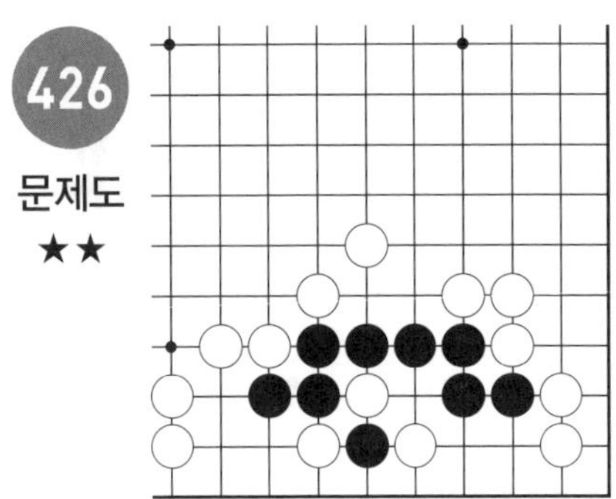

427
문제도
★★

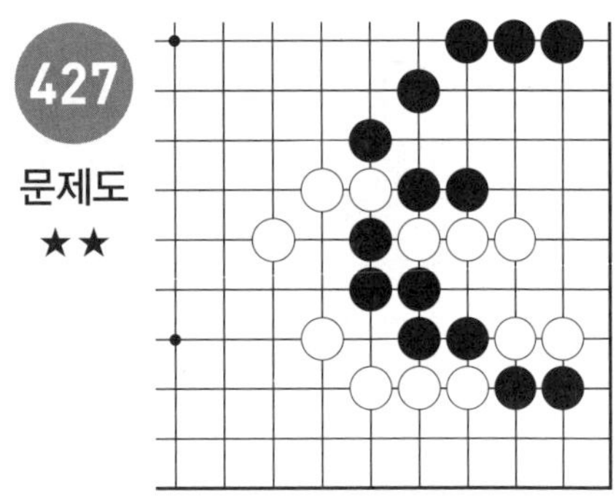

428
문제도
★★★

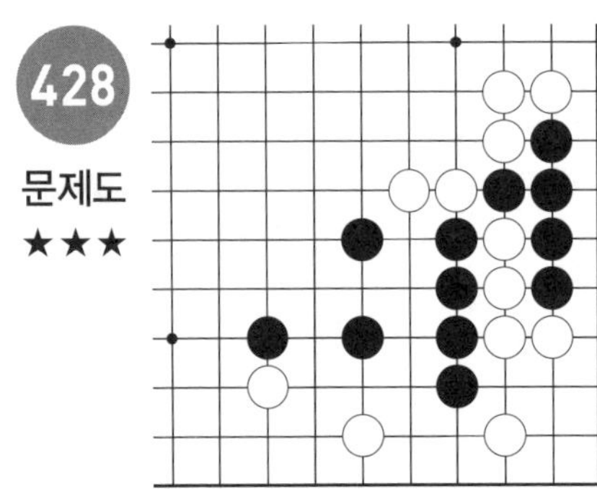

429
문제도
★★

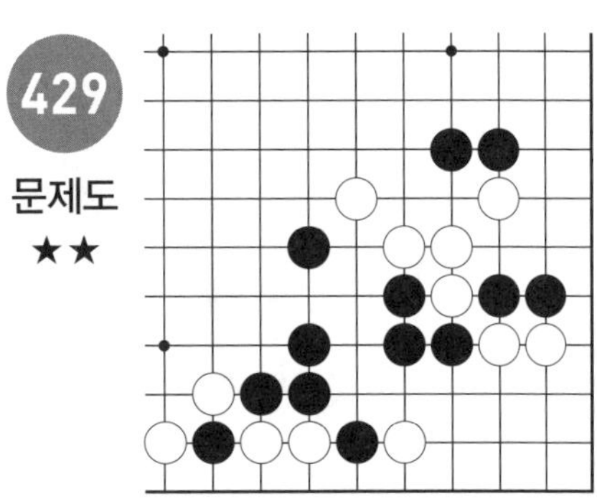

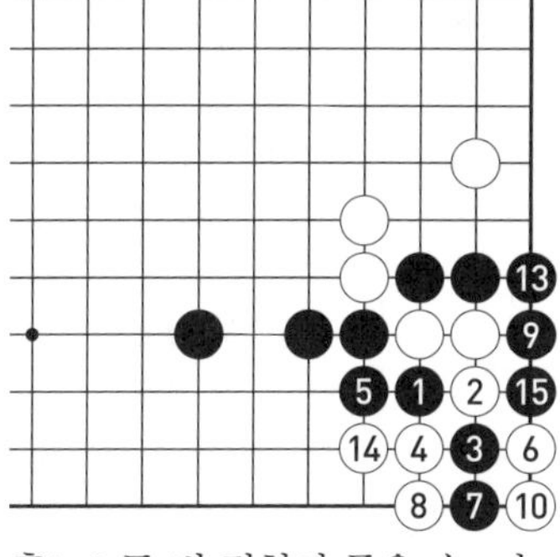

418 정해도

흑1, 3 두 번 젖힘이 좋은 수. 다시 흑5에 이어 결정타가 되어 백이 잡힌다. 흑11=흑3, 백12=흑7

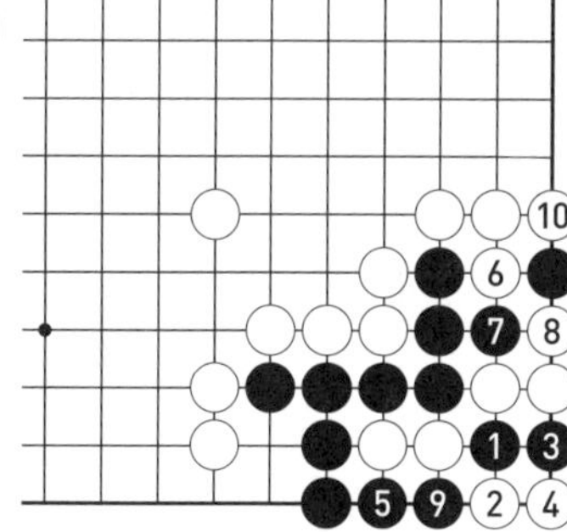

419 정해도

흑1 끊음, 흑3 세움이 버리는 맥. 흑11까지 진행되어 백 촉촉수로 흑의 성공. 흑11=흑1

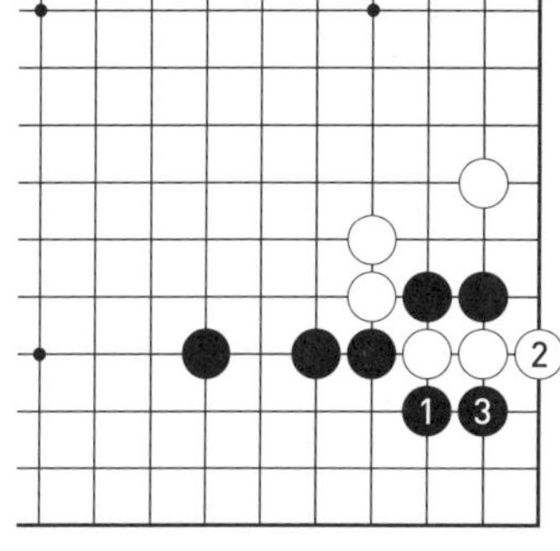

418 변화도

만약 백2에 늘면 흑3에 수를 메워 백은 역시 잡힌다.

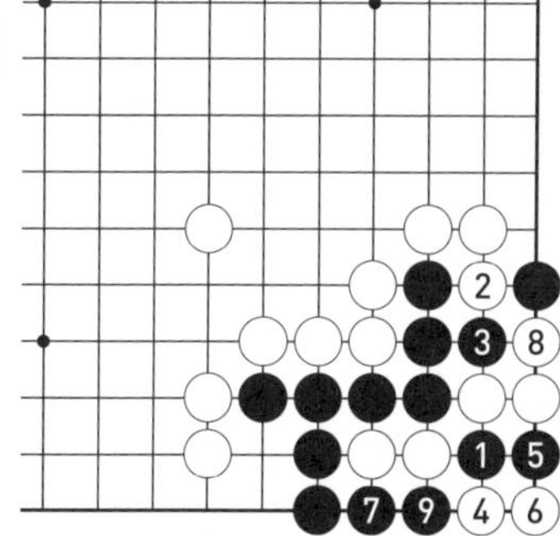

419 변화도

만약 백2에 끼우면 흑3에 막고 흑9까지 진행되어 정해도와 같아진다.

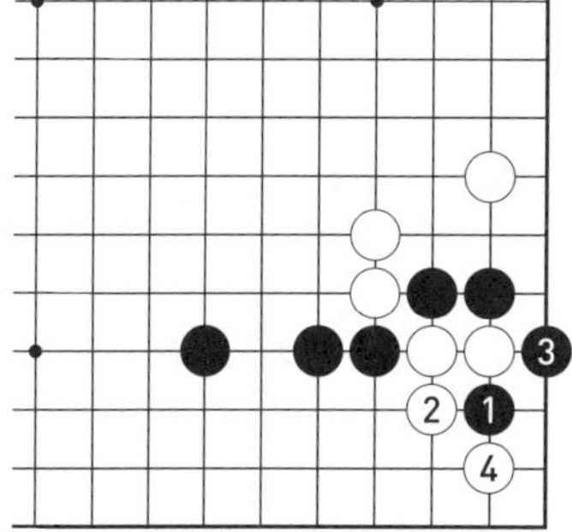

418 실패도

흑1에 붙임은 착오. 백2 꼬부림, 백4 단수쳐서 흑의 실패.

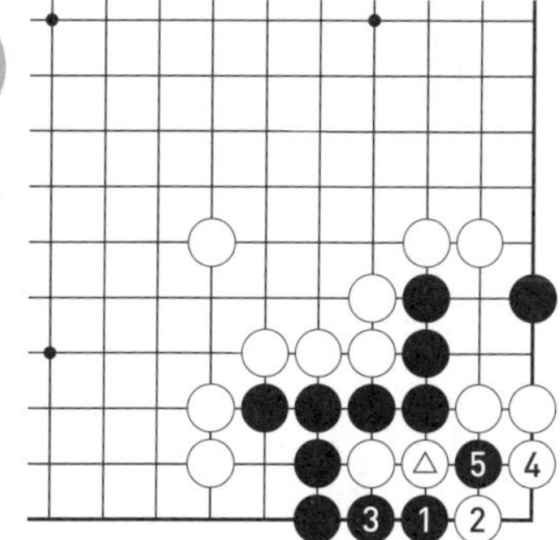

419 실패도

흑1에 받침은 착오. 백2 호구, 백4에 집을 지음이 묘수. 다시 백6으로 따내어 매화육궁이 되어 흑의 실패. 백6=△

420 정해도

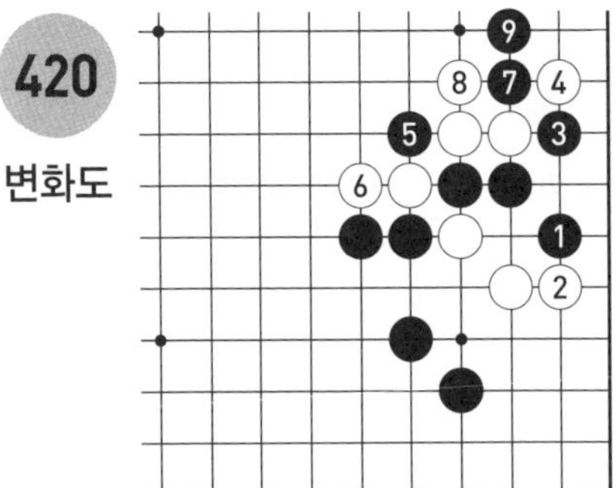

흑1 입구자가 백 2점을 잡는 좋은 수. 백10 젖힘할 때, 흑11에 끊어 결정타가 되어 백이 잡힌다. 흑17=흑11

421 정해도

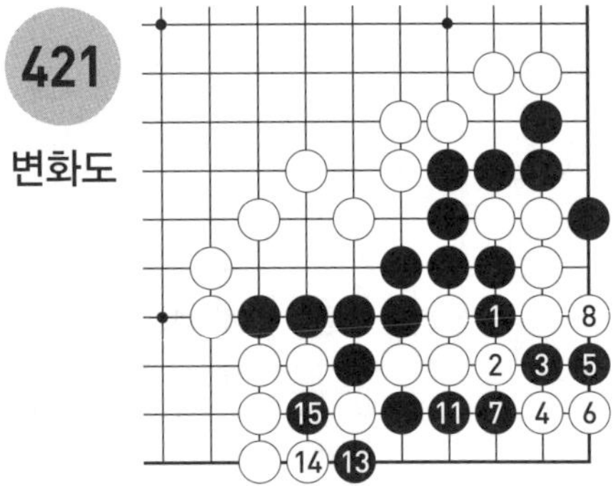

흑1,3으로 결정타가 된다. 흑13, 15로 두 번 젖혀 한 수를 늘림. 흑21까지 진행되어 백이 잡힌다. 흑9=흑3, 백10=흑5, 백12=흑3

420 변화도

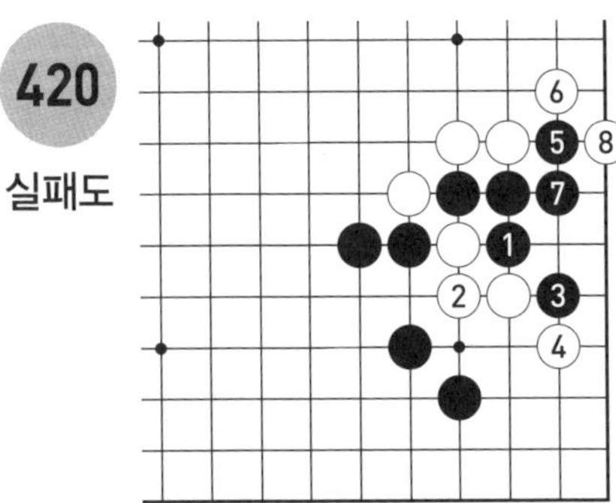

만약 백2에 막으면 흑3에 먼저 젖히고 다시 흑5, 7에 끊기, 백8 단수칠 때 흑9에 늘려서 백의 손실이 매우 큼.

421 변화도

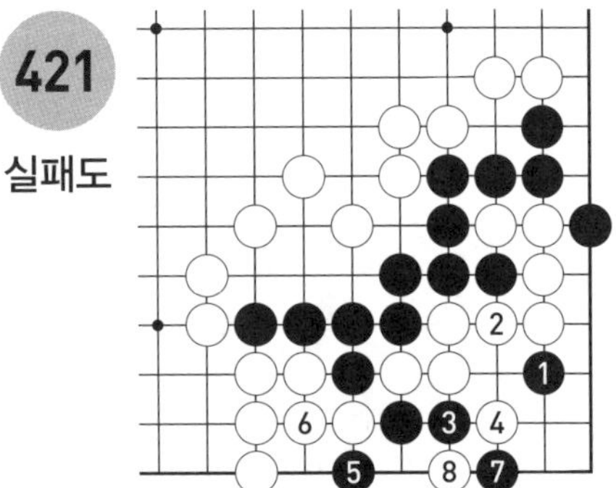

흑13 단수칠 때 백은 14로 패를 만들 수밖에 없으며 흑15로 따내어 서로 패싸움이 된다. 흑9=흑3, 백10=흑5, 백12=흑3

420 실패도

흑1에 단수치는 것은 착오. 백2에 잇고 백4 젖힘, 백8까지 진행되어 흑의 실패.

421 실패도

흑1에 기대는 것은 착오. 백2에 잇고 백8까지 흑이 실패.

422 정해도

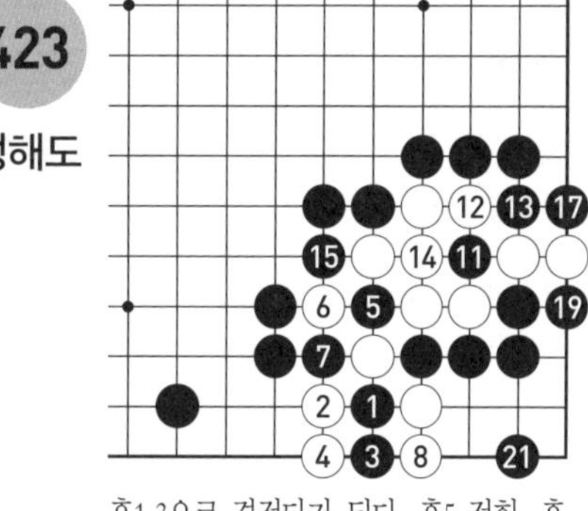

423 정해도

흑1에 느는 것이 귀의 백을 잡는 맥. 백2 단수칠 때 흑3 꼬부림으로 결정타가 되어 백이 잡힌다. 흑5=▲, 백6=●

흑1,3으로 결정타가 된다. 흑5 젖힘, 흑11 끊음 모두 수를 메우는 맥. 흑21 벌림까지 진행해서 백이 잡힌다. 흑9=흑1, 백10=흑3, 백16=흑5, 백18=흑11, 백20=흑1

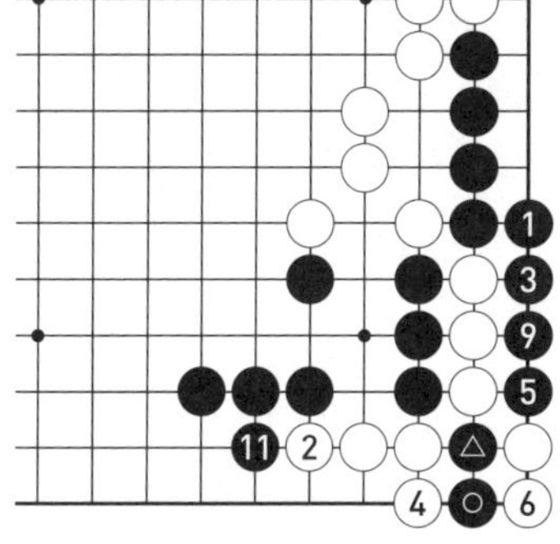

422 변화도

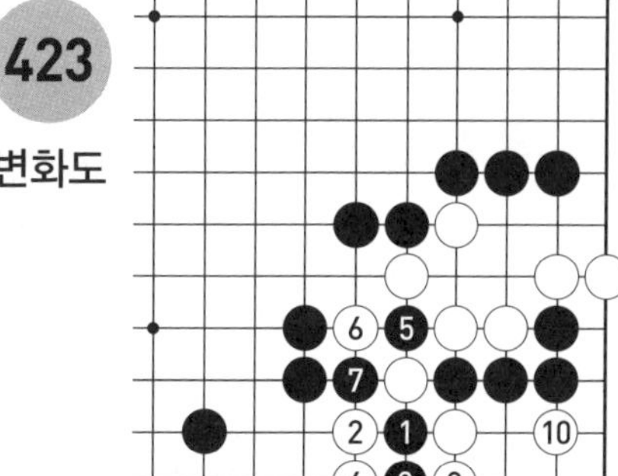

423 변화도

만약 백2에 늘리면 흑3 이하 역시 결정타가 되고 흑11까지 진행되어 백은 역시 안된다. 흑7=▲, 백8=●, 백12=흑3

흑9 먹여치기할 때, 백10과 같이 따낼 수 없다. 따내면 패가 된다. 흑9=흑1

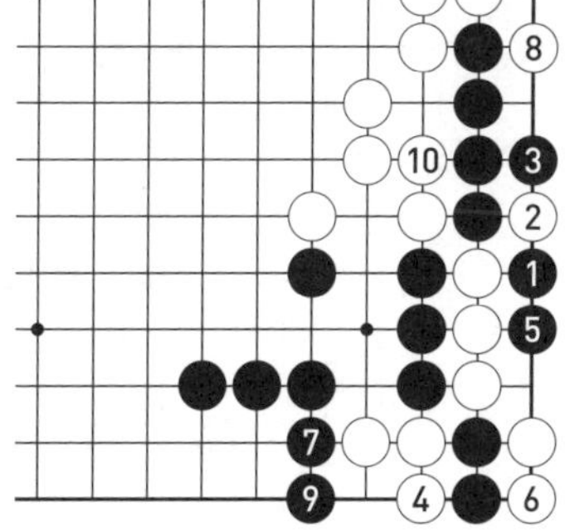

422 실패도

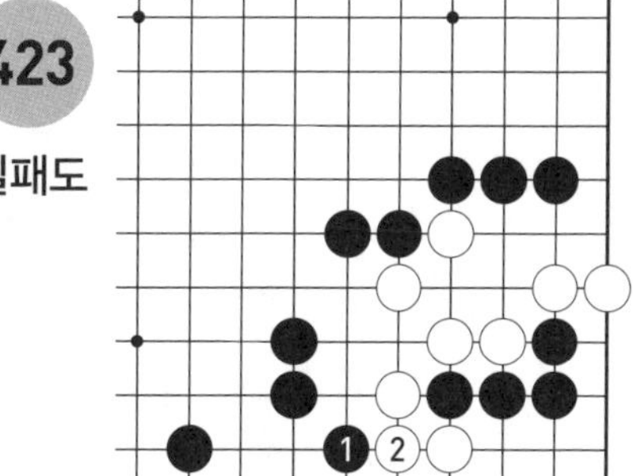

423 실패도

흑1에 먼저 젖힘은 착오. 백2 먹여치기, 백4 단수로 안형을 없애서 흑의 실패.

흑1에 입구자는 착오. 백2에 이어 흑의 실패.

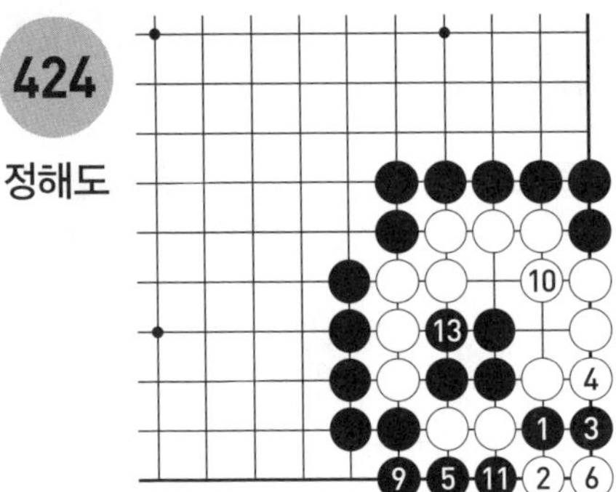

정해도 **424**

흑1, 3을 이용하여 결정타로 선수로 귀에 파호하고 다시 흑13에 빈삼각하여 백이 잡힌다.
흑7=흑1, 백8=흑3, 백12=흑1

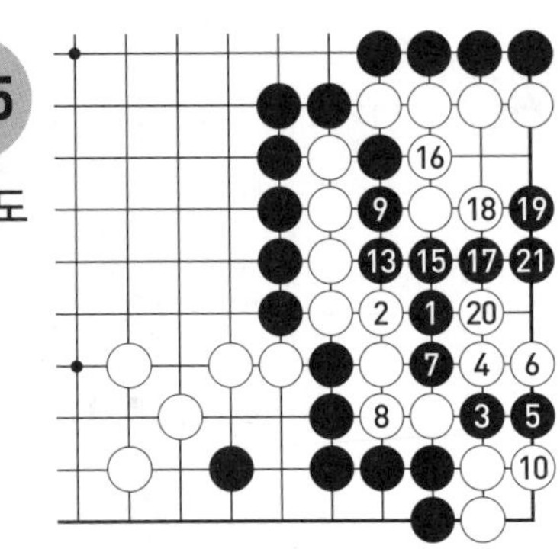

정해도 **425**

흑1 치중하기가 정답. 흑3, 5는 수를 줄이는 맥. 흑19까지 백은 양쪽에 수를 메울 수 없어서 흑의 성공.
흑11=흑3, 백12=흑5, 백14=흑3

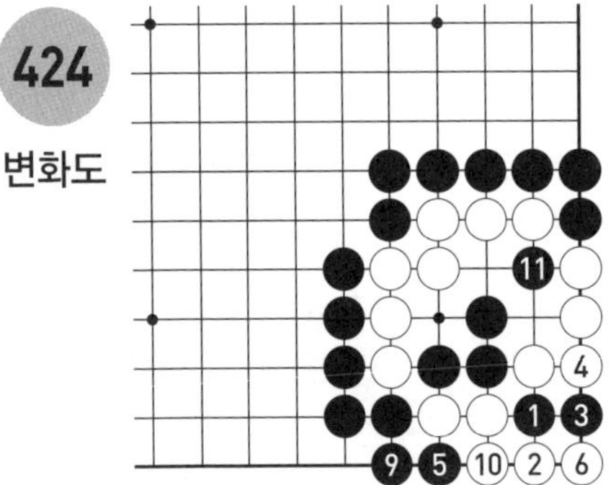

변화도 **424**

만약 백10과 같이 집을 지으면 흑11에 끊어서 백은 역시 살 수 없다. 흑7=흑1, 백8=흑3

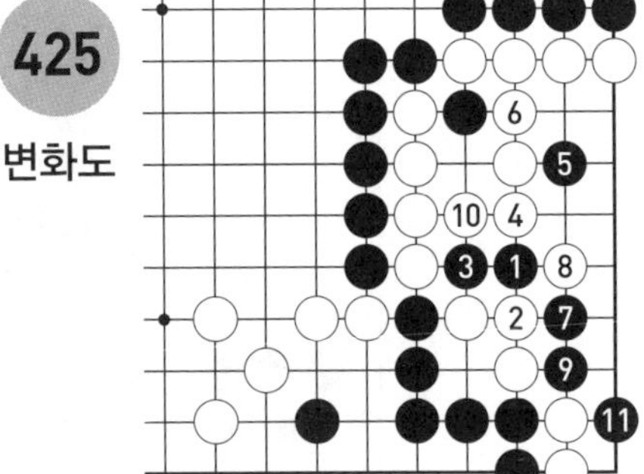

변화도 **425**

만약 백2에 빈삼각하면 흑3에 끊고 백4가 좋은 수. 흑5가 절묘함, 흑11까지 진행되어 흑은 살았다.

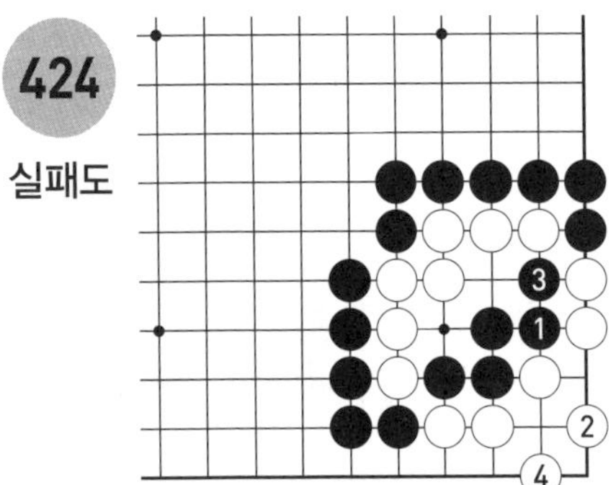

실패도 **424**

흑1에 미는 것은 착오. 백2, 4로 버려서 귀에서 살게 된다, 흑의 실패.

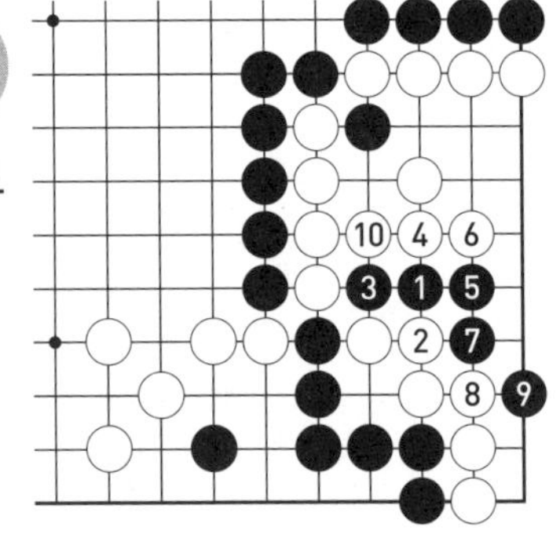

실패도 **425**

흑5에 느는 것은 착오. 백6 막고 백10 연결까지 진행되어 흑의 실패.

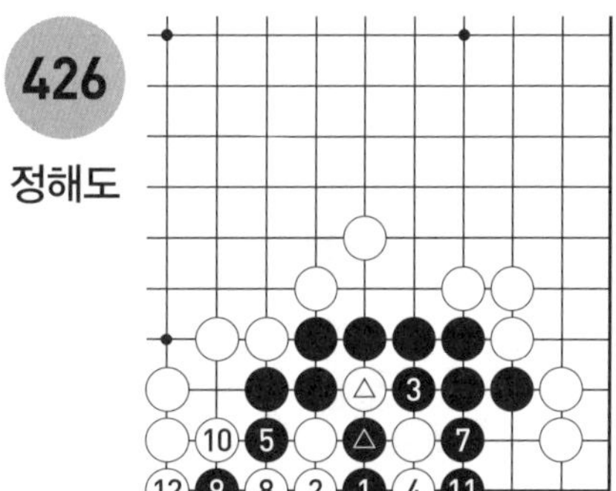

흑1에 세움이 정답. 흑5, 7로 수를 줄이고 흑13까지. 백은 촉촉수가 되어 흑이 살았다.
백6=△, 흑13=▲

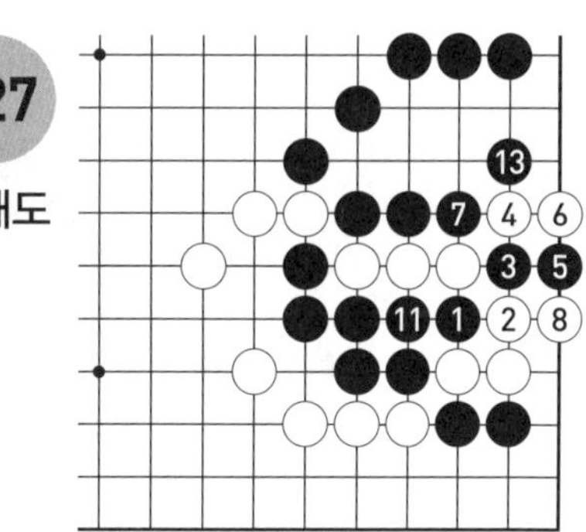

흑1 끼워 붙임, 흑3 끊음이 묘수. 다시 흑5, 7로 결정타가 되어 백이 잡힌다.
흑9=흑3, 백10=흑5, 백12=흑3

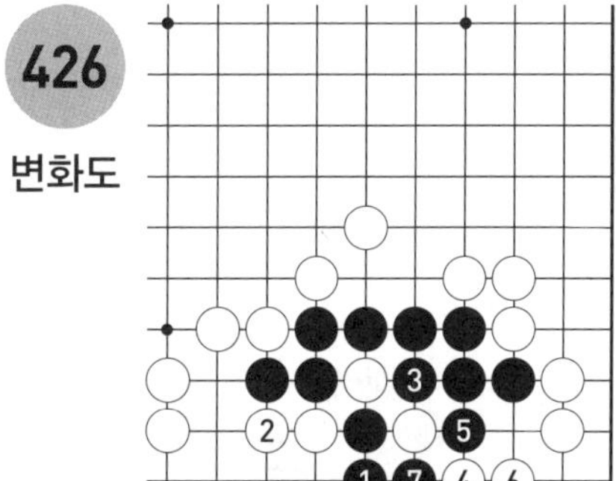

만약 백2에 두면 흑3 따내고 흑7까지 역시 살게 된다.

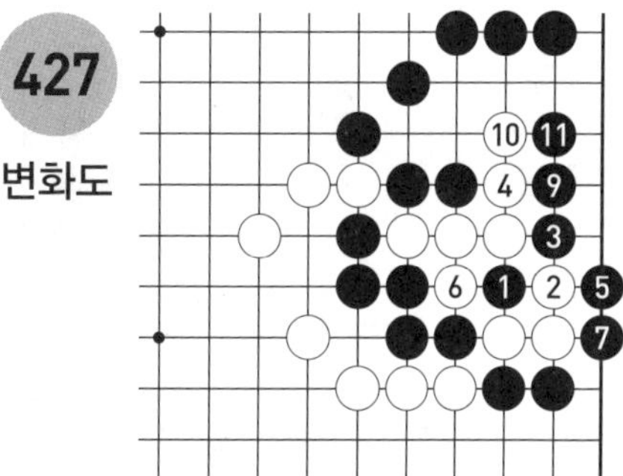

만약 백이 4에 꼬부리면 흑5, 7로 회돌이가 정답. 흑11까지 늘려서 백은 여전히 살 수 없다.
백8=흑1

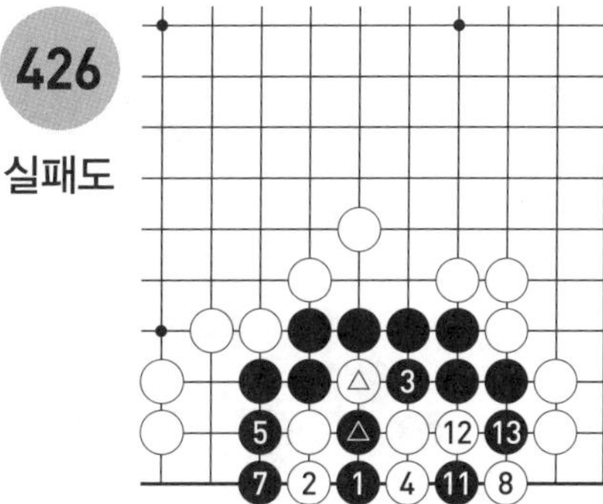

백6 따낸 후, 흑7에 막는 것은 착오. 백8 건너고 백14까지 서로 패가 되어 흑의 실패. 백6=△, 흑9=▲, 백10=흑1, 백14=△

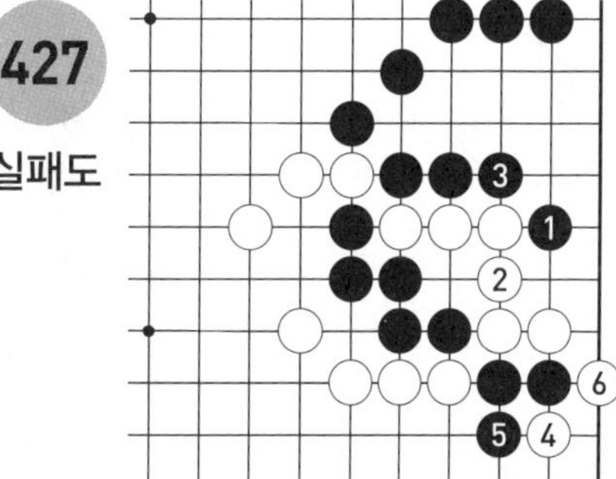

흑1에 받침은 착오. 백2에 연결, 백4 붙임이 맥. 백6에 다시 건너서 흑의 실패.

428 정해도

흑1 끼움, 흑3 끊음이 정답. 흑
17 붙임이 절묘. 백이 잡힌다.
흑9=흑3, 백10=흑5, 백14=흑3

429 정해도

흑1,3 두 번 젖힘이 결정타가 된다.
흑17에 다시 젖힘은 수를 줄이는
좋은 수. 흑21까지 백이 잡힌다. 흑
11=흑3, 백12=흑7, 백16=흑3

428 변화도

만약 백12에 늘리면 흑13 단수,
백은 14로 할 수밖에 없으며, 흑
15 따냄으로 흑의 성공.
흑9=흑3, 백10=흑5, 흑15=흑3

429 변화도

만약 백이 14로 이어서 집을 만
들면 흑15로 찌르고 흑17에 빠
져서 백은 역시 살 수 없다.
흑11=흑3, 백12=흑7

428 실패도

흑1에 막는 것은 착오. 백2에 잇
고 백4 붙임, 다시 백6에 먹여치
기로 패가 되어 흑의 실패.

429 실패도

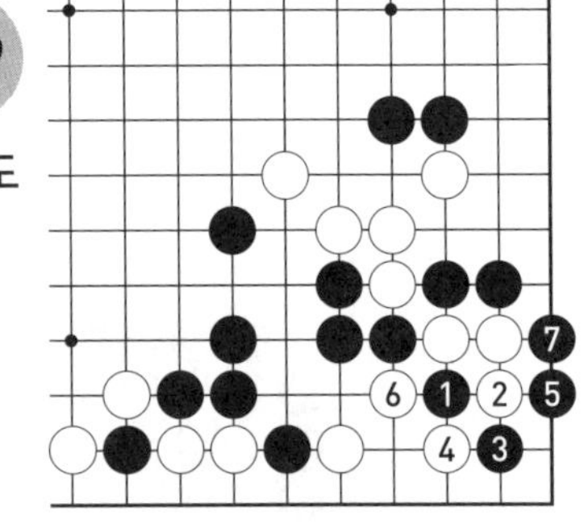

흑5에 회돌이는 착오. 백8 연결
까지 진행되어 흑의 실패.
백8=흑1

430 문제도 ★★

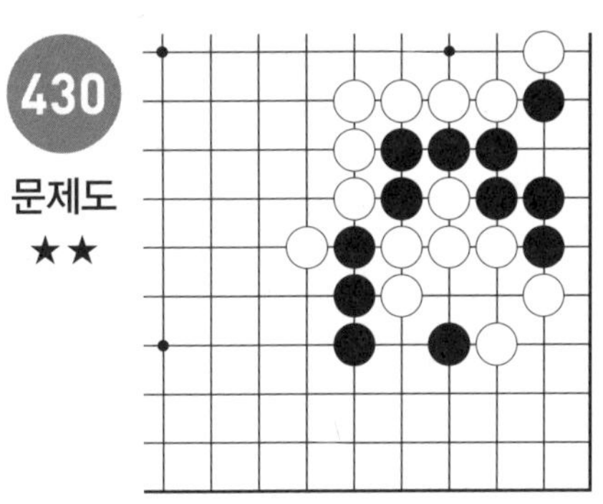

431 문제도 ★

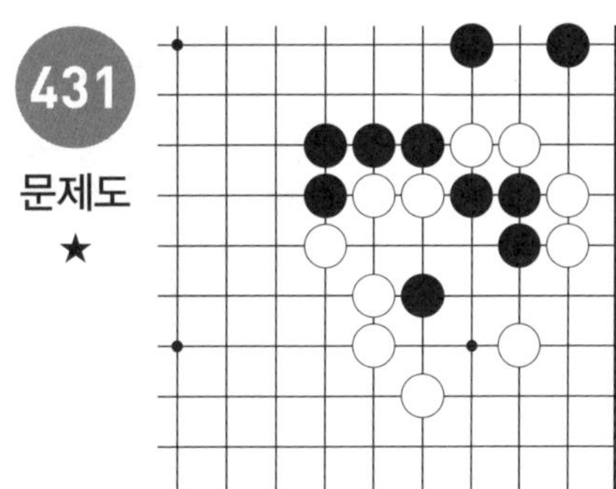

430 정해도

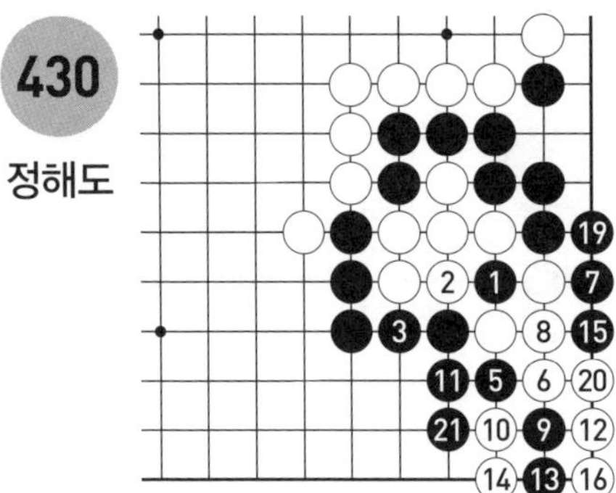

흑1 먹여치고 흑3 단수쳐서 선수로 수를 메운다. 다시 흑5, 9에 두 번 젖힘으로 결정타가 되어 백이 잡힌다. 백4=흑1, 흑17=흑9, 백18=흑13

431 정해도

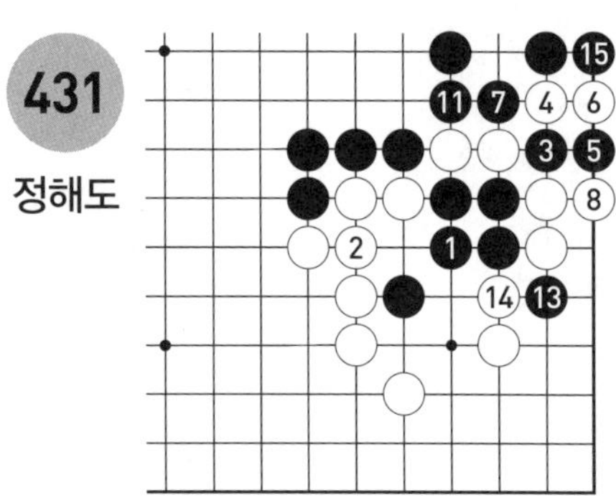

흑1에 먼저 빈삼각하고 백2에 연결한 후에 흑3, 5로 키워 죽이는 맥으로 백이 잡힌다.
흑9=흑3, 백10=흑5, 백12=흑3

430 변화도

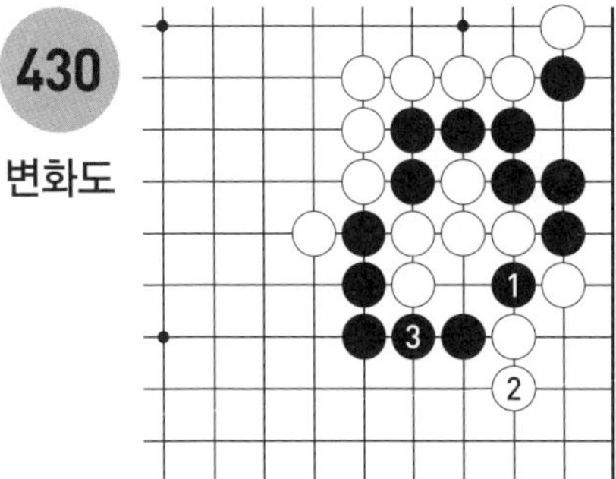

만약 백2에 늘리면 흑3 단수쳐서 백은 역시 잡힌다.

431 변화도

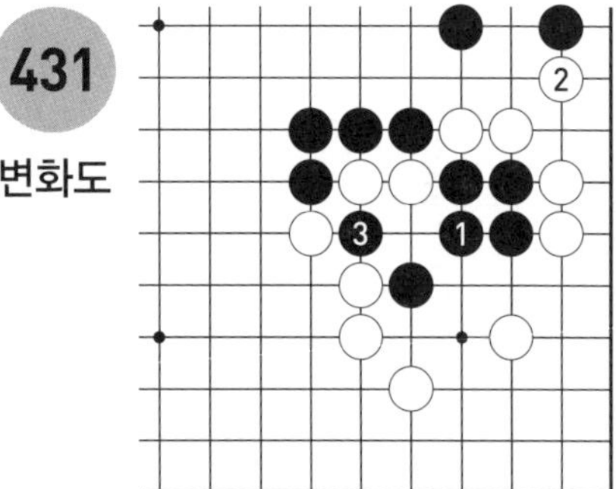

만약 백2와 같이 입구자하면 흑3 먹여치기로 백 2점이 잡힌다.

430 실패도

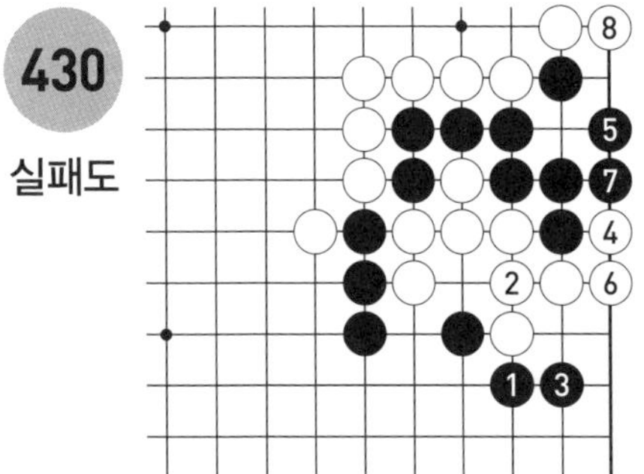

흑1에 젖힘은 착오. 백2에 이어 수를 늘릴 수 있으며, 수상전 결과 흑의 실패.

431 실패도

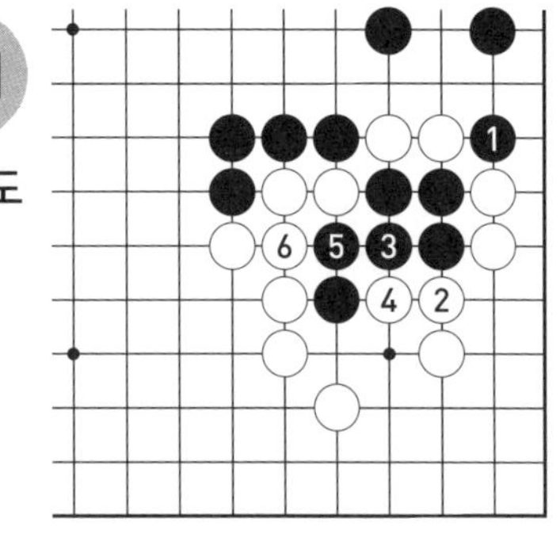

흑1에 먼저 끊는 것은 착오. 백2 단수쳐서 흑의 실패.

화점정석에서

'분명히 정석대로 두었는데 망한다?' 중급자들의 바둑에서 이런 일은 흔하다. 다름 아니라 정석을 기계적으로만 외웠기 때문이다. 국부적으로는 아무리 훌륭한 정석을 펼쳤다 하더라도 전체 포석과 어울리지 못한다면 전국적으로는 오히려 손해가 되는 것. 정석의 시의적절한 활용 비결을 실전 예를 들어 살펴보자.

장면도

백1로 걸쳐간 장면인데, 가와 나 가운데 과연 흑은 어떻게 응수하는 것이 좋을까? 우하귀와 연관지어 생각해 보자.

실패도(무기력)

흑1의 날일자로 받는 것은 가장 상식적인 응수법. 그러나 여기서는 무기력한 응수, 즉 백의 주문이다. 백2가 벌림과 흑△에 대한 협공을 겸하는 1석 2조의 절호점이 되면서 국면의 주도권이 백에게 넘어가는 것이다.

정해도(주도권 장악)

흑1로 협공하는 것이 기략 넘치는 착상. 백2를 유도하여 이하 흑9까지 선수로 세력을 쌓은 다음 흑11은 우변 흑진을 굳히며, 백△들의 근거를 위협하는 공수의 요소이다. 특히 화점정석에서는 대개 이처럼 적극적인 발상이 효과적일 때가 많다.

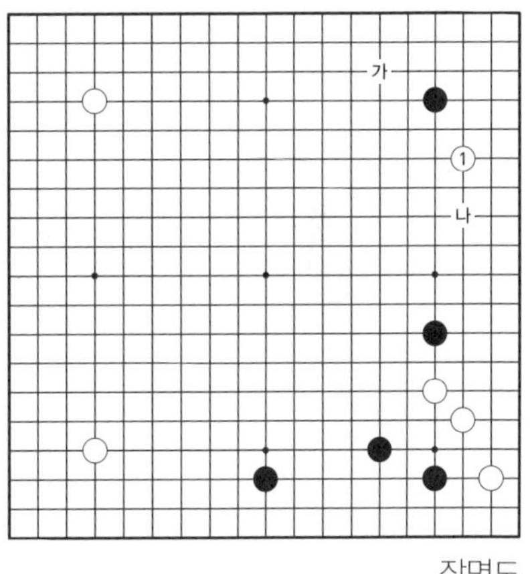

장면도

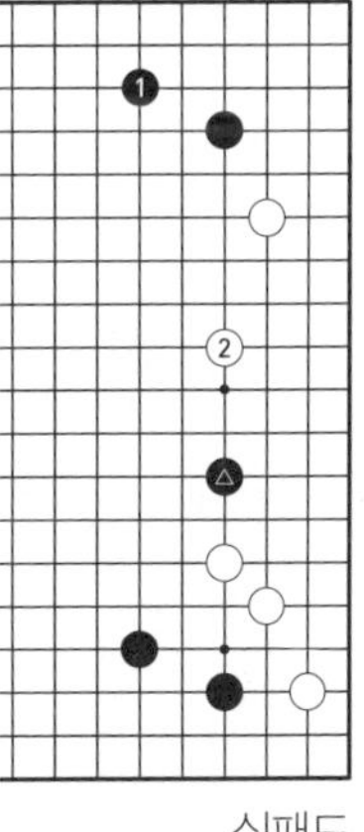

실패도

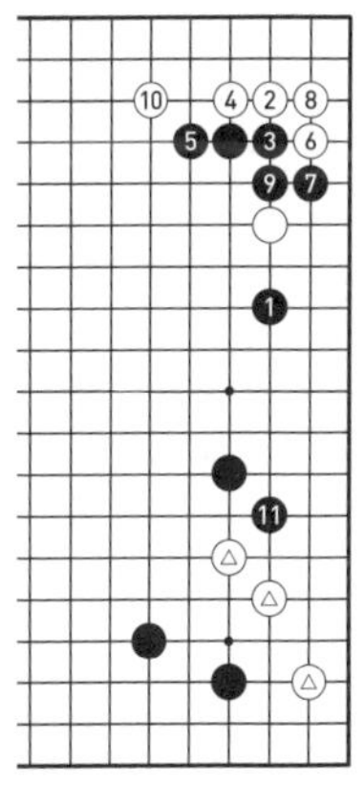

정해도

제 14 부 양자충

한쪽에서 일선 상에 늘기하여 상대는 좌, 우 어느 쪽으로도 수를 메울 수 없게 되고 자신은 상대를 둘러싸서 잡는 결과를 '양자충'이라고 합니다.

양자충을 하기 위해서는 첫째, 자신의 돌이 상대의 돌을 끊어 놓을 것, 둘째, 돌이 일선 상에 늘기하여 상대가 양쪽으로 들어올 수 없을 것, 이 두 가지 조건을 충족시켜야 하며 특히 두 번째 조건이 중요합니다.

제14부는 36개의 연습문제로 구성되어 있으며 모두 흑 선입니다.

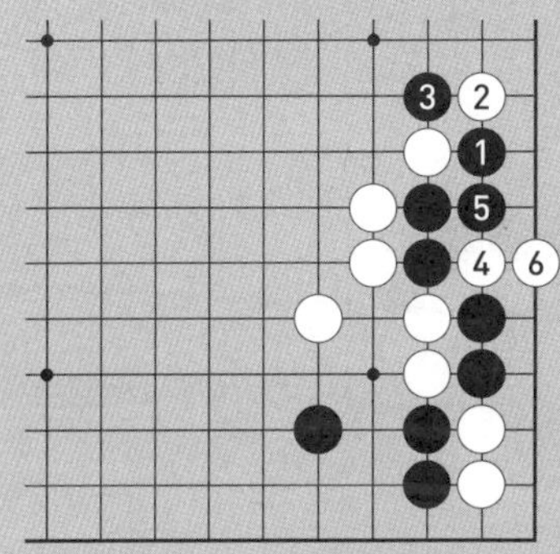

[도해] 흑3으로 끊을 때 백4로 끊고
백6으로 세워서 양자충이 된다.

433 문제도 ★

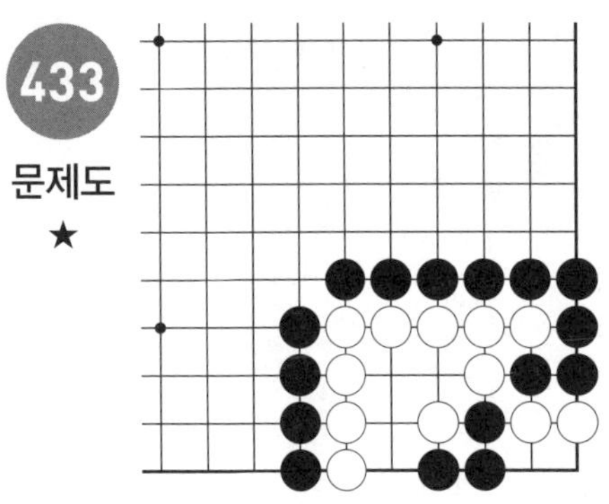

434 문제도 ★★

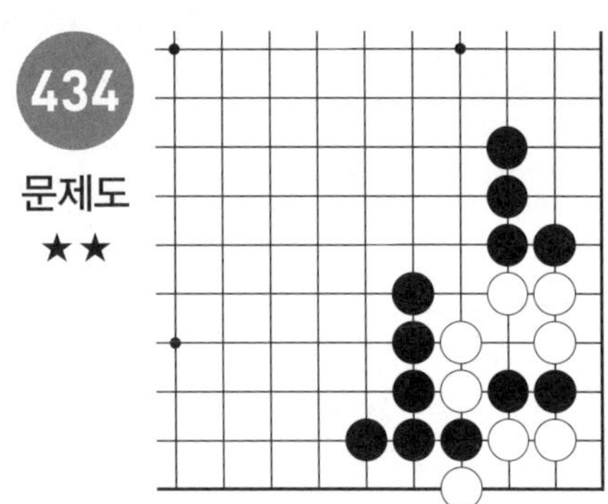

435 문제도 ★★★

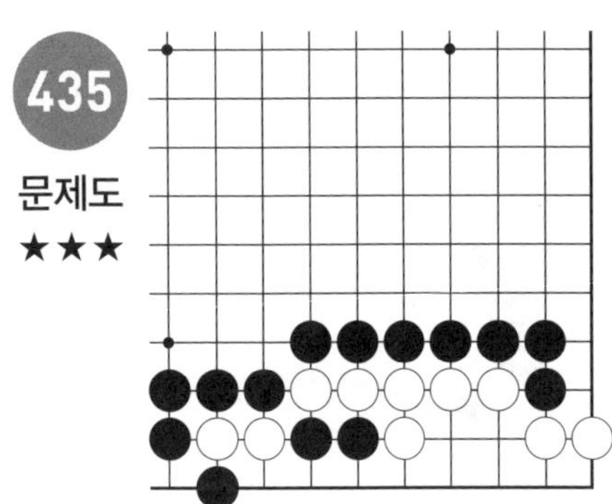

436 문제도 ★

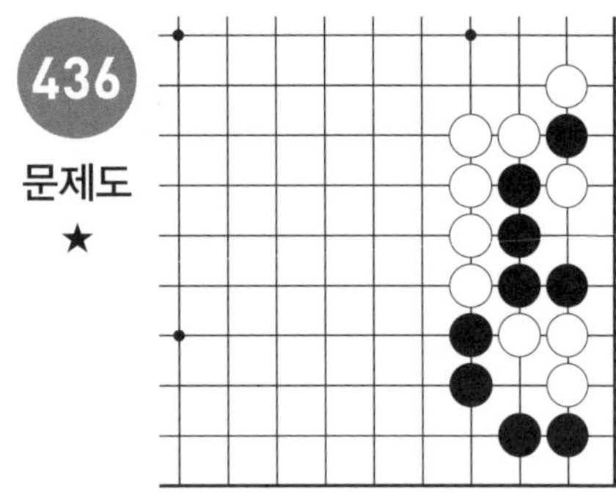

437 문제도 ★★

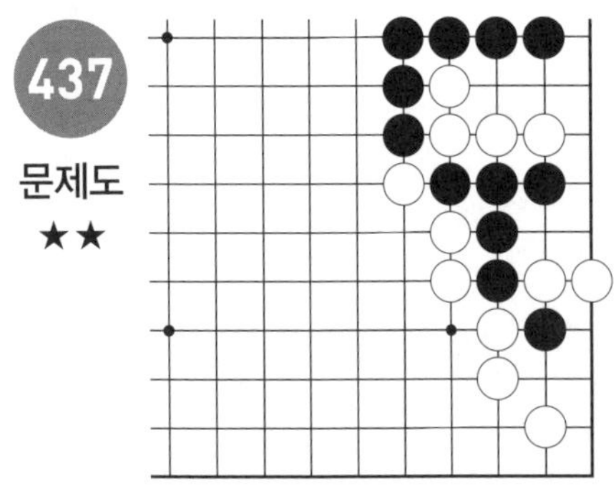

438 문제도 ★★

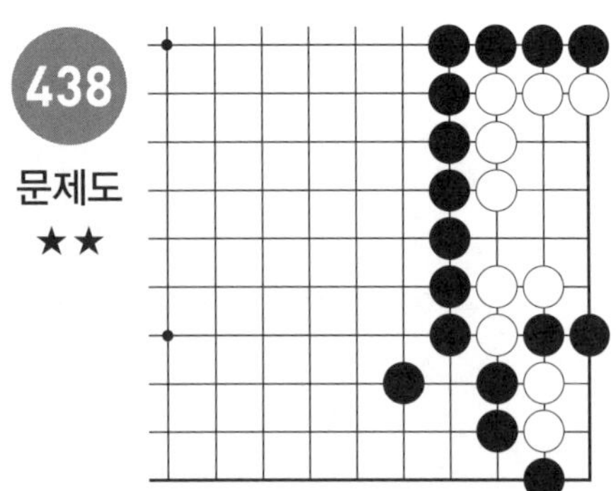

439
문제도
★★

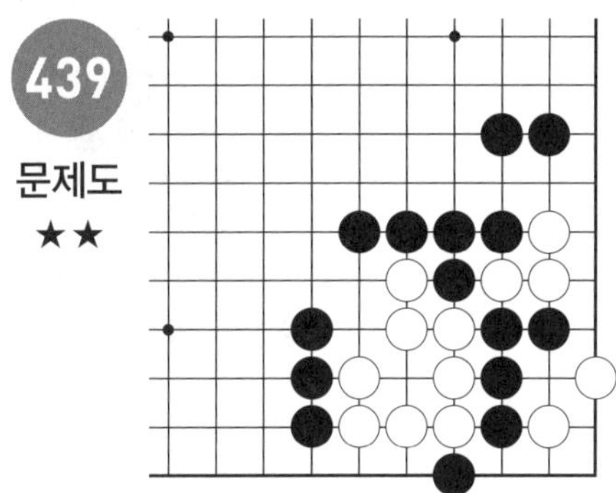

440
문제도
★

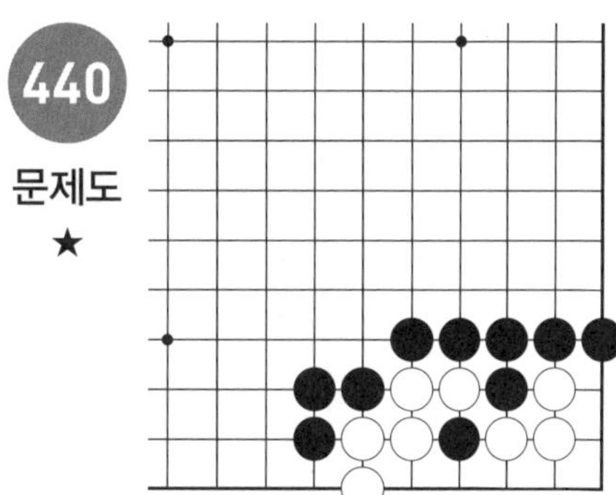

441
문제도
★★

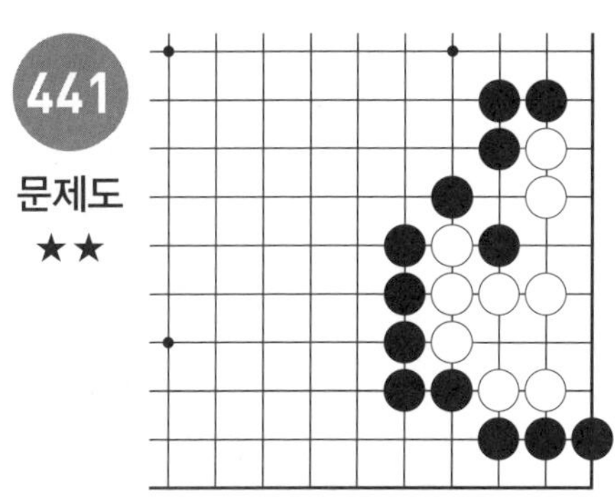

442
문제도
★★

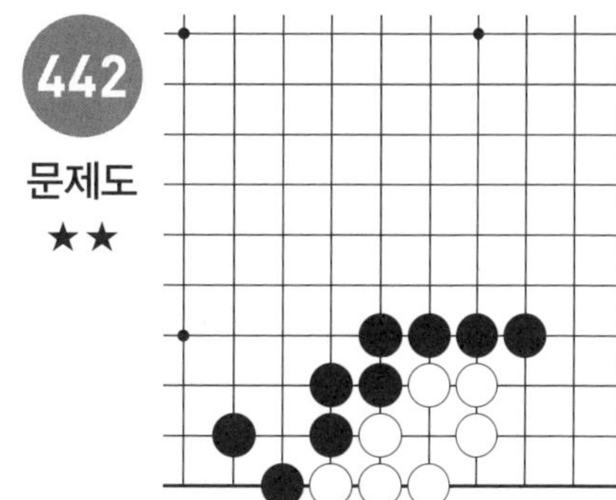

443
문제도
★

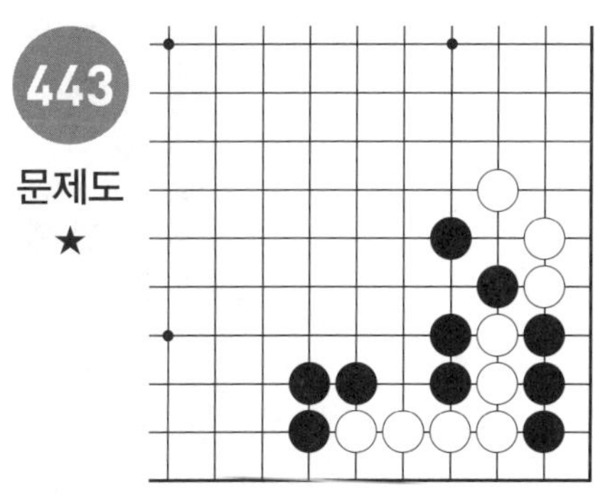

444
문제도
★★

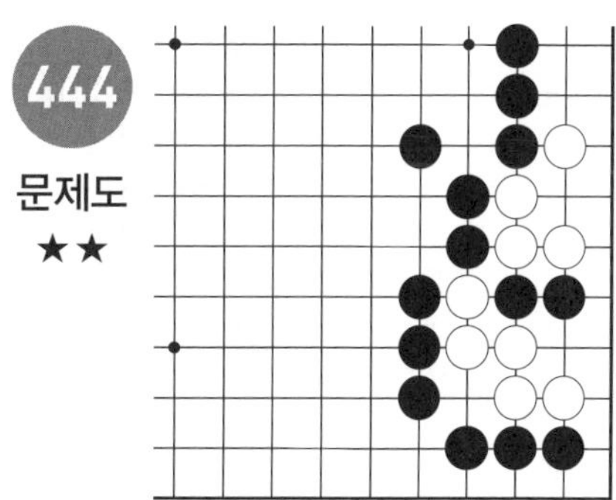

433

정해도

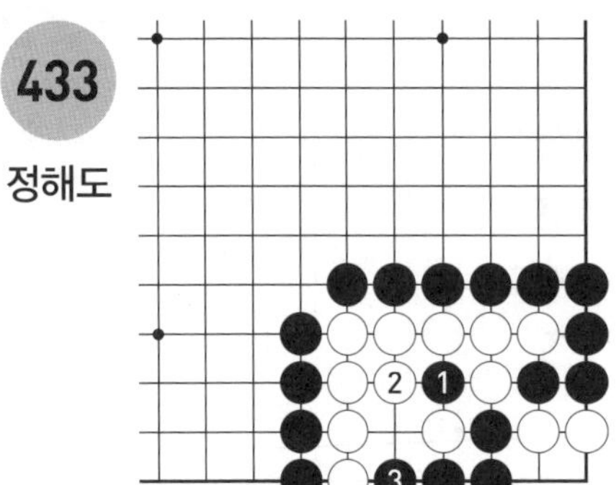

흑1 먹여치기, 흑3 늘림이 좋은 수
순. 양자충이 되어 백이 잡힌다.

434

정해도

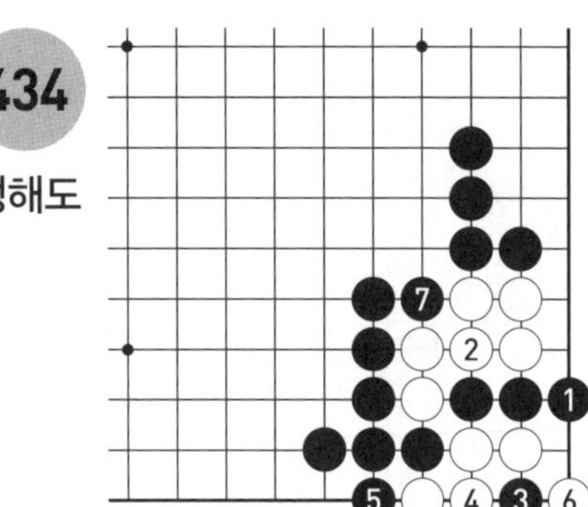

흑1에 느는 것이 좋은 수. 흑7까
지 진행되어 양자충이 되어 귀
의 백이 잡힌다.

435

정해도

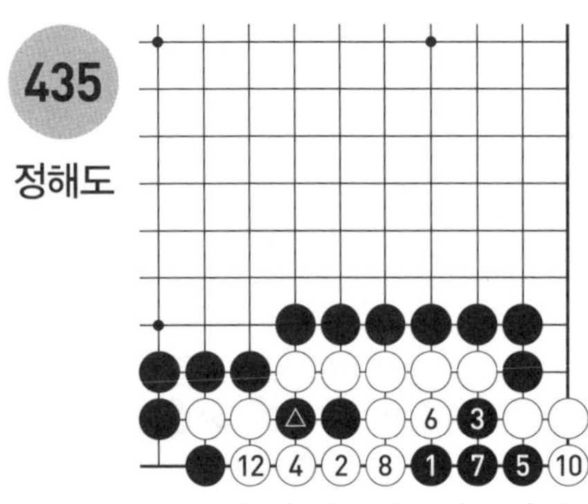

흑1, 3이 맥. 흑7 잇고 흑9 먹여
치기가 좋은 수순. 흑13까지 진
행되어 백이 잡힌다.
흑9=▲, 흑11=흑7, 흑13=흑3

436

정해도

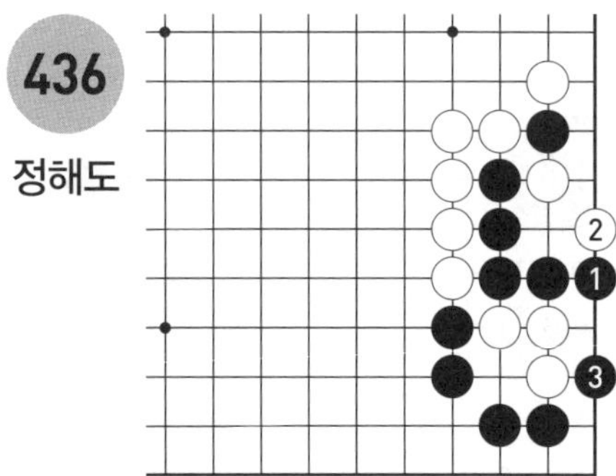

흑1에 느는 것이 요점. 다시 흑3
에 젖혀서 백 3점이 잡힌다.

437

정해도

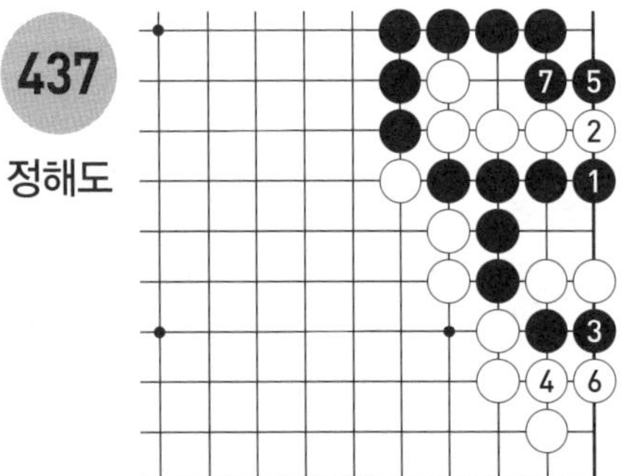

흑1, 3에 두 번 빠지는 것이 관련
있는 묘수. 다시 흑5, 7에 수를
메워 백이 잡힌다.

438

정해도

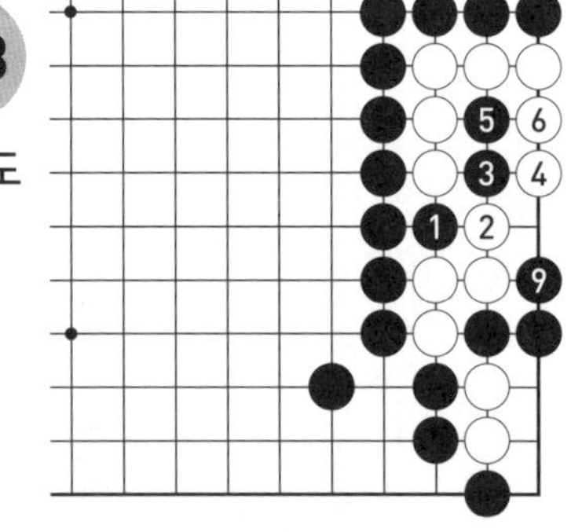

흑1, 3, 5가 묘수 연발. 흑7 먹여
치기, 흑9 꼬부림이 좋은 수순.
백이 잡힌다. 흑7=흑3, 백8=흑5

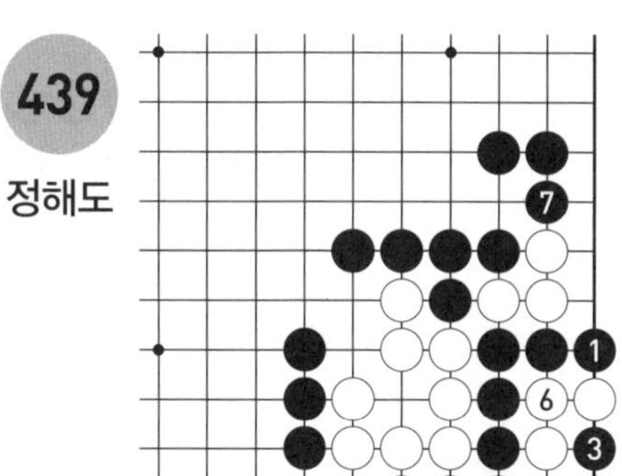

흑1에 느는 것이 요점. 흑3 먹여치기, 흑5에 연결이 좋은 수순. 다시 흑7에 수를 메워 백이 잡힌다.

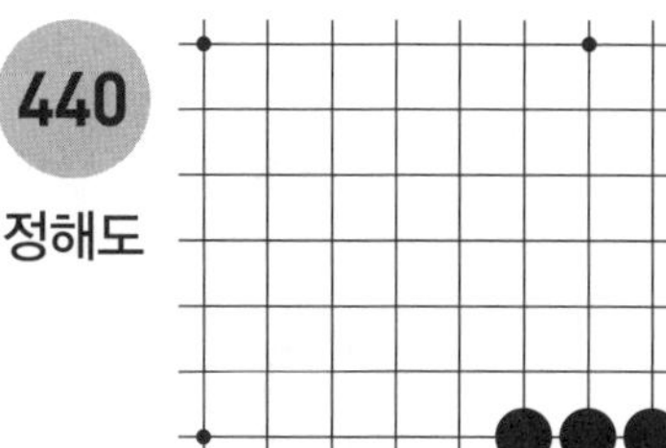

흑1에 빠지는 것, 흑3에 먹여치기가 매우 좋은 수순. 다시 흑5에 꼬부려서 백이 잡힌다.

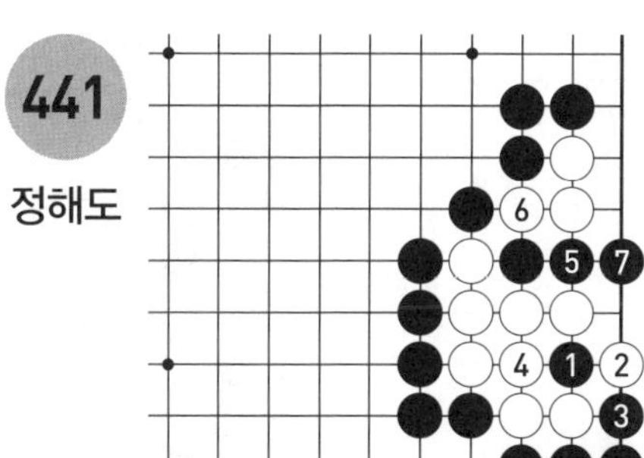

흑1에 끼워 붙임, 흑3에 단수치는 것이 좋은 수순. 흑5, 7에 두 번 빠지는 것이 맥. 백이 잡힌다.

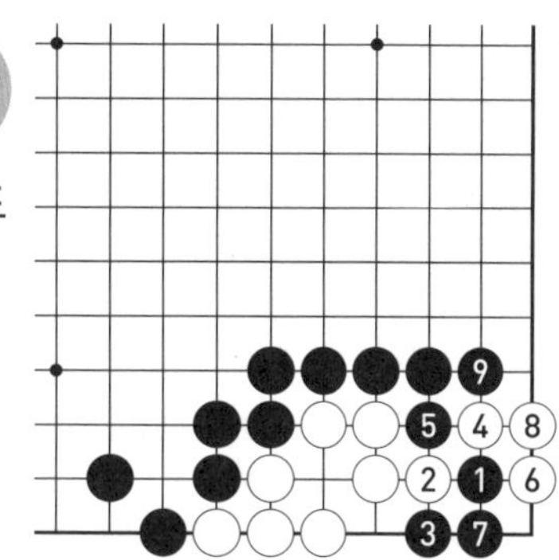

흑1의 날일자가 좋다. 흑3에 젖힘이 요점. 이하 흑9까지 진행되어 양자충이 되어 백이 잡힌다.

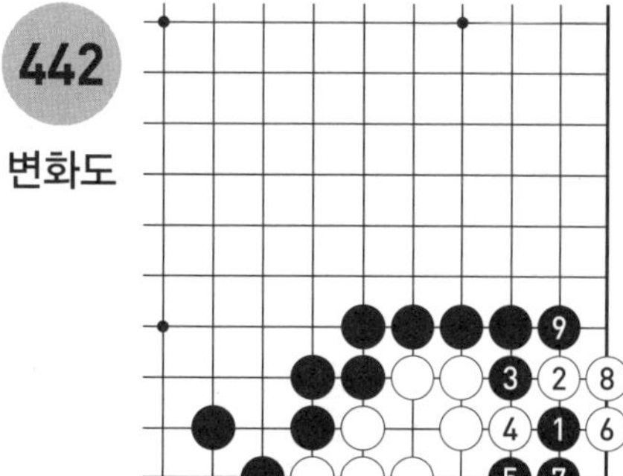

만약 백이 2와 같이 걸치면 흑3부터 흑9까지 귀의 백은 살 수 없다.

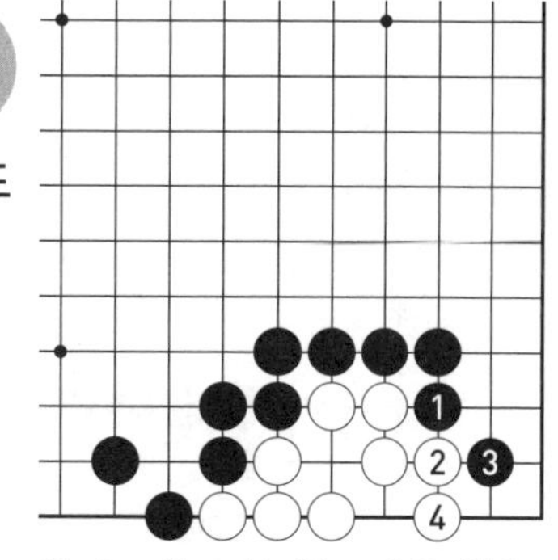

흑이 1에 꼬부리는 것은 착오. 백2, 4로 간단하게 살게 된다. 흑의 실패.

443 정해도

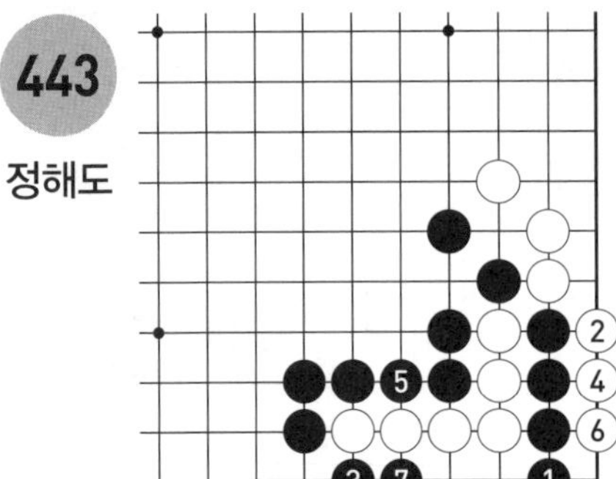

흑1에 느는 것이 수를 늘리는 요점. 백은 한 수 차이로 잡히게 된다.

444 정해도

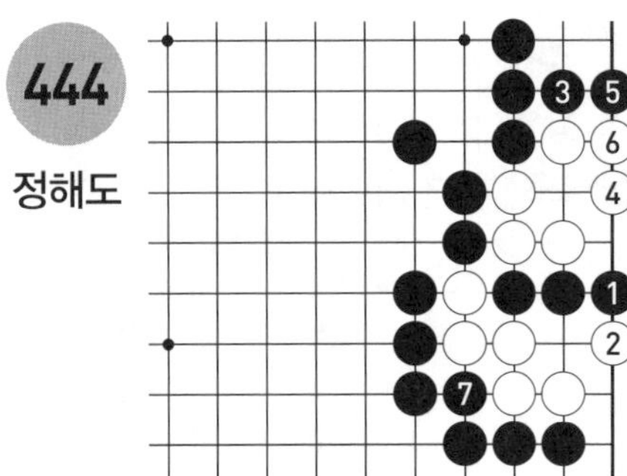

흑1에 느는 것이 좋은 수. 이하 흑7까지 진행되어 양자충이 됨에 따라 백이 잡힌다.

443 변화도

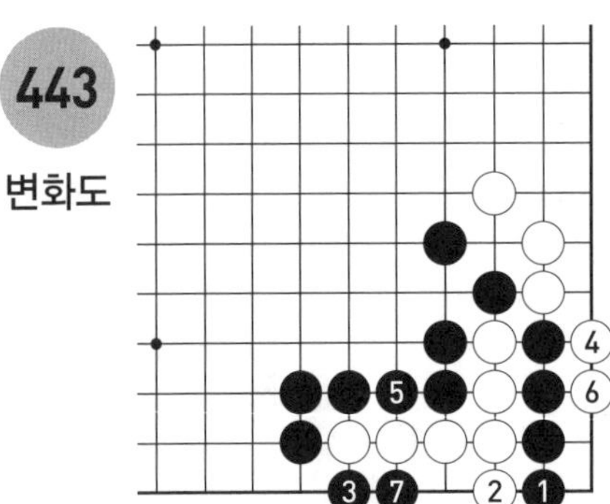

만약 백이 2와 같이 두어도 안된다. 결과는 역시 잡힌다.

444 변화도

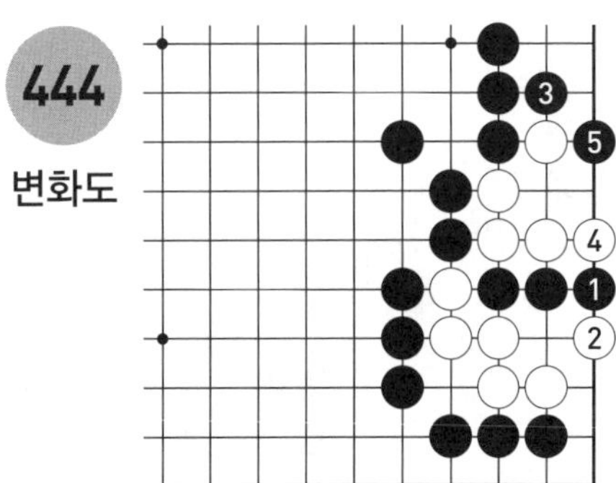

만약 백4에 단수치면 흑도 5에 단수쳐서 백은 역시 살 수 없다.

443 실패도

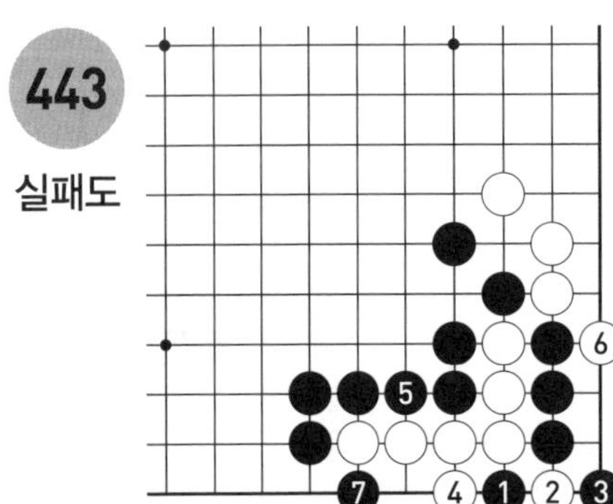

흑1에 먼저 젖힘은 착오. 백2 먹여치기, 백4로 패를 만들어 흑의 실패.

444 실패도

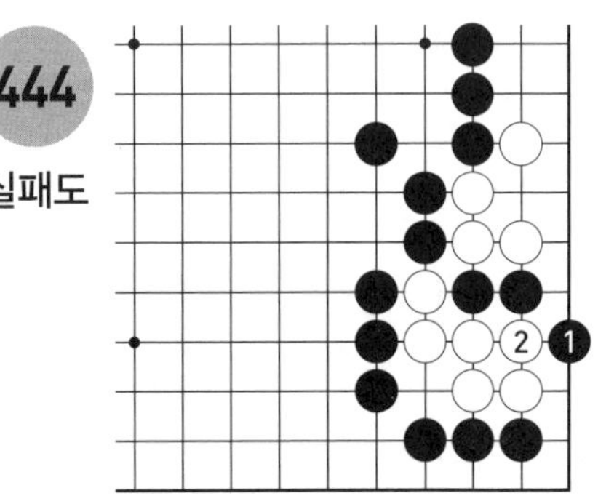

흑1에 입구자하는 것은 착오. 백2 단수쳐서 살 수 있다. 흑의 실패.

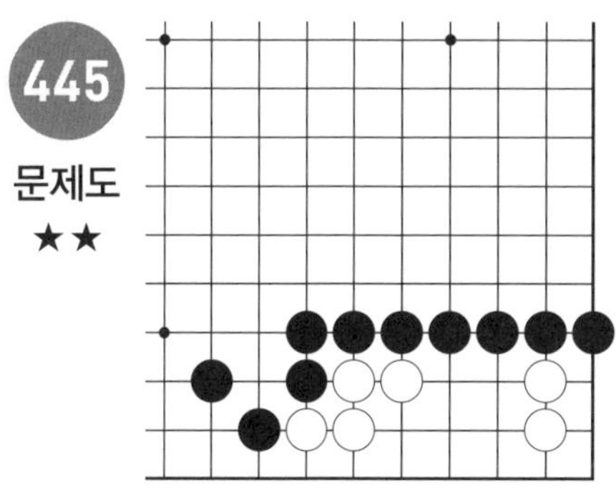

445
문제도
★★

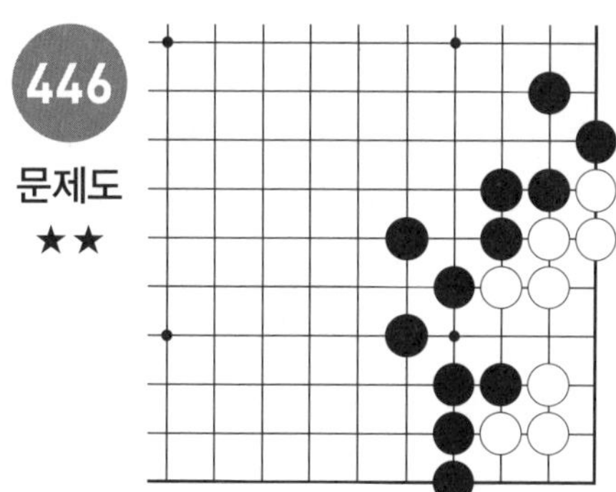

446
문제도
★★

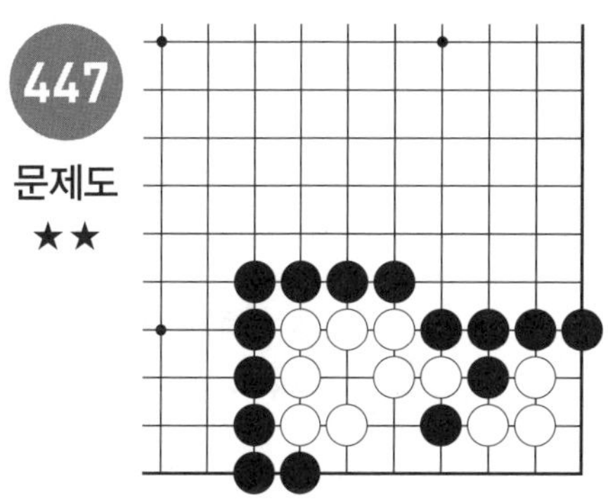

447
문제도
★★

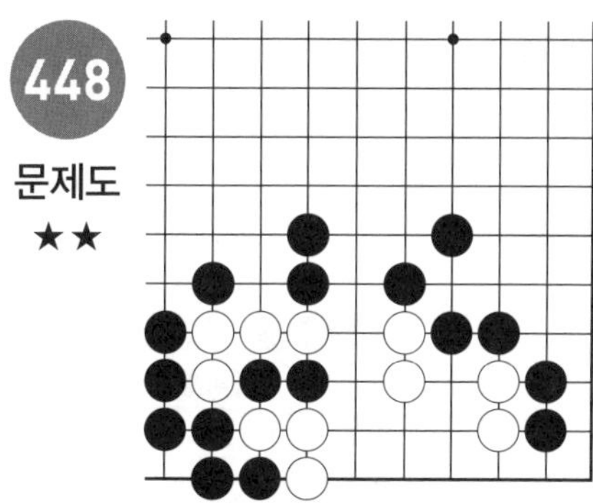

448
문제도
★★

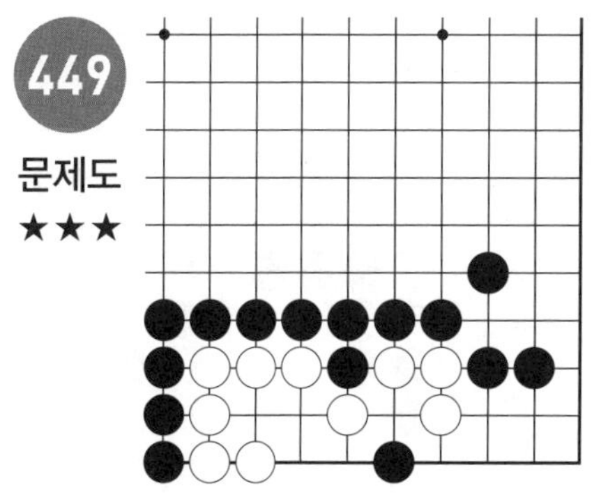

449
문제도
★★★

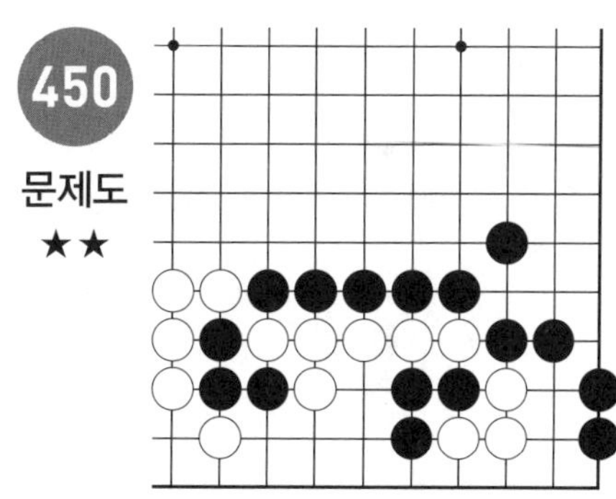

450
문제도
★★

451
문제도
★★

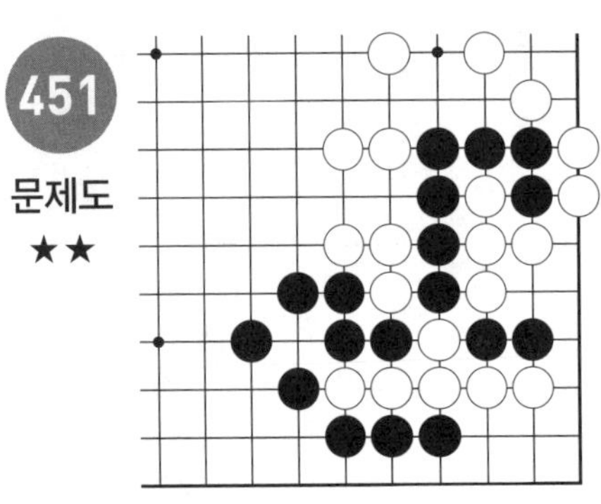

452
문제도
★★

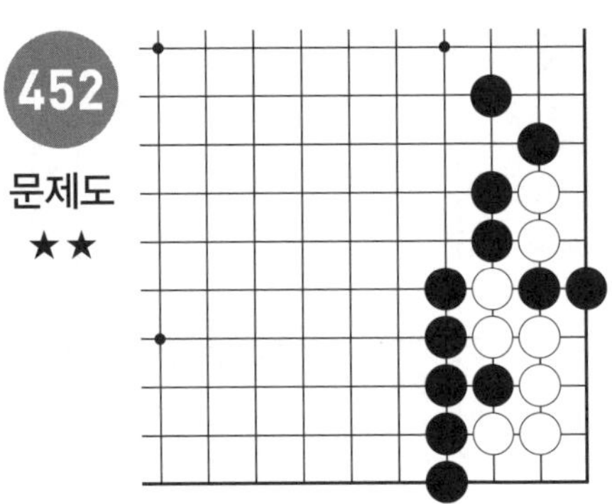

453
문제도
★★

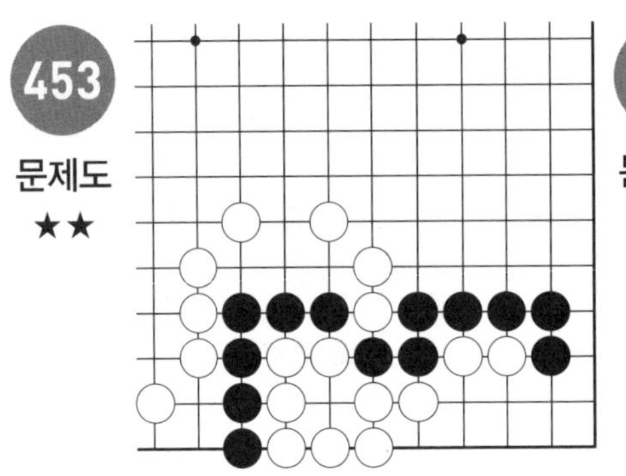

454
문제도
★★

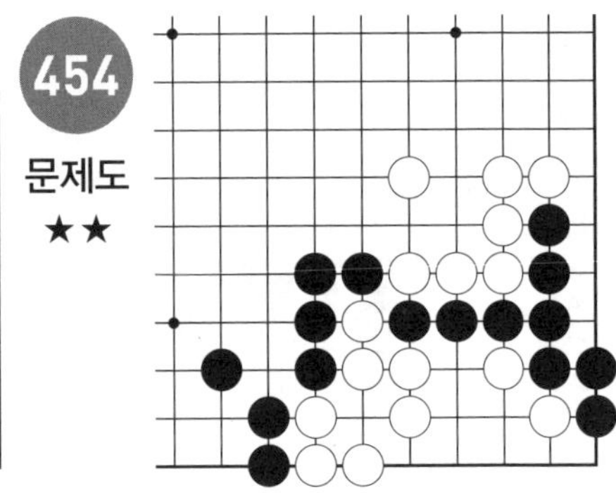

455
문제도
★★★

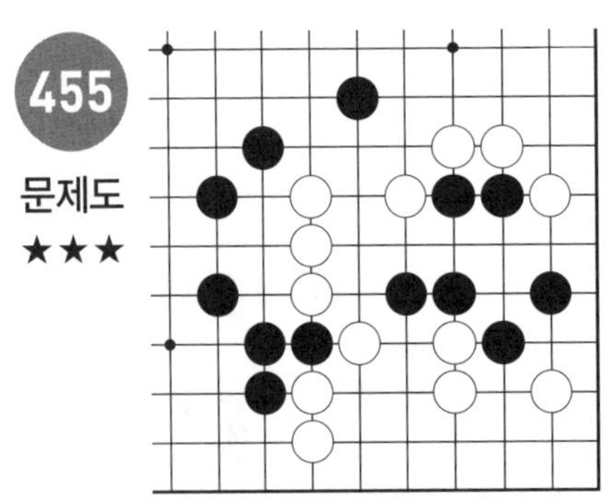

456
문제도
★★

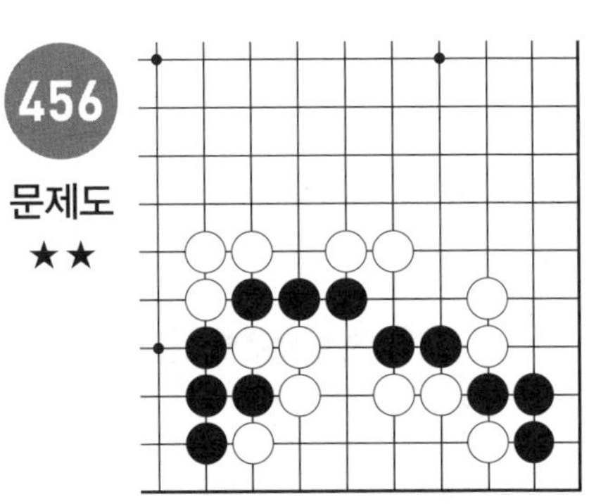

445 정해도

흑1이 좋은 수. 흑3, 5가 좋은 수순. 흑11까지 진행되어 양자충이 되어 귀의 백이 잡힌다.

446 정해도

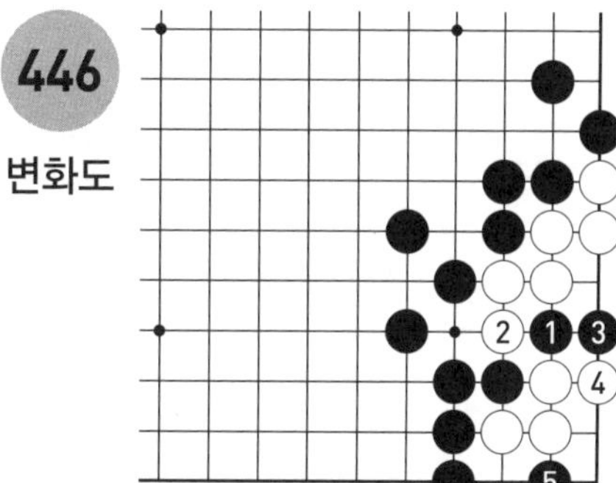

흑1에 끼워 붙임이 맥. 흑3, 5는 좋은 수순. 다시 흑7에 꼬부려서 양자충이 되어 백이 잡힌다.

445 변화도

만약 백이 4에 붙임하면 흑5 단수, 흑7 잇고 흑11까지 백은 역시 살 수 없다.

446 변화도

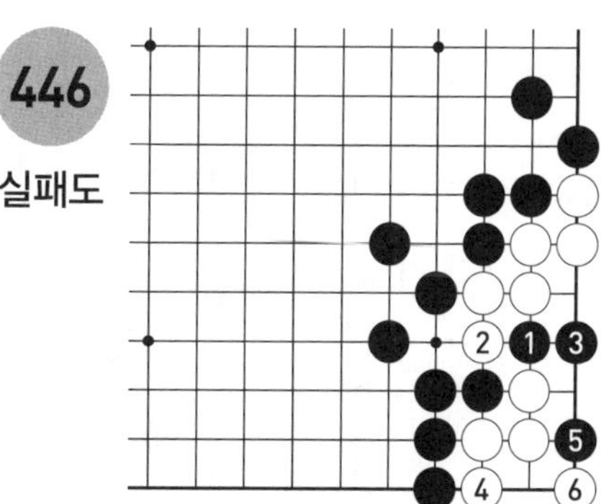

만약 백4와 같이 막으면 흑5에 파호하여 백은 역시 살 수 없다.

445 실패도

흑1은 착오. 백2부터 백6까지 집을 지어 살 수 있다. 흑의 실패.

446 실패도

흑5는 착오. 백6에 먹여치기하여 패가 된다. 흑의 실패.

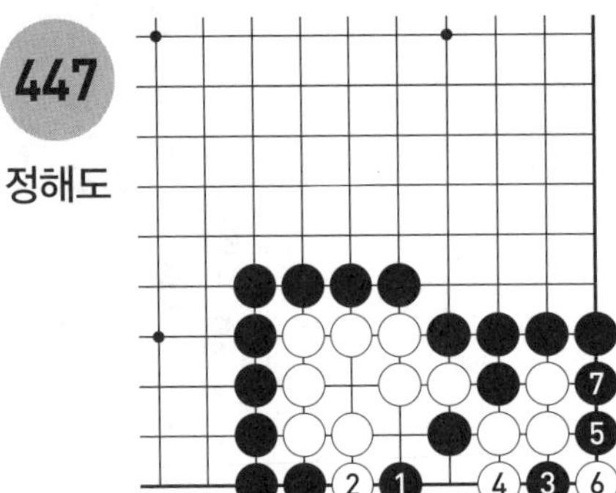

447 정해도

흑1에 입구자하는 것이 좋은 수. 흑3은 절묘하게 좋은 점. 흑7까지 진행하여 양자충이 되어 귀의 백이 잡힌다.

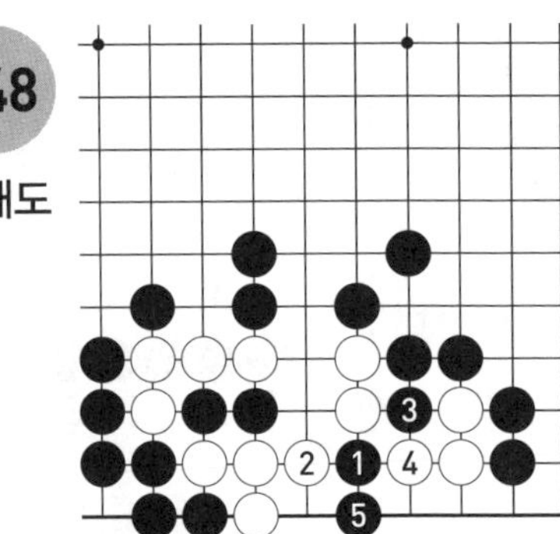

448 정해도

흑1에 내미는 것이 요점. 다시 흑3에 끼우고, 흑5에 늘어서 양자충이 되어 백이 잡힌다.

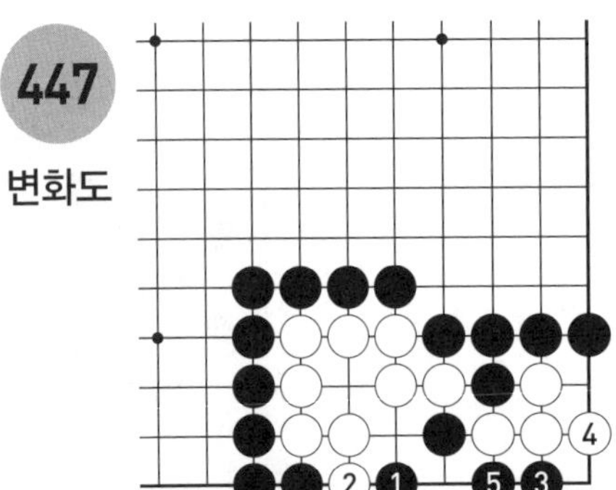

447 변화도

만약 백이 4에 늘면 흑은 5로 물러서서 백은 역시 살 수 없다.

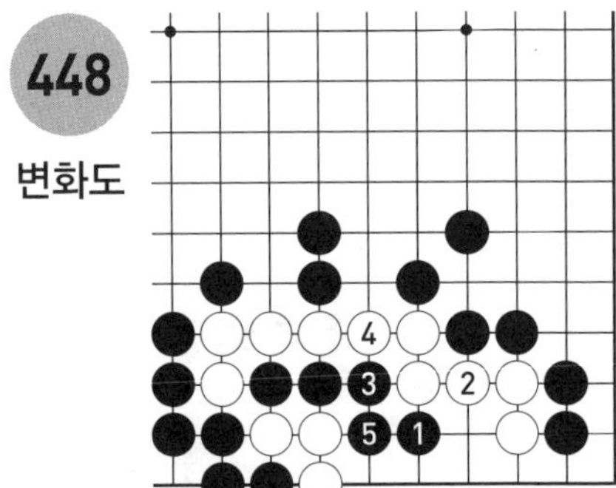

448 변화도

만약 백이 2에 이으면 흑3에 늘리고 흑5에 이어 백은 역시 살 수 없다.

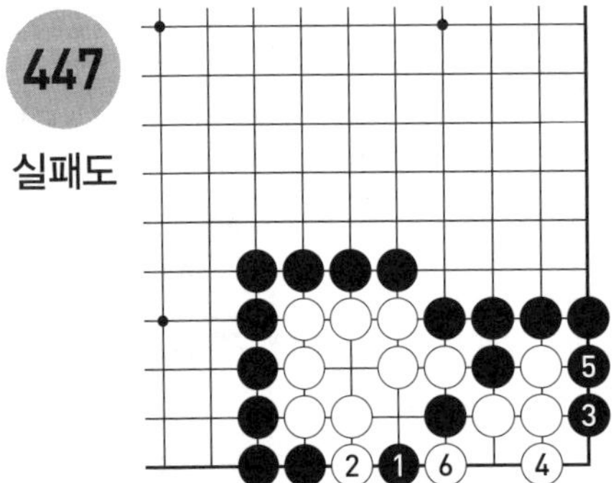

447 실패도

흑3은 착오. 백4, 6으로 패를 만들어 흑의 실패.

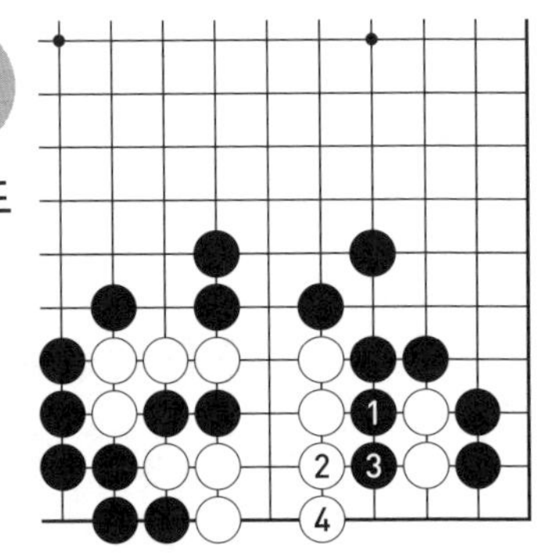

448 실패도

흑1에 들어가는 것은 착오. 백2, 백4로 2점을 버려서 살 수 있다. 흑의 실패.

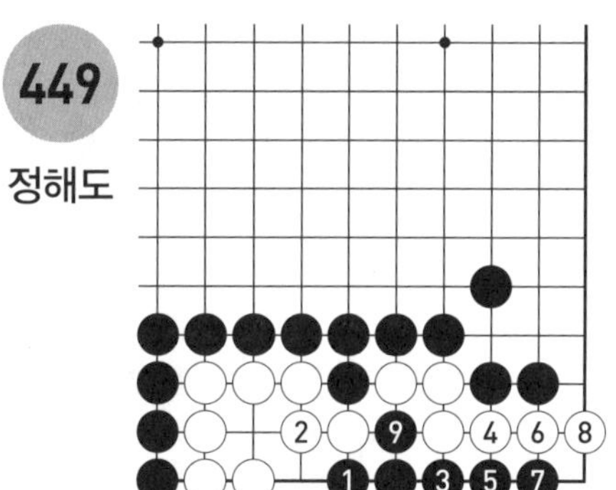

흑1에 기어들어가는 것이 맥. 백
2에 이을 때, 흑3에서 흑7까지가
치밀한 착지. 다시 흑9에 끊어서
백이 잡힌다.

흑1에 두어 먼저 수를 늘리고 다
시 흑3에 느는 것이 좋은 수순.
흑7까지 진행해서 양자충이 되
어 백이 잡힌다.

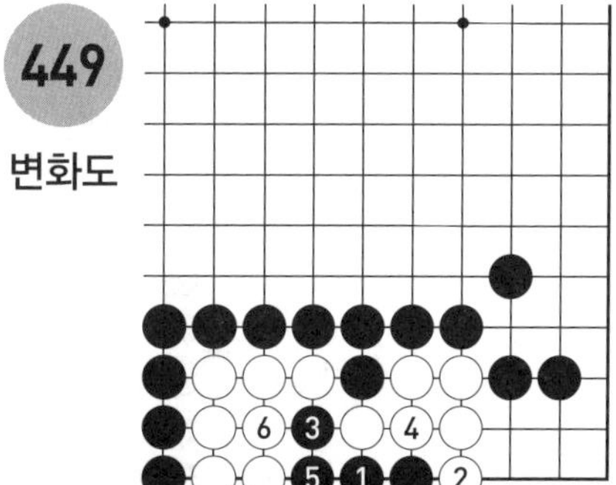

만약 백이 2에 늘면 흑3 단수, 흑
5 잇고 다시 흑7에 단수쳐서 백
은 역시 살 수 없다. 흑7=흑5

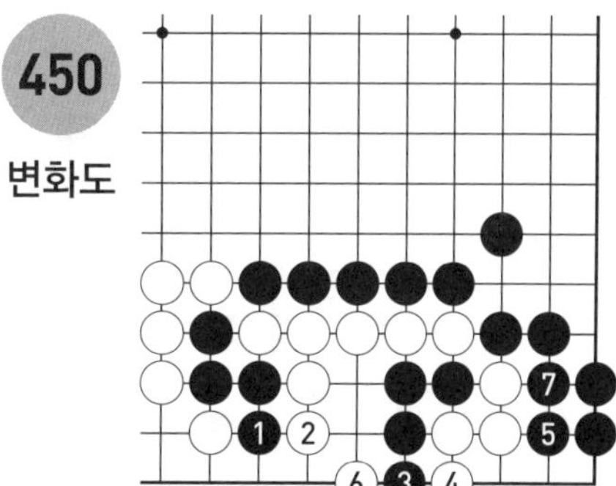

만약 백이 4와 같이 두면 결과적
으로 역시 잡힌다.

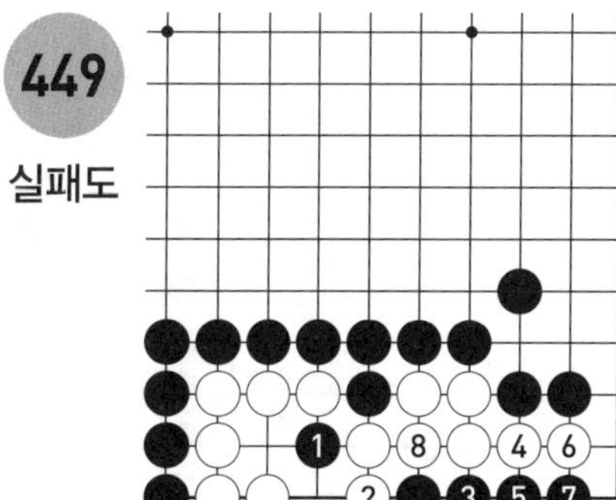

흑1에 끊는 것은 착오. 백2에 늘
고 백8까지 진행되어 흑의 실패.

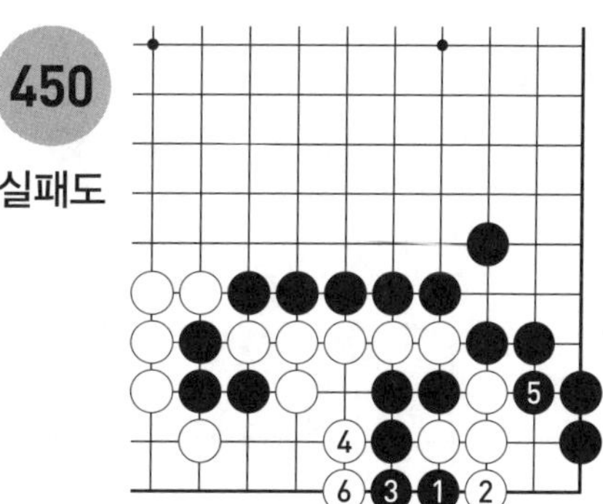

흑1 젖힘은 착오. 이하 백6까지
진행되어 흑의 실패.

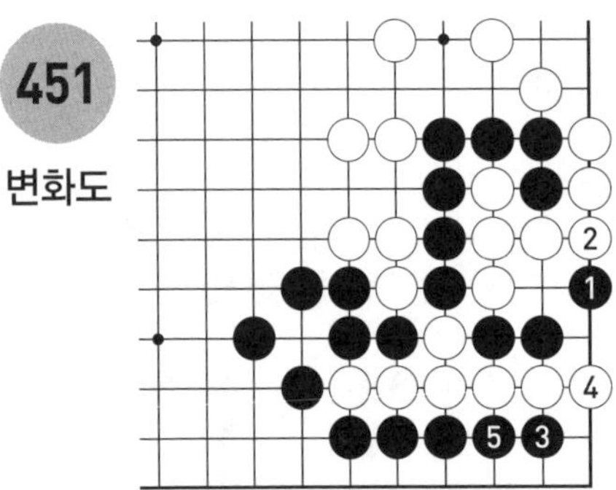

흑 입구자가 묘수. 다시 흑3에
붙임하고 흑5 단수, 흑7에 늘어
서 양자충이 되어 백이 잡힌다.

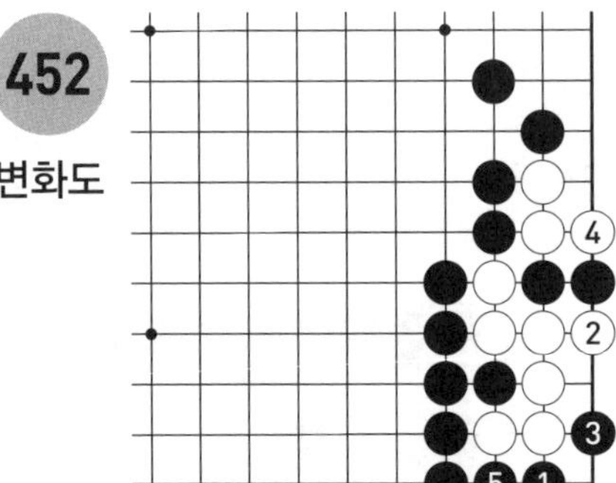

흑1은 파호의 요점. 이하 흑5까
지 진행되어 양자충이 되어 백
이 잡힌다.

만약 백이 4에 늘면 흑5에 수를
메워서 백은 역시 살 수 없다.

만약 백이 2에 단수치면 흑3에
젖히고 흑5로 이어 백은 역시 살
수 없다.

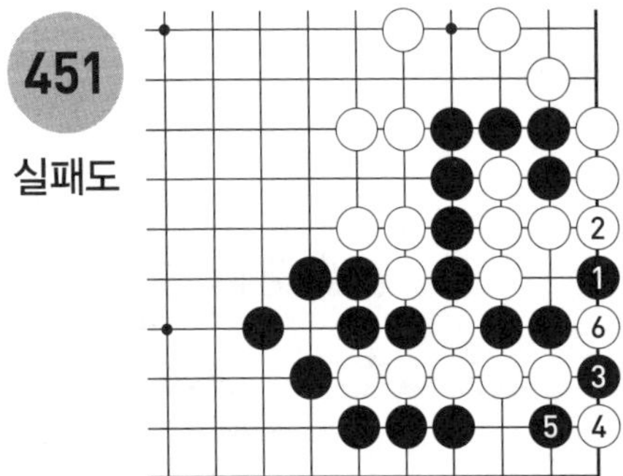

흑3 젖힘은 착오. 백4에 단수쳐
서 패가 된다. 흑의 실패.

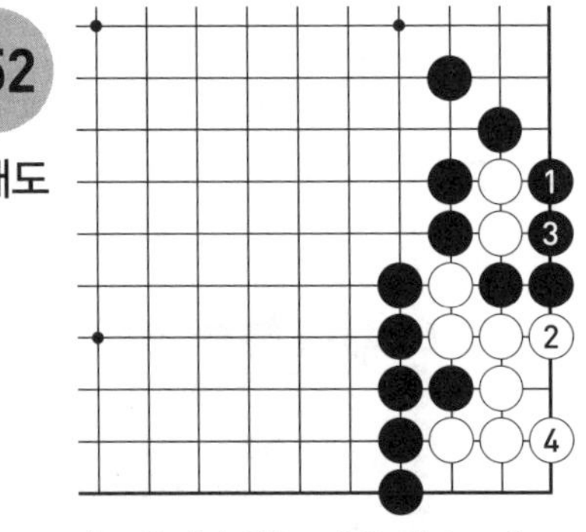

흑1에 단수치는 것은 착오. 백2,
4로 집을 지어 살 수 있다. 흑의
실패.

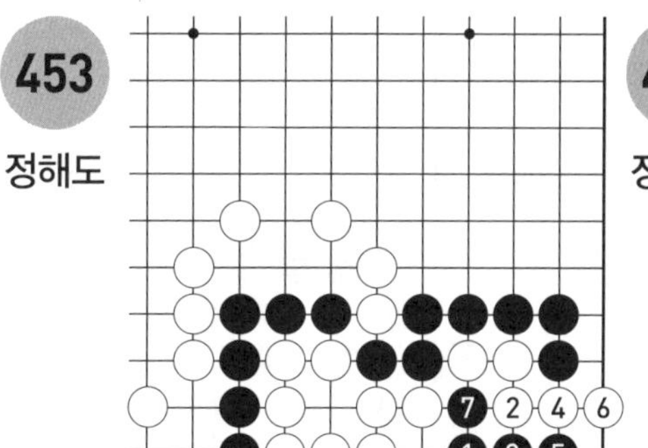

흑1에 치중하기가 맥. 흑3, 5는 좋은 수순. 다시 흑7에 끊어서 양자충이 되어 백이 잡힌다.

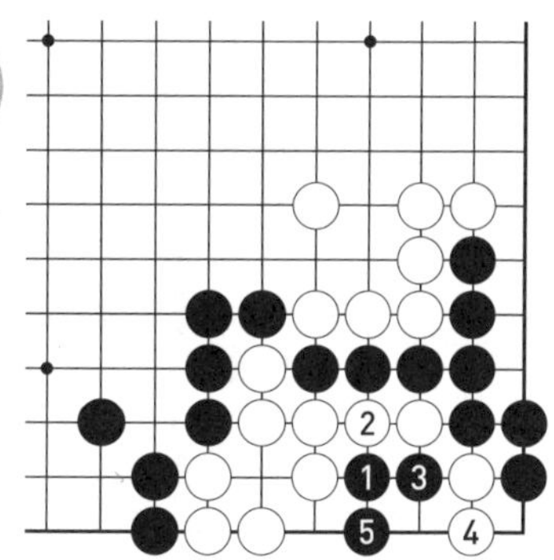

흑1 치중하기, 흑3 끊음이 맥. 다시 흑5에 늘어서 양자충이 되어 백이 잡힌다.

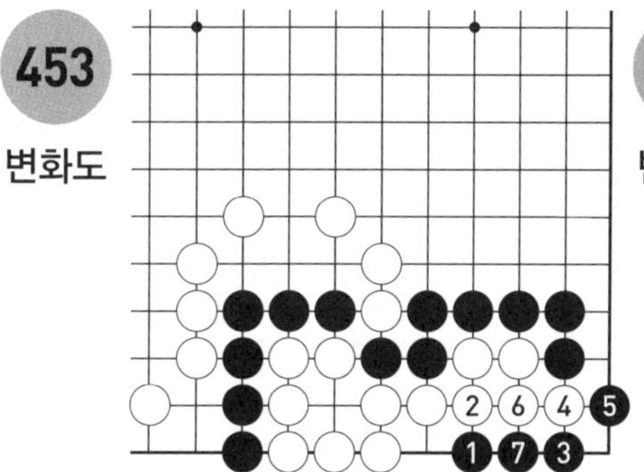

만약 백이 2에 이으면 흑은 3에 뛰는 것이 묘수. 흑7까지 진행되어 백은 역시 살 수 없다.

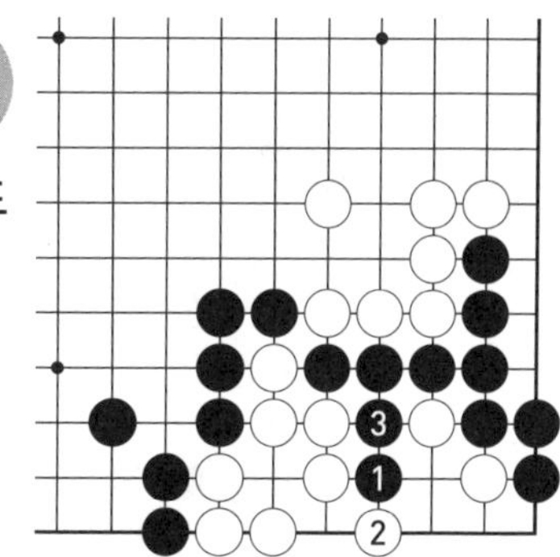

만약 백2와 같이 젖히면 흑3에 이어 백은 역시 살 수 없다.

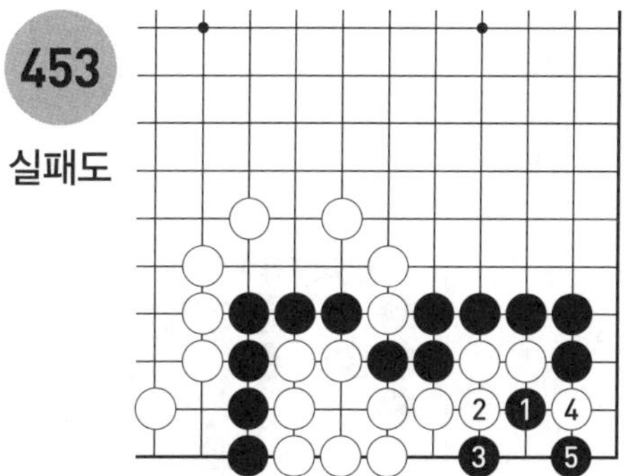

흑1 단수, 흑3 젖힘은 착오. 백4에 끊어서 패가 된다. 흑의 실패.

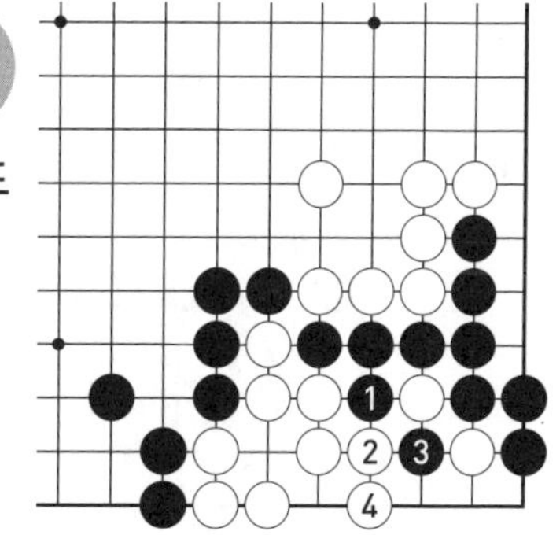

흑1에 끼움, 흑3 따냄은 착오. 백4에 집을 지어 살게 된다. 흑의 실패.

455 정해도

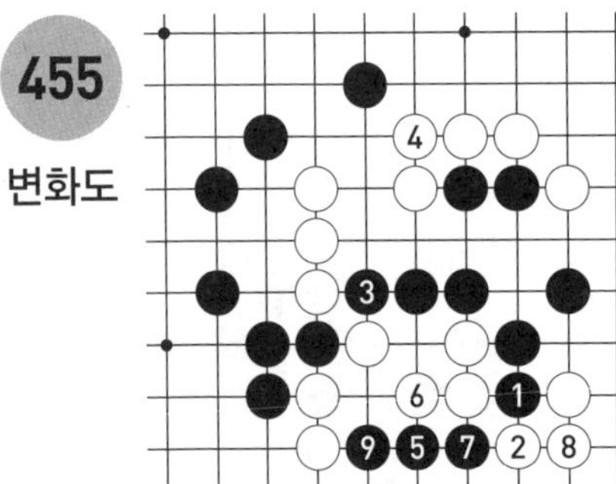

흑1에 먼저 끼우고 흑3, 5 두 번 끊음이 좋은 수순. 흑11, 13으로 2점을 버리는 것이 묘수. 백은 양쪽에 수를 메울 수 없어서 수상전에서 흑 승.

456 정해도

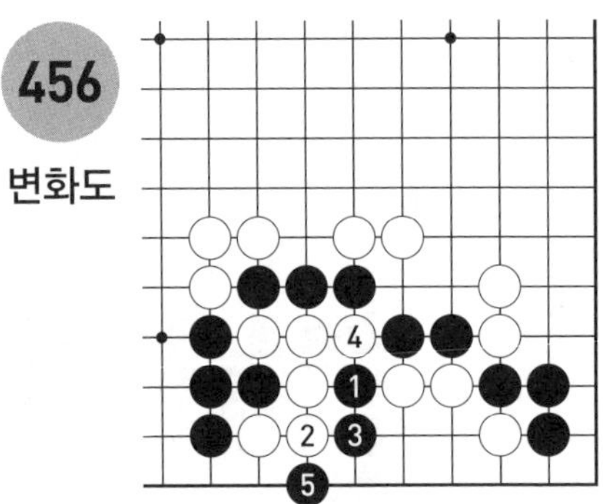

흑1에 끼워 붙임, 흑3 먹여치기가 묘수. 흑9까지 진행되어 양자충이 되어 백이 잡힌다. 백6=흑3

455 변화도

만약 백4와 같이 이으면 흑은 5에 먼저 치중하고 다시 흑7에 끊고 흑9에 늘려서 백은 여전히 잡힌다.

456 변화도

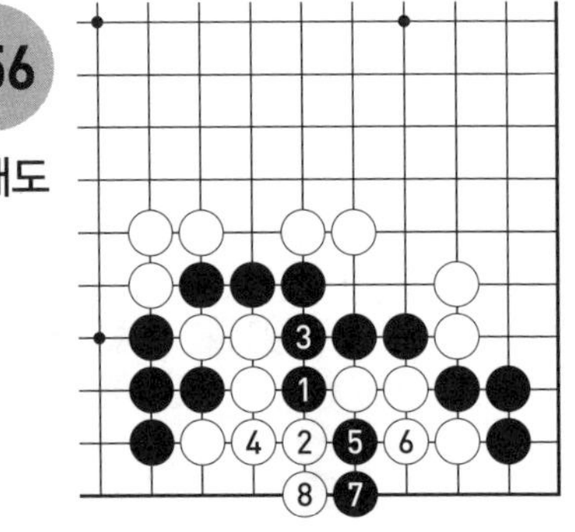

만약 백2에 이으면 흑3에 늘고 흑5 젖힘으로 백은 역시 살 수 없다.

455 실패도

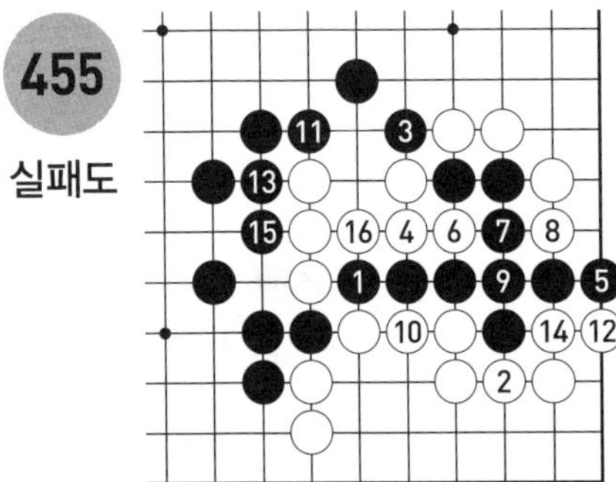

흑1, 3에 먼저 끊는 것은 착오. 이하 백16까지 진행되어 흑이 한 수 차이로 실패.

456 실패도

흑3에 단수치는 것은 착오. 백4에 잇고 백8에 이어 흑의 실패.

457
문제도
★★

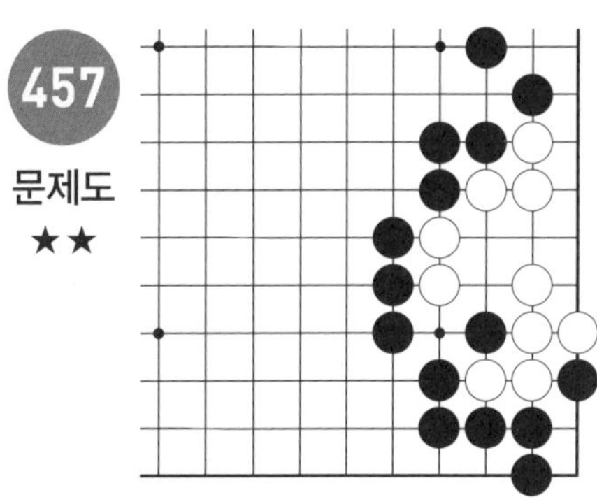

458
문제도
★★

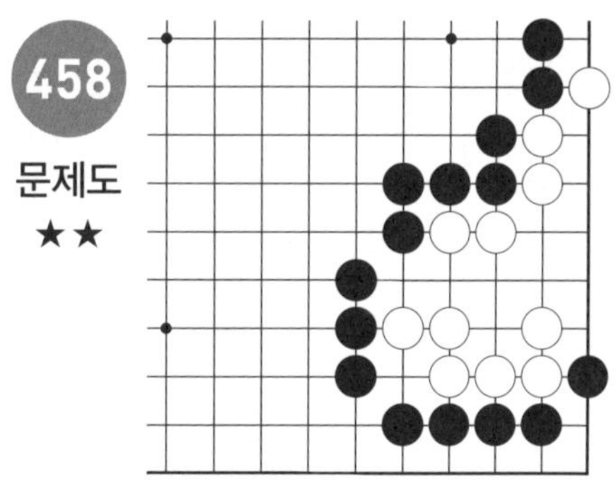

459
문제도
★★

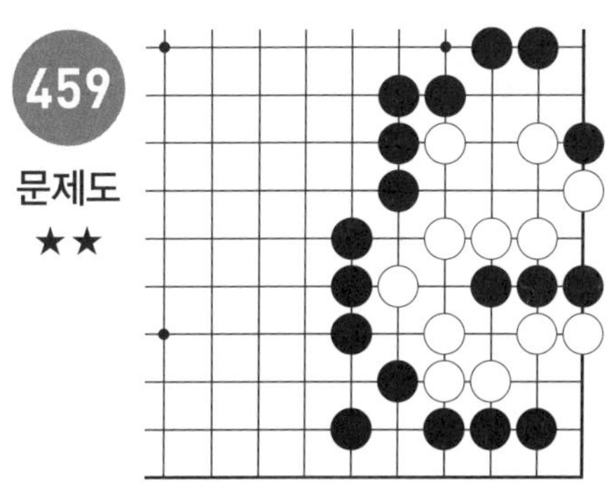

460
문제도
★★

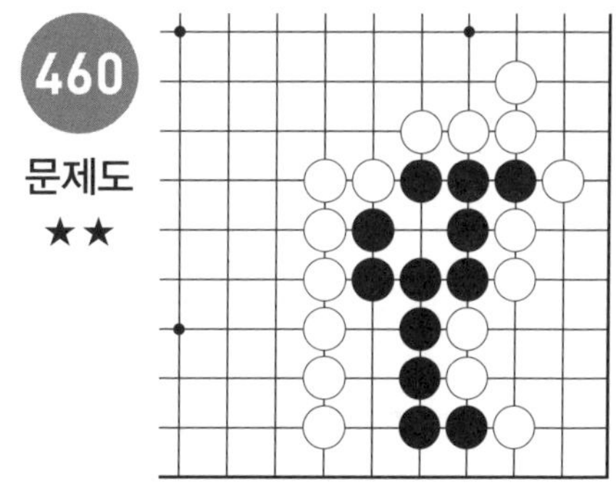

461
문제도
★★

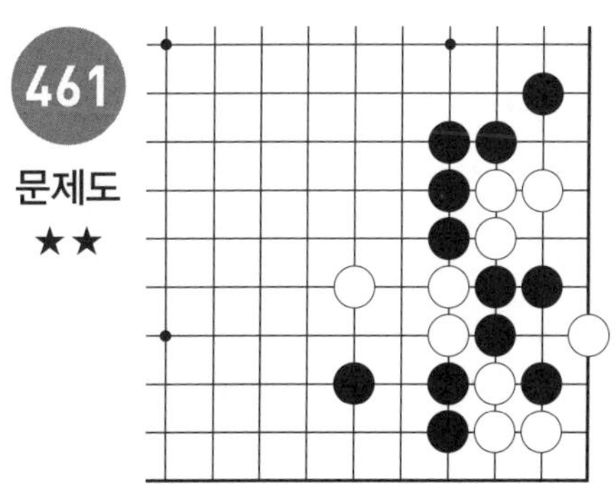

462
문제도
★★

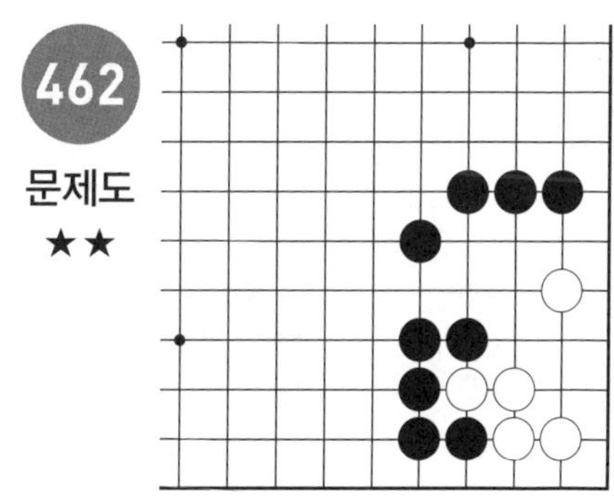

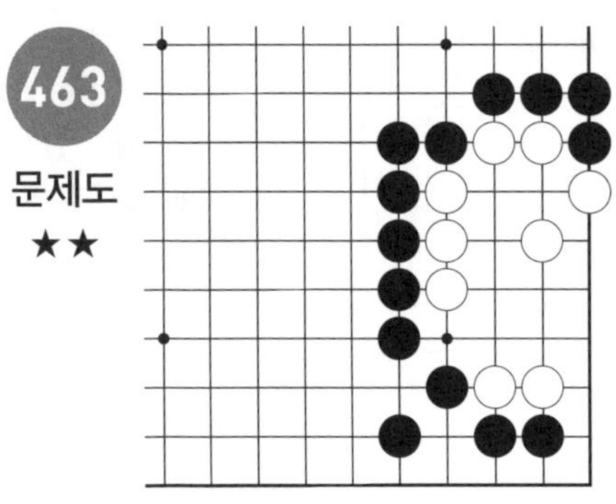

463
문제도
★★

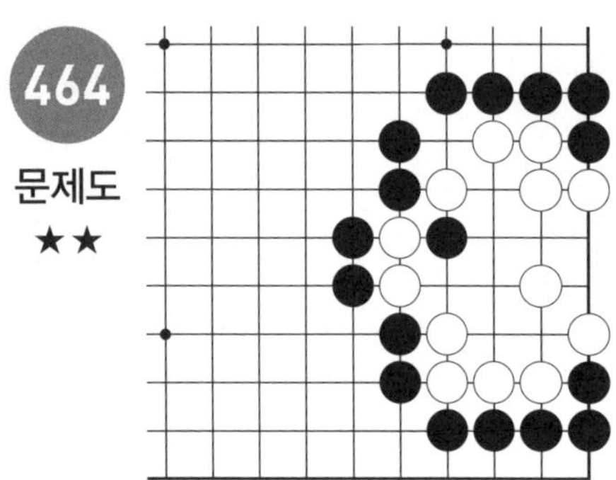

464
문제도
★★

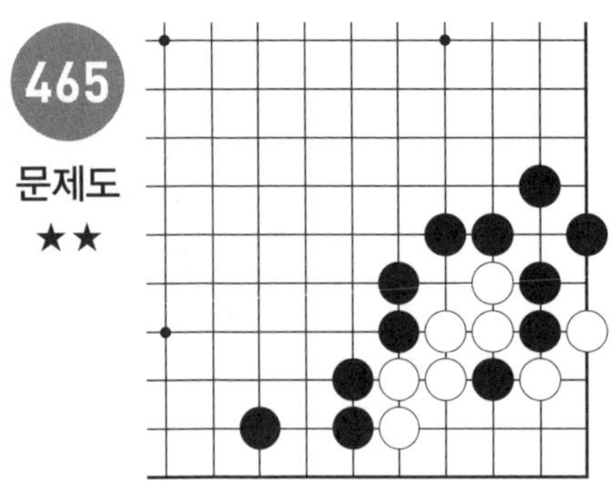

465
문제도
★★

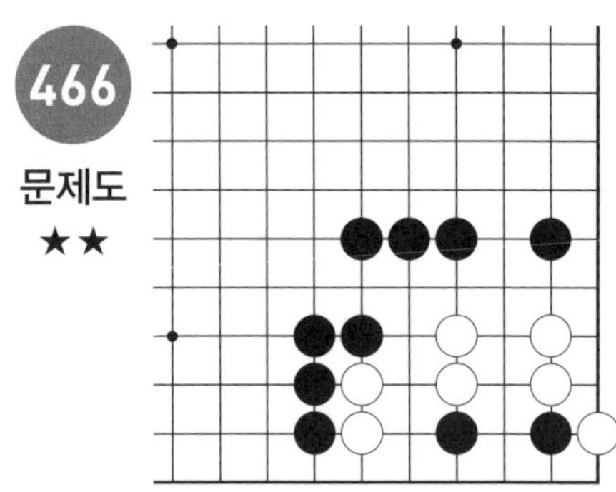

466
문제도
★★

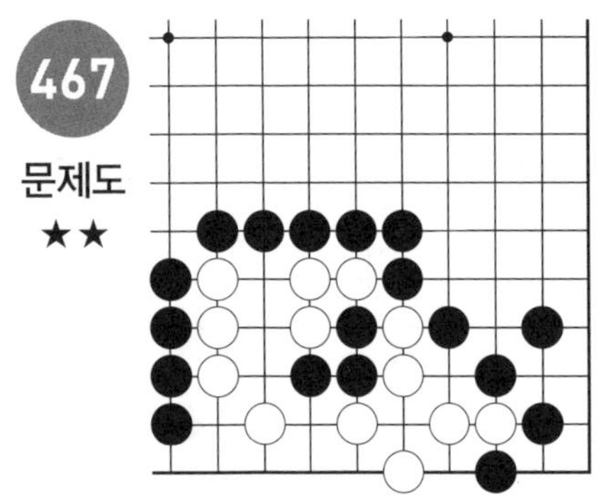

467
문제도
★★

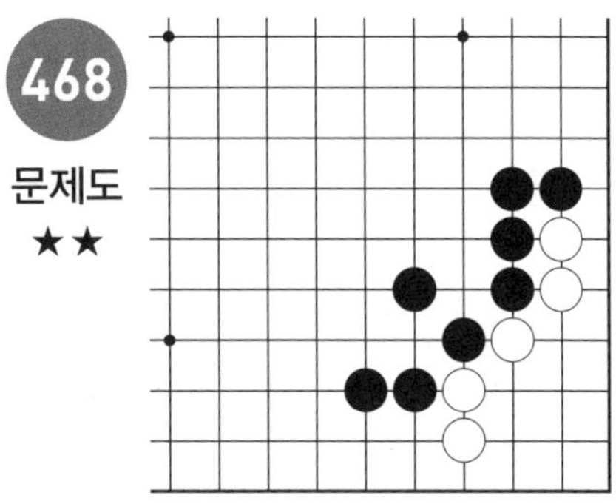

468
문제도
★★

457 정해도

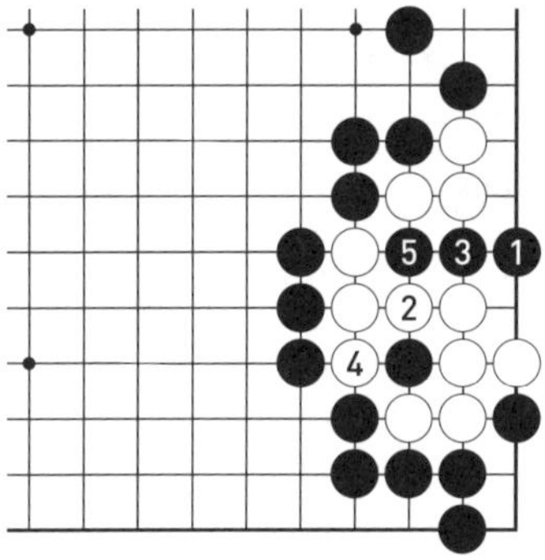

흑1에 치중하는 것이 맥. 백2에 단수칠 때, 흑3 늘리고 흑5 끊어서 양자충이 되어 백이 잡힌다.

458 정해도

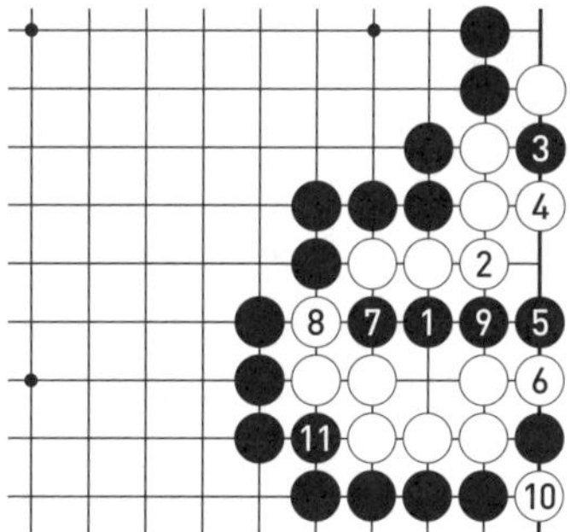

흑1 치중하기, 흑3 먹여치기가 좋은 수순. 흑11까지 진행되어 양자충이 되어 백이 잡힌다.

457 변화도

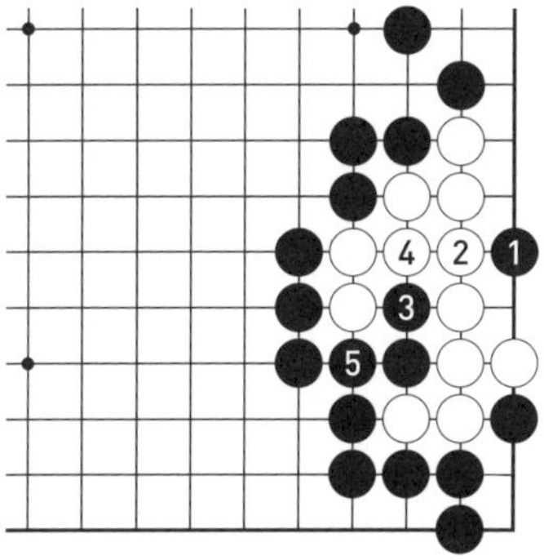

만약 백이 2에 이으면 흑은 3에 파호하여 백은 역시 살 수 없다.

458 변화도

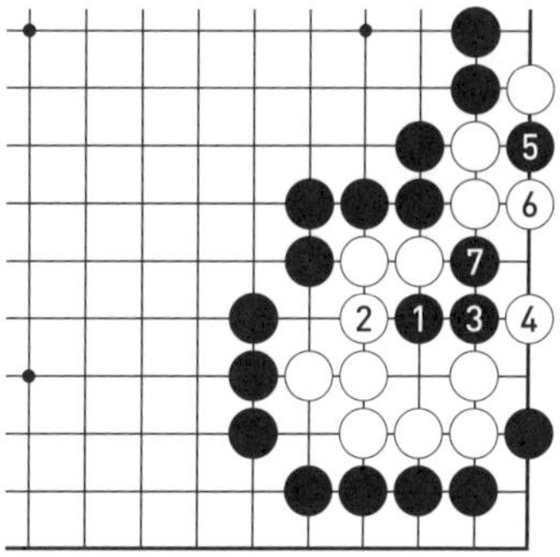

만약 백이 2에 이으면 흑3에 늘고 흑7에 끊어서 백은 역시 살 수 없다.

457 실패도

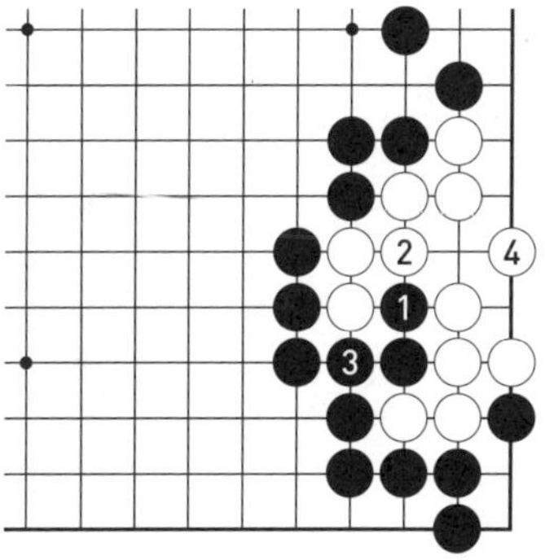

흑이 1에 먼저 끼움은 착오. 백2, 4로 집을 지어 살 수 있다. 흑의 실패.

458 실패도

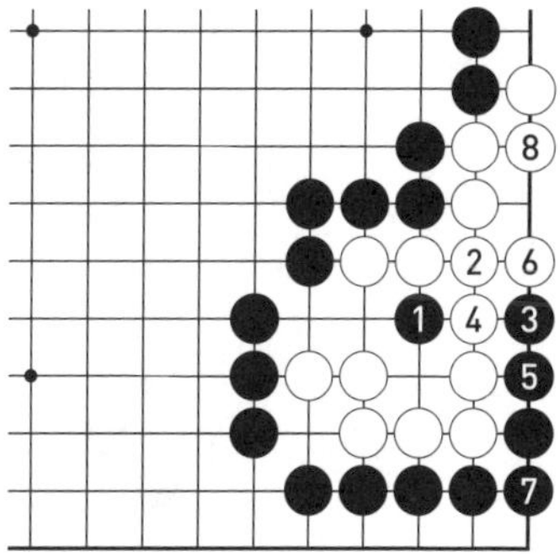

흑3에 먼저 치중하는 것은 착오. 백4에서 백8까지 집을 지어 살 수 있다. 흑의 실패.

459 정해도

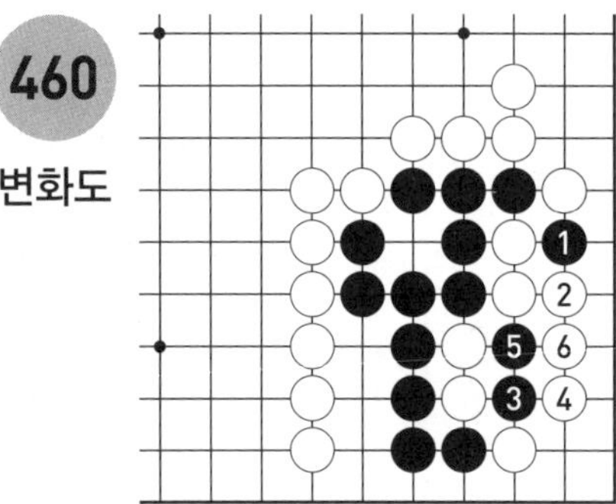

흑1에 치중하는 것이 묘수. 흑7 먹여치기는 맥. 흑11까지 진행되어 양자충이 되어 백이 잡힌다.

460 정해도

흑1, 3 두 번 끊음이 좋은 수순. 흑5에 늘고, 흑7 젖힘이 맥. 흑11까지 진행되어 살았다.

459 변화도

백이 만약 2에 이으면 흑3에 잇고 흑9에 파호하여 백은 역시 살 수 없다.

460 변화도

만약 백이 4와 같이 맞단수치면 흑5로 2점을 따내어 살 수 있다.

459 실패도

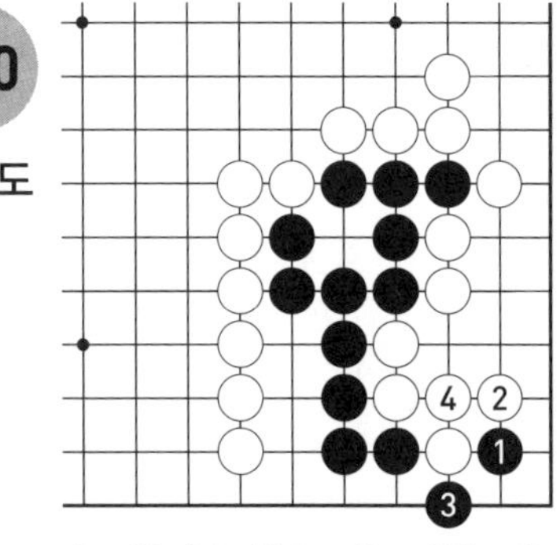

흑1에 단수치는 것은 착오. 백2로 집을 짓고 백4로 따내어 살 수 있다. 흑의 실패.

460 실패도

흑1 붙임은 착오. 백2 젖힘, 백4 연결로 흑의 실패.

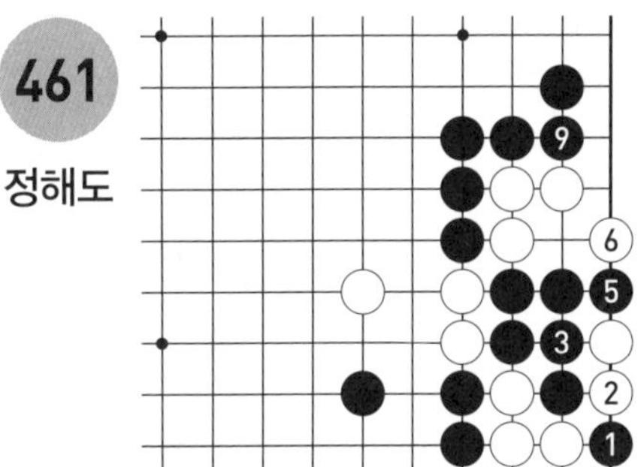

흑1 젖힘이 맥. 백2에 단수칠 때,
흑3, 5로 두 번 단수, 다시 흑9에
수를 메워 백이 잡힌다.
흑7=흑1, 백8=백2

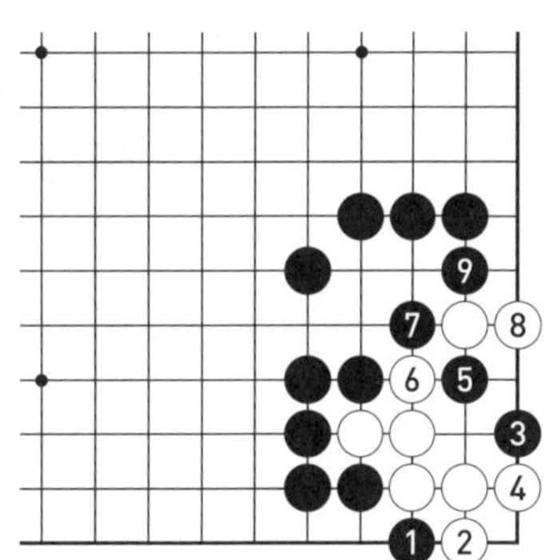

흑1 젖힘, 흑3 치중하기가 좋은
수순. 흑5 입구자, 흑7 끊음이
맥. 흑9에 다시 단수쳐서 백이
잡힌다.

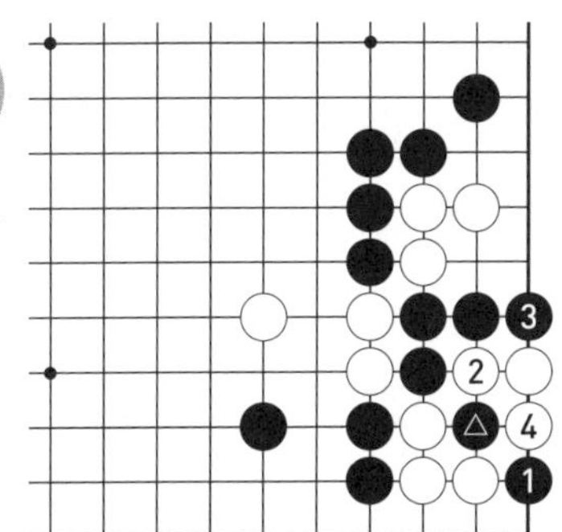

만약 백이 2에 단수치면 흑3에
단수쳐서 맞먹여치기가 되어 백
은 역시 안된다. 흑5=▲

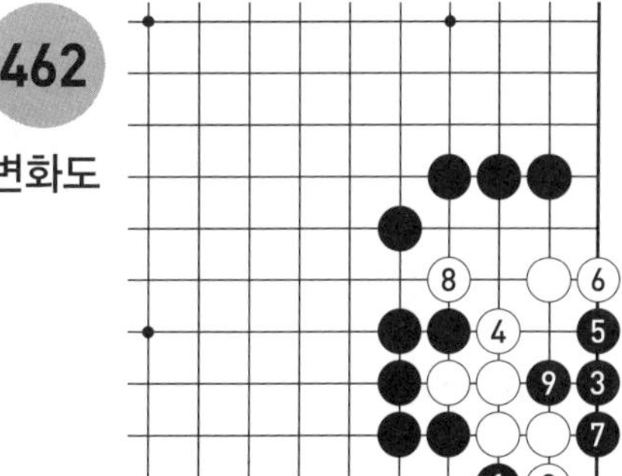

만약 백4에 막으면 흑5 늘리고
흑9까지 백은 역시 살 수 없다.

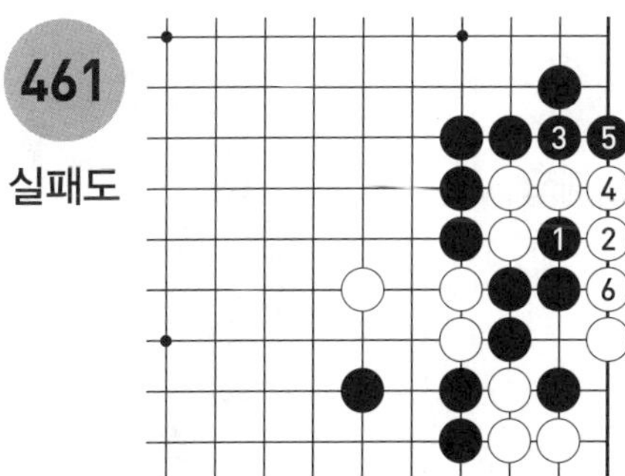

흑1에 수를 메우는 것은 착오.
백2 젖힘하고 백6 연결까지 흑이
오히려 잡힌다.

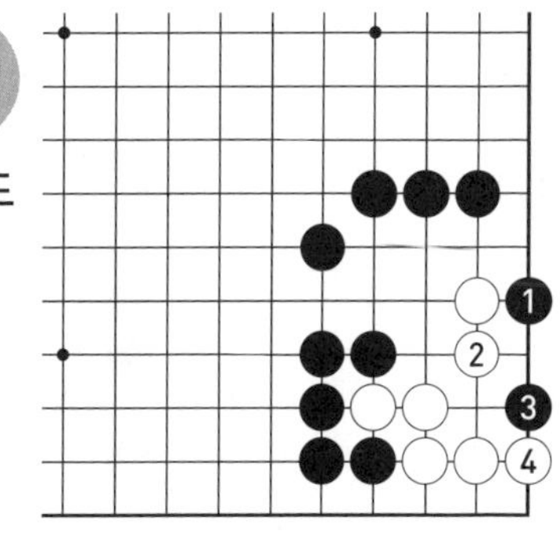

흑1은 착오. 백2, 4로 집을 지어
살 수 있다. 흑의 실패.

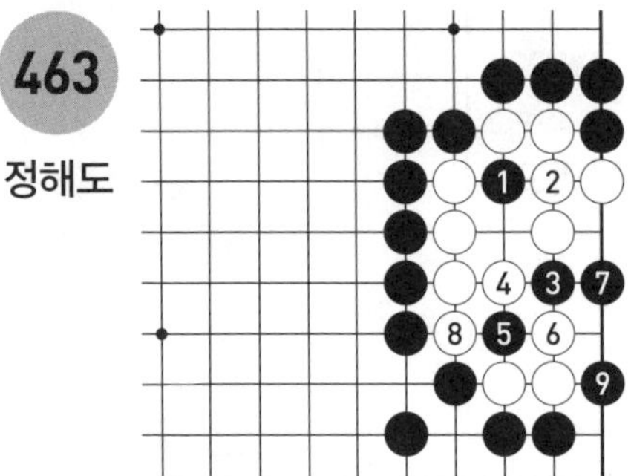

흑1 끊음, 흑3 기댐은 서로 관련 있는 맥. 흑5 끼워 붙임하고 흑9 건너기까지가 치밀한 착지. 백은 양쪽에 수를 메울 수 없어서 잡힌다.

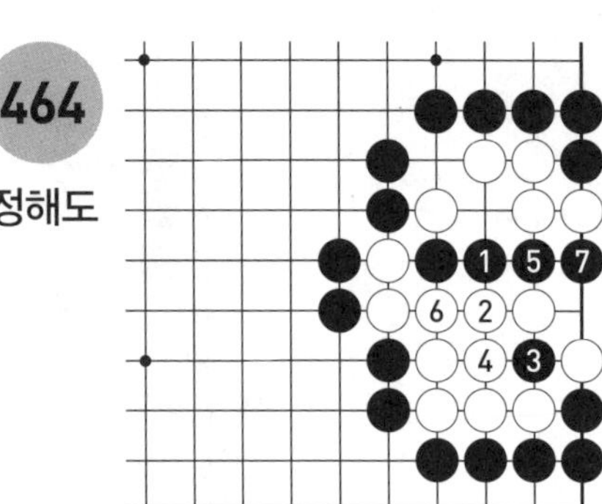

흑1로는 후에 흑3 먹여치기가 절묘한 맥. 다시 흑5로 들어가고 흑7에 늘어서 양자충이 되어 백이 잡힌다.

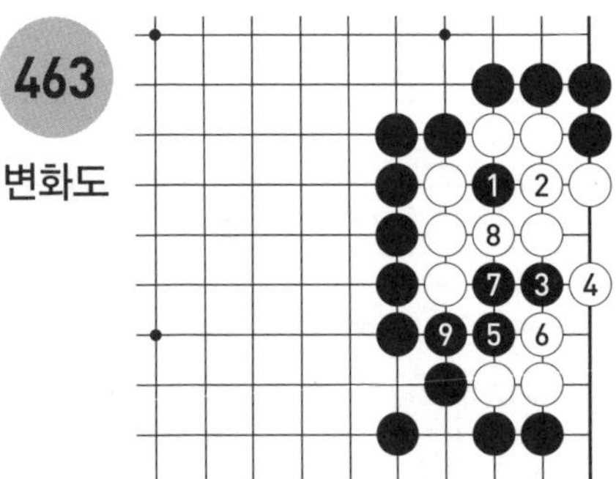

만약 백4에 젖히면 흑5 입구자가 묘수. 흑9까지 진행하여 백은 역시 살 수 없다.

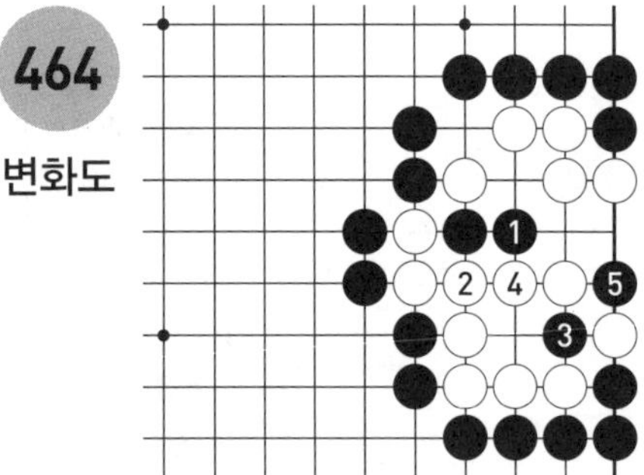

만약 백2에 이으면 흑3 먹여치기, 흑5 따냄으로 백은 역시 살 수 없다.

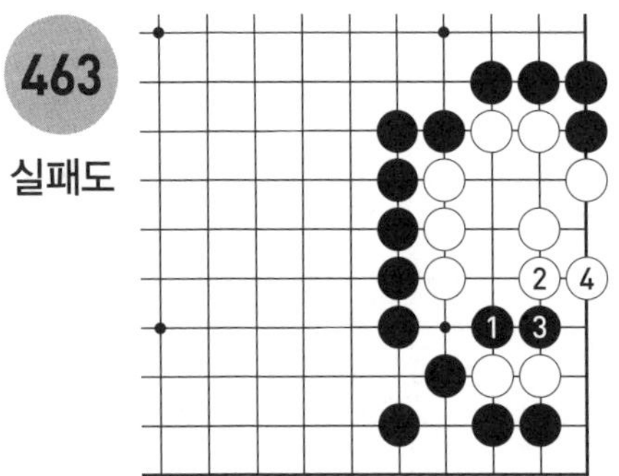

흑1에 젖힘은 착오. 백2, 4로 집을 지어 살 수 있다. 흑의 실패.

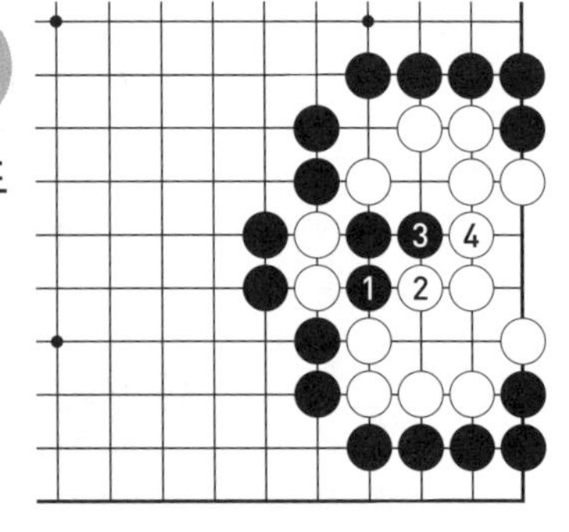

흑1로 백 2점을 잡는 것은 착오. 백2, 4로 집을 지어 살 수 있다. 흑의 실패.

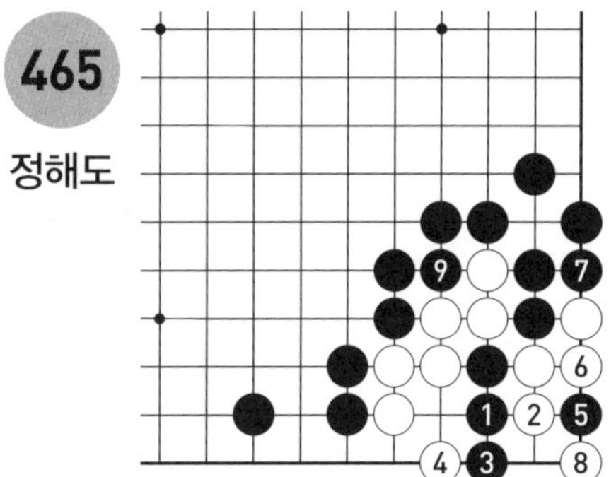

흑1에 빠지는 것은 절대적인 일
착. 흑5 붙임이 묘수. 흑9까지 진
행하여 양자충이 되어 백이 잡
힌다.

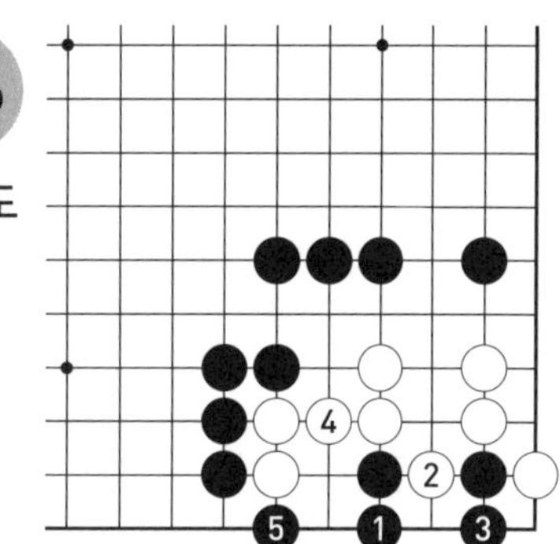

흑1, 3 양쪽에서 빠지는 것이 요
점. 흑5로 건너 백이 잡힌다.

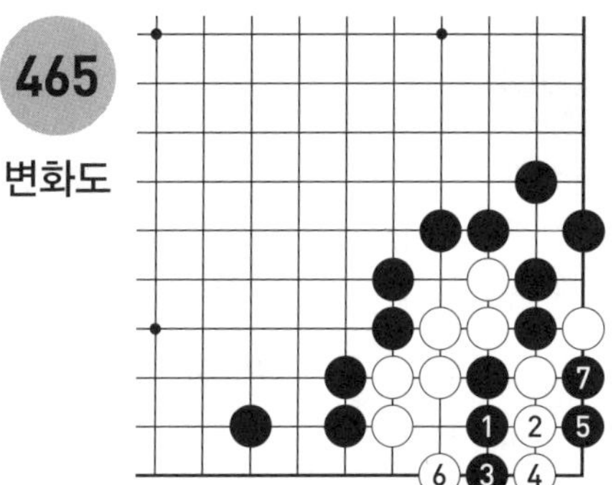

만약 백4로 귀를 막으면 흑5, 7로
파호하여 백은 역시 살 수 없다.

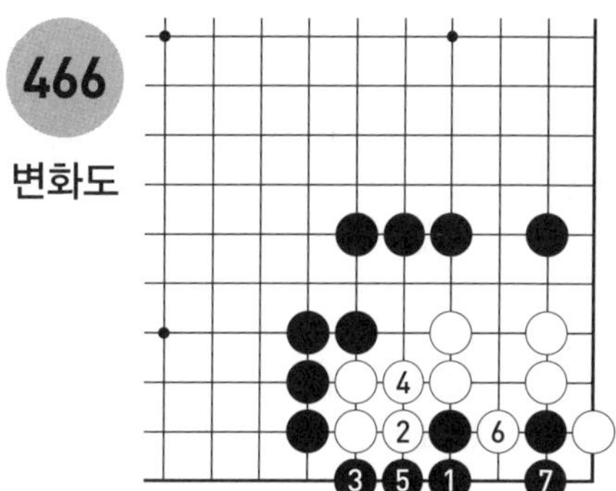

만약 백2에 꼬부리면 흑3, 5로
먼저 건너고 흑7에 늘어서 백은
역시 살 수 없다.

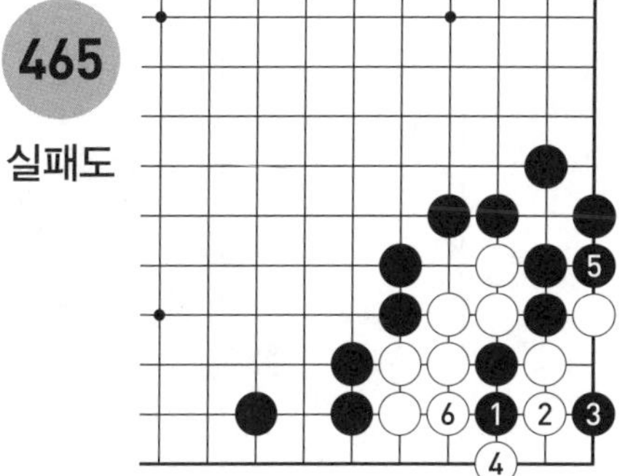

흑3에 붙이는 것은 수순 착오.
백4, 6으로 따내어 살 수 있다.
흑의 실패.

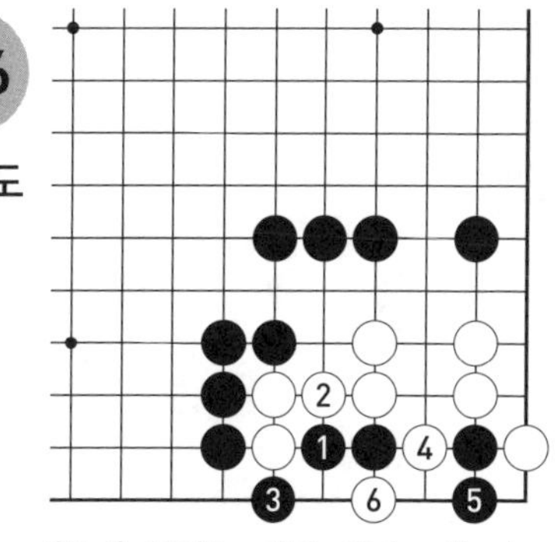

흑1에 치받는 것은 착오. 백6까
지 진행하여 백은 살았다. 흑의
실패.

467 정해도

흑1, 3 두 번 단수가 좋은 수순.
흑5, 7 파호가 맥. 흑9에 이어 양
자충이 되어 백이 잡힌다.

468 정해도

흑1 단수, 흑3 입구자가 묘수. 흑
7에 다시 느는 것이 맥. 흑11까
지 진행하여 양자충이 되어 백
이 잡힌다.

467 변화도

만약 백6에 막으면 흑7에 단수쳐
서 백이 촉촉수로 잡힌다.

468 변화도

만약 백이 4에 단수치면 흑7에
빠지는 것까지 진행되어 백은
역시 살 수 없다.

467 실패도

흑5에 단수치는 것은 착오. 백10
까지 집을 지어 살 수 있다. 흑
의 실패. 백10=▲

468 실패도

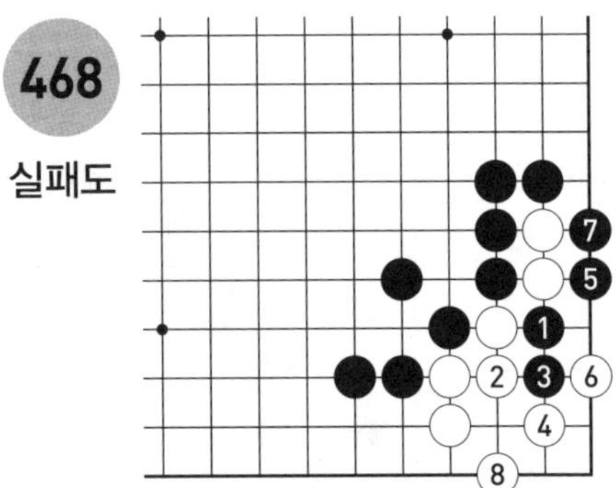

흑1 단수, 흑3 늘림은 착오. 백8
까지 집을 지어 살 수 있다. 흑
의 실패.

사활 공부에 필수적인 격언을 모았다.
단순히 외워두는 것만으로도 언젠가 많은 도움이 될 것으로 믿는다.

1. 죽임은 젖힘에 있다.

2. 궁도를 좁혀라(넓혀라).

3. 좌우동형은 중앙이 급소.

4. 적의 급소는 나의 급소.

5. 2의 1에 묘수가 있다.

6. 3선에서 1선으로 한칸 뛰는 데 묘수가 있다.

7. 선치중 후행마.

8. 6사8활, 4사6활.

9. 빈삼각의 묘수.

10. 후절수를 만들어라.

11. 1선으로 가만히 빠져라.

12. 매화육궁 같은 죽음의 궁도를 만들어라.

13. 작은 것을 탐내면 대어를 놓친다.

14. 우형을 만들어라.

15. 양자충을 유도하라.

제 15 부 후절수

의도적으로 상대에게 몇 점을 잡혔다가 상대가 따낸 자리에 다시 두어 상대의 돌을 잡는 수법을 '후절수'라고 합니다. 후절수는 깊은 수읽기가 요구되기 때문에 초보자가 실전에서 쉽게 두기 어려운 고급 기술 중 하나입니다. 그러나 그 특징을 알고 그 형태를 파악한다면 그렇게 어렵지만은 않을 것입니다.

후절수가 되기 위해서는 자신의 돌이 '방사' 혹은 '곡사' 형태가 되어야 가능합니다. 실전에 자주 등장하지는 않지만 깊은 수읽기가 요구되는 고난이도의 형세입니다.

이 책에서는 미묘한 운치가 넘치는 후절수를 마지막 연습문제로 선택했습니다. 27개의 연습문제로 구성되어 있으며 모두 흑 선입니다. 이 연습문제를 통해 후절수의 기술을 정확히 익혀 여러분의 기력이 향상되기를 바랍니다.

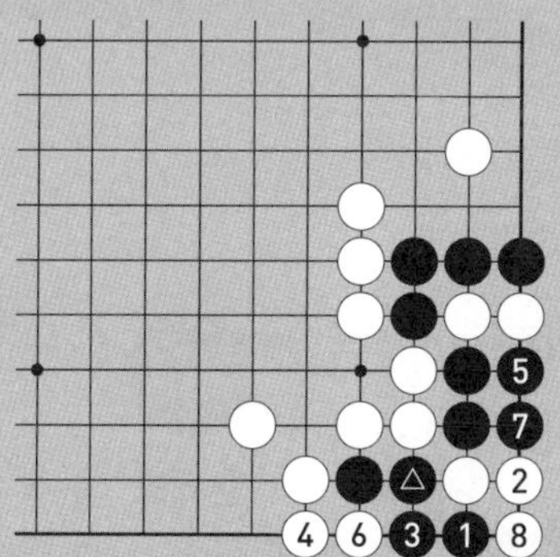

[도해] 흑1 단수, 흑3에 둔다. 백으로 먼저 흑 넉 점을 잡게 하고 다시 흑 9에 끊어 백 석 점을 잡는 과정. 이를 '후절수'라고 한다. 흑9=▲

469 문제도 ★

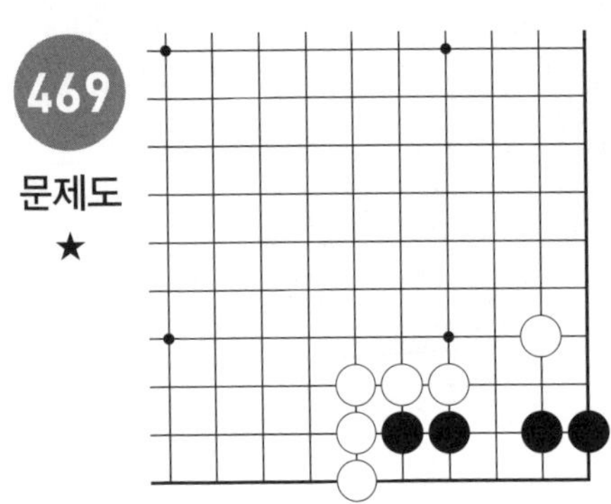

470 문제도 ★

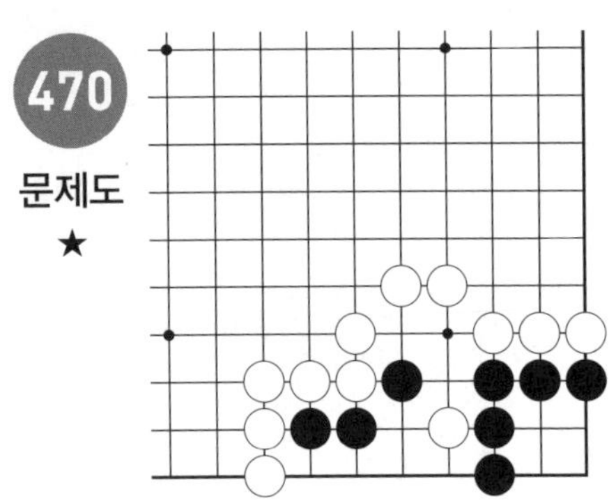

471 문제도 ★

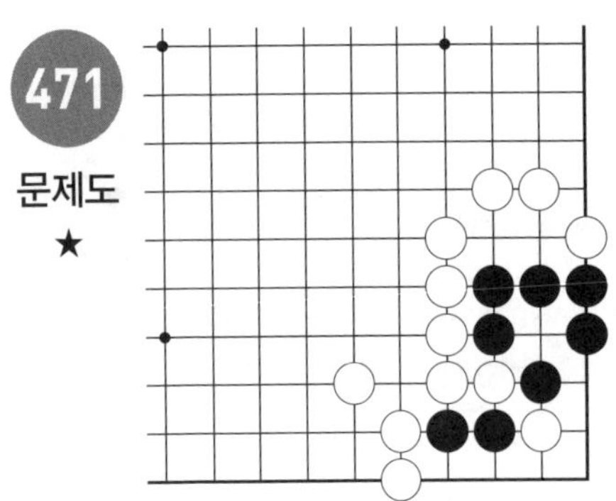

472 문제도 ★

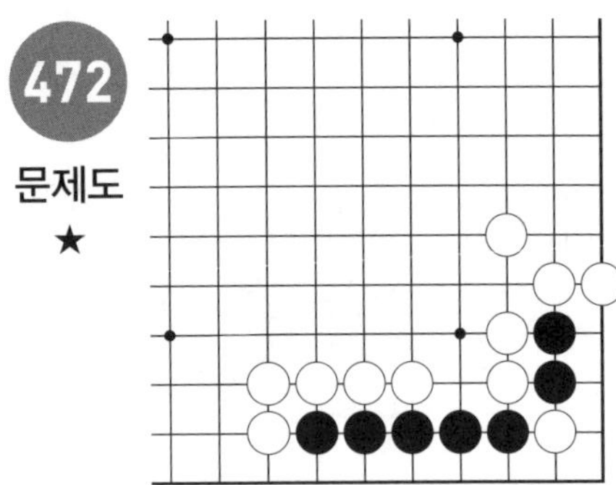

473 문제도 ★

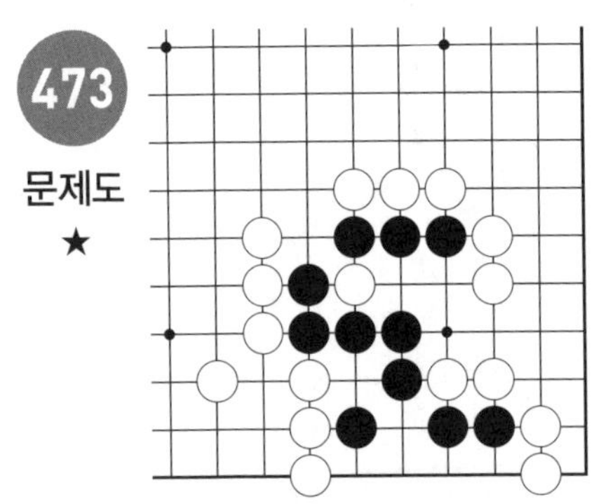

474 문제도 ★

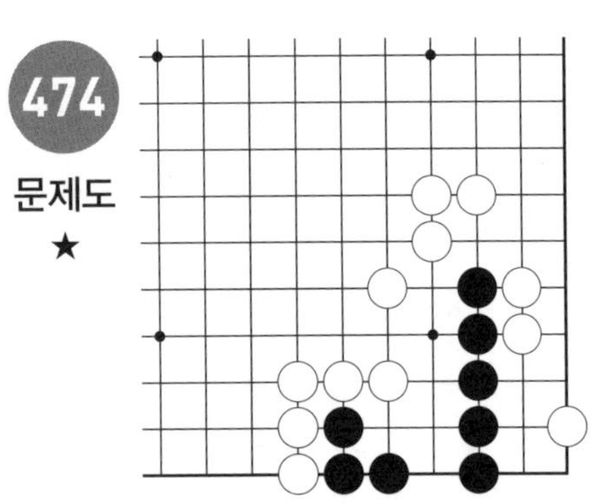

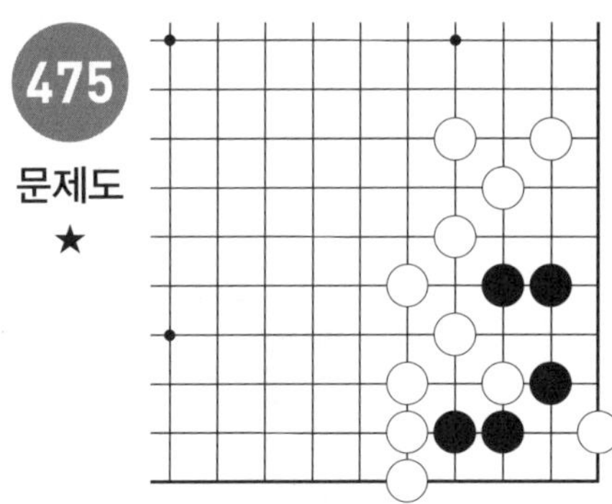

475 문제도 ★

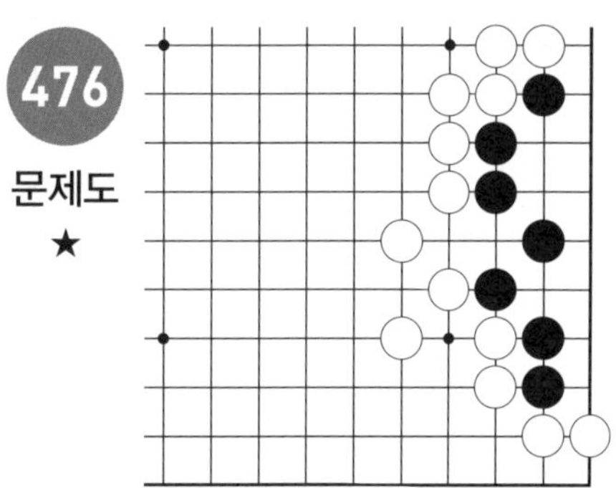

476 문제도 ★

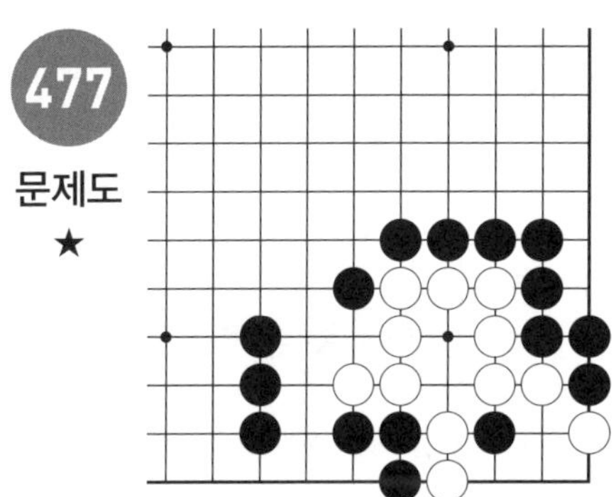

477 문제도 ★

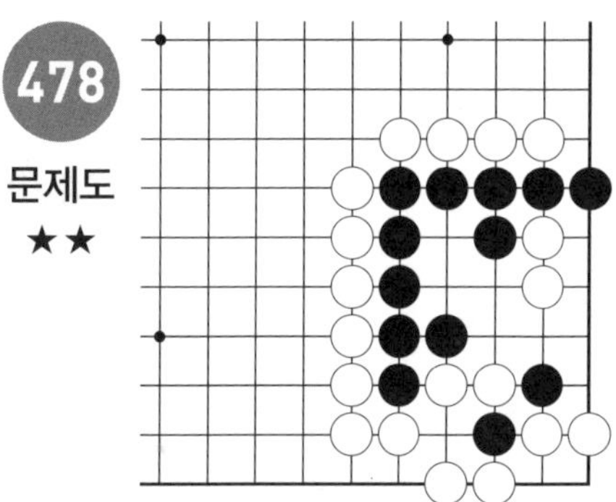

478 문제도 ★★

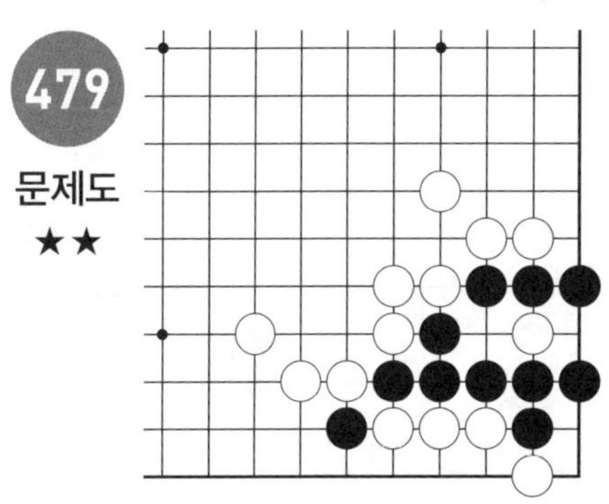

479 문제도 ★★

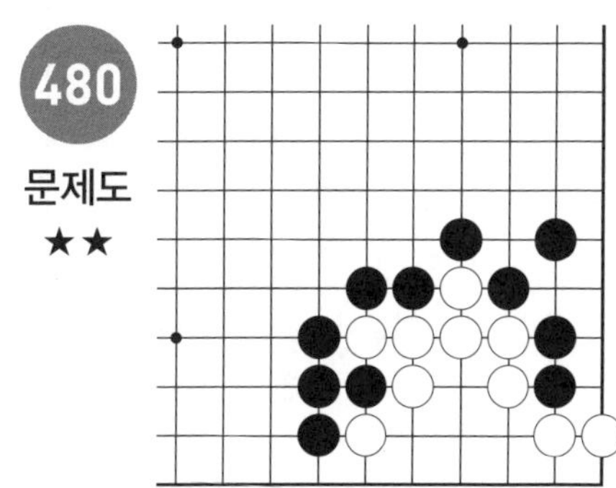

480 문제도 ★★

469

정해도

흑1, 3으로 안형을 넓히고 다시 흑5로
귀에 집을 지음. 백6 먹여치기할 때,
흑7, 9가 좋은 수순. 흑11에 끊어서 살
수 있다. 백8=백6, 백10=백4, 흑11=▲

470

정해도

흑1 연결이 필연적. 흑3, 5로 후
절수가 된다. 흑7에 다시 끊어서
살 수 있다. 흑7=▲

471

정해도

흑1, 3으로 먼저 후절수를 만듦.
흑5, 7로 두 번 단수쳐서 살 수
있다. 흑7=▲

472

정해도

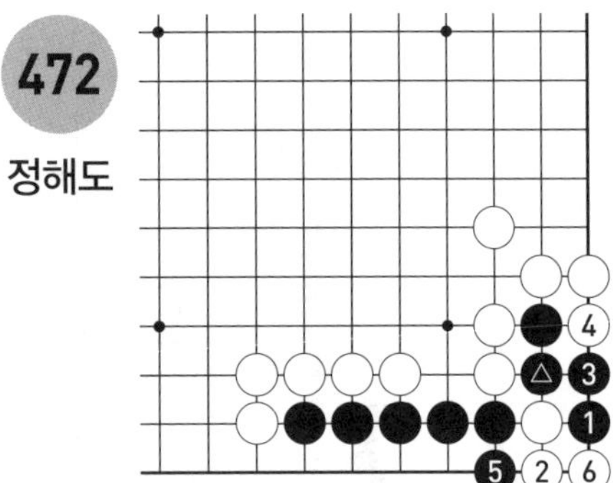

흑1, 3으로 후절수가 된다. 흑5,
7로 두 번 단수쳐서 살 수 있다.
흑7=▲

473

정해도

흑1, 3으로 안형을 늘리고 백6 먹
여치기 할 때, 흑7에 연결이 맥.
흑9에 다시 단수쳐서 살 수 있다.
백6=백4, 백8=백2, 흑9=▲

474

정해도

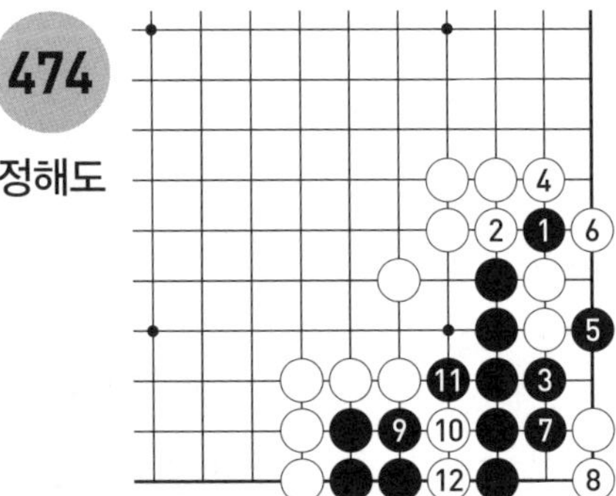

흑1 젖힘이 좋은 수. 흑3, 5는 좋
은 수순. 흑13까지 진행되어 살
았다. 흑13=흑9

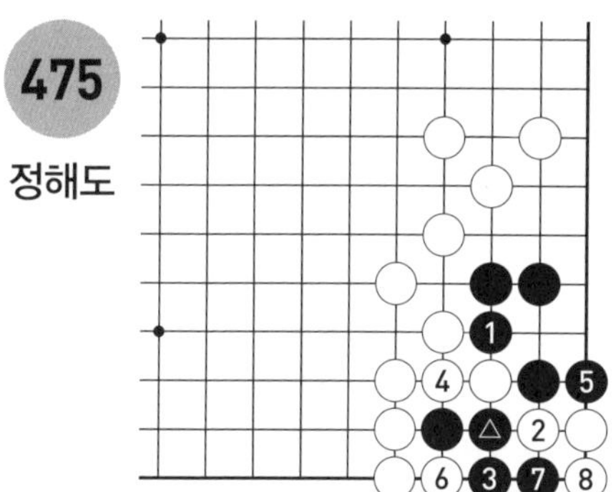

475 정해도

흑1 단수가 좋은 수. 백2로 끊으면 흑3 빠지는 것이 묘수. 흑9까지 진행되어 살았다. 흑9=▲

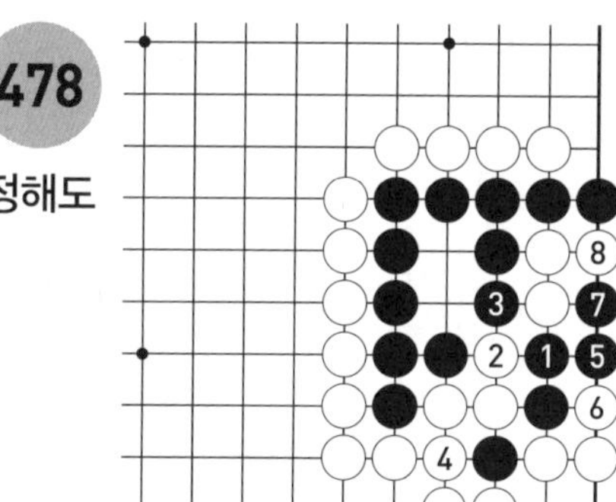

478 정해도

흑1이 요점. 흑3 단수, 흑5 빠지는 것이 맥. 흑9에 단수쳐서 살 수 있다. 흑9=흑1

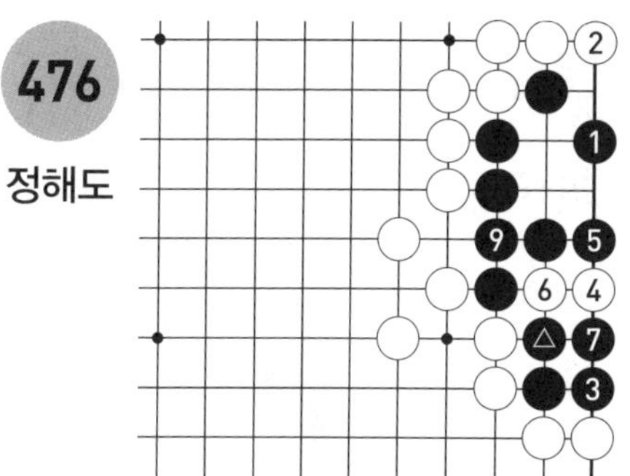

476 정해도

흑1 호구, 흑3 빠지는 것이 좋은 수순. 흑5에 다시 빠지는 것이 맥. 흑11까지 진행되어 흑은 살았다. 백8=백4, 흑11=▲

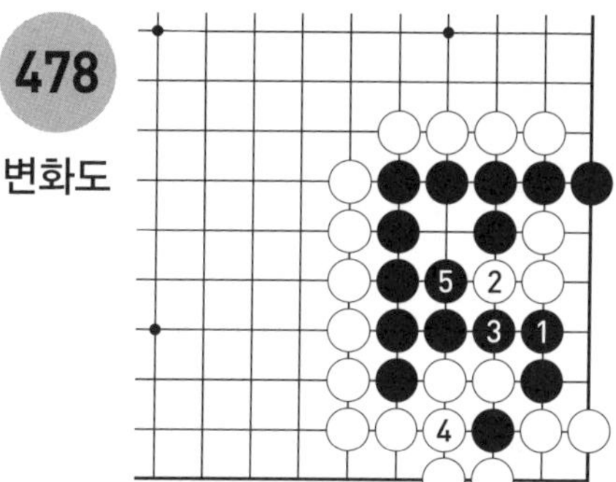

478 변화도

백2로 꼬부리면 흑3에 단수치고 다시 흑5로 집을 지어 살 수 있다.

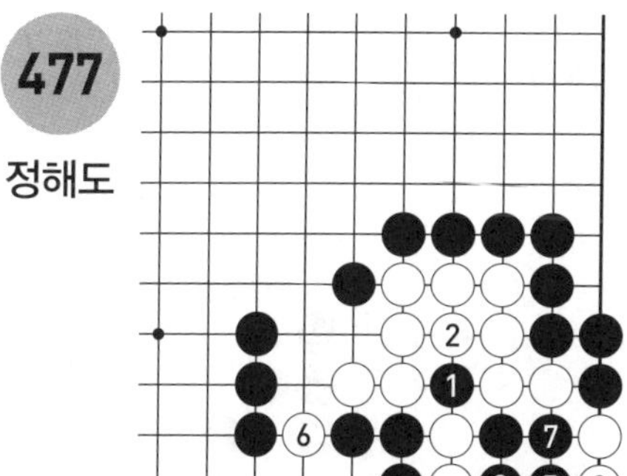

477 정해도

흑1, 3, 5가 서로 관련 있는 맥. 흑7, 9로 다시 끊어서 백이 잡힌다. 백4=흑1, 흑9=흑7

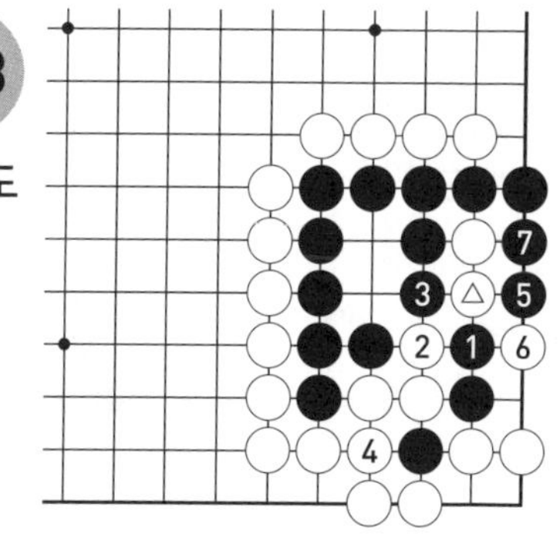

478 실패도

흑5 단수는 착오. 백6, 8로 먹여치는 수가 되어 흑의 실패. 백8=△

479 정해도

흑1 젖힘이 묘수. 흑3 늘림, 흑5
연결이 버림의 맥. 흑11까지 진
행되어 살았다. 흑11=▲

480 정해도

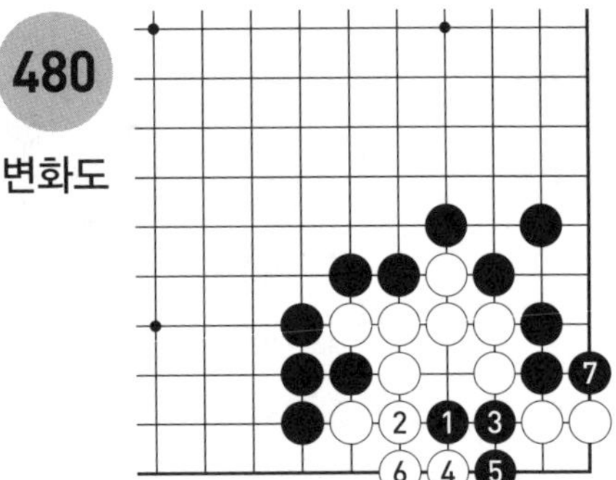

흑1 치중하고 흑3 끊음이 좋은
수순. 흑5 단수, 흑7 꼬부림이 맥.
흑11까지 진행되어 백이 잡힌다.
흑11=흑3

479 변화도

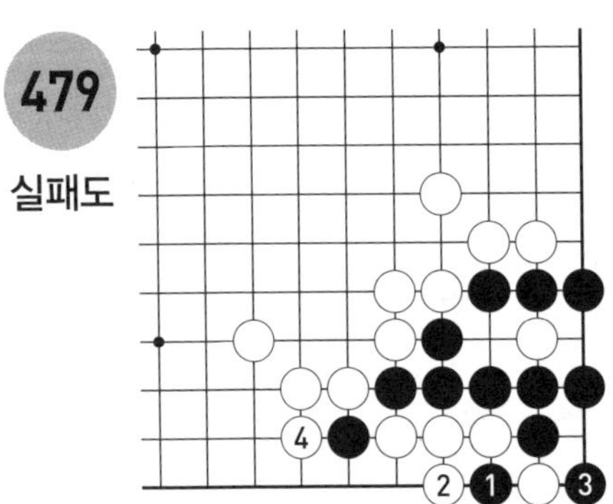

만약 백이 2에 단수치면 흑3 먹
여치기, 흑5 따냄으로 역시 살
수 있다.

480 변화도

만약 백6에 이으면 흑7에 수를
메워 양자충이 되어 백은 역시
안된다.

479 실패도

흑1로 먼저 먹여치기는 수순 착
오. 흑5까지 진행되어 패가 된다.
흑의 실패. 흑5=흑1

480 실패도

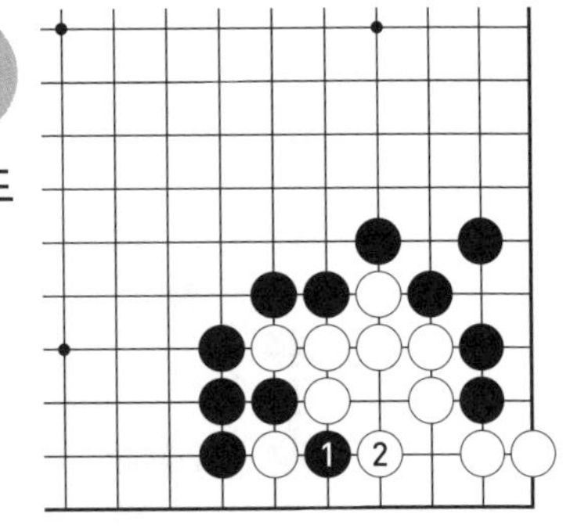

흑1에 끊음은 착오. 백2 단수쳐
서 살았다. 흑의 실패.

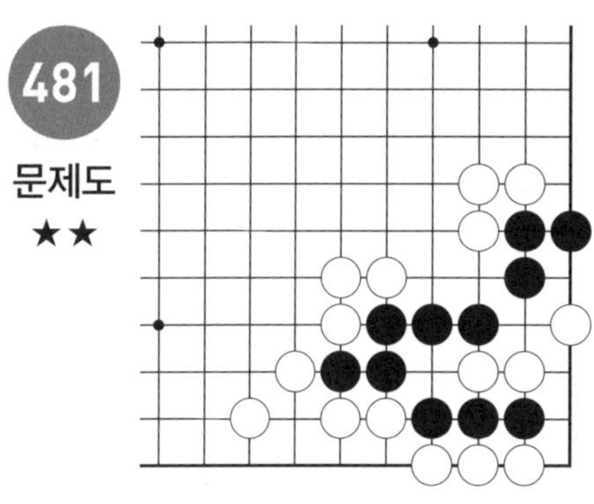

481 문제도 ★★

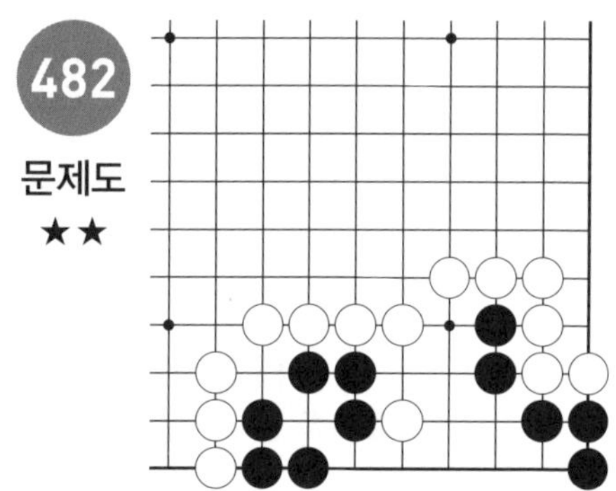

482 문제도 ★★

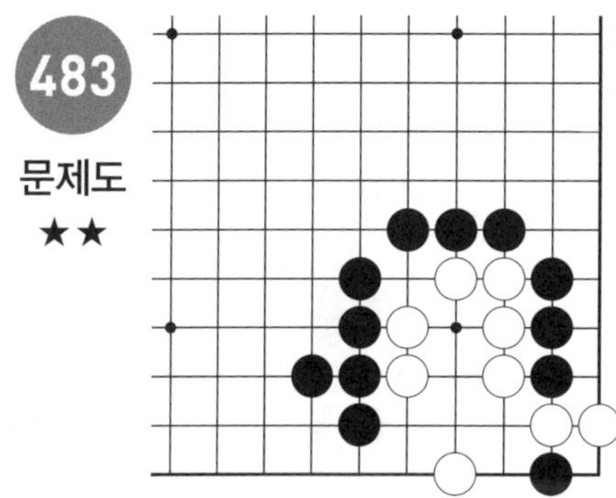

483 문제도 ★★

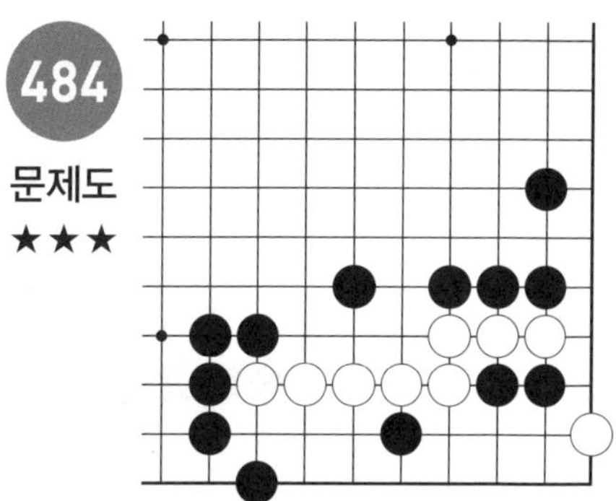

484 문제도 ★★★

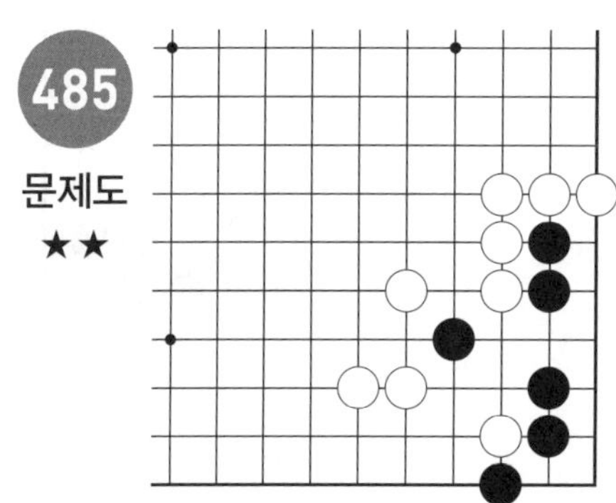

485 문제도 ★★

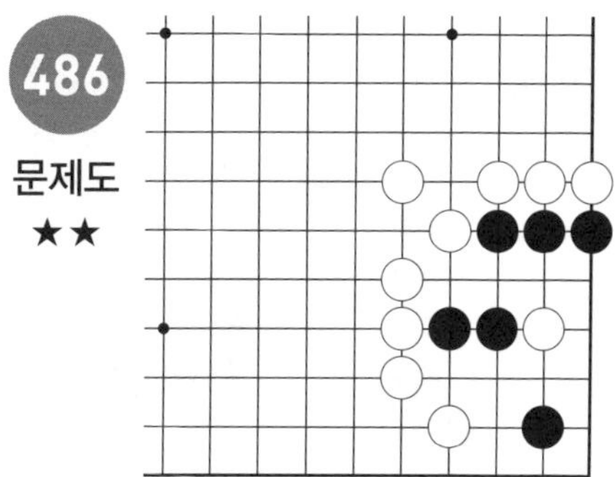

486 문제도 ★★

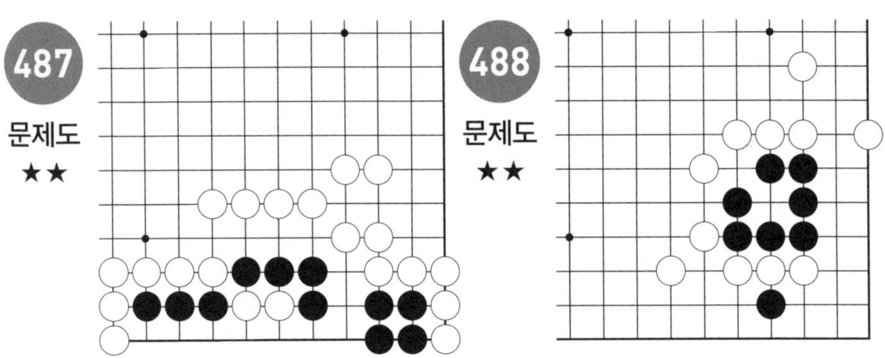

487 문제도 ★★

488 문제도 ★★

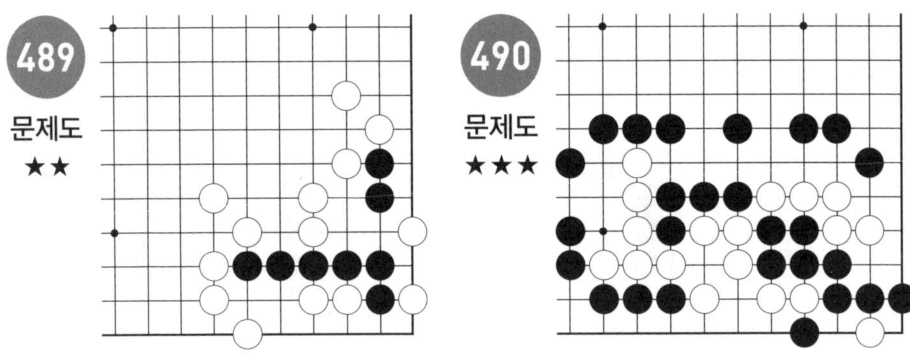

489 문제도 ★★

490 문제도 ★★★

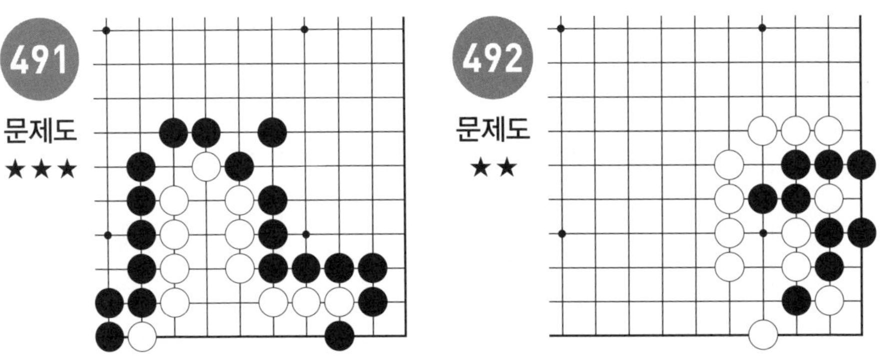

491 문제도 ★★★

492 문제도 ★★

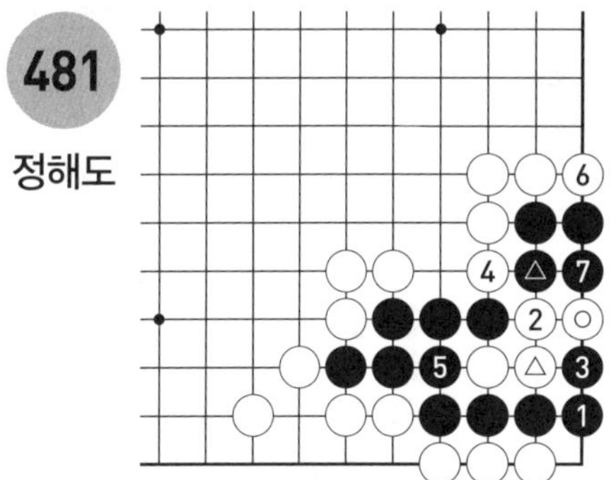

481 정해도

흑1에 느는 것이 요점. 흑3, 5로
수를 메우는 수순이 좋다. 흑11
까지 진행되어 흑이 산다. 백8=
백2, 흑9=△, 백10=○, 흑11=▲

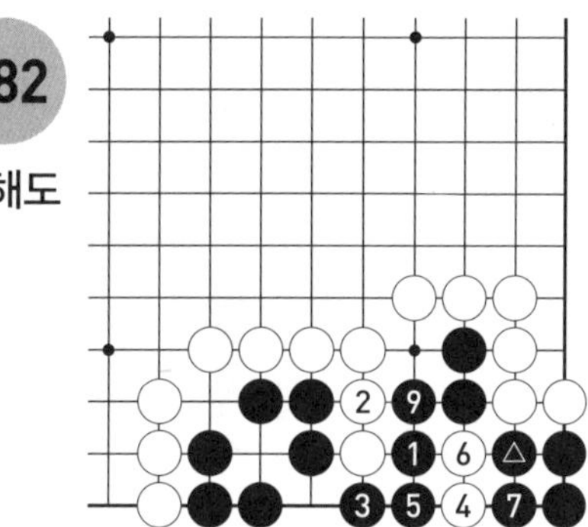

482 정해도

흑1 붙임, 흑3 건넘이 좋은 수순.
흑11까지 진행되어 살았다.
백8=백6, 백10=백4, 흑11=▲

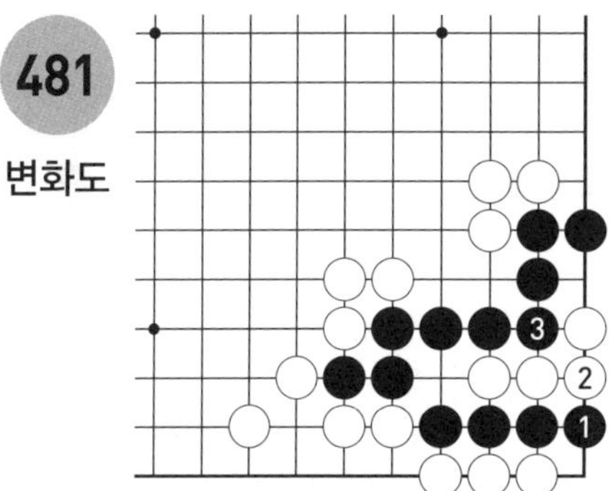

481 변화도

만약 백이 2에 이으면 흑3에 두
어서 역시 살게 된다.

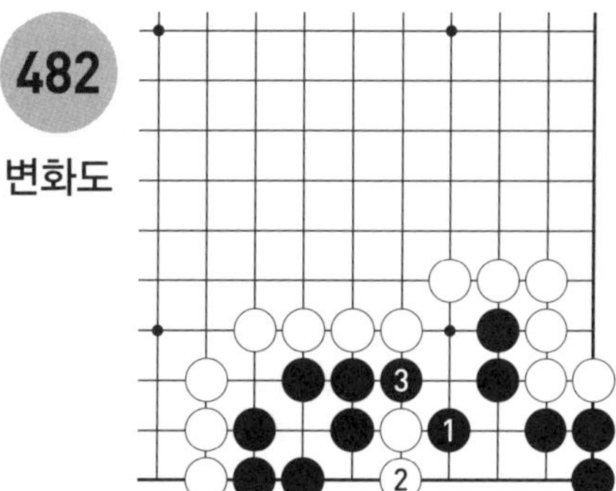

482 변화도

백2에 늘면 흑3 끼워서 역시 살
게 된다.

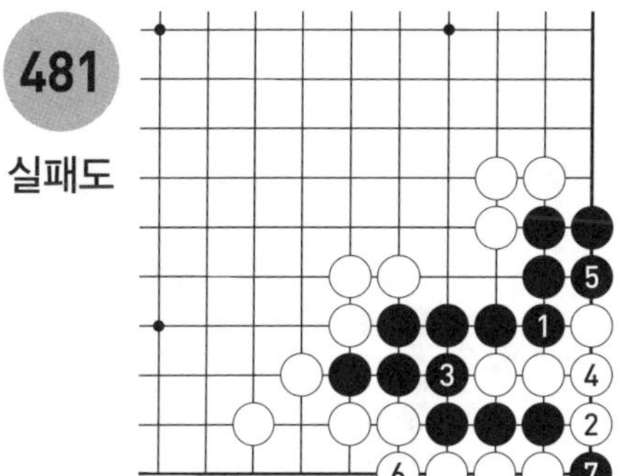

481 실패도

흑1에 먼저 찝는 것은 수순 착오.
백8까지 진행되어 흑의 실패.
백8=백4

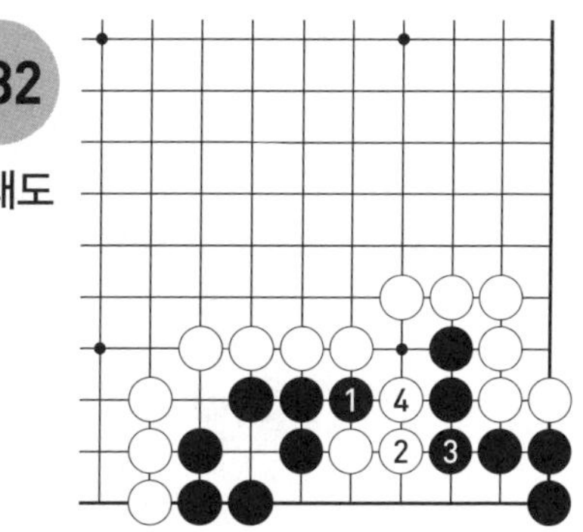

482 실패도

흑1 끼움은 착오. 백2 늘리고 백4
끼워서 흑의 실패.

483 정해도

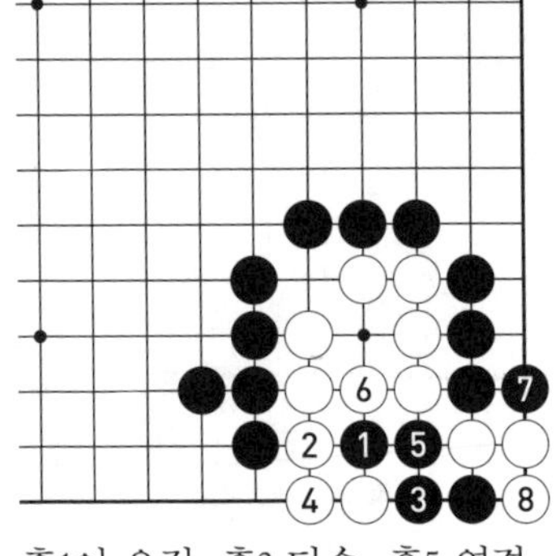

흑1이 요점. 흑3 단수, 흑5 연결
이 맥, 흑9까지 진행되어 백이
잡힌다. 흑9=흑5

484 정해도

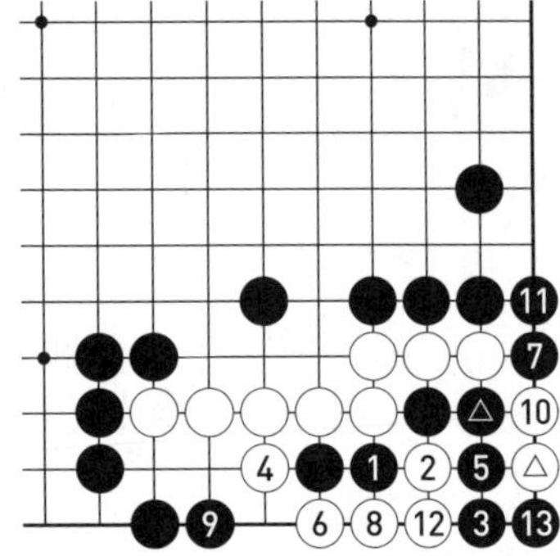

흑1로 물러서고 흑3 벌림이 좋은
수순. 흑5 잇고 흑7 건넘이 맥.
흑17까지 진행하여 백이 잡힌다.
흑15=△, 백16=백10, 흑17=▲

483 변화도

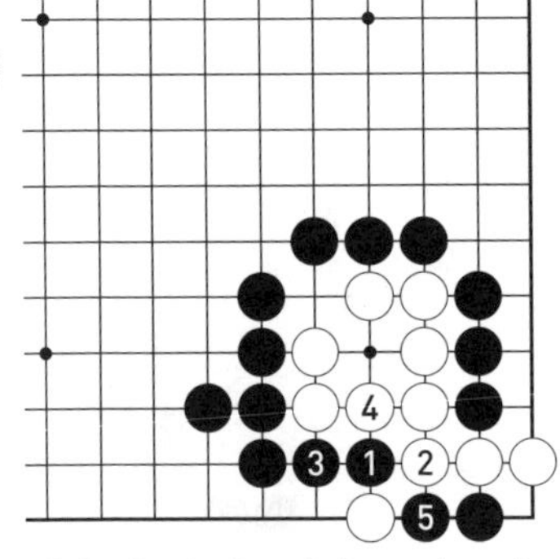

만약 백2에 이으면 흑도 잇고 다
시 흑5에 파호하여 백은 역시 살
수 없다.

484 변화도

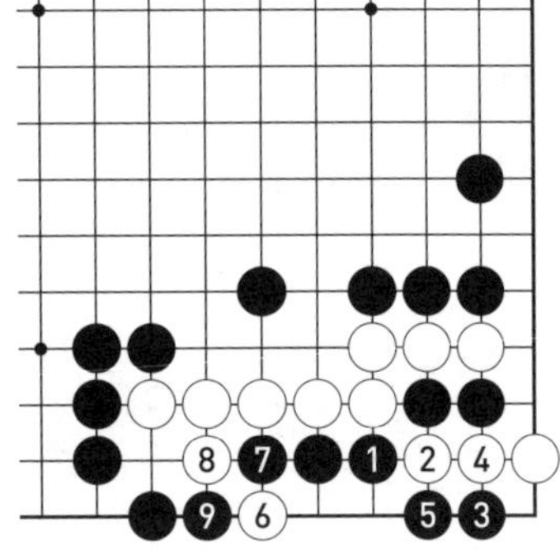

만약 백4로 이으면 흑5에 물러
서고 백6 벌릴 때, 흑7, 9로 끼워
끊어서 백은 역시 살 수 없다.

483 실패도

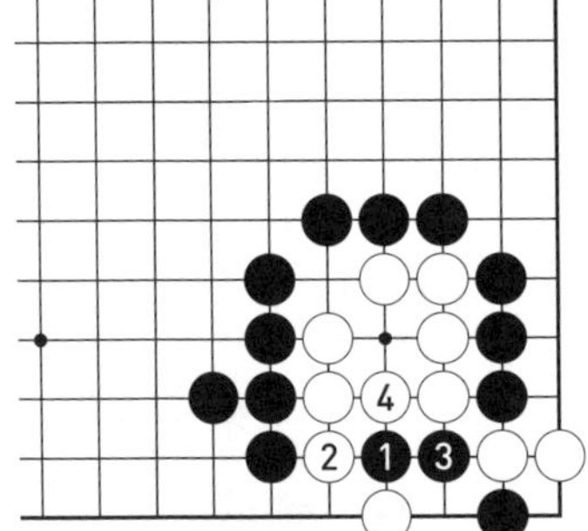

흑3에 끊음은 착오. 백4에 단수
쳐서 살았다. 흑의 실패.

484 실패도

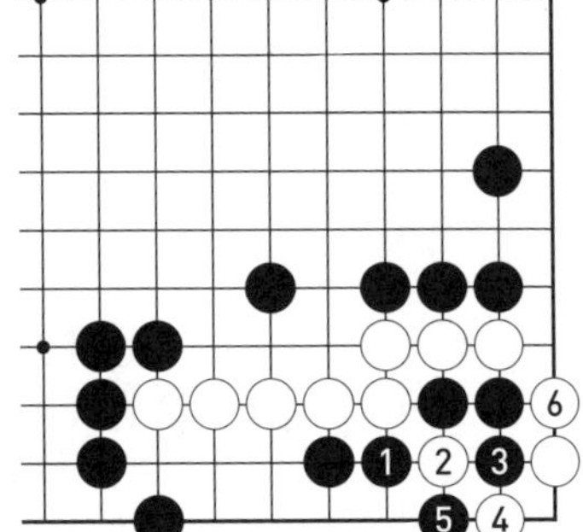

흑3에 단수는 착오. 백4, 6 두 번
단수로 패를 만들어 흑의 실패.

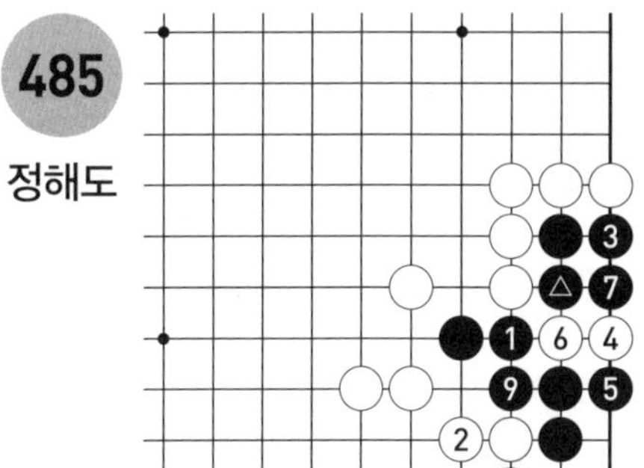

정해도

흑1, 3으로 안형을 넓히고 백4로
치중할 때, 흑5가 묘수. 다시 흑
11에 끊어서 살 수 있다.
백8=△, 백10=백2, 흑11=흑1

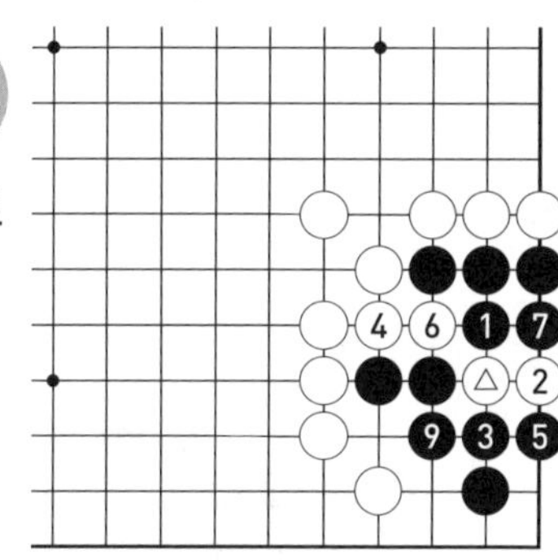

정해도

흑1이 묘수. 백2, 4가 좋은 수순
이나 흑9가 묘수로 후절수를 유
도한다.

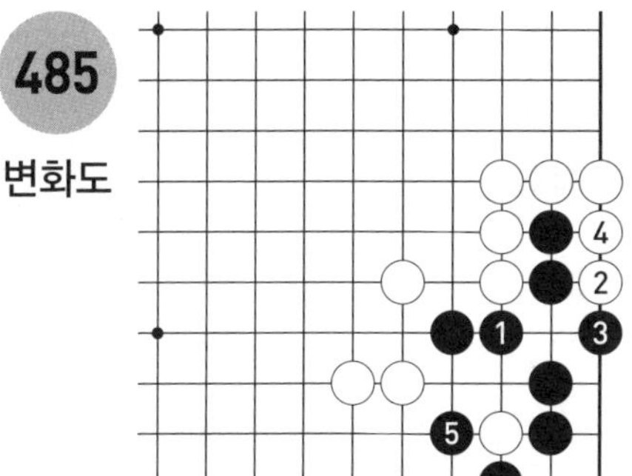

변화도

만약 백2에 붙임하면 흑3, 5로
두 번 단수쳐서 역시 살 수 있다.

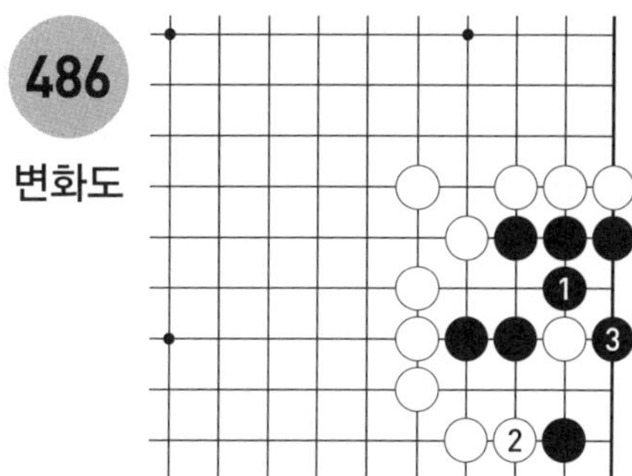

변화도

만약 백2에 치받치면 흑3에 단수
쳐서 살 수 있다.

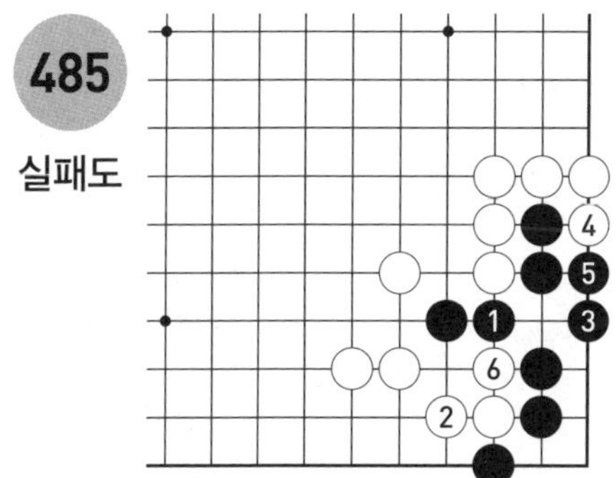

실패도

흑3으로 집을 짓는 것은 착오.
백4, 6으로 파호하여 흑의 실패.

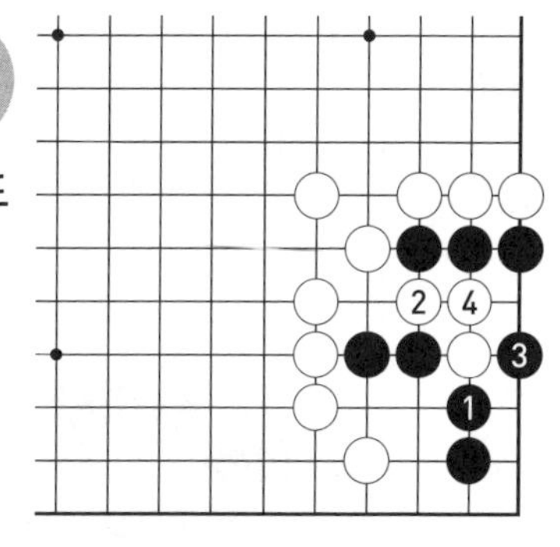

실패도

흑1로 내미는 것은 착오. 백2로
끼우는 수가 성립하여 흑의 실패.

487 정해도

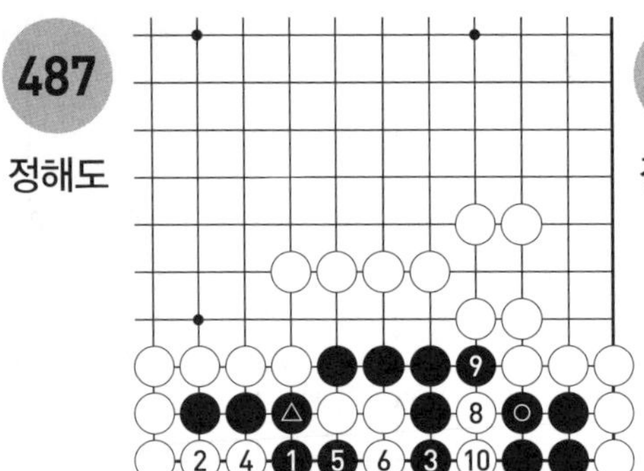

흑1, 3 양쪽에 빠지는 것이 절묘,
두 쪽 모두 후절수가 되어 흑은
살았다. 흑11=●

488 정해도

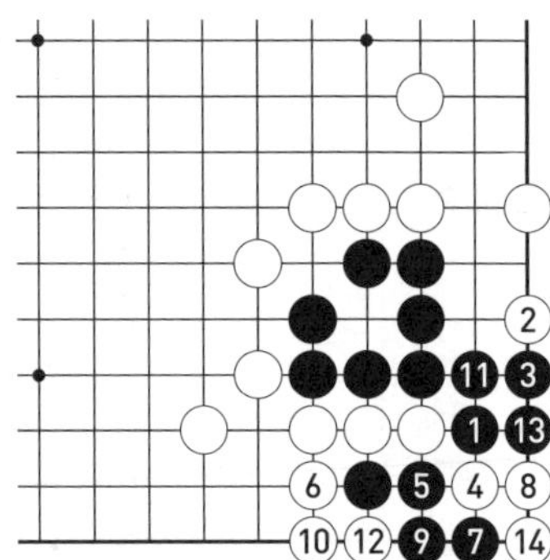

흑1 젖힘, 흑3 호구가 필연적.
백4 젖힐 때 흑5 끊음. 흑7 단수,
다시 흑9로 이어 후절수가 되어
흑은 살았다. 흑15=흑5

487 변화도

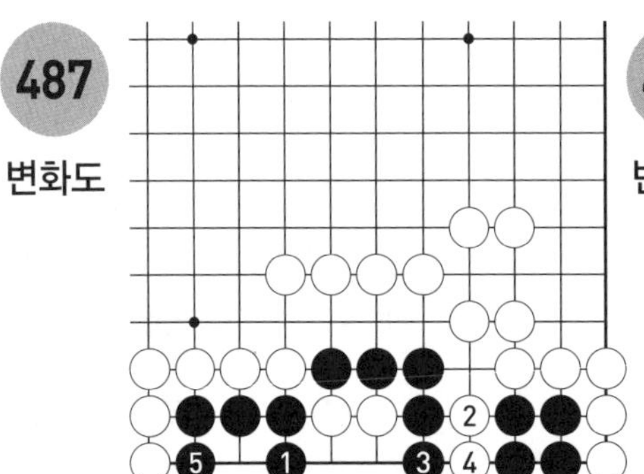

만약 백2에 단수치면 흑5에 집을
지어 살 수 있다.

488 변화도

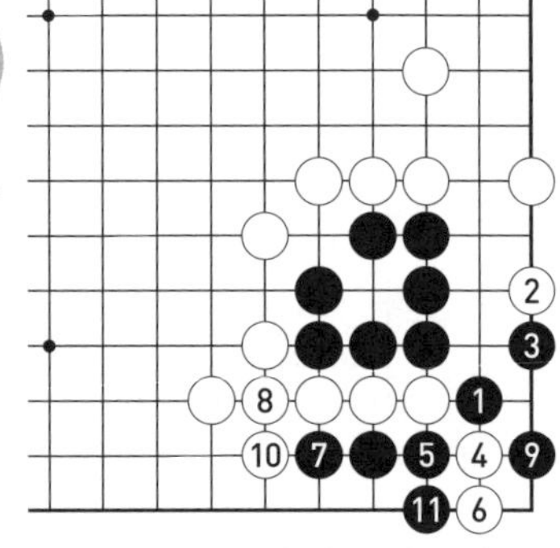

만약 백6에 늘면 흑7 단수치고
흑11까지 다시 단수쳐서 역시 살
수 있다.

487 실패도

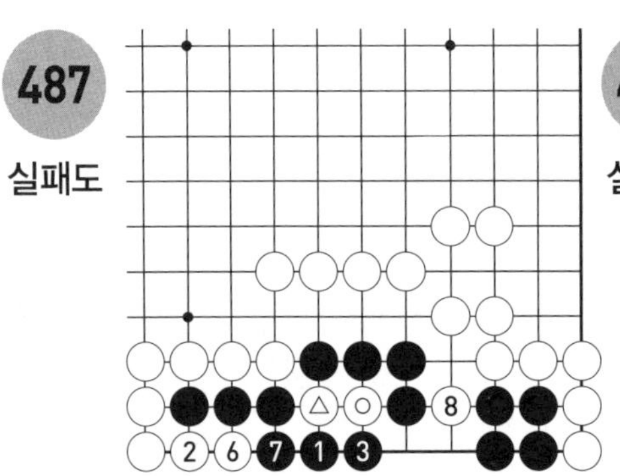

흑1 단수는 착오. 백4 먹여치기
가 묘수. 백8까지 진행되어 흑의
실패. 백4=△, 흑5=○

488 실패도

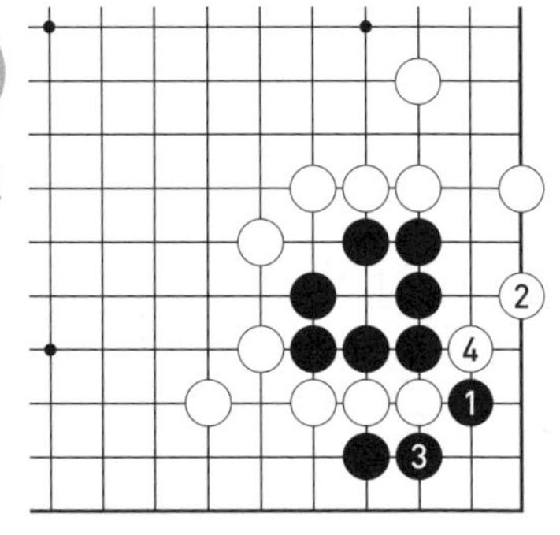

흑3에 물러서는 것은 착오. 백4
에 끊어서 흑의 실패.

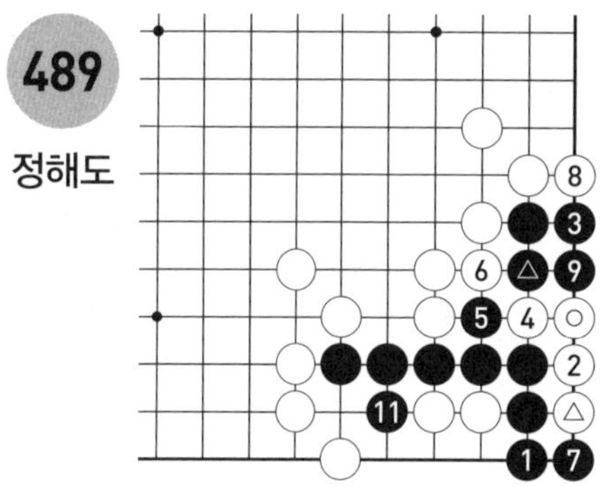

흑1, 3으로 양쪽의 안형을 넓히고 백4는 필연적. 흑5 이하 흑15까지 살 수 있다. 백10=백2, 백12=백4, 흑13=△, 백14=○, 흑15=▲

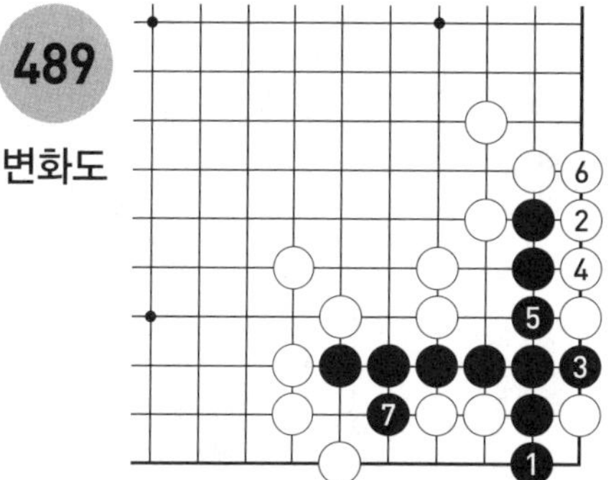

만약 백2 젖힘, 흑3으로 집을 짓고 흑5 단수, 다시 흑7에 끼워서 역시 살게 된다.

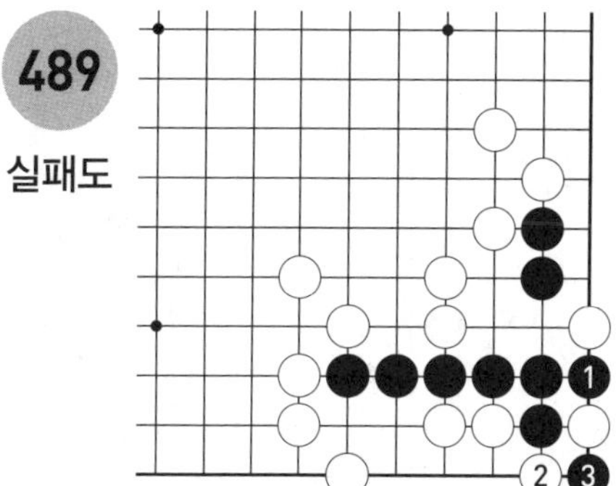

흑1 단수는 착오. 백2 건너서 패가 된다. 흑의 실패.

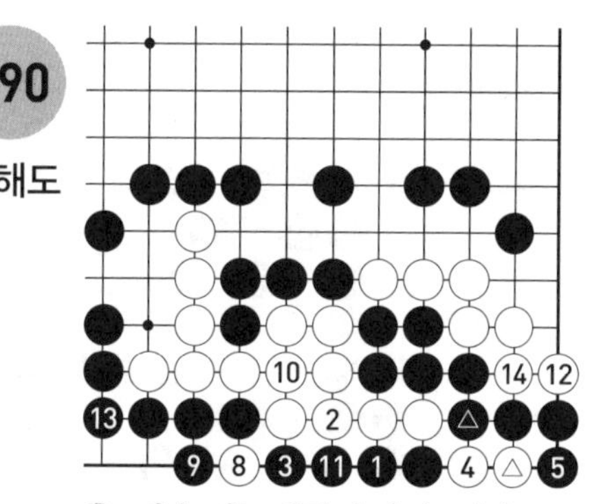

흑1 단수, 흑3 젖혀서 건넘. 이하 흑17까지 후절수가 되어 백이 잡힌다. 백6=백4, 흑7=△, 흑15=백8, 백16=백4, 흑17=▲

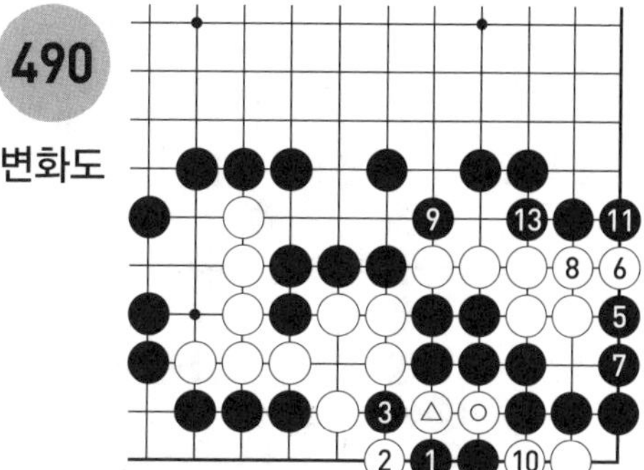

만약 백2에 막으면 흑3 따내고 다시 흑5에 수를 메우고 흑13까지 진행되어 백은 버림으로 살 수 있다. 백4=△, 백12=○

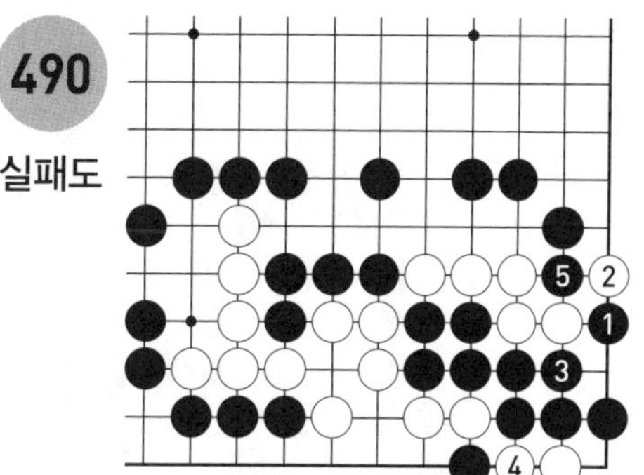

흑1에 먼저 받침은 착오. 흑5까지 패가 된다. 흑의 실패.

491 정해도

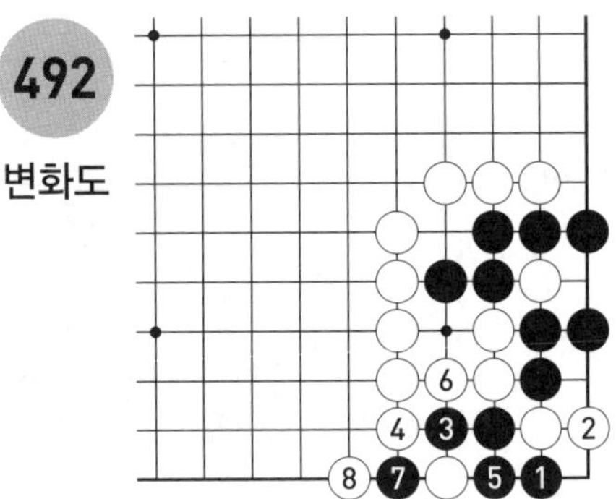

흑1 치중하기, 흑3 단수가 좋은
수순. 흑5 끊고 흑7 꼬부림은 맥.
흑15까지 진행되어 백이 잡힌다.
흑9=흑5, 흑11=흑1, 백12=흑3

492 정해도

흑1 단수가 요점. 흑3 늘리고 흑5
연결이 좋은 수순. 흑11까지 진행
하여 흑이 살았다. 흑11=▲

491 변화도

만약 백2에 꼬부리면 흑3, 5로
건널 수 있어서 백은 역시 살 수
없다.

492 변화도

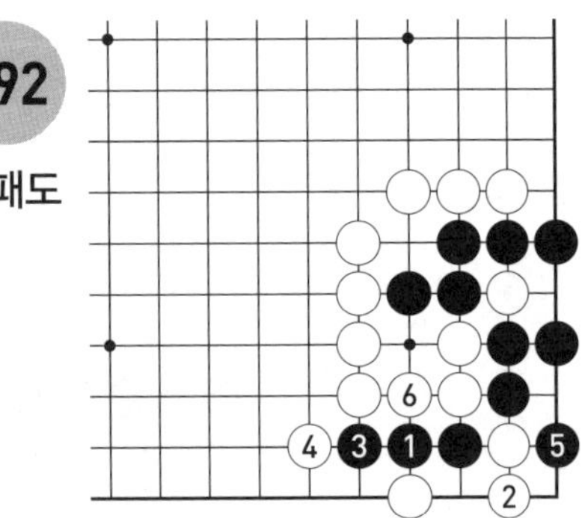

만약 백6에 이으면 흑7로 따내어
역시 후절수가 된다.

491 실패도

흑7에 단수는 착오. 백8, 10으로
집을 지을 수 있어서 흑의 실패.
백10=흑5

492 실패도

흑1로 나가면 백2가 묘수로 흑의
실패.

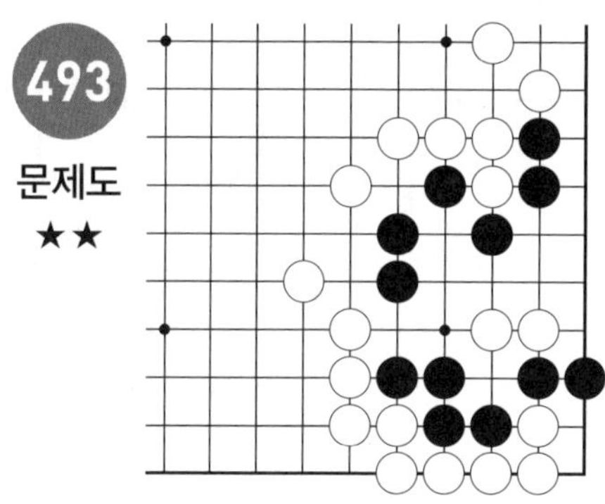

493
문제도
★★

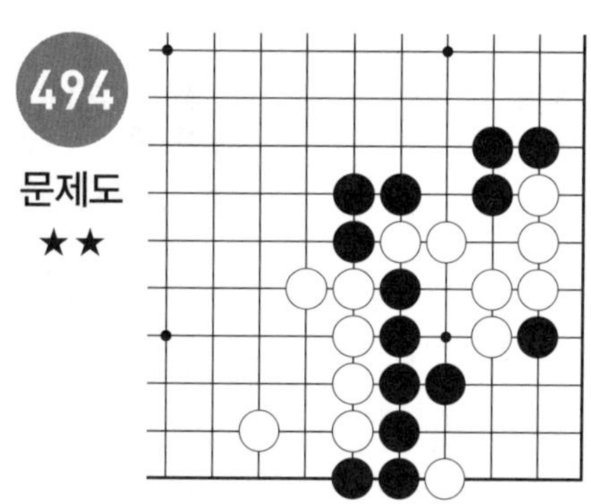

494
문제도
★★

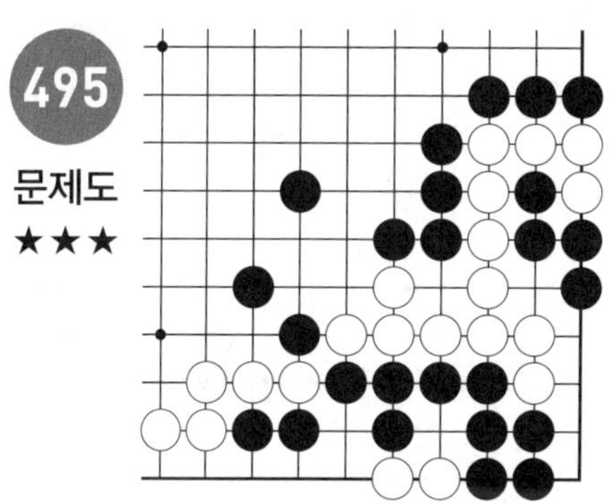

495
문제도
★★★

493 정해도

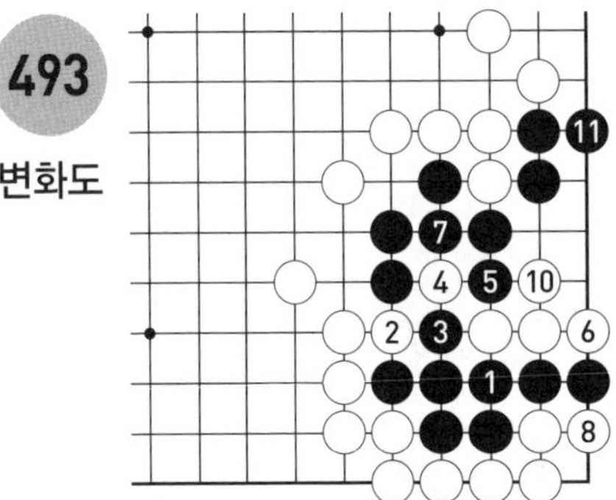

흑1에 잇고 흑9까지는 쌍방이
필연적. 흑11, 13이 맥. 흑19까
지 진행하여 살았다. 흑9=백4,
백16=백10, 흑19=△

494 정해도

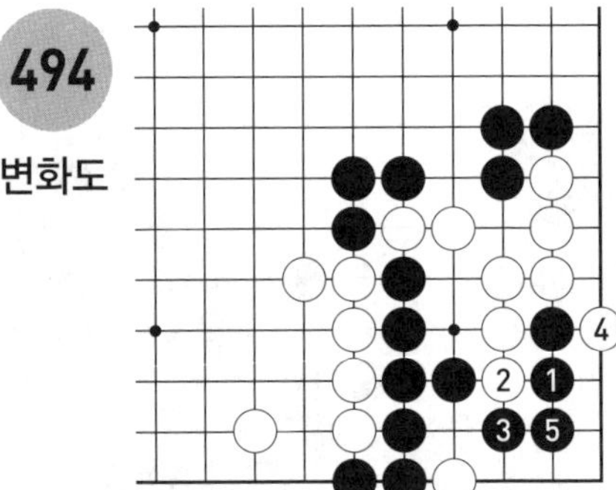

흑1에 물러서고 흑3에 막는 것
이 좋은 수순. 흑5 단수, 흑7 연
결이 맥. 흑13까지 진행하여 흑
이 살았다. 흑13=흑1

493 변화도

만약 백이 10에 빈삼각하면 흑
11에 늘어서 역시 살게 된다.
흑9=백4

494 변화도

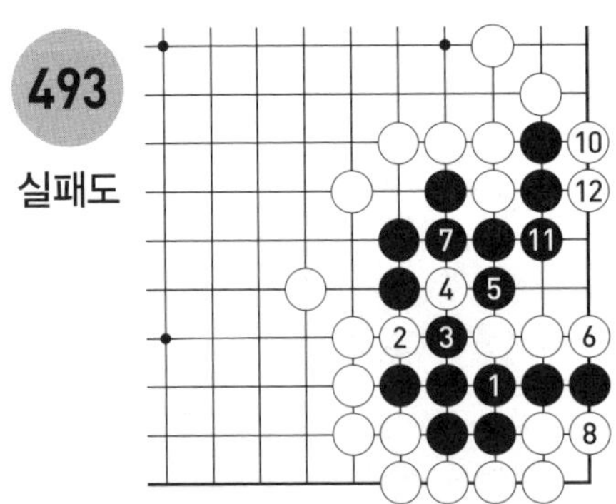

만약 백4에 젖히면 흑5로 이어
역시 살게 된다.

493 실패도

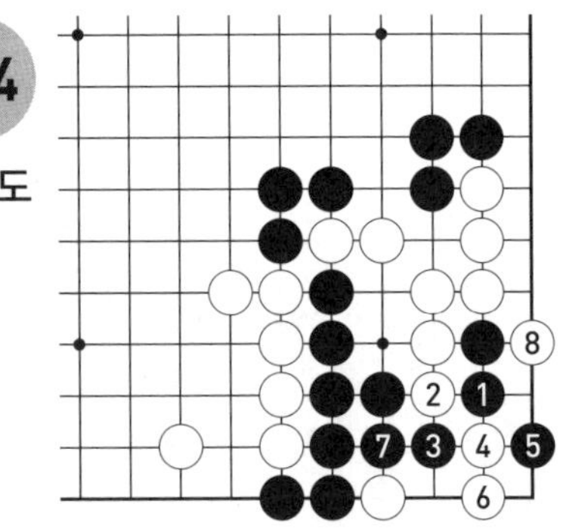

백10에 젖힐 때, 흑11에 연결은
착오. 백12로 들어가면 흑은 살
수 없다. 흑9=백4

494 실패도

흑7에 단수는 수순 착오. 백8에
단수쳐서 흑이 잡힌다.

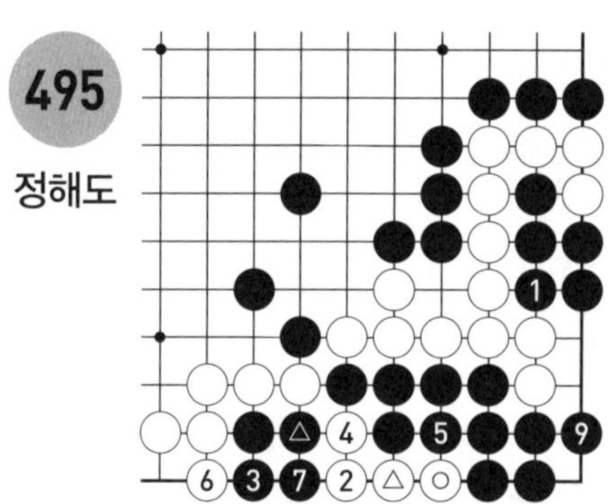

정해도

흑1에 빈삼각이 요점. 흑3에 다시 느는 것이 묘수. 흑13까지 진행되어 흑이 살았다. 백8=△, 백10=백4, 흑11=○, 백12=백2, 흑13=▲

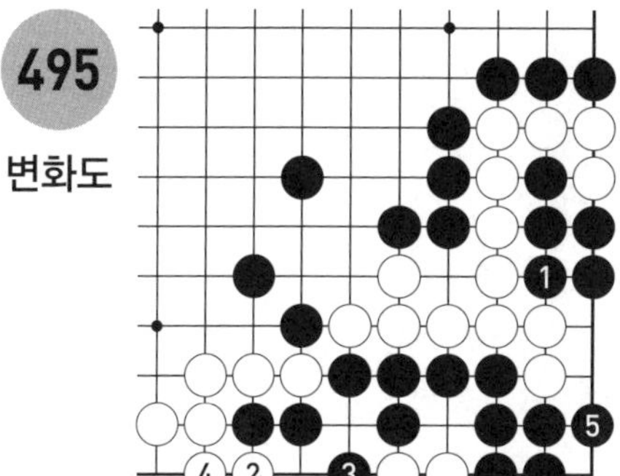

변화도

만약 백2에 젖히면 흑3, 5로 집을 지어 역시 살게 된다.

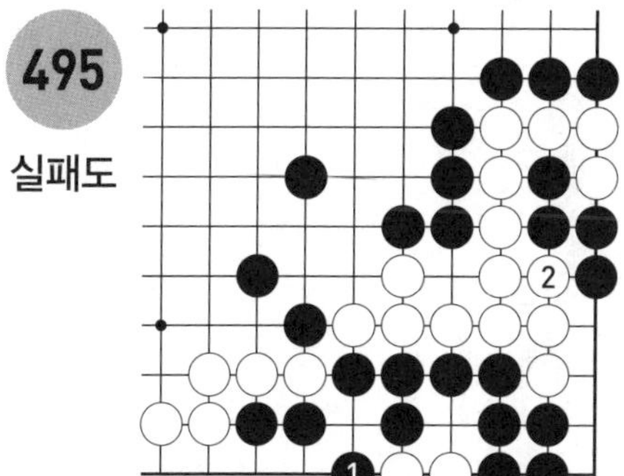

실패도

흑1에 집을 짓는 것은 착오. 백2에 단수쳐서 살 수 있다. 흑의 실패.

바둑사활 1000제 下

1판 14쇄 | 2025년 11월 10일
지 은 이 | 왕쯔펑, 허쥔핑
옮 긴 이 | 우 병 동
감   수 | 명지대학교 바둑연구위원회
발 행 인 | 김 인 태
발 행 처 | 삼호미디어
등   록 | 1993년 10월 12일 제21–494호
주   소 | 서울특별시 서울특별시 서초구 강남대로 545–21 거림빌딩 4층
          www.samhomedia.com
전   화 | (02)544–9456
팩   스 | (02)512–3593

ISBN 978–89–7849–417–5 13690
ISBN 978–89–7849–415–1 13690(세트)